D1725125

Jacques Bainville

NAPOLÉON

(1931)

Éditions Jacquard

TEXTE INTEGRAL

Code ISBN : 9798831785296

Chapitre I : Le boursier du roi

Lorsqu'en 1768 Louis XV eut réuni la Corse au royaume, comment se fût-il douté que le fondateur d'une quatrième dynastie naîtrait, l'année suivante, dans sa nouvelle acquisition ? Mais si l'annexion n'avait pas eu lieu ? Nombreux, en France, étaient ceux qui n'en voulaient pas, l'estimant inutile et encombrante. Que leur avis prévalût, et l'île tombait aux mains des Anglais. Ou bien encore, on aurait vu, avec Paoli, une Corse indépendante. Et quel eût été le sort de Napoléon ?

Une vie obscure, au milieu des rivalités de clans, avec quelques oliviers, quelques pieds de vigne pour tout bien. Peut-être des fonctions médiocres et honorables, à l'exemple du grand-père Ramolino, inspecteur des ponts et chaussées pour le compte de la République génoise. Les Anglais ? Il n'est même pas sûr qu'ils eussent donné un uniforme au jeune indigène. Quant à mettre son épée au service d'un pays étranger, encore lui eût-il fallu une éducation militaire. Où Napoléon l'aurait-il reçue ? Sans la France, son génie ne se fût pas révélé. L'annexion a été son premier bonheur, car la Corse se trouvait unie à une nation assez libérale, confiante et généreuse pour ouvrir ses meilleures écoles à des Français tout nouveaux. Et puis, ce pays serait bouleversé à la date où le jeune Ajaccien aurait vingt ans. Et ce vaste désordre ouvrirait des chances de fortunes inouïes aux individus bien doués.

L'homme extraordinaire savait, non seulement ce que son destin avait eu de prodigieux, mais le concours d'événements qu'il avait fallu pour l'élever à l'Empire et le rendre neveu du roi dont, lieutenant obscur, il avait vu la chute à la journée du 10 août. "Quel roman, pourtant, que ma vie !" s'écriait-il au moment de l'épilogue. Une autre fois, à Sainte-Hélène, il disait qu'il s'écoulerait mille ans avant que les circonstances qui s'étaient accumulées sur sa tête vinssent en chercher un autre dans la foule pour le porter aussi haut.

Ses commencements, il ne les avait pas oubliés. La noblesse de sa famille, ne lui en imposait pas, bien qu'elle fût assez authentique et qu'il dût en tirer plus tard une certaine vanité pour se défendre d'être un parvenu. Voyons. Charles-Marie Bonaparte, son père, vaguement homme de loi, est un pauvre gentilhomme chargé d'enfants. Napoléon sera le petit Poucet de cette famille nombreuse. On vit chichement à Ajaccio de quelques terres et d'espoirs dans une plantation de mûriers. On compte sur les cadeaux et sur l'héritage de l'oncle Lucien, l'archidiacre, qui a des économies. En 1776, Charles Bonaparte se fait délivrer un certificat d'indigence attestant qu'il n'a pas les moyens d'instruire ses fils. Pour son avant-dernier voyage sur le continent, il empruntera au gouverneur Beaumanoir vingt-cinq louis qui ne seront remboursés que par le premier Consul. Voilà d'où l'on est parti.

Napoléon souriait des généalogistes flatteurs d'après lesquels ses aïeux avaient été souverains à Trévise et à Bologne. Mais il se rattachait à des Bonaparte ou Buonaparte, plus riches d'armoiries que d'écus, connus depuis longtemps en Toscane, et chez qui, en général, le goût des lettres était marqué. L'un d'eux, au commencement du XVIe siècle, sans doute chassé par les discordes de Florence, était venu s'établir à Ajaccio. Les Bonaparte furent notaires, greffiers, autant que ces termes s'appliquent aux professions qu'ils exerçaient. En tout cas, c'étaient des métiers d'écriture. Ils y acquirent de la considération, peu de fortune. Ni manants, ni bourgeois, ni seigneurs, ignorant ou à peu près la féodalité, les Corses se regardaient comme égaux entre eux, parce qu'ils l'étaient dans la médiocrité des richesses, et c'est la raison pour laquelle il plaisaient tant à Jean-Jacques Rousseau. Avocat besogneux, chargé d'enfants, Charles Bonaparte ne fit valoir sa naissance qu'après l'annexion, lorsque la noblesse devint un moyen d'obtenir des faveurs. Ce qui est sûr, c'est que les relations entre la branche de la famille restée toscane et la branche devenue corse duraient encore à la fin du XVIIIe siècle.

Charles Bonaparte avait de la race. Physique avantageux, intelligence déliée, courage, art de plaire, c'était quelqu'un. À dix-huit ans, il avait épousé Letizia Ramolino, qui en avait à peu près quatorze. Belle, à peine instruite, femme forte et même un peu virile, elle était la Corse même, la Corse occidentale, si mêlée de Maures, de Grecs, de Phéniciens. Qui sait si, par elle, Napoléon ne tenait pas de Carthage plus que de Florence par son père et s'il n'avait pas quelques gouttes du même sang qu'Annibal ? Et quoi de plus indéfinissable, de plus incertain que les transmissions héréditaires ?

Letizia était fille d'un Corse qui servait la République de Gênes, qui en était fonctionnaire. Sa mère, devenue veuve, avait épousé en secondes noces un capitaine de la marine génoise nommé Fesch et originaire de Bâle, père du futur cardinal. La famille avait servi les conquérants génois. Charles ne fera pas plus de difficulté à se rallier aux nouveaux occupants et à servir la France.

Plus tard, quand Letizia sera mère d'empereur, on se moquera de son avarice autant que de son baragouin. Elle avait la passion de "mettre de côté". Mais c'est qu'elle avait connu l'argent rare, la nichée élevée avec une servante, les chausses qu'on raccommode, la frugalité. La Corse n'est pas une terre d'abondance. Un de ses proverbes dit qu'on y mange comme on peut : "Tout ce qui ne tue pas engraisse." Ce proverbe, Letizia devait le répéter souvent. N'avait-elle pas gardé l'habitude de se lever de table ayant encore faim ? Si longtemps il avait fallu nourrir huit jeunes appétits : Joseph, Napoléon, Lucien, Elisa, Louis, Pauline, Caroline et Jérôme ! pourvue d'un million de rente, Madame Mère y pensera encore dans son palais de Paris quand elle dira si drôlement, pour s'excuser d'être regardante : "J'ai sept ou huit souverains qui me retomberont un jour sur les bras."

Fils de parents jeunes et féconds, Napoléon naît le 15 août 1769, après Joseph, le quatrième en réalité, car deux enfants sont déjà morts en bas âge. Et il naît dans les calculs et dans la politique après avoir été engendré dans les combats et l'aventure. Bien plus, le temps où sa mère le porte dans son sein est comme l'image de son histoire.

Charles Bonaparte avait lutté pour la liberté de la Corse. Avec Paoli, dont il était l'aide de camp à la victoire de Borgo, il avait combattu les Français. C'est dans le mois qui suivit cette glorieuse journée de l'indépendance que Napoléon fut conçu. Bientôt les troupes novices de Paoli durent céder aux soldats du comte de Vaux. En mai 1769, à Ponte Novo, ce fut la débâcle. Quoique grosse, Letizia avait suivi son mari. Pour échapper aux vainqueurs, farouchement, tout le monde, jusqu'aux femmes, s'était retiré sur le mont Rotondo. Charles Bonaparte, qui avait lancé à la jeunesse corse, pour la levée en masse, une proclamation enflammée, eût voulu qu'on résistât encore. La cause était bien perdue. Paoli s'était embarqué, abandonnant l'île. Le comte de Vaux accordait aux réfugiés de la montagne l'oubli, le pardon et des sauf-conduits. On retourna à Ajaccio, où Letizia mit au monde un fils.

Plus tard, elle racontait que, pendant cette gestation dramatique, ces chevauchées nocturnes, ces alternatives de triomphe et de défaite, elle le sentait remuer en elle furieusement. Ainsi Napoléon a connu les hasards de la guerre, il est allé d'un Austerlitz à un Waterloo avant d'avoir vu le jour.

Cependant Charles Bonaparte avait réfléchi. La cause de la liberté corse était sans espoir. L'épopée du maquis n'était plus qu'un souvenir. La France offrait la réconciliation. Il fallait vivre, garder la maison d'Ajaccio, la pépinière, la vigne et les oliviers. Il se rallia.

Avec sincérité, car désormais, les Bonaparte seront toujours du parti français, mais bien décidé à ne pas laisser son ralliement sans fruit. L'aide de camp de Paoli courtise le commandant en chef et M. de Marbeuf accueille avec plaisir les avances de ce notable indigène qui porte témoignage en faveur de son administration. Cependant, Charles, dont la famille ne cesse de croître, dont les ressources diminuent, doit se tirer d'affaire. Il devient un solliciteur infatigable, habile et heureux.

C'est ainsi, et grâce à la bienveillante protection de M. de Marbeuf, que Charles Bonaparte fut député de la noblesse aux nouveaux "États de Corse" et obtint des bourses pour ses enfants. Napoléon dut à Marbeuf d'entrer à Brienne. Autre bonheur de sa vie. Il ne l'ignorait pas et, plus tard, il a payé sa dette par toutes sortes de bienfaits à la veuve et aux enfants de son protecteur. Il ne regrettait plus la déroute de Ponte Novo qui l'avait rendu Français.

Mieux vaut convenir que l'enfance de Napoléon ne fut pas une suite de prodiges. C'était un petit garçon turbulent et volontaire qui aimait à jouer au soldat et qui avait de la facilité pour le calcul. Un petit Corse comme les autres, à demi paysan, ardent à vivre et méditatif, grisé de son île capiteuse. Les récits du temps où l'on tenait le maquis, la politique locale et les querelles des factions d'Ajaccio, la part qu'y prenait son père, homme influent dans les deux villages voisins où il avait quelques propriétés, les soucis d'argent, la fameuse pépinière de mûriers, fertile surtout en déceptions, tout cela, tombant sur une imagination brûlante, n'est pas indifférent à une première formation, si l'on tient compte encore du trait peut-être le plus marqué de Napoléon, après le don inné du commandement : la mémoire, une mémoire presque infaillible, au service d'une intelligence qui mettait tout à profit.

C'était pourtant un enfant très sauvage, auprès des petits Français dont il serait bientôt le compagnon. À neuf ans, il ne parlait guère que son dialecte corse, c'était un étranger lorsqu'il fut conduit sur le continent. Charles Bonaparte était arrivé à ses fins. Grâce à M. de Marbeuf, les bourses étaient accordées. Napoléon devait être officier, Joseph prêtre. On s'embarqua le 15 décembre 1778. Sur la route de Versailles, ou il se rendait comme député de la noblesse de l'île auprès du roi, le père les laissa tous deux au collège d'Autun.

La France faisait très bien les choses. Elle se chargeait d'élever gratuitement, avec les enfants des gentilshommes pauvres, ceux de l'ancien aide de camp de l'insurgé Paoli, et plus tard, à son tour, Elisa sera demoiselle de Saint-Cyr. Ainsi, entre neuf et dix-sept ans, le jeune Napoléon perdra le contact avec son île natale, où il ne retournera qu'en septembre 1786. "Élève du roi", il recevra, dans un milieu français, une éducation française, avec des jeunes gens de bonne condition venus de toutes les provinces du royaume. Il sera élevé dans des établissements officiels tenus, le premier par des religieux, le second par des militaires, c'est-à-dire qu'il y connaîtra les traditions de l'ancienne France.

Mais il n'est maison si bien gardée où n'entre l'air du temps et, à Brienne comme à l'École militaire de Paris, Napoléon respirera celui du XVIIIe siècle. Les Pères Minimes eux-mêmes n'en étaient-ils pas pénétrés à leur insu ? Ils ne feront pas de leur élève un catholique très pratiquant, et leur religion devait être assez mondaine. D'un homme qui n'avait pas fait sa première communion, l'empereur dira : "Il manquait quelque chose à son éducation." Sa première communion, il l'avait faite comme un enfant bien élevé. Et il gardera une prédilection pour le catholicisme. Mais les manifestations de la foi l'étonneront toujours et lui arracheront cette remarque : "Je croyais les hommes réellement plus avancés." Bref, les Pères lui auront laissé de quoi penser au Concordat sans beaucoup plus. On s'étonne moins de la tiédeur de leur élève quand on voit le P. Patrault détourner Pichegru, jeune répétiteur de mathématiques à Brienne, de prendre la robe en lui disant que la profession n'était plus du siècle. Plutôt qu'un prêtre à l'Église, le P. Patrault préparait un soldat à la Révolution, un vainqueur à la Hollande et un conspirateur contre le premier Consul. Lorsqu'on trouva Pichegru étranglé dans sa prison, Bonaparte se souvenait encore du maître de quartier qui lui avait enseigné les quatre règles de l'arithmétique et qui eût sans doute mieux fini s'il avait rencontré des religieux moins dépourvus de l'esprit de prosélytisme.

L'insulaire transplanté, dépaysé, absorbera donc malgré lui toutes les idées françaises, en même temps qu'il réagira contre elles. Ainsi, dans la nature "volcanique" que discernait un de ses professeurs (celui qui définissait déjà son style "du granit chauffé au volcan"), se prépare un mélange puissant qui rend compte de l'avenir, un mélange qui d'ailleurs ne s'est pas répété, puisque, sur la molle nature de son frère Joseph, les mêmes circonstances n'ont rien produit.

Charles Bonaparte laissait ses fils au collège d'Autun, Joseph, pour y faire ses humanités, l'autre pour y apprendre le français. Après moins de quatre mois, Napoléon était capable d'entrer à l'École royale militaire de Brienne. On dit qu'en se séparant de Joseph tout en pleurs, il ne versa qu'une larme. Encore s'efforçait il de la dissimuler. Un de ses maîtres, l'abbé Simon, dit que cette larme solitaire trahissait plus de douleur qu'un chagrin bruyant. L'abbé Simon était perspicace. Cet enfant capable de se contenir annonçait un caractère et une volonté.

À Brienne, Napoléon reçut, "aux frais du roi", une éducation très soignée, une instruction sérieuse. Le ministre de la Guerre, Saint-Germain, celui qui admirait tant Frédéric II et qui voulait réformer l'armée française sur le modèle prussien, avait lui-même tracé le programme. Il s'agissait de préparer des officiers instruits, capables de se montrer dans le monde et, à tous les égards, de faire honneur à l'uniforme. Aux religieux qui dirigeaient l'établissement, étaient joints des professeurs civils, et, pour les mathématiques, des répétiteurs. On faisait un peu de latin. On apprenait l'allemand, langue regardée comme indispensable aux militaires, et dans laquelle Napoléon ne fut jamais plus fort que dans celle de Cicéron. Les arts d'agrément, la musique, la danse, n'étaient pas négligés. En somme, un enseignement assez complet et qui, s'il avait des faiblesses, n'en avait pas plus que les systèmes qu'on a inventés depuis et qui n'en différent pas beaucoup.

Ce qui est important, c'est que, cet enseignement destiné à former des officiers français, Napoléon l'ait reçu dès sa dixième année avec d'autres enfants, bretons, lorrains, provençaux, dont les parents avaient, comme les siens, prouvé leurs quartiers de noblesse. Des impressions ineffaçables devaient en rester chez lui et le rendre apte, avant tout, à comprendre la France et à savoir lui parler. "Je suis plus Champenois que Corse, car, dès l'âge de neuf ans, j'ai été élevé à Brienne", disait-il à Gourgaud lorsqu'à Sainte-Hélène il méditait son passé. Sans nier l'influence de l'hérédité, on peut dire que l'éducation la corrige ou l'oriente. Expliquer tout Napoléon par ses origines italiennes, comme Taine, après Stendhal, l'a tenté, est trop simple. Ou plutôt ces sortes d'explications ne suffisent pas. Quelle apparence y a-t-il qu'à l'aube du XIXe siècle un condottiere du Quattrocento, un Castruccio Castracani eût conquis le coeur du peuple français ? Car la "magie du nom de Napoléon" est un des phénomènes les plus étonnants de son histoire, et l'on n'a jamais vu les Français se donner à un homme qui, au moins par quelque côté, ne fût pas de leur pays.

Il est vrai que l'enfant Bonaparte, à Brienne, se montra fougueusement Corse, et républicain. Paoli, qu'il égalait aux grands hommes de Plutarque, était son héros. Comment l'écolier se rendrait-il compte de la souple politique que son père a déployée pour que ses enfants soient boursiers du roi ? Jeté dans un milieu inconnu, il est solitaire, victime de l'âge sans pitié qui se moque de son nom, de son accent, de sa bizarrerie, qui l'appelle "la paille au nez", non pas seulement parce qu'il prononce "Napollioné", mais par un double calembour qui lui applique le sobriquet des rêveurs extravagants, des visionnaires ridicules. Alors ce garçonnet orgueilleux se raidit. On lui jette au visage qu'il est Corse. Il s'affirme Corse. Et puis, quelles que fussent sa fierté et son énergie, on ne pouvait en demander trop à ses neuf ans. Quiconque a connu les rigueurs de l'internat comprendra combien il a dû souffrir. Loin de sa famille, arraché à son pays, c'était un exilé. Le climat même lui était hostile. À elle seule, la privation de soleil et de lumière est cruelle aux Méridionaux. Si le collège est l'école de la vie, les années de Brienne auront été dures à Napoléon.

On a de lui, dans un de ses écrits de jeunesse, quelques lignes touchantes inspirées par le passage du poème, alors fameux, des Jardins, où un Tahitien retrouve avec des transports de joie un arbre de sa terre natale. Napoléon se reconnaissait dans cet humble sauvage. Il se réfugiait dans la vision de son île où l'oranger embaume le printemps. Et il se sentait encore plus Corse qu'il ne l'eût été à Ajaccio. Quand il disait à son camarade Bourrienne, plus tard son secrétaire : "Je ferai à tes Français tout le mal que je pourrai", c'était un mot d'enfant irrité des brimades. Il est certain qu'il a pris à Brienne un amour passionné de son île, amour qui lui a, du reste, passé assez tôt. Mais, au fond, il n'avait pas gardé du collège un si mauvais souvenir. Sinon, pourquoi eût-il, plus tard, comblé ses anciens maîtres et ses anciens camarades, jusqu'au portier qui fut engagé à la Malmaison ? Sa mémoire exacte n'avait oublié personne. Il n'avait pourtant de rancune pour personne. Et, comme tout le monde, il avait fini par penser que les années de collège étaient encore le bon temps. En 1805, empereur, traversant Brienne, il s'arrêtera dans la vieille maison, évoquant le passé. Il y reviendra en 1814, pour se battre, un peu avant la fin...

Comme les autres aussi il avait eu, pendant ses classes, des heures d'amusement et des affections. Il n'était peut-être pas l'ami de Bourrienne autant que celui-ci l'a prétendu. Mais enfin, ayant besoin d'un secrétaire, le premier Consul choisira Bourrienne, qu'il a connu au collège. Et il avait d'autres camaraderies. La malveillance qu'il avait d'abord rencontrée avait fondu. Le petit Corse renfermé avait passé pour bizarre et hargneux. Ensuite, il fut estimé pour son caractère. Il le fut des élèves comme des maîtres. L'école l'acclama, l'hiver où il dirigea selon les règles de l'art de la guerre une bataille, restée célèbre, à coups de boules de neige. Il eut même le plaisir de voir ses bastions et ses remparts admirés des habitants de Brienne. Il n'avait pourtant suivi, comme les autres, qu'un cours de fortification élémentaire. Mais tout lui profitait.

Tout ce qu'il ne rejetait pas. Car il n'était pas "fort en thème". Comme la plupart des collégiens qui ont marqué plus tard dans la vie, il s'affranchissait volontiers du programme. Il apprenait pour lui-même, non pour l'examen. Rebelle au latin et à la grammaire, qui lui semblaient inutiles, il lisait avidement pendant ses heures de liberté, avec une préférence pour la géographie et pour l'histoire. On peut dire que sa jeunesse a été une longue lecture. Il en avait gardé une abondance extraordinaire de notions et d'idées. Son imagination s'était enrichie. Son esprit s'était ouvert à mille choses. Il y avait pris aussi des facultés d'expression. Tout cela se retrouvera. Et nous verrons que, jusqu'au-delà de sa vingtième année, il aura été un homme de lettres au moins autant qu'un militaire.

Il y avait cinq ans que Napoléon était à Brienne sans avoir revu les siens, lorsque son père le fit appeler au parloir. Charles Bonaparte, qui conduisait Elisa à Saint-Cyr, avait toujours des soucis d'argent auxquels s'ajoutait maintenant celui de sa santé. Et puis, ses enfants grandissaient. Joseph ne montrait aucun goût pour l'état ecclésiastique et prétendait rentrer dans l'armée, ce qui désolait sa famille. Napoléon lui-même s'en mêlait, se faisait écouter, jugeant son aîné, auquel il ne reconnaissait pas d'aptitudes pour le métier militaire. Ce caprice dérangeait, en outre, les calculs des parents qui comptaient sur les avantages attachés à la prêtrise, sur le "bénéfice" promis d'avance à Joseph, à qui était réservé le rôle d'oncle archidiacre, peut-être même d'évêque, providence des neveux futurs. Et, après Joseph, il fallait s'occuper de Lucien, pour qui le temps était venu d'entrer au collège, qu'on mettait à Brienne comme élève payant, le ministre lui ayant refusé une bourse parce qu'il était contraire au règlement que deux frères fussent boursiers à la fois. L'espoir du père, tourmenté par le pressentiment de sa fin prochaine, reposait sur Napoléon, ont il discernait l'énergie, l'intelligence, le bon sens précoce, l'autorité naissante. Le soutien de la famille, ce serait lui.

Cependant, quoique bon élève, Napoléon n'avait pas encore été désigné pour l'École de Paris. Il s'était même produit un contretemps qui devait lui porter bonheur, car il y a dans les destinées de petits événements fortuits qui changent tout. L'inspecteur général des écoles militaires, le chevalier de Keralio, ayant remarqué l'élève Bonaparte, le destinait à la marine. Le jeune Corse aimait la mer. Et le métier de marin, à la mode depuis les succès de Suffren et de Grasse, le tentait. Imagine-t-on Napoléon capitaine de frégate, sur les bâtiments délabrés de la Révolution ? Toute sa carrière était manquée. Mais sa mère, effrayée des dangers de la navigation, le détournait de ce projet. Et surtout il arriva que Keralio fut remplacé par Reynaud de Monts, qui, à l'examen de sortie, "ne jugea pas que Napoléon pût être placé dans la marine".

Il fallut attendre encore un an. Il n'est pas sûr que l'élève de Brienne ait eu une idée arrêtée sur l'arme à laquelle il se destinerait, lorsque Reynaud de Monts le désigna avec la mention "artilleur" pour passer au corps des cadets-gentils-hommes à la grande École Militaire de Paris. Ses bonnes notes en mathématiques lui avaient valu ce choix. Sa qualité de Corse ne lui avait pas nui. L'inspecteur ne s'était arrêté qu'aux aptitudes et au mérite.

Chaque génération croit que le monde a commencé avec elle, et pourtant, quand on se penche sur le passé, on voit que bien des choses ressemblaient à ce qu'elles sont aujourd'hui. Sous le règne de Louis XVI, l'artillerie était depuis plusieurs siècles l'arme savante. Ne l'était-elle pas avant l'invention de la poudre à canon ? Les "cataphractes" formaient déjà un corps de combattants scientifiques chez les Romains.

A la veille de la Révolution, l'artillerie française, de l'avis général, était la meilleure de l'Europe. Sous la direction de Gribeauval, elle avait encore accompli des progrès. Napoléon aurait d'excellents maîtres pour apprendre le métier d'artilleur. Il ne faut pas oublier plus qu'il ne l'avait oublié lui-même qu'en somme il sortait de l'armée royale et qu'il lui devait ce qu'il savait. C'était le maréchal de Ségur, ministre de la Guerre, qui, le 22 octobre 1784, avait signé son brevet de cadet-gentilhomme. Seize ans plus tard, le premier Consul donnait une pension au vieux soldat de la monarchie, et, le recevant aux Tuileries, lui faisait rendre les honneurs par la garde consulaire. C'était comme un salut à la vieille armée.

9

De l'école où entrait le nouveau cadet-gentilhomme, on avait, sous Louis XV, voulu faire un établissement modèle. Les bâtiments eux-mêmes, dessinés par Gabriel, sont encore parmi les plus beaux de Paris. Tout y avait grand air, et Bonaparte, au sortir d'un collège de province qui l'avait peu changé de la simplicité corse, s'étonna de cette magnificence. On dit même qu'il trouvait la dépense excessive. Il est vrai qu'habitué de bonne heure à compter il restera toujours économe. Mais cette École militaire où l'on faisait trop bien les choses lui donna peut-être pour la première fois l'impression que la France était un très grand pays.

Là il eut encore pour camarades des jeunes gens de bonne famille dont quelques-uns s'appelaient Montmorency-Laval, Fleury, Juigné, celui-ci neveu de cet archevêque de Paris qui, surpris par le prénom du cadet Bonaparte et lui disant qu'il ne trouvait pas de Napoléon inscrit au calendrier, s'entendait répondre : "Il n'y a que trois cent soixante-cinq jours dans l'année et tant de saints !" Pour la plupart, les jeunes gens qui étaient alors à l'École royale militaire de Paris émigreront. Beaucoup refuseront jusqu'à la fin de servir l'usurpateur qui pourtant leur ouvrait de nouveau la France et l'armée. Mais enfin, mieux encore qu'à Brienne, Bonaparte, à Paris, aura approché l'aristocratie française. Par contraste, et sur le moment, ces fréquentations avaient peut-être développé les sentiments républicains du pauvre cadet corse. Peut-être aussi lui avaient-elles imposé à son insu. Peut-être lui donnèrent-elles l'idée de fonder une noblesse à son tour. Il avait une certaine fierté de s'être frotté dans sa jeunesse à des fils de ducs, et se comparant à Hoche, qui n'avait point passé par les écoles du roi, il ne se flattait pas seulement d'avoir eu sur ce rival, dont le souvenir l'irritait, la supériorité de l'instruction, mais encore " l'avantage d'une éducation distinguée ".

A l'École militaire, il eut une amitié, le jeune des Mazis, qui pourtant émigrera, et un ennemi, Phélipeaux. Avec Phélipeaux, Vendéen, il échangeait des coups de pied sous la table, à l'étude. Il retrouvera Phélipeaux devant lui au siège de Saint-Jean-d'Acre. Pour le reste, son passage à l'École militaire ne marqua pas beaucoup. Ses maîtres lui reconnurent du feu, de l'intelligence, quelques-uns se vantèrent par la suite d'avoir discerné son génie. Sa réputation de brillant élève était si peu établie que le professeur d'allemand fut étonné d'apprendre que celui qu'il prenait pour une bête était excellent en mathématiques.

C'est pendant l'année de l'École militaire, en février 1785, que Charles Bonaparte mourut. Un cancer à l'estomac, ou, comme on disait alors, un squirre, qui emportera aussi le prisonnier de Sainte-Hélène. Charles Bonaparte n'avait pas encore trente-neuf ans. Il était venu à Montpellier pour consulter les médecins d'une Faculté renommée. Joseph et le séminariste Fesch étaient auprès de lui. Si l'on doit les croire, l'agonisant aurait prophétisé que Napoléon vaincrait l'Europe. En attendant, il comptait sur son second fils comme sur le véritable aîné pour diriger la famille en détresse, et sur la solde du futur officier pour épargner la misère à tout le petit monde que le père laissait derrière lui. Il avait fait de son mieux pour ses enfants. Pourvu seulement qu'ils eussent toujours de quoi manger !

Napoléon n'assista ni aux derniers moments, ni aux obsèques. Il écrivit à sa mère une lettre en fort beau style que les pro-fesseurs de l'École avaient revue, car on apprenait aux officiers du roi à s'exprimer noblement. Ce qui paraît à travers des lignes un peu emphatiques, c'est le sentiment, nouveau mais exaltant pour un jeune homme, d'une grande responsabilité. Et plus tard, il a rarement parlé de ce père qu'il avait si peu connu. Mais un jour, à Sainte-Hélène, repassant sa vie, et s'étonnant, comme chaque fois qu'il y pensait, de l'enchaînement extraordinaire des circonstances qui l'avaient composée, il disait que rien de tout cela ne fût arrivé si son père n'avait pas disparu avant la Révolution. En effet, Charles Bonaparte n'eût pas manqué d'être député de la noblesse de Corse aux États généraux. Il eût siégé avec son ordre. Tout au plus eût-il appartenu à la minorité de la noblesse libérale. Alors, à la Constituante, ses opinions l'eussent rapproché des modérés. Il eût suivi le sort des Lafayette et des Lameth, avec le choix entre la guillotine et l'émigration. Le fils, quelles que fussent ses opinions personnelles, eût été engagé, compromis par celles du père. L'empereur, rêvant à ces hasards dont toute vie dépend, ajoutait : " Et voilà ma carrière entièrement dérangée et perdue. "

Cependant la mort de son père le presse d'être reçu au concours. Il faut, le plus tôt possible, obtenir le titre et la solde d'officier. En septembre 1785, examiné par l'illustre Laplace, il est reçu le quarante-deuxième sur cinquante-huit. Beau succès si l'on pense qu'il n'a qu'un an de préparation et que pour la plupart, ceux qui obtiennent un meilleur rang viennent de la savante école d'artillerie de Metz. D'emblée, il est reçu lieutenant sans avoir été d'abord élève-officier. Toutefois, malgré ses seize ans, il n'est même pas le plus jeune de sa promotion et son ennemi Phélipeaux le précède d'un rang. Enfin si c'est très bien, dans ces conditions-là, d'être le quarante-deuxième, il n'a été ni le premier, ni le second. Et l'illustre Laplace, qui sera un jour son ministre de l'Intérieur, ne s'est pas récrié d'admiration devant Bonaparte au tableau noir.

"J'ai été officier à l'âge de seize ans quinze jours." Consignée dans un mémento de jeunesse qui porte pour titre *Époques de ma vie,* cette mention atteste un juste contentement de lui-même. On serait fier, là-bas, à Ajaccio. Et puis l'avenir était assuré. Le jeune homme avait une situation, et, quoique maigre, une solde. Il était temps. La vigne de Milelli, les chèvres de Bocagnano, la plantation de mûriers, spéculation désastreuse, ne suffiraient pas à la subsistance de tant de frères et de soeurs. Un des garçons, au moins, était tiré d'affaire, et Letizia se sentit soulagée.

Chapitre II : L'uniforme d'artilleur

Désigné pour le régiment dit de La Fère, le cadet-gentil-homme obtient la garnison qu'il désire. Valence, c'est le Midi, le chemin de la Corse et le régiment fournit deux compagnies à l'île, de sorte que Bonaparte a l'espoir d'être envoyé dans son pays. Le coeur toujours nostalgique, il y vit par la pensée. Il s'en fait même, par l'imagination et la littérature, une idée tellement embellie que la réalité le décevra. Au fond, cette Corse qu'il a quittée à neuf ans, il la connaît par les ouvrages de ceux qu'il appellera un jour des idéologues. Il se la représente d'après Rousseau qui n'y a jamais mis les pieds et qui en a fait l'image d'une République idéale, d'une terre d'hommes libres, égaux, vivant selon la nature.

Ce petit officier est un cérébral. Tandis que son camarade des Mazis méprise les bouquins, pense aux femmes et à l'amour, l'adolescent Bonaparte rêve aussi. Mais, de Jean-Jacques, il prend la part du Contrat social, non celle de la *Nouvelle Héloïse.* Il approfondit le droit naturel et les constitutions. Plus que jamais il est dans les livres, et le démon d'écrire le tourmente déjà. Il écrira de mieux en mieux, même quand, cessant de tenir la plume trop lente, il dictera sa correspondance et ses Mémoires. C'est un homme de lettres, comme on l'est dans sa famille, comme l'était l'ancêtre italien Jacopo Buonaparte qui a laissé un récit du sac de Rome, comme le seront Joseph, Lucien et Louis, tous, plus ou moins, noircisseurs de papier.

On a la liste de ses lectures. On a ses cahiers de notes et ses premiers griffonnages. Il est étonnant de voir comme l'art de la guerre y tient peu de place. Le métier militaire, Bonaparte l'apprend au jour le jour, par le service. Et comme il assimile tout, il profite aussi de cet enseignement-là. Rentré dans la chambre qu'il a louée à Mlle Bou, au prix de huit livres huit sols par mois, il lit sans trêve, mais ce que pourrait lire un élève de l'école des sciences politiques.

À Erfurt, après avoir repris le prince-primat sur la date de la Bulle d'Or, l'empereur dira avec une juste fierté que, lorsqu'il avait "l'honneur d'être simple lieutenant en second d'artillerie", il avait dévoré la bibliothèque du libraire et qu'il n'avait rien oublié, "même des matières qui n'avaient aucun rapport avec son état". C'est que, pendant ces studieuses années de Valence, l'amour de la Corse le dirige et le soutient. Pour elle, il a soif de savoir. Il médite d'écrire l'histoire de son île et de la dédier à un autre idéologue qu'il admire passionnément, l'abbé Raynal. Mais sa curiosité s'étend. Elle va à l'étude des hommes, des pays, des sociétés, des gouvernants, des religions et des lois, elle va d'instinct à ce qui est général et à ce qui est grand. Le jour où le chemin du pouvoir s'ouvrira pour un soldat, c'est la somme prodigieusement variée de ses lectures qui le mettra à cent pieds au-dessus de ses rivaux.

Soldat, il lui reste à le devenir. Il avait passé par des écoles militaires qui étaient plutôt des maisons d'éducation. Comme ses camarades, et suivant la règle, il fut d'abord simple canonnier, puis caporal, puis sergent, montant la garde et prenant la semaine. Ce n'est qu'au bout de trois mois qu'il eut accès à son grade. Dans cette armée de l'ancien régime, tout était sérieux et les jeunes aristocrates devaient faire leur stage dans le rang. Encore une excellente école. Bonaparte, pour toute sa vie, saura ce que c'est que l'homme de troupe. Il saura ce qu'il pense et ce qu'il aime, ce qu'il faut lui dire et comment lui parler.

En janvier 1786, vêtu de cet uniforme bleu aux parements rouges qui lui semblera toujours le plus beau du monde, il remplit enfin les fonctions d'officier et jouit des premiers agréments de l'épaulette. Il y avait à Valence une petite société de province. Elle s'ouvrit à lui comme à ses camarades. Il ne vécut pas tout à fait en solitaire. Tout sauvage, gauche et pédant qu'il était, il fut sensible à l'accueil d'une femme aimable, Mme du Colombier, qui lui donnait de bons conseils et qui avait une fille, Caroline, avec laquelle il esquissa une amourette timide. N'allait-il pas manger des cerises avec elle, à la fraîche, comme Jean-Jacques avec Mlle Galley ? Même auprès de Mlle Caroline, il était livresque, innocemment.

Cependant, s'il portait l'habit d'artilleur, il lui restait à apprendre l'artillerie. Rien ne l'honore plus que le témoignage reconnaissant qu'il a rendu à ses chefs et à ses maîtres. A l'âge où l'on commence à savoir que tout homme, eût-il du génie, doit aux autres plus qu'à lui-même, il a parlé d'eux avec une chaleur sincère. Le corps de l'artillerie, disait-il à Las Cases, était, quand j'y entrai, "le meilleur, le mieux composé de l'Europe... C'était un service tout de famille, des chefs entièrement paternels, les plus braves, les plus dignes gens du monde, purs comme de l'or". Il ajoutait : "Les jeunes gens se moquaient d'eux mais les adoraient et ne faisaient que leur rendre justice."

En 1786, le petit sous-lieutenant de seize ans et demi s'initie à peine à la balistique, à la tactique et à la stratégie. Où il est bien, c'est dans sa pauvre chambre, près de ses livres et de l'encrier. Sans argent, il prend son plaisir avec les idées et la main le démange d'écrire. Il jette sur le papier une invocation déclamatoire aux héros de la liberté corse. Il raisonne sur le sort de son pays natal et conclut au droit de secouer le joug des Français. Une autre fois, c'est une méditation romantique : "Toujours seul au milieu des hommes, je rentre pour rêver avec moi-même et me livrer à toute la vivacité de ma mélancolie. De quel côté est-elle tournée aujourd'hui ? Du côté de la mort." C'est René, c'est Werther. Dans le même temps, Chateaubriand, sous-lieutenant au régiment de Navarre, aurait pu composer le même lamento. À quel point Bonaparte aura été de son siècle, si ce pessimisme de l'adolescence n'est pas de tous les siècles, à quel point il en aura été au moins par le style, ces cahiers de jeunesse en font foi.

Mais pourquoi veut-il mourir par métaphore ? À cause de la Corse esclave et malheureuse. Le moment de son premier congé approche. Il va retrouver son île, objet de ses exercices littéraires, pensée de tous ses jours. "Quel spectacle verrai-je dans mon pays ? Mes compatriotes chargés de chaînes et qui baisent en tremblant la main qui les opprime ?" Enfin, au mois d'août, il a son congé. Le 1er septembre, il part pour Ajaccio. Il a compté très exactement qu'il est "arrivé dans sa patrie sept ans neuf mois après son départ, âgé de dix-sept ans un mois". Sa patrie, il allait la découvrir. Et ce qu'il emportait, avec l'uniforme qu'il était si fier de montrer là-bas, c'était une malle remplie de livres. Mais quels livres ! Rousseau, bien sûr, et des historiens, des philosophes, Tacite et Montaigne, Platon, Montesquieu, Tite-Live. Et puis des poètes, Corneille, Racine, Voltaire "que nous déclamions journellement", racontait plus tard son frère Joseph. D'ouvrages militaires, point. Le dieu de la guerre était encore dans les limbes. En tout cas, il était en vacances.

Il les fera durer vingt mois, prétextant tour à tour sa santé et des affaires de famille pour obtenir des prolongations de congé. Plus d'un an et demi. C'est beaucoup dans une vie qui sera courte et précipitée, où le temps sera précieux. Mais, en arrivant dans cette Corse qui, de loin, a tant occupé son esprit, il s'aperçoit d'une chose troublante, c'est qu'il en parle mal le langage. Il a oublié le dialecte à tel point qu'il doit se remettre à l'apprendre. Sept années de France ont marqué leur empreinte. Corse, il l'est déjà un peu moins qu'il ne l'imagine, bien qu'il s'applique à l'être avec passion.

Et pourtant, par ce long séjour, il reprend contact avec sa terre. Il a pour elle un amour de tête, l'espèce d'amour la plus obstinée. Il médite toujours d'écrire l'histoire de son île et il recueille des documents, des témoignages. Mais ses journées d'Ajaccio sont tellement prises ! Ce qui les remplit, ce sont les affaires de sa famille, les soucis d'argent, cette désolante plantation de mûriers, qui va de mal en pis, la santé de son vieil oncle l'archidiacre, pour lequel il sollicite une consultation du fameux docteur Tissot par une lettre en beau style que le grand praticien laissa sans réponse. Le congé expiré, l'*Histoire de la Corse* sera encore à l'état de projet.

"Le sieur Napoléon de Buonaparte, lieutenant en second au régiment de La Fère artillerie", écrit pourtant beaucoup. Maintenant ce sont des suppliques. Le voilà devenu solliciteur, comme son père. Letizia le presse d'intervenir auprès des bureaux et des ministres. Elle-même a vainement envoyé réclamation sur réclamation, multiplié les mémoires justificatifs, signés "veuve de Buonaparte", pour obtenir les indemnités promises à la pépinière. Si l'on veut obtenir quelque chose, il faut suivre l'exemple du père, réclamer sur place, s'adresser directement à Versailles. Napoléon fait le voyage. Le voici à Paris, la bourse légère, mais, pour la première fois, libre et grand garçon dans la ville que, de l'École militaire, il avait à peine entrevue.

Visites aux services du contrôle général, attente chez les chefs de bureau, audience du premier ministre, Mgr Loménie de Brienne, prélat ami des philosophes ; après quoi, le lieutenant se promène à travers Paris. Un soir de novembre, en sortant du théâtre des Italiens, il parcourait les galeries du Palais Royal quand il rencontra "une personne du sexe". Il lui trouva "un air convenant parfaitement à l'allure de sa personne... Sa timidité m'encouragea et je lui parlai". C'est ainsi que le futur époux d'une archiduchesse connut la femme. Rentré à son modeste hôtel, il écrit, - car il sent toujours le besoin d'écrire -, le compte rendu de cette rencontre, curieux récit, que l'on croirait cette fois échappé à la plume de Restif de la Bretonne. Mais noircir du papier est chez lui comme une rage. De *l'Hôtel de Cherbourg, il* datera encore un parallèle entre l'amour de la gloire, qui est le propre des monarchies, et l'amour de la patrie qui n'appartient qu'aux républiques, exemple Sparte et la Corse. Et la Corse reparaît lorsqu'il esquisse une lettre de l'ancien roi de l'île, l'aventurier fantaisiste Théodore, à milord Walpole, pour invoquer la loyauté de l'Angleterre. Ce roi Théodore est celui que Candide avait rencontré dans l'auberge de Venise. Mais notre écrivain ne plaisante pas. Son Théodore est pathétique, et le milord magnanime comme celui de *Julie*. Walpole arrache Théodore à son cachot de Londres et lui accorde 3,000 livres de pension... L'Angleterre, en 1815, sera moins généreuse avec Napoléon déchu.

De ses démarches, le futur empereur rapporte peu de résultats. À Ajaccio, il retrouve Madame Mère plus que jamais en peine d'argent, parce que le séjour à Paris a coûté cher. A ce moment, elle n'a pas de bonne et elle demande à Joseph, qui est allé à Pise conquérir son diplôme de docteur en droit, de lui ramener une servante " qui fasse notre petite cuisine ". Une requête suprême pour les mûriers reste à tenter auprès de l'intendant de la Corse. Napoléon se rend à Bastia. Il y rencontre ses collègues de la garnison, dîne avec eux, les étonne par son "esprit sec et sentencieux", son "ton doctoral", les scandalise par des théories que nous nommerions aujourd'hui autonomistes et séparatistes. Et l'un de ces officiers français lui ayant demandé s'il irait jusqu'à tirer l'épée contre un représentant du roi dont il portait l'habit, Bonaparte, gêné, ne répondit pas. Il se mordit peut-être les lèvres, regrettant d'en avoir trop dit, lui, d'ordinaire renfermé, aussi prudent en paroles qu'il était exalté la plume à la main.

À force de renouveler son congé, il y avait plus de vingt mois qu'il était absent de son corps. En juin 1788, il fallut enfin rejoindre.

Sa garnison était Auxonne, toute petite ville de Bourgogne et siège d'une école d'artillerie que commandait le maréchal de camp baron du Teil, de qui relevait aussi le régiment. Bonaparte y restera jusqu'au mois de septembre 1789 et ce séjour sera fructueux. Car tandis que la France entre en révolution et que le service appelle le jeune lieutenant à la répression des émeutes qui éclatent déjà un peu partout, c'est sa véritable formation, non seulement d'artilleur mais de militaire, qu'il reçoit sous la direction de son chef. Né dans une famille de soldats, enfant de la balle, le général du Teil aimait à enseigner. Il avait le goût d'éveiller les intelligences. Il distingua Bonaparte qui fit avec lui son école d'état-major. Ce ne furent pas seulement les *Principes d'artillerie*, les méthodes de tir *et "la* manière de disposer des canons pour le jet des bombes" que le jeune officier acquit à Auxonne, mais ses premières notions de tactique. Ce fut même davantage. Il s'initia à l'art de la guerre et se pénétra des idées qu'il devait appliquer plus tard.

Arrivé, et arrivé au pouvoir suprême, il dira à Roederer : "Je trouve toujours à apprendre." Nous avons déjà vu que c'était une de ses facultés maîtresses, que son esprit était une merveilleuse aptitude à retenir tout ce qui s'y déposait et à en tirer parti. Or le temps de sa formation intellectuelle était celui où une nouvelle doctrine s'était élaborée dans les têtes pensantes de l'armée française. De même qu'on a vu, après 1870, un renouvellement des études militaires, la guerre de Sept ans avait créé le besoin de sortir des anciens systèmes. Rosbach avait produit le même effet que Sedan. Souvent la défaite stimule. Et comme on ne regarde ordinairement qu'une chose à la fois, il nous semble que la France, dans les années qui précèdent 1789, était occupée tout entière par les débats politiques. Cependant, aux approches de l'orage, une génération d'officiers avait travaillé, réfléchi, vécu dans une fièvre d'idées. Ces soldats écrivains avaient donné une inspiration, une méthode, pour les guerres qui allaient venir. Leurs ouvrages étaient lus et commentés dans les milieux militaires. Les meilleurs chefs en étaient imbus. Bonaparte a connu *l'usage de l'artillerie nouvelle* du chevalier du Teil, frère de son général, les *Principes de la guerre de montagnes* de Bourcet, *l'Essai général de tactique* de Guibert, le comte de Guibert célèbre alors et pour autre chose que d'avoir eu l'amour de Mlle de Lespinasse. Tous ces auteurs allaient plus loin que Frédéric II. Tenant compte des moyens que donnait le matériel moderne, ils élaboraient de nouvelles règles aux-quelles le roi de Prusse n'avait pu penser. Les campagnes de Frédéric dataient déjà. Guibert, du Teil enseignaient une autre façon de faire la guerre.

Les principes qu'appliquera le vainqueur de tant de batailles, on les trouve dans leurs manuels et leurs traités. La stratégie napoléonienne y est en germe. Avoir la supériorité numérique sur un point donné et concentrer les efforts, tenir toujours ses forces réunies par la liaison entre toutes les parties de son armée, surprendre l'ennemi par la rapidi-té des mouvements (ce que le grognard appellera "faire la guerre avec ses jambes" ces recommandations simples et claires devaient frapper et séduire l'intelligence de Bonaparte. Il les a appliquées, développées, énoncées, traduites en action, de telle sorte qu'il les a faites siennes et qu'on a pu à bon droit leur donner son nom. Mais c'était encore un héritage et un héritage français. Selon les expressions dont s'est servi l'historien qui de nos jours a renouvelé cette partie de la biographie de Bonaparte, le capitaine Colin : "La génération militaire qui l'a précédé et instruit n'a pu lui inspirer que le désir ardent de réaliser cet idéal de guerre offensive et vigoureuse auquel on se croyait sûr d'at-teindre."

Les théoriciens du nouveau système de combat attendaient même le réalisateur. Il viendrait, avait écrit Guibert, le jour où il aurait à commander une armée nouvelle, une "milice nerveuse". Et l'auteur de l'Essai général de tac-tique avait prophétisé : "Alors un homme s'élèvera, peut-être resté jusque-là dans la foule et l'obscurité, un homme qui ne se sera fait un nom ni par ses paroles ni par ses écrits, un homme qui aura médité dans le silence, un homme enfin qui aura peut-être ignoré son talent, qui ne l'aura senti qu'en l'exerçant et qui aura très peu étudié. Cet homme s'emparera des opinions, des circonstances, de la fortune, et il dira du grand théoricien ce que l'architecte praticien disait devant les Athéniens de l'architecte orateur : ce que mon rival vous a dit, je l'exécuterai."

On n'est jamais qu'à demi-prophète. Et Guibert n'avait pas prévu le jour où l'homme qu'il avait aperçu dans l'avenir ne commanderait plus une "milice nerveuse" mais une immense armée, où il aurait, non plus à entraîner quelques divisions dans les plaines d'Italie, mais à manier de grandes masses et à soutenir des batailles de nations. La guerre changerait de face. La méthode de Guibert ne suffirait plus, la stratégie napoléonienne serait désorientée. Ce jour-là, Napoléon, bien qu'il affirmât que rien n'était impossible, éprouvera la difficulté de se renouveler.

Ainsi les mois d'Auxonne seront des temps de travail et d'étude. Là encore s'exerce le don que Bonaparte a reçu en naissant et qui a été rarement poussé aussi loin, le don d'apprendre, de retenir, d'employer les connaissances qui viennent à sa portée. Il profitait au polygone et partout. Un jour, il est mis aux arrêts : "Heureux accident", dira son admirateur Roederer. Dans la chambre où il reste enfermé vingt-quatre heures, il n'y a qu'un livre, les Institutes de Justinien. Il dévore le poudreux in-folio. Près de quinze ans plus tard, pendant la rédaction du Code civil, il étonnera le Conseil d'État en citant les lois romaines. D'une lecture de hasard, il avait assez retenu pour se trouver à l'aise avec de vieux juristes.

Pour que ces provisions de savoir pussent servir, pour que le lecteur du *Digeste* devînt législateur suprême, il fallait d'immenses événements. Ils approchaient. C'est d'Auxonne que Bonaparte assista aux débuts de la Révolution et dans un esprit qu'il importe de discerner et de définir, car une autre explication de sa carrière, et non pas la moindre, est là.

Aujourd'hui, la Révolution, rangée dans la catégorie des phénomènes politiques à laquelle elle appartient, se dé-pouille de sa légende. Elle a eu un développement qui s'est répété ailleurs, une pathologie qui n'est pas une excep-tion. Elle a commencé par des désordres vulgaires, qui ont précédé et suivi la prise de la Bastille. Il y eut de ces désordres partout. Il y en eut dans la région bourguignonne où se trouvait le régiment de Bonaparte. Militaire, il participa aux répressions. Au mois d'avril 1789, envoyé avec sa compagnie à Seurre où des troubles avaient éclaté, il eut une contenance énergique et dissipa un rassemblement tumultueux en donnant à haute voix l'ordre de charger les armes et en criant à la foule : "Que les honnêtes gens rentrent chez eux, je ne tire que sur la canaille." Revenu à Auxonne, il y fut témoin de scènes plus graves. Le 19 juillet, comme dans un grand nombre de villes, la population envahit les bureaux d'octroi, brisant tout, lacérant les registres et les rôles, car, selon la remarque désabusée que Carnot faisait plus tard, les révolutions ont pour raison profonde la haine des impôts. Le mois suivant, nouveau symptôme de décomposition ; la série des séditions militaires commençait. Le régiment de La Fère imita les autres, somma le colonel de lui livrer la caisse régimentaire et les mutins furent victorieux.

C'est comme un étranger à la solde de la France que le lieutenant Bonaparte regarde ces événements. Soldat et discipliné, il n'hésiterait pas à tirer sur l'émeute s'il en recevait l'ordre. Il n'a de goût ni pour les mutineries ni pour les insurrections. Seulement, il juge tout comme quelqu'un qui, au fond, n'est pas du pays. Sans doute, par ses lectures, il est porté vers les idées nouvelles. Quelques-uns de ses camarades le sont aussi et ceux-là rêvent une régénération de la France. Quant à lui, il calcule l'affranchissement de la Corse. D'autres ont des sentiments royalistes. Où les eût-il acquis ? L'heure venue, rien n'attachera au passé ce naturalisé de fraîche date. Mais s'il ne peut aimer l'ancien régime, il ne le déteste pas non plus. Position privilégiée, presque unique, qui lui permettra plus tard, dans une liberté d'esprit complète, de garder une part de la Révolution et de rétablir quelques-unes des institutions renversées, de prendre à son servi des émigrés aussi bien que des régicides. N'ayant pas plus de regrets que de rancune pour la monarchie qui allait sombrer, il ne se sentira de devoirs ni envers elle, ni envers la République. Dans le drame qui se jouait en France, il était spectateur en attendant d'être arbitre.

Les sentiments républicains qu'il avait pris dans le culte de Paoli autant que dans la lecture de Rousseau, et qui lui faisaient déjà échanger des coups de pied sous les tables de l'École militaire avec Phélipeaux, se montèrent sans doute aux nouvelles de Paris. Pourtant, il gardait la tête froide. Dépourvu d'argent, il ne sort guère de sa chambre que pour le service. Il ne cesse de lire, il écrit avec abondance, en français toujours, car on n'a pas de lui une page en italien, bien que son français soit émaillé d'italianismes et de fautes d'orthographe. Et, sur les livres les plus divers, religions et mœurs de l'Orient, histoire de l'Église, constitution de la Suisse, il prend force notes, selon la bonne méthode, celle de l'adage ancien qui dit que la lecture sans la plume n'est qu'une rêverie. Il ne renonce même pas à la littérature, et, de cette époque, datent encore deux petits récits que nous appellerions des "nouvelles". Puis, tour à tour, il analyse la République de Platon et l'histoire de Frédéric II. Il met de côté une fiche sur les résultats financiers de la Compagnie des Indes, une autre sur le budget de Necker. Et, dans ces papiers, se trouvent aussi les statuts de l'association régimentaire des jeunes officiers, qui était en usage dans l'ancienne armée et qu'on appelait la Calotte. Bonaparte a rédigé les articles de ce projet, destiné aux lieutenants de La Fère, avec autant de sérieux que s'il se fût agi de donner une Constitution à un grand pays.

Que fait donc Bonaparte tandis qu'à Paris la Révolution commence ? Il écrit, il écrit toujours. Il a soumis son *Histoire de la Corse,* enfin composée sous forme de lettres, à l'un de ses anciens maîtres de Brienne, le P. Dupuy. Le 15 juillet 1789, il reçoit les premières observations du Minime, qui corrige le style, redresse des expressions fautives, efface des passages emphatiques. Le jeune auteur, tout à son ouvrage, n'est pas trouble par les nouvelles de Paris comme le fut, dit-on, le philosophe Kant, qu'on vit pour la première fois dérangé dans sa promenade lorsqu'il apprit l'assaut de la Bastille. La chute de la vieille forteresse ne figure pas plus dans les papiers du lieutenant que dans le journal de Louis XVI.

Chose plus importante pour l'orientation de sa vie, il sera absent de France durant la plus grande partie de la période vraiment révolutionnaire, la période de l'enthousiasme. Il sera en Corse du mois de septembre 1789 jusqu'à la fin de janvier 1791, puis d'octobre 1791 à avril 1792, enfin d'octobre 1797 à juin 1793. Il aura vu des épisodes de la Révolution française. Il ne l'aura pas vécue, il n'en aura respiré les passions que de loin, et, surtout, il ne s'y sera ni engagé ni compromis. Il y entrera quand elle sera déjà faite. De la tête et du coeur, il sera aussi libre envers la République qu'envers la royauté déchue.

A son deuxième congé, partait-il pour la Corse avec la pensée d'y jouer un grand rôle et d'être un autre Paoli ? Si précoce qu'il fût, il était pourtant à l'âge du désintéressement et de l'idéalisme. Et, pour les grandes ambitions, il était pareillement trop jeune. L'âge, les dates, l'harmonieux concours des circonstances le serviront encore ici. Plus vieux, plus mûr, pourvu d'un grade supérieur et plus en vue, peut-être eût-il, dans son pays, brigué et obtenu un siège de député aux assemblées révolutionnaires. Alors, encore une fois, sa destinée tournait, sa carrière était manquée.

Avec son frère Joseph, il fit bien de la politique en Corse mais assez petitement, quoiqu'il se remuât beaucoup. D'abord, en débarquant, une déception l'attendait. La réalité ne répondait pas à ce qu'il n'imaginait ni à ce que les idéologues lui avaient appris. La République idéale, est-ce cela ? Les citoyens de la nouvelle Sparte sont loin de partager son zèle pour la Révolution libératrice. Il trouve l'île divisée en clans et en factions. Tout de suite, des notables comme Pozzo di Borgo et Peraldi, influents par leur nombreuse clientèle, auprès de qui les deux frères Bonaparte sont d'infimes personnages, se dressent contre lui. Il se heurte aux conservateurs, aux réactionnaires qui accueillent avec méfiance ou qui rejettent les idées de Paris, et ce sera bien pire quand la question religieuse s'en mêlera. De là résulte pour le politicien novice une conséquence décisive. Ayant embrassé le parti de la Révolution dans l'intérêt de la Corse, il ne peut, dans son île, combattre la contre-révolution sans se ranger parmi les patriotes et s'enrôler, à son insu, dans le parti français. Il est conduit, pour la même raison, à se réjouir comme d'une victoire sur les aristocrates du décret de la Constituante qui proclame la Corse partie intégrante du territoire et qui en fait deux départements pareils aux autres. Débarqué à Ajaccio avec les sentiments d'un autonomiste, sa doctrine, d'après laquelle il fallait être pour la Révolution parce que la Révolution délivrerait l'île de la tyrannie, le met du côté des unificateurs, c'est-à-dire du côté de la France. Il n'en sortira plus. À la fin, il se séparera de Paoli lui-même, parce que le défenseur de l'indépendance, son dieu, son héros, à qui la candeur des Constituants avait rouvert la Corse, voudra la livrer aux Anglais, considérant que le Français, avec la cocarde tricolore comme avec la cocarde blanche, est toujours l'ennemi.

Ainsi, ce furent surtout des déboires que Napoléon emporta de ses séjours successifs dans sa première patrie, jusqu'au moment où elle le rejeta tout à fait. Pourtant cette école lui fut encore utile. Elle lui apprit la politique et les hommes, la ruse et l'action. Mêlé aux élections départementales où il poussa son frère Joseph, mêlé aux soulèvements qui éclatent dans l'île contre les administrateurs français, il se forme aux coups de main, à l'intrigue et au mépris de la légalité. Il acquiert une expérience précoce et perd à chaque pas quelques illusions sur les hommes. Il a encore le feu de l'enthousiasme lorsqu'il rédige sa *Lettre à Butta-fuoco où* il couvre d'injures emphatiques ce député de la noblesse aux États généraux, ce traître qui cherche à mettre l'Assemblée en garde contre l'héroïque Paoli. La municipalité d'Ajaccio accorda à la lettre vengeresse les honneurs de la publication et l'infatigable noircisseur de papier eut la joie de se voir imprimé. Mais Paoli accueillit froidement la brochure et Bonaparte, qui a fait traîner son congé, repart pour la France avec cette légère mortification, premier nuage sur son enthousiasme. Malgré son dévouement, il est suspect aux paolistes à cause de l'uniforme qu'il porte et qui le rend trop Français pour eux.

Rentré à son régiment, il passe bientôt lieutenant en premier et il est envoyé à Valence. De Corse, il a ramené son frère Louis dont il surveillera les études. Et il reprend la vie de garnison, d'autant plus austère que la solde doit maintenant suffire à deux.

Des lectures toujours, et un griffonnage ardent. Ce jeune homme est-il un militaire, un politicien ou un littérateur ? Il est tout cela à la fois. En 1791, de la plume qui vient de rédiger pour Joseph des professions de foi électorales, il concourt pour le prix de l'académie de Lyon. Il y a douze cents livres à gagner et elles ne seraient pas superflues dans la gêne où il est, avec son jeune frère à sa charge. Le sujet proposé était aussi loin de l'artillerie que des querelles corses : *Quelles vérités et quels sentiments il importe le plus d'inculquer aux hommes pour leur bonheur.* Sur ce thème, il brode quarante pages auxquelles ne manquent ni le talent, ni même une certaine poésie, ni surtout l'enflure. Bonaparte n'obtiendra pas le prix mais il a écrit son traité avec complaisance. Il s'y est préparé en collectionnant dans un cahier spécial des expressions pour s'entraîner au beau style. Bref, il n'est pas loin de sentir en lui un auteur.

Et puis il commence à se déniaiser. Il se civilise. Les agitations d'Ajaccio lui ont fait du bien et, à Valence, on le trouve changé à son avantage, sociable, beaucoup plus gai, peut-être seulement un peu trop républicain. Ayant mordu à la politique, il s'inscrit à la Société des amis de la Constitution, il y prend même la parole, sans s'apercevoir que plus il s'intéresse à ce qui se passe en France, plus il s'éloigne de son autre patrie.

Il conciliait ainsi beaucoup d'états divers, celui d'officier gentilhomme, de Corse, de philosophe et d'écrivain, d'orateur de club, lorsque se produisit l'événement de Varennes. Le départ de Louis XVI, son humiliant retour à

Paris laissaient prévoir le renversement de la monarchie. C'est ainsi que le comprirent les militaires auxquels fut demandé un nouveau serment, bien plus grave que l'autre puisqu'il devait être écrit et prêté à l'Assemblée seule. Beaucoup d'officiers refusèrent, se regardant comme engagés d'honneur envers le roi. Ceux-là émigreront et Napoléon, qui avait connu leurs scrupules de conscience, sera indulgent à ces émigrés. D'autres jurèrent, quelquefois avec enthousiasme, le plus souvent avec résignation, soit parce que, militaires avant tout, ils avaient le goût de leur métier, soit parce qu'il leur répugnait de quitter la France, soit enfin parce qu'ils n'avaient pas d'autre ressource que leur solde. Ainsi le général du Teil consentit à servir la Révolution qu'il n'aimait pourtant pas. Il fut mal récompensé, car on le fusilla en 1794.

Quant à Bonaparte, pourquoi eût-il hésité ? Rien ne l'attachait aux Bourbons ni à la monarchie. Aussi bien que la Révolution, il eût servi le Grand Turc, chose à laquelle, dans une heure de détresse, il pensera un peu plus tard. Et, sur le moment, il ne s'aperçut pas que l'émigration en dépeuplant les cadres, lui donnait des chances d'avancer comme les événements apportaient aux militaires des chances de se signaler.

Pour qu'il fît une carrière en France, pour que son adhésion au régime nouveau lui profitât, il fallait qu'il se déprît enfin de cette Corse, de cette ensorceleuse à laquelle il revenait avec obstination. Pour son bonheur, celle qui l'avait séduit se chargera de le repousser. Il y a ainsi des hommes qui, avec leur liberté, doivent leur fortune à une déception de jeunesse et à un bienfaisant chagrin d'amour.

Chapitre III : Ingrate patrie

Au mois de septembre 1791, on était, en France, tout près des élections. On sentait aussi venir la guerre que l'Assemblée nouvelle, la Législative, ne tarderait pas à déclarer. Il était d'autant plus difficile d'obtenir des congés que l'émigration dépeuplait et désorganisait les cadres. Néanmoins, Bonaparte sollicita et, grâce au général du Teil, obtint encore une permission.

On s'étonne qu'un garçon aussi intelligent n'ait pas deviné qu'il y aurait bientôt des grades à cueillir par brassées. Hoche, Marceau et jusqu'à Pichegru, son ancien répétiteur, commandent des armées bien avant lui. Il se met en retard pour se faire nommer en Corse adjudant-major d'un bataillon de gardes nationaux volontaires, ce qui n'est pas plus que capitaine dans l'active. Et non seulement il se met en retard, mais, porté absent au moment d'un contrôle sévère des officiers qui ont émigré, il aura à son dossier une mauvaise note. Son île l'attire toujours. Il ne voit pas qu'il y perd son temps.

Les petits Bonaparte pouvaient faire du zèle. Ils étaient toujours trop Français pour Paoli qui empêcha que Joseph fût député à l'Assemblée législative et le "noya" dans le conseil général de la Corse afin de ne pas lui laisser de fonctions à Ajaccio. Quant à Napoléon, pour être élu lieutenant-colonel de la garde nationale, il lui fallut plus d'intrigues que pour devenir empereur, et il y dépensa en partie l'héritage de son oncle Lucien, l'archidiacre. Il n'hésita même pas à s'emparer d'un électeur influent et à le séquestrer pour s'assurer de lui le jour du vote. Il serait exagéré de voir dans ce petit coup de force une préface au 18 brumaire. Cependant, si Bonaparte fut élu, ce fut par surprise et par violence et il se fit des ennemis acharnés dans le clan adverse, celui de Pozzo di Borgo et de Peraldi.

On a écrit des livres entiers sur les aventures de Bonaparte en Corse. Ce qu'elles ont de plus intéressant, c'est de montrer à quelles disputes misérables, à quelles entreprises sans avenir il se fût usé, si bientôt sa bonne étoile ne l'eût fait expulser par Paoli.

Au mois d'avril 1792, le mois où la Révolution lance la France dans une guerre qui durera plus de vingt ans, et qui, après avoir déraciné la vieille monarchie, renversera la République et dressera le trône impérial pour le renverser à son tour, à quoi Napoléon Bonaparte était-il occupé ? À un coup de main dans les rues d'Ajaccio. Le jour de Pâques, la population, très pieuse, soulevée par ses prêtres et ses moines contre la Constitution civile du clergé, a attaqué les volontaires ; Bonaparte, leur chef, répond par des fusillades et des mesures de rigueur qui lui vaudront des haines vraiment corses dans sa ville natale où il passe alors pour un bourreau de Saint-Barthélemy. Comme le colonel Maillard, qui commande la troupe régulière, intervient dans le conflit, Bonaparte refuse d'obéir et veut profiter de la circonstance pour s'emparer de la citadelle, ce qui était, d'un bout à l'autre de l'île, le plan des paolistes en vue de proclamer l'indépendance. Officier français, il tente même de débaucher les soldats. Ainsi il s'entraîne aux illégalités. Il perd ses scrupules. Il oublie ses cahiers de lecture, ses essais littéraires et il ne déclame plus contre les factieux, les ambitieux et les conquérants.

L'échauffourée avait mal tourné pour lui et le laissait en mauvaise posture devant ses compatriotes comme à l'égard du gouvernement français. Il s'aperçoit alors que la Corse n'est pas sûre. Il n'est pas non plus sans inquiétudes sur les suite d'une affaire où il s'est comporté en rebelle. D'autre part, il n'a de position sociale qu'en France. Il tient à son grade et à son uniforme d'artilleur qui, même en Corse, lui donnent du poids et il s'expose, s'il reste absent de son régiment, à être rayé des cadres et inscrit sur la liste des émigrés. Au mois de mai, afin de se mettre en règle avec l'autorité militaire, il se rend à Paris.

Il retrouve la France et la grande ville en "combustion". Le mot est de lui. D'un oeil déjà exercé, il distingue que la Révolution marche vers le pire et il est témoin d'émeutes plus graves que celles d'Ajaccio. De la terrasse du bord de l'eau, il observe, le 20 juin, l'invasion des Tuileries. Le 10 août, chez Fauvelet, frère de son camarade Bourrienne et marchand de meubles au Carrousel, il assiste à la prise du château "par la plus vile canaille". Chaque fois il s'indigne qu'on n'ait pas mieux résisté à ce que "la populace "a" de plus abject" et il est frappé de cette inconcevable faiblesse. Il y pensera longtemps et, plus tard, il dira que Louis XVI, dans ces journées fatales, disposait pourtant d'un plus grand nombre de défenseurs que la Convention au *13 Vendémiaire*. Après le massacre des Suisses il se risque dans les Tuileries, il aide même à sauver un de ces malheureux. Chez lui, le militaire se réveille, l'éducation reparaît. Ses sentiments naturels ne sont pas ceux d'un sans-culotte.

Mais s'il a horreur du désordre, oubliant que lui-même vient d'être factieux à Ajaccio, il a assez de prudence pour ne pas se donner des airs d'aristocrate. Comme toute sa famille, il supprime sa particule. Surtout il regarde les événements en curieux qui, sans y participer, est pourtant intéressé à en prévoir le cours. Il se tient en contact avec les députés corses. Par leur recommandation au ministre de la Guerre, il se fait réintégrer dans l'armée. Il obtient, l'indiscipline étant alors moins grave que le crime de contre-révolution, que le rapport sur les émeutes d'Ajaccio n'ait pas de suite. Il se dispose enfin à rentrer dans un régiment avec le grade de capitaine et, les hostilités ayant commencé entre l'Autriche et la Prusse, à prendre part à la campagne, lorsque ses idées changent brusquement.

La déchéance de Louis XVI, l'abolition de la monarchie, les fâcheux débuts de la guerre lui donnaient à penser que la "combustion" deviendrait une vaste anarchie où la France se décomposerait. Alors l'indépendance de la Corse se produirait naturellement. Repris par son vieux rêve, il veut être là, voir ce grand jour, prendre une place dans son pays libéré. La fermeture de la maison de Saint-Cyr où était élevée sa soeur, la nécessité de reconduire cette jeune fille auprès de sa mère, l'insécurité de Paris (on suppose qu'il resta caché, avec Elisa, pendant les massacres de Septembre), lui fournissent un nouveau prétexte pour rentrer au pays. Le capitaine Bonaparte s'intéresse peu à ce qui se passe en Argonne. Il est à Marseille, attendant un bateau, lorsque tonne le canon de Valmy. Il a l'air de tourner le dos à la fortune avec obstination.

Sans doute, ce sera son dernier séjour dans l'île. Il faudra qu'elle le chasse pour qu'il y renonce.

Tout de suite il fut abreuvé d'amertumes. On avait soumis au gouvernement révolutionnaire une idée qui fut trouvée admirable ; c'était de conquérir la Sardaigne. Bonaparte, avec son bataillon de gardes nationales corses, fut de l'expédition qui devait commencer par un débarquement aux îlots de la Madeleine, en face de Bonifacio. C'était sa première campagne et il se promettait d'y briller. Tandis que la Révolution était à son paroxysme, qu'elle venait de jeter la tête de Louis XVI en défi à l'Europe, qu'elle entrait en guerre avec l'Angleterre, la Hollande et l'Espagne, son ambition à lui était de se distinguer par la conquête d'un abri de pêcheurs.

À peine a-t-il parlé de cet épisode et, d'ailleurs, il n'aimait pas à se rappeler son dernier séjour au pays natal. L'expédition de la Madeleine ne fut même pas un désastre. Ce fut une honte. Paoli, à qui la Révolution, dans la période de l'enthousiasme, avait donné le commandement des bataillons corses parce qu'il était un héros de la liberté et un martyr du despotisme, commençait à prendre une attitude douteuse. Il n'était pas partisan d'un coup de main sur la Sardaigne, regardant les Sardes comme des frères, et le moins qu'on puisse dire c'est qu'il n'y mettait pas de bonne volonté. D'autre part les marins de la République qui transportaient les troupes de débarquement et devaient les appuyer se composaient de la plus sale écume des ports. Aux premiers coups de canon qui partirent des forts ennemis, ils crièrent à la trahison et se révoltèrent contre leurs chefs. Les volontaires corses avaient déjà pris terre. Voyant s'éloigner la frégate qui devait les protéger de son feu, ils furent saisis de panique à leur tour. Il fallut repartir au plus vite, si vite que Bonaparte, la rage au coeur, dut abandonner ses trois pièces d'artillerie. Fâcheux début et qui fut sur le point de tourner plus mal encore, car, au retour à Bonifacio, les marins de la République faillirent assassiner le jeune lieutenant-colonel.

Il n'est pas à la fin des déboires. Pas une de ses illusions qui ne doive s'envoler. Paoli, maintenant, tourne le dos à la Révolution qui ne donne pas l'indépendance à la Corse. Il reprend position contre la France. Bonaparte a trouvé chez son grand homme de la froideur, puis de la suspicion. Désormais, c'est de l'hostilité, une hostilité étendue à tout le parti français. Sur les rapports inquiétants qui lui sont adressés, la Convention envoie dans l'île trois commissaires chargés de surveiller le vieux chef.

Ils essayaient assez prudemment d'éviter la guerre civile et d'arranger les choses lorsque, soudain, de Paris, arrive l'ordre d'arrêter Paoli dénoncé à la Convention comme un agent de l'Angleterre et comme un traître. Cette fois, le soulèvement de la Corse est sûr. Et d'où venait le coup ? On le sut par l'auteur lui-même qui s'en vanta dans une lettre à ses frères. C'est le troisième des Bonaparte, Lucien, le petit Lucien (il n'a alors que dix-huit ans) qui, au club des Jacobins de Toulon, a accusé Paoli de menées liberticides. Et la Convention a obéi sans délai à l'appel du club. Devenu homme, Lucien, actif et inventif, mais remuant et indocile, sera encore l'enfant terrible de la famille.

Dès lors, entre Paoli et les Bonaparte, la vendetta est ouverte. Napoléon comprend aussitôt qu'il n'a plus qu'à sortir de sa ville. Il tentait de rejoindre les commissaires à Bastia, lorsqu'il fut arrêté par des paysans paolistes. Il leur échappe, se cache chez un de ses parents, réussit enfin à rallier l'escadrille française qui tente vainement de reprendre Ajaccio insurgé. Déjà il est dénoncé avec tous les siens comme un ennemi de la Corse. A Corte, la Consulte paoliste voue à une "perpétuelle exécration et infamie" les Bonaparte, "nés dans la fange du despotisme" et à qui l'on reproche avec force injures le ralliement de leur père, la protection de Marbeuf et les bourses du roi.

Napoléon riposte par un factum furieux contre Paoli. Cependant il a fait passer à sa mère un billet : "Préparez-vous à partir, ce pays n'est pas pour nous." Letizia s'enfuit avec ses plus jeunes enfants. Il était temps. La maison d'Ajaccio fut dévastée, on dit même brûlée. Réfugiée au maquis, comme au temps du Monte-Rotondo, Letizia errait sur la côte lorsque Napoléon et Joseph, à bord d'un navire français, la recueillirent avec les enfants. Le 3 juin, la famille était réfugiée à Calvi.

Rien ne reste du rêve corse. Bientôt les paolistes auront livré l'île aux Anglais. Et Pozzo di Borgo, son ennemi, Bonaparte le retrouvera, acharné à lui porter le dernier coup en 1814, dans vingt et un ans, tant cette histoire, si prodigieusement pleine, est prodigieusement courte. Mais, par la force des choses, qu'il l'ait voulu ou non, Napoléon est rejeté vers la France, ce qui était écrit depuis le jour où son père l'avait mené au collège d'Autun. Pour ressource, il n'a que son grade de capitaine. Plus de carrière, plus même de moyens d'existence que dans le pays où, jusque-là, il s'est cru un étranger.

À la fin du mois de juin, la famille débarque sur le continent. Elle loge d'abord dans un faubourg de Toulon qu'il faut quitter pour Marseille. Ce n'est plus la pauvreté. C'est la misère. On se lia avec un marchand de tissus, Clary, qui avait des filles. L'une d'elles épousa Joseph. Napoléon eût volontiers épousé l'autre demoiselle. Selon un mot qui est trop beau et qui appartient à la légende, le commerçant marseillais aurait trouvé que "c'était assez d'un Bonaparte dans une maison". Clary était mort quelques mois après avoir connu les émigrés corses. Tout ce qu'on sait de certain c'est que Napoléon eut un sentiment pour Eugénie-Désirée. Elle lui représentait un bonheur simple, un peu trop simple, car il lui préféra la brillante Joséphine. Mais toujours homme de lettres, il confia cette histoire d'amour au papier et en fit un petit roman, *Clisson et Eugénie,* dans le genre troubadour. Eugénie-Désirée Clary épousera Bernadotte et sera reine de Suède tandis que sa soeur Marie-Julie, femme de Joseph, sera reine de Naples, puis d'Espagne. Mais qui donc, en ce temps-là, se doutait que tout deviendrait possible, même le merveilleux ?

On lit dans les *Mémoires secrets sur la vie de Lucien Bonaparte, prince de Canino* : "*Jusqu'au* 13 vendémiaire, Mme Buonaparte mère et ses trois filles étaient retirées à Marseille, dans un petit appartement, presque dans une même chambre, vivant des faibles secours que le gouvernement français accordait aux émigrés de la Corse... En allant prendre le commandement de l'armée d'Italie, Buonaparte alla voir sa famille et il la trouva à table, mangeant des oeufs sans pain, avec des fourchettes d'étain. Il resta stupéfait, et, prenant la main de sa mère, il lui dit : "Un avenir différent s'avance, ma mère ; ayez le courage de l'attendre, je saurai le hâter."

Même fausse, - et elle l'est certainement quant à la date, - l'anecdote peint une situation. À la fin du mois de juin 1793, la famille Bonaparte était dans la détresse. Retardé dans son avancement, encore officier subalterne, Napoléon aurait gravement compromis sa carrière et perdu son temps en Corse s'il n'y avait gagné la protection du député

Saliceti. Car le mérite ne suffirait pas. Il faudrait arriver aussi par la politique et en courir les hasards à un moment où la tête des plus habiles était exposée, où personne n'était sûr du lendemain.

Qu'était ce risque auprès de la mauvaise direction qu'avait failli prendre sa vie ? "Depuis, disait-il, les grandes affaires ne m'ont pas permis de penser souvent à la Corse." Le théâtre était mesquin et ne lui eût réservé qu'un tout petit bout de rôle. Sur sa patrie ingrate, il avait sans tristesse secoué la poussière de ses souliers. À ses compatriotes il avait même gardé de la rancune, au moins de la méfiance. On a voulu faire de lui l'homme de l'île et du clan parce qu'il a subi ses frères et ses sœurs. Il ne s'est jamais entouré de Corses, bien qu'il eût, disait-il, "environ quatre-vingts cousins ou parents". Et il avait évité avec soin de paraître escorté de la tribu, car, ajoutait-il, "cela eût bien déplu aux Français".

D'ailleurs si, désormais, il ne pensa plus qu'à peine à la Corse, s'il tint les cousins à distance, la Corse fut longue à prendre au sérieux ce petit Bonaparte et les siens qu'elle avait vus faméliques et fugitifs. Elle donna une grosse proportion de "non" au plébiscite du consulat à vie. Miot de Melito, qui administrait l'île à ce moment-là, note que "si tous les départements de la France eussent été animés du même esprit que ceux du Golo et du Liamone, la rapide élévation de Bonaparte eût peut-être rencontré plus d'obstacles".

Mais son échec d'Ajaccio était une délivrance. Le sortilège est fini et son île s'est chargée de le rompre elle-même. Elle a encore soulagé Bonaparte de la rêverie sentimentale et littéraire qui a occupé sa première jeunesse. Jean-Jacques, Raynal, l'idéologie, le "roman de la Révolution", c'est à tout cela, en même temps qu'à Paoli, que, sans le savoir, il a dit adieu. Il ne croit plus à la bonté de la nature humaine. Peut-être n'avait-il pas besoin de cette épreuve pour se durcir, mais il s'est bien durci. Son style même a changé, s'est fait nerf. Bonaparte a franchi l'âge du sentiment. Il a dépouillé le jeune homme.

Chapitre IV : Éclaircies et jours pénibles

Lorsque Bonaparte, capitaine comme devant, rentre dans l'armée après ce long et stérile intermède corse, c'est pour retrouver la guerre civile. Le Midi s'est insurgé contre la Convention. Affecté au 4e régiment d'artillerie, dans une compagnie qui tient garnison à Nice, Bonaparte y remplit des fonctions modestes. Le général du Teil, frère de son ancien protecteur d'Auxonne, l'emploie au service des batteries de côte. Le capitaine construit des fours à réverbère, invention nouvelle pour rougir les boulets destinés à "brûler les navires des despotes". C'est dans ce style qu'il écrit alors et, en 1793, il était ordinaire et prudent d'écrire ainsi. Des fours à réverbère, il passa au train des équipages. Il est envoyé en Avignon pour organiser les convois de l'armée d'Italie, - presque un métier de charretier. Mais sur la route, il trouve Avignon occupé par des fédéralistes marseillais. Il doit attendre que la ville soit reprise pour s'acquitter de sa mission.

Occupé à ces besognes obscures, il commence à s'inquiéter. Personne ne pense à lui. L'oubliera-t-on dans les postes subalternes ? Il a besoin d'attirer l'attention. D'Avignon, où il se morfond en préparant ses convois, il adresse une demande au "citoyen ministre" pour être affecté à l'armée du Rhin. Et, de la même plume, il compose le dialogue qui est intitulé le *Souper de Beaucaire* bien que, probablement, il n'ait pas été écrit à Beaucaire.

C'est un petit ouvrage d'une bonne venue, très bien fait. Même si ce n'était pas d'un futur empereur, on y reconnaîtrait du talent. Il y a plus que cela, une netteté qui va jusqu'à la force. Les arguments se pressent, rangés en bon ordre, les arguments politiques et militaires, pour prouver que l'insurrection du Midi est vaine, qu'elle sera vaincue, qu'elle n'a ni les moyens ni surtout le souffle qui soutiennent la Vendée et la rendent si redoutable. Car le *Souper de Beaucaire* est une brochure d'actualité. L'auteur sait ce que c'est que la propagande. Il s'y est exercé à Ajaccio. Il fait, d'une tête froide et d'un esprit rassis, l'analyse d'une situation en même temps que l'apologie du gouvernement terroriste. Il démontre au fédéraliste marseillais que la cause des Girondins est perdue d'avance. Le "génie de la République" l'a abandonnée. La Convention l'emportera parce qu'elle dispose de troupes aguerries. La riche cité de Marseille sera ruinée par des représailles terribles. Elle a intérêt à cesser au plus tôt une résistance inutile et la raison le lui commande. Tout cela est dit avec autorité, mais avec élégance, l'auteur évitant le jargon révolutionnaire et les injures, affectant de ne prendre parti pour personne, de ne considérer que les faits. Rien ne pouvait être plus agréable aux représentants du peuple qui surveillaient la répression du fédéralisme dans le Midi.

Tout démuni d'argent qu'il était, Bonaparte avait payé de sa poche l'impression de la brochure. C'est qu'il en calculait l'effet et il calculait bien. Elle était destinée moins à convaincre les insurgés qu'à attirer l'attention sur l'auteur. Par fortune, Saliceti, avec qui Bonaparte s'était lié en Corse dans leur lutte commune contre Paoli, se trouvait parmi les commissaires de la Convention qui accompagnaient l'armée de Carteaux, chargée de réprimer la rébellion du Midi. Après avoir réduit Avignon, Nice et Marseille, Carteaux avait mis le siège devant Toulon insurgé qui avait appelé les Anglais. Le jeune capitaine, rejoignant Nice avec son convoi, s'arrêta au quartier général de Beausset pour faire visite à son compatriote Saliceti. Par fortune encore, il se trouva que le chef de bataillon Dommartin, commandant de l'artillerie, venait d'être blessé grièvement. Saliceti proposa que sa place fût donnée au "citoyen Buonaparte, capitaine instruit". L'autre représentant, Gasparin, acquiesça. Les convois s'en allèrent à Nice comme ils purent. Le capitaine avait enfin un poste d'action.

S'il fut à même d'y montrer la justesse de son coup d'oeil et son esprit d'initiative, il ne faudrait pas exagérer l'impression que produisirent ses talents militaires. La légende s'est emparée *plus* tard, mais assez tard, du grand Napoléon au siège de Toulon. Ce qu'il y eut de plus remarquable dans la part qu'il prit aux opérations, on ne pouvait alors ni le savoir ni l'apprécier et ses plus grands admirateurs eux-mêmes semblent à peine s'en être aperçus.

Onze années après, le jeune prince de Bade disant qu'il n'y avait rien à voir à Mayence, l'empereur lui répondit avec vivacité qu'il se trompait, qu'à son âge, chaque fois qu'il avait du temps à passer dans une ville, il l'employait à examiner les fortifications et c'est ce qu'il avait fait à Toulon quand, petit officier, il s'y pro-menait en attendant le bateau de Corse, "Qui vous dit que vous ne devez pas un jour assiéger Mayence. Savais-je alors que j'au-rais à re-prendre Toulon ?"

On tient ici un des secrets de Napoléon et l'une des justifications de sa fortune prodigieuse. La rapidité de la conception, la sûreté du coup d'oeil, il les a, mais nourries d'étude. Eût-il su, en arrivant à l'armée de siège, par où il fallait attaquer Toulon, si naguère, en passant là pour s'embarquer, il n'y avait, comme toujours et comme partout, appris quelque chose ? Au lieu de flâner au café, il s'était rendu compte de la topographie, il avait regardé le système de défense, par cette curiosité, ce besoin de connaître qui ne se rassasiaient pas. De même, étant aux arrêts, il avait lu les Institutes de Justinien sans se douter qu'il présiderait un jour, dans un Conseil d'État, à la rédaction du Code civil. De même encore, dans sa chambre à huit livres huit sols par mois, il avait pris des notes sur la Constitution de la Suisse sans prévoir qu'il deviendrait médiateur de la Confédération helvétique. A toutes les pages, son histoire enseigne l'avantage de la science, comme dans la fable de La Fontaine.

C'est ainsi, et non par intuition mais par raisonnement, qu'en prenant possession de son poste il désigna tout de suite l'Eguillette comme le point dont il fallait s'emparer parce qu'il commandait la rade. Quand on en serait maître, les navires anglais et espagnols seraient sous le feu du canon et n'auraient plus qu'à prendre le large. La ville tomberait alors. Et c'est ce qui se passa en effet.

Le commandant du siège, Carteaux, était assez bon homme pour un sans-culotte, mais ignare. Il avait été dragon et quelque chose comme gendarme. Il avait fait aussi de la peinture. Son esprit était borné, ses connaissances militaires à peu près nulles. Il ne comprit pas quand Bonaparte, montrant la pointe de l'Eguillette, dit que Toulon était là et il déclara que ce blanc-bec n'était pas ferré sur la géographie. Pendant plus d'un mois, Carteaux mit obstacle au plan du jeune officier. Les commissaires Saliceti et Gasparin comprirent, eux, que c'était pourtant le capitaine qui avait raison. Ils obtinrent du Comité de salut public le remplacement de Carteaux, non sans avoir signalé "Buona Parte, le seul capitaine d'artillerie qui soit en état de concevoir ces opérations". Mais la Convention n'eut pas la main plus heureuse avec Doppet, un ancien médecin, que son incapacité fit écarter après peu de temps.

Dugommier, qui succéda à Doppet, avait plus d'expérience de la guerre. Pourtant il hésitait à se ranger aux vues de Bonaparte, que les représentants avaient nommé chef de bataillon, lorsqu'un autre appui vint au jeune officier. L'armée de siège s'étant accrue, l'artillerie a été confiée au général du Teil et Bonaparte ne la commande plus qu'en second. Mais du Teil devait voir la situation comme lui. Tout ce qui était vraiment militaire savait que, pour prendre Toulon, il fallait d'abord dominer la rade. Si Bonaparte se distingua par quelque chose, c'est par ses idées claires, la netteté de ses explications, l'esprit de suite avec lequel il affirma ce qu'il fallait faire pour réussir.

Du Teil, vieilli, fatigué, laissait aller Bonaparte, lui donnait raison. Il avait réussi à convaincre Dugommier, dont le plan, inspiré de celui de Bonaparte à quelques détails près, fut soumis au Conseil de guerre qui l'approuva. Telle fut, autant qu'il est possible de la déterminer, la part du commandant en second de l'artillerie de siège. Il faut ajouter qu'il paya de sa personne. Deux fois, au cours des assauts, il fut blessé. Il tira lui-même le canon et l'on a toujours admis qu'il avait pris la gale, dont il souffrit si longtemps, en maniant le refouloir qu'un homme hors de combat venait de lâcher.

Enfin, le 17 décembre 1793, l'Eguillette tombe et tout se passe comme il l'a prévu. Les navires anglais et espagnols, menacés d'être incendiés à coups de boulets rouges, prennent le large et livrent la ville insurgée aux vengeances de la Convention.

La récompense de Bonaparte, c'est d'être nommé général de brigade à la demande de Saliceti et de Robespierre le jeune qui a assisté à l'événement. La recommandation du frère de Maximilien nuira à Bonaparte après Thermidor. Mais il s'est fait connaître d'un autre conventionnel. Barras était également commissaire dans le Midi. Il n'avait pas cru à la prise de Toulon, tant cette place paraissait formidable. Il retint le nom de Bonaparte. Il s'en souviendra au moment de Vendémiaire, dans une circonstance qui sera tout à fait décisive pour la carrière de Napoléon.

Car si le nouveau général a acquis une réputation, ce n'est encore qu'auprès de peu de personnes. Il s'est fait des camarades, Junot, Marmont et ce Muiron, le plus près de son coeur, qui sera tué en le protégeant à Arcole. Il commence à être connu d'un certain nombre de militaires. Mais son nom est loin d'avoir percé. Il y a tant de noms à ce moment-là ! Et, en pleine Terreur, les esprits sont occupés de tant de drames ! Quand Junot annonce à sa famille que Bonaparte l'a pris pour aide de camp, son père lui répond : "Pourquoi as-tu quitté ton corps ? Qu'est-ce que ce général Bonaparte ? Où a-t-il servi ? Personne ne connaît ça." Dans la carrière de Bonaparte, Toulon n'est qu'un premier échelon, à peine une étape et seulement un très bon début, mais dans un épisode de guerre civile, ce qui comporte des inconvénients sérieux. Et puis, à la fin de 1793, les faits de guerre abondent. Il n'est pas extraordinaire d'être promu général de brigade. Des généraux, il y en a beaucoup, et de fameux. Pour que la gloire vienne au jeune artilleur qui s'est distingué à Toulon, il faudra encore bien des circonstances. Pour tout dire, Bonaparte n'est pas sorti de l'obscurité. On lui tient compte des services qu'il a rendus sans que personne lui attribue la victoire. Lui-même se possède trop pour s'enivrer de ce premier succès. S'il commence à entrevoir un avancement, il ne pense pas qu'il ait gagné la couronne de Charlemagne. Si l'ambition commence à lui venir, une autre ambition que d'être notable parmi les Corses, "tout cela, disait-il à Las Cases, n'allait pas fort haut, j'étais loin de me regarder encore comme un homme supérieur".

Il avait raison d'être modeste. D'autres traverses l'attendaient, car ces temps étaient difficiles et ce qu'on avait gagné un jour devenait une cause de perte le lendemain. Bonaparte, à Toulon, s'est fait sans doute des relations utiles. Il s'en est fait aussi de dangereuses. Il s'est engagé avec les terroristes. Il va s'engager avec eux davantage et plus qu'il ne faudrait, plus peut-être qu'il ne voudrait, car Thermidor ne tardera pas et Thermidor le trouvera lié avec Augustin Robespierre qui l'aura recommandé à son terrible aîné comme un homme "d'un mérite transcendant". Recommandation aussi funeste après la réaction thermidorienne que le nom de girondin et de fédéraliste avant. Napoléon était fort discret sur cette période de sa vie où vraiment la fortune, après un sourire, avait cessé de lui être favorable. Chargé de remettre en état de défense les côtes provençales, n'a-t-il pas un jour le désagrément d'être dénoncé par des Jacobins qui l'accusent d'avoir relevé un des forts de Marseille de concert avec les ennemis de la République ? L'effet d'une pareille délation, si absurde fût-elle, ne se faisait jamais attendre. Le général Bonaparte est cité à la barre de la Convention. Il doit, pour éviter ce fatal voyage, se faire délivrer des certificats de civisme qui se retourneront bientôt contre lui et serviront à prouver sa complicité avec les hommes de sang.

Tiré de cette fâcheuse affaire, il reçoit, en mars 1794, le commandement de l'artillerie à l'armée d'Italie. C'est sa première apparition sur un des théâtres de la guerre extérieure. Il y sera remarqué. Il est même à peu près certain qu'à partir de son arrivée au quartier général les plans furent rédigés par lui. La marche des opérations se ressentit de sa présence. À Saorge et sur la Roya, il essaie ses talents militaires, il mûrit ses principes stratégiques, il forme la conception générale de sa prochaine campagne d'Italie. Il n'en est pas moins vrai qu'il n'inventait pas tout et qu'il trouva, là encore, la plupart des idées que, deux ans plus tard, il appliquera en plus grand et avec éclat. Conquérir l'Italie pour y nourrir les armées et pour procurer de l'argent à la République, c'est une pensée que les Conventionnels ont déjà eue et le représentant du peuple Simond parlait, avant la proclamation fameuse, des "riches greniers de la Lombardie". Simond lui-même répétait ce que les chargés d'affaires français à Gênes, à Rome, à Florence écrivaient depuis des mois, montrant les richesses italiennes comme une proie facile à saisir, alors que la République avait de si cruels besoins d'argent. Quant à attaquer l'Autriche par la Lombardie et à prendre l'Empire germanique à revers, les généraux de la monarchie se l'étaient proposé avant ceux de la Révolution. Catinat, Villars, Maillebois avaient précédé Bonaparte, Charles VIII et François 1er avaient pris la route où la République à son tour s'engageait.

Ces débuts d'Italie, qui devaient être si profitables au jeune général, qui préparèrent sa campagne foudroyante de 1796, faillirent bien aussi le perdre. Sans qu'il s'en doute, à Saorge et sur les lignes de la Roya, il court d'autres dangers que ceux du feu. Il s'introduit, il se compromet dans les querelles redoutables qui mettent aux prises les hommes de la Révolution.

À l'état-major du général Dumerbion, il a retrouvé des figures de connaissance, son compatriote Saliceti, Robespierre le jeune. Avec eux, il est tout de suite en sympathie. Les représentants du peuple sont pour l'offensive, et l'offensive, c'est son affaire. Il en a non seulement le tempérament mais la doctrine. Il en connaît les procédés et les moyens. Seulement, le moment où il en trace le plan est celui où le Comité de salut public se divise sur la conduite de la guerre comme sur l'ensemble de la politique. Carnot, surtout, entre en opposition avec le dictateur. Naguère pacifiste, Maximilien Robespierre est maintenant pour la lutte à outrance sur tous les fronts, tandis que son collègue s'alarme de l'extension des hostilités. La fin de ce conflit, c'est le 9 thermidor.

Le jour où tombe Maximilien, Augustin est à Paris. Il a quitté l'armée pour obtenir du Comité que les opérations soient poussées avec vigueur selon le plan arrêté de concert avec Bonaparte. Augustin périt avec son frère. Dès le lendemain, le Comité de salut public donne l'ordre d'arrêter l'offensive sur le front italien et de borner les opérations à la défense du terrain conquis.

Discerner jusqu'à quel point le jacobinisme de Bonaparte a été sincère est difficile. Plus difficile encore de dire s'il était lié avec Augustin par sympathie ou par utilité. Il ne s'est jamais vanté de ses relations avec les deux frères. Il ne les a pas niées non plus. Il les a passées sous silence. Et peut-être, avec ses instincts d'autoritaire, avait-il un certain goût pour la dictature de Robespierre, moins la guillotine. "La prolixité de la correspondance et des ordres du gouvernement est une marque de son inertie ; il est impossible que l'on gouverne sans laconisme." Cette maxime, qui pourrait être de l'empereur, est de Saint-Just. Elle est l'indice de certaines affinités. En tout cas, jacobin, il le restera longtemps, peut-être avec des nuances, mais en veillant bien à ne pas être abandonné du "génie de la République".

En temps de révolution, qui gagne un jour perd le lendemain. Bonaparte n'a été du parti triomphant que pour être tout de suite du parti vaincu. Il se trouve, plus qu'il ne le voudrait, engagé avec les Robespierre quand survient le 9 thermidor. Et la Terreur a produit les effets, laissé les habitudes du despotisme. On veut plaire aux maîtres de l'heure. Pour leur donner des gages, on cherche des boucs émissaires, on fait du zèle, on dénonce. Surpris par la réaction thermidorienne, craignant pour eux-mêmes, les représentants du peuple à l'armée d'Italie dépassent les instructions nouvelles que le Comité leur envoie. Alors Bonaparte put mesurer la lâcheté humaine. Albitte, Laporte, Saliceti lui-même, son protecteur, son ami, ne veulent plus rien avoir de commun avec le "faiseur de plans" de Robespierre et de Ricord. La frayeur le leur rend suspect. Ils ont failli être compromis. Les collaborateurs de la veille ne sont plus que "des intrigants et des hypocrites" qui les ont "joués". Ce Buonaparte était "leur homme". Ce doit être un traître. Une mission, une enquête, dont Ricord l'avait chargé à Gênes, leur apparaît comme un sombre complot, en rapport avec celui de la faction que la Convention vient d'abattre. Onze jours après le 9 thermidor, par leur ordre, le général d'artillerie est mis en état d'arrestation.

On le relâche bientôt, non sans qu'il ait protesté contre une accusation inepte, non sans que ses camarades, Marmont et Junot surtout, aient joint leurs protestations aux siennes. On le relâche, faute de preuves d'abord. Et puis l'ennemi, voyant que les Français hésitent, a repris courage et devient menaçant. Bonaparte est délivré, son commandement lui est rendu parce qu'on ne trouve personne pour le remplacer. Il conseille de prévenir l'attaque et, le 21 septembre, les Autrichiens sont battus à Cairo. Cependant le compte rendu de Dumerbion au Comité, tel au moins qu'il est lu à la Convention, ne parle ni du général d'artillerie ni de ses savantes combinaisons. Le succès de Cairo n'eut pas de lendemain. Mais, dans ces opérations qui annoncent et préparent des victoires plus éclatantes, Bonaparte, se servant de l'expérience qu'il vient d'acquérir sur le terrain, entrevoit les lignes d'un plan plus vaste et plus complet, un plan qu'il exécutera quand il commandera en chef à son tour et qu'il aura eu le temps de mûrir.

Car, en dépit des services qu'il vient de rendre, il ne se relève pas de la suspicion dont il est frappé depuis le 9 thermidor. Du reste, la guerre offensive est décidément abandonnée ; Bonaparte retombe aux emplois obscurs, à l'organisation de la défense des côtes en Méditerranée. A Paris, les bureaux de la Guerre se méfient des officiers de l'armée d'Italie dont l'esprit est réputé mauvais et infecté de jacobinisme. On les disperse dans différents corps. En mars 1795, Bonaparte, rappelé du front italien, est désigné pour l'armée de l'Ouest, c'est-à-dire pour la Vendée.

Il refusa. Était-ce répugnance à se battre contre des Français, profond calcul pour ménager l'avenir ? Pourtant, à Toulon, il a pris part à la guerre civile. Il canonnera bientôt les royalistes sur les marches de Saint-Roch. Marceau, Kléber, Hoche ont combattu les Vendéens sans ternir leur réputation, en montrant même que les chefs militaires étaient plus humains que les civils et la férocité ailleurs qu'aux armées. Mais il ne plaît pas à Bonaparte d'être enlevé à l'Italie. Il n'aime pas les petits théâtres et, en Italie, il y a de grandes choses à faire. Il ne lui plaît pas davantage d'apprendre, en arrivant à Paris, qu'on lui destine une brigade d'infanterie. Artilleur, il croit déchoir. Il a une explication très vive, au Comité de salut public, avec Aubry, un modéré qui se méfie des officiers "terroristes", et avec raison, car il sera déporté à Cayenne après fructidor. À la fin, Bonaparte, pour refus de se rendre à son poste, sera rayé des cadres de l'armée.

Refus qui n'arrange pas ses affaires, qui semble presque absurde et qui lui vaudra d'assez vilains jours. Il n'en fait qu'à sa tête et, né pour commander, il met son orgueil à désobéir. Pourtant, il n'a pas les moyens d'être indépendant et le retrait d'emploi tombe mal. C'est le temps où l'assignat se déprécie, où, de semaine en semaine, la vie devient plus chère. Les ressources des amis, des parents sont tares. Il faut que la famille Bonaparte s'entraide. Tantôt, c'est Napoléon, se trouvant en fonds, qui envoie un secours à Lucien. Joseph, qui, par son mariage avec la fille du marchand de tissus, n'est pas sans argent, fait ce qu'il peut pour ses frères et ses soeurs. Le fidèle Junot reçoit de ses parents de petites sommes qu'il risque au jeu et, quand il gagne, il partage avec son chef. Bref, la part faite des exagérations et de la légende, le général en demi-solde mange parfois un peu de vache enragée. La pauvreté, il l'a connue. Maintenant, il y a des jours où il voit de près la misère.

À ce calamiteux passage de son existence, on a de lui des images qui le montrent sous un triste aspect. D'un accord commun, il ne paie pas de mine. Sa maigreur est déplorable, son teint jaune, ses cheveux sans soin, sa garde-robe élimée. Avec sa taille qui était moyenne (on ne lui trouve guère plus de 1 m. 65), il paraît petit, étant décharné, comme il le paraîtra devenu gras. Il traîne avec lui deux aides de camp, ou plutôt deux acolytes, Junot et Marmont, qui ne sont pas plus reluisants que leur général. Un jour qu'ils arpentent le boulevard, Junot lui avoue qu'il aime Pauline et le frère le raisonne. "Tu n'as rien, elle n'a rien. Quel est le total ? Rien." On était loin d'entrevoir les duchés, les principautés et les trônes.

Junot n'épousa point Pauline, mais Laure Permon, qui sera duchesse d'Abrantès. La mère de Laure, qui était Corse, et liée avec la famille Bonaparte, accueillait le jeune général qui se plaisait dans la maison. La duchesse d'Abrantès, bavarde et mauvaise langue, trace de Bonaparte à ce moment-là un portrait somme toute vraisemblable. On le voit, avec ses bottes éculées et boueuses, après des courses dans Paris, heureux de s'asseoir à un foyer et devant une table, aventurier, un peu pique-assiette dans ce milieu bourgeois.

Ses journées, il les passe à rendre des visites, à entretenir des relations, à connaître le monde ou plutôt, ce qui le remplace alors, un demi-monde dont Barras est l'ornement, à rôder au ministère de la Guerre en quête d'un emploi. Car il n'est pas abattu. Son esprit travaille et il fait "mille projets chaque soir en s'endormant". Il en soumet à la division du Comité de salut public qui est chargée des plans de campagne, et, comme il y montre sa connaissance de l'Italie où les opérations, sous Kellermann, ne sont pas heureuses, il est attaché au bureau topographique. On le consulte comme le spécialiste du front italien. Mais, à ce moment, il apprend que le sultan demande à la République des officiers d'artillerie. L'Orient, où l'on ne fait pas seulement du grand mais du grandiose, le tente. L'idée que par là on peut atteindre la puissance anglaise est déjà dans l'air. Et puis, une mission à l'étranger paie bien. Par deux *fois* Bonaparte se propose pour organiser l'armée turque. Il est désigné, il est prêt à partir, il emmènera même une partie de sa famille à Constantinople lorsqu'un contrordre survient. Un membre du Comité, probablement d'après une note des bureaux, a fait observer que la présence du général était plus utile au service topographique. Sans l'obscur Jean Debry, Bonaparte allait manquer la première grande occasion de sa vie, celle qui déterminera le reste. Ainsi, dit justement un de ses historiens, Cromwell avait été retenu en Angleterre au moment où il s'embarquait pour l'Amérique.

En attendant que l'occasion paraisse, ces mois d'août et de septembre 1795 sont parmi les plus incertains de la vie de Napoléon, un jour bien bas, un autre jour plein d'espoir. "Si cela continue, mon ami, je finirai par ne plus me détourner lorsque passe une voiture", écrit-il à Joseph. Et dans une autre lettre, un mois plus tard : "Je ne vois dans l'avenir que des sujets agréables." Cependant, au Comité de salut public, Letourneur a repris le dossier des officiers jacobins, complices de Robespierre. Le 15 septembre, Letourneur arrête que "le général de brigade Bonaparte, ci-devant mis à réquisition près du Comité, est rayé de la liste des généraux employés, attendu son refus de se rendre au poste qui lui avait été assigné".

Tiré en tous les sens, le pauvre gouvernement d'alors n'était pas à une incohérence près. Avant six mois, le général destitué recevra un grand commandement parce que, avant trois semaines, il aura sauvé la République.

Chapitre V : Première rencontre avec la fortune

En octobre 1795, deux événements s'accomplirent dont la conjonction devait faire un empereur. Si l'on ne tient fortement cette chaîne, si l'on n'entre au coeur des choses, la carrière de Napoléon est inexplicable. Car il ne suffisait pas qu'il eût, et largement taillée, l'étoffe d'un dictateur. Il fallait encore, comme il l'a dit, "les circonstances". Ici, nous touchons à celles qui rendront la dictature nécessaire et qui permettront à Bonaparte de la saisir après qu'elles lui auront donné l'occasion de sortir de la foule obscure.

Tandis qu'il végétait à Paris, des changements s'étaient produits dans la République. Tirant les conséquences du 9 thermidor, les conventionnels venaient d'établir une nouvelle Constitution. Le règne d'une assemblée unique avait amené la tyrannie de Robespierre qu'il avait fallu briser. La concentration du pouvoir dans le Comité de salut public n'était qu'un expédient pour temps de crise. On ne pouvait plus se dispenser de fonder un gouvernement régulier. Le risque était de faire quelque chose qui, ressemblant trop à une monarchie parlementaire, enterrerait la Révolution. Alors les hommes qui s'étaient compromis dans les jours terribles, les "votants", ceux qui s'étaient marqués pour toujours par le régicide, pierre de touche des sincérités révolutionnaires, seraient menacés en même temps que leur oeuvre. La Convention adopta un régime, le Directoire, disposé de telle façon qu'elle se survécût à elle-même. Et la précaution par laquelle on prétendait fixer l'avenir devait être fatale au régime républicain. Nous sommes à la jointure.

Au lieu d'une seule assemblée, la constitution de l'an III en créa deux, le Conseil des Cinq-Cents qui serait comme la Chambre, tandis que le Conseil des Anciens serait une sorte de Sénat. La loi constitutionnelle disposa en outre que le Corps législatif serait renouvelable tous les ans par tiers, étant entendu que les deux premiers tiers seraient obligatoirement choisis parmi les membres de la Convention. C'était une assurance contre un risque immédiat, celui d'élections à droite. Il ne fallait pas que la réaction dépassât les bornes que les thermidoriens lui assignaient. Le Directoire était destiné à perpétuer un gouvernement de gauche fidèle à l'esprit de la Révolution.

D'autre part, on se résignait, non sans avoir vaincu une vive répugnance, à constituer un pouvoir exécutif. Seulement, pour éviter jusqu'à l'apparence d'un retour à la royauté, ce pouvoir exécutif serait à cinq têtes. Encore les cinq Directeurs seraient-ils élus par les Conseils. Encore seraient-ils renouvelables chaque année et par roulement. Encore seraient-ils choisis d'abord parmi les régicides, et, pour ne pas être inscrit dans la loi constitutionnelle, cet article secret n'était pas le moins important.

Ainsi la porte était fermée aux modérés et aux royalistes. Aucune surprise ne pouvait sortir des premières élections. Mais, dès les suivantes, ces précautions cesseraient d'être efficaces. On ne serait plus sûr de la composition des Conseils qui, eux-mêmes, ne prendraient plus nécessairement les directeurs parmi les " votants ", et l'on pouvait pressentir que les vieux conventionnels, en vertu de l'espèce de droit divin qu'ils attribuaient à la Révolution, refuseraient de s'incliner si la majorité passait à droite. Alors la force seule déciderait. On entrerait dans l'ère des coups d'État dont les républicains eux-mêmes prendraient l'initiative et donneraient le signal.

Cependant, depuis le 9 thermidor et les mesures qui avaient été prises contre la démagogie extrême, la Révolution avait perdu son principal ressort, son instrument d'attaque et de défense, qui n'avait jamais cessé de se trouver à l'Hôtel de Ville de Paris. En même temps que Robespierre, la Commune insurrectionnelle avait été mise hors la loi.

Elle ne s'était pas relevée de ce coup qui avait marqué le terme de la période révolutionnaire aiguë, car c'était par la Commune de Paris que toutes les grandes "journées" s'étaient faites. Maintenant, fédérés, insurgés, mégères des rues, hommes à piques et à bonnets rouges, n'étaient plus de vertueux patriotes mais des "anarchistes", des "bandits" contre lesquels les thermidoriens venaient de se défendre deux fois par les moyens dont les gouvernements doivent se servir. Louis XVI, bien qu'on l'en eût accusé, tant les révolutionnaires l'avaient craint, n'avait jamais fait marcher les régiments. C'était maintenant la Convention qui les employait contre l'émeute. Déjà, le 12 germinal, Pichegru, se trouvant à Paris, avait reçu le commandement des sections. Le 1er prairial, l'insurrection avait commencé, plus grave. Comme la garde nationale fléchissait, la Convention, cette fois, n'avait pas hésité à appeler les troupes de ligne elles-mêmes, sous les ordres du général Menou. Ce jour-là, un des premiers détachements qui arrivèrent au secours de l'Assemblée était conduit par un jeune officier, soldat de fortune, fils d'un aubergiste, que l'on reverra, le 18 brumaire. Il s'appelait Murat. Il aura un royaume.

Ce n'est pas tout. Après chacune de ces journées, les thermidoriens avaient frappé le jacobinisme, condamné à la déportation ou à la mort les représentants du peuple complices des factieux. Les survivants de la Gironde s'étaient vengés de la Montagne. Le "parti patriote" avait été écrasé et son dernier réduit dans la capitale, le "faubourg Antoine", contraint de livrer ses armes sous la menace du canon. Ainsi la Révolution se privait des éléments qui en avaient été le sel. Mais, le jour où elle serait débordée par la réaction à laquelle on ouvrait la voie, comme le jour où il s'agirait d'expulser des Conseils une majorité de droite, la Révolution ne pourrait plus compter sur les sans-culottes. C'est encore à la force organisée qu'elle devrait recourir. De quelque côté qu'elle fût menacée, il lui fallait désormais l'appui des militaires et, par là, elle se livrait à eux.

Ainsi la Convention avait préparé l'appel au soldat dans les affaires intérieures. Et comme si ce n'était pas encore assez, en laissant derrière elle un régime qui donnerait aux baïonnettes l'habitude d'intervenir dans la politique, elle léguait, à l'extérieur, une tâche écrasante à ce gouvernement faible, divisé, voué à des jours orageux.

Le 1er octobre *1795,* peu de temps avant de se séparer, la Convention dictait son testament véritable. Elle votait l'annexion de la Belgique qui annonçait l'annexion de la rive gauche du Rhin. Décision d'une gravité suprême, formidable engagement pour l'avenir. Dès que la Révolution avait envahi la Belgique, l'Angleterre était devenue son ennemie. Et l'Angleterre ne ferait pas la paix tant que les Français occuperaient le sol belge, pas plus qu'elle ne l'a faite tant que les Allemands l'ont occupé.

Rares furent ceux qui entrevirent ces conséquences. À peine quelques conventionnels prirent-ils la parole contre l'annexion qui ne pouvait manquer de "pousser à bout" les puissances ennemies. Harmand de la Meuse, Lesage d'Eure-et-Loir montrèrent que l'Europe ne resterait pas indifférente à cette extension du territoire français. Ils dirent que la réunion de la Belgique par droit de conquête supposait que le peuple français serait toujours le plus fort et dans un état de supériorité invariable, que l'Autriche serait abattue à jamais, que l'Angleterre abandonnerait le continent à la France. Les annexionnistes répondirent par un raisonnement opposé. La République, dirent-ils, n'aura pas la paix tant que l'Angleterre ne s'avouera pas vaincue. Pour la vaincre, il faut l'affaiblir. La réunion de la Belgique sera pour elle et pour son commerce un coup terrible qui l'obligera à capituler. La capitulation de l'Angleterre, Napoléon ne cherchera pas autre chose pendant quinze ans, et toutes ses annexions n'auront pas non plus d'autre motif.

Ce fut Carnot qui défendit cette thèse avec le plus d'ardeur. Il la traduisait dans le style du temps, par cette image : "Coupez les ongles au léopard." Il ajoutait un argument, décisif devant la Convention républicaine. Conservez le prix des luttes que la Révolution a soutenues, vous le devez, déclarait-il à ses collègues. "J'ose dire que, sans cela, on serait en droit de vous demander : où est donc le résultat de tant de victoires et de tant de sacrifices ? On ne verrait que les maux de la Révolution, et vous n'auriez rien à offrir en compensation, rien que la liberté." Déjà désabusé, Carnot pressentait que la liberté serait pour beaucoup une compensation médiocre. Il disait : "Un bien imaginaire."

Ainsi, la Révolution ne peut renoncer à ses conquêtes sans se détruire elle-même. Si elle y renonce, il n'y a plus qu'à rappeler les Bourbons. C'est le sens du refus que Napoléon, moins de vingt ans plus tard, opposera aux Alliés quand ils offriront la paix à condition que la France revienne à ses anciennes limites. La Révolution expirante enchaîne ses successeurs à la guerre éternelle. Il faudra que l'Angleterre soit vaincue ou que la Révolution le soit. Napoléon tentera de mettre l'Angleterre à genoux par le blocus continental, et le blocus continental le conduira à entreprendre la soumission de l'Europe entière. Ce sera encore un héritage de la Révolution. Déjà, par un décret rendu le 9 octobre 1793, sur la proposition de Barère, les marchandises d'origine britannique ont été prohibées et Clootz avait dit que cette mesure devait être imposée aux neutres pour "détruire Carthage". En 1796, la même prohibition sera renouvelée. L'empereur n'inventera ni cette politique ni ce système. Mais l'Empire sera nécessaire pour les continuer.

Résumons ces explications qui étaient indispensables. En laissant après elle un pouvoir débile et discuté, en léguant à ce pouvoir la tâche immense de vaincre l'Angleterre et l'Europe, la Convention ouvrait deux fois la porte à la dictature d'un soldat. Elle préparait l'avènement d'un général par une suite de coups d'État à l'intérieur, une guerre sans fin à l'extérieur. Mais dans cet ensemble de causes, comment le destin de Bonaparte s'est-il inséré ? Comment ces fruits ont-ils mûri pour lui, non pour un autre ? Nous l'avons laissé quand son étoile, qui a brillé un moment, semble éteinte. Reprenons le fil des événements.

Celui qui, dans vingt ans, finira sur une plaine belge, par un désastre grandiose, fut sans doute, le 1er octobre 1795, aussi peu attentif à la réunion de la Belgique que, pour la plupart, ses contemporains et ses historiens l'ont été. À ce moment, l'intérêt est ailleurs : tandis que la Convention délibère sur les frontières naturelles et croit avoir à jamais reconstitué les Gaules, Paris s'agite encore. Maintenant, c'est la contre-révolution qui le mène. En un an, elle a fait des progrès immenses dans cette bourgeoisie parisienne qui avait salué 1789 comme une aurore. Sauf une ou deux, toutes les sections, la section Le Pelletier à leur tête, protestent contre les décrets, "injurieux pour la nation", qui limitent le choix des électeurs et violent la souveraineté du peuple en attribuant aux conventionnels les deux tiers des sièges dans les nouvelles assemblées. Chaque jour, ce sont des incidents, des insolences, des mises en demeure. Et quand la Convention découvre qu'elle est menacée, non plus par les sans-culottes, mais par la réaction, elle s'aperçoit aussi que "la foudre révolutionnaire s'est éteinte entre ses mains". Elle hésite, en outre, devant une répression vigoureuse de crainte de réveiller le terrorisme et, par là, de donner, à la veille des élections, un argument à la droite en inquiétant le pays. Elle laisse aller les choses, elle supporte les défis des sections dans le calcul que la province et l'armée, qui a le droit de vote, seront plus dociles que Paris. Seulement, le jour où l'on apprend que la province et l'armée ont accepté des décrets, Paris se soulève.

C'est encore, comme au 1er prairial, le général Menou qui défend la Convention. Cette fois, il a en face de lui les bonnes sections avec lesquelles il protégeait l'Assemblée quatre mois plus tôt, tandis que les Jacobins qu'il a écrasés lui offrent leurs services. Menou est désorienté. On le serait à moins. Ayant vu la guillotine de près sous la Terreur, ses sympathies vont plutôt à ceux qu'il a eus pour alliés en prairial et qu'il doit combattre maintenant. De plus, ses instructions, peu péremptoires, se ressentent des perplexités des thermidoriens. Pour éviter de verser le sang, Menou, dans la soirée du 12 vendémiaire (4 octobre), conclut une sorte de trêve avec Delalot, un bourgeois énergique, chef de la section Le Pelletier. Le bruit se répand aussitôt dans Paris que le défenseur de la Convention a capitulé et l'insurrection crie victoire.

Saluons. C'est l'astre de Napoléon qui se lève. Que Menou fût moins faible ou Delalot moins ferme, l'occasion était manquée. Un jeune militaire sort de l'ombre grâce au colloque de deux hommes obscurs, un soir, à la section Le Pelletier, dans une salle du vieux couvent des Filles Saint-Thomas, à l'endroit où se trouve aujourd'hui la Bourse. C'est ainsi que la "commotion de Vendémiaire" a lancé à travers l'espace Bonaparte et sa fortune.

Le général en retrait d'emploi passait la soirée à deux pas de là, au théâtre Feydeau, avec un ami, tandis qu'avait lieu l'incident qui allait compter pour sa carrière beaucoup plus que Saorge et le fort de l'Éguillette. La Convention siégeait en permanence. Devant les progrès de l'insurrection et pour remplacer Menou aussitôt destitué, elle pensa à Barras, qui avait déjà commandé pendant la journée du 9 thermidor. Séance tenante, un décret nomma Barras général en chef de l'armée de l'intérieur. Depuis qu'il était à Paris, Bonaparte voyait souvent ce député influent. Il lui avait encore rendu visite, à Chaillot, le matin même. Barras, se méfiant de ses propres talents militaires, appréciait ceux du jeune officier dont il avait vu les débuts à Toulon. Il demande que le général Bonaparte lui soit adjoint. L'Assemblée consent. Elle lui accorde tout ce qu'il désire. Le danger presse. Il faut faire vite et Barras lui-même ne sait peut-être pas comme il a bien choisi son homme. Les nominations ont lieu dans la nuit du 12 au 13 vendémiaire. Aussitôt Bonaparte prend ses dispositions. Elles sont si judicieuses, sa manière est si expéditive qu'à six heures du soir tout est fini. Il y a de l'artillerie au parc des Sablons. Il ne faut pas, surtout, que les insurgés s'en emparent. Thiers, au début de la Commune, aurait dû se souvenir de l'exemple que lui donnait celui dont il avait écrit l'histoire. Avant l'aube, sur l'ordre de Bonaparte, le chef d'escadrons Murat a saisi les canons, puis les sectionnaires sont mitraillés sur les marches de l'église Saint-Roch, leurs restes dispersés. Trois ou quatre cents insurgés ont été tués, les espérances de la contre-révolution anéanties.

Ainsi Bonaparte, qui a refusé quelques mois plus tôt un poste en Vendée, n'a pas hésité à tirer à Paris sur les modérés et les royalistes. Il est vrai qu'il n'y met pas de passion. Il est comme indifférent à ces querelles. Junot assure que, dans les jours qui suivirent, son général lui dit : "Si ces gaillards-là (les sectionnaires) m'avaient mis à leur tête, comme j'aurais fait sauter les représentants !" Parmi les factions, il demeure sans amour et sans haine. Mais, soldat de fortune, il n'a pas manqué l'occasion qui s'offrait. Et puis, il est dans le sens de l'armée elle-même, qui est le camp de la Révolution. Il sera le général "Vendémiaire", non seulement pour la troupe, mais pour les politiciens, et il s'est acquis la faveur de ces thermidoriens de gauche qui se regardent comme les vrais républicains, ennemis de toute dictature. Enfin, son nom arrive à la notoriété. Cinq jours après l'événement, Fréron le cite avec éloges dans son rapport. Et Fain note dans son *Manuscrit de l'an III* : "On se demande d'où il vient, ce qu'il était, par quels services antérieurs il s'est recommandé. Personne ne peut répondre, excepté son ancien général Carteaux et les représentants qui ont été au siège de Toulon ou sur la ligne du Var." Il éveille la curiosité et l'on se dit que "son extérieur n'aurait rien d'imposant, n'était la fierté de son regard". Sa popularité naît. On appelle l'Ajaccien "le généra de Paris".

Ce qu'on ne sent pas, ce qu'il ne calcule pas non plus, tant la position lui est naturelle, c'est qu'il dominé un débat qu'il a terminé en donnant la parole au canon. Tout lui vient à la fois. D'abord le voici réintégré dans son grade et l'argent arrive. Il en envoie à sa mère. "La famille ne manque de rien", écrit-il à Joseph. Le voici, Barras ayant renoncé au commandement militaire, qui lui succède. Surtout, il entre dans la politique et il en fait une qui est déjà la sienne. Sa tâche, c'est la répression, désarmer les insurgés, poursuivre les coupables. "Le nouveau général en chef de l'armée de l'intérieur achève de se recommander par la manière dont il procède au désarmement des sections. Tout ce qui est rigueur dans ses ordres cesse de l'être dans l'exécution." Après avoir mitraillé, il concilie. Il n'en veut pas à ces réactionnaires qu'il vient d'écraser. C'est ainsi qu'il s'est plu à raconter une anecdote qui n'orne pas mal sa légende. Dans ces derniers jours d'octobre, il aurait reçu un jeune garçon de bonne mine qui demandait l'autorisation de conserver l'épée de son père, le général de Beauharnais, guillotiné sous la Terreur. Bonaparte, d'après son propre récit, accueillit Eugène avec bienveillance. Déjà il se plaisait à exercer le pouvoir de ce sourire, un de ses grands moyens d'action, par lequel il savait séduire, quand il le voulait, ou "accabler". Quelques jours plus tard, la mère apportait son remerciement au quartier général de la rue des Capucines. Eugène lui avait parlé avec enthousiasme du jeune chef qui l'avait écouté en gentilhomme et en soldat. À la vérité, il semble bien qu'elle avait, auparavant, rencontré Bonaparte chez Barras. Quelque chose la poussait vers le héros du jour qui pouvait être une relation utile. Elle ne se trompait pas. Dans ce bureau de police militaire, une couronne d'impératrice attendait la citoyenne Beauharnais.

Une femme encore assez jeune, une créole pire que jolie, élégante surtout, et qui avait avec la nonchalance des îles, les manières et le maintien de l'ancienne société. Mélange d'un vif attrait pour l'ancien cadet-gentilhomme qui avait trouvé touchante, un peu simplette, la fille du négociant Clary. Si la veuve du vicomte de Beauharnais, président de la Constituante, général en chef de l'armée du Rhin, avait étouffé la particule, comme le fils du gentilhomme corse du reste, c'était une femme de qualité. Oh ! sans un sou. Une vie d'aventures et des amants. Bonaparte n'y regarda pas de si près. Il rendit la visite rue Chantereine. Il y revint tous les jours. Joséphine lui plaisait, et beaucoup, sérieusement. Tout de suite elle l'avait pris, et tout de suite il voulut, avec l'amour, le mariage. Sa carrière s'annonçait bien. Ils pensèrent, lui qu'il avait les moyens d'épouser la femme de son goût, elle qu'autant valait celui-là qu'un autre. Ce Corse amoureux et fougueux, vingt-six ans quand elle en avait trente-deux bien sonnés, elle le trouvait "drôle". Facile, indolente, elle se laissait aimer. Surtout elle était "aux abois". Et il était temps de faire une fin. Le mariage, Bonaparte ne le proposait pas, il le demandait à genoux. Il était attaché par le coeur, un peu par la vanité. C'est un lieutenant amoureux d'une femme du monde. "Il s'imaginait, dit Marmont, faire un plus grand pas dans l'ordre social que, quinze ans plus tard, lorsqu'il partagea son lit avec la fille des Césars." Il racontait lui-même à Gourgaud que Barras lui avait conseillé d'épouser Joséphine. Elle tenait "à l'ancien régime et au nouveau", ce qui donnerait au jeune général "de la consistance" et ce qui le "franciserait". A-t-on remarqué à ce propos que jamais Bonaparte ne semble même avoir songé à prendre femme en Corse ?

Joséphine accepta, tricha sur son âge devant l'officier de l'état civil. On ne passa pas par l'église, et pour cause. Témoins, Tallien et Barras dont on dit qu'il a connu très intimement la mariée. La dot de Joséphine, ce sont ses relations dans la noblesse républicaine. La dot de Bonaparte est plus belle. Mais, par son entregent, sa maîtresse n'a pas médiocrement aidé à la faire. Quand leur liaison est légitimée, le 9 mars 1796, il y a sept jours qu'il est nommé, par décret du Directoire, général en chef de l'armée d'Italie, et deux qu'il a reçu sa lettre de service.

Les quatre mois qui se sont écoulés depuis sa première visite rue Chantereine, il ne les a pas employés seulement à l'amour. Vendémiaire lui a fourni l'occasion de montrer aux chefs de la République qu'ils peuvent compter sur lui. Mais s'il sait faire la guerre de rues, il en sait faire une autre. La canonnade de la rue Saint-Honoré, c'est un incident qui lui a mis le pied à l'étrier. Il a son idée, il la poursuit. C'est toujours la même, la guerre d'Italie. Il connaît le pays, il connaît le terrain. S'il peut appliquer quelque part sa conception de la guerre, c'est là. Le commandement de cette armée, il le désire. Il le demande comme la récompense du service qu'il a rendu à la République en la sauvant. Ce salaire, depuis la fin d'octobre, il travaille à l'obtenir des Directeurs, et il y a mis autant d'acharnement que de subtile patience. Ambitieux, il l'est, mais souple, persuasif, nullement arrogant. Il y a encore tant d'hommes, fussent-ils médiocres, au-dessus de lui !

Si, parmi les Directeurs, Barras, qui n'avait rien à refuser à Joséphine, était acquis, tout dépendait de Carnot. Les affaires militaires, dans ce gouvernement, revenaient de droit à l'"organisateur de la victoire" qui voyait chaque jour le général en chef de l'armée de l'intérieur. Et, presque chaque jour, après les questions de service, Bonaparte parlait de l'Italie, faisait apprécier ses "connaissances positives". Carnot, qui le connaissait depuis Toulon, qui savait ce qu'il avait fait à Saorge et à Cairo, qui l'avait vu à l'oeuvre au bureau topographique et qui l'appelait son "petit capitaine", l'écoutait volontiers, bien qu'il fût froid de son naturel et assez méfiant. Un jour que Scherer, qui commandait l'armée d'Italie, avait envoyé de mauvaises nouvelles, Bonaparte s'écria : "Si j'étais là, les Autrichiens seraient bientôt culbutés. - Vous irez", dit Carnot. Alors, adroitement, Bonaparte joua la modestie, présenta les objections qu'on pouvait lui adresser, sa jeunesse surtout. Puis, redevenant lui-même : "Soyez tranquille, dit-il au Directeur, je suis sûr de mon affaire." Carnot-Feulins aurait mis son frère en garde contre le jeune général corse, "aventurier dont l'ambition jetterait le trouble dans la République". Mais l'armée d'Italie était celle où il voyait le plus de fautes à réparer. Tous ceux qu'on avait mis à sa tête piétinaient. Bonaparte connaissait le pays. Il avait de l'allant et des idées. La République ? Il venait de la sauver. Pourquoi, pensa Carnot, se priver de ses services ? Et sans doute, sous l'Empire, où il se tint à l'écart jusqu'à l'invasion, le représentant de la Révolution guerrière put se dire que les plus fermes républicains avaient tenu le despote sur leurs genoux. Ils l'avaient choyé, nourri, réchauffé. Carnot s'excusait en alléguant qu'il eût voulu faire de Bonaparte le Washington de la France. D'autres fois, il se répondait mélancoliquement à lui-même que l'ambition, chez un général victorieux, peut être prédite à coup sûr. Il n'aurait pas fallu que la République eût besoin des militaires et des meilleurs. Il n'aurait pas fallu que Carnot, le premier, eût rendu le gouvernement d'un soldat inévitable en vouant la France, par l'annexion de la Belgique, à une guerre sans issue.

Chapitre VI : "Cette belle Italie"

Il n'a pas encore vingt-sept ans. Il est à peine connu. Les cours étrangères ne le prennent pas au sérieux. Leurs agents leur ont signalé le nouveau commandant en chef de l'armée d'Italie comme un "Corse terroriste", un général sans expérience de la guerre, pas plus redoutable que celui qu'il remplace, ce Scherer, tenu en échec depuis des mois. Mal peigné, il vient commander des soldats en guenilles, qu'il appelle lui-même des brigands, une trentaine de mille hommes qui manquent de tout, qui vivent misérablement de maraude, et qui, en face d'eux, ont les armées du Piémont et de l'Autriche. La coalition n'est pas inquiète.

Pourtant, le jeune général emporte un programme auquel il se conformera d'abord avec discipline, un plan de campagne que Jomini qualifiait de remarquable. Bonaparte l'exécutera de point en point, admirablement à la vérité. Il ne songe pas encore à voler ses propres ailes. C'est le succès qui lui donnera de l'assurance. Peu à peu, par le sentiment qu'il aura de voir, sur place, les choses mieux qu'on ne les voit à Paris, il s'affranchira de ses instructions. Par là, il se rendra indépendant, il deviendra une puissance, et quand la République prendra ombrage du général victorieux, il sera trop tard. Avant le Consulat, il y aura eu le proconsulat d'Italie. Ce que la Gaule avait été à César, l'Italie l'aura été à Bonaparte.

Dès son entrée en campagne, il se montre tel qu'il est, un esprit supérieur qui saisit d'un coup d'oeil les situations et qui les domine. Il a le génie militaire et le don de la politique. L'Italie, il la comprend dans sa diversité qui lui présentera un nouveau problème à chacune de ses victoires. L'ennemi, il le déconcerte par un art de combattre aussi audacieux et nouveau que son art de négocier est subtil. Cette conquête de tout un pays avec une poignée d'hommes est un chef-d'oeuvre de l'intelligence. C'est pourquoi, comprenant à peine comment tout cela se faisait, les contemporains y ont vu quelque chose de "surnaturel".

La partie la plus facile de sa tâche, où un autre pouvait échouer, il la réussit très vite. En arrivant, il trouve une armée en mauvais état et qui l'accueille mal. Cette armée est républicaine, elle est jacobine, comme en *1794*. Le tutoiement révolutionnaire y reste en honneur et l'on s'y moque des "messieurs" de l'armée du Rhin, - l'armée de Moreau, - qui ont relevé le "vous". Bonaparte ne vient pas commander des prétoriens, mais des hommes libres, de vrais sans-culottes qui n'ont pas le sentiment du respect. Qu'est-ce que ce petit général, ce gringalet, créature des bureaux de Paris ? Un "intrigant", disait tout haut le chef de bataillon Suchet, futur maréchal de l'Empire. Son âge, sa taille, son peu d'apparence, son accent corse, les circonstances de sa nomination, tout déplaît à "ces vieilles moustaches qui avaient blanchi dans les combats... Il me fallait des actions d'éclat pour me concilier l'affection et la confiance du soldat : je les fis". Mais, d'abord, il avait une autorité naturelle, le ton qui impose. Augereau, Sérurier, Berthier, Masséna, ses anciens devenus ses subordonnés, sentent bientôt qu'ils ont un chef. Le soldat, il saura lui parler. Il est probable que Bonaparte, après coup, et quand il a eu le Style romain, a arrangé la proclamation célèbre : "Soldats, vous êtes nus, mal nourris... Je veux vous conduire dans les plus fertiles plaines du monde. De riches provinces, de grandes villes seront en votre pouvoir. Vous y trouverez honneur, gloire et richesse." C'est l'amplification d'un texte plus modeste, le seul authentique que l'on possède. Et le soldat avait ri d'abord des plaines fertiles que lui promettait le nouveau général, et demandé "des souliers pour y descendre". Tout cela a été artistement stylisé, embelli par le succès et par le temps. Il n'en est pas moins vrai qu'à cette troupe, la veille dénuée de tout, même d'espérance, le général Bonaparte donnait le ton dès le départ.

Stendhal, embellissant peut-être aussi, parle du sentiment d'"alacrité", qui, après de longues années, saisissait encore ceux qui avaient pris part à cette espèce de chevauchée. Il parle de la "somme de plaisir et de bonheur" qu'apportaient "ces soldats sans chaussures", ces officiers dont certains se partageaient "un pantalon de casimir noisette et trois chemises". Il en resta le souvenir d'une aventure merveilleuse, d'un élan de jeunesse, avec la séduction que "cette belle Italie" a toujours exercée sur les Français, un roman où l'on avait fait "de si grandes choses avec de petits moyens" que l'on commença à trouver que rien n'était impossible. A l'approche de la mort, c'est l'époque de sa vie que l'empereur se plaira à évoquer. "J'étais jeune comme vous, aurait-il dit au médecin Antommarchi ; j'avais votre vivacité, votre ardeur, la conscience de mes forces ; je bouillais d'entrer en lice." Cette descente au pays du soleil et de l'art gardait l'enchantement chevaleresque qu'elle avait eu au temps de Charles VIII et de François 1er. C'était bien une renaissance. Et puis, à cette guerre heureuse, il ne manque même pas l'amour.

Bonaparte est toujours épris de Joséphine. Nous avons des lettres ardentes dont il scande chacune de ses victoires, des lettres qui attestent plus d'intimité que n'en eussent permis deux jours de mariage. Ce sont des sens en feu, une "âme brûlée" que la jalousie dévore... Jalousie qui n'est pas sans cause. Joséphine, à Paris, s'amuse. Elle se moque de son mari, simule une grossesse pour ne pas le rejoindre. Ses mensonges, tantôt il ne veut pas les voir, tantôt il les devine et s'en désespère. *Du* reste, les Directeurs craignent que le jeune général ne soit distrait s'il a sa femme près de lui. Ils la retiennent et elle ne demande pas mieux que d'être retenue. Pour qu'elle s'aperçoive que ce petit Bonaparte est quelqu'un, il faudra que ses batailles aient fait du bruit. Encore viendra-t-elle sans enivrement le rejoindre sur le théâtre de ses exploits. Bonaparte, amoureux exalté de l'infidèle, est presque ridicule, et les "vieilles moustaches" trouvent qu'il montre trop volontiers le portrait de l'aimée, tandis qu'il dédaigne les beautés milanaises qui s'offrent au libérateur.

Qu'importe ? Embellie par le temps, la romance de Napoléon et de Joséphine ajoute à la campagne d'Italie un accompagnement d'amour. Déjà l'image d'une femme, de la sensibilité, un fond de tristesse sous l'éclat de la gloire, commencent à former sa figure et son bagage légendaires. Roederer traduit : "Bonaparte, à la guerre, dans ses proclamations, a toujours quelque chose de mélancolique." Que dire de ses lettres à l'aimée, brûlantes de passion, souvent de rage, hantées par l'idée de la mort ? Singulier contraste avec l'allégresse de la victoire qu'il poétise encore par un romantique retour sur lui-même après l'action. Contraste bien plus singulier avec cette "faculté de géométrie transcendante" qu'il applique à l'art de la guerre, cette révélation d'un grand capitaine, maître du temps et de l'espace au point qu'il semble en retirer l'usage et jusqu'à la notion à ses adversaires.

Ce n'est pas tout. Le politique se révèle. Avec une maturité qui est au-dessus de son âge, il se domine, il se modère dans la victoire, jugeant bien qu'avec sa petite armée tout succès pose un problème, parce que, à chacun de ses pas en avant, il laisse derrière lui des populations dont il n'est pas sûr. Il suffirait, et, quand il ne sera plus là, il suffira d'une imprudence pour perdre en quelques semaines le résultat de ses campagnes. Dans cette Italie dont la carte est aussi divisée que les opinions, il n'y a pas seulement les Autrichiens, mais deux rois, des Républiques, des grands-ducs, le pape à Rome. Il s'agit de ne pas la réunir contre soi. Alors, en même temps qu'un grand militaire, se révèle un politique savant.

Bonaparte (depuis quelques jours il signe ainsi, abandonnant à jamais le "Buonaparte") commence son offensive le 9 avril 1796. Comme en 1794, il a devant lui les Piémontais et les Autrichiens. Le 14, après les batailles de Montenotte, de Millesimo, le combat de Dego, il les a déjà séparés. Le 17, les Français arrivent sur les hauteurs de Montezzemolo, d'où ils découvrent la plaine : "Annibal a passé les Alpes, dit Bonaparte s'adressant à l'intelligence du soldat ; nous les avons tournées." Le 21, tandis que le général autrichien Beaulieu, battu, regroupe ses forces, le général piémontais Colli est battu à son tour à Mondovi. En deux semaines, la route du Piémont et la route de Lombardie ont été ouvertes. Le roi Victor-Amédée, celui que les Jacobins de 1794 appelaient "le toi des marmottes", demande une suspension d'armes, et Bonaparte l'accorde.

Ici se place le premier acte d'indépendance du jeune général. Ses ordres lui refusent le pouvoir de signer un armistice. Bonaparte passe outre. Déjà il s'émancipe. Ses victoires, les drapeaux et les millions qu'il enverra d'Italie feront oublier sa désobéissance. Le Directoire a besoin de succès et d'argent. Bonaparte, qui a vu de près de gouvernement, le méprise tout en affectant de respecter les formes. Quant à Saliceti, qu'il connaît encore mieux, qu'il n'estime pas davantage et qui lui a été adjoint pour le surveiller, il lui bouche l'oeil en lui donnant à manier les fonds des contributions de guerre. Les hommes, ne commence-t-il pas à les connaître, à les traiter selon leur mérite ? Les petits moyens en même temps que les grands, pourvu qu'il agisse à sa guise.

C'est la bonne. Les instructions du commandant en chef lui laissent sur un point la liberté du choix. Il doit, selon les circonstances, porter la révolution en Piémont et détrôner le roi de Sardaigne, ou bien ménager les Piémontais et les attirer dans une "alliance avantageuse". Sa tâche étant avant tout de battre les Autrichiens et de les chasser d'Italie, il va droit à l'essentiel. Il a autre chose à faire que de renverser les despotes quand ce n'est pas nécessaire, et ce n'est pas avec trente mille hommes qu'il peut vaincre l'Autriche et imposer les principes français aux Italiens si les Italiens ne les demandent pas. Des plans du Directoire, il retient ce qu'il y a de plus simple et de plus pratique. Il n'a pas de préjugés contre les représentants d'une vieille cour comme celle de Turin. Pourvu que l'armée d'Italie soit débarrassée d'un adversaire, le "roi des marmottes" peut rester sur son trône. Le négociateur débutant sait à la fois rassurer et inspirer la crainte. En quelques jours, l'armistice est conclu, signé à Cherasco, avec de bons gages, des communications sûres. Le mois d'avril n'est, fini que le Piémont est hors de cause. À son tour, le duc de Parme, effrayé, se soumet en quelques heures. Celui-là donne deux millions, des approvisionnements, des oeuvres d'art. Bien que Bonaparte ait outrepassé ses pouvoirs, le Directoire ne souffle mot. L'argent, qui lui manque tant et qui lui arrive par charretées, l'émerveille. Il sourcille à peine, aux proclamations où le général, s'adressant aux Italiens, leur promet, avec la liberté, le respect de leur religion. Nouveauté, pourtant et qui en annonce d'autres.

Ces précautions prises, Bonaparte se porte contre les Autrichiens. Même rapidité, même hardiesse calculée, même bonheur. Mêmes victoires sur l'ennemi, précédées, comme au début de la campagne, d'une victoire sur ses propres troupes qui se sont demandé si leur général n'allait pas trop vite et ne les menait pas trop loin. Le 10 mai, Lodi, "coup d'audace extraordinaire", lui donne la confiance entière, le coeur du soldat. C'est après cette bataille que les vieux de l'armée d'Italie lui décernent le titre, qui servira tant sa popularité, de "petit caporal". C'est après cette journée aussi, de son propre aveu, qu'il pressent pour la première fois son avenir. "Je voyais le monde fuir sous moi comme si j'étais emporté dans les air", disait-il superbement à Gourgaud. Il ressentait encore, à Sainte-Hélène, l'ivresse des premiers rayons de la gloire, lorsqu'il lui était apparu qu'il avait le droit, comme les autres, peut-être plus que les autres, de prétendre à tout.

Et comment cette pensée ne lui serait-elle pas venue ? Il a battu des militaires réputés, le Piémontais Colli, l'Autrichien Beaulieu. Il a ramené la victoire sous le drapeau français. Maintenant le voici maître de la Lombardie, d'où l'Autriche est chassée, et, sur un cheval qui pourtant ne paie pas de mine plus que le cavalier, il fait une entrée triomphale à Milan, qui acclame son libérateur. L'Italie est sa conquête. Déjà il ne permet pas qu'on y touche. Le Directoire, prenant peur enfin de ce général trop victorieux et trop peu soumis, lui ordonne de remettre Milan à Kellermann et de se porter lui-même sur Rome et Naples. Ce serait une aventure. Il s'en méfie, sagement, car bientôt Championnet s'y perdra. Avec des égards, même avec des flatteries, mais avec fermeté, Bonaparte répond qu'entre Kellermann et lui, - entre Valmy et Lodi, - on choisisse. En termes voilés, il offre sa démission, certain qu'on n'osera pas l'accepter. C'est une preuve de sa force. Il y triomphe encore. Le Directoire, dont il a enfreint les ordres, dont il vient de mesurer la faiblesse, il ne pourra plus jamais le respecter. Il a acquis la certitude d'être un homme indispensable et, pour le moment, c'est tout ce qu'il lui faut.

Car il n'a pas de projets. Comme il lui arrivera jusqu'à la fin de sa carrière, il se détermine par les circonstances. Un plan, c'est le Directoire, en Italie, qui en a un. Ce plan consistait à forcer l'Autriche à la paix, une paix qui reconnût l'annexion de la Belgique. Et comme la Belgique, avant d'être annexée par la France, était une possession autrichienne, la restitution de la Lombardie à l'empereur en serait la contrepartie. Ce serait encore mieux, si pour le même prix, on obtenait en outre que l'Autriche permît à la France de réunir la rive gauche du Rhin. En définitive, le général ne devait pas seulement battre les Impériaux, mais s'installer en Italie aussi fortement que possible pour que l'échange parût sérieux à la cour de Vienne. Alors la mission de Bonaparte s'élargissait. Chef militaire, il devenait chef politique. Il serait à la fois administrateur, diplomate et guerrier, tous les emplois d'un chef d'État. C'est ainsi que, de ses dix-huit mois d'Italie, il ne rapportera pas seulement la gloire militaire la plus éclatante, mais, par la vaste tâche dont le charge la République, il aura acquis l'expérience, l'habitude du gouvernement.

Quelle école, en effet ! Dans l'agglomération d'États que forme alors l'Italie, il faut sans cesse négocier et les dispositions changent chaque jour. Après Lodi, lorsque, maître de Milan, il atteint la ligne de l'Adige, l'Italie centrale se soumet au vainqueur. Parme et Modène sont à sa discrétion. Le grand-duc de Toscane, frère de l'Empereur, le reçoit à Florence avec égards et s'empresse de payer le tribut coutumier, argent, oeuvres d'art qui prennent le chemin de Paris. Le pape, dont les États sont déjà envahis, envoie un ambassadeur pour solliciter l'armistice. La République de Venise, dont le territoire a été violé par les Français qui poursuivent Beaulieu vaincu, entre en pourparlers. Le roi de Naples imite Venise et le Saint-Siège. Cependant, il faut assiéger Mantoue, où une forte garnison autrichienne s'est enfermée, reprendre Pavie sur une insurrection, réprimer dans les campagnes une espèce de chouannerie, lorsqu'on apprend que l'Autriche lance une nouvelle armée commandée par un chef énergique, le vieux maréchal Wurmser.

Du jour au lendemain, le pape, le roi de Naples, la République de Venise rompent les négociations. Tout ce qui n'aime pas les Français relève la tête. Joséphine est arrivée. Elle arrive bien ! Un parti autrichien a failli l'enlever, comme Bonaparte lui-même quelques semaines plus tôt. Une lourde menace pèse sur l'armée française. Cette fois, l'Autriche a fait un gros effort, appelant à elle ses Hongrois, ses Croates, ses peuples bigarrés. Sur chacune des rives du lac de Garde descend une armée puissante, un torrent humain. Les avant-postes français sont emportés, les positions forcées, la route de Milan coupée, l'Adige sur le point d'être franchi partout, après quoi ce sera l'Italie perdue. C'est le plus grand péril que Bonaparte ait connu jusqu'ici, et il en mesure la gravité. Il éprouve "cette défiance de soi-même qu'a toujours l'homme qui débute, quelque grand qu'on veuille le supposer". Pour la première fois, troublé par ses responsabilités, sa jeunesse, il tient conseil, il propose à Masséna, à Augereau son idée qui doit tout sauver ou tout perdre, car, en cas d'échec, il n'y aura plus de retraite. Son idée, c'est de lever le siège de Mantoue, de concentrer toutes ses forces, d'attaquer et de battre chacune des armées de Wurmser avant qu'elles se soient rejointes. Il n'y aura plus qu'à évacuer l'Italie si l'opération est manquée... Le 3 août à Lonato, le 5 à Castiglione, elle a réussi. Les Autrichiens sont disloqués et cherchent abri dans les montagnes, mais c'est pour s'y refaire. La lutte recommence en septembre. Après la journée de Roveredo, Bonaparte pénètre dans le Trentin, y poursuit Wurmser. Campagne audacieuse, étonnante chasse à l'homme où Bonaparte manque de peu son adversaire qui, redescendu dans la plaine, n'a d'autre ressource que de s'enfermer dans Mantoue.

Cette création incessante de thèmes stratégiques, cette fécondité de mouvements et de surprises où le calcul toujours lucide ne laisse au hasard que ce qu'il est impossible de lui retirer, cette présence d'esprit retrouvée après les défaillances, tout cela n'illustre pas seulement le génie napoléonien qui porte dans la guerre ce que Chateaubriand appelle "les inspirations du poète". Le jeune général se met hors de pair parce qu'on remarque déjà que, loin de sa présence, l'action, sous ses lieutenants les meilleurs, mollit. Ce n'est pas tout. Ces batailles impétueuses, ces prodigieux redressements qui étendent sa renommée ont pour conséquence de grandit le personnage politique qui naît avec le proconsul d'Italie.

Il grandit encore par contraste. Tandis qu'il reparaît victorieux à Milan, à Modène, à Bologne, à Ferrare, à Vérone, Moreau est contraint de battre en retraite sur le Rhin par la défaite que l'archiduc Charles a infligée à Jourdan. Eux, ils ont perdu l'Allemagne. Le rêve d'une marche convergente des deux armées sur Vienne s'évanouit. Tous les espoirs reposent sur Bonaparte, désormais seul à porter le poids de l'Autriche.

Le Directoire comprend ce que la situation a de chanceux. Si une paix honorable pouvait être conclue ? On n'y croit guère. Pourtant la France commence à se lasser. Pour la politique intérieure, pour les élections, il sera utile de pouvoir dire qu'on a négocié. Pitt est dans des dispositions semblables. Lord Malmesbury vient à Paris pour causer. Mais la République ne s'humilie pas devant l'Angleterre. En présence même de cet ambassadeur et "pour forcer le gouvernement britannique à traiter sincèrement", la loi du 10 brumaire an V est promulguée. Complétant les décrets d'octobre 1793, elle proscrit le débit et la consommation des marchandises anglaises dans toute l'étendue de la République. C'est la continuation d'une pensée révolutionnaire qui s'épanouira avec le blocus continental. Successeur de la Convention et du Directoire, Napoléon, lui aussi, croira que pour contraindre le gouvernement britannique à traiter il suffit de frapper son commerce et ses marchands.

Bientôt Lord Malmesbury regagne Londres sans que les conversations aient donné de résultat. Elles ont échoué sur la Belgique. Pas d'entente possible. Delacroix, le ministre des Affaires étrangères, a dit à Malmesbury que la Belgique, étant réunie "constitutionnellement" au territoire, ne pouvait plus en être séparée, que d'ailleurs le peuple français ne le permettrait pas. Les pourparlers sont rompus le 21 décembre. Le 29, Pitt déclare au Parlement que jamais l'Angleterre ne consentira à la réunion de la Belgique à la France. C'est la guerre pour un temps indéfini. La République aura besoin d'un militaire accoutumé à la victoire. Et il n'y en a qu'un, celui qui, en ce moment, sauve encore le gage unique, la seule monnaie d'échange qu'elle conserve, l'Italie. Et c'est ce qui, bientôt, fera du jeune général, déjà maître de la guerre, le maître de la paix.

Il faudra trois campagnes encore pour que la cour de Vienne consente à traiter. En novembre *1796,* Bonaparte en est à la cinquième depuis sept mois. L'Autriche, forte des ressources d'une vaste monarchie, continue, en attaquant, sa "magnifique défense". Un autre de ses maréchaux, le meilleur peut-être, Alvinzi, descend du Tyrol pour délivrer Mantoue et Wurmser. Bien que Bonaparte ait lui-même comblé ses vides et accru ses effectifs, la partie est difficile. Il la gagne encore par son génie inventif, la rapidité de ses manoeuvres et aussi en payant plus que jamais de sa personne, bien qu'il soit si fiévreux, si épuisé, si maigre qu'on croit à un poison qui le ronge - la gale de Toulon, sans doute rentrée par les remèdes. Il tient à peine debout quand, au pont fameux d'Arcole, si bien fait pour l'image, le général en chef doit s'élancer en avant un drapeau à la main, donnant l'exemple, répétant le passage du pont de Lodi, l'un et l'autre destinés à se confondre comme la minute héroïque à grandir pour la légende. Lannes est blessé, Muiron tué en le couvrant de leurs corps. Il tombe lui-même dans le marais qui le met à l'abri de la mitraille mais d'où son frère Louis et Marmont le retirent juste à temps pour qu'il ne soit pas pris. Enfin, après trois rudes journées, Alvinzi est battu mais échappe. Du moins la retraite de cette armée redoutable, dont l'arrivée a troublé les plus braves, a rendu aux Français "la confiance et le sentiment de la victoire".

Une pause où les adversaires se refont. En janvier *1797,* sixième campagne. Alvinzi, rentré en ligne, est encore battu à Rivoli, et son lieutenant Provera, qui a franchi l'Adige pour débloquer Mantoue, capitule à la Favorite. Cette fois, Wurmser, toujours assiégé, n'a plus qu'à se rendre. Bonaparte fait à ce vieux soldat des conditions honorables. Il dédaigne d'assister à sa reddition. Indifférence "remarquée dans toute l'Europe" et plus propre encore à frapper les esprits que si l'on avait vu l'illustre généralissime remettre son épée à un vainqueur qui n'a pas trente ans.

C'est que Bonaparte ne se repaît pas de théâtre. Il sait que sa situation reste difficile, que l'Autriche n'est pas encore vaincue, que l'Italie, qui semble soumise, se tournera contre lui à son premier échec. Et le Directoire ne rend pas sa tâche plus aisée. Il lui envoie toujours des ordres auxquels il faut se dérober parce que, mal calculés, l'application en serait funeste. Il lui envoie même Clarke, "un espion", pour traiter avec l'ennemi, le cas échéant, à la place du général en chef. Le Directoire se méfie de Bonaparte, le surveille, le contrecarre, mais ne peut se passer de ses services. Il ne peut même pas lui refuser les remerciements et les éloges, car il est le seul qui gagne des batailles et qui apporte l'espoir de la paix dont le besoin grandit en France. Le Directoire irrite Bonaparte tout en faisant sa grandeur et il lui inspire du mépris avant même de lui demander aide et protection en fructidor, - avant de lui ouvrir, par une moitié de ses membres, le chemin du pouvoir en brumaire.

Il n'y a pas encore un an que Bonaparte est en Italie, et il est convaincu par une expérience de tous les jours que le gouvernement de la République ne comprend rien aux affaires italiennes. Il n'y comprend rien parce qu'il reste entiché de dogme et de doctrine. Bonaparte sait bien ce que valent les systèmes et les principes. Il s'en est nourri dans son adolescence. Il y a cru et il en garde assez pour rester toujours dans le sens de la Révolution. Mais il y a les hommes, il y a les choses. Lui, il s'élève au-dessus des sentiments et des fanatismes. Il les juge. Il s'en sert aussi. Ce sont des forces avec lesquelles on doit compter et qu'il emploie ou qu'il neutralise en les opposant. Ce qu'il sera bientôt à l'égard des Français, il l'est déjà à l'égard des Italiens, au-dessus des partis, arbitre conciliateur, et dans une situation bien plus difficile puisque la France est une, qu'elle a un centre, Paris, tandis que l'Italie est un corps sans tête, aux membres épars. Si Bonaparte n'avait tant lu, s'il ne savait tant d'histoire, se tirerait-il d'affaire dans le magma italien ? Lui viendrait-il tout seul à l'esprit de fonder avec Bologne et Ferrare enlevés au pape, avec Modène dont le duc est déchu, une République cispadane, cliente et protégée, sur le modèle des "alliés" de la République romaine, et tenue soigneusement distincte de la Lombardie, qui fera une République transpadane ? Et s'il n'avait annoté l'histoire ecclésiastique, saurait-il traiter avec le pape lui-même ?

Déjà, après Lodi, il a négocié avec un ambassadeur du Saint-Siège. Il n'a pas exigé seulement des millions et des tableaux. C'était le souverain temporel de Rome qui demandait un armistice. Pour apaiser les catholiques italiens, leurs moines et leur clergé, Bonaparte a besoin du souverain spirituel. Alors il le ménage et il ménage la religion, comme il la ménagera, après Hoche et encore plus que Hoche, afin de pacifier la Vendée. Et cependant ses lettres au Directoire parlent avec mépris de "la prêtraille". D'autre part, il prend des précautions avec ses soldats républicains. Il menace même au besoin le cardinal archevêque de Ferrare de le faire fusiller. Ainsi il se garde également de heurter la foi catholique et la foi révolutionnaire, n'ayant guère l'une plus que l'autre. Une politique imposée par les circonstances s'élabore dans son esprit.

Il la développe, l'agrandit, quand, après la retraite d'Alvinzi et la prise de Mantoue, sachant qu'avec l'archiduc Charles un nouvel adversaire se prépare, il veut assurer la tranquillité à l'arrière et prévenir une insurrection. Des pourparlers de paix sont repris à Tolentino avec le Saint-Siège. S'il écoutait les suggestions du Directoire, le vainqueur de Rivoli irait à Rome même pour y détruire le "culte romain", le "fanatisme" et "l'inquisition". Il n'a qu'un ordre à donner pour renverser et ruiner tout à fait le pouvoir pontifical. Cet ordre, il ne le donne pas. Et non seulement il ne le donne pas, non seulement il ne mêle à la négociation ni la théologie, ni les affaires de l'Église, mais il ose s'annoncer aux populations croyantes comme le "protecteur de la religion". N'a-t-il pas, à San Miniato, rendu visite à un vieux chanoine qui s'appelle aussi Bonaparte, allié de la famille où l'on se flatte, en Toscane, de compter un saint ? Que la visite au cousin chanoine fasse partie de l'arrangement, de la mise en scène, nul doute. Il faut qu'on dise de ce général de la Révolution : "Tiens, il a des prêtres dans sa famille." Dans les légations enlevées au Saint-Siège, il se rallie l'évêque d'Imola, le cardinal Chiaramonti, qui sera Pie VII, le pape de son couronnement. Il va plus loin. Par un mouvement de générosité habile, il s'abstient de persécuter les prêtres français émigrés qui s'étaient réfugiés en terre pontificale. La politique qu'il applique en Italie, il semble qu'il la médite déjà pour la France.

Est-il exagéré de dire avec son frère Joseph que "les proclamations du général de l'armée d'Italie annonçaient assez que si Napoléon arrivait au pouvoir il établirait un gouvernement qui ne serait pas la République" ? Miot de Melito, agent diplomatique de la République en Toscane, note de son côté qu'il trouva dans le vainqueur de Lodi "l'homme le plus éloigné des formes et des idées républicaines". Mais surtout, Miot, rompu aux affaires, ajoute : "Je reconnus dans son style concis et plein de mouvement, quoique inégal et incorrect, dans la nature des questions qu'il m'adressait, un homme qui ne ressemblait pas aux autres. Je fus frappé de l'étendue et de la profondeur des vues militaires et politiques qu'il indiquait et que je n'avais aperçues dans aucune des correspondances que j'avais jusque-là entretenues avec les généraux de notre armée d'Italie."

Ce ne sont encore que les linéaments de l'avenir. L'Italie réserve d'autres succès à son conquérant. Et, en France, à l'intérieur comme à l'extérieur, les circonstances travaillent pour lui. Une nouvelle date critique s'avance pour le Directoire, tandis que Bonaparte sera le seul général victorieux de la République. Moreau et Jourdan ont été tout à fait chassés d'Allemagne. Hoche va bientôt mourir. Tous les yeux sont fixés sur le général Bonaparte. Son nom, qu'on écorchait un an plus tôt, vole sur les lèvres des Français. Et l'on commence à se dire que si quelqu'un peut donner les frontières naturelles et le repos, la gloire et la paix, en d'autres termes finir la Révolution, c'est lui.

Chapitre VII : Le maître de la paix

Les historiens de Bonaparte qui donnent trop de place au récit de ses campagnes n'aident pas à voir clair. Cette gloire des armes éblouit. Elle rejette le restant dans une sorte de demi-jour. Pour Napoléon, virtuose de la stratégie et, peu à peu, devenu trop sûr de son instrument et de lui-même, l'art militaire n'était pas tout. Il était un moyen. Mais, en Italie, ses faits de guerre compte plus qu'ailleurs pour l'explication de sa fortune. Ils l'ont rendu illustre, d'abord. Et puis, par l'intelligence avec laquelle il sut les marier à la politique, ils ont fait de lui, en peu de temps, plus qu'un général victorieux. Surveillant à la fois l'ennemi, l'Italie, la France, attentif aux événements de Paris, apte à saisir les mouvements de l'opinion publique, à calculer les forces alternantes ou parallèles des deux courants, celui de la révolution guerrière et celui de la réaction pacifique, on le voit, de son camp, s'élever peu à peu à un plus grand rôle que celui de proconsul, agit sur la marche des choses, les modeler lui-même, en décider jusqu'à devenir déjà l'homme dont on se dit qu'il procure tout ce qu'on désire et qu'il concilie tout. Il faut donc encore le suivre dans les marches et dans les contremarches dont il accable les Autrichiens et dans les résultats qu'il tire de ses succès.

L'Autriche, alors, c'était l'Empire, et l'Empire, c'était l'Allemagne. L'Autriche vaincue, il n'y aurait plus en Europe d'adversaire qui comptât. La Prusse, gavée de Pologne, a fait la paix avec la France depuis deux ans. La Russie est trop loin. Un général républicain qui, dix-huit mois plus tôt, battait le pavé de Paris, va négocier avec le César germanique. De la rue Saint-Honoré et de l'église Saint-Roch, la "commotion de Vendémiaire" l'a conduit à Léoben.

Le conseil aulique de Vienne n'avait plus qu'un militaire à lui opposer, mais c'était le plus illustre de tous, c'était l'archiduc Charles, celui qui, en faisant repasser le Rhin à Marceau et à Jourdan, avait ruiné l'espoir d'une jonction entre les armées françaises d'Allemagne et d'Italie pour marcher sur la capitale des Habsbourg. Au moment de se porter contre l'archiduc, Bonaparte demande vainement à Paris que l'offensive soit reprise en Bavière. On ne l'écoute pas. Rien n'est fait. Le Directoire est sans force, sans décision. Pour cette campagne d'Italie, la dernière, Bonaparte est livré à lui-même. Il ne partagera donc le succès avec personne. Seulement, par son insistance, il aura reçu de l'armée du Rhin des renforts importants qui lui donneront pour la première fois l'égalité numérique avec l'ennemi et qui lui permettront d'en finit plus tôt.

A peine cette septième campagne a-t-elle un nom de victoire. Ce n'est qu'une longue marche en avant, une marche victorieuse où se flétrissent les lauriers de l'archiduc. Le Taglias mento franchi, l'Isonzo l'est à son tour. En moins de trois semaines, les Autrichiens sont rejetés au-delà du Brenner, l'Allemagne envahie, la route de Vienne ouverte. La famille impériale mettait à l'abri ce qu'elle avait de plus précieux, songeait à fuir. Une petite fille de cinq ans était envoyée en Hongrie, loin de ces affreux soldats jacobins qui approchaient. Elle s'appelait l'archiduchesse Marie-Louise.

Le vainqueur, pourtant, ne songe pas à aller jusqu'à Vienne. Il n'en a pas les moyens et, quelque soin qu'il prenne de rassurer et de bien traiter les populations, il a toujours à craindre, à l'arrière, une insurrection. Elle se produira, ce seront les Vêpres véronaises. Cependant, malgré ses avis toujours plus pressants, l'armée du Rhin ne reçoit pas l'ordre de reprendre l'offensive. L'archiduc Charles, de son côté, a intérêt à ne pas retarder l'armistice. Le 2 avril 1797, la cour de Vienne se décide aux négociations de paix. Le général vainqueur entre en pourparlers.

Il s'y résout par des raisons militaires et aussi par des raisons politiques. Encore une de ces jointures des événements où il sait voir juste. On va voter en France et le résultat est prévu. Ce sera une poussée à droite qui changera la majorité des Conseils, et la droite, constitutionnels, modérés, libéraux, monarchiens, purs royalistes, est pour la paix. En somme, ce sont les gens que le général en chef de l'armée d'Italie a mitraillés en vendémiaire. Ils le détestent et il ne les aime pas. S'ils prennent le pouvoir, ils imiteront Aubry et relèveront ce militaire jacobin de son commandement, tandis que, s'il devient l'homme de la paix, il sera hors d'atteinte. Et comme cette paix ne peut manquer d'assurer à la République la Belgique au moins et peut-être une partie de la rive gauche du Rhin, les patriotes n'auront rien à lui reprocher. Ainsi le Directoire s'y est si bien pris, de toutes les manières, et en dernier lieu par l'inaction de ses autres armées, qu'il a fait de Bonaparte l'arbitre de la situation.

Les élections aux Conseils avaient eu lieu le 10 avril. Elles étaient réactionnaires, elles donnaient donc la majorité aux partisans de la paix. Le 18, à Léoben, Bonaparte signe avec l'Autriche les préliminaires de paix sans attendre l'arrivée de Clarke qui a pouvoir du gouvernement de Paris pour traiter. Il est difficile de ne pas voir un rapport entre ces deux événements. Mais les signatures étaient échangées au moment même où Hoche, nommé au commandement de l'armée de Sambre-et-Meuse, venait enfin de franchir le Rhin. Il n'eut *plus*, à son tour, qu'à signer un armistice tandis que son offensive en Allemagne avait rendu, à Léoben, les plénipotentiaires autrichiens encore plus accommodants. Hoche aidait à grandir son rival de gloire et il ne devait plus retrouver l'occasion de le dépasser.

Comment, à force de recevoir carte blanche, de s'entendre dire, en réponse à ses rapports : "Le Directoire s'en remet entièrement à vous", Bonaparte n'eût-il pas fait la paix à sa manière ? D'abord il se présente comme un soldat pacifique et ce n'est pas la rédaction qui l'embarrasse, ni les images littéraires qui lui manquent. À Paris, Joséphine et les quelques amis qui déjà soignent sa gloire ont commandé des gravures où l'on voit le général de l'armée d'Italie au tombeau de Virgile et sous le même laurier. La force et le génie de Bonaparte, c'est d'avoir plusieurs styles, plusieurs figures. Il écrit à l'archiduc Charles en lui proposant de suspendre les opérations : "Avons-nous tué assez de monde et commis assez de maux à la triste humanité ?... Quant à moi, si l'ouverture que j'ai l'honneur de vous faire peut sauver la vie à un seul homme, je m'estimerai plus fier de la couronne civique que je me trouverais avoir méritée que de la triste gloire qui peut revenir des succès militaires." Voilà qui est bien parlé pour la nouvelle majorité parlementaire et pour ceux qu'il appelle les "badauds de Paris".

Être l'homme de la paix, sans être l'homme des anciennes limites, c'est la partie subtile que Bonaparte, à Léoben, joue et gagne. Car il se garde de froisser les patriotes. Qui est chargé de porter à Paris le texte des préliminaires ? Un soldat, et un beau soldat de la Révolution, Masséna, le héros de Rivoli, "l'enfant chéri de la victoire". Ce n'est pas tout. Bonaparte tient à garder son proconsulat d'Italie qui, pour le moment, fait sa situation et sa force. Son proconsulat, il le conservera par l'habileté et le succès de ses négociations. Il ne faut pas, contrairement aux calculs du Directoire, restituer la Lombardie à l'Autriche pour la dédommager de la Belgique et de la rive gauche du Rhin. D'ailleurs, elle n'est pas encore assez battue pour céder sans compensation tant de territoires. Pour la rive gauche du Rhin surtout, sa résistance est tenace. Alors Bonaparte suggère que l'empereur, renonçant à Milan, soit indemnisé aux dépens de la République de Venise. Le massacre des Français à Vérone est arrivé à point pour fournir à Bonaparte un grief contre "l'oligarchie vénitienne". La République de Venise sera sacrifiée. Et l'Autriche accepte ce partage comme elle avait accepté naguère celui de la Pologne. Le Directoire ne répugne pas davantage à ce démembrement puisqu'il lui avait semblé tout naturel de remettre les Milanais sous le joug autrichien. Quelque regret qu'il en ait eu plus tard, c'est de lui-même, suivant l'impulsion que le Comité de salut public lui avait donnée, que le Directoire est revenu à la politique des compensations, au trafic des peuples, à ces péchés contre l'idéalisme républicain.

Bonaparte avait calculé juste. Après ces fameux préliminaires de Léoben, et en attendant la paix définitive, il est comme le souverain de l'Italie. Protecteur de la République cispadane et de la nouvelle République transpadane (la Lombardie), il dicte sa loi à Gênes, au pape, au roi de Naples, et le roi de Sardaigne est son auxiliaire. Il gouverne. Il règne. Car les Républiques qu'il a créées, dont la Constitution est calquée sur celle de l'an III, ne sont Républiques que de nom. Tout passe par lui. "Il faut une unité de pensée militaire, diplomatique et financière", avait-il écrit à

Paris hardiment. Ce commandement d'un seul est réalisé. Il l'a entre ses mains et le Directoire l'y laisse parce que Bonaparte, au moins jusqu'à la paix, reste l'homme indispensable en Italie. Le proconsulat ébauche le Consulat.

C'est l'apprentissage de la monarchie. On s'étonne moins que Napoléon se soit trouvé si vite à son aise dans le rôle de premier Consul et d'empereur quand on le voit au château de Mombello, près de Milan, résidence où Joséphine est presque reine, où il mène un train de prince. Il a déjà une cour, il donne des fêtes. Les diplomates étrangers l'entourent, et les écrivains, les poètes d'Italie adulent le sauveur, le libérateur, l'homme providentiel, tout ce qui se transposera à Paris trois ans plus tard. Une chose sert à mesurer le chemin parcouru et celui qu'il reste, avant la vraie grandeur, à parcourir. Le général Bonaparte a tiré sa famille de la gêne. Déjà sa gloire rejaillit sur ses frères, leur rapporte honneurs et profits. Joseph est élu député dans la Corse redevenue française et nommé président de la République à Parme. Lucien est commissaire des guerres et, toujours passionné de politique, prépare aussi une candidature. Tous deux deviendront riches, ils se pousseront derrière le héros de la famille. Quant à ses sœurs, le général Bonaparte peut leur donner des dots. Elisa, qui est laide, épouse Bacciochi, pauvre puisqu'il est Corse, mais noble. Il a fallu empêcher la belle Pauline de faire un mariage compromettant avec Fréron, ex-terroriste. On lui donne un militaire de valeur, le général Leclerc. En se cachant un peu, on fait même bénit le mariage à l'église. À Mombello, il y a une chapelle dont on ne chasse pas le desservant. Sans doute ces unions ne sont pas encore princières. Mais combien y a-t-il de temps que, dans un galetas, à Marseille, les demoiselles Bonaparte mangeaient avec des couverts d'étain ?

Les pensées qui venaient à l'esprit du général en chef pendant les trois mois de son séjour à Mombello, nous n'avons pas besoin de les reconstituer par hypothèse. Elles nous sont livrées par des témoins devant lesquels il parlait à cœur ouvert. Il suit de près les événements politiques de Paris, sa préoccupation dominante et naturelle étant de savoir ce qu'on fera de lui et ce que deviendra son commandement. Si l'idée l'effleure parfois, comme elle en effleurait d'autres, qu'il pourra un jour gouverner la France, il doit d'abord se maintenir en Italie. Il juge très bien que, pour le moment, sa force est là. Et s'il n'aime pas "les avocats du Directoire", s'il n'a pas remporté ses victoires pour "faire la grandeur des Carnot, des Barras", pas même pour consolider la République ("Quelle idée, une République de trente millions d'hommes avec nos mœurs, nos vices !"), s'il a cessé d'être républicain de cœur et de théorie, il reste tel que Clarke vient de le définir dans son rapport au gouvernement, "l'homme de la République". Tel est son penchant et son intérêt. À Mombello, en juin, il en raisonnait fort bien devant Miot. Il y a, à Paris, un parti pour les Bourbons, disait-il. "Je ne veux pas contribuer à son triomphe. Je veux bien, un jour, affaiblit le parti républicain" En effet, tandis que les modérés, les royalistes, les amis de Pichegru, les membres du club de Clichy, les "Clichyens", gagnent de l'influence, s'emparent des places, tandis qu'un des leurs, Barthélemy, homme d'ancien régime, a pris, parmi les Directeurs, celle d'un "votant", Bonaparte envoie à Paris son aide de camp Lavalette et le charge de "promettre son appui à la portion du Directoire qui conservait davantage les couleurs de la Révolution". Ligne de conduite dont il ne se départira pas. Tout plutôt que le rôle de Monk.

Mais où il hésite, c'est au sujet de la paix. Depuis Léoben, son prestige est considérable parce qu'il a arrêté les hostilités et parce que, si les préliminaires ne se transforment pas en traité solennel, si l'Autriche, au dernier moment, se dérobe, si la guerre reprend, il sera encore l'homme indispensable et, pour cette raison, on doit le ménager. La paix " n'est pas dans son intérêt ", au moins son intérêt du moment. D'autre part, il lui est difficile de la faire échouer. Choix délicat. Une fois la paix conclue, il devra renoncer " à ce pouvoir, à cette haute position " où ses victoires l'ont placé. Il n'aura plus qu'à "faire sa cour, au Luxembourg, à des avocats". Et il confie à Miot : "Je ne voudrais quitter l'armée d'Italie que pour jouer en France un rôle à peu près semblable à celui que je joue ici, et le moment n'est pas encore venu... Alors la paix peut être nécessaire pour satisfaire les désirs de nos badauds de Paris et, si elle doit se faire, c'est à moi de la faire. Si j'en laissais à un autre le mérite, ce bienfait le placerait plus haut dans l'opinion que toutes mes victoires."

Ces raisonnements dicteront ce qu'on a le droit d'appeler sa politique, sa vraie politique de bascule, jusqu'à la signature du traité de Campo-Formio. Et, à l'égard de sa carrière et de l'avenir, sa ligne de conduite est irréprochable. En ce moment, le conflit entre les thermidoriens de gauche et la nouvelle majorité des conseils est ouvert. Bonaparte prend parti pour la gauche, nettement. À l'occasion du 14 juillet, son ordre du jour à l'armée d'Italie est un manifeste de loyalisme républicain : "Jurons, sur nos drapeaux, guerre aux ennemis de la République et de la Constitution de

45

l'an III !" C'est le signal d'adresses enflammées, dans le meilleur style républicain, que les chefs de corps provoquent, sur ses instructions, et par lesquelles l'armée d'Italie se met à la disposition du gouvernement de la République.

Cependant Bonaparte se garde d'intervenir lui-même. Il se tient en réserve. Si les royalistes, les modérés, les "clichyens" menaçaient de l'emporter, il prendrait peut-être quelques divisions pour marcher sur Paris. Mais il est plus fin, plus calculateur que Hoche qui vient de se brûler par manque de réflexion avec une hâte maladroite. Se comparant à ce rival, dont le souvenir le poursuivait, Napoléon disait devant Gourgaud : "Mon ambition à moi était plus froide ; je ne voulais rien risquer. Je me disais toujours : Allons, laissons aller, voyons tout ce que cela deviendra." Les Directeurs, pour renforcer l'élément "patriote" dans le gouvernement, ont offert le portefeuille de la Guerre au général en chef de l'armée de Sambre-et-Meuse auquel ils se fient plus qu'à Bonaparte. Non seulement Hoche a accepté, ce qui, pour le public, le met au rang des politiciens, mais encore il est arrivé à Paris avec une de ses divisions, prétendument destinée à l'expédition d'Irlande. Indignation des Conseils qui le dénoncent comme factieux pour avoir violé le "cercle constitutionnel" que les troupes ne doivent pas franchir. Hoche, compromis et amoindri, doit retourner à l'armée de Sambre-et-Meuse. Il y mourra deux mois plus tard.

Bonaparte sera délivré du seul militaire capable, un jour, de barrer son chemin.

Il n'avait pas besoin de cet exemple pour mener plus habilement son jeu. Un coup de force contre les "clichyens", une épuration violente, révolutionnaire, du Directoire et des Conseils, voilà ce qui s'annonce à Paris. Pendant ce temps, Bonaparte se promène au lac Majeur avec Joséphine. Il poursuit lentement les pourparlers avec l'Autriche pour la paix définitive. Il semble détaché de ce qui se passe en France. Mais, sous prétexte de portes les adresses de l'armée d'Italie, il a dépêché Augereau aux trois Directeurs qui préparent le coup. Augereau, dont la "turbulence jacobine" est gênante à Mombello, est bien l'instrument qu'il faut pour cette besogne, "aventurier mauvais sujet", brutal, pas assez fin pour comprendre que son général en chef l'envoie se salir les mains dans une opération de police. Celui qui aurait fait fructidor ne pourrait plus faire brumaire, et Bonaparte, au 18 fructidor, a eu soin de ne pas opérer lui-même. Mais la préparation est son oeuvre. Il a livré les papiers de l'émigré d'Antraigues, arrêté à Venise, qui révèlent les tractations de Pichegru avec le prince de Condé. Il a mis un de ses subordonnés à la disposition des hommes de gauche. Il a laissé aussi d'Antraigues s'évader. Selon Carnot, il aurait même fait savoir à quelques modérés des Conseils qu'il avait subi une "pression irrésistible". De tous les côtés il est couvert.

En quelques heures, Augereau avait tout fini. Les suspects désignés par les trois Directeurs de gauche étaient arrêtés, y compris leur collègue Barthélemy, tandis que Carnot, l'intègre républicain, accusé de connivence avec la droite, était averti à temps pour s'enfuir. Une cinquantaine de membres des Conseils furent déportés en Guyane sans autre forme de procès, pêle-mêle avec des contre-révolutionnaires de toute sorte. La République était sauvée. Mais à quel prix ! Encore plus qu'après vendémiaire elle était dans la dépendance de l'armée. L'appel au soldat devenait la règle.

Cependant il n'avait pas échappé à la perspicacité de Bonaparte que l'un des Directeurs fructidorisé, le seul qui ne fût pas régicide, Barthélemy, avait dû son élection au fait qu'il avait, comme diplomate, négocié la paix avec la Prusse et la paix avec l'Espagne. C'était ce qui l'avait désigné au choix de la majorité réactionnaire des conseils. Et sans doute cette majorité décimée, terrorisée, était réduite à l'impuissance. Mais il servait donc à quelque chose d'être l'homme de la paix ? C'était donc un moyen de popularité autant que les victoires ? Il y avait là un rôle à prendre. Bonaparte se garda de ne pas le saisir, achevant ainsi la manoeuvre qu'il avait esquissée par les préliminaires de Léoben.

Alors on vit cette chose étrange, qui en explique beaucoup d'autres, le guerrier plus pacifique que les "avocats". Les hommes du Directoire, les conventionnels traditionalistes, voulaient toutes les conquêtes, refusaient de céder à l'Autriche. La journée du 18 fructidor les avait enivrés et le "génie de la Révolution" les inspirait. Il leur fallait, avec la Belgique, la rive gauche du Rhin tout entière, l'Italie affranchie qu'à l'extrémité de la botte, tandis qu'ils portaient déjà leurs regards sur la Turquie et l'Égypte. Si l'Autriche refusait, on reprendrait les hostilités, on détrônerait les Habsbourg, on proclamerait la République à Vienne. Bonaparte s'opposa à ces folies. Il n'y réussit qu'en offrant sa démission, comme il en avait pris l'habitude, sachant que le Directoire ne résistait pas à cette menace. Alors le dieu de la guerre apparaissait encore une fois comme le modérateur. Et il trouva un auxiliaire en Talleyrand, devenu ministre des Affaires étrangères, et qui amortit les chocs entre les Directeurs belliqueux et le "général pacificateur" dont il comprit la pensée et dont il pressentait les destinées. Ce qu'il y avait d'ancien régime chez l'ex-évêque d'Autun plaisait obscurément à Bonaparte et ce qu'il y avait d'avenir chez Bonaparte plaisait à l'ex-évêque d'Autun. Leurs relations datèrent de là.

Ainsi la paix fut glorieuse, mais raisonnable, si on la compare du moins à celle dont les instructions de Paris avaient tracé le plan. Bonaparte négocia courtoisement avec les délégués autrichiens. Une seule fois il s'emporta contre Cobenzl, dont l'impassibilité l'irritait, et, ayant fait par mégarde un mouvement brusque, il renversa un service de porcelaine. D'où une légende fameuse que Napoléon lui-même a inscrite dans ses Mémoires parce qu'elle appartenait à son bagage épique avec la redingote grise, le petit chapeau et quelques autres accessoires. Mais il embrassa Cobenzl après avoir signé le traité de Campo-Formio, le 17 octobre 1797, transaction, compromis qui partagent l'Italie avec l'Autriche. L'empereur renonce à la Belgique, possession excentrique dont il faisait aisément son deuil et que la cour de Vienne ne revendiquera même pas en *1815*. La Belgique, c'était une affaire entre la France et les Anglais. Quant a la rive gauche du Rhin, elle n'était promise que secrètement à la République et subordonnée à l'acquiescement des États qui composaient le corps germanique, ce qui entraînerait la convocation du Congrès de Rastadt.

Au total, - et ceci est d'une grande importance pour la suite des événements, - Campo-Formio, paix relativement modérée, ne réglait ni les frontières naturelles ni le statut de l'Europe. L'Angleterre n'y avait aucune part. Cette paix serait révocable tant que l'Angleterre n'y aurait pas souscrit, et elle n'y souscrirait que forcée dans son île. Jusque-là, les guerres s'engendreraient sans cesse. L'Autriche le savait et ne cherchait qu'à gagner du temps et à ménager ses forces. Pour elle, c'était un moment à passer. Sans doute fut-il plus long qu'elle ne croyait, Dix-sept ans. Au regard de l'histoire, c'est peu.

Car nous sommes encore tout près des circonstances qui, de rien, ont déjà fait de Bonaparte un homme important et célèbre, mais nous ne sommes qu'à dix-sept ans de sa chute et le pouvoir n'est même pas entre ses mains.

De le prendre, ce n'est pas l'envie qui lui manque. Mais comment s'en emparer ? Marcher sur Paris avec ses troupes ? Idée d'enfant, bonne à se casser les reins. Pour qu'il soit "le maître", il faudra des événements qui ne se sont pas encore produits, des circonstances qui sont à naître. En apparence, au moins, le coup de fructidor et le traité de Campo-Formio ont consolidé la République à qui la force, en lui revenant, rend de la clairvoyance. Elle se méfie du "général pacificateur" que Paris acclame un peu trop, bien qu'en revanche les vrais patriotes l'accusent d'avoir conclu une paix incomplète. Alors, neuf jours après l'échange des signatures avec Cobenzl, les Directeurs exécutent leur dessein qui est de séparer Bonaparte de "son" et de l'Italie où il est "souverain plus que général". Il faut qu'il s'incline ou qu'il franchisse le Rubicon.

Bonaparte s'incline. Oh ! ce n'est pas de bon coeur. À Turin, sur le chemin du retour, laissant derrière lui ses victoires, Mombello, cette belle Italie où il a presque régné, il confie à Miot qu'il ne peut plus obéir. "J'ai goûté du commandement et je ne puis plus y renoncer." Alors il agite des projets, quitter la France, se signaler par "quelque expédition extraordinaire qui accroisse sa renommée". Tout cela est bien chanceux. Mais il ne l'était pas moins de conclure la paix, qui mettait fin à sa mission d'Italie, ou de reprendre les hostilités, avec cet imbécile d'Augereau à la place de Hoche sur le Rhin, et avec dix millions d'Italiens peu sûrs derrière soi.

Ce qui travaille pour lui à son insu, c'est moins son désir, sa volonté, que les choses et les moyens mêmes dont on se sert pour arrêter sa fortune. Le Directoire n'a aucune hâte de le revoir. Il l'a nommé au commandement de l'armée d'Angleterre, l'armée d'invasion qui doit dicter la paix finale à Londres, chimère qui revient périodiquement et qui reviendra encore. Mais cette expédition a besoin, un très grand besoin, d'être organisée. Elle ne presse pas. Les Directeurs désirent surtout que le proconsul, enlevé à ses conquêtes, ne paraisse pas trop vite à Paris dans l'éclat de ses victoires pacificatrices. Alors ils ont l'idée, qui leur semble subtile, d'envoyer le négociateur de Campo-Formio prendre l'air du Congrès de Rastadt pour qu'il s'y fasse oublier un peu.

Ils ne savaient pas que, pour Bonaparte, rien n'était perdu. Ils se chargeaient eux-mêmes, non seulement de compléter sa formation d'homme d'État et de chef d'État, mais de le présenter à l'Europe. Il s'est déjà fait connaître de l'Autriche, du pape, des rois, des ducs et des républiques d'Italie. À Rastadt, si bref que soit son séjour, c'est toute l'Allemagne, toutes les cours allemandes qu'il fréquente et à qui il impose, c'est la complication des affaires germaniques dont il a déjà une connaissance plus qu'honorable par ses anciennes lectures et qu'il pratique sur le terrain, avec les hommes mêmes qu'il retrouvera bientôt. Et, à ce Congrès, il réussit tout de suite si bien, il prend tant de place, que, de nouveau, les Directeurs s'alarment, et, ne sachant où ils aiment mieux le voir, le rappellent à Paris avant qu'il ait ajouté, à ce qu'il a déjà de gloire, celle d'avoir obtenu du Saint-Empire la cession de la rive gauche du Rhin.

L'obtenir n'était rien. Il faudrait la garder avec le reste. Ainsi, à chaque pas que faisait la Révolution, son "génie" rendait plus nécessaire et l'obligerait enfin à désirer ce dont elle avait pourtant la crainte et l'horreur, - le gouvernement d'un soldat.

Chapitre VIII : Itinéraire des pyramides au Luxembourg

Bien habile qui eût deviné ce que pensait Bonaparte lorsqu'il revint à Paris, en décembre 1797, après vingt et un mois d'absence. Au fait, le savait-il lui-même ? Pour les royalistes, les "clichyens", les gens de droite qu'il a canonnés en vendémiaire, il a toujours le même mépris. Il ne travaille pas pour eux. Mais en passant par Genève pour aller au Congrès de Rastadt, averti que le châtelain de Coppet l'attendait sur la route pour le saluer, il a refusé de s'arrêter. C'est que, dit son aide de camp Marmont, il avait "une prévention tenant de la haine contre M. Necker et l'accusait d'avoir plus qu'aucun autre préparé la Révolution". Il n'aimera pas plus la fille que le père et Mme de Staël sera une de ses bêtes noires. Pour le coup de fructidor, il a prêté Augereau, payé de ses services politiques par le commandement de l'armée du Rhin. Mais, toujours sur la route de Rastadt, Bonaparte évite la rencontre de cet exécuteur des oeuvres jacobines. Pourtant, au cours de ce même voyage, traversant la Suisse, il a excité les cantons démocrates contre l'aristocratie de Berne comme il s'était vanté d'avoir détruit l'oligarchie vénitienne au nom des principes de la Révolution.

Le général Bonaparte est une énigme. À Paris, reçu solennellement par le Directoire, il est conduit à "l'autel de la patrie" par Talleyrand qui ne dit plus que des messes laïques. Il écoute sérieusement *l'Hymne à la liberté* chanté par les élèves du Conservatoire. Puis, aux félicitations des Directeurs, le proconsul d'Italie répond par des phrases brèves et vagues, des maximes générales où chacun peut comprendre ce qu'il lui plaît. Il est, au choix, le héros d'Arcole ou le pacificateur de Campo-Formio. Il est celui qui arrête la guerre ou qui la poursuit pour donner à jamais à la République les frontières que "la nature a elle-même posée", comme il est celui qui continue la Révolution ou qui en fixe le terme.

Ses attitudes, ses costumes entretiennent cette équivoque. La Cour de Cassation donne une audience en son honneur. Il s'y rend accompagné d'un seul aide de camp, tous deux en civil. Il est élu membre de l'Institut, section de mathématiques. Il ne manque pas une séance. Il recherche, il fréquente, il séduit les savants, les gens de lettres, les "idéologues", et l'uniforme académique est celui qu'il revêt de préférence pour les cérémonies officielles. Guerrier, diplomate, savant, législateur, il est tout cela à la fois, comme il l'était à sa cour de Mombello. C'est à la gloire des armes qu'il semble le moins tenir. Les honneurs militaires ne lui viennent-ils pas comme par surcroît ? Le département de la Seine débaptise la rue Chantereine où il habite avec Joséphine pour l'appeler rue de la Victoire. Le vainqueur de l'Autriche, de ses armées, de ses vieux maréchaux, met une sorte d'élégance à laisser dire par les autres qu'il est un grand capitaine.

C'est moins affectation, et même, peut-être, est-ce moins calcul que sentiment de sa supériorité. Avec les "avocats du Directoire", il n'est ni rampant ni arrogant. Il leur voue un dédain tranquille et secret. Il évite de se faire des affaires avec eux. Il ne recherche la faveur d'aucun d'eux. Hoche, qui vient de mourir, intriguait avec Barras. Joubert est l'homme de Sieyès. Pichegru, Moreau peut-être, ont des attaches avec les royalistes comme Augereau avec les jacobins. Bonaparte est seul. Il est lui-même. Il est au-dessus des partis, à la fois dans la Révolution et hors de la Révolution, sans rancune ni amour. C'est sa position naturelle. On peut dire qu'il l'a eue depuis qu'il a mis pour la première fois le pied en France et qu'il est entré à l'école de Brienne. C'est une position d'indifférence, une position insulaire, une position très forte et qui n'appartient qu'à lui, celle d'un arbitre et déjà presque d'un souverain. Le 21 janvier *1798,* on célèbre, comme tous les ans, l'anniversaire de la mort de Louis XVI. Bonaparte, "l'homme de la République" attirerait l'attention s'il s'abstenait d'assister à cette cérémonie révolutionnaire. Il refuse pourtant de s'y rendre en qualité de général et, s'il y va, c'est confondu dans les rangs de ses collègues de l'Institut. Ce n'est pas qu'il cherche à ménager les royalistes, mais il n'aime pas, il n'approuve pas le régicide. "Cette politique de célébrer la mort d'un homme ne pouvait jamais être, disait-il, l'acte d'un gouvernement mais seulement celui d'une faction." C'est un souvenir qui divise les Français quand ils auraient tant besoin d'être unis. Enfin, ce n'est pas national. Déjà il songe à réconcilier, à "fondre" l'ancienne France et la nouvelle, ce qui sera l'esprit de son Consulat.

Mais s'il a l'ambition naturelle d'être le maître à Paris comme il l'était à Milan, de "protéger" la République française comme il était protecteur des Républiques transpadane et cispadane, la conquête du pouvoir est une tentation qu'il écarte. Il est l'homme qui s'instruit toujours et dont le coup d'oeil est sûr. L'impression qu'en Italie il avait déjà sur l'état moral et politique de la France, tout ce qu'il observe la confirme. "Il n'y avait pas assez de maux présents pour justifier, aux yeux de la multitude, une action dont l'objet aurait été de s'emparer violemment de l'autorité", dit l'aide de camp Marmont, qui ajoute : "S'il avait tenté un coup de force, les neuf dixièmes des citoyens se seraient retirés de lui." Pour être le syndic des mécontents, il faut qu'il y ait assez de mécontentement. Il faut aussi, pour réussir, avoir trouvé le point de rencontre des idées et le point de conciliation des intérêts. Bref il ne faut pas se tromper d'heure et il faut frapper juste. "Le temps est le grand art de l'homme, écrivait-il plus tard à son frère Joseph. La fibre gauloise ne s'accoutume pas à ce grand calcul du temps ; c'est pourtant par cette seule considération que j'ai réussi dans tout ce que j'ai fait."

Au commencement de l'année *1798,* le Directoire, malgré fructidor, est encore assez modéré et n'alarme pas sérieusement. Il semble que la détente thermidorienne continue. Il serait donc inévitable qu'un coup de force fût dirigé dans le sens de la contre-révolution et s'appuyât sur les éléments réactionnaires, ce que Bonaparte ne veut à aucun prix. Et les éléments réactionnaires, c'est la "faction des anciennes limites", alors que les Français sont, pour le plus grand nombre, à la joie des limites naturelles qu'ils croient acquises, alors qu'ils sont résolus à briser la puissance hostile qui s'obstine, la dernière, à ne pas reconnaître ces frontières. Cobourg est abattu. L'opinion publique demande qu'on renverse Pitt, la perfide Albion, et non le Directoire.

D'ailleurs Bonaparte sait depuis longtemps que le gouvernement se méfie de lui et le surveille, que, dans l'armée, il y a des jaloux. Il sait aussi que, s'il est populaire, la popularité est femme. " Une renommée en remplace une autre ; on ne m'aura pas vu trois fois au spectacle que l'on ne me regardera plus. " On croirait qu'il a lu les lettres où Mallet du Pan, l'informateur des princes, écrit à ce moment-là : "Ce Scaramouche à tête sulfureuse n'a eu qu'un succès de curiosité. C'est un homme fini." Selon Sandoz, ministre de Prusse, les Parisiens commençaient à murmurer : "Que fait-il ici ? Pourquoi n'a-t-il pas encore débarqué en Angleterre ?" Bonaparte disait lui-même : "Si je reste longtemps sans rien faire, je suis perdu." Il craignait d'être oublié comme à l'époque, si proche encore, où, d'Avignon à Nice, il menait des convois. Il regrettait l'Italie. Il avait besoin de faire quelque chose et quelque chose d'aussi grand.

Cependant les Directeurs n'aimaient pas à le sentir près d'eux. Si Bonaparte trouvait que sa renommée était en baisse, ils l'estimaient, quant à eux, excessive et "inopportune". Le moyen de l'éloigner de Paris, c'était de lui donner un emploi assez élevé pour que ni lui ni le public n'eussent à se plaindre d'un déni de justice. Le gouvernement lui confia le commandement de "l'armée d'Angleterre".

En finir avec les Anglais avec l'invasion de leur île, ce n'était pas une idée nouvelle. La Révolution y avait pensé bien avant le camp de Boulogne. "Il faudra voir comment l'Angleterre supportera un débarquement de deux cent mille hommes sur ses côtes", disait Carnot. Hoche avait été chargé d'une descente en Irlande au moment où Bonaparte était envoyé en Italie. Hoche avait perdu un an à organiser cette expédition chimérique. En moins de trois semaines, après une tournée d'inspection à Calais et à Ostende et sur le rapport de Desaix envoyé en Bretagne, Bonaparte se rend compte de l'inanité de ce vaste projet au succès duquel manque la première condition, une flotte capable de se mesurer avec la flotte anglaise, au moins de "surprendre comme Humbert le passage", ce qui sera l'idée de Boulogne. Pour le moment, ses conclusions sont négatives. Il abandonne le plan et, avec lui, le titre de commandant en chef de l'armée d'Angleterre. Titre ridicule. Ce n'est pas lui, du moins, qui se l'est donné. Il prétendait d'ailleurs, causant à Sainte-Hélène avec O'Meara, que c'était une simple diversion, un moyen de tromper les Anglais, l'expédition d'Égypte étant déjà résolue par le Directoire.

Voici le moment de réaliser l'idée qui l'occupe depuis longtemps, qui a failli l'engager au service des Turcs, qu'il ne cesse d'étudier et de mettre au point depuis son retour d'Italie. La séduction de l'Orient remonte pour lui à ses premières lectures. C'est là que son imagination le porte. Junot racontait à sa femme : "Lorsque nous étions à Paris, malheureux, sans emploi, eh bien ! alors le premier consul me parlait de l'Orient, de l'Égypte, du mont Liban, des Druses." Il se mêle de la littérature, de la féerie, Antoine et Cléopâtre, les *Mille et une* nuits revues par Voltaire et Zadig, des souvenirs de l'abbé Raynal et de *l'Histoire philosophique des Indes* à une idée qui n'est pas neuve non plus, qui a déjà eu des partisans avant la Révolution, pendant les guerres franco-anglaises, celle d'atteindre les "tyrans des mers" par le chemin de l'Asie, en s'emparant de la clef de Suez, pour tendre la main, dans l'Inde, à Tippo-Sahib. Depuis que la lutte a repris avec les Anglais, Magallon, consul de France à Alexandrie, presse le gouvernement révolutionnaire de s'emparer de l'Égypte dont Leibniz avait déjà conseillé la conquête à Louis XIV. Delacroix, ministre des Affaires étrangères, avait répondu que le Directoire y songeait mais voulait d'abord connaître l'issue de l'expédition d'Irlande. Et puis, l'homme assez aventureux et assez hardi pour conquérir l'Égypte manquait. Mais les rapports étaient au ministère. Talleyrand en avait demandé d'autres. Lorsque Bonaparte, renonçant comme Hoche à descendre dans les Iles britanniques, parla d'attaquer l'Angleterre et son commerce des Indes par l'Égypte et la Perse, ce ne fut pas une surprise pour les Directeurs.

Et sa proposition fut accueillie avec un empressement où n'entrait que pour bien faible part, si elle y entrait, l'intention de se débarrasser d'un militaire gênant. Du reste, on courait le risque de le grandir par l'éloignement, et Bonaparte, de son côté, ne pensait peut-être pas tant à accroître sa gloire par une campagne qui frapperait les esprits qu'à s'installer dans un proconsulat d'Orient qui remplacerait celui d'Italie. Il n'y a pas de gouvernement, si détestable soit-il, qui expose quarante mille hommes et sa dernière flotte pour se défaire d'un général ambitieux. Le Directoire se décida à la conquête de l'Égypte par d'autres raisons.

Devenu le maître absolu, Napoléon n'a rien entrepris de plus aventureux ni de plus extravagant, pas même la campagne de Russie. Chimères lointaines pour lesquelles ne comptent ni l'espace ni les difficultés, projets gigantesques, vues sur Constantinople, partages, échanges, remaniements, "recès", il a tout trouvé dans l'héritage du Directoire, comme le Directoire tenait déjà tout, par le Comité de salut public, du premier Pyrrhus, le girondin Brissot qui, la tête pleine de brochures, rêvait une immense refonte de l'Europe et du monde. Les illusions qui avaient lancé la Révolution dans la guerre servaient maintenant à poursuivre une paix insaisissable. Albert Sorel montre très bien que l'expédition d'Égypte apparut, à des hommes qui se croyaient raisonnables, comme le moyen d'arriver à la pacification générale par le démembrement de l'Empire ottoman. Un seul détail dira à quelle ivresse de la force, à quelle débauche guerrière on en était. L'expédition d'Égypte fut financée par le trésor - trente millions - que Brune venait d'enlever à "l'aristocratie bernoise", et ce brigandage, destiné à "nourrir la guerre", était opéré au nom de la République et de la liberté. L'entraînement aux violences a commencé avant l'Empire napoléonien.

Lorsque l'expédition eut mal tourné, Bonaparte ne fut pas fâché de laisser croire qu'il avait été "déporte" en Égypte avec ses soldats, et ce fut un des griefs qu'il mit en réserve contre le Directoire. De leur côté, les Directeurs ont prétendu que le général factieux avait arraché leur autorisation. La vérité est que, s'il y eut de part et d'autre des calculs et des arrière-pensées, on fut d'accord pour croire au succès, d'accord pour courir la chance de mettre l'Angleterre à genoux.

Que cette chance était faible ! Peut-être n'y en avait-il pas une sur cent pour que le corps expéditionnaire arrivât seulement au but. Ce n'était pas la Manche, comme pour dicter la paix à Londres, mais la Méditerranée tout entière qu'il fallait traverser par surprise. Cela se fit par un hasard prodigieux, presque inconcevable. Quelques précautions qu'on eût prises pour cacher les préparatifs et pour donner le change sur la destination des troupes qui étaient rassemblées à Toulon, les Anglais furent avertis. Nelson accourait avec ses meilleurs vaisseaux. Bonaparte, à bord de *l'Orient,* pesant avec l'amiral Brueys les risques d'une rencontre, n'estimait pas que la flotte encombrée de convois, les unités de combat elles-mêmes, surchargées d'hommes et de matériel, fussent en état de vaincre. Il n'y avait qu'à aller en avant.

On avait mis à la voile le *19 mai 1798*. Au passage, prise de Malte, comme les instructions le recommandaient, car on s'emparerait d'un des points stratégiques de la Méditerranée. En même temps on ferait oeuvre révolutionnaire, oeuvre pie, en délivrant l'île de l'Ordre fameux, institution d'un autre âge. Si les chevaliers de Malte étaient restés derrière leurs murailles, le siège aurait pu s'éterniser. Leur imprudence abrégea tout. Quelques jours suffirent à Bonaparte pour organiser la nouvelle conquête de la République. Le 19 juin, la flotte cinglait vers Alexandrie.

Nelson, qui la cherche fébrilement, la manque partout. Il est arrivé trop tard à Malte, elle lui échappe par hasard à Candie. Il fait force de voiles vers Alexandrie et cette hâte encore lui est funeste. Il ne trouve pas l'escadre française, il croit qu'elle se dirige vers la Syrie, quitte le port pour la poursuivre et la croise de nuit à cinq lieues de distance. Qu'il fît jour ou que Nelson eût pris sa route un peu plus à *gauche, et* le désastre d'Aboukir avait lieu avant que l'armée eût débarqué.

Cette fortune, qui ne devait pas être la dernière, a fait croire à l'étoile de Bonaparte. Il s'est servi de cette croyance. Il ne l'a que faiblement partagée. Quand Letizia, bonne mère, disait à l'empereur : "Tu travailles trop !" il répondait : "Est-ce que je suis un fils de la poule blanche ?" C'est une expression corse qui équivaut à "être né coiffé". Nous sommes trop portés à croire, nous qui connaissons la suite, que Bonaparte lisait dans l'avenir à livre ouvert. Il n'avait pas plus de certitudes que les autres hommes. Et la prodigieuse aventure d'Égypte n'était pas propre à convaincre un esprit comme le sien que, quoi qu'il fît, le succès lui fût assuré. Le désastre naval d'Aboukir, l'échec devant Saint-Jean-d'Acre, comme les mauvaises heures qu'il avait passées en Italie avant Castiglione, l'eussent averti, à défaut de l'instinct, que son astre n'était pas infaillible. "Allez donc voir les Pyramides. On ne sait pas ce qui peut arrive", avait-il dit à Vivant-Denon le lendemain du débarquement d'Alexandrie. Mais cette expédition fantastique, dont il se tira à son avantage et contre toute raison, fit grandir chez les Français cette impression, née des événements extraordinaires que l'on avait déjà vus, que "tout était possible". Impression plus forte encore lorsqu'on aura mesuré l'ascension prodigieuse du général et de ceux qui, à sa suite, seront devenus princes et rois, quand rien ne semblera plus invraisemblable puisque tout aura été vrai.

Parmi ces possibilités indéfinies dont la perspective dérange l'ordre ordinaire des choses, il y a jusqu'au pouvoir suprême. Alors, à chaque pas qui le rapproche de la couronne, nous voyons pourquoi, si elle devait aller à quelqu'un, c'était à Napoléon. Il est toujours celui qui voit grand, celui qui a l'horizon le plus large. Il part pour l'Égypte avec des soldats et aussi avec des savants, des artistes, des ingénieurs, des naturalistes, des juristes, de quoi composer une administration, fonder un État, rendre à la lumière ce qui dort sous la terre des Pharaons, mettre en valeur les richesses du pays, préparer le percement de l'isthme de Suez. Il a emmené jusqu'à un poète pour chanter ses exploits. Et sans doute ce poète officiel s'appelle Parseval-Grandmaison. Ce n'est pas la faute de Bonaparte, c'est la faute du siècle s'il n'a pas trouvé mieux.

En Égypte comme en Italie, il a des idées de gouvernement, il crée. Et c'est lui qui aura fondé l'Égypte moderne, la délivrant, d'abord, par ses victoires, de l'oppression des Mamelouks, un peu comme il avait délivré la Lombardie des Autrichiens, ensuite lui donnant l'empreinte occidentale et française, telle que les Égyptiens étaient capables de la recevoir et dans une mesure si juste qu'elle a duré. Car, ici encore, c'est l'intelligence qui domine et qui rend compte de son succès. L'Islam, il le connaît déjà, il l'a étudié. Il sait parler à des musulmans et les comprendre. Il s'intéresse à leur religion, à leur histoire, à leurs moeurs. Il s'entretient avec les ulémas, il se montre respectueux de leurs personnes et de leurs croyances. Il ordonne même que les fêtes de la naissance du Prophète soient célébrées. Il y a là une part de comédie. Un autre tomberait dans la mascarade. "Nous trompons les Égyptiens par notre simili-attachement à leur religion, à laquelle Bonaparte et nous ne croyons pas plus qu'à celle de Pie le défunt", transcrivait en vulgaire le général Dupuy. Mais le premier Consul dira à Roederer : "C'est en me faisant catholique que j'ai fini la guerre de Vendée ; en me faisant musulman que je me suis établi en Égypte ; en me faisant ultramontain que j'ai gagné les esprits en Italie. Si je gouvernais un peuple de juifs, je rétablirais le temple de Salomon." Après lui, Kléber, son successeur, soldat magnifique mais soldat seulement, paraîtra distant, brutal. Il sera assassiné tandis qu'on aura respecté le sultan "Bonaparte". La révolte du Caire elle-même, accident du fanatisme, ne l'avait pas troublé. Il fit des exemples, et terribles. Mais il continua de marier "le croissant et le bonnet rouge, les Droits de l'Homme et le Coran", la formule, somme toute, qu'il appliquera en France par la "fusion".

Cette fois encore, au bord du Nil, il était souverain, despote éclairé et réformateur, comme à Mombello, tout à fait à l'aise à ces confins de l'Afrique et de l'Asie, ranimant par un langage imagé ses soldats, vite désenchantés et que des fatigues, des souffrances inconnues, un ennemi barbare, la soif, les ophtalmies, la peste poussaient parfois au suicide. Les "quarante siècles" en contemplation "du haut des Pyramides" appartiennent à ce genre sublime qui n'échappe au ridicule que par l'accent épique. Telle est bien la manière de dire de Napoléon, "à la fois orientale et bourgeoise", avec des effets de style agréable au Joseph Prudhomme qui habite tout Français sans faire tort à l'amateur d'aventures et de romanesque exotique. L'Égypte, dans la carrière du général, c'est Atala dans la carrière de Chateaubriand. Et, des bords du Nil, Bonaparte rapportera, avec des originalités frappantes pour les badauds de Paris, avec le sabre turc attaché à sa redingote et le mamelouk Roustan, des tournures de phrase et de pensée, un élément décoratif qui se plaquera sur la légende comme les sphinx aux tables et aux fauteuils du Style Empire.

Dans le fond de son coeur, il emportera autre chose de cette expérience nouvelle. "Je suis surtout dégoûté de Rousseau depuis que j'ai vu l'Orient, disait-il ; l'homme sauvage est un chien." Comment appellera-t-il la femme civilisée qui n'a ni loyauté ni foi ? Il y a de l'amertume dans cette parole. En Égypte, Bonaparte apprendra que Joséphine l'a trompé, qu'elle le trompe encore, qu'elle rend ridicule, à Paris, le héros qui naguère marchait à la conquête de l'Italie en marquant chacune de ses victoires par une lettre d'amour. Alors il eut dans la bouche l'âcreté de la trahison. "J'ai beaucoup de chagrin domestique, car le voile est entièrement levé", écrivait-il du Caire à Joseph. Et il ajoutait, comme un René, comme un Manfred romantiques : "J'ai besoin de solitude et d'isolement. Les grandeurs m'ennuient, le sentiment est desséché, la gloire est fade. À vingt-neuf ans, j'ai tout épuisé." Pas tellement que chez lui la nature, la volonté, l'ambition ne se rebellent. Il croit qu'il souffre et il est irrité. Au fait, Joséphine infidèle le libère. Il prend une maîtresse, la femme d'un de ses officiers. Misanthrope, il devient un peu pacha.

Qu'on lui parle donc moins que jamais de la bonté naturelle de l'homme. Ce n'est pas le principe sur lequel il fonde son système de gouvernement. Car il gouverne, en Égypte, il organise, il légifère. Il s'installe dans le provisoire, le fragile, le précaire, ce qui sera jusqu'au bout sa destinée. Après coup seulement il a représenté son séjour près du Nil comme une position d'attente. Là comme ailleurs, il est tout entier à ce qu'il fait dans le moment présent, sans perdre son temps à supputer ce qui peut se produire demain, quitte, dès la première occasion, à se tourner d'un côté nouveau.

Il y avait un mois que l'armée avait débarqué à Alexandrie, les Mamelouks avaient été battus à Chebreiss et aux Pyramides, leur domination brisée, leurs restes poursuivis dans le désert, lorsque le désastre auquel on avait échappé par miracle depuis le départ de Toulon s'accomplit. Le 1er août, Nelson attaquait et détruisait la flotte française en rade d'Aboukir. Tout avait coulé ou sauté, l'amiral Brueys lui-même disparu avec *l'Orient*. À peine quelques frégates tenues hors du combat avaient été épargnées. Une mémorable défaite navale, une débâcle dont l'achèvement sera Trafalgar. Après cette journée, l'armée était séparée de la France, bloquée en Égypte, sans espoir de retour, car la République perdait sa dernière escadre. Une catastrophe dont le retentissement fut immense. L'Angleterre était vraiment la reine des mers. Elle n'eut plus de peine à coaliser l'Europe contre la Révolution conquérante.

Il est frappant de voir comme ce désastre affecte peu Bonaparte. L'expédition n'a plus de vaisseaux. Elle s'en passera. Elle n'a plus à compter sur un ravitaillement du dehors. Elle s'organisera pour vivre sur le pays et pour y produire ce qui lui est nécessaire. Le général en chef n'a pas un moment de trouble. On dirait que la difficulté le stimule. Huit jours après avoir appris la fatale nouvelle, il fonde l'Institut d'Égypte, de même qu'il signera le statut des comédiens du Théâtre-Français à Moscou. Et, pendant toute la fin de l'année 1798 jusqu'au mois de mars 1799, il pacifie et administre sa conquête comme s'il devait y rester toujours.

Pourtant un autre danger menace. Les Turcs, poussés par l'Angleterre et la Russie, symptôme de la grande coalition qui se noue en Europe, s'avancent par la Syrie pour reprendre l'Égypte. Bonaparte décide aussitôt d'aller à leur rencontre. C'est la fuite en avant. Et c'est aussi le projet grandiose qu'il avait expliqué à Junot lorsqu'ils arpentaient tous deux les boulevards de Paris. Une fois maître de la Syrie, il soulèverait les chrétiens du Liban, il rallierait les Druses et, grossie de tous ces auxiliaires, son armée s'ouvrirait un chemin jusqu'à Constantinople, marcherait de là sur Vienne, à moins que, renouvelant les exploits d'Alexandre, il ne se dirigeât sur l'Inde pour donner la main à Tippo-Saïb et chasser les Anglais.

D'une audace logique, la même qui conduira Napoléon à Moscou pour tenter de rompre le cercle anglais, la campagne de Syrie devait échouer. Sans doute les Turcs, battus au Mont-Thabor, renoncèrent à envahir l'Égypte. Mais, devant Saint-Jean-d'Acre, Bonaparte fut arrêté. Là il retrouva Phélipeaux, son ancien rival d'école, émigré, passé au service de l'Angleterre et qui, avec Sidney Smith, organisa une défense selon les règles où les assauts des Français vinrent se briser.

La grosse artillerie manquait, transportée par mer et enlevée par les patrouilles anglaises. Après deux mois d'efforts inutiles, Bonaparte décida de lever le siège.

Ce ne fut pas sans crève-coeur. La preuve que l'affaire d'Égypte n'était pas dans son esprit une diversion, une affaire à côté en *attendant m*ieux, mais une entreprise importante par elle-même et capable de vastes développements, c'est le souvenir irrité que Saint-Jean-d'Acre lui laissa. "Mes projets comme mes songes, tout, oui, l'Angleterre a tout détruit", disait-il plus tard. Il y pensait encore à Sainte-Hélène. On eût dit qu'il avait manqué là sa vie. Et pourtant cette campagne de Syrie, admirablement mise en scène, tournait encore à l'avantage de sa légende. En Terre Sainte, il a quitté son déguisement islamique. Il est apparu chrétien, presque un croisé, il a montré de l'émotion à Nazareth, comme ses soldats républicains, à qui des cantiques remontaient du coeur en passant par les lieux sacrés de la Palestine. Et les épisodes atroces, les scènes d'horreur, qui ont abondé, reçoivent (ainsi la visite aux pestiférés de Jaffa) le coup de pouce de l'artiste qui les transfigure pour l'imagerie populaire. L'échec d'Acre lui-même prend une allure épique, par la retraite dans le désert, où le général en chef laisse son cheval aux blessés, marchant à pied, comme il aura un bâton à la main au retour de Moscou. Cependant, de même qu'il abandonnera silencieuse-ment la Grande Armée, il ne tardera plus à quitter l'Égypte, affaire sans autre issue, désormais, qu'une capitulation.

Il revient d'abord pour jeter à la mer les Turcs débarqués au rivage même d'Aboukir, brouillant par une victoire terrestre le nom d'une écrasante défaite navale. Juillet 1799 vient de finir. Depuis qu'il a quitté Toulon, c'est-à-dire depuis quatorze mois, Bonaparte n'a eu que de rares nouvelles de France. Une fois ou deux, des négociants, échappés aux croisières anglaises, lui en ont apporté, mais vagues et anciennes. Après la reddition du fort d'Aboukir, on reçoit par Sidney Smith, envoyé en parlementaire, tout un paquet de journaux d'Europe. L'attention ne présageait rien d'heureux. Réveillé au milieu de la nuit, Bonaparte lit aussitôt les gazettes. Il apprend que la guerre générale a recommencé, que les armées de la République reculent partout, que Scherer a été battu sur l'Adige et que l'Italie est perdue, que Jourdan, également battu dans la Forêt-Noire, a repassé le Rhin. Au matin, il fait appeler le contre-amiral Ganteaume et s'enferme avec lui pendant deux heures. Sa décision est prise. Il rentrera.

Est-ce dans la pensée de prendre le pouvoir ? Mais ce n'est qu'une fois débarqué en France qu'il connaîtra le véritable état du pays, qu'il sera informé des chances qui s'offrent maintenant pour un coup d'État. Qu'au Luxembourg un des Directeurs au moins pense à un soldat pour sauver la Révolution et la République, il ne le saura qu'en approchant de Paris. S'il ignore, la dépêche ne lui étant pas parvenue, que le Directoire l'a déjà rappelé, du moins pressent-il qu'on a besoin de lui pour rétablir la situation militaire et que, là, le grand premier rôle l'attend. Le reste, il l'aura peut-être. C'est le secret de l'avenir et des circonstances. Ce qui, pour lui, est évident, c'est que l'Égypte est un chapitre clos. Dans ce proconsulat d'Orient, il a seulement pris en lui-même plus de confiance encore que dans le proconsulat d'Italie. Il à déjà gouverné deux pays. Gouverner la France, à trente ans, est une idée qui ne l'effraie plus. La "grande ambition" qui lui est venue depuis Lodi s'est épanouie après les Pyramides.

Mais il faut rentrer. Il faut d'abord laisser l'armée d'Égypte à sa conquête sans espoir, organiser cette défection dans le secret pour ne pas révolter la troupe ni démoraliser les chefs auxquels sera délégué le commandement. Devant les Français eux-mêmes, il faut que ce départ devienne honorable, sinon glorieux. C'est à quoi pourvoiront quelques proclamations éloquentes qui n'empêcheront ni le blâme amer et hautain de Kléber, ni la raillerie du soldat qui voit filer le général "Bonattrape". Enfin il faut que la fortune soit encore assez complaisante pour que la frégate la Muiron et les trois bâtiments qui l'accompagnent passent à travers la surveillance des Anglais. Le retour était aussi hasardeux que l'aller. Le sort voulut qu'il se terminât aussi bien. Mais Bonaparte jouait son va-tout. S'il restait enfermé en Égypte, sa carrière était finie. Il se fia à son étoile. Elle l'amena en France, fidèlement. Et ce que le succès de cette hardiesse a d'inespéré, d'incroyable, efface les sentiments froissés par l'abandon des compagnons d'armes que leur chef livre à une capitulation prochaine. Cette navigation audacieuse au long de la Méditerranée sillonnée de voiles anglaises, d'ennemis avides d'une si brillante capture, c'est le bonheur insolent, qui étonne, qui impose et qui fait crier au décret du destin.

Bonaparte risquait de ne pas rentrer du tout. Il risquait aussi de rentrer trop tard. À ce moment, Sieyès, au Luxembourg, méditant un coup d'État, "cherchant une épée", ne pensait pas au chef de l'expédition d'Égypte, aventuré au loin. Il pensait à Joubert.

Il advint que Joubert choyé, marié même par les hommes qui sentaient le besoin d'un soldat pour sauver et consolider la République, envoyé par eux en Italie, sur le théâtre où l'autre avait conquis la gloire, fut tué à Novi. Sa mort, le 12 août, avait jeté ses protecteurs dans le désarroi quand, sept semaines plus tard, Bonaparte parut. Lui, tout l'épargnait, les balles, la peste, la mer. Joubert mort après Hoche, qui pouvait-on lui préférer, lui opposer, parmi les militaires républicains ? S'il avait d'autres supériorités sur ses rivaux, il possédait la principale, celle d'être en vie.

Chapitre IX : Comment on peut manquer un coup d'État

Du 19 mai *1798* au *9* octobre *1799,* Bonaparte est resté absent de France. Pendant ces dix-sept mois, les causes qui devaient rendre nécessaire le recours à la dictature n'avaient pas cessé d'agir et l'effet s'en était développé avec une rapidité inexorable. Depuis l'annexion de la Belgique, la Révolution n'était plus maîtres-se de son destin.

Dès maintenant, nous avons l'image de ce qui se répétera jusqu'en *1814,* jusqu'à ce que la France soit rentrée dans ses anciennes limites. Avec ténacité, l'Angleterre renouera des coalitions dont elle sera l'âme et la caisse, que la France s'épuisera à briser et qui deviendront plus vastes, plus fortes, plus unies à mesure que les Français avanceront davantage en Europe, ne soulevant le poids que pour qu'il retombe sur eux de plus haut. "Si j'eusse été vaincu à Marengo, vous eussiez eu dès ce temps-là tout *1814* et tout *1815",* disait Napoléon à ses compagnons de Sainte-Hélène. Rien de plus exact. On avait déjà failli avoir tout *1814* et tout *1815* dans l'été de 1799.

Le désastre de la flotte française à Aboukir avait été, en Europe, le signal d'une reprise des hostilités. Nelson était maître de la Méditerranée, Bonaparte pris en Égypte dans un piège. La diplomatie anglaise travaillait partout et Nelson était son meilleur agent. Le vainqueur des mers entraîna le roi de Naples à prendre les armes. Aussitôt la guerre déclarée par le gouvernement napolitain, les Français courent à cet adversaire, mettent en déroute l'armée napolitaine, poussent jusqu'à Naples, y entrent comme jadis Charles VIII. Les Bourbons s'en-fuient en Sicile. La République parthénopéenne est fondée. Succès magnifique de Championnet, mais qui ressemble étrange-ment à tant d'autres succès que Napoléon remportera plus tard et qui le mèneront au fond des Italies, des Espagnes, des Russies, jusqu'à ce que le reflux le repousse.

Et l'on voit aussi, en 1799, s'annoncer ce qui se produira en plus grand dans peu d'années, la révolte des peuples contre la Révolution conquérante, les idées de liberté et de nationalité retournées contre ceux qui les avaient propa-gées à travers le monde. On a trop dit que le signal de ces soulèvements nationaux avait été donné en *1808* par les paysans espagnols. Les paysans des Calabres, les lazzaroni de Naples avaient commencé. Albert Sorel a rendu ad-mirablement la stupeur de nos soldats républicains devant ce phénomène, la cause des rois devenue cause des peuples, prodige aussi monstrueux que s'ils avaient vu les fleuves remonter vers leur source. Alors, en peu de temps, devant cette fureur populaire, c'est la retraite de Naples, puis la débâcle. Et bientôt, conduits par Souvarof, ce Tar-tare, les Russes, sortis de leurs steppes avec leurs icônes, débouchent en Italie pour en chasser les Français, tandis que des housards hongrois assassinent deux plénipotentiaires de la République aux portes de Rastadt où l'intermi-nable Congrès vient de se dissoudre. Et puis Suisses, Hollandais, Belges enfin s'insurgent, et c'est pour conserver la Belgique que cette guerre épuisante est soutenue ! En même temps, la Vendée reprend les armes.

Le danger avait été le même en *1793,* moins grave pourtant. Il sera le même, plus grave, en *1813* et *1814.* Pour-quoi le Directoire y échappe-t-il en *1799 ?* Parce que, comme en *1793,* les coalisés ne poussent pas la guerre à fond, qu'ils restent divisés d'intérêts, qu'ils ont d'autres calculs. En *1793,* ils avaient laissé la France pour courir au dernier partage de la Pologne, de peur que l'un n'en prît un plus gros morceau que l'autre. En *1799,* la rivalité de l'Autriche et de la Russie en Orient arrête leur offensive. Masséna profite de ce ralentissement pour battre Souvarof à Zurich, presque en même temps que Brune a le bonheur de battre les Anglais et les Russes débarqués en Hollande. Cette fois encore la France est sauvée de l'invasion. L'Italie est perdue, mais les "frontières naturelles" sont préservées.

À ce moment, Bonaparte touche au terme de sa traversée aventureuse. Le 1er octobre, la Muiron, miraculeusement échappée aux Anglais, aborde à Ajaccio. Bonaparte y apprend les nouvelles. Il bout d'impatience. Il comprend que Brune et Masséna lui retirent le pain de la bouche. Il croyait, dès son retour, par une acclamation générale, recevoir le commandement des armées de la République pour repousser l'ennemi. Mais l'invasion est arrêtée. Il arrive trop tard.

N'importe. Il se hâte. Dès que la route est sûre, la Muiron remet à la voile et jamais plus Bonaparte ne reverra Ajaccio. Le 8 octobre, il est en vue des côtes de Provence. Il se dérobe encore à l'escadre anglaise qui croise pour le saisir. Le 9, il débarque près de Fréjus, dans la baie de Saint-Raphaël.

Il eut alors une révélation. Pendant son absence, sa popularité avait grandi au-delà de ce qu'il avait espéré. A peine sa frégate a-t-elle approché du rivage, à peine son arrivée est-elle connue que les Provençaux accourent, entourent la Muiron de leurs barques, acclament le général, montent à bord pour le voir de plus près. Autre chance. Cette prise de contact le délivre du service sanitaire et de la quarantaine que pourrait, puisqu'il vient d'un pays où il y a la peste, lui infliger une administration mal intentionnée. Il se met de lui-même au-dessus des règlements. Déjà les cris qu'il entend, l'allégresse dont il recueille les marques lui font connaître qu'il est attendu. Si l'heure est passée où l'on aurait eu besoin d'un grand capitaine pour vaincre l'ennemi, on a besoin d'un soldat, d'un chef pour sauver la République et l'État.

Mais il ne sait pas encore tout. S'il vient de tâter le pouls du public, le voeu de la foule est vague et amorphe. En approchant de Paris, il apprend quelque chose de nouveau et de précis qui donne à sa fortune une face nouvelle. Le pouvoir qu'il avait entrevu et désiré, comme les autres, sans découvrir le moyen d'y accéder, s'offre à lui. Non seulement le fruit est mûr, mais on lui apporte les moyens de le cueillir. Un coup d'État est dans la nature de la situation. Le "comment" se présente pour Bonaparte et se présente de lui-même. Accouru à sa rencontre, son frère Joseph le met au courant des idées et des projets de Sieyès, désemparé depuis la mort de Joubert. Pour devenir le maître en France, Bonaparte n'aura pas à soulever des régiments ou la rue, procédé incertain, aventureux, qui lui répugne toujours, dans lequel il n'a pas confiance. Le coup d'État qui se prépare, auquel il ne manque plus qu'un exécutant, ne le compromettra pas avec les royalistes et ne le laissera pas prisonnier des militaires. Il sera organisé de l'intérieur par des civils, des républicains, avec la caution d'un révolutionnaire, un pur des premiers jours de 89, un régicide, un "votant". Ce coup d'État sera encore fidèle au "génie de la République", dans le droit fil de la Révolution et, par là, à peine hors de la légalité, tel enfin que pouvait le concevoir, le souhaiter et même l'approuver le général de vendémiaire et de fructidor.

Il reste à comprendre pourquoi, dans la République même, à la tête de l'État, des hommes considérables et réfléchis en étaient venus à ne plus voir de salut que dans l'appel au soldat, pourquoi Sieyès, éternel constituant, comme Diogène cherchant un homme, "cherchait une épée", la mort ayant brisé celle de Joubert à Novi.

Le fait est que le système de gouvernement établi en 1795 ne pouvait plus durer. Si Augereau, prêté par Bonaparte, avait fructidorisé les Conseils, il avait fallu, l'année suivante, recommencer l'opération et casser de nouvelles élections hostiles aux Directeurs en charge. C'était le vice fondamental d'un régime fondé sur la volonté populaire et qui la violait dès qu'elle était contraire à l'article inexprimé mais non le moins fort de la Constitution, c'est-à-dire dès qu'elle tendait à enlever le pouvoir aux anciens conventionnels, aux thermidoriens de gauche. Donc en mai 1798 (22 floréal), nouvel abus d'autorité tandis que la guerre extérieure reprend. Avec elle, l'esprit jacobin se ranime. Aux élections de mai 1799, découragés et intimidés, les partis de droite s'abstiennent, ne votent pas. Les exaltés, les exagérés, les "patriotes" reparaissent dans les Conseils. Ils réclament, ils imposent le retour aux méthodes terroristes au nom de la patrie en danger. Nouvelles mesures de rigueur dont, cette fois, car il ne reste plus beaucoup de "ci-devant" à poursuivre, les bourgeois font les frais. L'emprunt forcé alarme la masse de ceux qui possèdent sans remédier, loin de là, à la détresse croissante des finances. Les intérêts sont lésés, l'insécurité, l'inquiétude sont partout, tandis que les nouvelles désastreuses de la guerre se succèdent. Cependant, revenu d'une mission diplomatique à Berlin, Sieyès est élu Directeur à la place de Rewbell. Il n'a jamais aimé la Constitution de l'an III qu'il n'a pas faite et il n'a pas tort de la juger mauvaise. Il voit que la Révolution et la République courent à la ruine et que ce grand désordre, aggravé par les défaites militaires, ne peut plus se terminer que par la restauration des Bourbons. Cet ancien prêtre régicide est peut-être le plus clairvoyant, le plus conscient des révolutionnaires. Il faut à tout prix changer la machine, sinon la catastrophe est prochaine.

Le voici dans la place. Silencieusement, il se met à l'oeuvre, il ourdit sa conspiration pour le salut de la République et des républicains. La première chose à faire est de s'assurer du pouvoir exécutif, ce pouvoir à cinq têtes. Les Directeurs avaient épuré les Conseils. Il renversera la méthode. Il épure le Directoire. Le 30 prairial (18 juin 1799) il exécute son premier coup d'État qui prépare l'autre. Ayant fait, dans les Conseils, l'alliance de la vieille Gironde avec l'extrême-gauche, Sieyès élimine trois de ses collègues, garde Barras dont il ne craint rien pour ses projets et introduit au Directoire, outre Roger Ducos, son confident et son complice, deux jacobins de stricte observance, mais bornés, Gohier et le général Moulin. Il ne s'agira plus, le jour venu, que de se débarrasser de ces comparses. Sieyès a joué l'extrême-gauche, son alliée d'un jour. Il la désarme en fermant le Manège où le club des Jacobins a repris ses séances. La besogne préliminaire du coup de force définitif est accomplie. Le général Bonaparte trouve déjà le 18 brumaire à demi mâché.

Il trouve aussi la France à prendre. De Fréjus à Paris, ce qu'il voit, ce qu'il entend sur la route est à ne *pas s'y tromper*. L'anarchie, il la touche du doigt. Les voitures qui portent ses bagages ont été pillées aux environs d'Aix par des brigands, des "Bédouins français" comme dit le mamelouk Roustan qu'il amène d'Égypte pour orner ses cortèges et leur donner un reflet d'Orient. Le besoin d'ordre et d'autorité, on le sent partout. Et il se cristallise autour du général Bonaparte. L'accueil que lui fait Lyon est significatif et tellement chaleureux qu'il décide de se dérober désormais à des ovations qui le compromettent.

Il importe, en effet, de ne pas gâter une situation admirable. Tout conspire en faveur du jeune général, pourvu qu'il ne commette aucune imprudence, aucun faux pas. Et cette popularité en coup de foudre n'est pas mystérieuse. D'instinct, les Français cherchent un chef, comme Sieyès cherche un exécutant par calcul. Un chef, il n'en est pas d'autre que lui. Il n'en est pas, surtout, qui réunisse comme lui les conditions nécessaires. Les aspirations du pays sont confuses. Elles sont même contradictoires. On est excédé du désordre qu'a engendré la Révolution, mais la masse tient à conserver les résultats de la Révolution, c'est-à-dire l'égalité et les biens nationaux. On est las de la guerre, mais on ne renonce pas aux limites naturelles. Et la réputation de Bonaparte est faite. Il remporte des victoires et des victoires qui obtiennent la paix, comme à Campo-Formio. Il ne transige pas avec la réaction, au besoin il la mitraille, et son langage exclut tout soupçon d'esprit féodal, mais il ne blesse ni les sentiments ni les croyances, il ne persécute ni les personnes ni les intérêts. Il est au-dessus des passions qui ont déchiré la France. Et là, s'il récolte après avoir semé, il a semé sans le vouloir, pour cette raison profonde, innée, originelle, que ces passions, révolutionnaires ou contre-révolutionnaires, qui divisent les Français de vieille souche, il ne les partage pas, n'ayant pu les ressentir comme eux.

Tels sont les éléments de sa popularité. Ils ont grandi pendant son absence. Personne ne s'étant présenté pour jouer le rôle de sauveur, Bonaparte, par son éloignement, s'est fait désirer. Comment, en outre, ne pas constater que la victoire ; quand il n'est pas là, déserte le drapeau français ? Et comme c'est le régime qu'on rend responsable de tous les maux, c'est encore lui qu'on accuse d'avoir " déporté " en Égypte le général qui, dès lors, devient une victime et non plus seulement un héros.

Tous ces sentiments sont diffus à travers la nation. Ils compteront surtout le jour où Bonaparte sera parvenu au pouvoir. Il a dans le pays des disponibilités plutôt que des forces actives. Et l'apathie, la "prostration", après tant de convulsions et de souffrances, sont trop grandes pour qu'un mouvement spontané jaillisse de la foule. Il s'en faut de beaucoup que Bonaparte n'ait qu'à paraître pour renverser le Directoire et le retour d'Égypte ne saurait se comparer avec le retour de l'île d'Elbe. Aussi songe-t-il de nouveau à se faire nommer Directeur avec une dispense d'âge plutôt qu'à s'emparer de la dictature. Sa gloire même, qu'on peut dire encore à l'état naissant, serait plutôt gênante pour lui, étant de nature à mettre sur leurs gardes ceux qui restent fidèles à la Constitution de l'an III et à inquiéter ou à refroidir ceux qui méditent le coup d'État, ont besoin d'un général mais n'entendent pas travailler pour lui. D'ailleurs, Sieyès n'a pas plus de sympathie pour Bonaparte que Bonaparte n'en a pour Sieyès. On a rarement vu deux hommes aussi peu faits pour se comprendre et si, à la fin, ils collaborent, c'est vraiment parce que Sieyès n'aura pas trouvé d'autre agent d'exécution, tandis que, pour Bonaparte, l'occasion aura été unique. Qu'il manquât celle-là, il n'est pas certain qu'il s'en fût présenté une meilleure ou même une autre.

Cependant les préparatifs étaient si avancés que tout fut monté, accompli en moins d'un mois. Bonaparte était rentré à propos pour prendre l'emploi laissé vacant par la mort de Joubert et dont Moreau, déjà pressenti, hésitait à se charger. Moreau en eut du regret plus tard. Mais c'était un velléitaire et qui s'embarquait toujours mal. Il dit à Sieyès quand le retour de Bonaparte fut connu à Paris : "Voilà votre homme. Il fera l'affaire bien mieux que moi." Un républicain sincère, Baudin, député des Ardennes, mourut de joie ce même jour. Pour lui comme pour les patriotes de Fréjus qui avaient abordé la Muiron au cri de "Vive la République !" l'arrivée de Bonaparte c'était le salut de la Révolution. Il y eut le même pressentiment chez quelques royalistes. Jamais on n'avait été si près de l'écroulement du régime. Ils eurent l'impression juste que, pour des années, c'en était fait d'une restauration.

Et c'était précisément contre un retour des Bourbons que les républicains voulaient, en premier lieu, se prémunir. Le 18 brumaire a eu la même raison d'être que fructidor. Ces républicains n'étaient ni tellement naïfs ni tellement aveugles. La dictature d'un soldat était le risque de leur opération. Ils consentaient à le courir plutôt que celui d'une contre-révolution, de même qu'ils concevront la monarchie napoléonienne et la fondation d'une quatrième dynastie comme l'obstacle le plus sûr à la monarchie bourbonienne. Et quand on voit ce que sont devenus, après 1815, les régicides, qui prendront en exil la place de misère des émigrés, on s'explique qu'ils aient préféré tout à cela et mis un sabre, un trône même, s'il le fallait, entre les Bourbons et eux.

Mais le sentiment de la conservation personnelle n'était pas seul en cause. Des républicains sincères, authentiques, comprenaient très bien que la République périssait par la faiblesse du pouvoir exécutif. Ils voyaient la nécessité de resserrer ce pouvoir et c'est pourquoi, dans le plan de Sieyès, on passait des cinq têtes directoriales à trois têtes consulaires. Enfin, puisqu'on ne renonçait pas aux limites naturelles ni, par conséquent, à la guerre, le bon sens disait qu'on ne pouvait pas résister à l'Europe dans les convulsions et l'anarchie. La Convention l'avait compris et c'est pourquoi elle avait organisé la Terreur. Maintenant le régime terroriste était odieux aux Français. Il fallait refaire une autorité mais qui n'eût pas un visage de Gorgone.

Le renforcement du pouvoir exécutif, objet du nouveau coup d'État en préparation, était donc une idée raisonnée et raisonnable. Aussi, tout ce qui, dans la République, représentait l'intelligence et l'idéologie était du côté de Sieyès. Et puisqu'on sentait le besoin d'un chef pour continuer la guerre des limites naturelles dans de bonnes conditions, il était encore dans la logique de la situation que ce chef fût un militaire. Sieyès et les idéologues ne pouvaient même, sans bien le savoir, tomber mieux qu'avec Bonaparte. De tous les militaires possibles, il est celui qui a le plus d'autorité personnelle et d'horizon. Il n'exposera la France ni à un gouvernement de soldatesque, ni à des séditions successives de prétoriens. Si la Révolution devait finir par le césarisme, elle a eu cette chance de rencontrer du premier coup le militaire, qui, ayant le moins l'esprit de caste, était assez pénétrant pour assurer tout de suite la prééminence de l'élément civil dans son gouvernement de manière à ne pas ouvrir dans les camps l'ère des proclamations d'imperators.

Vingt-cinq jours seulement s'écoulent entre le matin où Bonaparte rentre chez lui, rue Chantereine, et le soir où il sort, déjà César, de l'Orangerie de Saint-Cloud. Cependant le César de demain a une femme, plus que soupçonnée, convaincue d'infidélité et d'inconduite. Sur la vie de Joséphine, ses désordres, ses dettes, Bonaparte, déjà renseigné, a reçu de nouvelles précisions par ses frères qui haïssent leur belle-soeur. Inquiète, la coupable a voulu s'expliquer, plaider sa cause, enlever un pardon et elle est allée au-devant de son mari, mais elle a pris la mauvaise route, tandis que Joseph a pris la bonne. Bonaparte est résolu à faire maison nette. Il en a assez de partager avec ce M. Charles, d'être un mari bafoué. Le maître prochain de la France n'est pas encore bien loin de la bohème où il a vécu, du demi-monde où il a pris sa compagne.

Il pardonne cependant, dès que Joséphine, qui l'a manqué à Lyon, arrive à son tour rue Chantereine. Il pardonne parce qu'elle n'a pas perdu tout pouvoir sur son coeur ni sur ses sens. Il pardonne parce que, s'étant enfermé sans consentir à la voir, elle a eu l'adresse d'envoyer ses enfants, Eugène et Hortense, demander sa grâce à travers la porte, sûre, par ce moyen de théâtre, de l'attendrir. Il pardonne encore parce qu'un divorce serait un scandale inopportun, un aveu, trop facile à exploiter par les mauvaises langues, de ses infortunes conjugales et il ne veut pas faire rire. Il pardonne enfin parce que, réflexion faite, il lui apparaît que Joséphine, avec ses relations, son entregent, sa rouerie même, lui sera une auxiliaire utile. Calcul très juste. Joséphine, selon son habitude, fréquente les gens en place. Barras, l'ancien protecteur, est toujours le grand ami. On *est* lié avec Gohier, qui préside le Directoire. Par Gohier, on n'est pas mal non plus avec Moulin. De sorte que c'est avec les trois Directeurs qui vont être évincés, expulsés et bernés, que Bonaparte, dans ces premiers j'ours, et en partie grâce à Joséphine, se trouve avoir les meilleurs rapports.

Ainsi, jusqu'à la fin, il donnera le change sur ses intentions. C'est encore la raison pour laquelle on s'abstient de l'inquiéter, de lui demander des comptes, bien qu'il séjourne à Paris dans une situation qui, à tous les égards, est mal définie, ayant abandonné l'armée d'Égypte, et, depuis qu'il a abordé à Fréjus, traitant par le dédain des règlements militaires qu'il affecte d'ignorer et qu'on ne lui applique pas. D'ailleurs, qui oserait toucher au général Bonaparte ? Ce qui le protège le mieux, c'est sa renommée, et il se comporte de manière à éviter qu'elle le rende suspect, affectant de fuir les ovations au lieu de les rechercher. Impénétrable, il, ne décourage *ni* les partis ni les personnes, sans se compromettre ni avec les Jacobins du Manège, bien qu'il garde de la sympathie pour un certain jacobinisme, ni avec les "pourris", l'écume du Directoire dont Barras est le représentant et qu'il méprise, ni avec les modérés dont le tempérament n'est pas le sien. Au goût de Bonaparte, Sieyès est même encore un peu trop réactionnaire. Quant aux royalistes, ils auraient bien tort de se leurrer. Il se servira d'eux. Jamais il ne les servira.

Au fond, il a bien jugé l'état de la France. Ce qui est à prendre, c'est le "tiers parti", celui qui avait déjà soutenu Henri IV après la Ligue et Louis XIV après la Fronde, cette masse, - le cardinal de Retz l'a bien dit, - qui, nulle au commencement et au milieu des grandes crises, pèse le plus à la fin. Ce qui se rapproche le plus du "tiers parti", ce sont les modérés, d'ailleurs impuissants par eux-mêmes, et c'est pourquoi Sieyès, leur chef, a besoin d'une épée. Mais le général ne veut pas plus avoir l'air de s'offrir à Sieyès que Sieyès ne veut avoir l'air de prier le général. De part et d'autre, ce n'est pas amour-propre, coquetterie, mais politique et précaution. Chacun refuse de faire le premier pas pour rester libre vis-à-vis de l'autre. À ce jeu, on se pique. Sieyès se plaint du jeune insolent qui devrait être fusillé pour avoir abandonné son armée aux bords du Nil. Bonaparte riposte que Sieyès a trahi la France dans les négociations de Berlin.

Cependant on perd du temps, un temps précieux où les heures comptent. Le Conseil des Cinq-Cents, qui devine le danger, se dispose à rapporter quelques-unes de ses lois les plus odieuses. Une apparence de détente et d'apaisement suffirait à contenter le public, amollirait les esprits. Il faut agir vite, battre le fer tandis qu'il est chaud, et, sans plus de retard, mettre en contact direct celui qui a conçu et préparé le coup d'État et celui qui est capable de l'exécuter, associés naturels dont chacun apporte un des éléments nécessaires au succès de l'opération.

À peine, jusque-là, s'étaient-ils entrevus dans des cérémonies officielles. Talleyrand fut, selon l'expression d'Albert Vandal, "l'entremetteur". Ce n'est que le 2 brumaire (24 octobre) que, sur ses instances, Bonaparte se résolut à faire à Sieyès la visite qu'il avait lui-même attendue en vain rue Chantereine. Talleyrand, et près de lui Fouché ; types d'hommes aussi indispensables au complot dans la seconde ligne de l'action que Bonaparte et Sieyès le sont dans la première. Car on a beau dire - après coup - que tout cela devait se faire, il y fallait beaucoup de concours. Encore le 18 brumaire faillit-il ne pas réussir. On s'est étonné que, plus tard, Napoléon ait gardé près de lui l'ancien oratorien et l'ancien évêque. On les a appelés ses mauvais génies. Il aurait fallu d'abord qu'au moment décisif et le plus difficile, il eût pu se passer d'eux et de bien d'autres. Mais rien n'eût été possible sans Sieyès, Fouché et Talleyrand, - ce "brelan de prêtres", - qui lui apportaient, avec leur habileté et leur intelligence, la caution d'hommes aussi intéressés les uns que les autres à empêcher une contre-révolution.

Voilà un coup d'État qui se présente dans les conditions les plus favorables. Il est organisé de l'intérieur par Sieyès et Ducos, deux des chefs du pouvoir qu'il s'agit de renverser. Des deux assemblées, l'une, le Conseil des Anciens, est complice, l'autre, le Conseil des Cinq-Cents, est manipulée par Lucien Bonaparte qui, tout jeune député qu'il est, s'est remué pour être élu président. Enfin l'opinion publique est sympathique. Même au faubourg Saint-Antoine, il n'y a pas de soulèvement à craindre. Et pourtant il ne s'en faudra de rien que ce coup d'État ne soit un échec.

Ce sera un peu la faute de Bonaparte. La partie gagnée, c'est pourtant lui qui aura le mieux calculé. Il s'est obstiné jusqu'au bout à donner à l'opération un caractère civil et aussi peu militaire que possible, à ne pas employer la violence, à recourir à la force tout juste quand il n'a pu faire autrement. Il a refusé, la veille de Saint-Cloud, d'écouter Sieyès et Fouché, qui étaient d'avis, pour mettre toutes les chances de son côté, de procéder à des arrestations préventives parmi les députés connus d'avance comme des adversaires ardents. À ce refus, peut-être imprudent, il gagnera de rendre son régime accessible aux plus purs révolutionnaires et de ne pas s'entendre reprocher un crime du 18 brumaire, comme son neveu le crime du 2 décembre. Il a joué la difficulté mais, au fond, il a eu raison parce qu'au-delà de la "journée", qui s'ajoute à la longue série des "journées" révolutionnaires, il a obtenu un des résultats auxquels il pensait. Il ne sera pas dans la dépendance des casernes comme s'il n'avait dû son élévation qu'a l'armée.

Le danger, en effet, était que son exemple en autorisât d'autres à recommencer contre lui ce qu'il aurait fait contre le Directoire. Il ne reculera d'ailleurs cette échéance que de quinze ans, car, en *1814,* c'est en se prononçant contre l'empereur que ses maréchaux l'obligeront à abdiquer, Bonaparte se rend très bien compte que, si grande soit-elle, sa supériorité sur tous les autres chefs militaires ne les empêchera pas de se dire : "Pourquoi pas moi ?" Tandis que Sieyès et Fouché ont l'oeil sur l'opposition parlementaire, Bonaparte, qui connaît son propre milieu, ne met au courant du complot que les officiers dont il et sûr. Il est plus que circonspect avec les autres. La veille et le jour de Saint-Cloud, les hommes qu'il fait spécialement surveiller, parce que ce sont ceux dont il se méfie le plus, s'appellent le général Bernadotte, le général Jourdan, le général Augereau.

Il n'était pas hypocrite lorsqu'il écrivait à Talleyrand, deux ans plus tôt : "C'est un si grand malheur, pour une nation de trente millions d'habitants et au XVIIIe siècle, d'être obligée d'avoir recours aux baïonnettes pour sauver la patrie !" Bonaparte préférerait se passer tout à fait des baïonnettes. Son pouvoir futur n'en serait que plus solide. En cela il voit clair, mais, dans l'application, il va au-delà de la mesure. Ce qu'il voudrait, en homme du XVIIIe siècle, ce serait de triompher par le seul pouvoir de la raison. Ici, il est plus idéologue que les idéologues qui l'entourent, qui l'adoptent, qui font de son coup d'État la conspiration de l'Institut. Car il n'a pas manqué de se montrer de nouveau aux séances académiques. Et s'il a des gardes du corps bottés qui se nomment Murat, Berthier, Marmont, il a toute une escorte d'intellectuels, gens de lettres, savants, juristes, philosophes, la queue des encyclopédistes, l'illustre Cabanis lui-même, représentant des lumières, tout ce qui a lutté contre "la superstition" et "les abus". Voltaire, partisan du despotisme éclairé, eût été du cortège philosophique qui, à la veille du *18* brumaire, s'en alla à Auteuil, le général en tête, rendre visite à Mme Helvétius, la veuve de l'auteur de l'Esprit. Le monde qui a préparé la Révolution par les livres et dans les intelligences, est pour le coup d'État qui doit la consolider, la stabiliser et, du moins on s'en flatte, la finir.

Selon ses méthodes, d'ailleurs, et selon ses propres traditions. Sieyès et Bonaparte, qui, maintenant, la glace rompue, se rencontrent et se concertent, comptent même exercer moins de violence sur la représentation nationale qu'elle n'en a subi en fructidor. Pour changer la Constitution, leur dessein est d'obtenir le vote des deux Assemblées en poussant aussi loin que possible le respect des formes parlementaires. La majorité du Conseil des Anciens était acquise. Il ne s'agissait plus que de mettre les Cinq-Cents en état de ne pas résister, le recours à la force ne devant avoir lieu que s'il était indispensable, comme un remède héroïque et en dernier ressort.

Le plan offrait donc de gros risques, mais, d'autre part, il n'était guère possible d'en imaginer un qui fût très différent. Il faut se défaire de l'idée convenue d'un 18 brumaire où Bonaparte chasse les représentants du peuple avec ses grenadiers. D'abord il n'avait pas de grenadiers à lui. La troupe qu'on désigne sous ce nom était la garde du Directoire et des Conseils, le résidu des gardes-françaises, de triste mémoire, et des gendarmes de la Convention. Si ces hommes-là, plutôt policiers que soldats, étaient les prétoriens de quelque chose, ils étaient les prétoriens de la République. Quant à la garnison de Paris, elle était beaucoup plus facile à enlever. L'homme de troupe, le combattant, qui souvent avait été sous les ordres de Bonaparte, était comme le reste de la France. Il se plaignait de tout, des malheurs du pays, des défaites, de ses guenilles, de sa solde impayée, de la gamelle et du tabac, il accusait de toutes ses misères les "avocats du Directoire". Encore était-ce le soldat des armées de la Révolution. Il restait républicain, au moins à sa manière. Il pouvait être sensible au nom de la Loi, et ses préjugés demandaient des ménagements.

Tout contribuait à rendre compliquée une opération qui paraît simple de loin. Quand Bonaparte, à son retour de Paris, avait demandé : "Vous croyez donc la chose possible ?" Roederer, un de ces hommes de l'aristocratie intellectuelle qui l'entouraient et le poussaient, lui avait répondu : "Elle est aux trois quarts faite." Il est vrai que le dernier quart était le plus difficile et restait le plus chanceux.

Au surplus, il fallait passer à l'exécution. Quelques précautions que prissent les hauts conjurés pour assurer le secret de leurs conciliabules, on commençait à se douter de quelque chose. Sur les cinq Directeurs, il y en avait trois qui devaient sauter, et de ces trois, Barras, homme de combinaisons autant que d'argent, était peu à craindre. À aucun prix les deux autres ne devaient être mis en éveil. Joséphine, qui eut là son utilité, se chargea d'endormir Gohier, épris elle. Jusqu'au bout, elle abusa le pauvre homme, poussa son astucieuse audace jusqu'à l'inviter à déjeuner pour le jour même - 18 brumaire, 9 novembre 1799 - auquel le coup était fixé. La veille, Bonaparte dînait au ministère de la Justice, chez Cambacérès, qui n'était pas du complot. Trois jours avant, il avait assisté - sans manger, par crainte du poison - au banquet donné par les Conseils en son honneur et en l'honneur de Moreau. Tout se passait dans le monde officiel.

Et le scénario que Sieyès avait imaginé était officiel aussi. L'opération devait s'accomplir, en deux journées, dans le Parlement, avec le Parlement, selon le règlement parlementaire. Sous prétexte d'une conjuration anarchiste découverte à Paris, le Conseil des Anciens serait convoqué en séance extraordinaire et à une heure, pour la saison, très matinale. Les conjurés avaient des complices bien placés dans cette assemblée, notamment les questeurs. Pour plus de sûreté, les membres suspects furent "oubliés" dans l'envoi nocturne des billets de convocation. Les Anciens, sans discuter, et après lecture d'un rapport sur l'imminence du danger, voteraient, comme la Constitution l'autorisait, le transfert du Corps législatif hors de Paris. On avait choisi Saint-Cloud. L'exécution du décret, la sécurité des Conseils et le maintien de l'ordre public seraient confiés au général Bonaparte nommé commandant supérieur des troupes de la garnison de Paris. Cela fait, Bonaparte, disposant de la force armée, annihilerait les trois Directeurs dont il s'agissait de se débarrasser. Gohier, berné jusqu'au dernier moment, et Moulin, dont les yeux s'ouvrirent trop tard, seraient immobilisés au Luxembourg jusqu'à ce qu'ils eussent donné leur démission, et placés sous la garde de Moreau, qui se contenta de ce rôle peu glorieux de geôlier du pouvoir exécutif. Quant à Barras, joué aussi, car on l'avait entretenu dans l'idée qu'il "en serait", comme on avait laissé Gohier à l'illusion qu'il ne pouvait pas "ne pas en être", Talleyrand se chargeait de l'expédier. Il serait instamment prié de se rendre dans son domaine de Grosbois, accompagné par quelques dragons.

Dans l'idée de Sieyès, le transfert du Corps législatif à Saint-Cloud aurait l'avantage d'isoler le Conseil des Cinq-Cents, ce qui déterminerait plus aisément celui-ci à voter la Constitution nouvelle, une fois qu'il se sentirait hors de Paris et entouré par les troupes. Il eût beaucoup mieux valu brusquer les choses, car, la séance décisive ne pouvant se tenir à Saint-Cloud avant le lendemain, la gauche du Conseil des Cinq-Cents eut le temps de se ressaisir. Mais on voulait tout faire au nom de cette Constitution que l'on se proposait de détruire selon les formes parlementaires en affectant de respecter le pouvoir législatif autant qu'on traitait cavalièrement le pouvoir exécutif. La décomposition de la manoeuvre en deux journées eut en outre l'inconvénient de mettre Bonaparte en contact avec les Assemblées, et, sur ce terrain nouveau pour lui, il commit des maladresses qui furent bien près de tout gâter.

La première partie du programme s'accomplit à merveille. Le matin du 18 brumaire, rue Chantereine, entouré de ses fidèles aides de camp, le commandant de la force armée est très dispos, très maître de lui, séduisant pour accueillir les officiers de la garnison de Paris, maintenant sous ses ordres, et qui comprennent à demi-mot ce qu'on leur demande. Il y en a pourtant de rétifs, de vieux républicains comme le gouverneur de la place, Lefebvre, le mari de "Madame Sans-Gêne". Bonaparte le prend à part, l'objurgue, le convainc, et voilà Lefebvre prêt à "jeter ces b... d'avocats à la rivière". Lorsque l'état-major traverse Paris, Bonaparte, à cheval, a bonne mine, et il est acclamé par les passants. Lorsqu'il entre au Conseil des Anciens pour prêter serment, il n'est déjà plus à son aise. Il parle trop, il se perd dans sa harangue. Il faut que le président vienne à son aide pour le renvoi de la séance au lendemain, à Saint-Cloud. Bonaparte prend sa revanche à la sortie en apercevant Bottot, l'émissaire de Barras, et jette à ce comparse, devenu bouc émissaire, l'apostrophe restée fameuse :

"Qu'avez-vous fait de cette France que je vous avais laissée si brillante ?... Qu'avez-vous fait de cent mille Français mes compagnons de gloire ? Ils sont morts." C'est le procès du Directoire, c'est de l'excellente propagande, appuyée par des affiches, des distributions de brochures dans Paris sympathique et qui laisse faire. Cependant, aux Cinq-Cents qui ont été réunis pour entendre la lecture du décret, Lucien, qui préside, ferme la bouche aux interpellateurs. Lui aussi, il dit : "À demain", à Saint-Cloud, où son intervention sera encore plus utile. La journée du 18 a réussi, mais le plus important reste à faire.

Et comment tromper les Conseils ? Il faudrait qu'ils fussent aveugles pour ne pas voir ce qui se prépare. Paris s'en doute déjà. Il y a des adversaires de la République, des hommes qui ne lui ont pas pardonné la Terreur, qui ont senti leur tête peu certaine sur leurs épaules et qui se promettent d'aller à Saint-Cloud, pour voir, de leurs yeux, étrangler la gueuse. Les autres voient tout aussi bien où l'on veut en venir. La machination est évidente. Du complot anarchiste, prétexte de toute l'affaire, il n'est trace nulle part. Les deux présidents ont invoqué le règlement pour fermer la bouche aux députés qui réclamaient des éclaircissements et des preuves. Mais demain ? La crainte de ce lendemain trouble quelques affiliés de la conjuration. Certains prennent peur. Ces vingt-quatre heures de réflexion ne valent rien. Ce sont aussi vingt-quatre heures de conciliabules, d'allées et venues, d'intrigues. Et, bien que Bonaparte se refuse toujours aux arrestations préventives, il n'est pas sans appréhension. Le soir, il ne s'endort qu'avec un pistolet à portée de sa main. Son entourage n'est pas plus rassuré. Sieyès lui-même a commandé une voiture qui restera toute prête pour la fuite en cas d'accident.

Enfin, et surtout, il est des hommes qui se réservent et qui, se rencontrant dans la même pensée, se concertent et s'organisent. Il n'y a pas seulement ceux qui exécutent le coup d'État et ceux qui s'y opposent. Il y a ceux qui se demandent ce qui arrivera si l'affaire manque, qui craignent surtout les suites d'un échec, un redoublement de gâchis. Le ministre de la Justice, Cambacérès, met rapidement sur pied une combinaison destinée à remplacer celle de Sieyès et de Bonaparte en cas de besoin. Précaution qui n'est pas tellement superflue et qui en dit long. Il s'en faut de beaucoup que les contemporains de Napoléon aient été unanimes à croire à son étoile. Il y aura toujours, et non loin de lui, des hommes pour être frappés par la fragilité plus que par l'éclat de son pouvoir et qui n'auront pas oublié ce que le 18 brumaire a eu d'incertain.

Le 19 brumaire, plus exactement. Car c'est le 19 que les choses faillirent tourner mal. La réussite tint à un fil. En réalité, Napoléon la dut à son frère Lucien. Il n'est pas fait pour ces sortes de bagarres. Le contact des foules lui donnera toujours une répulsion nerveuse. Il est habitué à commander, et, dès qu'il n'agit plus par son seul prestige, il perd ses moyens.

Qu'on se représente les députés des deux Assemblées arrivant à Saint-Cloud, ignorant pour la plupart ce qu'ils vont y faire et ce qu'on va leur demander. On a perdu assez de temps depuis la veille. Il faudrait ouvrir la séance tout de suite et mener les choses tambour battant. Les salles de réunion, qu'il a fallu improviser dans l'Orangerie, ne sont pas prêtes. Des ouvriers y travaillent encore. Revêtus de leur costume et de leurs insignes, Anciens et Cinq-Cents se promènent sur la terrasse, se mêlent, échangent leurs réflexions, et l'appareil militaire qui les entoure persuaderait les plus confiants qu'un coup de force se prépare. On s'excite, on se monte et déjà, par ce retard maladroit, l'après-midi commence mal. Lorsqu'enfin tribunes et banquettes sont prêtes et que le débat s'ouvre, les jacobins prennent l'offensive. Aux Cinq-Cents, ils exigent un serment préalable de fidélité à la Constitution. Aux Anciens, ils réclament des explications sur le complot de l'anarchie. Dans les deux Assemblées, les partisans de Sieyès sont désorientés et fléchissent. Ce sont ses modérés. Les violents les intimident et ils ne sont pas loin de renoncer à un dessein qui, sur place, leur apparaît tel qu'il est, c'est-à-dire décousu, plein de lacunes, trop de choses laissées au hasard. Sieyès et Bonaparte s'aperçoivent qu'on ne fait pas si aisément une révolution, même parlementaire, avec des conservateurs bien élevés, des intellectuels paisibles, des hommes de cabinet qui ont en face d'eux des manoeuvriers de clubs, des hommes de coup de main et d'insurrection. Selon le mot d'Albert Vandal. "l'Institut était en train de manquer son coup d'État".

Alors Bonaparte se décide à intervenir, à précipiter un dénouement qui traîne. Déjà le bruit se répand jusqu'à Paris que l'affaire prend mauvaise tournure, ce qui n'est pas pour raffermir les timides. Encore une hésitation et tout sera perdu. L'instant est venu de jouer le tout pour le tout.

On vient d'annoncer aux Conseils que les cinq Directeurs ont donné leur démission. Du moins cette partie de la conspiration a été bien menée. Gardés à vue par Moreau, sachant à peine ce qui se passe, Gohier et Moulin sont dans l'incapacité de démentir. Plus de pouvoir exécutif. C'est le moment d'exercer sur les deux Assemblées la pression nécessaire pour obtenir le vote d'une Constitution nouvelle, et Bonaparte s'imagine encore que, pour déterminer les parlementaires, il lui suffira de se montrer.

Il se présente d'abord aux Anciens, où la majorité reste bien disposée. On lui fait place, on l'écoute. Mais, plus nerveux encore que la veille, il débite, d'une voix qui porte mal, des paroles hachées, presque incohérentes. Bonaparte est écrivain et non orateur. L'éloquence, surtout celle des Parlements, est une corde qui manque à sa lyre. Il s'irrite lui-même de son impuissance à parler il s'emporte, il menace, et ses phrases à effet sont accueillies par des murmures. Il laisse une salle houleuse et ses amis consternés.

De là, il passe aux Cinq-Cents, déjà avertis de son algarade aux autres législateurs. À peine a-t-il paru que des clameurs s'élèvent. Un général qui viole l'enceinte des lois ! Les députés quittent leurs bancs en tumulte, l'entourent, le bousculent, lui mettent la main au collet aux cris de *À bas le dictateur !* et *À bas le tyran !* au cri, bien plus redoutable, de *Hors la loi !* Il faut que son escorte, qu'il a laissée près de l'entrée, Murat, Lefebvre, le gros général Gardanne, quelques grenadiers sûrs qui l'ont accompagné, accourent, se jettent dans la bagarre, l'arrachent aux furieux qui l'étouffent et l'emmènent blême, vacillant, presque évanoui, dans une de ces dépressions nerveuses auxquelles il restera sujet, avec cette horreur de la foule, des bagarres, cette appréhension de la guerre civile qu'il aura encore en 1814 et en 1815 et qui lui feront, sans résistance, accepter l'abdication.

C'était un désastre. Il ne restait plus que le recours à la force et tout était perdu si la force ne réussissait pas. Remis de sa syncope, encore agité, tandis que Sieyès demeure parfaitement calme, Bonaparte vient haranguer la troupe, et, à cheval, - un cheval sur lequel il tient très mal en selle, - passe entre les rangs, criant qu'on a voulu l'assassiner. Il avait, dit-on, la figure ensanglantée par des écorchures que, dans son énervement, il s'était faites lui-même. Ses officiers, ses amis, l'aidaient en exhortant le soldat, qui ne demandait qu'à venger le général. Mais les maudits grenadiers demeuraient insensibles à cette mise en scène, se demandant s'ils devaient obéir au commandant supérieur ou aux Conseils dont ils avaient la garde et dont ils dépendaient. En somme, ils ne savaient pas s'ils devaient arrêter le général factieux ou le suivre pour expulser les Cinq-Cents.

Lucien sauva tout. Du moins, il procura le dénouement qui sauvait tout. Ne réussissant pas, dans le tumulte de l'Assemblée, à se faire entendre, il jeta, d'un geste de théâtre, sa toge "en signe de deuil", puisque son autorité de président était méconnue, et quitta le fauteuil pour la tribune, afin de défendre son frère. C'était encore des instants de gagnés. Il s'efforçait de retarder le vote qui mettrait son frère hors la loi quand, au milieu du vacarme et d'un véritable pugilat, il trouva, avec un beau sang-froid, le moyen d'avertir les conjurés du dehors. À tout prix et n'importe comment, il faut qu'avant dix minutes la séance soit levée. Bonaparte, à qui le calme est revenu, comprend. Dix hommes et un capitaine entrent dans la salle, enlèvent Lucien de la tribune et l'amènent dans la cour, sur le front des troupes. Cette fois, la situation se retourne. C'est le président des Cinq-Cents lui-même qui accuse les députés de troubler la délibération, de tenir le Conseil sous la terreur. Ils ne sont plus les représentants du peuple mais "les représentants du poignard", des brigands en révolte contre la loi.

La loi, ce mot magique dont les partis jouaient tour à tour depuis dix ans, entraîne tout. Les derniers scrupules sont vaincus. Les grenadiers s'ébranlent ; Murat se met à leur tête, la salle des séances est envahie et les députés sont poussés dehors, en désordre, au moment où tombe la nuit.

La fin n'était pas tout à fait telle que Bonaparte l'eût voulue. L'invocation de la légalité personnifiée par le président Lucien n'avait été qu'un simulacre, presque une comédie. Le coup d'État parlementaire avait pris, malgré tout, l'allure d'un coup de force militaire. Le public n'y regardait pas de si près et la nouvelle, aussitôt annoncée, par les soins de Fouché, dans les théâtres parisiens, fut reçue par des acclamations. Néanmoins le ministre de la police avait cru encore utile de parler de "manoeuvres contre-révolutionnaires", d'une tentative d'assassinat dirigée contre Bonaparte que "le génie de la République" avait sauvé. L'histoire de la tentative d'assassinat, attestée par la manche déchirée d'un grenadier, sera très exploitée pendant plusieurs jours.

En définitive, l'opération du 18 brumaire a été difficile. Elle ne s'est pas faite toute seule. Ce n'est pas un Rubicon franchi d'un saut. Les obstacles que Bonaparte a rencontrés, les contrariétés que son dessein primitif a subies, les minutes d'angoisse qu'il a vécues, lui conseillent même, comme à Fouché, de se mettre en règle avec "le génie de la République". Avant de quitter Saint-Cloud, on a réuni ce qu'on a pu retrouver des législateurs fugitifs. Trente selon les uns, cinquante ou davantage, selon les autres. Aux chandelles, Lucien fait voter à ce résidu des Cinq-Cents l'institution de trois consuls que les Anciens, dociles, viennent d'approuver. Il n'y a pas seulement vote, mais commission, rapport, discours où des hommes attachés aux idées de 1789, Boulay, Cabanis, se félicitent de l'événement. Les "brumairiens" étaient tout aussi convaincus qu'ils préservaient et continuaient la Révolution que l'avaient été les "thermidoriens". Et ils n'avaient pas tort. Ils avaient bien fait ce qu'ils voulaient faire. Seulement, toujours pour préserver la Révolution, comme pour la conserver, ils iront jusqu'au gouvernement d'un seul, jusqu'à l'Empire.

Chapitre X : Le premier des trois

Il n'est pas superflu, pour l'intelligence des événements qui vont suivre, de se demander ce qui fût arrivé si le 18 brumaire n'avait pas réussi. Aux difficultés que le premier Consul rencontra encore, on peut estimer que le gâchis eût été énorme, compliqué de séditions militaires et de rivalités de généraux, une situation dont le modèle s'est trouvé, près de nous, espagnol ou mexicain. L'armée était entrée dans la politique avant la journée de Saint-Cloud. Et précisément, en dépit des apparences, parce qu'il est lui-même un soldat, mais le plus intelligent de tous, et autre chose aussi qu'un soldat, Bonaparte vient fermer l'ère des coups d'État. Il vient étouffer la caste puissante des prétoriens. "Ce n'est pas, dira-t-il, comme général que je gouverne, mais parce que la nation croit que j'ai les qualités civiles propres au gouvernement." Et son gouvernement sera celui d'un militaire, non pas celui des militaires. Bonaparte ne sera plus l'un d'eux, mais au-dessus d'eux. Tous dépendront de lui, aucun ne pourra le dépasser. Son propre intérêt lui commande de les tenir en main et personne ne les aura traités plus durement que lui. Le premier des services qu'il rend à l'État, c'est de bannir la politique des états-majors, de faire rentrer les grands chefs dans la discipline et dans le rang.

À Sainte-Hélène, Napoléon disait que, loin d'être son maître, il avait toujours obéi aux circonstances. Sous le Consulat, ajoutait-il, "de vrais amis, mes chauds partisans, me demandaient parfois, dans les meilleures intentions et pour leur gouverne, où je prétendais arriver ; et je répondais toujours que je n'en savais rien. Ils en demeuraient frappés, peut-être mécontents, et pourtant je leur disais vrai. Plus tard, sous l'Empire, où il y avait moins de familiarité, bien des figures semblaient me faire encore la même demande, et j'eusse pu leur faire encore la même réponse." Ce n'était pas seulement vrai. C'était juste. Bonaparte n'a jamais su où il allait, parce qu'il ne pouvait pas le savoir, et c'est pourquoi il est allé toujours plus loin.

On a tendance à simplifier et à s'imaginer que, le 20 brumaire, Bonaparte disposait de la France, qu'il n'avait qu'à commander et que tout le monde était disposé à obéir. C'est une fausse image de la situation. Si le pouvoir souverain, absolu, lui vint par la suite - et d'ailleurs pour un temps bien court au regard de l'histoire - c'est au contraire en raison des résistances qu'il eut à vaincre.

Et si l'autorité se fixa dans un homme, ce ne fut d'ailleurs pas en un jour. L'ambition, la volonté de Bonaparte n'auraient rien pu, même après brumaire, si elles n'avaient été dans le sens des choses. Le pouvoir d'un seul résulta d'un besoin, le même qui avait déjà fait naître le Directoire, successeur simplifié de ce Comité de salut public, lourde machine gouvernementale qui avait compté jusqu'à seize membres. Avant thermidor, on avait pensé à resserrer l'exécutif tout en légalisant la dictature parlementaire de l'Incorruptible. Le triumvirat de Robespierre, de Couthon et de Saint-Just serait devenu un "triple consulat". Le mot même avait été prononcé, au témoignage de Prieur, et c'est là que Sieyès l'aurait pris, car "il n'y avait que lui pour couver une pauvre idée avec tant de persévérance".

Peut-être était-ce pour écarter le souvenir du triumvirat terroriste que la Constitution de l'an III avait créé cinq Directeurs. Ce pouvoir exécutif à cinq têtes s'était montré divisé, insuffisant, et son insuffisance dangereuse pour la République. On revenait maintenant au triumvirat avec les trois Consuls. Par étapes, on arriverait à une seule personne en prolongeant toujours le mandat ; dix ans, puis le Consulat à vie, enfin la monarchie héréditaire, et toujours, ce qui n'est nullement un paradoxe, pour sauver, avec les hommes de la Révolution, la Révolution elle-même, ses résultats civils et surtout ses conquêtes territoriales. Napoléon fut conduit à l'Empire par les courants qui entraînaient la République depuis qu'elle était devenue conquérante. Il n'y était pas encore.

Au mois de novembre 1799, on ne voyait pas plus loin qu'une République meilleure, "régénérée" par un changement de Constitution. Et si la présence de Bonaparte dans le gouvernement improvisé à Saint-Cloud était un élément dont on ne pouvait méconnaître l'importance, le jeune général n'était là qu'en tiers, à côté d'un grand pontife républicain. La Constitution que Sieyès méditait depuis de longs mois et qui devait couronner sa carrière de législateur fut la cause accidentelle qui permit à Bonaparte de prendre la première place sans recourir à un nouveau coup de force.

Le gouvernement provisoire qui s'était formé dans la soirée du 19 brumaire comprenait, avec les deux Directeurs qui avaient préparé le coup d'État, le général dont ils avaient eu besoin pour l'exécuter. Ce gouvernement n'était pas tapageur. Il était modeste et même timide. Il affectait de continuer l'ancien, de tenir toujours les Conseils pour existants. Pas de réaction surtout. On en évitait jusqu'à l'apparence et des mesures de rigueur contre les Jacobins, prises dans le premier moment, furent rapportées. On se borna à révoquer les lois vexatoires, la loi des otages et l'impôt progressif ou emprunt forcé que les Conseils eux-mêmes, les sentant impopulaires, se disposaient à abroger. Bonaparte en personne alla délivrer les otages au Temple. Dans le ministère même, plusieurs des titulaires restèrent en fonctions. Le portefeuille de l'Intérieur fut donné, pour contenter les intellectuels brumairiens, au savant Laplace. Enfin, pour qu'il y eût égalité entre les trois consuls, il fut convenu que chacun d'eux présiderait chaque jour, ce qui n'alla pas sans quelques froissements entre Bonaparte et Sieyès. Il fallut encore, pour tout arranger, l'intervention de Talleyrand qui retrouva ainsi le portefeuille des Affaires étrangères. Bientôt, Roger-Ducos, personnage effacé, ne faisant rien ou pas grand-chose, ce fut Bonaparte qui, d'un commun accord, se chargera de la direction des affaires, tandis que Sieyès mettait la dernière main à sa Constitution.

On s'est beaucoup moqué de ce chef-d'oeuvre de l'éternel constituant que Bonaparte aurait sabré en quelques mots. La vérité est assez différente. L'idée essentielle de Sieyès, et elle fut, en somme, respectée, était la même que celle de l'an III. Les brumairiens, continuateurs des thermidoriens, songeaient comme eux à perpétuer, dans l'ordre rétabli, à l'abri des entreprises royalistes ou jacobines, le résidu de la Convention. Et là, du moins, le système de Sieyès était génial à force d'être simple. Le Directoire avait cassé les élections qui lui étaient contraires. Sieyès abolissait l'élection. Le peuple ne désignerait plus que les éligibles. L'ancien régime avait les Notables. On aurait des "listes de notabilité". Cela fait, un Sénat, dont le noyau primitif serait composé d'anciens conventionnels, choisirait sur la "liste nationale" les membres de deux autres Assemblées, le Tribunat chargé de discuter les lois que le Conseil d'État aurait préparées et le Corps législatif chargé de les voter sans mot dire. Napoléon n'eut plus tard qu'à supprimer le Tribunat pour supprimer la parole. Mais la souveraineté du peuple, les libertés publiques et parlementaires, bref tout ce qui définit et constitue la République, c'était Sieyès qui l'avait aboli. Dans sa mécanique, dans son "horloge", l'Empire autoritaire s'installerait tout seul. Le grand promulgateur de la Loi avait ouvert la porte à ce qu'on a, plus tard, appelé le despotisme.

Ajoutons que les "listes de notabilité" comprenaient des "inscrits de droit" qui seraient les hommes ayant exercé des fonctions publiques au cours de la Révolution. En outre, ces listes ne seraient pas formées avant deux années. Les trois assemblées seraient donc composées d'abord, et plus sûrement même que les premiers Conseils du Directoire, de révolutionnaires éprouvés. C'est ainsi encore que, tout naturellement, d'une fournée de régicides, sortirent des dignitaires de l'Empire.

Et tout cela, que Bonaparte n'eut qu'à garder et à continuer, ne faisait pourtant pas de lui le chef du pouvoir. Sieyès avait cru penser à tout et se prémunir contre une dictature. En haut de sa "pyramide", il mettait un grand Électeur chargé de désigner deux consuls, l'un de la paix, l'autre de la guerre, l'un pour les affaires du dedans, l'autre pour les affaires du dehors. Si, par hasard, ce grand Électeur devenait inquiétant, le Sénat avait la faculté de l'"absorber" dans son sein, en d'autres termes de le destituer. Quand on en vint à discuter la Constitution, Bonaparte accepta tout, sauf le grand Électeur, ce qui lui fut d'autant plus facile que Sieyès, pour vaincre sa répugnance, lui offrait la place qu'il s'était d'abord réservée ou que, dit-on, il réservait soit à un prince étranger, soit à un prince de la famille d'Orléans. Offre imprudente, qui allait tourner à sa confusion et faire ce qui n'était pas dans son dessein : un premier Consul. Les circonstances servaient le jeune général. Mais quel art de les saisir toutes, de voir à l'instant les points faibles et de manoeuvrer de vieux politiciens pourtant subtils !

Si Bonaparte ne voulait pas être le grand Électeur, "ombre décharnée d'un roi fainéant", "cochon à l'engrais", et préférait n'être "rien plutôt que ridicule", le suprême personnage de l'État imaginé par Sieyès alarmait les républicains. Pour eux, c'était l'équivalent d'un roi, alors qu'un président à l'instar des États-Unis leur semblait déjà trop. Bonaparte se servit de cet épouvantail pour démolir le grand Électeur. Il mit le plan de Sieyès en discussion devant les commissions législatives tirées des Conseils. Daunou, ancien conventionnel, fut chargé de rédiger un contre-projet. Daunou avait été le principal auteur de la Constitution républicaine de l'an III. Tout en la corrigeant, il tenait à laisser dans la nouvelle le plus possible de la précédente. Puisque la nécessité de resserrer et de renforcer le pouvoir exécutif était reconnue, Daunou proposait de remplacer, selon l'idée primitive des brumairiens, les cinq Directeurs par trois Consuls. Seulement, pour ne pas retomber dans l'instabilité et dans les divisions intérieures du Directoire, les consuls seraient nommés pour dix ans, et l'un d'eux aurait la préséance. De la conception du grand Électeur sortait ainsi un premier Consul qui fut naturellement Bonaparte, puisque c'était à lui que le plus haut poste avait déjà été offert. Des divers amendements apportés par Daunou au plan de Sieyès, celui-là, large pas vers l'unité du pouvoir, fut à peu près le seul qui passa, mais il était essentiel. Alors, la Constitution de Sieyès, qui abolissait déjà le système électif, se trouva en outre pourvue d'un chef véritable par l'initiative d'un républicain, ancien membre de la Convention. Au choix du général Bonaparte, il ne manqua même pas l'approbation des eux commissions législatives tirées, du reste, des Anciens et des Cinq-Cents et qui, par conséquent, représentaient la tradition des Assemblées révolutionnaires.

Si l'autorité que dégageait la personne du jeune général – souvenons-nous qu'il vient d'avoir trente ans - s'est imposée aux brumairiens, c'est ainsi, toutefois, et non autrement, qu'il est arrivé à la première place dans l'État. Les circonstances, jugées par lui d'un oeil sûr, exploitées avec décision, l'y ont porté. Des républicains l'y ont appelé. Il y est venu au moins aussi légalement que les bénéficiaires du coup de fructidor. Et, d'une manière fortuite, la Constitution de Sieyès a singulièrement aidé à lui mettre tout à fait le gouvernement entre les mains. Dégoûté de la politique et des hommes, Sieyès s'élimina, s'"absorba" d'ailleurs de lui-même, au prix d'une retraite confortable, tandis que Roger-Ducos disparaissait avec modestie. Bonaparte n'eut plus qu'à choisir librement ses collègues, le deuxième et le troisième Consuls.

Ce furent des choix judicieux de personnages à la fois dociles et décoratifs, des choix pleins de sens, et qui indiquaient une politique. D'abord Cambacérès, que l'on a vu ministre de la Justice et neutre au 18 brumaire, un homme de bonne famille, conseiller des aides sous Louis XVI, frère d'un chanoine tardivement assermenté et qui va être archevêque. Cambacérès, entré dans la Révolution, avait présidé le Comité de salut public, toujours prudent, opportuniste et modéré en tout, jusque dans le régicide, puisqu'il avait voté le sursis. Au reste, ami des honneurs et dignitaire né ; on a dit de lui qu'il était "l'homme le plus propre à mettre de la gravité dans la bassesse". Il fallait ensuite quelqu'un qui, sans avoir une réputation de réactionnaire, fût encore moins marqué que Cambacérès et fît lien avec l'ancien régime. Car l'idée du premier Consul était déjà la "fusion". Après avoir cherché avec soin, et s'étant informé, il désigna Lebrun.

Celui-là, d'âge plus que mûr (il avait la soixantaine), représentait un courant, une tradition de la monarchie. Il avait été secrétaire du chancelier Maupeou, dont il avait rédigé les ordonnances au temps de la "révolution" que ce ministre avait tentée, lorsqu'avec l'appui de Louis XV il avait voulu briser les Parlements, obstacles aux réformes. Alors la royauté eût repris la politique de Louis XIV. Le souverain, agissant avec ses ministres, eût, par voie d'autorité, corrigé les abus et modernisé la machine de l'État. Au fond, et bien que l'idée n'en fût pas nette et ne s'exprimât pas, c'eût été le despotisme éclairé à la mode du XVIIIe siècle et de Voltaire. Turgot et l'école des grands intendants réformateurs avaient encore, au début du règne de Louis XVI, apporté cette promesse de progrès, alors que la routine était protégée, entretenue par les Parlements. Les hésitations, les retours en arrière du malheureux Louis XVI avaient achevé de perdre ce qu'avait déjà compromis la nonchalance de Louis XV, qui voyait clair, mais que les résistances lassaient vite. Continuée, achevée, la "révolution" de Maupeou en eût probablement épargné une autre et c'étaient des choses qui se savaient encore trente ans plus tard. Dessein ou hasard , le choix de Lebrun était un symbole. Les Français, en *1789,* ne s'étaient-ils pas abusés sur leurs désirs ? Ce qu'ils avaient voulu, n'était-ce pas, avec l'égalité d'abord, l'autorité plutôt que la liberté ?

À la fin de *1799,* c'était bien, en tout cas, ce qu'ils acceptaient. Un homme de sens, Portalis, avait écrit peu de temps avant le *18* brumaire : "Je crois pouvoir dire que la masse est fatiguée de choisir et de délibérer." Elle l'était à ce point qu'elle laissait tout faire et qu'après avoir, depuis dix ans, voté sur tout, élu à tout, elle perdait sans regret, et pour ainsi dire sans une pensée, le droit de vote remplacé par le plébiscite ratificateur, autre innovation de Sieyès. Assuré d'avance, le résultat de ce plébiscite allait exprimer le consentement public, mais avec moins de force peut-être que l'absence de toute protestation contre le régime consulaire, car il n'y en eut pas de sérieuse, au moins dans la foule. Et de quoi la foule se fût-elle plainte ? Elle n'était même pas étonnée. Est-ce que tout ne continuait pas, en mieux ? Est-ce que la Constitution nouvelle n'était pas l'oeuvre, à peine retouchée par Bonaparte, de ce même Sieyès qui, en *1789,* avait, d'un mot fameux, traduit la grande aspiration du Tiers État ? Pourtant, cette Constitution faisait bon marché de choses auxquelles la France de la Révolution et la France des libertés et des franchises an-tiques avaient cru également tenir, que ce fussent, pour l'une, les Assemblées souveraines, pour l'autre, les vieux Parlements. Désormais, plus de corps intermédiaires ; une administration et des administrés. Que les Français aient accepté cela ne s'explique pas seulement par le fait qu'on sortait d'années de misère et d'anarchie et qu'on était sou-lagé par la renaissance d'un pouvoir vigoureux sans être sanglant ni persécuteur. La conformité avait quelque chose de plus profond. C'était peut-être Bonaparte qui venait accomplir le voeu des États généraux, réaliser, dans leur esprit, les cahiers de *1789.*

Et puis, si la masse était "fatiguée de choisir et de délibérer", les intellectuels, qui avaient appuyé la révolution de Brumaire (comme on avait dit autrefois la révolution de Maupeou), étaient las des caprices de la masse. Le coup d'État avait été celui de l'Institut que le consul Bonaparte continuait de fréquenter, faisant même de l'auteur de la Mécanique Céleste, un ministre de l'Intérieur. Les idéologues étaient pour le *des*potisme éclairé. Cabanis, qui repré-sente l'esprit de l'Encyclopédie, la philosophie du XVIIIe siècle, disait orgueilleusement de la Constitution nou-velle : "La classe ignorante n'exercera plus son influence ni sur la législation ni sur le gouvernement ; tout se fait pour le peuple et au nom du peuple, rien ne se fait par lui et sous sa dictée irréfléchie." Pourtant, la classe ignorante savait assez bien ce qu'elle voulait. Elle voulait enfin "jouir de la Révolution", traduction matérialiste de la pensée des idéologues : "Rectifier le XVIIIe siècle sans l'abjurer".

La Constitution de l'an VIII fut promulguée le 14 décembre 1799, un peu plus d'un mois après la journée de Saint-Cloud. Les trois Consuls entrèrent en fonction le 25 décembre. Les cinquante commissaires les installèrent et, avec eux, c'était la Convention, continuée par les Assemblées du Directoire, qui transmettait officiellement et solen-nellement le pouvoir au général Bonaparte et à ses deux collègues. Il y avait transition, non rupture. Et la proclama-tion qui fut lancée aux Français pour annoncer que les Consuls définitifs succédaient aux Consuls provisoires était sincère lorsqu'elle disait : "Citoyens, la Révolution est fixée aux principes qui l'ont commencée." En ajoutant : "Elle est finie", on s'abandonnait seulement à une illusion générale et qui n'était même pas neuve. Combien de fois n'avait-on pas dit qu'elle avait atteint son terme ? Louis XVI lui-même l'avait cru quand le président de la Consti-tuante le lui avait dit.

Pour qu'elle prît fin, comme on le voulait alors, il fallait la paix, mais a paix avec les frontières naturelles. Et ce désir de paix, c'était une des causes du 18 brumaire, comme c'était une des raisons de la popularité de Bonaparte. Chose qu'on se représente mal aujourd'hui, Bonaparte, dans la rue, était acclamé au cri de : "Vive la paix !" L'auteur du traité de Campo-Formio donnerait enfin ce qu'on attendait, ce qu'on espérait depuis si longtemps. Car la guerre durait toujours, et c'est un élément de la situation qu'il faut garder présent à l'esprit pour comprendre la suite des choses. Bien que chef d'un gouvernement civil, le premier Consul serait encore chef de guerre.

La France, en 1800, se flattait que ce ne serait plus pour longtemps. Un dernier effort et l'on aurait le repos. D'instinct on se disait aussi que ce dernier effort voulait un gouvernement vigoureux, qu'on ne remportait pas de victoires décisives avec la haine, les proscriptions, la guerre civile à l'intérieur, qu'il fallait une réconciliation natio-nale autant que la répression de l'anarchie. Et l'union des Français, personne mieux que Bonaparte ne pouvait s'en charger. Ce programme était dans sa pensée parce qu'il était d'abord dans la nature d'un homme que nous avons vu étranger aux factions, étranger dans le sens le plus fort, et jusque dans le sens propre du mot. Sans doute, la pour-suite de la paix définitive sera vaine. La déception ne viendra qu'avec lenteur, parce que la masse aura vu en outre, dans le maître qu'elle accepte, celui qui lui garantit que la Révolution est "fixée à ses principes". L'invasion finale elle-même ne lui fera pas oublier ce qu'elle avait attendu de son chef. Au retour de l'île d'Elbe, elle renouvellera crédit à celui qui, empereur, était resté le général Vendémiaire, sauveur de la Révolution. Selon la remarque de Chaptal, les réquisitions, la conscription auraient dû le faire abhorrer des ruraux. Mais "il les rassurait sur le retour des dîmes, des droits féodaux, la restitution des biens des émigrés". Tel apparut le premier Consul. Là-dessus l'empereur ne le démentira pas. Même quand il cesserait d'être "l'homme de la République", il demeurait fidèle au génie de la Révolution.

Et quand on observe les premiers actes du gouvernement de Bonaparte, on se rend compte que sa grande supériorité a été celle de l'intelligence. Le pouvoir était venu entre ses mains, par la conspiration de quelques hommes actifs et d'une foule consentante, dans des circonstances et des conditions bien définies et pour des tâches immédiates. Ce qu'il y avait à faire, c'était de remettre sur pied un pays malade et qui, dès que l'hiver serait achevé, aurait encore une guerre à soutenir. Il faut ici reprendre le fil, se rappeler que Brune à Bergen et Masséna à Zurich avaient simplement arrêté l'invasion. Avec le printemps, les hostilités recommenceraient. Cependant, les fautes du Directoire, fautes qui venaient de causer sa chute et qui justifiaient le 18 brumaire, n'avaient pas été seulement militaires et diplomatiques. Elles avaient porté sur l'ensemble de la politique. C'est ainsi que Bonaparte montrait sa supériorité. Sa conception générale du gouvernement était celle que la situation exigeait. Proconsul en Italie, il avait compris que pour occuper un pays étranger avec quelques dizaines de milliers d'hommes, il fallait ménager les sentiments et les intérêts de la population, leçon qui, après son départ de Mombello, avait été perdue. De même il comprenait que, pour obliger l'Europe à reconnaître les frontières naturelles - et il était clair qu'on ne l'y obligerait que par la force des armes - il fallait que la France fût organisée et unie. Elle avait besoin de toutes ses forces, comme elle avait besoin de tous les Français, "besoin de rallier, de réunir les différents partis qui avaient divisé la nation afin de pouvoir l'opposer tout entière à ses ennemis extérieurs". Il se trouva donc, et c'est ce qui a fait la gloire durable du Consulat, que Bonaparte, dans une idée simple et de bon sens, en vue d'un objet très précis, en vue d'une campagne très prochaine, et, comme il disait, "marchant à la journée", fit tout ce qui devait contenter les Français dans leurs aspirations les plus diverses. L'ordre, la prospérité, des lois, des finances, la sécurité du lendemain, tout ce qui manquait depuis dix ans, il le donna. Il mettait fin aux divisions, aux persécutions religieuses, aux luttes de classe. En un mot, d'une idée de circonstance, mais éminemment convenable à la circonstance, Bonaparte fit peu à peu un système de gouvernement auquel, et pour toutes les raisons qui lui étaient naturelles et que nous avons vu se développer en lui, il était plus propre et mieux préparé que personne.

Quatre mois et demi d'un labeur écrasant, qui portait sur toutes les parties de l'administration et de la politique, où il s'instruisait sans arrêt de tout ce qu'il ne savait pas encore, mirent Bonaparte en état de remporter ses nouvelles victoires. Tout tournait autour d'une reprise, d'ailleurs inévitable, imposée par l'ennemi lui-même, d'une guerre qui, on se l'imaginait, serait enfin libératrice. Car, à cette aurore du Consulat, qui paraît si brillante de loin, la situation qui avait causé la chute du Directoire subsistait avec tous ses périls. L'armée autrichienne, commandée par le feld-maréchal Mélas, était sous les armes en Italie. Dès le commencement de mars, elle entrait en opérations contre l'armée française, dont le commandement avait été donné à Masséna, le vainqueur de Zurich bientôt réduit à s'enfermer dans Gênes, tandis que son lieutenant Suchet serait repoussé jusqu'au Var et que l'ennemi violerait le territoire français.

En d'autres termes, l'invasion, conjurée à l'entrée de l'hiver, était encore menaçante.

Puisqu'il fallait recommencer la guerre, et l'on se figurait toujours que c'était pour la dernière fois, du moins fallait-il aussi qu'on la fît dans de bonnes conditions. La première était d'en finir avec la guerre intérieure. C'est un des premiers actes du gouvernement de Bonaparte, parce que tout le programme du premier Consul, au-dedans, découle de cette idée-là. En somme, la Convention avait été surprise par le soulèvement de la Vendée. La République croyait faire le bonheur du peuple français et de tous les peuples. Qu'une partie de la France restât insensible aux bienfaits de la Révolution, c'était pour les conventionnels un phénomène déconcertant. Mais, s'ils avaient révolté l'Ouest, c'était sans le savoir. Le Directoire n'avait pas cette excuse. Il ne pouvait plus ignorer que les méthodes jacobines, les levées d'hommes, la persécution religieuse rallumeraient l'insurrection vendéenne, comme elles allumaient l'insurrection de la Belgique. Au moment même où il poussait plus loin que jamais la guerre de conquête, le

Directoire s'était planté délibérément ce "poignard dans le dos". Un des premiers soins du premier Consul fut de pacifier la Vendée.

Tout en lui donnant dix jours pour se soumettre, il entre en négociation avec les chefs, les fait venir auprès de lui, montre son estime pour leur caractère et pour leur bravoure, s'adresse à leur fibre nationale, laissant croire au besoin - c'était une ruse dont on s'était déjà servi avec Charette - qu'il ne serait pas opposé au retour des Bourbons. En même temps, il rappelle l'abbé Bernier, influent dans l'Ouest et qui s'était réfugié en Suisse. Il lui donne l'assurance que le culte sera libre, que les pays catholiques garderont leurs prêtres non assermentés, non "jureurs". Les églises qui se sont déjà rouvertes un peu partout, les cloches si longtemps silencieuses qu'on laisse sonner, beaucoup de manifestations d'une renaissance de la foi sur lesquelles il ferme les yeux donnent du poids à ses paroles. C'est déjà l'annonce du Concordat. La suppression des fêtes révolutionnaires qui ne rappellent que des souvenirs de sang, celle du 21 janvier surtout, qui lui a toujours répugné, est une autre sorte de gage. Le premier Consul a canonné l'opposition royaliste en vendémiaire et l'a "fructidorisée" par Augereau. Il la désarme maintenant par de bons procédés et de bonnes paroles. S'il ne révoque pas les lois contre les émigrés, ce qui alarmerait les acquéreurs de biens nationaux, s'il n'annule pas en bloc les proscriptions de fructidor, ce qui inquiéterait les républicains, il accorde des grâces individuelles qui ne lui valent peut-être pas toujours de la reconnaissance, mais qui font dépendre de lui beaucoup de gens. Et là encore, il n'a rien inventé. C'était la méthode dont Fouché s'était déjà servi au ministère de la police avant brumaire.

C'est ainsi qu'il apaisa, s'il ne put l'éteindre définitivement, la grande insurrection de l'Ouest. Quelques-uns des chefs furent séduits par son accueil, son langage. Mais un irréductible, Frotté, pris par trahison, fut passé par les armes ; il naîtra de là des haines implacables. Un autre, c'était Georges Cadoudal, le fameux Georges, était secrètement admiré de Bonaparte qui voulut le voir, l'ébranler, le conquérir. Georges, après l'entrevue, disait qu'il avait eu envie d'étrangler ce petit homme. Il opposa à tout un refus opiniâtre et l'on se sépara pour une lutte à mort. L'un des deux devait y périr. Mais si le Chouan, homme d'une espèce non moins prodigieuse que l'autre, risquait sciemment sa tête, il ne se doutait pas des effets qu'il produirait en visant celle de Bonaparte. Les royalistes que le premier Consul n'a pas réussi à rallier le regarderont, et avec raison, l'événement devait le prouver, comme le dernier obstacle à une restauration que l'agonie du Directoire rendait probable. Ils voudront le tuer, ils le manqueront. Et leurs complots mêmes, par un étrange choc en retour, serviront à faire un empereur.

Pour suivre selon l'ordre chronologique l'activité du premier Consul pendant ces quatre mois de réorganisation, il faudrait un livre. Lui-même, d'ailleurs, voyait chaque jour s'élargir sa tâche. Tout est à refaire en France. Il ne suffit pas de quelques décrets, de quelques lois. Rien que pour rétablir un peu d'ordre dans l'administration et dans les finances, on était conduit à tout reprendre par la base parce que le système était vicieux et qu'on ne s'installe pas dans un État révolutionnaire. Parfois, devant des hommes sûrs, Bonaparte laissait paraître le fond de sa pensée. Il fallait "sortir de l'ornière du républicanisme".

Les finances ? Pour faire la guerre, disait un capitaine d'autrefois, trois choses sont nécessaires : $1°$ de l'argent ; $2°$ de l'argent ; $3°$ de l'argent. Le Directoire avait fait la guerre sans argent en pressurant les pays conquis, il n'y avait presque plus de pays conquis, et l'Italie, qui avait donné tant de millions, était perdue. La pénurie du Trésor était telle que, le soir du 19 brumaire, on n'avait pas trouvé "de quoi expédier des courriers aux armées et aux grandes villes pour les informer de l'événement". Il fallut, pour passer les premiers jours, emprunter des fonds aux banquiers, qui d'ailleurs trouvèrent que ce gouvernement provisoire n'était bon que pour un crédit limité et ne fournirent d'avances qu'à la condition que l'emprunt forcé serait aboli. On ne pouvait se contenter de ces expédients. En un mot, les finances étaient à reconstituer, comme le reste de l'État, car le Directoire était arrivé au dernier degré de l'insolvabilité. Bonaparte eut recours à un homme de la profession, nous dirions aujourd'hui un technicien. Il s'appelait Gaudin et c'était encore un fonctionnaire de l'ancien régime dont les débuts dans l'administration remontaient à la dernière année du règne de Louis XV.

Nous qui avons vu de nos yeux comment on passe de la panique à la confiance, nous sommes moins étonnés du redressement financier qui s'accomplit sous le premier Consul. Sa part fut de rassurer les intérêts, de mettre fin au "sauve-qui-peut". Ce fut aussi d'écouter les hommes du métier qui lui recommandèrent de créer la Banque de France et de revenir aux taxes indirectes qu'avait supprimées la Révolution. On avait salué avec enthousiasme la fin des aides et de la gabelle. On retrouva les "droits réunis", c'est-à-dire les mêmes choses sous d'autres noms. Mais l'important était de donner des ressources au Trésor pour continuer les grandes entreprises extérieures. Et l'ordre rétabli dans les finances, la monnaie saine, le paiement exact des rentes, ce furent encore des bienfaits du Consulat.

L'ordre, il fallait le rétablir partout. Dix ans de Révolution, et des années où toute l'administration avait été élective, avaient laissé un gâchis moral et matériel affreux. Tout était à refaire, depuis la justice jusqu'à la voirie. L'étonnant était que l'on eût pu si longtemps poursuivre la guerre sur plusieurs fronts à la fois, sans compter la guerre civile, avec un pays aussi ravagé. Ce tour de force, rendu possible par la richesse et la vitalité de la France, ne pouvait plus continuer. On était à bout. Bonaparte l'avait très bien vu.

De son point de départ - remettre la France en état d'achever victorieusement la lutte pour les frontières naturelles et conquérir la paix - découle ainsi tout un système de gouvernement. Son électisme s'y manifeste par le choix des hommes comme par le choix des moyens. Il adopte encore une idée de Sieyès quand il met à la tête des départements (au lieu de ces « administrations" élues qui, jusque-là, avaient entretenu le désordre) des délégués directs du pouvoir appelés préfets, comme lui-même, la mode étant romaine, s'appelait consul. Mais la création de ces fonctionnaires s'inspirait des intendants de la monarchie. Quelques-uns comprirent qu'elle "anéantissait de fait le régime républicain". Et ces préfets, de même que les nouveaux magistrats, de même que les membres du Conseil d'État, Bonaparte les prend dans tous les partis qui achèvent de s'affaiblir, de se désorganiser par ces prélèvements. Ce n'est pas seulement de jacobins, mais de royalistes, de girondins, d'anciens Constituants qu'il "saupoudre" ses cadres administratifs. Il disait : "J'aime les honnêtes gens de toutes les couleurs." Mais il mélangeait à dessein les couleurs. Il n'exigeait que l'amour du bien public et l'application. Il n'avait pas de préjugés. Il était le seul qui pût n'en pas avoir et c'était une position, non plus seulement d'arbitre, mais déjà de souverain.

L'ensemble des institutions dites de l'an VIII, dont les dispositions essentielles durent encore, date de là. Ce n'était pas que, pour les rendre durables, Bonaparte les eût longuement méditées. Il ne portait pas des plans pendant des années comme Sieyès. Mais il avait rencontré naturellement les désirs de la masse, trouvé le point de conciliation sans chercher à construire pour l'éternité. On exagérerait peut-être à peine en disant qu'il ne voyait pas beaucoup plus loin que la prochaine campagne du printemps. Son oeuvre ne s'inspirait pas de tels ou tels principes de réforme sociale. C'était une oeuvre d'actualité. Elle mettait fin à l'anarchie matérielle, à l'anarchie la plus voyante, celle dont les Français souffraient, dont ils étaient excédés. Elle conservait les idées générales et les résultats de la Révolution, inscrits dans le Code civil. Elle en respectait toujours le "génie", fait surtout de la passion de l'égalité, où baigna le corps des nouvelles lois. Au fond, quelque chose d'assez "français moyen", d'assez petit-bourgeois et rural, qui a fait longtemps des bonapartistes et des consulaires. Système très simple et même sommaire, une poigne, l'ordre dans la rue, le droit à l'héritage, la propriété intangible, les fonctions ouvertes à tous, la permission d'aller à la messe pour ceux qui en ont envie, pas de gouvernement des nobles ni des curés. Beaucoup mieux que les convulsions révolutionnaires et le théâtre dramatique de la Convention, mieux que le gâchis du Directoire, la formule napoléonienne répondait ainsi aux aspirations de 1789, sans compter que, depuis 1789, il y avait eu la vente des biens nationaux. Les acquéreurs étaient anxieux de consolider leur propriété et d'être protégés contre les revendications, de même que, dans l'état-major politique, les régicides craignaient les représailles d'un gouvernement contre-révolutionnaire. À tous le Consulat apportait des garanties.

Telles furent les assises les plus fortes du pouvoir de Bonaparte. Une autre de ses idées maîtresses, c'est la réconciliation ou plutôt, comme il disait, la "fusion", la collaboration des Français. Elle lui amène, du camp de la contre-révolution, ceux qui ont souffert des persécutions et de l'exil. Ici, Joséphine lui est encore utile par ses anciennes relations aristocratiques. Et l'oncle Fesch aussi. Tout sert. Être neveu d'un ecclésiastique, bientôt d'un évêque, n'est pas mauvais pour le premier Consul. Et puis, il flatte un autre goût national, celui de la gloire, comme il flatte, chose qu'on ne doit jamais oublier et qui en expliquera beaucoup d'autres, l'espoir de la paix, toujours promise, toujours différée. Il rend même du prestige à l'autorité, encore un besoin dont il avait eu la divination. La chose la plus extraordinaire qu'il fasse peut-être alors, et dès les premières semaines du Consulat, le 19 février 1800, c'est de quitter le Luxembourg et de s'installer avec ses deux collègues aux Tuileries, bien qu'il y eût une nuance entre les Tuileries et Versailles où il ne se résoudra jamais à résider.

Les Tuileries, l'émeute y avait ramené Louis XVI aux journées d'octobre pour les violer le 20 juin et les prendre d'assaut le 10 août. Elles étaient comme le symbole du despotisme renversé par le peuple. Avant d'habiter le château, il avait fallu en nettoyer les murs "ignoblement barbouillés de bonnets rouges". Sur l'un des corps de garde, on lisait encore cette inscription : "10 août 1792. La royauté est abolie en France ; elle ne sera jamais rétablie." Et les serments de ne jamais rétablir la royauté restaient rituels, obligatoires. Mais, en venant s'établir dans le palais des rois, Bonaparte ne signifiait-il pas aux Bourbons que, du moins, ce ne seraient pas eux qui y rentreraient et qu'il n'était pas disposé, comme tant de royalistes aimaient à le croire, à jouer le rôle de Monk ?

Il n'est pas Monk, restaurateur des Stuarts, mais Washington. Le fondateur de la République américaine venait de mourir. Le gouvernement consulaire avait organisé une cérémonie funèbre en son honneur, prononcé son éloge, comme celui d'un modèle. C'est couvert du nom de Washington que Bonaparte, acclamé par les uns, regardé curieusement par les autres, s'en alla, dans un cortège que la pénurie persistante du Trésor n'avait pas permis de rendre très pompeux, prendre possession des Tuileries.

Les mots qu'il y prononça quand il fut seul avec ses familiers sont parmi les plus célèbres, les plus révélateurs de ceux qu'on cite de lui. A-t-il dit le soir à Joséphine : "Allons, petite créole, couchez-vous dans le lit de vos maîtres ?" C'est possible. L'imprévu, le fantastique, l'ironie même de la situation sont là, en tout cas, bien rendus et rien n'en échappe à ce jeune homme singulièrement mûr qui, parfois, quand il en a le temps, se regarde vivre, qui est capable de retours sur sa destinée et sur lui-même.

À Roederer, frappé par ce qu'il y avait de désolé dans ces appartements chargés de souvenirs et qui lui disait : "Général, cela est triste", il a certainement répondu : "Oui, comme la gloire." Sur le parvenu l'emportait l'homme de lettres, le poète qui sentait les choses.

Sa pensée la plus profonde, sa pensée politique, c'est devant son secrétaire, toutefois, qu'il l'aura exprimée : "Bourrienne, ce n'est pas tout que d'être aux Tuileries. Il faut y rester." Rester, continuer la prodigieuse aventure, l'incroyable carrière d'un cadet-gentilhomme corse devenu à trente ans chef de l'État français, c'est déjà la préoccupation de Bonaparte. Elle ne le quittera pas au milieu de la toute-puissance. Il gardera le sentiment aigu que son pouvoir est fragile et précaire. Il a trop de pénétration pour ne pas comprendre qu'en ce moment même tout ce qui s'est fait par une suite d'événements heureux peut se défaire par un accident brutal, conspiration bien montée, échec militaire que le génie n'évite pas toujours. Ce sont des dangers qui le serrent de près, dont la vision ne le trouble pas, mais qui est assez nette pour que, dans sa haute fortune, son ascension vertigineuse, il ne se laisse pas éblouir.

Chapitre XI : Un gouvernement à la merci d'un coup de pistolet

Trois jours avant sa mort, Napoléon, dans son délire, revivait la bataille de Marengo, s'il faut en croire un récit que recueille la tradition. On l'entendit prononcer le nom de Desaix. Puis il s'écria : "Ah ! la victoire est à nous !" Victoire décisive dans sa carrière. Qu'est-ce que Marengo ? Un Waterloo qui finit bien, comme Desaix est un Grouchy qui arrive à l'heure. Le 14 juin 1800, Napoléon joue sa fortune et gagne. Le 18 juin 1815, il jouera encore et perdra. Si les Autrichiens avaient été vainqueurs à Marengo, et ils crurent l'être jusqu'au moment où Desaix changea le sort de la journée, il est extrêmement probable que le Consulat eût été un bref épisode. Il n'eût duré que dix semaines de plus que les Cent-Jours.

Avant cette bataille, qui était déjà un banco et un va-tout, Bonaparte avait dit à Ses soldats : "Le résultat de tous nos efforts sera : gloire sans nuage et paix solide." Avant de concentrer l'armée de réserve, il avait demandé des recrues pour "finir la guerre de la Révolution". C'est le vœu des Français. C'est aussi leur illusion, et leur nouveau chef la partage. La paix, mais avec les limites naturelles, sans quoi elle ne serait pas "solide". Bonaparte est prisonnier de ce programme-là. Dès le 25 décembre 1799, il a écrit au roi d'Angleterre et à l'Empereur pour leur offrir la paix, mais telle que la conçoit la nation française. Réponse négative. Ni le gouvernement britannique ni le conseil aulique de Vienne ne sont disposés à céder. Ni l'un ni l'autre ne croient que le changement de gouvernement qui vient de se produire à Paris, cette nouvelle révolution dans la Révolution, soit de nature à accroître pour la France les chances de garder ses conquêtes. Ainsi la preuve est manifeste que, gagnées par l'épée, il faudra les conserver par l'épée. Et, selon mot juste et lumineux de Cambacérès, c'est "pour la Belgique" qu'on se battra encore à Marengo.

La conservation des conquêtes, c'était là qu'on attendait Bonaparte. C'est là qu'on l'attendra toujours. La France lui permettra de "reporter" la situation jusqu'en 1814. Elle lui renouvellera ce crédit en 1815. Il ne faut pas qu'il soit battu. Autrement, on le "liquide". Ces termes du jeu de Bourse s'appliquent exactement à son histoire. Dès qu'on doute de son succès, dès que sa défaite paraît possible, les liquidateurs se remuent et se présentent. Il y en a déjà au printemps de 1800.

Les services qu'il a rendus en rétablissant l'ordre ne sont pas encore tellement anciens ni tellement éprouvés, ils ne semblent pas non plus tenir a ce point à sa personne, qu'ils lui servent de sauvegarde et de bouclier. Son élévation si soudaine fait des jaloux, chez les militaires encore plus que chez les civils, mais elle est trop récente, on a vu trop de popularités sans lendemain, trop de grands hommes d'une saison, pour qu'on la croie définitive. Pourtant Bonaparte n'a pas parlé plus haut que les circonstances ne le permettaient. Il s'est conduit de manière à n'alarmer ni les libéraux, ni les royalistes, ni les jacobins. Non seulement il a ménagé tout le monde, de même que le 18 brumaire, fait à la fois pour et contre la Révolution, laissait des espérances ouvertes à tous, mais que ce jeune général, en dépit de ses talents, de son autorité, de son prestige, doive enterrer la liberté invincible ou empêcher l'inévitable retour des Bourbons, personne, dans aucun des deux camps, ne le suppose, pas plus qu'on n'admet à l'étranger que, malgré ses victoires d'Italie et sa fantasia d'Égypte, il soit capable de vaincre les armées, les flottes et les généraux de toute l'Europe. Est-ce qu'à ce moment même les troupes autrichiennes n'investissent pas Gênes, où Masséna est aux abois ? Est-ce qu'elles n'assiègent pas les frontières de la République dont les derniers vaisseaux sont bloqués à Brest ? Que la France puisse gagner une telle partie, allons donc ! Et cette incrédulité se traduisait en clair à Berlin où le premier Consul, continuant la diplomatie de la Révolution, cherchait à contracter une alliance qui se fût complétée par celle de la Russie mais à laquelle la Prusse se dérobait.

En France même, après l'espèce de griserie et d'étourdissement qu'a donné le 18 brumaire, après la belle aurore du Consulat, on se ressaisit et il apparaît qu'il n'y a pas tant de choses de changées. Les partis restent sur leurs positions. Ni les royalistes, ni les jacobins ne désarment. Ils sont d'accord pour attendre. Au printemps, l'Autriche reprendra les hostilités. Tout le monde sait qu'un revers mettrait fin au nouveau régime et Bonaparte est le premier à le savoir. Et puis, il peut périr dans une bataille comme il est arrivé à Joubert. Il peut mourir de maladie et de fatigue comme il est arrivé à Hoche, et l'on observe qu'il n'a jamais été si creusé ni si jaune, car il s'est surmené de travail. Dès lors, à quoi bon le renverser ? Il disparaîtra peut-être tout seul.

Le fait est que les six premiers mois du Consulat furent assez tranquilles. Les attentats ne commenceront qu'après Marengo.

Mais, si l'on n'essaie pas encore de le supprimer, on songe à le remplacer. Chez ses partisans, dans son personnel, dans son entourage même, l'idée de sa fin ou de sa chute hante les esprits. Il y a ceux qui se sont engagés avec lui à Saint-Cloud pour sauver de la Révolution ce qui pouvait l'être, en particulier leurs personnes. C'est le cas de Fouché et de Talleyrand. Il y a ceux qui se sont inclinés devant le fait accompli et qui, ne renonçant pas à la République, la veulent à l'abri de l'anarchie comme du royalisme, par Bonaparte s'il le faut, mais qui restent opposés à la dictature. C'est le cas de Carnot. Et tous ceux-là se disent que, s'il arrive malheur au premier Consul, il faut avoir prévu ce qu'on fera. Il y a aussi ses frères Joseph et Lucien qui s'inquiètent de leur sort, que l'ambition travaille, qui ont l'esprit dynastique avant que la dynastie soit fondée. "Il eût été beaucoup plus heureux pour Bonaparte de n'avoir point de famille", a dit Stendhal. La famille, qui a été si longtemps un fardeau pour Bonaparte, lui devient maintenant un souci. Elle est, en attendant les exigences et les rébellions, un centre d'intrigues qui s'ajoutent aux intrigues du dehors.

Il n'est pas encore tout à fait le maître, pas même à son foyer. Et s'il l'est en France, c'est par son prestige plus que par la Constitution. Elle ne lui donne pas, cette Constitution, elle semble même lui refuser le droit de commander les armées. Il se contentera, par respect de la "vérité constitutionnelle", d'"accompagner" celle d'Italie dont Berthier sera le chef nominal. Et tandis qu'à Dijon Berthier achève les préparatifs de la campagne, Bonaparte prolonge à Paris un séjour qu'exige "la situation encore précaire de l'intérieur". La vérité constitutionnelle est sauve. Elle sert aussi, car tout peut servir, à dissimuler des inquiétudes qui persistent. Cependant il faut un ministre de la Guerre. Qui est choisi ? Carnot, pour contenter les républicains. On les ménage toujours. Et l'on ménage aussi les chefs militaires qu'on redoute encore davantage. Avec Moreau, fort dans son armée du Rhin qui lui est dévouée, le premier Consul use de diplomatie. Il lui laisse, en somme, le théâtre principal des opérations. Pour vaincre l'Autriche, c'est chez elle, en Allemagne même, qu'il faut l'atteindre, et, lorsque Napoléon aura mis au les généraux, ce n'est pas par l'Italie qu'il s'ouvrira le chemin de Vienne. Mais, en 1800, il est obligé de respecter les droits de Moreau. Il est circonspect dans ses rapports avec lui. Lorsque Moreau, à la manière des généraux du Directoire (celle de Bonaparte trois ans plus tôt), répond à des instructions qui lui déplaisent par une menace de démission, le premier Consul s'empresse de l'apaiser et ce n'est pas par des ordres, c'est par des flatteries qu'il l'amène à combiner a peu près leurs plans de campagne.

Cependant, pour asseoir son autorité aussi bien sur les militaires que sur les civils, il faut à Bonaparte un coup d'éclat par lequel les Français, croyant enfin toucher au but qui, depuis huit ans, se dérobe, se donneront tout à fait à lui, une victoire qui éclipse toutes les autres, même les siennes, et surtout les succès que Moreau pourra remporter en Allemagne. Il lui faut une victoire qui frappe les esprits. Il le disait à Volney : "Je n'agis que sur les imaginations de la nation ; lorsque ce moyen me manquera, je ne serai plus rien." Pour le premier Consul, le résultat de cette campagne devait être tout ou rien. Jamais, jusqu'en *1815,* l'alternative ne s'appliquera plus strictement.

Mais, comme à Waterloo, le sentiment intense qu'il avait d'un enjeu énorme, non seulement pour la nation mais pour lui-même, lui enleva peut-être une partie de ses facultés et, le jour de la décision, intimida son génie. De magnifiques narrations, plusieurs fois retouchées, ont mis en scène cette campagne, le passage du mont Saint-Bernard, l'irruption en Italie. La conception générale était grande et belle. Dans le détail, elle faillit échouer deux fois. À l'entrée, le fort de Bard se présenta tout à coup comme un obstacle qu'on n'avait pas prévu et que l'on crut un moment insurmontable. Des anecdotes bien placées effacèrent ces mécomptes et la peinture immortalisera le maigre César méditatif franchissant les Alpes comme Annibal. À la descente, la délivrance de Milan, qui renouvelait les miracles de 1796, les fleurs, les chants, la résurrection de la République cisalpine, ranimèrent les temps héroïques. Les Autrichiens, occupés à la prise de Gênes et sur la ligne du Var, étaient tournés. Mais lorsqu'ils lui firent face, Bonaparte manqua à son principe majeur. Il faillit perdre la bataille, peut-être parce qu'il pensait trop à ce qui se passerait à Paris si la bataille était perdue. Ce fut lui qui dissémina ses forces tandis que, pour se frayer un chemin, Mélas, à Marengo, fonçait avec toutes les siennes.

A trois heures, Bonaparte était vaincu et Mélas annonçait déjà sa victoire à Vienne. Tout changeait à cinq heures par l'arrivée de Desaix qui tombait aussitôt, percé d'une balle. Il ne disputerait même pas l'honneur de la journée au premier Consul qui ne marchanda pas les éloges funèbres à ce glorieux mort.

Que de bienfaits dispensait à Bonaparte son étoile ! Le même jour, Kléber était assassiné au Caire d'où il serait revenu en accusateur. Supposons une défaite à Marengo, tandis que l'expédition d'Égypte allait s'achever par une capitulation, que fût-il resté du 18 Brumaire ? On n'eût même plus voulu croire au grand capitaine. Il fût redevenu le "Scaramouche à figure sulfureuse". Un historien allemand a dit avec dureté qu'il eût fait "la risée de l'Europe".

A Paris, cependant, c'est l'alarme. La nouvelle arrive d'une bataille perdue, d'un général tué. Entre les Consuls restés à Paris, entre les ministres, les hommes politiques, les brumairiens, les conciliabules se multiplient. Il semblait si naturel que le nouveau pouvoir dût être d'aussi brève durée que les précédents, si conforme à l'ordre des choses que l'homme de brumaire n'eût paru sur la scène, comme tant d'autres, illustres ou obscurs, depuis dix ans, que pour en descendre à son tour ! Alors par qui le remplacer ? Les uns, afin de garder un reflet du nom, songent à Joseph Bonaparte, ou plutôt c'est Joseph qui se propose. Aîné, chef de famille, il trouve tout naturel que la place lui revienne, et la source de ses difficultés prochaines avec son frère est là. D'autres pensent à Carnot, à La Fayette, pour donner, avec la formule bonapartiste, additionnée d'un peu de Washington, un coup de barre à gauche. Fouché et Talleyrand se concertent en vue d'un triumvirat auquel ils associeraient un "collègue commode", le sénateur Clément de Ris, celui qui, bientôt, sera enlevé et séquestré, dans les circonstances mystérieuses et qu'on n'a jamais pu éclaircir, dont Balzac a fait *Une ténébreuse affaire*. Enfin, on parle, on se conduit comme si la succession du premier Consul était ouverte. La certitude qu'il est vivant et que la défaite s'est transformée en victoire coupe court à ces combinaisons. Mais Bonaparte, informé, inquiet de ce qui se passe en son absence, se hâte de signer un armistice honorable pour Mélas et de revenir à Paris. Dès le 2 juillet, il est de retour.

Avec un cœur vieilli, disait-il lui-même, comme si déjà il n'en savait pas assez sur les hommes. Et avec un cœur amer, avec une méfiance qui ne le quittera plus. Il a vu l'abîme ouvert sous ses pas. Il sait que jamais il ne pourra compter sur personne, pas même sur ses frères, encore moins sur ses compagnons d'armes. Les généraux ? Pas un, disait-il à Chaptal, "qui ne se croie les mêmes droits que moi". Plusieurs d'entre eux, dans le complot dit de Rueil, ne s'aviseront-ils pas de lui proposer une sorte de partage de la France, chacun des grands chefs militaires devant être apanagé comme lui ? "Je suis obligé d'être très sévère avec ces hommes-là." Il ajoutait, par une vision aiguë de sa propre fin : "Si j'éprouvais un grand échec, ils seraient les premiers à m'abandonner."

Mais il rentre vainqueur, résolu à tirer tout le fruit de sa victoire. Il faut d'abord qu'il soit le véritable, le seul maître de l'armée. Il méprise les avocats qui sont domptés, les idéologues dont il s'est servi. Les ouvriers des faubourgs, on a vainement, en son absence, essayé de les soulever au nom de la République. Ce qu'il a sujet de craindre, ce ne sont pas les civils, mais les militaires. En ce sens, il est antimilitariste, parce qu'il veut être le seul militaire qui commande, de manière à s'assurer le dévouement des uns, la crainte des autres, la subordination de tous. Il est le principal bénéficiaire des appels au soldat qui se sont succédé jusqu'au 18 brumaire et il est le premier intéressé à en clore la liste. Plus de caste d'officiers. Ce n'est pas l'armée qui gouverne, c'est lui et elle doit lui obéir.

Dans le système de Napoléon, dans l'établissement de son autorité, c'est l'aspect le moins visible et le moins compris. Dans sa politique, c'est peut-être la vue la plus profonde. On s'explique ainsi la suspicion où il tenait tant de ses généraux, la brutalité avec laquelle il les traitait parfois, les disgrâces qu'il prononçait, aussi brusques et retentissantes que les faveurs. Il importait, d'autre part, de donner à l'officier et au soldat la conviction, qui engendrait en même temps le zèle et l'obéissance, que leur fortune ne dépendait que de lui. C'est pourquoi, aussitôt après Marengo, il se fait le dispensateur des récompenses, en attendant de conférer les dignités et les grades. Méditant la Légion d'honneur, il commence par la distribution des armes d'honneur, dont il signe les brevets à l'exclusion de ses deux collègues, faisant inscrire sur les lames : "Bataille commandée en personne par le premier Consul." Alors, même pour présider le Conseil d'État, il revêt l'uniforme qu'il affectait naguère de ne pas porter quand il ne fallait pas qu'on criât à la dictature du sabre. Mais cet uniforme sera toujours sobre, sévère, avec quelque chose de dédaigneux et de menaçant pour les hommes à panaches et à dorures. Il tient à dire au Conseil d'État que ce n'est pas comme général qu'il gouverne. Mais il a d'abord, et, de son règne, ce ne sera pas la tâche la plus facile, à gouverner, parfois à mater les généraux. Il se fera l'idole du soldat, le dieu de l'officier de troupe, pour être plus sûr des grands chefs, naguère ses supérieurs ou ses égaux et sortis de la Révolution comme lui. Sans cette précaution et, le mot doit être répété, sans cette politique, qui est à peu près la seule qu'il ait eu besoin de faire à l'intérieur d'une manière continue, son règne ne fût pas venu ou bien il eût été encore plus bref.

Car, à chaque campagne, à chaque guerre, les conspirations de Marengo et de Rueil renaîtront, s'ébaucheront jusqu'au jour où les conspirateurs auront raison, où l'infidélité sera devenue de la prévoyance. Toute grande bataille exposera Bonaparte au double risque de Marengo, et il le sait. Alors quel est donc, à son retour triomphal d'Italie, l'intérêt majeur du premier Consul ? Sans aucun doute la paix. Cette fois, un prestige accru par une victoire inespérée lui confère vraiment le pouvoir. Pour qu'il s'y sente en sûreté, il faut qu'il soit à l'abri de ces accidents des champs de bataille qu'il connaît mieux qu'un autre et que l'inconstante fortune des armes entraîne toujours.

Napoléon pacifique, deux mots qui jurent d'être accouplés. Pourtant, la paix, renouvelée de Campo-Formio, est le grand résultat qu'il cherche. Elle donnera au Consulat ce rayonnement, cette splendeur qui traverseront le siècle, qui en feront une époque bénie, un bref âge d'or, un de ces moments comme il y en a quelques-uns dans notre histoire - Henri IV après les fureurs de la Ligue, Louis XIV après les désordres de la Fronde - où les peuples ont aimé le gouvernement qui leur permettait de respirer. La paix, et glorieuse, avec l'Autriche puis avec l'Angleterre, la paix, à l'intérieur, achevée par le Concordat, seront les fruits de Marengo. Et parce que la masse le pressent, la popularité de Bonaparte grandit ; elle devient d'un aloi qu'elle n'a pas encore connu. Témoins, acteurs de la Révolution le remarquent tous. Depuis dix ans, depuis la fête fameuse de la Fédération, jamais réjouissances n'ont été sincères et nationales comme celles qui accompagnent le retour du premier Consul. Vaincu, on l'eût enterré. Vainqueur, on l'adorait. Seulement ceux qui ne désarment pas, jacobins attardés, royalistes irréductibles comprennent aussi que son autorité s'est assise plus solidement. Les coups de canon qui annoncent la victoire "rivent nos fers", disent les premiers. Et Hyde de Neuville exprimera sous une forme menaçante la pensée des autres : "Le pouvoir s'est incorporé à lui-même." D'où la tentation de frapper au corps. Désormais la Révolution peut être tuée dans un seul homme, et, pour les républicains, la dictature peut l'être aussi. L'ouvrage est simplifié. Dans l'ombre, avec sa conséquence incalculée, qui sera l'Empire héréditaire, le meurtre se prépare. Et tous les succès que Bonaparte remportera maintenant exaspéreront ses adversaires, leur fourniront même de nouvelles raisons et de nouveaux moyens de s'attaquer à sa personne jusqu'à ce qu'ils approchent de lui le trône par leur fureur même à laquelle il aura échappé.

D'Italie, il était revenu avec une irritation qu'il dissimulait à peine contre les républicains qui avaient songé à le supplanter. Cette rancune allait jusqu'à le tromper sur les sentiments des royalistes. Reprenant son système de fusion, il fait pencher la balance du côté de la droite et les jacobins lui semblent ses seuls ennemis. En Italie même, il est allé, dans ses avances au pape, plus loin qu'en 1797. Alors, devant le clergé lombard, il avait osé parler de religion et dire que le catholicisme était celle des Français. Après Marengo, il a assisté à un Te *Deum* dans la cathédrale de Milan, où, peut-être, la couronne de Charlemagne lui est apparue, si l'on ne force pas le sens d'un passage du bulletin de victoire. Non seulement l'homme qui aimait le son des cloches, comme aux campaniles corses de son enfance, n'avait pas de répugnance pour le rite, mais il avait hâte d'en finir en France avec les querelles religieuses, d'achever la paix intérieure en légalisant la célébration du culte dans les églises qui déjà s'étaient rouvertes spontanément, de mettre du côté de son pouvoir et d'enlever à la cause des Bourbons la puissance du sentiment catholique, tout en s'assurant le contrôle du clergé français. Il ne restait plus qu'à faire accepter l'idée du Concordat par ces idéologues, héritiers des philosophes, qui s'étaient réjouis de voir enfin "écraser l'infâme", et par les militaires athées, grands contempteurs de la prêtraille, qui affectaient de garder le casque sur la tête lorsqu'ils entraient dans un lieu sacré.

Cependant la guerre avec l'Autriche n'était pas finie. Les négociations de paix avaient échoué. La cour de Vienne hésitait à reconnaître les conquêtes de la République (jamais ni elle, ni personne en Europe ne les reconnaîtrait avec sincérité), et surtout à traiter sans les Anglais. Trop bien "cuisiné" par Talleyrand, le délégué autrichien a été désavoué à Vienne. Il faut reprendre les hostilités et, cette fois, Bonaparte ne quitte plus Paris. En Italie, la conduite des opérations est laissée à Brune. En Allemagne le commandement appartient toujours à Moreau. Ici, la trame des faits rend compte des prochains événements et la simple chronologie elle-même est explicative.

Le 1er septembre 1800 l'armistice autrichien est rompu. Le 7 septembre, Bonaparte, par sa réponse à Louis XVIII, anéantit les illusions des royalistes qui avaient cru voir en lui un Monk. Le 10 octobre, attentat jacobin à l'Opéra contre le Premier Consul. Le 5 novembre, disgrâce de Lucien. Le 3 décembre, Moreau remporte la brillante victoire de Hohenlinden. Le 24 décembre (3 nivôse), attentat de la rue Saint-Nicaise. Toutes ces dates sont liées entre elles. Elles annoncent et déterminent l'avenir.

Le goût de l'autorité se développait chez Bonaparte. Porté par la faveur populaire, résolu à rester le maître, il n'avait rien dit, naguère, quand un tribun l'avait appelé "idole de quinze jours". Maintenant l'opposition du Tribunat, qui prend au sérieux le droit critique et la liberté de parole, lui semble injurieuse, contraire surtout à la discipline sans laquelle le pays ne se relèvera pas. Déjà, il ne se croit plus tenu à la prudence. Des paroles, peut-être calculées, lui échappent contre les anarchistes, les terroristes, les septembriseurs. Quant aux royalistes, il entend se servir d'eux, et moins que jamais travailler pour eux. Le conventionnel Baudot, fier républicain, un des rares qui n'accepteront rien de l'Empire, l'accuse d'avoir accueilli de préférence, parmi les émigrés, les absolutistes et les ultras, ceux qui accepteraient le mieux un pouvoir despotique, tandis qu'il écartait les monarchistes constitutionnels et libéraux. Il est vrai qu'il avait fait grise mine à La Fayette, qu'il laissait Joséphine, pour qui rien ne valait la cour de Versailles, où elle n'avait pourtant jamais été reçue, fréquenter ce qu'il pouvait y avoir à Paris de plus contre-révolutionnaire parmi les émigrés rentrés. Ainsi se répandait le bruit que le premier Consul se proposait de restaurer la royauté, moyennant quoi il consoliderait sa propre situation, soit par une charge de connétable, soit par une souveraineté en Italie. Il laissait penser, il laissait dire. Deux fois déjà Louis XVIII s'était adressé directement à lui pour le prier de lui rendre son trône. Ces messages royaux, le premier Consul les avait laissés sans réponse. Trois mois après le second, comme s'il eût attendu la consécration de Marengo pour parler de haut à l'héritier de l'antique monarchie française, la réplique vint. Elle était sonore et fière : "Vous ne devez pas souhaiter votre retour en France ; il vous faudrait marcher sur cent mille cadavres." En même temps, réplique polie, qui laissait aux conversations une porte ouverte : "Je ne suis pas insensible aux malheurs de votre famille. Je contribuerai avec plaisir à la douceur et à la tranquillité de votre retraite." Louis XVIII avait sondé les dispositions de Bonaparte, qui, à son tour, sondait celles du prétendant dans l'idée, peut-être, que le chef de la maison de France renoncerait à ses droits, ne laissant plus d'obstacles à un "changement de dynastie". Mais Bonaparte se trompait sur Louis XVIII, au moins autant que Louis XVIII avait pu se tromper sur Bonaparte.

Seulement, à partir de ce jour-là, les royalistes devinrent pour le premier Consul des ennemis mortels. Leurs dernières illusions étaient tombées. Sa perte fut jurée par des hommes d'une audace et d'une persévérance extraordinaires, formés dans les luttes sans pardon de la chouannerie. Il ne s'en doutait pas. S'il se croyait menacé, c'était par les jacobins. Pour la cinquième fois, ne tentaient-ils pas de l'assassiner ? Le complot, du reste obscur et que l'on dit inventé par la police, d'Arena (qui avait été son adversaire en Corse), de Ceracchi et de Topino-Lebrun, le renforça dans la conviction qu'il fallait se débarrasser de cette engeance.

Mais tout attentat ravive autour de lui, dans sa famille, chez les brumairiens, dans le public, la pensée qui était déjà au fond des conspirations de Marengo. Qu'un poignard, un pistolet atteignent le but, qui succédera au général Bonaparte ? Là-dessus, par hasard ou à dessein, la Constitution est muette. Et ce silence, "ce vide dans le pacte social", stimule les meurtriers puisque la mort de l'homme remettrait tout en question. Alors, la pensée qui commence à naître, c'est que le successeur éventuel doit être désigné d'avance, désigné par Bonaparte lui-même, pour décourager les assassins. Et cette pensée, qui montera, qui grandira, qui ramènera très vite au système héréditaire, il s'en faut de beaucoup qu'elle soit agréable à Bonaparte. La couronne de Charlemagne, s'il l'a déjà aperçue, la fondation d'une quatrième dynastie, s'il y a déjà songé, ne le tentent guère. On peut dire qu'à ce moment-là, et il en sera ainsi pendant des mois encore, personne plus que lui ne répugne au rétablissement en sa faveur d'une forme quelconque de royauté parce qu'il ne veut pas, surtout, qu'on parle de sa succession. Léguer son pouvoir ? A qui ? Et que lui importe l'hérédité ? Il n'a pas d'enfant, Joséphine a bien peu de chances de lui en donner malgré les conseils du médecin Corvisart et les eaux de Plombières. Va-t-il mettre, dans ses pas et dans son ombre, un remplaçant et un rival, alors qu'il lui a déjà fallu éliminer Sieyès ? Va-t-il, par la seule annonce d'un nom à choisir, ranimer ces compétitions qu'il redoute, et tout cela pour fournir une arme à ses adversaires capables d'ameuter encore bien du monde en criant à l'ambition et à la monarchie ? Et ses frères voudraient lui forcer la main, ils sont eux-mêmes poussés par les brumairiens que l'avenir inquiète. Voici que Lucien se livre à l'un de ces esclandres dont il est coutumier. Ministre de l'Intérieur depuis qu'il a fallu renvoyer Laplace à la mécanique céleste, Lucien, sans consulter le premier Consul et même s'en gardant bien, répand à travers la France, officiellement, par les préfets, une brochure *Parallèle entre César, Cromwell et Bonaparte,* qui pose avec brutalité la question : "Où sont ses héritiers ?" Ce n'est pas seulement, sous le rapport de la politique, une imprudence. C'est un défi personnel au premier Consul. Ses frères ne pensent pas à lui, ils ne pensent qu'à eux. L'héritage, qui n'est pas ouvert, qui est à peine formé, ils le convoitent, et leur convoitise même, leur avidité, leur hâte, qui mettent Bonaparte en méfiance, menacent en outre de tout gâter en semant l'alarme parmi les républicains. Il faut couper court. Lucien est désavoué par une disgrâce publique, et, du ministère de l'Intérieur, envoyé à l'ambassade de Madrid. Pour un temps, Bonaparte est délivré de ce cauchemar du successeur. Toutefois, il n'en a pas fini avec ses frères, avec cette famille remuante, exigeante, pour laquelle il ne fait jamais assez et où il ne trouvera jamais personne de tout à fait sûr, l'un parce qu'il est jaloux et emporté, l'autre indolent, le troisième malade, nerveux et inquiet. C'est à celui-là pourtant, c'est à Louis, son petit protégé, que, pour lui succéder, Napoléon penserait peut-être plus volontiers qu'à un autre, s'il advenait qu'il ne fût plus capable de résister à la pression qu'exercent, du dehors, ceux que l'incertitude du lendemain tourmente. Secret que Joséphine a percé, projet où, sans qu'il paraisse, elle l'encourage, pour mieux écarter Joseph et Lucien, ses ennemis, et surtout la menace du divorce, si le désir d'avoir un héritier de sa chair vient à Napoléon. Joséphine croira triompher par le mariage de son jeune beau-frère avec sa fille Hortense, mariage qui, dans son esprit, doit conjurer sa propre répudiation. César n'a pas encore la couronne, que les intrigues domestiques et les querelles de palais l'assiègent et se resserrent autour de lui.

Pendant ce temps, la guerre continue et Moreau, l'énigmatique Moreau, cueille en Allemagne des lauriers qui valent ceux de Bonaparte lui-même. Est-ce que le vainqueur de Hohenlinden n'a pas le droit de se prétendre son égal et de dire le "Pourquoi pas moi ?" Tout ce qui hait le premier Consul répète : "Pourquoi pas celui-là ?" Moreau sera entouré, attiré, flatté dans sa jalousie et son orgueil. Les conspirateurs auront un général à opposer à un autre général, une grande figure à une grande figure, pour un coup d'État de gauche ou de droite. Cependant, c'est Bonaparte qui va recueillir le fruit de la victoire de Moreau. L'Autriche se résout à traiter. Déjà Cobenzl arrive à Paris, et, en même temps que l'envoyé de l'empereur, l'envoyé du pape, Mgr Spina. L'heure de la paix approche, la paix générale, la grande paix du dedans et du dehors, le grand rêve, le triomphe du Consulat. Ceux qui ne veulent pas de ce triomphe, dont le Concordat qui se prépare sera l'achèvement, doivent se hâter. Ils doivent supprimer Bonaparte au plus tôt et à tout prix.

Trois semaines après Hoherlinden, il n'échappe que par hasard à l'explosion de la machine infernale qui, un soir, est placée sur son chemin.

Réussi, et il fut à quelques secondes de réussir, l'attentat du 3 nivôse changeait le cours de l'histoire. Manqué, il ne resta pas sans influence sur la suite des événements. Les conspirations dirigées contre le premier Consul devenaient un des éléments de sa politique. Ou elles l'abattraient au coin d'une rue, ou elles le porteraient à l'empire.

Les félicitations qu'il reçut de toutes parts pour avoir échappé à l'explosion de la rue Saint-Nicaise, leur forme même, les adresses des corps constitués, la joie de la foule, tout rendait sensible que sa personne était précieuse, tout l'autorisait à prendre des mesures qu'on eût, en d'autres temps, qualifiées de liberticides. Sincère ou non, sa première pensée fut que les criminels ne pouvaient être que des terroristes et il l'exprima avec violence. Un attentat royaliste dérangeait sa politique de fusion. Il refusait d'y croire et il lui convenait que l'attentat fût jacobin, ce qui était plus conforme à son système du moment. Il trouvait aussi l'occasion d'en finir avec les irréductibles de gauche, ce qui permettait d'en finir avec les dernières institutions de la République. Le prétexte était bon pour frapper à la tête et pour anéantir les derniers restes des factions violentes par une "épuration" semblable à celles de Robespierre quand il avait envoyé les "exagérés" à la guillotine, de la Convention quand elle avait condamné les complices du 1er prairial, du Directoire quand il avait exécuté Babeuf. Au fond, c'était la suppression progressive des républicains d'action qui avait rendu possible le retour à l'ordre, et Bonaparte, là encore, continuait plus qu'il n'innovait. Il ne subsistait plus en France qu'un petit nombre de révolutionnaires ardents. Le premier Consul s'en était fait une liste. Eux disparus, aucun retour offensif de ces jacobins "exclusifs" auxquels il s'était heurté en brumaire ne serait plus à craindre. En effet, il y aura encore, et en nombre, des conspirations royalistes, des conspirations militaires, des conspirations de palais. Il n'y en aura pour ainsi dire plus de républicaines. Pour des insurrections, des "journées", il faudra une autre génération qui ne se lèvera qu'en 1830.

Cent trente suspects, dont presque aucun ne reparut, furent la rançon de la machine infernale. Lorsque Fouché tint les vrais coupables, Saint-Réjant et Carbon, quand on sut que l'attentat du 3 nivôse était l'oeuvre de "chouans", il était trop tard. Il n'y eut pas de pardon pour les jacobins proscrits parce qu'on avait effectivement voulu les proscrire. Par une subtile précaution, ils n'avaient pas été condamnés pour l'affaire de la rue Saint-Nicaise, mais compris dans une mesure de sûreté générale. Tout était bénéfice pour le premier Consul : l'indignation du public, l'anéantissement des révolutionnaires intransigeants, l'avertissement qu'il avait chez les royalistes des ennemis implacables. Ce n'était pas tout. La difficulté même de faire une loi de circonstance lui mettait entre les mains un instrument de règne d'une incomparable commodité.

Si la déportation des "restes de Robespierre", comme on les appelait, pouvait rencontrer des résistances, c'était dans les deux assemblées de qui dépendait la confection des lois. Le Tribunat était hostile, le Corps législatif mal disposé. Talleyrand suggéra l'idée de s'adresser au Sénat conservateur, assemblée peu nombreuse, docile, maniable, et dont les délibérations offraient l'avantage de ne pas être publiques. Il suffisait d'y penser, et le hasard, autant que la nécessité, avait mis sur le chemin de la découverte. Le «sénatus-consulte», inventé ce jour-là, et qui permettait de se passer de lois, devint un moyen de gouvernement d'une souplesse sans pareille. Il servira à tout, comme une formule magique. Pour le motif que le Sénat doit "conserver" la Constitution, on lui demandera de la modifier. Le système de Sieyès était si parfait qu'il pouvait aller jusqu'à s'anéantir lui-même. Il contenait bien tout ce qu'il fallait pour passer, par "gradations insensibles", de la République à la monarchie absolue. Il en sera ainsi jusqu'au jour où, tout se déliant et se dissolvant, ce Sénat, devenu indispensable par les services qu'il aura rendus sans compter, se trouvera seul debout dans la ruine du reste. Alors un sénatus-consulte suprême prononcera la déchéance du maître que ses complaisances auront fait.

Quelques jours après ces mesures de rigueur contre les républicains terroristes et la "compagnie des tyrannicides" qui devait susciter un "Brutus français", le ministre de la police fournit la preuve que les véritables auteurs de l'attentat du 3 nivôse étaient des chouans. Sans doute Fouché le savait-il dès le début. Mais contre les conspirateurs de gauche, le coup est fait, tandis que le premier Consul paraît entouré d'ennemis invisibles et qui renaissent toujours, sa personne menacée à toutes les minutes et, par conséquent, son gouvernement "à la merci d'un coup de pistole" au moment même où ce gouvernement réparateur semble donner à la France plus encore qu'il n'a promis. Alors Bonaparte devient d'autant plus précieux que son existence est plus fragile. C'est ainsi qu'ayant acquis le prestige par ses victoires et le pouvoir par des circonstances heureuses, les inquiétudes qu'on a pour sa vie mûrissent entre ses mains une autorité qui sera sans partage. Désormais le ressort secret de son incroyable ascension vers le trône tient dans cette phrase, dans cette crainte qui se répand en France et que la machine infernale de la rue Saint-Nicaise ne rend pas imaginaire : "On finira par l'assassiner." Émigrés rentrés, et ils sont nombreux, qui ont tout à redouter d'une rechute dans le jacobinisme après la disparition de leur protecteur ; révolutionnaires compromis qui appréhendent le retour des Bourbons ; masse intermédiaire qui ne veut ni réaction, ni révolution, "de tous côtés on était effrayé à la pensée de voir périr le premier Consul". Comme un vent favorable, cette alarme le porte vers le pouvoir suprême et tout ce qui est tenté contre lui l'en rapproche. Il prospère par ses ennemis.

Chapitre XII : L'illusion d'Amiens

1801, 1802, le commencement de 1803, ce sont les mois fortunés de Bonaparte. Non pas exempts de soucis pour le premier Consul. Mais c'est la France qui "s'abandonne aux plus brillants rêves", qui croit avoir touché au port, jeté l'ancre, trouvé la paix.

À un pays qui, bien que las de la guerre, ne voulait que la paix avec l'honneur, c'est-à-dire avec les frontières naturelles, le premier Consul apportait ce qu'il avait promis. Il livrait ponctuellement la commande. La France, en l'applaudissant, s'applaudissait elle-même d'avoir si bien choisi, calculé si juste, de s'être confiée à l'homme qui comblait ses désirs. Paix au-dedans et au-dehors, grandeur, prospérité, repos. C'est la récompense de longs efforts et la fin d'un cauchemar. Sensation de bonheur presque indicible pour un peuple qui, depuis dix ans, mène une vie convulsive, dans la guerre civile et dans la guerre étrangère. Il ne sait pas que ce n'est qu'une halte. Mais il en goûte le prix à ce point que, pour retrouver les délices du Consulat, paradis fugitif, songe qu'il aura touché de la main, il sera prêt, pendant dix ans, à refaire la guerre.

Le traité de Lunéville, dont Joseph Bonaparte fut, pour la France, le négociateur médiocre qu'il fallut souvent redresser, c'était le traité de Campo-Formio rétabli, confirmé, consolidé. Les conquêtes de la Révolution sont reconnues par l'Autriche vaincue à Marengo et à Hohenlinden et qui, pour signer, n'a même pas attendu l'Angleterre. Elle fait sa paix séparée. La deuxième coalition est rompue. Et l'Autriche, c'est l'empire allemand. Son chef, c'est le César germanique. Tout un flot d'histoire, de souvenirs séculaires remonte alors à la tête des Français. Ce que la maison d'Autriche, le vieil ennemi, abandonne d'un seul coup à la République, c'est plus que le pré carré de Richelieu, c'est la Belgique, le Luxembourg, la rive gauche du Rhin. Le traité est du 9 février 1801. Le 16 mars, il y a des préfets dans les départements de la Roer, de la Sarre, du Rhin et Moselle, du Mont-Tonnerre.

Et ce n'est pas encore tout. L'expérience des guerres de la Révolution enseigne que les limites naturelles ont besoin de glacis. Pour les défendre, il faut en tenir les avancées. L'Autriche reconnaît le protectorat français sur les Républiques batave, helvétique, cisalpine, ligurienne. Elle s'incline devant l'occupation du Piémont qui, bientôt, sera, lui aussi, divisé en préfectures. Elle accepte enfin l'arbitrage français pour un remaniement du corps germanique qui sera la fin du Saint-Empire, car il faut encore, pour que la France garde ses conquêtes, que l'Autriche soit exclue d'Allemagne comme d'Italie, refoulée aussi loin que possible. C'était enivrant, immense, trop beau.

Trop beau parce que l'Autriche ne pouvait sans arrière-pensée signer une telle paix, laisser à la domination ou à l'influence française une part de l'Allemagne, une part de l'Italie. Elle n'était pas tellement vaincue que, comme à Campo-Formio, Bonaparte n'eût transigé avec elle, lui laissant, de son côté, Venise et la ligne de l'Adige. Au fond, le traité de Lunéville est encore un arrangement. Tel quel, il n'aura même de réelle valeur que si l'Angleterre y accède. Mais alors ce serait la paix véritable, dans une Europe désormais contente de son sort, d'où les racines des vieux conflits seraient arrachées puisque les frontières en seraient conformes aux voeux de la France, voeux que les Français confondent avec la raison. N'est-ce pas, en effet, à simplifier le "chaos féodal" de l'Europe autant qu'à atteindre les limites naturelles que les assemblées révolutionnaires, le Comité de salut public, le Directoire ont tendu ? "Finir la guerre, dit admirablement Albert Sorel, est, aux yeux de Bonaparte, une opération du même ordre que finir la Révolution." Tellement que c'est la même chose, et tout le monde le comprend ainsi, du premier Consul au plus petit acquéreur de biens nationaux, des régents de la Banque de France, gardiens de la monnaie restaurée, au desservant de village qui voit venir le Concordat. Organiser l'Europe, lui donner un statut et une loi, ce n'est que l'équivalent du Code civil.

Ainsi Bonaparte est le grand pacificateur. Après la signature de Lunéville, il est acclamé comme jamais il ne l'a été et Paris retentit des cris de : "Vive Bonaparte !" Il ne manque plus, pour que sa popularité monte encore, que la paix avec l'Angleterre et elle est prochaine.

On a dit que Napoléon n'y avait jamais cru et que, d'un coup d'oeil sûr, il avait vu qu'elle ne serait qu'une trêve. Bien des signes permettent de penser le contraire. Il a eu, lui aussi, ses heures d'illusion. Ce qui le prouve, c'est que, cette paix, il l'a préparée avec soin, qu'il a cherché les moyens de la rendre solide. Et, pour la rendre solide, il faut qu'elle ne vienne pas seulement d'une lassitude réciproque. C'est à égalité qu'il entend traiter avec l'Angleterre, après l'avoir convaincue qu'elle a intérêt à traiter, le peuple français, maître du continent, des grands fleuves et de leurs embouchures, faisant équilibre à la maîtresse des mers. La paix séparée de l'Autriche a été un coup cruel pour la politique de Pitt. L'Angleterre, fatiguée de cette lutte, est disposée à faire la part du feu. Alors c'est à qui mettra le plus d'avantages de son côté avant de venir aux négociations. L'Autriche hors de combat, la politique de la France est d'avoir en Europe autant d'alliés et d'appuis que possible. On suspend toujours sur l'Angleterre la menace, qu'elle ne prend pas légèrement, d'une armée qui débarquerait chez elle. On cherche à épouvanter son commerce par la fermeture de tous les ports européens. Aussi, comme la Convention, se rapproche-t-on de l'Espagne qu'on charge en outre de soumettre le Portugal pour le soustraire aux Anglais. Il ne faut plus que la baie de Naples serve d'abri à Nelson. Murat, devenu mari de Caroline, beau-frère du premier Consul, et qui ne se doute pas qu'il régnera puis qu'il sera fusillé là, est chargé de rappeler Championnet et la République parthénopéenne au roi Ferdinand qui se soumet. L'alliance prussienne est recherchée comme, depuis 1795, elle n'a cessé de l'être, mais avec un espoir nouveau, une quasi-certitude de l'obtenir. Car cette fois, dans la poursuite de la paix, s'ouvre une chance que la Révolution n'a pas eue, l'alliance russe, grâce à Paul 1er. *Si* le roi prussien ne s'allie pas de bonne grâce, le tsar l'alliera de force.

Dans les calculs de Bonaparte, pour amener l'Angleterre à traiter, l'alliance russe joue un rôle immense. De même qu'il faut l'Autriche vaincue, l'Espagne, l'Italie, la Prusse consentantes ou soumises, il faut pour alliée la Russie. Jusqu'à la fin, ce seront les éléments alternatifs de son jeu diplomatique et guerrier. Dans la situation qu'il a trouvée et dont il a hérité, dont les prémisses ont été posées par d'autres que par lui, il ne peut jouer que celui-là.

Le grand espoir qu'il aura à Tilsit avec Alexandre, il l'a alors avec Paul. Mais quoi de plus fragile, de plus décevant que l'alliance russe ? Il lui reste à l'apprendre. Elle tient, en ce moment, à la vie d'un tsar comme le régime consulaire tient à sa propre vie. Fort de l'appui de la Russie, Bonaparte parle avec affectation d'un gigantesque projet, une attaque de l'Inde à revers, qui doit porter l'effroi dans la Cité de Londres. Le nouveau gouvernement britannique, celui qui est venu après la chute de Pitt, n'accepte pas, quelque décidé qu'il soit à la paix, de négocier sous une telle menace. Il agit, il travaille de son côté pour s'assurer à la table de conférence une position meilleure. Presque en même temps deux nouvelles arrivent à Paris. Nelson a bombardé Copenhague en réponse à la Ligue des neutres, autre esquisse du blocus continental, et Paul 1er a été assassiné à Pétersbourg. "L'Histoire nous apprendra le rapport qu'il y a entre ces deux événements."

Bonaparte savait calculer l'effet d'une foudre verbale. Ses grandes colères étaient souvent simulées. Il excellait aussi à leur donner un tour de littérature historique. L'accusation qu'imprima sur son ordre le *Moniteur* sent sa main. Mais sa fureur n'était pas feinte. La mort de Paul, c'est l'effondrement de l'alliance russe, et, signe grave pour l'avenir, Paul a été la victime de son alliance avec la France. Ce qui a décidé les conjurés à l'assassinat du tsar, c'est l'ukase qui ferme les ports de Russie au commerce avec l'Angleterre, qui ruine boyards et négociants. Et le blocus continental sera aussi l'écueil sur lequel se brisera l'alliance de Tilsit. Enfin le drame de Saint-Pétersbourg est un avertissement pour Bonaparte lui-même. Le "coup essentiel", qui le cherche entre les Tuileries et la Malmaison, vient de réussir au palais Michel, et si l'Anglais n'a pas agi en personne, la preuve est faite que les amis de l'Angleterre peuvent agir. Le régicide de Pétersbourg ne dérange pas seulement les plans du premier Consul. Il lui rappelle le 3 nivôse, la machine infernale et les poignards, l'attentat préparé dans l'ombre, sa mort qui soulagerait ses ennemis.

Et pourtant ce drame hâtait l'heure d'une paix également désirée des deux côtés de la Manche. L'alliance franco-russe étant rompue par la mort de Paul et par l'avènement d'Alexandre, une transaction s'impose à Bonaparte et devient plus facile à l'Angleterre. Le premier Consul doit renoncer aussi bien à menacer l'Inde qu'à s'attacher la Prusse. À Alexandrie, Menou, le successeur de Kléber, vient de capituler. Les Anglais sont sûrs que l'Égypte ne retombera pas aux mains des Français qui, par conséquent, ne deviendront pas les maîtres de la Méditerranée. Le canon de Nelson, à Copenhague, a dissous la Ligue des neutres. Les Espagnols mènent mollement la soumission du Portugal. Le cabinet de Londres, que Pitt, sorti du ministère, n'animait plus de son ardeur, n'attendait plus, pour négocier, que d'occuper une position assez bonne. Il considéra que ces événements atténuaient la défection autrichienne dans une mesure suffisante. Il se décida à traiter.

Peu de paix auront été plus populaires que celle d'Amiens, saluées avec plus d'enthousiasme et de confiance. Quand, au mois d'octobre 1801, le colonel Lauriston apporta à Londres la ratification des préliminaires, la foule détela sa voiture et la traîna "avec délices". Le premier Consul sentait si bien ce besoin des peuples, cette paix lui était à lui-même si utile, elle était pour lui une telle consécration, que, jusqu'à la signature finale (25 Mars 1802), il montra son impatience, son inquiétude, sa crainte que l'Angleterre ne se ressaisît. N'était-ce pas incroyable, en effet, qu'elle se résignât, pour la première fois, non seulement depuis dix ans, mais depuis cinq siècles, à voir la France étendue dans les Flandres et le long du Rhin, jusqu'aux bouches du fleuve fameux, même au-delà ? Pour beaucoup moins, elle avait fait à Louis XIV une guerre inexpiable. Alors le premier Consul paraissait plus grand que Louis XIV lui-même. On pouvait regarder dans l'histoire. Elle n'offrait pas de paix comparable à celle d'Amiens, triomphe de la Révolution guerrière, qui portait à l'apogée la puissance de la France et la gloire de Bonaparte.

C'était lui qui réalisait toutes les espérances de la nation. Conciliateur général, il donnait la paix au-dehors, l'union au-dedans, la prospérité dans la grandeur. Par là, irrésistible auprès de la masse, soustrait, auprès d'elle, à la critique et à l'objection, homme unique et que nul ne pouvait remplacer sans remettre en question tout ce qu'on tenait pour acquis. Par là commençait aussi le pouvoir magique de son nom.

Le même que le nom de Henri IV avait eu. Et le Concordat fut l'Édit de Nantes du premier Consul. Lui seul, pacificateur universel, était capable de donner aussi la paix religieuse, grande idée qu'il nourrissait depuis sa première campagne d'Italie. Car si les églises s'étaient rouvertes au culte, si les cloches longtemps interdites s'étaient remises à sonner (et, disait-il à Malmaison, en écoutant celles de Rueil, leur musique, qui lui rappelait son enfance, l'émouvait), il restait à régulariser la situation du catholicisme. Henri IV avait abjuré pour passer à la religion de la majorité des Français, non sans rencontrer des résistances lorsqu'il avait donné aussi un statut aux protestants. De même le premier Consul rencontrait des résistances pour son Concordat, conception pourtant politique et nationale, puisqu'il réconciliait encore, puisqu'il ralliait l'Église à la "France moderne", au gouvernement de Brumaire, à tout ce qui entrait de Révolution dans le régime nouveau et la part n'en était pas mince. Cependant il obtenait un autre résultat. Il coupait les liens de l'Église avec les Bourbons par une démission, imposée, d'accord avec Rome, à tous les évêques légitimes qui dataient de la monarchie comme elle était imposée aux évêques constitutionnels, ceux du schisme, les "jureurs". Ce qui ne m'empêcha pas le premier Consul de vouloir ensuite que des évêchés fussent donnés indistinctement à des prélats royalistes et à des "jureurs", de même que son Conseil d'État était mêlé de "votants" et de fils d'émigrés, dans sa pensée constante de fusion, pensée faite à la fois d'utilité et d'indifférence, de mépris pour les hommes et d'estime pour leurs services.

Car nulle part, peut-être, plus que par ce Concordat qui ne doit être "le triomphe d'aucun parti, mais la conciliation de tout", n'apparaît la disposition de son esprit à parler des langages divers, à prendre des attitudes successives selon les hommes auxquels il s'adresse et les circonstances qui se trouvent, à se livrer tour à tour, souvent à la fois, aux différents aspects des choses. Il varie parce qu'il est souple. Par cette souplesse, il impose sa volonté et arrive à ses fins. Le vent qui souffle, il excelle à le capter autant que cet autre amant de la gloire, l'auteur du *Génie du Christianisme*, le vicomte de Chateaubriand. Ils sentent l'un et l'autre que la mode est à la religion et ils mettront la religion à la mode.

Bonaparte n'est pas un croyant. Il ne le sera même jamais. Pour croire, il garde trop l'empreinte du XVIIIe siècle. En son fond, on peut dire qu'il est "déiste avec un respect involontaire et une prédilection pour le catholicisme". C'est tout, mais c'est assez pour l'affaire du jour. Alors, aux idéologues athées, il montre d'un geste les étoiles et demande : "Qui a fait tout cela ?" Aux politiques, il représente qu'il s'agit de "faire cadrer les choses spirituelles" non seulement "à ses vues" mais à la politique nationale, d'employer la force des idées et des institutions religieuses au bien de l'État, à l'apaisement général et même à la fusion des peuples nouvellement réunis à la République. Est-ce que les Belges ne sont pas tous catholiques romains, et les Rhénans presque tous ? Mais au pape, au cardinal secrétaire d'État Consalvi, au cardinal légat Caprara, il donne des " coups de boutoir". Alors c'est le chef de l'État français qui parle, qui souvent menace, qui impose ses conditions, maintient les prérogatives de l'Église gallicane, rappelle au Saint-Siège, sinon Philippe le Bel, du moins (il y tient beaucoup) saint Louis et Louis XIV. Pour ministre des Cultes, il prend un catholique, un homme d'ancien régime, Portalis, qui rétablit dans la correspondance de Napoléon avec les évêques les formes suaves et décoratives dont l'ancienne aumônerie royale avait le secret. Mais Portalis est choisi pour sa docilité, son obéissance au maître, et, en termes exquis, il rappellera le clergé aux devoirs des sujets envers le prince.

Car déjà, dans l'imagination puissante de ce jeune homme, de ce petit Corse qui n'a vu qu'à peine et de loin les derniers jours de la France monarchique, se forme l'idée de renouer la chaîne des temps. C'est la pensée d'André Chénier transposée dans la politique, c'est la plus grande de ses audaces. Sur des fondements nouveaux, recommencer l'histoire, ambition sans doute, mais qui n'est pas à la portée du vulgaire parce que c'est une conception d'intellectuel, de cérébral qui est de plain-pied avec l'histoire et qui a le sens de la grandeur historique. Ces hardiesses de l'esprit, il les avait déjà avec ses livres, à Valence, dans la chambre meublée de Mlle Bou, à huit livres huit sols par mois. Il est le "poète en action" que Chateaubriand reconnaîtra et, parce qu'il est un poète qui agit, les grandeurs lui sont naturelles. Rien ne l'étonne, ne l'intimide, ne le rend ridicule non plus. Alors, pour prononcer le panégyrique du Concordat, pour s'entendre comparer a Pépin et à Charlemagne, il choisit M. de Boisgelin, cardinal-archevêque, le même qui, vingt-cinq ans plus tôt, avait prononcé le sermon du sacre de Louis XVI. Et Joséphine, mariée civilement, avec Barras pour témoin, reçoit un chapelet de Pie VII, en attendant beaucoup plus.

Le sacre, quelques-uns y pensent déjà pendant ce *Te Deum* de Notre-Dame, le jour de Pâques 1802, mais défense d'en parler. Quel regard a reçu La Fayette lorsque, moitié ironique, moitié flatteur, il a eu l'audace de prononcer le mot devant le premier Consul ! Berthier, avec qui on se gêne encore moins, est traité d'imbécile lorsque, pour faire sa cour, il parle de roi. Ce n'était pas que Bonaparte fût mécontent d'être deviné ou que, dans les allusions, il vît un piège. Pour lui, à ce moment, le piège est ailleurs. Ses sentiments n'ont pas changé. Tout ce qui évoque l'idée de sa succession l'irrite, et ceux qui y songent, il ne les tient pas pour ses amis. Le pouvoir complet, absolu, oui, mais pour lui-même. Que lui importe que son pouvoir soit rendu héréditaire ? Pour quel héritier ? L'hérédité ne le tente pas, elle n'a pas de raisons de le tenter et, de plus, en accroissant la ressemblance avec la royauté ancienne, elle ne serait bonne qu'à susciter une objection et un obstacle. Car si les choses tendaient à l'établissement en sa faveur d'une monarchie, qu'il concevait alors comme purement personnelle, il s'en fallait de beaucoup que tout le monde l'acceptât, en haut, dans les assemblées peuplées de républicains, et surtout, dans l'armée, parmi les chefs militaires. Après l'installation aux Tuileries, le *Te Deum* de Notre-Dame était une autre épreuve de la popularité du premier Consul et de la résistance que pouvait rencontrer non seulement sa montée vers le pouvoir suprême mais cette politique de pacification qui l'y portait. Bonaparte n'ignorait pas que, dans le Conseil d'État, cette perle de son gouvernement, la lecture du Concordat avait été accueillie avec froideur, que des rires s'étaient même élevés à certaines expressions d'un tour religieux. "Le Concordat ? Une des choses les plus difficiles que j'aie faites", disait-il. Le sacre ne serait pas une chose plus aisée.

L'habileté était de se servir des circonstances et de célébrer la paix avec l'Angleterre en même temps que la paix avec l'Église. C'est le char du triomphe qui doit entraîner jusqu'aux pieds des autels les hésitants, les opposants, les bouders. Et le char n'est pas une image. Pour le cortège qui se rend au *Te Deum,* on a remis à neuf les voitures de gala qui avaient servi à Louis XVI. Paris revit aussi ce jour-là des livrées. Vertes aux galons d'or, ce seront celles de la maison impériale, - un défilé de costumes et de toilettes, déjà tout un apparat de cour auquel une renaissance de l'étiquette ne manque même pas.

86

Le mot du général Delmas au premier Consul qui lui demandait comment il avait trouvé la cérémonie est resté fameux. Il a reçu plus d'une application dans l'histoire : "elle capucinade ! Il n'y a manqué que le million d'hommes qui sont morts pour abolir tout cela", répondait le soldat de la Révolution. En ce temps-là, lorsque le premier Consul confiait à Mollien qu'il était temps de sortir de "l'ornière du républicanisme", c'était dans l'armée que se réfugiait l'esprit républicain. L'armée, qui n'est pas soumise au renouvellement du cinquième, ne se prête pas aux épurations périodiques comme les Assemblées. Et l'armée murmure plus qu'elles. On trouve Lannes parmi les mauvaises têtes. On y retrouve Augereau et Bernadotte, le plus actif, le plus intrigant, Bernadotte qui est presque de la famille consulaire puisqu'il a épousé l'autre Clary et qu'il est le beau-frère de Joseph. Assassiner le premier Consul au milieu de la "belle capucinade", puis, aussitôt, faire marcher sur Paris l'armée de l'Ouest que Bernadotte commande, tel est le plan de cette conspiration militaire, en rapport avec ce qu'on a nommé la conspiration de Rennes qui consistait essentiellement à exploiter les sentiments républicains du soldat, au point que, le jour du Te *Deum,* on répandait, pour l'irriter, le bruit que des prêtres allaient bénir les drapeaux. Ce jour-là, les chasseurs de la garde, les troupes d'élite dévouées au premier Consul, ses prétoriens, intimidèrent les conjurés et, par leur attitude, firent échouer l'attentat. Dessous de cette apothéose dont les militaires ennemis de Bonaparte auraient voulu faire une "apothéose de Romulus", dessous hideux puisque Joseph, instruit de tout par Bernadotte, a refusé la place que son frère lui offrait près de lui et n'est allé à Notre-Dame qu'en se mêlant, loin de celui qu'on vise, aux conseillers d'État. Coup manqué, affaire étouffée. Bien qu'il ait toutes les preuves, le premier Consul ne voudra pas sévir. Mais il a la certitude que, si le pouvoir lui vient par le cours naturel des choses, ses adversaires seront d'autant plus acharnés qu'ils s'aperçoivent que "l'usurpation s'avance à grands pas".

Que le sentiment de la foule l'autorise, le pousse même à se faire plus que Consul, ce n'est ni là, ni dans une ambition dévorante, qu'il faut chercher la raison qui le détermine à "usurper". Il calcule. L'autorité que lui a donnée la Constitution de l'an VIII est insuffisante. Elle est fragile, précaire, puisqu'il faut toujours, après chaque progrès de la politique qui se déroule depuis le 18 brumaire, vaincre des résistances, dompter, épurer le Sénat, le Tribunat, le Corps législatif, au risque de faire des irréconciliables ou des mécontents. La stabilité, c'est le souci de Bonaparte, le résultat qu'il cherchera jusqu'au dernier jour, jusqu'à ce que tout l'abandonne, s'écroule et que le sceptre tombe de ses mains. N'eût-il pas, et il l'a, cette préoccupation de donner une base à son pouvoir et à ses institutions, c'est trop peu de chose que le pouvoir à temps, les dix ans que lui ont accordés les brumairiens. Qu'arriverait-il au terme et même avant le terme de ces dix années ? À mesure qu'il en approcherait, l'opposition, dont il vient d'éprouver la haine, se ferait plus forte. Tout, jusqu'au souci de son avenir personnel, lui conseille de ne pas attendre ce délai et de fixer une autorité encore révocable par des institutions qui l'assurent de la durée.

Car, si elle est grande, cette autorité est encore informe ou, si l'on aime mieux, ses formes ne répondent pas à sa grandeur. Bonaparte a, dans le pays, le prestige d'un souverain. Il en a pris le train de vie, les allures, le décorum. Avec quelle rapidité n'a-t-on pas monté depuis les premiers jours du Consulat, lorsque l'entourage se sentait encore de la bohème et du demi-monde d'où le ménage et la famille consulaire étaient sortis ! Et quand Bonaparte, à son retour d'Égypte, avait pardonné à Joséphine, il ne s'était pas trompé. Elle lui avait été utile. Leur couple bien assorti, - lui le don et le besoin de commander, elle l'art et le besoin de plaire, - avait rendu l'ascension plus rapide avec des transitions plus douces. Tout sert, en pareil cas, tout concourt au succès, et Joséphine dont Metternich disait qu'elle était "douée de tact social", n'avait pas été une auxiliaire négligeable. Mais elle-même, qui a découvert enfin que ce petit mari, d'abord si légèrement traité, est un être d'exception, commence à s'effrayer des hauteurs où ils se portent tous les deux. Dans leur intimité, il y a des sujets interdits, des silences. Pour eux, à leurs points de vue différents, l'hérédité est le problème fatal, pour Bonaparte qui continue à n'en pas vouloir, pour Joséphine, trop femme pour ne pas sentir que, le jour où il l'aura acceptée, il désirera le fils qu'elle ne peut lui donner. Cependant Joseph, Lucien se regardent comme les princes du sang, les héritiers naturels de la future monarchie à laquelle ils poussent, chacun selon son tempérament, Joseph plus secret, Lucien plus emporté. Ainsi, dans son dessein, désormais arrêté, et que favorisent, d'ailleurs, que veulent même les circonstances, Bonaparte se trouve assiégé d'intrigues de ménage et de famille dont les contrariétés, les complications s'ajoutent, pour lui donner des soucis amers, aux résistances que lui opposent encore les derniers républicains.

Ce serait une erreur d'imaginer le premier Consul, dans l'apothéose de la paix et de la réconciliation nationale, marchant à l'Empire le visage découvert. Décidé à sortir de la République et de son "ornière", il ruse encore avec elle, et ses ménagements mêmes lui causent des déboires. Le plan de ses amis, ceux des brumairiens à qui la monarchie déférée à Bonaparte apparaît comme la conclusion naturelle et la garantie nécessaire de tout ce qui s'est fait depuis deux ans, c'est de ne pas attendre que le traité d'Amiens soit oublié et de proposer une récompense nationale pour le premier Consul. Le Sénat doit émettre un voeu qui lui soit "agréable". Comme s'il craignait de trahir de l'ambition, Bonaparte n'exprime aucun désir, enveloppe sa pensée de phrases vagues. Alors, le Sénat, pourtant si empressé, si docile, donne peu puisqu'on ne lui demande rien. Il proroge seulement pour dix années les fonctions du premier Consul. Au fond, c'est une déception pour Bonaparte, et aussi l'avertissement que le pouvoir suprême ne lui viendra pas tout seul, qu'il faudra trouver ou créer l'occasion de le saisir. Et puis, quelle dérision ! À lui-même on marchande ce qu'il désire et ce qui lui importe, le temps, la durée, tandis qu'on le harcèle d'autre part pour lui conférer le droit, auquel il aspire si peu, de choisir son successeur.

C'est que, dans l'ombre, et mettant son silence à profit, les adversaires d'un pouvoir personnel transformé en monarchie ne restent pas inactifs. Il y a, Fouché à leur tête, tous ceux qui ne veulent pas de l'ancien régime sous une étiquette nouvelle, tous ceux qui ne se soucient pas d'avoir renversé les Bourbons pour les remplacer par la famille Bonaparte. Et, tous les jours, le système de la fusion ramène un peu du passé. Le Concordat a rétabli la hiérarchie catholique. Un sénatus-consulte, procédé commode, dont l'emploi devient toujours plus fréquent, accorde aux émigrés une amnistie générale, compensée, d'ailleurs, par la promesse solennelle aux acquéreurs de biens nationaux que leur propriété restera sacrée. Voilà les royalistes qui rentrent en masse. Tout cela, pour les hommes de *1793*, fait bien de la réaction. Et c'est vrai que, déjà, dans son coeur, à son insu, Bonaparte s'est pris de goût pour ces gentilshommes qui ont gardé les usages de Versailles, tel M. de Narbonne qui plut en présentant une lettre sur son chapeau. On a remarqué que "les manières recommandaient auprès de Napoléon". Il n'apprécie pas moins l'habitude du dévouement à la personne du prince. Ainsi naît en lui un sentiment nouveau qui fera un homme double comme ses intérêts eux-mêmes, monarchique par situation, révolutionnaire par les racines de son pouvoir et ne pouvant fonder sa monarchie qu'en gardant le contact avec la Révolution.

Stendhal observe bien : "On a dit que Napoléon était perfide. Il n'était que changeant." Et il changeait, il n'avait pas de plan arrêté, comme il l'avouera à Las Cases, il semblait même n'avoir pas de suite dans les idées, comme l'observait Molé au Conseil d'État, parce qu'il avait conscience de se mouvoir dans le précaire, l'instable et le contradictoire. Le voeu décevant du Sénat est encore une leçon et qui servira pour l'établissement de l'Empire. La complaisance d'une assemblée ne garantit donc rien ? Et même, tout est perdu si le premier Consul se contente d'une simple prorogation de pouvoir accordée par une assemblée. Alors il se décide soudain. Il passe par-dessus le Sénat comme par-dessus les autres corps et il s'adresse directement au peuple, dont il déclare tenir son autorité, pour se faire déléguer, après le Consulat à temps, le Consulat à vie, certain d'avance que le peuple presque unanime accordera, dans la joie de la paix, ce qui lui sera demandé.

Consulat à vie, nom terrible d'ailleurs, incitation à l'assassinat puisque le régime reste toujours suspendu à l'existence de Bonaparte. Mais dans l'esprit des trois millions et demi de Français qui l'approuvent, ce règne viager signifie que les résultats acquis seront maintenus, que l'ordre nouveau continuera, qu'on ne reviendra ni sur le partage des propriétés ni sur les frontières. Thibaudeau (encore un conventionnel et un "votant") traduit bien le sentiment public lorsqu'il écrit au Consul : "Les hommes de la Révolution, ne pouvant plus s'opposer à la contre-révolution, vous aideront à la faire, n'espérant plus trouver qu'en vous une garantie." Ce besoin de continuité exige toujours des prolongations de la magistrature suprême confiée à Bonaparte pour conserver la Révolution et la garantir. Ainsi l'idée de l'hérédité qui, lui, ne l'intéresse nullement, qui lui est même à charge, renaît. Elle revient toute seule aux esprits par ce même souci de l'avenir qui a créé une autorité temporaire, puis viagère. Dès lors qu'on reculait le Consulat jusqu'au dernier jour de l'existence du premier Consul, la préoccupation de sa mort surgissait. Ainsi le comprirent tout de suite les hommes qui adhéraient avec le plus de force au nouvel ordre politique et social, qui s'y incorporaient, qui, par tous leurs intérêts, s'y sentaient liés. Il leur avait paru que l'occasion était bonne pour demander au peuple s'il ne convenait pas de donner à Napoléon Bonaparte le droit de désigner son successeur puisqu'on le rendait lui-même inamovible.

Il n'est plus étrange, après ce qu'on a déjà vu, que le premier Consul ait rayé de sa main la seconde question. Nous savons maintenant que ce n'était pas crainte d'aller trop vite et de demander trop d'un seul coup, ni timidité devant l'opposition républicaine, fût-ce celle de l'armée. Sans doute, l'hérédité, c'était la monarchie sans déguisement, sans phrase. C'est alors qu'on pourrait encore lui reprocher tous les hommes qui s'étaient fait tuer pour détruire ce qu'il rétablirait. Mais quel successeur désigner ? Idée qu'il écarte toujours, qu'on ne cesse de lui présenter, dont on l'obsède. L'esprit de clan, l'esprit corse, a été tellement exagéré dans les explications et les clefs qu'on a voulu donner de lui, que, si Napoléon répugne à quelque chose, c'est à léguer son pouvoir à ses frères. Et pourquoi donc ? Quel titre y ont-ils ? Avec son bon sens brutal, il trouve leurs prétentions ridicules. Il pense d'eux ce qu'il dira bientôt ironiquement à ses soeurs. S'imaginent-ils qu'il s'agit de l'héritage "du feu roi notre père" ? Plus Joseph, jaloux, tortueux et qui se plaint en arrière, plus Lucien, toujours violent, qui aime et cherche les scènes, poussent à l'institution d'un pouvoir héréditaire dont ils se disent, sans avoir le sentiment d'être comiques, les ayants droit légitimes, et plus il lui déplaît qu'on regarde sa succession comme ouverte. À ce moment-là encore, l'hérédité n'a pas d'adversaire plus résolu que lui. En faveur de qui, au surplus, jouerait-elle ? Remonterait-elle à Joseph, c'est-à-dire du second des frères à l'aîné ? Napoléon n'a ni enfant ni espérance d'en avoir avec Joséphine. Lucien se moque même de sa belle-soeur et lui conseille de faire vite un petit Césarion. Quand on souffle à Bonaparte l'idée de l'adoption, sa répugnance est la même. Qui adopter ? Il est encore si jeune - rappelons-nous qu'il a trente-trois ans seulement - qu'il n'y a pas une telle différence d'âge entre lui et, par exemple, son beau-fils Eugène. Il persiste à ne pas vouloir, à ses côtés, d'un remplaçant, d'une doublure, d'un titulaire en expectative qui, même choisi adolescent, serait, devenu homme fait, gênant par sa médiocrité, porterait ombrage à son père adoptif s'il était capable, tandis qu'autour de l'héritier présomptif se rassembleraient les opposants et les mécontents, et que le choix, quel qu'il fût, ranimerait la pensée que Bonaparte lit sur tant de visages, le mot que redoute quiconque aspire à un trône où il n'est pas né : "Pourquoi pas moi ?" Bonaparte n'est monarchiste que pour lui-même et son seul dissentiment avec la masse de ceux qui lui font confiance est là. Pour lui, l'inquiétude du lendemain, c'est ce qu'il reste d'électif dans son pouvoir ; pour les autres, c'est le vide devant lequel ils se trouveraient s'il venait à disparaître. On le pousse à fonder une dynastie alors qu'il pense que l'hérédité dynastique ne lui apporterait rien sinon des embarras. Et ceux qui l'incitent à la demander la veulent dans un autre intérêt que le sien, que cet intérêt soit privé ou public. Étrange conflit, mais qui aide à l'intelligence des choses, que celui-là. Le besoin de durée, de continuité que ressent le monde nouveau issu de la Révolution vaut déjà à Bonaparte d'être consul à vie. Il lui vaudra d'être empereur. Des hommes qui ont salué avec transport la fin d'une longue suite de rois ont d'abord acclamé un maître, et ils veulent, par souci de l'avenir, imposer à ce maître, qu'un tel cadeau importune, le droit majeur de se survivre et de régler sa succession. Bonaparte, qui ne pense pas à mourir, se contentera pour l'instant d'une dictature qui garde la forme républicaine. Ayant mesuré les difficultés, les ennuis même qui s'attachent à ce qui ne saurait plus être que la fondation d'une quatrième dynastie, il remet la suite de l'ascension à plus tard. Il attendra les événements, nullement sûr de ce qu'il doit faire.

Attente qui lui profite encore. Dans la gloire du Consulat, cette gloire pacifique et civile, le grand capitaine paraît l'émule de Washington, chef d'une République glorieuse, indépendante, qui, ayant atteint les buts de la nation, a remis l'épée au fourreau et dédaigne la couronne. Il aime à se présenter sous les traits du législateur et du grand administrateur. Le premier Consul visitant les manufactures de Lyon, les fabriques de Rouen, les bassins du Havre, le canal de l'Ourcq et celui de Saint-Quentin, ce sont d'autres motifs d'imagerie populaire, des sujets de gravure qui font un pendant bourgeois au pont d'Arcole et au passage du Saint-Bernard. Avec la Banque de France, le Grand Livre de la dette publique, la création des Chambres de commerce, c'est sa période et son côté "poule au pot".

Cependant, parmi ces occupations d'une magistrature citoyenne, l'inquiétude poursuit Bonaparte. Joséphine croit le deviner. Elle lui demande quand il la fera impératrice des Gaules. Il ne répond pas à ce mot de femme. Ce qui le tourmente, ce n'est pas une ambition immodérée, ce n'est pas la tentation du sceptre. Il calcule et suppute sans cesse. Il sent que, pour garder son autorité telle qu'il l'a maintenant, il doit l'accroître, que, pour rester où il est, il sera obligé de monter encore plus haut. Le tour de force n'était pas d'arriver au pouvoir. C'est de s'y maintenir, et il ne s'y maintiendra que s'il a des instruments de règne. Il ne peut pas demeurer à mi-côte, bien que, l'ascension achevée, la difficulté, celle de durer, doive devenir promptement la même. Parvenir au faîte est moins un désir qu'une nécessité. Or il y faudra toujours les "circonstances", saisies au vol, exploitées utilement, provoquées au besoin, et, surtout, il faudra jeter des fondations solides, préparer les institutions qui seront les bases du régime. C'est à quoi tend désormais tout ce que Bonaparte fait de neuf et qui rencontre encore la résistance clairvoyante des derniers républicains réfugiés au Corps législatif et au Tribunat.

Il a assez lu Montesquieu pour savoir que l'honneur, dont la nature est de demander des préférences et des distinctions, est le principe des monarchies. Il connaît aussi que c'est un sentiment noble par lequel on obtient presque tout des Français. Stendhal a parlé admirablement de "l'extrême émulation que l'empereur avait inspirée à tous les rangs de la société". Il a montré le garçon pharmacien, dans l'arrière-boutique de son maître, "agité de l'idée que, s'il faisait une grande découverte, il aurait la croix et serait fait comte". Quand Bonaparte a voulu que la gloire fût "la vraie législation des Français", ce n'était pas seulement pour satisfaire un de leurs goûts. Contemporaine du Concordat, la Légion d'honneur était une de ses grandes pensées et, comme le Concordat, il la défendait par des arguments aussi divers que l'étaient ses intentions. À Léoben, il s'était moqué des grands cordons que recevraient les délégués autrichiens en revenant à Vienne. Il disait maintenant qu'"avec ces hochets tant dédaignés on fait des héros", qu'en les supprimant la République avait nié un des penchants les plus légitimes et les plus généreux de l'homme, un besoin aussi puissant que celui des pompes religieuses. Et qui choisit-il pour défendre son projet ? Rœderer qui, pendant la Révolution, avait dit qu'il fallait "déshonorer l'honneur". Ne fait-on pas accepter aux hommes, tour à tour, toutes les idées ? En choisissant Rœderer pour restaurer une chevalerie, Bonaparte se livrait peut-être à son mépris de l'espèce humaine. Il avait plutôt besoin, pour avocat, d'un converti. La Légion d'honneur trouvait des adversaires passionnés, presque autant que le Concordat. Le Tribunat surtout était hostile à la création d'un ordre qui rappellerait ceux de l'ancien régime, ranimerait "un sentiment féodal", et derrière lequel des républicains ombrageux entrevoyaient la renaissance d'une noblesse. Alors le premier Consul explique tantôt qu'une société ne se compose pas de "grains de sable", tantôt qu'il importe, pour balancer l'organisation visible de l'Église et celle, plus secrète, des royalistes et des anciens chouans, de former en cohortes les hommes qui se sont signalés par des services rendus à la Révolution et au régime nouveau. Il représente enfin que, civile autant que militaire, sa Légion d'honneur dérive naturellement des "listes de notabilité" conçues par Sieyès, qu'elle est, avec son grand Conseil au sommet, une pyramide, comme le système de Sieyès lui-même. Et, dans tout cela, il y a du vrai. La Légion d'honneur, elle non plus, n'est pas sortie tout armée du cerveau de Bonaparte. Elle est un retour aux anciens usages mais ingénieusement adaptés à la France moderne. Et puis, au gré d'un dictateur qui se méfie de toutes les castes, surtout de la caste militaire, il ne faut pas que le soldat soit trop distinct du reste de la nation. La Légion d'honneur est beaucoup de choses à la fois. Sur la poitrine du sabreur, du savant, du manufacturier, elle est encore un moyen de fondre ensemble les Français comme elle est un moyen de faire passer sur la suppression des "listes de notabilité", dernier vestige de l'élection dans les institutions de l'an VIII....

Ces institutions elles-mêmes, pour les harmoniser avec le Consulat à vie, il les transforme. Elles deviennent déjà celles de l'Empire et il y aura peu à changer à la Constitution de l'an X pour en tirer la Constitution impériale ; et même, la Constitution impériale sera nécessaire pour achever la Constitution de l'an X. Tout cela s'accomplit sans coup d'État, sans violence. Quelque irrité qu'il fût contre les assemblées qui faisaient une opposition opiniâtre à tout, à son Code civil, à son Concordat, à sa Légion d'honneur, et, moins ostensiblement, à sa personne, Bonaparte a écouté Cambacérès qui lui conseille de ne rien brusquer, de ne pas épurer à grands fracas, mais d'éliminer sans bruit les adversaires irréductibles. La Constitution même en donnait les moyens. Un renouvellement du cinquième était prévu en 1802 pour le Corps législatif et le Tribunat. Soixante membres de la première de ces assemblées, vingt de l'autre, choisis parmi les plus incommodes, furent désignés pour sortir, ou plutôt, afin que l'exclusion fût moins visible, les autres furent désignés pour rester. Le Sénat, toujours le plus docile, nomma des remplaçants non moins dociles que lui. Ainsi la mécanique de Sieyès continue de pourvoir à tout. Il suffit de savoir s'en servir pour supprimer les derniers vestiges de la République. Bientôt il n'en restera plus que le Corps législatif et le Sénat, dont les membres nouveaux, comme des "fournées" de cardinaux ou de lords, seront nommés par le premier Consul.

Mais ce que lui donne la Constitution de l'an X (ou, du moins, car on évite l'apparence de changements constitutionnels, le sénatus-consulte organique de l'an X), ce qu'il accepte enfin, ce qui complète, sans la couronne ni le mot, son pouvoir monarchique, c'est ce qu'il a refusé naguère, ce qu'on cherche, depuis des mois, à lui imposer. C'est le droit, comme les empereurs romains, de choisir son successeur. Puisqu'il n'a pas de fils, c'est l'adoption, qu'il appelait "une imitation de la nature". Et pourquoi ce qui lui répugnait encore quelques mois, quelques semaines plus tôt, lui semble-t-il maintenant acceptable ? Pourquoi se résout-il brusquement à ce qu'il refusait ? Ce n'est pas un caprice. Mais un neveu lui est né de Louis et d'Hortense. Et cet enfant de sa race, qui porte ce nom de Napoléon auquel les actes publics vont s'ouvrir, apporte la solution. Adopter un nourrisson ou bien adopter un homme, un jeune homme même, ce n'est pas la même chose. Avec une différence de trente-trois ans, il n'y a pas à craindre d'élever près de soi un rival. Et cet enfant offre encore l'avantage d'écarter du trône futur les frères ambitieux et agités, les "princes du sang". Bonaparte, infiniment plus gêné que servi par sa nombreuse et exigeante famille, aspire surtout à subordonner ses proches. Pour se délivrer du plus encombrant et du plus indocile de ses frères, il alléguera un mariage avec une Mme Jouberthon qui pourtant valait bien à peu près Joséphine. Napoléon lui reprochait son passé et lui donnait le nom que naguère il pouvait appliquer à sa propre femme. "Au moins, disait effrontément Lucien, la mienne est jeune." Louis, non moins insupportable en son genre, ombrageux et morose, ne causera que des déboires au chef de famille. Et Jérôme, le benjamin, si léger, être de luxe et de plaisir, lui donne d'autres ennuis en épousant à dix-neuf ans une Américaine. Cependant le petit Napoléon-Charles, que le premier Consul se réserve comme successeur, qui est, pour Joséphine, la grand-mère, heureuse de la combinaison, une garantie contre le divorce, cet enfant ne vivra pas. L'adoption mourra avec lui. Alors le désir viendra à Bonaparte qui, jusque-là, n'y a guère pensé, de se continuer lui-même, de suivre la nature au lieu de l'imiter, d'avoir un fils pour lui léguer sa succession. Si l'Empire héréditaire est encore à naître du sénatus-consulte organique, le mariage autrichien est attaché à la vie fragile de Napoléon-Charles.

Ces pensées, ces perplexités, Bonaparte les mène avec lui du parc de Malmaison aux cités qu'il visite dans des tournées que nous appellerions présidentielles. Et comment ne songerait-il pas à l'Empire lorsqu'il a les principaux attributs de la monarchie, lorsqu'il semble, en outre, qu'un Empire d'Occident vienne le chercher ? Le voici, en cette année 1802, chef de deux États, premier Consul en France, et, avec des pouvoirs encore plus étendus, président de la République italienne, à la demande de la Consulte qui est venue à Lyon pour lui décerner, comme à un autre Charlemagne, quelque chose qui ressemble déjà moins à une magistrature civile qu'à la couronne de fer des rois lombards. Est-ce l'ambition, un rêve atavique qui pousse Bonaparte à régner sur cette Italie où, naguère, il arrivait inconnu ? Mais la transformation de la République cisalpine en République italienne, sous la tutelle de la France, nécessaire pour protéger la jeune nationalité contre l'Autriche, c'était une idée de la Révolution, la suite de tout ce qui s'était fait depuis dix ans après avoir été conçu depuis un demi-siècle. De même l'annexion du Piémont qui couvre la Lombardie, l'occupation de la Hollande qui couvre la Belgique. De même, en Allemagne, les sécularisations, les remaniements territoriaux qui compensent la réunion à la France de la rive gauche du Rhin, qui refoulent l'Autriche, tandis qu'en avantageant la Prusse on recherche toujours son alliance, font du premier Consul l'arbitre de la Confédération germanique. Celle-ci succédera bientôt au Saint-Empire pour préparer l'éveil de la nation allemande. Causes, effets se mêlent, s'engendrent sans cesse dans ce grand brassage de l'Europe qu'a exigé la conquête des frontières naturelles. Pour l'instant, la France s'élève sur ces décombres et Bonaparte avec elle. De même encore, il devient médiateur de la Confédération helvétique, arbitre entre ses partis, protecteur de la Suisse, qui, envahie sous le Directoire, est le bastion avancé des conquêtes républicaines, une barrière contre l'Autriche.

Arrêtons-nous à ce moment lorsque, de tous côtés, et par le jeu naturel des choses, viennent au premier Consul des grandeurs auxquelles ne manque plus que la consécration suprême. A ces commencements d'une apothéose par laquelle il récolte le bon de tout ce qui a été semé avant d'en récolter le mauvais, un doute, une énigme se proposent à l'esprit. Bonaparte a-t-il partagé l'illusion des Français ? A-t-il cru que la Révolution était achevée au-dehors comme au-dedans ? A-t-il cru à la paix définitive ? A-t-il désiré que la guerre reprît parce que son autorité et sa gloire étaient attachées à la guerre ?

Il serait vain de vouloir sonder ses intentions et sa conscience. Il est plus sûr d'interroger ses actes. Ils répondent avec certitude que, pendant plusieurs mois, le premier Consul se comporte comme si, le statut de la France continentale étant à l'abri de toute contestation, la paix avec l'Angleterre étant assurée, il voulait rendre au pays ce qui avait été perdu pendant la Révolution, des colonies, une marine. L'expédition destinée à reprendre, sur les noirs affranchis, Saint-Domingue, perle des Antilles, l'acquisition de la Louisiane rétrocédée par l'Espagne contre le royaume d'Étrurie à un infant, attestent un plan dont on peut d'autant moins douter que la Louisiane fut hâtivement vendue aux États-Unis pour 80 millions dès que la reprise de la guerre avec les Anglais devint certaine. On a accusé Bonaparte d'avoir, par calcul, envoyé à Saint-Domingue ou dans les iles des officiers de l'armée du Rhin - tel Richepanse - dont il avait intérêt à se défaire. Mais beaucoup d'officiers, désolés de la paix et redoutant la demi-solde, avaient sollicité pour faire partie de l'expédition, à la tête de laquelle le premier Consul avait mis son propre beau-frère, le général Leclerc, en ordonnant à Pauline de suivre son mari. La campagne de Saint-Domingue se terminera par un désastre. Leclerc y mourut. On renonça à reprendre la fertile Haïti.

Alors on renoncera surtout à rendre à la France sa place sur les mers. Déjà, les premiers signes d'une renaissance maritime et coloniale ont rallumé la jalousie, l'inquiétude des Anglais. Comment n'eussent-ils pas senti qu'une France qui commençait à Anvers pour se prolonger jusqu'aux plus belles rades italiennes était pour eux un péril et ne tarderait pas à les supplanter dans leur marine et leur commerce, à les asphyxier comme s'ils eussent perdu leurs poumons ? On n'était pas encore si loin de la rivalité qui, au XVIIIe siècle, avait mis l'Angleterre et la France aux prises. Et voilà que si l'Angleterre laissait à la République une extension qu'elle avait toujours disputée à la lutte, elle signerait sa capitulation et son revers. A peine a-t-elle conclu la paix d'Amiens qu'elle commence à le regretter. Et ses marchands, ses gens de commerce, ses financiers, sont les plus ardents à vouloir la guerre parce qu'ils s'aperçoivent que la France, augmentée de ses annexions, est une rivale redoutable. Cette force d'opinion détermina le Parlement et le gouvernement britanniques à reprendre la lutte.

L'exécution d'un traité importe autant que le traité lui-même. À chercher ici les responsabilités de la rupture, on s'aperçoit qu'elles sont inégales, beaucoup plus lourdes du côté de l'Angleterre qui n'a pas tardé à soulever des difficultés, tandis que le premier Consul se met simplement en méfiance. La querelle naquit, grandit autour de l'île de Malte. Les Anglais refusaient d'exécuter la clause d'Amiens, de rendre l'île au grand maître de l'Ordre. Il était clair qu'ils n'entendaient pas se dessaisir de cette clef stratégique. Ils la gardent, du reste, encore. D'autre part, ils refusaient de croire que Bonaparte eût renoncé à l'Égypte. Les soupçons étaient réciproques et, plus l'Angleterre s'obstinait à retenir Malte, plus Bonaparte inclinait à penser qu'un solide établissement dans la Méditerranée était nécessaire à la France. On s'irrita sur ce rocher.

Jamais, pourtant, Bonaparte ne s'est montré plus incertain. Sa raison semble lui dire que la guerre est inévitable. Il agit comme si la paix devait durer toujours. Au mois de mars 1803, il y croit encore puisqu'il expose à la mer toute une escadre, avec le général Decaen chargé de reprendre possession des comptoirs de l'Inde. Et, le 13 de ce même mois, aux Tuileries, devant le corps diplomatique, il lance à l'ambassadeur Whitworth des apostrophes d'une violence fameuse, accusant l'Angleterre de manquer au respect, à la sainteté des traités, la menaçant, la foudroyant en paroles pour se radoucir, comme s'il voulait retenir encore la paix, puis s'emportant de nouveau comme s'il voyait que les ménagements sont inutiles.

Malte, en effet, n'était qu'un symbole. Et si la Méditerranée était en jeu, elle n'était que l'accessoire. La contestation essentielle, irréductible, portait toujours sur le même point, sur Anvers. Elle portera, jusqu'à la fin, sur l'annexion de 1795. Bonaparte avait pu l'oublier, s'étourdir pendant quelques mois. Il le savait pourtant, l'avait compris mieux que personne en France : "L'Angleterre nous fera la guerre tant que nous conserverons la Belgique", dira-t-il en 1805 devant Molé. Déjà, vers la fin de l'année 1800, causant avec Rœderer et Devaisnes, il leur avait dit que l'Angleterre ne pouvait pas vouloir la paix. Pourquoi ? Parce que, répondait-il, nous possédons trop de choses. Parce que nous avons la Belgique et la rive gauche du Rhin et que nous devons les garder, "chose arrêtée irrévocablement et pour laquelle il est déclaré à la Prusse, à la Russie, à l'Empereur, que nous ferions, s'il était nécessaire, la guerre seul contre tous". Admirable clairvoyance, presque une prophétie. Déduit d'un passé qui enchaîne, dessiné ligne à ligne, l'avenir est là.

L'emblème du Consulat était un lion endormi. Pour un repos si court ! Au mois de juillet 1803, quand la rupture avec l'Angleterre est accomplie, et six semaines après cette rupture, le premier Consul fait en Belgique une tournée imposante, comme pour rappeler aux Français que, s'ils vont se battre, c'est encore pour cette terre, pour les annexions qu'il a reçues de la République en fidéi-commis et qu'il est résolu comme elle à n'abandonner jamais. Déjà, en 1801, aux réceptions qui ont suivi la paix de Lunéville, il a dit à la députation belge : "Depuis le traité de Campo-Formio, les Belges sont Français comme le sont les Normands, les Alsaciens, les Languedociens, les Bourguignons. Dans la guerre qui a suivi ce traité, les armées ont éprouvé quelques revers ; mais quand même l'ennemi aurait eu son quartier général au faubourg Saint-Antoine, le peuple français n'aurait jamais ni cédé ses droits ni renoncé à la réunion de la Belgique."

C'était un serment. Ce sera celui du sacre. Napoléon le tiendra, même quand l'ennemi sera aux portes de Paris. L'histoire de l'Empire est celle de la lutte pour la conservation de la Belgique, et la France ne pouvait conserver la Belgique sans avoir subjugué l'Europe pour faire capituler l'Angleterre. Ici encore tout s'enchaîne. Mais, avec la rupture du traité d'Amiens, la grande illusion de la paix se dissipe. Le "lion endormi" est tiré de son rêve. La poursuite de l'impossible recommence.

Chapitre XIII : Le fossé sanglant

De loin, pour la seule raison que cela s'est fait et comme toutes les choses qui se sont faites, rien ne paraît plus facile, plus naturel que l'établissement de l'Empire. Un fruit mûr semble tomber dans la main du premier Consul. Pourtant, de même qu'au 18 brumaire, il a fallu provoquer l'événement. Il a fallu, en outre, l'amener par le fer et que du sang fût versé.

À la guerre, c'était un des principes les plus assurés de Bonaparte que "toute opération doit être faite par un système parce que le hasard ne fait rien réussir". Aussi préférait-il renoncer à un succès incertain que de se fier à la chance. En politique, il ne se comportait pas autrement. Nous avons vu que, jusqu'ici, il n'a jamais commis de faute majeure, qu'il a saisi les occasions sans se hâter. C'est ce qui rend compte de ses succès, ce qui explique son ascension continue. Au moment où la question de l'hérédité lui valait des démêlés irritants et ridicules avec ses frères, avec Joseph surtout, il s'était écrié devant quelques confidents : "Ma maîtresse, c'est le pouvoir. J'ai trop fait pour sa conquête pour me la laisser ravir ou souffrir même qu'on la convoite. Quoique vous disiez que le pouvoir m'est venu comme de lui-même, je sais ce qu'il m'a coûté de peines, de veilles, de combinaisons." La rupture du traité d'Amiens, la guerre renaissante avec l'Angleterre, allaient créer les circonstances par lesquelles il monterait encore plus haut qu'il n'était déjà. Cependant il n'atteindrait la couronne qu'après avoir formé des combinaisons nouvelles et par l'intervention de ses calculs. Il en aura de secrets et de profonds. Déjà, comme l'Auguste de Corneille, son héros, il parle de "cet illustre rang qui m'a jadis coûté tant de peine"... Il achèvera bientôt le vers du poète tragique. Il ajoutera le sang.

Il fallait l'occasion d'abord. Elle lui fut fournie par ses adversaires. Sans les Anglais, sans les conspirateurs républicains et royalistes, il n'y aurait eu ni Empire ni empereur. Car on exagère beaucoup lorsqu'on représente le peuple français comme tout prêt à revenir à une autre forme de royauté. On en était au point que ce Consulat à vie, accru de la faculté pour le premier Consul de désigner son successeur, n'était plus républicain sans être tout à fait monarchique. Régime hybride. Comment en sortir ? Assagis et assouplis, entrés en masse dans les assemblées et les administrations du Consulat, les jacobins répugnaient à toute monarchie, quand ce n'eût été que par amour-propre. Et la foule aussi, bien qu'elle fût prête à vouloir ce que voudrait Bonaparte, se sentait humiliée par l'image d'un trône quand elle se rappelait tant de serments de "haine à la royauté", tant d'exécrations contre les tyrans et la tyrannie. Sans doute on était encore tout près de l'ancien régime. Une tête couronnée, c'était l'aspect sous lequel, pendant des siècles, les Français avaient vu et conçu le pouvoir. Mais les souvenirs de la Révolution n'étaient-ils pas plus récents, ne vibraient-ils pas encore ? "On est honteux de désavouer ce qu'on a fait et dit contre la royauté et d'abjurer l'attachement qu'on a professé si fortement et avec tant de bonne foi pour la République", écrivait Rœderer après avoir sondé les dispositions du pays. Les rapports de beaucoup de préfets donnaient la même note. Seuls des faits nouveaux auraient raison des sentiments et des préjugés.

La rupture de la paix d'Amiens date du 16 mai *1803*. Le sénatus-consulte qui défère au premier Consul la couronne impériale est du 18 mai *1804*. Qu'y a-t-il donc dans l'espace de ces douze mois ? De quoi sont-ils remplis ? De victoires ? Nullement. On ne s'est pas encore battu. La création d'une monarchie héréditaire en faveur de Napoléon Bonaparte ne sera pas une récompense. La destination de cette monarchie sera d'être "un bouclier".

L'état de guerre est revenu et, pourtant, Bonaparte n'a pas livré de batailles ni cueilli de nouveaux lauriers. C'est que, sur le continent, l'Angleterre n'a pas encore embauché d'alliés, qu'elle n'a pas encore réussi à renouer une coalition. D'un bord à l'autre de la Manche, comment les deux adversaires pourraient-ils s'étreindre ? L'Anglais à l'abri dans son île, ses escadres cherchent les navires français qui se dérobent. De temps en temps, sur les côtes de France, un port est bombardé. Le premier Consul riposte par les représailles ordinaires de la prohibition commerciale, par l'arrestation de tous les Anglais qui résident en France. Ces hostilités, en quelque sorte théoriques, aussi épuisantes que languissantes, pourraient s'éterniser sans résultat. Alors, Bonaparte revient à la vieille idée de l'invasion, passer le détroit, débarquer, dicter la paix à Londres, tandis que William Pitt remonté au pouvoir travaille à coaliser l'Europe. Pendant ces douze mois, l'avenir se prépare, se dessine, tandis que recommence le passé. On retourne à la situation de 1789 et déjà celle de 1814 s'entrevoit.

La France reprenait la lutte sans enthousiasme, avec résignation, comme devant une fatalité. On avait tellement cru que c'était fini, qu'on jouirait enfin d'un repos bien gagné ! Bonaparte lui-même, avec cette rapidité et cette mobilité d'esprit qui lui faisaient voir les choses sous leurs aspects divers, eût voulu retenir cette paix dont le bienfait lui avait valu tant de popularité et de reconnaissance, tandis que la raison lui disait que la guerre était inévitable. Déjà, au mois de mars, dans sa grande scène à Lord Whitworth, et plus encore au lendemain de cet éclat, il avait montré le flottement de sa pensée, emporté, irrité, menaçant lorsqu'elle lui représentait ce qui ne pouvait être chez les Anglais qu'une volonté inflexible, puis revenant tout de suite à l'espoir d'éviter la rupture. Il était trop intelligent pour ne pas comprendre que cette guerre serait un duel à mort. Il l'accepta comme une loi du destin avec laquelle il était inutile de ruser. Ainsi l'acceptait la France. On comprenait que c'était toujours la même guerre qui durait depuis 1792. Et sur qui, pour l'achever, pouvait-on compter, sinon sur le premier Consul ? S'il eût cessé d'être l'homme indispensable - et il n'en est guère qui le soient dans la prospérité et le repos - il le fût redevenu par la rupture de la paix d'Amiens.

Cependant l'ennemi lui-même le désignait et, en la menaçant, rendait sa tête encore plus précieuse. Bonaparte avait donné à la France un gouvernement. Il lui avait restitué l'ordre, la force par le commandement d'un seul. Il l'avait rendue plus redoutable. Tant qu'il serait là, il serait difficile de lui arracher la Belgique et de la ramener à ses anciennes limites. Ainsi tout ce qui faisait que les Français voulaient le conserver faisait aussi que l'ennemi voulait l'abattre. Il fallait vaincre Bonaparte ou il fallait le tuer, ce qui était plus court. Froidement, le cabinet de Londres fit ce calcul, la disparition de cet homme pour abréger une guerre inexpiable, épargner peut-être des millions de vies.

L'Angleterre n'aura pas besoin de chercher des assassins à gages, de recourir à des sicaires. Les agents d'exécution s'offrent, tout prêts, les mêmes, ceux "du coup essentiel", royalistes désintéressés jusqu'au fanatisme, que l'apothéose du Consulat a découragés, mais chez qui le retour de la guerre ranime, l'espoir d'en finir avec l'usurpateur. D'une audace rare, d'une énergie trempée dans les luttes vendéennes, c'est la chouannerie elle-même qu'ils ramèneront jusqu'à la route du camp de Boulogne ou de Malmaison, jusqu'aux portes des Tuileries, sans se douter que si le "coup" manque, c'est le Corse lui-même qu'ils rendront "essentiel".

Le véritable état de guerre, il est alors à l'intérieur. Le 23 août 1803, Georges Cadoudal, conduit par un navire anglais, a escaladé la falaise de Biville. Le voici à Paris pour la chasse à l'homme. Il prépare l'assassinat ou, de préférence, l'enlèvement du premier Consul. Les jours recommencent où le gouvernement était à la merci d'un coup de pistolet. Tombé en disgrâce depuis qu'il s'est opposé au Consulat à vie, Fouché n'est plus ministre de la Police, mais il en tient encore les fils. De sa retraite, il avertit : "L'air est plein de poignards." C'est plus qu'un complot. C'est une conspiration, au sens le plus vrai et le plus fort, car elle rassemble des hommes très divers qu'anime la même haine, celle de Bonaparte, qui veulent tous ensemble cette même chose, qu'il disparaisse. Il y a les royalistes, c'est entendu. Il y a quelques jacobins irréductibles. Il y a encore ceux qu'on appelle les "amis de l'Angleterre" et que la rupture de la paix irrite parce qu'elle les dérange dans leurs intérêts et dans leurs goûts. Le nombre de ceux qu'exaspèrera l'interminable état de guerre ira d'ailleurs croissant jusqu'à la chute de l'Empire. Mais il y a les militaires surtout. L'armée compte plus de républicains que le Tribunat, plus d'irréconciliables que le faubourg Saint-Germain. Pour dire le mot que Napoléon ne mâchait pas, qu'il a répété jusqu'à sa mort, elle comptait des "traîtres". Qui le savait mieux que le premier Consul ? N'avait-il pas ses raisons d'éloigner Lannes et Brune, nommés ambassadeurs l'un à Lisbonne, l'autre à Constantinople, tandis que Macdonald était destiné au Danemark ? Il était éclairé sur Masséna, Saint-Cyr, Lacuée, bien d'autres, sans parler ni de Bernadotte ni de ceux qui ne se sont pas encore révélés, les plus proches de sa personne, et qui, à l'heure décisive, le trahiront. La vieille armée de la Révolution, l'officier de fructidor, le général qui s'estime autant que Bonaparte, qui est sorti avant lui des rangs inférieurs, qui, sous le Directoire, a fait de la politique comme lui, voilà les pires ennemis du premier Consul. Jusqu'à Pichegru, défectionnaire comme Dumouriez, passé à Louis XVIII, et qui garde pourtant des contacts, des amitiés dans les états-majors. Le 16 janvier 1804, Pichegru est rentré en France, par la même voie que Cadoudal, accompagné des deux Polignac, de Rivière, d'une trentaine d'hommes déterminés. C'est lui qui s'abouche avec Moreau. Pichegru sert de lien entre le chouan Cadoudal et le vainqueur de Hohenlinden, idole de l'armée républicaine, que les flatteries, les excitations des vieux officiers de la Révolution ont exalté plus encore que la jalousie qu'il porte à son rival de gloire. Sans doute, des conjurés si différents ne sont d'accord que pour supprimer l'homme. C'est assez pour les rassembler.

Aux ménagements que le premier Consul eut pour Moreau, à l'exil qu'il lui ordonna comme une grâce après le procès, n'osant le garder en prison, on sent ce que cette conspiration avait eu d'embarrassant non moins que de redoutable. Presque autant que de la laisser grandir, on craignait d'en découvrir tous les affiliés, d'en révéler et même de s'en avouer la qualité et le nombre. Parmi les complices de Moreau, et, près d'eux, parmi les "sympathisants", on eût trouvé deux généraux en chef, Lecourbe, mis à la retraite d'office, à qui fut interdit le séjour de Paris, et, probablement, Macdonald. On eût trouvé, entre les militaires, Suchet, Dessoles, Souham, Liébert, Delmas, Lahorie ; entre les civils, vingt-trois sénateurs, disait-on, et Sieyès lui-même qui, un peu tard, regrettait d'avoir donné un maître à la République. On allait jusqu'à murmurer que Réal, le chef de la Police, n'était pas sûr. Et la méfiance était telle qu'à tout instant les officiers de la Garde étaient changés pour qu'ils ne prissent pas sur les hommes une influence dangereuse.

Ce que la conspiration avait d'étendu et de multiple, la diversité même de ses éléments, fut probablement ce qui sauva Bonaparte. On se demande pourquoi un conspirateur aussi résolu que Georges, après avoir organisé l'enlèvement du premier Consul et tout prévu dans les détails, perdit quatre ou cinq mois, laissa des dévouements se refroidir, des secrets transpirer, sans passer à l'exécution. Mais royalistes et républicains n'étaient unis que pour renverser l'usurpateur, et Georges, seul capable de réussir l'entreprise, ne voulait pas avoir travaillé pour un autre général de la République. Il attendait qu'un des princes fût arrivé secrètement à Paris de telle sorte que, le coup fait, la restauration des Bourbons fût à l'instant proclamée, Moreau étant la dupe de l'opération. Le plan, à y réfléchir, était à la fois trop compliqué et trop simple. Et puis les semaines s'écoulèrent sans que le prince parût. Le temps perdu par les conjurés, Bonaparte le gagnait pour la défense et pour la riposte, tandis que ses adversaires, n'ayant ni les mêmes convictions ni le même but, n'hésiteraient pas à se trahir les uns les autres.

Menacé, traqué, "point de mir" d'ennemis acharnés et invisibles, devenu le "chien qu'on peut assommer dans la rue", certes, Bonaparte connut des journées d'énervement. Il méditait une vengeance, un "coup" pour répondre, en le parant, à celui qui devait l'abattre, et pour terroriser à son tour. Mais, dans un cerveau comme le sien, l'idée de vendetta cédait vite à des pensées moins sommaires. Il voyait plus loin, au-delà du talion. Dans un déroulement fécond de conséquences, un acte terrible et hardi lui apparut comme apporté par la conjoncture pour faire rebondir l'action, selon les règles de ce théâtre tragique dont il était nourri, où il ne se lassait pas d'entendre Talma.

La mort du duc d'Enghien, à quoi bon tenter de l'en disculper ? Il a tout pris sur lui. Il n'a pas rejeté la faute sur d'autres. Devant Dieu et les hommes, devant son fils, dans l'acte de sa dernière volonté, à Longwood, il a tenu à s'en déclarer responsable. Impénétrable au moment même, autant qu'insensible aux prières ou aux reproches, il n'a pas caché, plus tard, ce qu'il ne pouvait dire au lendemain de la chose accomplie telle qu'il l'avait voulue. Il a révélé la raison qui, lui ayant fait accepter la pensée de ce crime, l'y avait poussé, puis fixé. "C'était un sacrifice nécessaire à ma sécurité et à ma grandeur." Tout tient dans le dernier mot.

Peu de crimes politiques auront été calculés plus froidement. Pourtant, l'idée de s'en prendre au duc d'Enghien ne vint pas toute seule à Bonaparte. Elle lui fut inspirée par les circonstances et si, comme il y a lieu de le croire, Talleyrand la lui suggéra et fut l'Iago de ce drame, la suggestion sortait toute seule des faits. Ce n'est pas une excuse pour Bonaparte. Du moins faut-il voir comment la tentation naquit et grandit en lui.

Nous savons pourquoi Georges différait l'enlèvement du premier Consul. Il attendait qu'un des princes fût à Paris et ce détail était connu de la police, déjà sur la trace des conspirateurs. Dès lors le projet de s'emparer de ce prince, quel qu'il fût, de le condamner et de le fusiller, se présentait à l'esprit avec les vastes conséquences d'un exemple aussi éclatant. Des paroles irritées échappaient à Bonaparte, comme d'une âme qui ne se contient plus : "Mon sang vaut bien le leur !" disait-il des Bourbons. Il brûlait d'en tenir un. Lequel ? Aucun ne venait. Serait-ce le comte d'Artois, le duc de Berry, le duc d'Enghien ? Celui-là résidait à Ettenheim, en pays badois, tout près de la frontière, à portée de la main. Du sang de Condé, il était brave, allant, de bonne mine. Il représentait l'émigration active et militante. On avait souvent parlé de lui pour en faire un roi et certains se plaisaient à l'opposer à Bonaparte dont il avait à peu près l'âge. Alors, puisqu'un prince était attendu par Georges, ne se pouvait-il que ce fût le duc d'Enghien ? Il était, de toute la famille, le plus capable de cette audace. On le mit en surveillance. Et les soupçons qui se portaient sur lui commencèrent à prendre corps lorsque le nom d'une personne de son entourage, mal prononcé, à l'allemande, fit croire qu'il s'agissait de Dumouriez.

Maintenant il est facile de reconstituer la suite. Dans une lueur, Bonaparte a vu le parti à tirer de l'exécution sommaire d'un prince du sang royal. Le cadavre d'un Bourbon sera la première marche du trône. Il lui faut un Bourbon à tout prix. Il y a des présomptions contre le duc d'Enghien. C'est assez. Peu importe qu'aucune preuve n'existe, qu'il soit impossible d'établir la participation au complot du jeune prince occupé ailleurs et qui vit un roman d'amour avec Charlotte de Rohan. Peu importe même que, soldat, et ne concevant la lutte qu'a visage découvert, Enghien blâme le guet-apens de Cadoudal. Le plan du premier Consul est fait. C'est peut-être Talleyrand qui lui a parlé à l'oreille. C'est aussi le "génie de la Révolution". L'homme qui, naguère, blâmait l'exécution de Louis XVI, qui supprimait la célébration du 21 janvier comme une cérémonie sanguinaire et dégoûtante, comprend maintenant le sens, la portée, l'utilité symbolique du régicide. "Cruelle nécessité", avait été le mot de Cromwell, devant le cadavre du roi Charles, après le coup de hache du bourreau. Ce mot, Bonaparte l'a redit mentalement tandis que, dans le fossé de Vincennes, le duc d'Enghien tombait.

Quand on se penche d'un peu près sur cette affaire, on ne peut douter que tout se soit accompli selon les volontés du premier Consul, le 10 mars, conseil auquel assistent Cambacérès, Lebrun, le grand juge Régnier, Fouché et Talleyrand. L'arrestation en territoire étranger est décidée, sans souci du droit des gens, ou plutôt avec la certitude que le margrave de Bade s'inclinera. Cambacérès risque un mot. Bonaparte fait rentrer sous terre l'ancien président du Comité de salut public : "Vous êtes devenu bien avare du sang des Bourbons." La résolution prise, Berthier, ministre de la Guerre, est chargé de l'exécuter avec M. de Caulaincourt. Dans l'affaire, on mêle le nom de ce gentilhomme, dont la famille, jadis, a été attachée à la maison de Condé. Caulaincourt, c'est la noblesse ralliée, qui doit jouer un bout de rôle dans la tragédie pour y être compromise.

Mme de Rémusat doit être crue dans cette partie de son récit parce que tout y porte la marque de ce qui ne s'invente pas. Dame du palais, informée par Joséphine de ce qui se prépare, elle observe le premier Consul. Elle le voit, dans la soirée qui précède la nuit de Vincennes, résolu, impénétrable, écartant toute allusion, puis affectant la gaieté et la raillerie, chantant entre ses dents, et soudain, selon son habitude, disant à mi-voix des vers. Est-ce pour donner le change, ou bien parle-t-il tout haut d'une lutte qui se livre en lui ? Ce sont des vers de son poète préféré, celui qu'il eût voulu faire prince, où il y a le mot de clémence. Il pourrait aussi bien se répéter, selon la même tragédie cornélienne : "Et ces crimes d'Etat qu'on fait pour la couronne..."

Quand Bonaparte avait prononcé : "Ma politique", personne, dans l'entourage, ne se permettait plus un sentiment ni une pensée. L'affaire du duc d'Enghien, c'est la politique du premier Consul, son "coup essentiel". Il n'en livre rien au hasard. La mort d'un Bourbon est cherchée. Celui-ci, qu'on a sous sa main, sa mort est implacablement voulue.

Dans la nuit du 14 au 15 mars, des gendarmes français, pénétrant sur le sol badois, s'emparent, à Ettenheim, de la personne du prince et de ses papiers. Avant même de connaître ni les charges que ces documents peuvent contenir, ni les détails de l'arrestation, Bonaparte donne des ordres. Vincennes sera le lieu de détention. Le général Hulin, un jacobin, un pur, un des "vainqueurs de la Bastille", dont la carrière avait commencé le 14 juillet *1789*, est désigné pour présider le tribunal. Dans la soirée du *17*, Bonaparte a reçu le dossier de Strasbourg. Aucune preuve de complicité avec Cadoudal. Quant à Dumouriez, il y a méprise. Pourtant, le lendemain, Harel, commandant le fort de Vincennes, reçoit l'ordre de préparer un logement pour un prisonnier et de faire creuser une fosse. Le même jour, et à deux reprises, Joséphine implore vainement son mari. Il répond que les femmes n'ont pas à se mêler de ces sortes d'affaires, que "sa politique" exige ce coup d'État, que les royalistes l'ont trop compromis et que "cette action-ci" le dégage. Le 19, le dossier est envoyé à Réal avec la recommandation de ne souffler mot du "plus ou moins de charges" qu'il contient, tandis que Hulin, Murat, gouverneur de Paris, et Savary, colonel de la gendarmerie d'élite, convoqués à la Malmaison, reçoivent directement les instructions du premier Consul. Le lendemain, Bonaparte vient aux Tuileries. Il dicte lui-même les termes de l'arrêté qui institue la commission de jugement et qui énonce les chefs d'accusation, lesquels entraînent la peine capitale. Réal reçoit l'ordre de se rendre à Vincennes pour "conduire" l'interrogatoire et le réquisitoire et donner " une suite rapide " à la procédure. Ainsi les précautions sont prises. Hulin et Savary d'une part sont informés des volontés du premier Consul, comme Réal l'est de l'autre. Murat, non sans répugnance, mais obéissant à son impérieux beau-frère, nomme les membres du tribunal chargé de juger le prévenu "sans désemparer". Rentré à Malmaison, Bonaparte refuse encore d'écouter Joséphine et son frère Joseph qui, dit-on, demande la grâce. Un courrier de Strasbourg lui apporte les derniers papiers d'Ettenheim avec la protestation du prisonnier qui nie solennellement toute part aux complots de Cadoudal. L'arrivée de ce courrier ne pouvait que précéder de peu celle du prince. Aussitôt le premier Consul fait revenir Savary à Malmaison, lui réitère ses instructions et lui dicte pour Murat une lettre qui contient l'ordre formel de "tout finir dans la nuit". Entrant chez Murat, Savary croise Talleyrand et apprend que le duc d'Enghien est sur le point d'arriver à Vincennes. Il y sera un peu après cinq heures de l'après-midi. Depuis trois heures et demie, la tombe est creusée, par les soins de Harel, dans le fossé du fort. Réal n'a plus à intervenir. Tout est bien réglé.

À neuf heures du soir, les commissaires nommés par Murat, qui vient à l'instant de les recevoir, sont réunis à Vincennes. Savary, - qui a vu Bonaparte le matin même, - se concerte avec eux. À onze heures, le commandant de gendarmerie Dautancourt interroge le prince sans s'écarter du questionnaire établi d'avance. Le prince proteste encore et demande une audience du premier Consul. Dautancourt communique la déposition à la commission qui, siégeant déjà, fait comparaître l'accusé "sans désemparer", comme il est prescrit. Savary se tient derrière le fauteuil du président Hulin qui commence l'interrogatoire. Le prince proteste qu'il n'a trempé dans aucun complot, qu'il a seulement combattu la Révolution, un Condé ne pouvant rentrer en France que "les armes à la main". Le tribunal s'empare de ces mots, il tient le crime. Il prononce sur-le-champ la mort, non sans que l'arrêt laisse en blanc le texte d'une loi que les juges ignorent, - car c'est la seule chose qu'on n'ait pas prévue, - et sur lequel ils fondent leur jugement.

Lacune étrange, insolite, qui semble avoir inspiré un scrupule aux juges. Ils penchent pour accorder au condamné ce qu'il sollicite, c'est-à-dire une entrevue avec le premier Consul. Ici, du reste, les obscurités recommencent. Chacun cherche à se disculper. Selon les "explications" qu'a laissées Hulin et contre lesquelles a protesté Savary, celui-ci aurait coupé court, arraché la plume des mains du président. L'arrêt porte bien que l'exécution doit avoir lieu "de suite". Cela suffit. Savary n'a plus besoin des commissaires : "Messieurs, votre affaire est finie. Le reste me regarde." Il est deux heures et demie du matin. Avant le jour, le prince est conduit au bord de la fosse et fusillé par le peloton que Savary a amené dans l'après-midi. Pour ne pas perdre de temps, on a refusé un prêtre au condamné.

Telle est la succession des faits que domine l'ordre formel d'aller vite. Le comble de l'art a été de laisser subsister un doute, de sorte qu'on en est venu à dire que le duc d'Enghien avait été fusillé contre le gré de Bonaparte. Le directeur de la Police s'étant mis au lit et ayant défendu qu'on le réveillât n'aurait pas reçu un message du premier Consul qui lui commandait d'interroger lui-même le prince et de surseoir à l'exécution. Bonaparte s'est abrité quelquefois derrière cette fable que ses partisans et ses défenseurs ont admise. Cependant tout a été voulu, réglé d'en haut et le ministre a pris la faute sur lui. Du reste, l'empereur a-t-il tenu rigueur à Réal qui savait si bien dormir quand il fallait ? Pas plus qu'à Savary, terriblement éveillé. Savary sera duc de Rovigo. Réal sera fait comte. C'est beaucoup pour des gens qui n'auraient pas compris l'idée du maître, qui auraient été coupables de négligence ou d'excès de zèle, qui lui auraient forcé la main.

A moins que, si l'idée du sursis et d'une grâce a, au dernier moment, traversé son esprit, Bonaparte ne se soit aperçu que son premier calcul était juste, ce sommeil de Réal une faute heureuse et que la hâte de ses agents l'avait servi au-delà de toute espérance. On a peint les expressions de blâme, de tristesse que Bonaparte lut sur les visages le lendemain de la nuit de sang. Chateaubriand a dit cela en quelques lignes qui font tableau mais illusion et qui effacent le reste : "Cette mort, dans le premier moment, glaça d'effroi tous les coeurs. On appréhenda le revenir de Robespierre. Paris crut revoir un de ces jours qu'on ne voit qu'une fois, le jour de l'exécution de Louis XVI. Les serviteurs, les amis, les parents de Bonaparte étaient consternés." Et il est vrai que beaucoup, "dans le premier moment", désapprouvaient, soit qu'ils ne comprissent pas, puisque, depuis trois ou quatre ans, il n'y en avait que pour les émigrés et les ralliés, soit qu'ils fussent inquiets des conséquences. Chateaubriand donna sa démission de ministre de France dans le Valais. Cette protestation eût peut-être frappé Bonaparte si elle n'avait été isolée. Il épiait et faisait épier tous les signes. Voici celui qu'il retint.

Il y avait au Tribunat un homme jusque-là peu marquant qui s'appelait Curée et dont la crainte était que Bonaparte travaillât au rétablissement des Bourbons. Il avait été, à la Convention, représentant de l'Hérault, avec Cambacérès. Au procès de Louis XVI, il avait déclaré "Louis Capet coupable de conspiration contre la liberté de la nation et d'attentats contre la sûreté générale de l'État". Il avait répondu non sur l'appel au peuple, et ces deux votes entraînaient la mort bien que, pour la peine, il eût demandé la réclusion avec déportation à la paix. Curée était en quelque sorte un régicide modéré, un semi-régicide. Néanmoins, il était solidaire des votants. Le lendemain du drame de Vincennes, arrivant au Tribunat, il trouva ses collègues qui, pour la plupart, "gémissaient de ce tragique événement". Il s'approcha d'eux et, "se frottant les mains", s'écria : "Je suis enchanté, Bonaparte s'est fait de la Convention." Et Miot de Mélito, qui donne ce récit, ajoute : "Ce propos parvint aux oreilles du premier Consul qui, comme de raison, avait au Tribunat ses espions, et qui jugea habilement qu'un homme qui s'était prononcé si énergiquement contre les Bourbons était le plus propre à l'élever à l'Empire. Un empereur sorti de la Convention devait, en effet, être, aux yeux de Curée, ce qu'il y avait de plus rassurant contre le retour de l'ancienne dynastie."

Désigné par un simple mot, mais d'une singulière éloquence ("Bonaparte s'est fait de la Convention"), Curée était un entre mille. Il était la voix du peuple qui avait fait la Révolution, celle des régicides qui en avaient le dépôt. Ayant versé le même sang, Bonaparte devenait un des leurs. Il signait le même pacte. Depuis 1793, il fallait, pour gouverner, avoir voté la mort de Louis XVI. C'était la loi non écrite des constitutions républicaines. Quiconque "a coopéré à ce grand acte", disait Thuriot, quiconque en a couru les risques, a droit au pouvoir. En doivent être exclus ceux "qui n'ont rien hasardé". Sieyès, votant, avait été la caution du 18 brumaire. Pour aller au-delà, pour sortir de la République, mais par la porte de la Révolution, ne fallait-il pas que cette loi de sang fût encore obéie ? Bonaparte, pour ce dernier pas, ne pouvait plus se couvrir de personne. La ligne de démarcation, il devait la tracer lui-même entre l'ancienne royauté et la monarchie nouvelle. L'engagement sans retour et qui le rendrait insoupçonnable ne serait signé que par un acte aussi terrible que celui du 21 janvier.

Était-ce nécessaire ? Bonaparte avait-il besoin de ce fossé sanglant pour devenir empereur ? On ne répond pas à la question quand on suppose que le crime a été l'oeuvre de ses deux mauvais génies. Calculateurs profonds, funestes conseillers, Talleyrand et Fouché, à qui le premier Consul ne semblait pas, selon l'expression puissante de Balzac, "aussi marié qu'ils l'étaient eux-mêmes à la Révolution", l'y auraient "bouclé, pour leur propre sûreté, par l'affaire du duc d'Enghien". En ce cas, Bonaparte avait compris leur idée. Il en avait vu la portée immense et l'hypothèse qui tend à le disculper atteste le dessein politique qui a réglé le drame de Vincennes. Car cette sûreté de Fouché et de Talleyrand étant celle de mille autres, l'effet cherché était obtenu. Hortense observe très bien le résultat tel que pouvait le désirer et que le guettait l'intéressé principal : "Au reste, dès ce moment, tous ceux qui avaient concouru à la Révolution se rattachèrent franchement au Consul. Ce ne sera plus un Monk, se dirent-ils ; voilà des gages, on peut compter sur lui." Qu'importaient, en regard, quelques mines longues, quelques blâmes, quelques bouderies ? Les ralliés n'en seraient que plus soumis, ayant subi cela. Qu'importait même une tache sur le nom de Bonaparte si c'était la rançon d'une fortune plus haute et le prix à payer pour inscrire le nom de Napoléon dans l'histoire ?

Écho de Malmaison, Hortense écrit encore avec naïveté ce qui est la vérité même : "Toutes ces circonstances amenèrent un grand événement." L'exécution du duc d'Enghien, la salve de Vincennes, c'est le "grand acte" qui amène l'Empire, qui met fin aux objections des républicains, qui entraîne, qui décide, et, - c'est le grand mot, - qui excuse tout pour la France de la Révolution. Tout, même le sacre. L'onction viendra bientôt, d'une main qui bénit et pardonne. C'est l'autre aspect du drame, ce qui l'achève : l'absolution dans l'apothéose.

Peu de temps après la nuit de Vincennes, le premier Consul, au cours d'une conversation, disait, comme pensant tout haut : "J'ai imposé silence pour toujours et aux royalistes et aux Jacobins." Et à Joseph, qui avait intercédé pour le prince : "Enfin, il faut se consoler de tout." Consolation facile. Le coup avait réussi. Il effrayait les uns, il réjouissait les autres. Et ceux qu'il avait effrayés, Bonaparte les rassurait tout de suite. Dans le monde de droite qui s'était rallié à lui parce qu'il représentait l'ordre, on avait craint que ce meurtre à peine juridique fût le signal d'un retour au terrorisme. On respira, la confiance fut rendue quand on vit non seulement qu'il n'y avait pas d'autres victimes, mais que, - par une clémence aussi féconde que la férocité de la veille, - Bonaparte faisait grâce de la vie aux aristocrates compromis dans le complot de Cadoudal, Armand de Polignac, M. de Rivière.

Et quand on consulte le calendrier, quand on confronte les dates, comment ne pas reconnaître que l'affaire de Vincennes fut un succès ? Enghien tombe le 21 mars au petit jour. Le 27, première manifestation officielle pour le rétablissement de la monarchie dans la personne de Napoléon Bonaparte. Le Sénat, le même Sénat qui, naguère, comme récompense nationale, n'accordait au premier Consul qu'une prolongation de dix années, prend l'initiative de lui offrir la couronne.

Pourquoi cet empressement, sinon parce que le Sénat comprend qu'il n'y a plus d'obstacle, que la voie est libre ? Après avoir invoqué toutes les raisons que l'on se donne quand on veut quelque chose, sur quel motif principal fonde-t-il sa délibération ? Il dénonce les complots, il montre avec horreur la vie de Bonaparte menacée. Le gouvernement de la France tient à un homme. Lui disparu, tout disparaît. Pour que les conspirateurs ne soient plus tentés de recourir au poignard, l'homme doit être remplacé par une institution. L'adresse du Sénat au premier Consul est une requête, une prière. On l'adjure de prendre la couronne. Ainsi s'achève le circuit politique qui a commencé en 1789. La monarchie est le port (ce mot si juste est de Thiers) où la Révolution vient se réfugier.

C'est que les semaines où l'Empire se décide sont celles où est instruit le grand procès de Georges, de Pichegru, de Moreau. Un chouan irréductible, un général de la Révolution passé à Louis XVIII, un autre général, idole des officiers républicains, l'étrangeté de cet assemblage sert encore Bonaparte en le situant d'une autre manière au-dessus des partis puisqu'il est en butte à la haine de tant d'opposants. Mais surtout, l'évidence ayant éclaté que les conspirateurs en voulaient à sa personne, le désir en devient plus vif de décourager les assassins. "Laisser les choses comme elles sont compromet cette tête, d'où dépend la conservation des nôtres", disait Rœderer, aussi actif pour la monarchie napoléonienne qu'il avait été, en brumaire, pour le Consulat de Bonaparte. Dans une lettre citée par Méneval, Joseph indique même que son frère comprend enfin que l'hérédité est "protectrice", qu'on l'a "prise comme un bouclier". Chose curieuse, mal vue : le 21 janvier, l'acte terrible, encore si présent aux esprits, sert lui-même d'argument pour relever un trône. Malgré le régicide, n'y a-t-il pas toujours des Bourbons et des royalistes ? On tue un homme. On ne tue pas une dynastie. C'est pourquoi il faut en faire une. Fauchet l'avait dit à la Convention, parlant de Louis XVI : "Sa famille mourra-t-elle du même coup qui le frappera ? D'après le système de l'hérédité, un roi ne succède-t-il pas immédiatement à un autre ?" La mort d'un dictateur termine tout. Celle d'un roi, rien. Tel sera désormais le "bouclier" de Bonaparte.

Mais ce nom de roi sonne mal aux oreilles. On prendra celui d'empereur qui suit celui de Consul, comme un avancement régulier. Pour une génération nourrie d'histoire romaine, l'Empire, qui n'est pas la royauté, succède normalement à la République. N'est-ce pas même quelque chose de plus grand que la royauté ? Empereur est le titre que les rois de France ont désiré quelquefois, qui a échappé aux Français depuis Charlemagne, qui convient à une Gaule étendue jusqu'au-delà de ses limites. Alors les imaginations, et celle de Bonaparte est la plus puissante, volent sur toutes les ailes du temps. Le vieil ennemi, le César germanique, est vaincu. La dignité impériale, usurpée depuis des siècles, lui sera arrachée. Il ne sera plus l'Empereur par excellence, qui porte encore un reflet de Rome. Il faudra qu'il soit seulement empereur d'Autriche, l'empereur d'Occident ne souffrant pas d'égal. Et pas plus que les Français, aucune évocation, aucune comparaison n'intimide Bonaparte. Ce cérébral, on peut même dire ce livresque, conçoit naturellement le grandiose. Il est à l'aise sous la couronne de Charlemagne. Alors on passe sans transition d'une idée utilitaire, de l'hérédité protectrice, du "bouclier", à la grande idée impériale.

Ce que l'esprit de Bonaparte a de réfléchi et de soudain, de continu et de discontinu, ce qui fait qu'il s'adapte aux coups de théâtre de sa vie, qu'il calcule les événements au point, souvent, de les devancer, de faire comme s'ils étaient déjà là et de brûler toutes les étapes, enfin une espèce d'exaltation froide, tout cela, qui se développera et s'aggravera chez lui, s'accuse déjà dans ces journées où s'accomplit un des destins les plus extraordinaires qu'aucun mortel ait connus. Il est sans fièvre, tel qu'on le voit les jours de bataille. Tous les éléments de l'opération sont présents à sa pensée. Tantôt majestueux comme s'il était déjà identifié à son état de souverain ; tantôt brutal parce que les hommes se mènent ainsi ; tantôt affable et cajolant, car il sait qu'il a encore des choses à ménager, par exemple l'amour-propre de Cambacérès qui va déchoir du rang de Consul (Lebrun, lui, accepte tout) ; tantôt, enfin, et c'est ainsi qu'on l'aime le mieux, car c'est l'intelligence qui brille, il regarde le cadet-gentilhomme, le petit Poucet corse dans son incarnation prodigieuse, il est cynique, il se livre par instants à des retours sur lui-même. À ses soeurs, qui réclament plus que des honneurs, une place pour leurs enfants dans les lignes successorales, il lance la raillerie admirable : "En vérité, j'ai frustré ma famille de l'héritage du roi notre père !" Ce n'est plus un soldat de fortune, ce n'est même plus un politique profond qui s'élève sur un trône, c'est un philosophe amer et on le tient ici dans sa diversité presque aussi étonnante que ses grandeurs. Il dira tour à tour avec mépris qu'il a trouvé la couronne de France par terre et qu'il l'a ramassée ; avec magnificence, que, depuis Clovis jusqu'au Comité de salut public, il ne se sépare pas de ses prédécesseurs et se tient solidaire de tout. Puis, un jour, au Conseil d'État, cette sortie : "Avant la Révolution, l'autorité était tombée en quenouille, nous avions un roi imbécile, il a été pendu, on a chassé sa famille. Nous relevons le trône et nous fondons l'Empire. J'ai une force et des avantages que mes successeurs ne pourront conserver. Il faut que j'en profite pour établir un bon gouvernement, un bon système d'administration." Le fondateur de la quatrième dynastie n'a pas beaucoup d'illusions sur la suite et sur la fin. Il a, il gardera jusqu'au bout, en le refoulant, le sentiment de vivre dans le précaire. Sans retard, il veut "profiter" de sa toute-puissance pour essayer de construire. C'est pourtant le besoin de stabilité qui, à ce moment, est le plus fort chez les Français, qui ne cesse d'agir en faveur de Bonaparte et qui avance le trône jusqu'à lui. Ce qu'on demande, ce sont des garanties d'avenir. Quand le Sénat, le Tribunat et le Corps législatif proposent le titre d'empereur pour Napoléon Bonaparte, l'idée, avec des expressions diverses, est toujours la même : conserver les résultats de la Révolution, maintenir surtout cette égalité auprès de laquelle la liberté est négligeable. Le "caractère fort" de Napoléon est connu. Il alarme infiniment moins de gens qu'il n'en rassure. Car les semaines où la création de l'Empire se décide sont celles où l'état de guerre avec les Anglais s'aggrave, où la conspiration contre le Consul et la République consulaire paraît au grand jour, où l'on a le sentiment que, de nouveau, la Révolution est en péril. Tout cela est clairement alterné. Le 6 avril, trois jours après que le tribun Curée, le converti de Vincennes, a proposé à ses collègues de faire un empereur, Pichegru est trouvé étranglé dans sa prison. Si c'est un suicide, c'est un aveu et peu de personnes croient à la suppression de l'accusé, à un crime politique qui ne serait pas dans l'intérêt du pouvoir. Le 18 avril, le sénatus-consulte qui défère à Bonaparte la majesté impériale arrive trois jours après que l'acte d'accusation contre Georges, Moreau et leurs complices a été rendu public. Toutes ces choses vont ensemble, les unes expliquent et précipitent les autres. Cependant les Anglais deviennent plus entreprenants, les combats navals se livrent en vue des côte françaises, l'un, sérieux, le 5 mai, devant le port de Lorient. Si l'Angleterre vainc, la Révolution sera vaincue.

Il y a maintenant un empereur, ratifié par le plébiscite, il y a des dignitaires, des maréchaux, une cour et des chambellans, il y a une dynastie nouvelle, fondée par la nation "pour ôter tout espoir aux restes méprisables de celle qu'elle a renversée", comme disent, en termes plus ou moins imités de ceux-là, les innombrables adresses que reçoit Bonaparte pour son avènement. Enfin la monarchie napoléonienne a pour elle l'approbation de la masse, la garantie du principe héréditaire, la légalité, lorsque, le 25 juin, Georges Cadoudal est exécuté en place de Grève, héroïque et opiniâtre attardé de la chouannerie, qui, sous le couperet, affirme encore une fidélité solitaire et pousse à pleine poitrine le cri de : "Vive le roi !"

Dix ans plus tard, moins de dix ans plus tard, Louis XVIII sera là. Napoléon, à Fontainebleau, aura été presque aussi seul que Georges, en place de Grève, avec ses derniers Vendéens. Il aura vu ce que valent sénatus-consulte, adresses, plébiscite, serments. "Napoléon, a dit Balzac, ne convainquit jamais entièrement de sa souveraineté ceux qu'il avait eus pour supérieurs ou pour égaux, ni ceux qui tenaient pour le droit : personne ne se croyait obligé par le serment envers lui." Il le sentait. Au plus haut de la gloire, ce fut son inquiétude. Il regrettait de n'avoir pu rallier un Cadoudal. Il avait entendu les acclamations dont les officiers républicains avaient salué Moreau. Il les entendra, il y pensera toujours, car sa mémoire retenait tout.

Dix ans, quand il y en a dix à peine qu'il a commencé à sortir de l'obscurité, rien que dix ans, et ce sera déjà fini. Le rythme précipité de sa fortune le veut. Petit officier à vingt-cinq ans, le voici, chose merveilleuse, empereur à trente-cinq. Le temps l'a pris par l'épaule et le pousse. Les jours lui sont comptés. Ils s'écouleront avec la rapidité d'un songe si prodigieusement remplis, coupés de si peu de haltes et de trêves, dans une sorte d'impatience d'arriver plus vite à la catastrophe, chargés enfin de tant d'événements grandioses que ce règne, en vérité si court, semble avoir duré un siècle.

Un des traits les plus remarquables de Bonaparte, et il le doit à ce que, chez lui, l'intelligence domine, c'est sa faculté de dédoublement. De tout ce qui lui arrive d'incroyable, rien ne le surprend jamais. Les autres, passe encore. La foule admire parfois, s'étonne rarement et peu. Lui, il est pair et compagnon ,avec son destin. Régner lui est aussi naturel qu'autre chose. C'est un chapitre du roman où il est entré. Non qu'il oublie d'où il sort, d'où il est parti, ce qu'il a fallu pour qu'il montât là, ce qu'il y a de fragile dans sa monarchie ; tout cela, il le sait mieux que personne sans en être jamais gêné. Non que la grandeur change son esprit ni même son langage. Majestueux dans l'apparat, il reste, pour l'intimité et le contact humain, ce qu'il était avant, brusque, ironique, tantôt distant et tantôt familier, caressant ou brutal, grossier quand cela se trouve. Pas de contrainte pour lui, tandis qu'il impose à son entourage des lois d'une étiquette sévère, renouvelée de l'ancienne cour ou imitée des cours étrangères, de telle sorte que rien ne ressemblera moins que la sienne à un camp.

Sur le trône, Napoléon est à l'aise plus que s'il y était né, parce que les traditions mêmes qu'il ressuscite sont calculées et voulues. Et d'abord, sa monarchie n'est pas, il ne faut pas qu'elle soit une monarchie militaire. Dans son palais, lui seul s'habille en soldat, comme pour rappeler qu'il commande à tous les autres, mais il adopte un uniforme sobre, à demi civil, l'habit vert des chasseurs de la Garde. A la guerre, il porte la redingote grise dont la simplicité unique désigne mieux le chef que les dorures et les panaches, laissés aux acteurs, aux "baladins". À la cour, sabres, galons, insignes sont proscrits. L'habit brodé, la veste et la culotte de satin blanc sont de rigueur et, dans ce costume, qui souvent les ridiculise, on voit de "vieilles moustaches" républicaines comme Augereau. L'étiquette n'était pas seulement destinée à relever la majesté du souverain. Elle subordonne ses anciens compagnons d'armes, elle en fait des courtisans, comme Louis XIV en avait fait avec les derniers féodaux, elle efface les souvenirs, encore plus dangereux que gênants, de l'ancienne égalité des camps et du tutoiement des bivouacs. Ce n'est pas à l'égalité civile, c'est à celle-là qu'en veut Napoléon. Il crée des maréchaux, il nomme les généraux. Dispensateur des grades et des dotations, il agit sur les militaires par les récompenses, par l'espoir et par la crainte, n'étant sûr de les tenir que si tout ce monde dépende lui, que s'il est visiblement domestiqué, chambellans au palais, exécutants sur le champ de bataille. La Légion d'honneur sert déjà de principe d'émulation en même temps que, par un mélange de civil et de militaire, elle noie les militaires parmi les civils. Napoléon médite de fonder une nouvelle noblesse, une noblesse impériale, qui partira de la même idée. Ce sera encore un instrument de règne, un autre moyen de détruire la caste des officiers qui s'est formée sous la Révolution, dont Bonaparte lui-même est issu. La vanité humaine sera exploitée. "On se fera tuer pour être prince." Cependant, pour le maître, Augereau, Masséna, ses anciens, ne seront plus que le duc de Castiglione et le prince d'Essling, comme Fouché sera duc d'Otrante, Talleyrand prince de Bénévent et Maret, scribe et secrétaire, duc de Bassano. Cette noblesse sert à démilitariser les grands chefs, les hommes que l'empereur a le plus de raisons de craindre. Elle les confond, avec les diplomates et les légistes, dans les rangs des dignitaires. La collation des titres récompense, stimule. Elle distingue et, en même temps, nivelle.

Tout cela se dessine, s'ordonne dans la tête de Bonaparte par sa pensée dominante qui est de mettre du solide à la base de son extraordinaire aventure, de l'asseoir sur les réalités sociales, sur la nature des hommes, sur les conditions mêmes de la France telle qu'il l'a prise sortant de la Révolution. "S'il fut un défaut dans ma personne et dans mon élévation, disait-il à Sainte-Hélène, c'était d'avoir surgi tout à coup de la foule. Je sentais mon isolement. Aussi je jetais de tous les côtés des ancres de salut au fond de la mer." Ce mot lumineux rend compte d'un grand nombre de choses qui semblent dictées par l'orgueil. Ainsi Bonaparte expliquait à Las Cases qu'en distribuant des trônes à ses frères c'était encore des ancres qu'il voulait jeter pour fixer sa dynastie trop neuve. Ses frères n'avaient pas compris, s'étaient crus tout de suite "rois par la grâce de Dieu". Et que d'autres calculs de l'empereur se retourneraient contre lui ! Mais personne n'a vu plus clairement l'envers et les fragiles dessous de sa propre puissance, mieux senti le besoin de l'affermir.

Il y a même quelque chose de tragique dans cette recherche de la solidité, dans cette inquiétude qui ne s'avoue pas, dans cette mise en oeuvre de tous les ressorts. Si l'âme d'un souverain, naît en lui, ce n'est pas seulement par cette grâce d'état qui fait que l'homme se façonne à son rôle. Il pense à la condition, aux devoirs d'un monarque, aux fautes qu'une monarchie ne doit pas commettre. Il a vu tomber les Bourbons. Il a vu comment l'impopularité les avait atteints, comment leurs ennemis avaient été à l'affût du scandale. Il a, présente à la mémoire, l'affaire du collier. C'est encore impunément que Joséphine prodigue l'argent et que l'armoire aux bijoux de Marie-Antoinette est trop petite pour la femme de Napoléon. Mais qui sait si, un jour, le peuple ne murmurera pas ? Il faut que la famille impériale soit propre, honorable, au-dessus du soupçon. Plus elle part de bas et plus la tenue lui est nécessaire. De là sa sévérité pour les mariages de Lucien et de Jérôme. Lui, il fait passer sa femme, il l'a imposée, mais c'est lui. Ses frères, ses parents n'ont pas le droit de le diminuer ni de le compromettre. "Comment ! je veux rétablir les moeurs et l'on m'amène une telle femme dans ma famille ! Assez longtemps la France a été gouvernée par des grands qui se croyaient tout permis. Je serai inexorable." Il ne pardonne pas à Lucien qui, plutôt que de renvoyer sa compagne, préfère l'exil. Jérôme devra rompre son mariage américain, qui eût été, quelques années plus tôt, un mariage inespéré pour un Bonaparte. Il sera contraint de répudier Mlle Patterson, d'épouser une vraie princesse. Interdiction de descendre. Il faut s'élever. Il faut aussi paraître moral, ne pas donner prise à la malignité publique ; il faut que toute la famille comprenne, comme son chef, qu'elle sera durement rappelée à ses origines si elle les oublie.

Le sacre n'est pas non plus l'idée d'un mégalomane romantique. Sans doute, en recommençant Charlemagne, Bonaparte cherche à frapper l'imagination des peuples. Il vise autre chose. C'est encore une "ancre de salut" qu'il jette au fond de la mer. Peut-être a-t-il l'illusion que l'onction garantira son pouvoir en lui donnant un caractère légitime et sacré. Peut-être aussi, ne s'abusant pas, se sert-il de ce moyen comme il se sert de tous les autres. Si le fossé de Vincennes, qui l'a rendu insoupçonnable pour les révolutionnaires les plus purs, les fait passer sur le sacre, le sacre à son tour lui procure l'absolution, lave le sang d'Enghien, attache l'Église et les catholiques à l'Empire.

Non pour toujours ni même pour longtemps. Dans cette espèce de bousculade que sera son règne, pressé par mille nécessités qui se contredisent, Bonaparte défera ce qu'il aura fait, et un jour viendra où il s'aliénera le catholicisme en maltraitant le pontife souverain. Mais, en ce moment, il concilie tout et tout lui réussit. "République française, Napoléon empereur", la légende frappée sur les monnaies n'est pas une hypocrisie. C'est l'image d'un tel bonheur au jeu que Bonaparte gagne sur tous les tableaux. Le pape bénit l'élu de la Révolution. Le plébiscite a été une autre forme du sacre. Napoléon a pour lui la voix du peuple et la voix de Dieu. Qui donc écoute la protestation que Louis XVIII lance de Varsovie ? La France catholique voit le rétablissement du culte confirmé, l'autorité de l'Église reconnue par celui qui, dès lors, n'est plus tout à fait un usurpateur. Et la France de la Révolution transpose le "Paris vaut bien une mess". Elle n'en est plus à une "capucinade" près, puisqu'elle a voulu l'Empire pour que ses conquêtes, toutes ses conquêtes, civiles et militaires, lui fussent "conservées", comme Napoléon l'a promis et le jurera à Notre-Dame, consacrant sur l'Évangile, en même temps que sa couronne, la propriété des biens nationaux.

Mais, dans sa pensée vaste et rapide, le sacre s'enchaîne encore à un autre plan et revêt un sens agréable à la France éprise de gloire. Le Saint-Empire romain germanique, le vieux Saint-Empire, cessera d'exister selon le voeu de la Révolution, voeu confondu avec les rancunes historiques de la France. Ce n'est pas tout. Il faut que, par la main du pape, Napoléon, aux yeux du monde, devienne le véritable Empereur. Il ne restera plus qu'à refouler l'autre, l'ancien, celui d'Allemagne, dans son Autriche. Et, pour les Français, cela encore vaut bien une messe. Au mois de septembre, quand les négociations avec Rome ont abouti, quand Pie VII a promis de venir à Paris, le nouveau Charlemagne passe à Aix-la-Chapelle, se montre sur le Rhin, reçoit l'hommage des princes allemands, des électeurs, des ducs, des margraves qui se tournent vers l'astre occidental.

Un nouveau Charlemagne, plus grand que l'autre, puisqu'il sera sacré mais non couronné par le pape, et puisqu'au lieu de recevoir l'huile sainte à Rome, c'est lui qui fait venir à Paris le chef de l'Église. Invitation si impérieuse, avec tant de menaces sous-entendues qu'elle ressemble à un ordre : "On fit, dit le cardinal Consalvi, galoper le Saint-Père de Rome à Paris comme un aumônier que son maître appelle pour dire la messe." C'était cela. Et si encore ce n'avait été que cela !

Pour le fondateur d'une quatrième dynastie, le succès n'était pas médiocre d'obtenir la consécration qu'avait eue Pépin, fondateur de la deuxième, et de rejeter les Bourbons dans l'ombre comme l'avaient été les Mérovingiens. Bonaparte se plaisait toujours à ces évocations de l'histoire qui pourtant ne l'enivraient pas. Son Childéric n'était pas seulement Louis XVIII, c'était le duc d'Enghien. Alors, pour les catholiques, Pie VII venait le blanchir et pardonner. Pour les autres, le pape, absolvant le meurtre, condamnait la troisième race et s'inclinait devant la toute-puissance du chef élu des Français.

Dans cette circonstance encore, tout auréolée et poétisée par le temps, il faut voir quelles précautions prend l'empereur, quel soin il a de ménager les sentiments de la France révolutionnaire, les sentiments que nous appellerions laïcs et anticléricaux. Que, dans sa plus grande manifestation d'accord avec le Saint-Siège, il suive l'exemple des rois qui l'ont précédé, avec lesquels il se déclare "solidaire", et qui, de saint Louis à Louis XIV, ont accompagné leur fidélité au souverain pontife d'une volonté ferme de maintenir leur indépendance en face de la papauté, rien que de naturel. Mais ce sont de petites avanies, de mesquines humiliations qu'il inflige à Pie VII comme pour faire excuser l'audace qu'il a de l'amener dans ce Paris où, moins de dix ans plus tôt, les églises étaient fermées au culte et la "superstition" honnie. Ce pape qu'on a déjà fait "galoper" depuis Rome pour que le sacre pût avoir lieu le premier dimanche après le 18 brumaire, il n'y a pas de ruses qu'on n'invente pour lui refuser les égards du protocole. L'empereur se rend à sa rencontre, en forêt de Fontainebleau, habillé, botté, comme s'il n'était venu que pour une partie de chasse, et entouré d'une meute de chiens. L'aide de camp qui ouvre la portière, la première figure que voit Pie VII, c'est Savary, et l'homme du drame de Vincennes prend plaisir à faire marcher dans la boue le vieillard blanc comme à s'arranger pour qu'il monte en voiture à gauche, l'empereur tenant la droite. Dans la première escorte qu'on donne au pontife caracolent des mamelouks en turban, par une situation, que les esprits forts pourront comprendre, d'associer La Mecque et Mahomet à Rome, dans une sorte de revue et de mascarade des religions, de quoi plaire à M. Dupuis, auteur de *l'Origine de tous les* cultes, au parti philosophique, aux militaires facétieux et à l'Institut.

Ce n'est encore rien. Par sa douceur et sa bonté, sa bénédiction paternelle, le pape, dans les rues parisiennes, impose silence aux moqueurs. Voici bien autre chose. Napoléon a négligé d'informer Pie VII d'un détail dont il eût difficilement méconnu l'importance. A Rome, on le croit marié religieusement. N'a-t-il pas fait bénir le mariage de ses sœurs et de ses généraux, contraint son beau-frère Murat, moins que dévot, à passer, après coup, par la chapelle, exigé le baptême pour les enfants de sa famille ? Comment supposer qu'il se soit lui-même dispensé de la règle qu'il impose et contenté du mariage civil où Barras avait été témoin ? L'arrière-pensée qu'on lui prête, rester libre de divorcer, il l'a sans doute, bien que, dans sa toute-puissance, la bénédiction doive peu le gêner pour obtenir, quand il le voudra, que son union soit rompue. Plus simplement, peut-être était-il agacé à l'idée de multiplier les agenouillements devant les autels, et, comme il s'était fait exempter de la communion solennelle avant le sacre, voulait-il éviter le léger ridicule d'une bénédiction arrivant à son ménage neuf ans trop tard.

Répudier Joséphine, l'idée lui en est déjà venue. Ses frères, qui la haïssent, sottement, puisque sa stérilité répond que la succession impériale restera ouverte, le pressent depuis longtemps de se défaire d'elle, usant des arguments les plus étranges, puisque Joseph va jusqu'à lui dire : "Si elle meurt, on t'accusera de l'avoir empoisonnée." Un moment, Napoléon s'était demandé s'il mettrait à ses côtés sur le trône une femme dont il savait mieux que personne où il l'avait prise et la vie qu'elle avait menée. Changeant en cela comme pour le reste, un jour il lui faisait une scène, quitte à se réconcilier avec elle le lendemain. Il n'y avait pas si longtemps qu'ils avaient cessé de ne faire qu'un lit. Il gardait de l'affection pour sa femme. Elle restait sa confidente, son refuge. Quand il voyait les ambassadeurs empressés auprès d'elle, les autorités, pendant leurs voyages, à ses pieds comme devant une souveraine, il se disait qu'il n'y avait pas de raison pour qu'il n'en fît pas une impératrice. Et il savait bien qu'il n'avait pas d'enfant à attendre d'elle. Mais lui-même, était-il sûr de procréer ? Rien encore ne l'en assurait. Qu'il épousât une autre femme, digne celle-là de son nouveau rang, qu'il n'en eût pas d'enfant non plus, et l'on rirait de lui.

Ces pensées, ces calculs, il les cachait à Joséphine qui en devinait une partie. Elle avait peur pour elle-même de l'Empire, de toutes ces grandeurs dangereuses. D'être associée au couronnement, comme son mari le voulait, ne la rassurait encore qu'à demi. Et si, pour elle, simple concubine aux yeux de l'Église, le sacre allait ne pas être valable ? Alors elle s'avisa d'un scrupule religieux, d'un scrupule de conscience. A Pie VII en personne, sous le secret de la confession, elle révéla ce qui manquait à son mariage, ce qui allait rendre la cérémonie de Notre-Dame sacrilège. Le tour était joué, bien joué, le dernier mais le meilleur des stratagèmes qu'elle eût employés avec son petit Bonaparte. Le pape fit savoir qu'il refusait de sacrer Joséphine en même temps que son époux si, auparavant, ils ne se mettaient pas en règle. Napoléon, furieux, dut en passer par là. Dans la nuit qui précéda le couronnement, en grand secret, à la chapelle des Tuileries, l'oncle Fesch, devant Talleyrand et Berthier, unit les deux retardataires. Joséphine alla à Notre-Dame, rayonnante. Cette fois, dûment mariée, couronnée en outre, riche de deux sacrements, elle se croyait sûre de l'avenir.

À la veille de cette chose fabuleuse - le saint chrême, le sacrement, pour eux, des Augustes et des Rois - qu'on ne les imagine, ni lui, ni elle, penchés sur leur passé et méditant une destinée qui sort à ce point de l'orbite commune des mortels. Grands ou petits parvenus, personne ne s'attarde à ces retours en arrière. Dans les journées qui précèdent le sacre, Napoléon et Joséphine sont à leurs affaires, à leurs intérêts, au cérémonial et aux toilettes, à la répétition du cortège, de l'entrée, des mouvements et des gestes à faire, à tout ce qu'il y aura de théâtre à Notre-Dame et qu'on étudie sur un plan, à l'aide de poupées habillées par Isabey, tandis que, jusqu'aux derniers instants - sans compter le quart d'heure réservé dans la nuit pour le mariage secret - il faut négocier avec le légat les détails du grand jour.

Il y avait une condition à laquelle tenait le Saint-Siège parce qu'elle était de rigueur et que Napoléon ne voulait subir à aucun prix. C'était que la couronne descendrait sur son front des mains du pape. Pie VII ne s'était décidé à venir à Paris qu'après avoir reçu l'assurance qu'il ne serait "rien innové" au rite traditionnel "contrairement à l'honneur et à la dignité du souverain pontife". Le cardinal Consalvi avait ajouté : "Cela ne serait pas décent." Trouvant sur ce point le pape inflexible, Napoléon avait tout promis se réservant de résoudre la difficulté sur les lieux. Et il fut un étonnant acteur, mû comme toujours par un sens artistique de la gloire. Le geste "à la fois impérieux et calme", si étudié qu'il en parut spontané, inspiré par une sorte de génie intérieur -celui de la République, peut-être - et par lequel, devançant le pontife, il saisit la couronne pour la placer lui-même sur sa tête, ce geste, il sut le rendre si noble et si grand que tous les assistants sentirent qu'il appartenait à l'histoire.

Il appartenait positivement à la politique napoléonienne. Là encore se manifestait ce système de conciliation des contraires sur lequel avait reposé le Consulat et reposait la nouvelle monarchie. L'élu de la volonté populaire devenait l'élu de Dieu, il appelait à lui les forces spirituelles du catholicisme sans renier celles de la Révolution. Napoléon avait l'onction, l'huile sainte, une consécration dont il s'exagérait l'importance quand on voit le cas que les majestés catholiques et apostoliques, les fidèles, l'Église même en feront moins de dix ans plus tard, mais qui, sur le moment, imposait silence à tous ceux qui disaient que la bénédiction du ciel manquait à l'usurpateur. Cependant, cette couronne bénite, Napoléon, qui la tenait du peuple, l'aurait, pour les républicains, défendue contre une autre usurpation, tel, à Tolentino, quand, après avoir causé poliment avec les cardinaux, il rapportait au Directoire ses négociations avec la "prêtraille". Cette double manoeuvre, commandée par les circonstances, lui était devenue habituelle. L'empereur, en invitant Pie VII, avait écrit : "Je prie Votre Sainteté de venir donner, au plus éminent degré, le caractère de la religion à la cérémonie du sacre et du couronnement." Le pape trompé ne put que dévorer l'affront. En sortant de Notre-Dame, il avait fait savoir qu'il serait contraint de protester, de citer les promesses qu'il avait reçues si l'enlèvement de la couronne était mentionné dans le récit officiel de la cérémonie. On s'en tira en ne publiant aucun compte rendu *au Moniteur*. Qu'importait à Napoléon ? Tous les effets qu'il attendait du sacre, il les avait obtenus sans compromettre l'autre caractère de sa souveraineté.

Car le serment du sacre, ce n'est encore qu'un serment de fidélité à la Révolution française. Sur l'Évangile, l'empereur a juré de maintenir l'égalité et même la liberté, et aussi la propriété des acquéreurs de biens nationaux, mais surtout, et en premier lieu, "l'intégrité du territoire de la République". C'est pour cela, c'est pour protéger toutes ces conquêtes que la République s'est livrée à un homme, qu'elle lui a confié le pouvoir suprême. Et ce serment, Napoléon le tiendra parce qu'il est la raison d'être de sa monarchie.

Dans cette journée du 2 décembre 1804, à Notre-Dame, en grand costume d'apparat, le sceptre en main, déjà prêt pour l'immortalité, il eut son mot humain : "Joseph ! si notre père nous voyait !" Minute d'émotion sans fadeur, comme on l'attend d'un pareil homme, rappel du passé, de l'étape prodigieuse, avec une pointe d'ironie, la même qu'a ici l'histoire. Avait-il fallu des événements depuis vingt ans qu'il était mort, le pauvre père, infatigable quémandeur de bourses et de pensions, pour que ses fils fussent arrivés là ! Avait-il fallu des enchaînements de causes et d'effets, des calculs bien mûris, des occasions saisies à point ! Mais les causes, comme les Parques qui filent sans cesse, n'allaient pas cesser d'agir et d'emporter Napoléon, sa couronne, sa famille, d'un mouvement aussi rapide qu'impérieux.

Chapitre XIV : Austerlitz mais Trafalgar

Contre le sacre de l'usurpateur, Louis XVIII avait protesté hautement. Joseph de Maistre, à Saint-Pétersbourg, parlait de la "hideuse apostasie" de Pie VII. Le futur auteur du Pape s'emportait jusqu'à écrire : "Quand une fois un homme de son rang et de son caractère oublie à ce point l'un et l'autre, ce qu'on doit souhaiter ensuite, c'est qu'il achève de se dégrader jusqu'à devenir un polichinelle sans conséquence." Le pontife se relèvera bientôt de ce jugement passionné et de ce voeu formé dans la colère. Il s'était abusé sur le bien que l'Église pouvait attendre d'une alliance avec le nouveau Charlemagne. L'empereur n'avait pas moins d'illusions quand il se croyait devenu inviolable dans sa personne "sacrée". Mais, sur l'heure, à quoi servaient les protestations, solennelles ou véhémentes ? À rien de plus contre Napoléon que, plus tard, ne devaient servir à Napoléon, lui-même ni l'onction, ni son entrée dans l'Olympe des rois. Des souverains de race antique l'avaient tout de suite reconnu et l'appelaient leur fière. D'autres le reconnaîtraient encore, le serreraient dans leurs bras, le recevraient dans leur famille, sans que rien fût changé à l'essentiel, sans que rien fût fait. Car rien ne serait obtenu tant que l'Angleterre n'aurait pas accepté, non seulement l'Empire, mais tout ce que l'Empire représentait et ce que l'empereur avait pour mission de conserver à la France. Et cela, l'Angleterre ne devait l'accepter jamais.

Les idées se succédaient chez Napoléon, il les prenait et les abandonnait avec une rapidité qui souvent déconcerte. On le croit tantôt fourbe, tantôt enivré d'orgueil, quand il se débat dans une situation inextricable, dont il n'est pas l'auteur. Il est chargé au contraire d'en tirer la France et il s'y engagera, par le crédit illimité, qu'elle lui accorde, jusqu'au fond, jusqu'à l'absurde, de façon à ne plus pouvoir s'en tirer lui-même.

Pourquoi ne serait-il pas sincère, pourquoi ne s'abuserait-il pas sur la vertu des mots et sur celle du sacre lorsqu'un mois après son couronnement il lance aux souverains, ses égaux, au roi d'Angleterre le premier, l'adjuration "de ne pas se refuser au bonheur de donner la paix au monde" ? Cet appel, il l'avait déjà adressé à l'archiduc Charles avant Léoben et dans des termes presque identiques. A George III, il se dit "accusé dans sa propre conscience par tant de sang versé inutilement". C'est qu'alors, comme en 1797, la paix est son intérêt le plus certain. Si la guerre le rend indispensable aux Français, il en connaît les risques. La paix affermirait son trône plus encore que le sacre et il est à la recherche de toutes les consolidations. Qu'après l'échec de sa démarche il prenne la France et l'Europe à témoin de son abnégation et de sa modération, c'est son rôle. Il ne l'invente même pas. Avant lui la République s'est crue modérée, dans son droit, amie de la paix, quand elle a conquis la Hollande, annexé la Belgique, envahi la Suisse, quand elle s'est installée sur la rive gauche du Rhin et qu'à titre de monnaie d'échange elle a retenu la Lombardie.

Et maintenant, que Napoléon devienne roi d'Italie, est-ce moins naturel ? Le premier Consul ayant reçu la couronne de Charlemagne, le président de la République cisalpine doit prendre la couronne de fer des rois lombards. Sans doute, la raison est qu'un titre républicain ne peut plus s'accoler au titre impérial. Mais cette royauté est un hommage à l'Italie délivrée de l'Autriche et une promesse pour l'unité italienne. D'ailleurs, Napoléon fait savoir qu'il n'a pas dépendu de lui que les deux couronnes fussent sur deux têtes. Celle-là, il l'a offerte à son frère aîné. Joseph, toujours ombrageux, l'a refusée parce qu'il a cru que c'était un moyen de l'évincer, de l'exclure à jamais de l'hérédité impériale. Même refus de Louis, qui a trouvé injurieux que l'Italie fût proposée pour son fils aîné jusqu'à la majorité duquel il eût été lui-même régent. Encore des scènes de famille. Chose comique, Napoléon devra se fâcher pour que ses frères daignent s'asseoir sur des trônes, celui de France étant le seul qu'ils jugent digne d'eux.

Eugène de Beauharnais, le modèle des beaux-fils, docile, lui, et plein de bonne volonté, sera le vice-roi de ce royaume d'Italie, château de cartes qui tombera avec le reste lorsque l'Angleterre aura vaincu. Car elle a laissé sans réponse le message de paix qui lui est venu de l'empereur. Les dés sont jetés depuis la rupture de la paix d'Amiens. À ce moment même, Pitt met sur pied une coalition, la troisième. Depuis trois mois il négocie avec les Russes un traité qui n'est pas seulement d'alliance. Ici il faut changer le point de vue habituel, ne plus regarder l'Empire du dedans, mais du dehors. Nous laissons, à Paris, Napoléon à un sommet inégalé de réussite et de triomphe. A Londres, on calcule, on dispose tout pour le moment de sa chute. A neuf ans de distance - car il n'y a plus que neuf ans et le court délai que lui accorde le destin s'est déjà rétréci depuis que le Sénat et le peuple lui ont donné l'Empire - non seulement sa défaite est prévue, non seulement les conditions qui seront imposées à la France sont établies, mais le procédé même, la manoeuvre de refoulement progressif par laquelle Napoléon sera contraint d'abdiquer, cette politique est arrêtée d'avance au point que, de 1813 à 1814, le canevas n'aura plus qu'à se remplir.

Le traité anglo-russe connaîtra des vicissitudes avant de porter son fruit. Pour l'instant, l'Empire héréditaire a produit, non moins que la répression des complots contre le premier Consul, l'effet qu'en attendaient les républicains, conservateurs de la Révolution. L'Angleterre renonce à l'idée de se défaire de Bonaparte par le meurtre. C'eût été le moyen le plus simple. Ce plan n'a pas réussi. D'ailleurs, depuis la mort de Cadoudal, il n'a plus d'instrument et les menaces à la personne du premier Consul n'ont servi qu'à lui donner un trône. Alors, renonçant à le supprimer, il s'agit, à travers la guerre et par la guerre, d'amener la France à l'éliminer elle-même.

L'Angleterre y arrivera en posant d'abord ce principe, une toute petite phrase et qui fécondera, que les Alliés font la guerre à Napoléon, non à la France. Pourquoi ? Par haine de "Sa Majesté corse" ? Pour venger le duc d'Enghien ? Pas plus qu'en 1793 les rois ne se proposaient de venger Louis XVI. Mais il est certain, évident - et, s'il fallait une preuve, le serment du sacre en serait une - que Napoléon ne pourra jamais signer une paix qui abandonne les conquêtes territoriales de la République, puisque sa raison d'être est de les conserver. Le but des Alliés est toujours de ramener la France à ses anciennes limites. Seulement ce n'est plus leur programme ostensible. Ils commencent à mieux comprendre les Français. Le manifeste de Brünswick, menaçant Paris d'une subversion totale, avait allumé le patriotisme révolutionnaire. Ce feu, encore si loin d'être éteint, on lui donnerait un aliment nouveau si l'on annonçait que les Alliés feront la guerre jusqu'à ce que la France soit rentrée dans les frontières que la Révolution a franchies. Ce qui est accusé publiquement, ce n'est plus que "l'excès" des conquêtes, mot vague, élastique, et qui, déjà, ne semble mettre en cause que "l'ambition" de l'empereur. On peut comprendre qu'il s'agit de la Hollande, de la Suisse, du Piémont, comme des annexions ultérieures, et non de la rive gauche du Rhin ni de la Belgique. Pourtant c'est là que l'Angleterre veut en venir. Les articles secrets du 11 avril 1805 définissent exactement les anciennes limites, expression dont le sens est rigoureux. Mais on n'en parlera pas tout de suite. C'est l'exigence qui sera réservée pour la fin, après une série d'offres lancées à grand bruit, puis retirées de la discussion et toujours réduites à mesure que la France s'épuisera, que la fortune des armes sera plus favorable à ses adversaires. Alors, en proposant à Napoléon les choses mêmes qu'il ne peut pas accepter, on le fera apparaître comme un ennemi du genre humain, on le séparera de la France, avec laquelle, d'autre part, on se déclarera prêt à traiter, mais sans lui.

En germe, 1813 et 1814 sont là. Ce n'est pas tout. On dirait que la sagacité de Pitt a prévu, embrassé l'ensemble de cet avenir. Loin de mépriser son adversaire, il pressent que ce sera une tâche longue, difficile de le vaincre, que Napoléon, avant d'être renversé, remportera bien des victoires, mettra hors de combat plus d'un des coalisés, signera avec eux des traités de paix, peut-être des alliances. D'avance il faut que tout cela soit nul. L'Angleterre, qui n'est pas sûre des autres, est sûre d'elle-même. Alors elle stipule qu'il n'y aura de paix reconnue, de paix véritable, qu'à l'unanimité, du consentement de tous les membres de la Ligue, c'est-à-dire du sien, quand un congrès aura fixé les prescriptions du droit des gens, établi en Europe un système fédératif pour prévenir le retour des guerres. Un congrès. Voilà celui de Vienne en perspective. Un système fédératif, ce sera, après le pacte de Chaumont pour mettre Napoléon au ban de l'Europe, la Sainte-Alliance pour l'exiler et le surveiller à Sainte-Hélène. Désormais, le plan est fait, la partie engagée. Napoléon doit prendre l'Angleterre à la gorge, la vaincre, la dompter ou bien, quoi qu'il fasse, il ne pourra que reculer l'échéance. Il est perdu.

Son nom d'homme extraordinaire serait usurpé, il y aurait une lacune immense dans son génie, s'il n'avait compris cela. Et l'on fait à son intelligence un médiocre honneur lorsqu'on suppose que le camp de Boulogne, le projet de descente en Angleterre, la construction de toute une flotte de transports pour le passage de la Manche, n'ont été que simulacre et diversion. C'était lui, au contraire, qui, en prolongeant son séjour en Italie après le couronnement de Milan, s'appliquait à donner aux Anglais l'illusion que ses desseins contre eux n'étaient qu'une feinte.

Un reproche peut sembler plus juste, celui de s'être, à ce moment, attiré des ennemis et d'avoir provoqué lui-même la coalition en réunissant à son empire la République de Gênes. Cependant, cette annexion de Gênes, qui se fit d'ailleurs, à la demande même des Génois, dans les formes de la consultation populaire et par plébiscite, était une de ces conséquences qui ne cessaient de sortir les unes des autres depuis que la Révolution avait franchi les anciennes frontières. Thiers explique fort bien que les raisons, elles-mêmes venues de plus loin, qui avaient déterminé l'annexion du Piémont, déterminaient l'annexion de Gênes. Enclave de l'empire français, sans issues ni débouchés du côté de la terre, bloquée du côté de la mer par les Anglais, Gênes étouffait, dépérissait et vota l'annexion avec joie, tandis que, d'autre part, la possession complète de ce port était utile pour soutenir en Méditerranée la lutte contre l'Angleterre. De même la petite république de Lucques s'offrait à la France. Napoléon refusa de l'incorporer parce qu'elle ne lui était pas utile, mais, ne pouvant la laisser vacante, à la discrétion du premier venu, l'érigea en principauté au bénéfice de sa soeur Elisa, déjà duchesse de Piombino et qu'on caserait dans ce fief avec son mari, ce Baciocchi encombrant dont on ne savait que faire.

Gênes, Lucques n'importaient ni à la Russie ni même à l'Autriche pour qui la question d'Italie se présentait dans un ensemble autrement vaste. Tel fut pourtant le motif qu'allégua d'abord la Russie pour sa volte-face, acceptant désormais que l'Angleterre gardât Malte, et que reprit l'Autriche pour se joindre au traité anglo-russe et entrer dans une guerre dont elle espérait sa revanche et l'annulation du traité de Lunéville. Ces deux puissances s'abritaient d'un prétexte et si celui de Gênes ne s'était présenté, elles n'auraient pas manqué d'en trouver un autre. La diplomatie et les subsides de Pitt faisaient le reste. Depuis douze années les coalitions se succédaient pour que la France renonçât à ses conquêtes. Les coalitions devaient renaître toujours.

Ainsi, bien loin que Napoléon simule une attaque à fond contre l'Angleterre pour se retourner par surprise contre les Autrichiens et les Russes, c'est l'Angleterre qui organise une diversion parce qu'elle redoute à l'extrême d'être envahie. Que le passage de la Manche, si souvent tenté, réussisse, qu'une armée française débarque et c'en est fait d'elle aussi sûrement que le jour où Guillaume le Conquérant était descendu dans l'île. C'est une partie décisive qui se joue.

Pour elle et pour Napoléon. L'activité de sa correspondance, la multiplicité des combinaisons qu'il élabore et des hypothèses qu'il forme, tout atteste qu'il a conscience d'engager là sa destinée. Il y pensait du fond de l'Italie. Il y pensait jusque dans les fêtes, ne négligeant aucun renseignement, préparant par le détail le succès de cette opération de mer comme il préparait ses campagnes terrestres. Il est l'homme qui, chaque soir, lit ses états de situation, avant de s'endormir, pour les posséder et les garder présents à l'esprit, de même qu'à la guerre il sait toujours sa position. C'est vers ses escadres qu'il tourne maintenant son étude, vers elles qu'il tend toute son intelligence, bien qu'il ait à compter ici avec l'élément capricieux et instable qui dérange trop de calculs. Encore, son plan, le proportionne-t-il aux ressources maritimes dont il dispose et, si c'en est le point faible, c'est du moins une faiblesse raisonnée.

On lui reproche quelquefois de n'avoir pas appliqué ici son principe de guerre essentiel, qui était de détruire la force principale de l'ennemi. Une grande victoire navale et il obtenait, avec une pleine sécurité pour l'avenir, ce qu'il lui fallait, c'est-à-dire le libre passage de la Manche. Cette idée, la première qui se présentait à l'esprit, était trop naturelle pour qu'elle ne lui fût pas venue. Mais si ses escadres eussent été capables de battre celles des Anglais, tout allait de soi, le problème était résolu, et il n'était pas besoin d'envahir l'Angleterre pour la faire céder. Napoléon savait si bien l'infériorité de sa flotte que la consigne essentielle des amiraux était de tout sacrifier, de se sacrifier eux-mêmes pourvu que ce qu'il resterait de vaisseaux se réunît dans la Manche pour y dominer, ne fût-ce que l'espace d'un jour. Tout reposait sur des combinaisons destinées à livrer le passage à la magnifique armée de 132 000 hommes qui attendait avec impatience le moment de couper à Londres "le noeud des coalitions" et de "venger six siècles d'insultes et de honte".

Parce que ce plan n'a pas réussi, on a dit, on a cru qu'il était impossible et, qu'étant impossible, Napoléon ne s'y était jamais sérieusement arrêté. Les preuves abondent, au contraire, qu'il y appliqua son esprit avec passion. Le livre de la destinée lui était fermé comme aux autres hommes. Il ne se voyait pas dans l'histoire avec la figure d'un Titan foudroyé, d'un Prométhée puni par des dieux, d'un héros martyr. La gloire qu'il désirait c'était de réussir ce qui avait échappé à ses prédécesseurs, ce que la Convention n'avait pas obtenu. Il serait celui qui, plus grand que Louis XIV, aurait dicté aux Anglais la loi de la France, achevé l'oeuvre nationale, gagné le premier, sur la ruine d'Albion, le grand procès héréditaire. Ce qu'il voyait, puisque la paix d'Amiens avait été rompue, c'était une paix plus glorieuse, une paix certaine, définitive, l'adversaire principal ayant été subjugué ou détruit. Car il ne mettait pas en doute qu'une fois débarqué sur la rive ultérieure il ne recommençât Jules César et Guillaume le Conquérant et ne vînt à bout de la résistance qu'il pourrait rencontrer. C'est probable, en effet. L'Angleterre n'avait pas de soldats à opposer à une invasion. Quant à la flotte britannique, privée de ses ports d'attache et de ravitaillement, elle eût été bientôt hors de combat. Nelson lui-même ne l'eût pas sauvée.

Après avoir adjuré ses amiraux de lui assurer quatre jours, puis trois, puis deux, de libre passage, Napoléon ne leur demande plus que vingt-quatre heures. Tout est calculé pour qu'en deux marées l'armée soit transportée à Douvres. Sur la grève de Boulogne, l'empereur, au mois d'août 1805, attend que ses escadres aient exécuté la diversion qu'il a conçue. Mais tout s'unit, les éléments et les hommes, pour le décevoir. Jamais Napoléon ne s'est tant plaint d'être si mal compris, si mal servi. Depuis le mois de mars les contretemps se succèdent. Villeneuve a réussi à sortir de Toulon, il a échappé à Nelson qui surveille la Méditerranée, il a rallié les navires espagnols qui se joindront aux nôtres, car alors, contre l'Angleterre, l'Espagne et la Hollande sont nos alliées. En résumé, le plan consiste à donner rendez-vous aux escadres dans la mer des Antilles pour y attirer les Anglais, puis, leurs forces rassemblées, à revenir à toute vitesse dans la Manche. Mais, à la Martinique, Villeneuve ne trouve plus l'amiral Missiessy qui est reparti n'ayant accompli qu'une partie de sa mission, et il ne trouve pas Ganteaume. Faute de vent - ce qui, à la saison, n'arrive jamais - l'escadre de Ganteaume est restée immobile dans la rade de Brest où les Anglais sont venus la bloquer. Villeneuve, se voyant seul, fait voile vers l'Europe. Aucun des amiraux n'a rempli ses instructions, et, par suite, le plan primitif est abandonné. Il reste la ressource de risquer une bataille, à n'importe quel prix, pour que Ganteaume puisse sortir de Brest et pénétrer dans la Manche avec tout ce qu'on aura de navires. Mais en dépit des encouragements, comme en dépit des ordres impériaux qu'il reçoit, Villeneuve ne se décide pas à remonter vers le Nord pour risquer une bataille, et sa timidité perdra tout.

Entre Napoléon et ses lieutenants, c'est le désaccord qui deviendra habituel. Il voudrait, lui, qu'on fût comme lui-même. L'effort nécessaire, on doit le faire avec les moyens qu'on a. C'est le sens de son aphorisme célèbre : "Le mot impossible n'est pas français." Mais les hommes qu'il emploie ressemblent à la plupart des hommes. Ils considèrent d'abord les moyens dont ils disposent et ils mesurent les possibilités à ces moyens. Villeneuve et le ministre Decrès ne savaient que trop bien le métier de la mer. Ils voyaient surtout les difficultés et les obstacles et ils n'avaient pas confiance dans leur instrument. C'est avec des navires défectueux, des équipages à peine instruits, les auxiliaires espagnols qui n'ont même pas de biscuit pour leurs matelots que Napoléon exige d'aussi vastes opérations ! Lorsque Villeneuve compare la marine française désorganisée par la Révolution, encore blessée du coup d'Aboukir, à ce qu'elle était sous Louis XVI, au temps de la guerre de l'indépendance américaine, il se sent accablé. La vue de son infériorité le paralyse et l'idée de se mesurer avec Nelson lui inspire des appréhensions que ne conjure même pas la crainte du maître. À la fin, il se laissera encercler par Nelson pour se jeter contre lui de désespoir, offrir la bataille quand elle sera inutile, la perdre et y ruiner ce qu'il restait à la France de forces navales.

Nous sommes ici, dans l'histoire de Napoléon, au centre même, au point où se lie ce qui la précède et ce qui suivra. L'héritage de la Révolution, il ne l'a pas reçu sous bénéfice d'inventaire mais avec toutes ses charges, avec ses vices cachés. Ce légataire universel a pour mandat de faire capituler la plus grande puissance navale du monde et il n'a pas trouvé, dans les ressources de la France, ce qui ne s'improvise pas, une marine. La mer lui a été, lui sera toujours fatale. Sa première sortie, à la Maddalena, a été déjà un échec, une sorte d'avertissement de la destinée, par la faute des navires et des marins de la République. L'expédition d'Égypte n'avait plus d'issue après le désastre d'Aboukir. Pour les mêmes causes, qui agissent dans l'ordre psychologique et qui tuent chez les amiraux la confiance et l'audace, l'invasion, moyen d'en finir avec l'Angleterre, ne sera, comme la conquête de l'Orient, qu'un projet avorté.

Ce ne fut pas sans avoir mis encore de l'espoir dans un plan nouveau, dans une autre combinaison des mouvements de ses escadres que Napoléon se résigna à lever le camp de Boulogne. Ce ne fut pas non plus de son plein gré. Depuis quelques semaines de graves nouvelles appelaient sa pensée ailleurs. Bientôt, il ne sera plus libre de choisir entre la mer et la terre. En quelques journées capitales, où il n'est maître ni des événements ni de l'avenir, sa fortune change vraiment de face. Il regardait vers Londres. Il doit se retourner vers le continent, du côté de Vienne, de Berlin, de Saint-Pétersbourg.

Car le temps passe, la saison s'avance. Bonaparte, arrivé depuis dix jours à Boulogne où tout est prêt pour l'embarquement, s'impatiente au bord de la Manche. Villeneuve, ce Grouchy des mers, ne paraît pas. Cependant l'Autriche qui, après quelques feintes, est entrée dans la coalition, menace la frontière de l'Empire. La Russie s'ébranle pour se joindre à elle. Des explications sont demandées aux Autrichiens dont les réponses sont évasives. Napoléon commence à voir la nécessité de faire face à cette dangereuse diversion, à méditer le plan qui doit aboutir à Ulm. S'il n'est pas à Londres dans quinze jours, il faut qu'il soit à Vienne "avant le mois de novembre". À trois reprises, il écrit à Talleyrand que son parti est pris. Il n'a donc plus qu'un faible espoir de passer en Angleterre. Toutefois il n'y a pas encore renoncé quand, après des journées d'incertitude plus cruelles que l'annonce d'un malheur, l'empereur apprend que Villeneuve, entré au Ferrol, n'en est pas sorti. Ce fut une de ses plus violentes colères, un de ces emportements qui faisaient tout trembler. On le vit, "farouche", le chapeau enfoncé jusqu'aux yeux, le regard foudroyant, et criant : "Quelle marine ! Quel amiral !" Et tout de suite il devient, par une autre mise en scène, l'homme de la réalité et de l'action, que rien n'obsède jamais et qui a le don de chasser une pensée à volonté et de la remplacer par une autre. Il dicte à Daru, comme si l'idée venait de sortir à l'instant de son cerveau, le plan de la campagne d'Autriche qu'il a déjà médité. Pourtant, il est encore si peu certain de la décision qu'il prendra, qu'il réserve, comme une chance suprême, le cas où Villeneuve, n'ayant fait que toucher au Ferrol, oserait enfin cingler vers Brest. Napoléon ne sait pas que Villeneuve, "l'infâme Villeneuve" ne trouvant pas le refuge assez sûr, est déjà devant Cadix, quand dix jours après, à la dernière limite de l'attente, il commence à mettre l'armée en mouvement pour que, tournant le dos à la mer elle se dirige au coeur de l'Allemagne. Ordres donnés "avec ce discernement sans pareil de ce qui pressait plus ou moins dans les dispositions à prendre", avec une lucidité sereine. On dirait qu'il n'a jamais hésité, qu'il a prévu et voulu des choses auxquelles il se résout. C'est ce qui fait qu'on doute encore aujourd'hui qu'il ait songé sérieusement à passer le détroit. On croit au regard d'aigle, à l'inspiration subite du génie. C'est ce qui entraîne les hommes en frappant les imaginations et les intelligences. Jamais Napoléon n'a été suivi de la troupe, jamais il n'en n'a été l'idole comme au moment où, levant ses camps de l'Océan, il laisse une victoire morale, annonciatrice d'une autre victoire, à l'Angleterre affranchie désormais d'une mortelle inquiétude. Mais la raison de Bonaparte, toujours ferme derrière un rideau d'illusions volontaires, continuait de lui dire que rien ne serait fini tant l'Angleterre serait hors d'atteinte. Son grand projet de Manche, il ne l'abandonne pas. Il le diffère. Il se promet de le reprendre après avoir battu les Autrichiens et les Russes. Il ne ferait que "toucher barre" à Vienne. L'essentiel, il le savait, n'était pas là. "Le continent pacifié, je reviendrai sur l'océan travailler à la paix maritime." Jamais il n'y devait revenir.

Il faut maintenant, avec les yeux de l'esprit, embrasser les deux parties de ce drame d'ombre et de lumière. Les torches joyeuses, le resplendissant soleil d'Austerlitz éblouissent encore comme les contemporains en ont été éblouis. Ce qui se passe dans les plaines d'Europe, des succès plus étonnants, plus miraculeux que ceux de la première campagne d'Italie, font oublier le désastre sans appel dont la plaine liquide est témoin. Le 30 septembre, le jour où Nelson croise déjà devant Cadix, la Grande Armée a reçu son nom et achevé de franchir le Rhin. L'empereur, de Strasbourg, lance une proclamation où il promet de dissoudre "la nouvelle ligue qu'ont tissue la haine et l'or de l'Angleterre", de confondre "les injustes agresseurs" et de ne plus faire "de paix sans garantie". Cette guerre, il la désigne par son numéro d'ordre dans la série qui s'est ouverte en 1792. C'est la guerre de la coalition, la troisième. Tel est le cercle dans lequel on tourne depuis douze ans.

Chaque fois que cette vieille guerre recommence, chaque fois que Napoléon est ressaisi par le tourbillon que la Révolution a créé, c'est aussi vers la Révolution qu'il revient pour s'y retremper et, comme vers sa mère, pour y reprendre des forces. Dans cette proclamation aux soldats de la Grande Armée, "avant-garde d'un grand peuple", il se présente aussi comme l'empereur populaire. Le sacre, le trône, l'étiquette, l'évocation de la monarchie, ce qui plaît ou impose par les temps calmes et prospères, ne se soutient pas tout seul par les jours orageux. Bonaparte le sait, il l'a toujours su. Il ne quitte jamais la France sans jouer son pouvoir, comme à Marengo, En 1805 comme en 1800, dans le public qui n'a pas les raisons d'espérances et d'enthousiasme du militaire, il sent les doutes, l'inquiétude, la fatigue de la guerre à perpétuité, et surtout cette question, toujours la même : "Qu'adviendra-t-il si par hasard il est tué ?" On s'alarme encore pour Napoléon en attendant qu'on ne voie plus de repos que dans sa chute. Car ce qui a fait sa fortune politique, c'est la rencontre en sa personne de deux idées, la paix avec l'ordre pour les sentiments et les intérêts conservateurs, la grandeur nationale, les conquêtes pour la France révolutionnaire. Ces contraires, il s'épuisera à les concilier.

En partant pour l'Allemagne, il laisse, causée par les préparatifs de l'expédition navale et par ceux de la guerre nouvelle, une gêne d'argent aggravée par les méfaits des munitionnaires et des spéculateurs, un malaise qui sera bientôt une crise, presque une panique, les billets de la Banque menacés de tourner aux assignats. En revenant de Boulogne, il a trouvé Paris froid, sans acclamations, et, dans les rues, une nuance de blâme que prononcent le commerce, qui ne va pas, la finance, très éprouvée, les gens d'affaires prompts à l'accuser d'avoir provoqué la coalition par ses annexions d'Italie. Alors la force qui n'est pas dans le principe de sa monarchie, il ne la puise que dans ses origines, et, quand il s'agit de demander à la France un effort militaire, d'obtenir une levée d'hommes, - c'est le cas, on appelle 80 000, conscrits de 1806 - Napoléon n'est plus le souverain qui, déjà, à ses moindres billets met la formule qui agace plus d'un de ses généraux : "Sur ce, je prie Dieu qu'il vous ait en sa sainte et digne garde." Il ranime les passions révolutionnaires, il en parle le langage. Pans son Conseil d'État, avant de se rendre à Strasbourg, il a promis, comme un girondin ou un montagnard, de "briser cette odieuse maison d'Autriche". Son trône même, il en fait hommage à la nation : "Je n'y suis que par sa volonté. Je suis son ouvrage. C'est à elle de le maintenir." Et ce n'est pas de la vaine littérature que ce réchauffé de style républicain. Moins violent qu'avant Marengo, cependant perceptible, il y a un renouveau d'opposition, non seulement chez les derniers amis de Moreau, non seulement au faubourg Saint-Germain qui fronde, parmi les ralliés prêts à s'affranchir, mais la chouannerie se réveille, des foyers d'insurrection sont signalés dans l'Ouest et le Midi. Rentré en grâce, redevenu ministre de la Police, Fouché, heureusement, est là, évente les complots naissants, fusille quelques agents royalistes et tend lui-même des fils si compliqués qu'il réussit à passer pour un homme dont Louis XVIII pourrait faire quelque chose, comme s'il semait déjà en vue de 1815, tandis qu'il est à la fois suspect et indispensable à l'empereur. Au comble même de la puissance et de la gloire, le besoin que l'empereur a de Fouché, c'est l'aveu d'une fragilité secrète. Et si les hommes qui, avec le risque des batailles, supputent sa chute possible, voyaient, savaient, comprenaient tout !

Dans les annales militaires de tous les temps, il n'est pas de page plus brillante que la campagne qui, en quinze jours, a pour résultat la capitulation de l'adversaire. Comme enflammé par l'échec du grand projet d'Angleterre, le génie de Napoléon donne l'impression d'une force plus irrésistible que celle des armes, celle de l'esprit. A peine de combats, ce qu'il en faut pour l'exécution sûre et irréprochable du plan, pour réparer aussi les erreurs de l'impétueux Murat. C'est ainsi qu'à Elchingen, Ney gagne son titre de duc. Par la combinaison des manoeuvres, le calcul des marches, la disposition des armées, une domination complète de la carte sur laquelle les mouvements s'inscrivent, heure par heure, avec précision, l'Allemagne, où le soldat français est étonné de vaincre "avec ses jambes" , n'est plus qu'un échiquier. Le général Mack a déjà passé sur le corps de la Bavière, il se dirige vers le Rhin, faisant trembler les princes allemands devant ce retour offensif de l'Autriche, lorsque, dans Ulm, il s'aperçoit qu'il est tourné, enveloppé, cerné et n'a plus qu'à se rendre.

Au moment où le général Mack tendait son épée à Napoléon, où la garnison d'Ulm jetait devant lui ses armes et ses drapeaux, où l'empereur annonçait à ses soldats que, sans avoir risqué une grande bataille, avec des pertes légères, il avait ruiné une armée autrichienne de 100 000 hommes, à ce moment même Nelson avait bloqué les escadres françaises et espagnoles dans Cadix, et Villeneuve, prenant parti trop tard, comme tous les irrésolus, était sorti pour lui livrer bataille.

Villeneuve est peut-être l'homme qui a changé l'histoire de Bonaparte, qui est elle-même la preuve permanente de l'action personnelle des individus sur le cours des événements. L'échec d'un des plus grands projets de l'empereur - et, par la suite, la déviation fatale d'une guerre où l'Angleterre restait la principale ennemie - a tenu à un marin dont le coeur était contradictoire. Ce que les instructions les plus précises, les ordres réitérés, les encouragements, les félicitations mêmes n'avaient pu, les reproches et les affronts le faisaient maintenant, mais pour amener le désastre. Lorsque l'empereur avait appris que Villeneuve, tournant le dos à la Manche, s'était dirigé sur Cadix, il lui avait, dans sa fureur, adressé les injures les plus cruelles. Ses lettres à Decrès sont terribles. "Villeneuve est un misérable qu'il faut chasser ignominieusement. Sans combinaisons, sans courage, sans intérêt général, il sacrifierait tout pourvu qu'il sauve sa peau." Tout avait échoué par sa "conduite infâme". Villeneuve qui ne manquait pas de bravoure, mais de confiance, ne voulut pas rester sous une accusation de lâcheté. Pour que son escadre ne demeurât pas inutile, elle devait, l'ordre lui en avait été envoyé le 14 septembre de Saint-Cloud, se livrer à une "diversion puissante" en Méditerranée. Il s'agissait de paraître devant Naples, allié de l'ennemi, mais surtout de garder des forces navales dans la mer intérieure pour ne pas la livrer aux Anglais. Villeneuve perdit encore quelques jours dans le doute. Allait-il affronter, dans les pires conditions, le combat qu'il avait toujours craint ? Mais il avait à laver son honneur. Le malheureux acheva sa carrière en jouant le sort de la marine française, en un jour, en un coup de désespoir, contre la flotte anglaise commandée par son plus grand homme de guerre.

C'est ici qu'il faut voir le double tableau, Napoléon, à Ulm, dans un triomphe à peine sanglant et la Grande Armée se pénétrant du sentiment qu'elle est invincible, tandis que, devant le cap Trafalgar, se livre une furieuse et funeste bataille, terrible choc où sombre l'espoir de disputer la mer aux Anglais. Nelson est tué avant d'avoir vu l'achèvement de sa victoire. Villeneuve survit, est fait prisonnier et, bientôt, de désespoir, se suicidera. La marine française est anéantie avec ses auxiliaires espagnols. Elle ne se relèvera plus. Napoléon lui-même, après des espoirs avortés, des tentatives qui lui coûteront cher, cessera d'y porter intérêt. Le temps surtout lui manquera pour reconstituer une flotte et des équipages. Mais il compte que le nom d'Austerlitz fera oublier celui de Trafalgar. Il voudra même oublier qu'à Boulogne il voyait juste, que ce n'est pas la même chose d'entrer à Vienne ou d'entrer à Londres, et que, s'il était vraiment impossible de passer la Manche pour imposer à l'Angleterre la paix des frontières naturelles, il est encore plus impossible de la lui imposer quand elle demeure la maîtresse incontestée des mers. En France, le public, toujours prompt, après un échec, à se dégoûter de l'effort prolongé que demande la puissance navale, n'y pensera plus, n'ayant même pas compris la portée de ce désastre de Trafalgar dont les syllabes lugubres ne prendront leur sens qu'après le glas de Waterloo. Quant à l'empereur, qui ne s'attarde pas aux regrets, il se persuade que, là où il ne commande pas en personne, il doit s'attendre au pire. Et comme, à la mer, il ne peut exercer le commandement, son attention s'en détourne d'autant plus qu'en apparence rien n'est changé et que, vainqueur sur le continent, il semble même plus puissant que la veille. L'Angleterre, de son côté, ne se rend compte ni de l'étendue ni des conséquences de sa victoire maritime qui se découvriront à la longue seulement. D'abord à la joie d'avoir échappé au danger de l'invasion, les coups portés à ses alliés du continent la laissent consternée. Qu'il est difficile aux plus grands hommes de voir un peu loin devant eux et comme l'avenir est caché à ceux qui sont dans l'action ! Pourquoi Napoléon ne s'y tromperait-il pas ? Pitt est malade de chagrin lorsqu'il apprend Ulm et Austerlitz qui, pour lui, effacent Trafalgar, alors que, dans la vérité, Trafalgar, qui est définitif, annule Ulm et Austerlitz, qui seront toujours à recommencer.

Napoléon marchait sur Vienne lorsque la nouvelle de la catastrophe lui parvint. Il n'en parut pas affecté, en marqua plus de "déplaisir" que de tristesse ou de colère, ne demanda que le silence sur l'événement. Il ne voulut ni récompenser ceux qui, dans la bataille, s'étaient comportés avec bravoure ni punir ceux qui n'avaient pas fait leur devoir. Villeneuve lui-même fut comme oublié et, par ce blâme muet, sentit plus fortement qu'il ne lui restait qu'à disparaître. Cependant, il n'est pas douteux (le contraire ne serait pas possible), que les calculs de l'empereur furent modifiés par cet événement. Les échecs de Boulogne et Trafalgar lui firent désirer davantage des alliances sur le continent et le déterminèrent à les obtenir.

Si la campagne rapide qui s'était terminée par la capitulation d'Ulm lui ouvrait le chemin de Vienne, s'il avait la satisfaction, que n'avait pas obtenue le grand Frédéric, d'entrer en vainqueur dans la capitale autrichienne, s'il logeait au palais impérial de Schoenbrunn, cette guerre n'était pas finie. L'Autriche avait encore des forces à lui opposer et celles de la Russie étaient intactes. La Prusse, dont le roi était lié d'amitié avec le tsar et subissait son influence, pouvait, d'une heure à l'autre, se joindre à la coalition. Napoléon était trop un homme du XVIIIe siècle pour ne pas admirer la Prusse du grand Frédéric, pour ne pas, comme les révolutionnaires eux-mêmes, rechercher son amitié. Il l'avait d'ailleurs, dans les partages d'Allemagne, comblée de faveurs afin qu'elle reconnût les agrandissements de la France et il espérait se l'être attachée. Mais il espérait mieux, et si, à l'amitié de Frédéric-Guillaume, il pouvait ajouter celle de l'empereur Alexandre, il lui semblait que le but serait bien près d'être atteint, que les victoires navales de l'Angleterre resteraient stériles, que l'Empire français, dans ses limites, ne serait plus discuté. Et peut-être n'était-il pas absurde de penser que Trafalgar même, qui rendait les alliances continentales encore plus nécessaires à la France, pouvait servir à les former et que la Russie verrait avec crainte l'Angleterre maîtresse des mers par la victoire de Nelson. C'est pourquoi, avant de livrer bataille, Napoléon tenta de négocier avec Alexandre.

Le temps n'était pas encore venu où les deux empereurs s'embrasseraient et se partageraient le monde. A la veille d'Austerlitz, la Russie demandait ce que, d'accord avec les Alliés, elle imposerait en 1814. Les conditions de paix qu'apporta Dolgorouki étaient celles du pacte anglo-russe, évacuation de l'Italie, restitution de la rive gauche du Rhin, abandon de la Belgique qui serait réunie à la Hollande. "Quoi ! Bruxelles aussi ? répondit l'empereur. Mais nous sommes en Moravie, et vous seriez sur les hauteurs de Montmartre que vous n'obtiendriez pas Bruxelles." Les hauteurs de Montmartre ! Mot singulier, non seulement parce qu'il préfigure exactement un avenir déjà prochain, mais parce qu'il révèle chez Bonaparte ce qu'il a peut-être le mieux caché, ce qu'il n'a trahi que par éclairs et pour des observateurs très pénétrants, c'est-à-dire le sentiment exact d'une situation précaire et d'une marche sur la corde raide.

Ce sentiment rend compte de bien des choses qui, autrement, sont obscures. L'empereur attend, il espère toujours la paix. Il ne se bat que pour l'obtenir. Quand on la lui refuse, ou quand on la rompt, il frappe un grand coup, croyant toujours que ce sera le dernier. Nous voyons Austerlitz sous les couleurs naïves d'une image d'Épinal, les soldats, la veille au soir, acclamant le "petit caporal" qui passe à travers les bivouacs, improvisant des illuminations pour l'anniversaire du 2 décembre, jour du couronnement, puis, au matin, le grand capitaine nimbé par les rayons d'un soleil d'hiver qui annonce une de ses plus belles victoires. À la vérité, Napoléon eût préféré que les Russes, voyant l'Autriche vaincue, s'en tinssent là. Puisqu'ils voulaient se battre, mieux valait que ce fût tout de suite, car le temps ne travaillait pas pour lui, il était fort aventuré en Moravie, à quarante lieues de Vienne, grande ville difficile à garder si le moindre échec survenait, tandis que les archiducs pouvaient encore amener des renforts de Hongrie et que la Prusse armait. Les Russes, en attaquant trop tôt, tirèrent Napoléon d'embarras. Ils l'attaquaient en outre sur un terrain qu'il avait soigneusement étudié, de sorte qu'il put dire, avec assurance, aux premiers mouvements de l'ennemi : "Cette armée est à moi."

C'était sa quarantième bataille et, pour la première fois, il se mesurait avec les soldats de Souvarof et de Koutousof, en présence d'Alexandre et de François. Bataille des trois empereurs, triomphe éclatant, la Garde russe anéantie, cent mille hommes coupés ou dispersés en moins de quatre heures. "Ce qui a échappé à votre fer s'est noyé dans les lacs", disait, après la victoire et le fameux : "Soldats, je suis content de vous", la proclamation qui se termine par l'apostrophe : "Il vous suffira de dire : j'étais à la bataille d'Austerlitz, pour que l'on réponde : Voilà un brave."

Style emphatique, bien fait pour frapper les esprits avec ce romantisme bourgeois et peuple, ce genre "sujet pour dessus de pendule" et "pompier", dont Bonaparte a trouvé le secret. En lui-même, il s'applaudit moins du coup d'oeil, de la sagacité et de la décision qui lui ont donné la victoire que de l'heureuse circonstance qui l'a sauvé d'un péril alors qu'il a dû, à son corps défendant, s'aventurer si loin. La troisième coalition est battue. Il faut qu'elle soit dissoute. Il faut tout de suite la paix, des accords durables, avec l'Autriche, certes, dont le dernier espoir, celui qu'elle mettait sur Alexandre, vient de s'évanouir, avec la Prusse aussi, effrayée à l'idée des risques qu'elle aurait courus si elle s'était embarquée sur cette galère. Mais la paix avec la Russie, surtout. Car Napoléon poursuit chez Alexandre l'amitié qu'il avait trouvée chez Paul. Il cherche à le séduire par des procédés chevaleresques, les mêmes qu'il avait employés avec le père, en lui renvoyant les prisonniers de sa Garde, et par des appels à la sensibilité, car il pense déjà que ce jeune autocrate doit être un homme de roman et de théâtre. Prendre de l'influence sur Alexandre devient une de ses ambitions. Le XXXe Bulletin fait l'éloge du tsar, le met en garde contre les "freluquets que l'Angleterre solde avec art et dont les impertinences obscurcissent ses intentions". Ah ! si Alexandre l'écoutait ! Que de grandes choses ils feraient ensemble ! Deux héros de même taille peuvent déjà s'unir, de loin, dans une même pensée, pleurer sur l'horreur si vaine des champs de bataille. Napoléon a dû savoir avec quelle angoisse, incapable de soutenir la vue des morts et d'entendre le râle des blessés, Alexandre a fui le charnier où son armée pourrissait. Alors il reprend le couplet humanitaire, qu'il sait rédiger aussi bien que l'héroïque et alterner avec l'ironie ou l'invective : "Le coeur saigne ! Puisse tant de sang versé, puissent tant de malheurs retomber enfin sur les perfides insulaires qui en sont la cause !" Depuis Trafalgar, il n'est plus question d'aller à Londres châtier "les lâches oligarques". Il reste à fédérer l'Europe contre eux, et si elle ne se fédère pas de bon gré, il faudra que ce soit de force. Désormais l'idée fixe de Napoléon c'est l'idée de Tilsit, la paix et l'union du continent par l'alliance russe pour en finir avec l'Angleterre.

Talleyrand lui conseille de commencer par l'Autriche. Mais l'alliance autrichienne est mal famée pour la France de la Révolution. C'est celle qui a porté malheur à Louis XVI. "Elle n'est pas du goût de ma nation et, pour celui-là, je le consulte plus qu'on ne pense." Napoléon ne songe pas encore à devenir le gendre du César germanique. Pourtant, jusqu'à un certain point, il l'épargne. Il ne s'attarde pas à la satisfaction d'avoir reçu à son bivouac, le surlendemain d'Austerlitz, ce Habsbourg réduit à solliciter la paix du Corse parvenu. Cette paix - qui sera signée à Presbourg - il l'accorde ; la vieille monarchie, il ne la détruit pas, ce qui voudrait encore un gros effort militaire, et il a hâte que la coalition soit dissoute. Alors la difficulté est toujours la même. Anéantir l'Autriche, c'est continuer une guerre dont l'objet principal est ailleurs. Ne rien lui prendre, c'est la laisser trop puissante, et surtout il y a des choses que Napoléon doit lui enlever. Il faut qu'elle renonce tout à fait à l'Italie par où, depuis si longtemps, l'Empire germanique domine l'Europe et menace la France. Il faut qu'elle renonce aussi à l'autre rive de l'Adriatique, et c'est encore une partie de la politique que Napoléon inaugure, la politique d'après Trafalgar, celle qui consiste à prendre possession des rivages européens pour les fermer à l'Angleterre. Le passage de la Manche n'étant plus qu'un souvenir, l'autre système, celui du blocus continental, s'ébauche. Il faut, en outre, que l'Autriche accepte un vaste remaniement de l'Allemagne avec l'abolition de l'antique Saint-Empire d'où elle tirait son prestige. Il faut enfin, et l'exigence a de la naïveté, qu'elle promette de ne plus s'allier aux ennemis de la France. Serment qui ne peut pas être plus sincère qu'après Campo-Formio et Lunéville, car on lui en retire trop pour qu'elle se résigne, pas assez pour qu'elle soit réduite à l'impuissance. Austerlitz est une victoire qui ne règle rien de plus que les autres. Voilà pourtant le nouveau système de la lutte contre l'Angleterre qui prend figure et corps. Ce que Napoléon fait marcher "avec la rapidité de la pensée", ce ne sont pas seulement ses armées mais les diplomates, les chancelleries, les dynasties. En sept semaines, il change la physionomie de l'Europe avec une telle abondance de négociations, d'instructions, de conventions, d'écritures, qu'il faudrait des pages pour les résumer, un volume pour en dire le détail. Les beaux jours du Consulat, qui furent presque des jours de repos, sont passés. Désormais le règne s'écoulera comme un torrent, dans une perpétuelle bousculade.

Tout cela, d'ailleurs, raisonné, relié à une idée centrale. Un bref contact avec Alexandre, par l'entremise de Savary, confirme Napoléon dans l'hypothèse que, si l'alliance russe n'est pas mûre, elle n'est pas inconcevable. Il la calcule pour un avenir de deux à trois ans, et, se gardant de blesser l'orgueil du tsar, laisse les débris de l'armée vaincue quitter paisiblement l'Autriche. Les militaires haussent les épaules, ne comprennent pas que la victoire ne soit pas mieux exploitée. On ménage l'Autrichien, le Russe. Vandamme grogne : "C'est vouloir qu'ils soient à Paris dans six ans." Mais, justement, Napoléon regarde vers Paris, où l'on aspire à la paix, où l'esprit n'est pas bon, où il est pressé de revenir. Et puis, il y a cette chose urgente à faire, s'assurer de la Prusse. Si la bataille d'Austerlitz avait mal tourné, les Prussiens entraient en ligne, coupaient la retraite des Français. Ce péril, - qui sera celui de 1813 - étant conjuré, il s'agit de beaucoup mieux, non seulement de séparer la Prusse de la coalition mais d'obtenir son alliance. Napoléon s'efforce de se l'attacher par des menaces et par des promesses. On lui donnera le Hanovre, domaine du roi d'Angleterre. Qu'elle ferme seulement ses ports aux Anglais. C'est la condition nécessaire, car, déjà, moins le nom, le blocus continental se précise et remplace le grand projet du passage de la Manche. La Prusse cède, mais à la peur. Le Hohenzollern n'est pas plus sûr que le Habsbourg et il se hâte d'annuler son traité avec Napoléon par une contre-lettre à Alexandre.

Napoléon s'en doute, s'en méfie. N'importe. Il faut aller vite, construire une Allemagne qui ne menace pas l'Empire d'Occident mais le garde et le prolonge. Avec des idées de Richelieu et de Mazarin, de la Convention et du Directoire, il improvise une refonte et un partage du corps germanique, une confédération du Rhin comme la monarchie avait formé la Ligue du Rhin, des royaumes et des principautés comme la Révolution improvisait des Républiques clientes. En courant, il fait un roi de l'électeur de Bavière, l'oblige à donner sa fille en mariage à Eugène de Beauharnais, tandis que le prince de Bade, fiancé à cette princesse, épousera par ordre la cousine d'Eugène, Stéphanie. C'est de la politique nuptiale et dynastique. Murat, le beau-frère, sera prince grand-duc à Berg. Pour Jérôme,

117

séparé par force de son Américaine, autre mariage préparé avec Catherine de Wurtemberg dont le père aussi est fait roi. L'Empire napoléonien essaime comme essaimait la République, souvent aux mêmes lieux, sur des surfaces un peu plus étendues, mais selon la même méthode. La République, à la suite de ses généraux, exportait des représentants du peuple et ses principes. L'empereur, chef de la dynastie qui est née de la Révolution et qui la consacre, expédie ses frères, ses beaux-frères, son beau-fils, sa belle-fille avec son Code et ses administrateurs. Sa pensée est-elle de caser la famille, de nourrir le clan ? Il en est loin. La famille est là pour le servir ou plutôt pour servir. L'empereur n'admet plus qu'elle lui résiste et il ne consulte pas ses goûts. Exemple. Les Bourbons de Naples sont incorrigibles. Ils ont encore conspiré avec l'ennemi. Leurs ports doivent être fermés aux Anglais. Ils seront détrônés. Seulement à l'endroit où Championnet, quelques années plus tôt, proclamait la République parthénopéenne, Joseph, délégué d'autorité, régnera, que cette couronne lui plaise ou non. Quant à Louis, il est destiné à prendre la suite de la République batave. Il faudra, par ordre aussi, qu'il règne en Hollande.

Ayant abattu et élevé des rois, marié des princes et des princesses, médiatisé une foule de petits souverains allemands, supprimé tout de bon le vieux Saint-Empire germanique, son chef élu et les Electeurs, brassé les affaires germaniques, "simplifié ce chaos" selon les recettes révolutionnaires, ce qui l'eût fait applaudir de Brissot si la tête de ce girondin n'eût été coupée, Napoléon, toujours courant, emporte de Munich l'étiquette de la cour bavaroise qui l'a frappé, lui a paru propre à imposer aux Français, plus encore aux étrangers, et surtout à élargir la distance entre lui et ses anciens camarades de l'armée. Ce cérémonial l'ennuiera, le fera toujours bâiller. Mais il avait lu dans Montesquieu : "Quand Alexandre voulut imiter les rois d'Asie, il fit une chose qui entrait dans le plan de sa conquête."

Le *26* janvier 1806, il est aux Tuileries, quatre mois après son départ. Cent vingt jours où il a pétri l'Europe sans avoir avancé d'une minute l'heure de la paix définitive.

De même qu'il avait eu hâte de dénouer la coalition, il avait hâte de rentrer à Paris, de reprendre le gouvernement, se méfiant toujours des intrigues et des trahisons de ceux-ci, des faiblesses et de l'incapacité de ceux-là, sans cesse obligé d'être absent, sachant qu'en son absence tout allait mal, sa défaite ou sa mort étant toujours supputées. Il revient encore victorieux. Mais il ne veut pas de rentrée triomphale, car il sait qu'Austerlitz même n'a rien achevé. Tout de suite, il se met aux affaires sérieuses, à ce qui a failli amener un désastre financier et la banqueroute de la Banque de France. Responsable des fautes commises, Barbé-Marbois, ministre du Trésor, vient "offrir sa tête" au maître, humblement. "Que veux-tu que j'en fasse, grosse bête ?" lui répond l'empereur.

Bizarre mélange de l'héroïque et du familier, de solennité voulue et de naturel qui a tant fait pour sa popularité et sa légende. Au ministre qui tremble comme devant un despote d'Asie, le vainqueur d'Austerlitz répond par une plaisanterie du théâtre de la foire, tandis que, le jour où la députation batave vient offrir le trône de Hollande à Louis, on suit le cérémonial de la succession d'Espagne, celui de Louis XIV pour le duc d'Anjou. Le nouveau souverain est annoncé à la cour, toutes les portes du palais ouvertes. Pourtant, le sérieux de la chose est ailleurs. La Hollande n'est pas une conquête de Bonaparte. Elle lui vient de la République et de Pichegru l'étranglé, et doit être un "poste de douane" contre les Anglais, de même que le royaume de Naples, conféré d'autorité à Joseph, doit être contre eux un "poste avancé" méditerranéen. La distribution des couronnes à la famille procède d'un système et de nécessités qui s'engendrent et s'engendreront les unes les autres. Mais, le lendemain de la cérémonie, devant la nouvelle reine, Napoléon fait réciter au petit garçon d'Hortense et de Louis les *Grenouilles qui demandent un roi.* "*Qu*'est-ce que vous dites de cela, Hortense ?"

C'est comme s'il y avait en lui deux hommes dont l'un, quelquefois, aux rares moments de détente, s'amuse à regarder l'autre.

Chapitre XV : L'épée de Frédéric

Napoléon ayant levé le camp de Boulogne pour répondre à la diversion austro-russe, il eût été naturel qu'il revînt à Boulogne une fois l'Autriche et la Russie hors de combat. Naturel si Trafalgar n'eût été qu'une contrariété. La destruction de la principale force navale de la France ne permettait plus de passer la Manche. Y renoncer, c'était avouer que la guerre navale était perdue sans recours. L'avenir fut réservé par une annonce vague : "L'empereur va reporter son attention sur sa marine, sur sa flottille et prendre toutes les mesures pour réduire l'Angleterre, si elle ne fait pas la paix." Cette note est du 6 février 1806. Elle sera sans lendemain. Jamais Napoléon n'aura le loisir de relever sa marine du désastre de Trafalgar. Pourtant la paix est toujours son plus grand intérêt, son plus grand besoin parce qu'elle mettrait sa monarchie à l'abri des hasards. Cette paix, que la France attend toujours, qu'elle croit acquise après Austerlitz comme elle le croyait après Marengo, comment y contraindre l'Angleterre encore plus inaccessible dans son île depuis qu'elle règne sans partage sur l'Océan ? Or voici que se lève un espoir.

Napoléon rentre à Paris pour y apprendre la mort de Pitt, Joyeuse nouvelle. Le plus grand ennemi de la France disparaît. Pitt et Cobourg, les patriotes de la République ont si longtemps réuni ces deux noms dans une même haine, personnifiant en eux tout ce qui s'opposait au cours de la Révolution ! Cobourg est soumis, battu, avec la maison d'Autriche. Pitt dans la tombe, la parole passe à l'Angleterre libérale, la bonne Angleterre, celle de Fox. Les Français qui, après avoir juré de ne plus jamais subir de "tyran", se sont donnés à un homme pour sortir victorieusement de la guerre, ne doutent pas que la politique anglaise ne dépende que d'un homme aussi.

Il est étrange que Napoléon ait partagé cette façon de voir trop simple, cette illusion très peuple. La paix avec les Anglais, il y croit toujours. Le souvenir d'Amiens ne le quitte pas et c'est Amiens qu'il veut recommencer avec Fox. Alors, plein de confiance, il s'engage dans de vastes combinaisons, rivalise d'habileté avec les vieilles cours et les gouvernements traditionnels, sûr des cartes qu'il a en main et de son ministre des Affaires étrangères, de ce Talleyrand qui passe déjà pour le plus subtil des diplomates. Mais Fox, sur lequel on se méprend à force de l'avoir opposé à Pitt, est pourtant, avec un autre vocabulaire et une espèce de rondeur, comme d'un bonhomme Franklin britannique, un aristocrate, un Anglais attaché aux intérêts permanents de son pays. On parlera de tout, dans ces négociations, sauf de l'essentiel. Et Napoléon ne tarde pas à reconnaître que l'essentiel n'a pas changé. Le long et pompeux exposé de la situation de l'Empire au Corps législatif, le 5 mars, dit très bien que le but de la troisième coalition, comme des précédentes, était d'enlever à la France les bouches de l'Escaut, les places de la Meuse. "L'Angleterre porte peu d'intérêt à l'Italie : la Belgique, voilà le véritable motif de la haine qu'elle nous porte." Pas une fois, entre Lord Yarmouth et Talleyrand, il ne sera question de la Belgique. Mais tandis que Napoléon veut encore se bercer de l'espoir d'une nouvelle paix d'Amiens, Fox, sous son apparente bonhomie, cherche seulement à démontrer qu'avec cet homme-là toute paix véritable est impossible afin de rejeter sur lui l'odieux d'une guerre dont la fin sera l'anéantissement de la puissance britannique, ou bien la renonciation de la France à ses conquêtes. Pitt l'indomptable est mort, désespéré d'Austerlitz, en s'écriant : "O ma patrie, dans quel état je te laisse !" Fox l'humanitaire relève le flambeau.

L'empereur, pourtant, y met du sien. Ou plutôt il le croit. Il reprend les choses où elles en étaient à la rupture de la paix d'Amiens, et, puisqu'on avait rompu pour Malte, il laissera Malte à l'Angleterre. Comme s'il s'agissait de cette île ! Hormis les sujets brûlants dont on ne parle pas, il semble que l'on puisse s'entendre sur tout, même sur la Sicile, dépendance du royaume de Naples, quoique le roi Joseph, qui n'est pas si bien assis dans ses États, soit fort loin d'en acquérir l'annexe insulaire. Du reste, en même temps qu'il négocie avec Lord Yarmouth, Talleyrand négocie avec Oubril, l'envoyé d'Alexandre. C'est la manoeuvre dont il se promet le plus beau succès. Un accord avec l'Angleterre obligera la Russie à traiter et réciproquement. Il est vrai qu'il y a un détail. Pour que la Prusse n'entrât pas dans la troisième coalition, le Hanovre lui avait été promis. Il faudra le rendre à la couronne britannique. Peu importe. Si l'on s'arrange avec les Anglais et les Russes, la Prusse sera indemnisée ailleurs. Ce n'est pas la place qui manque en Allemagne. D'autre part, ce Hanovre, la Prusse y tient. Elle a mordu à l'appât. Alors, si la paix échoue avec l'Angleterre et avec la Russie, la dépouille hanovrienne répondra de la fidélité des Prussiens à l'alliance française. Ce n'est pas tout. La Prusse reste la grande favorite de l'empire napoléonien comme elle l'a été de la Révolution, et le ministre des Affaires étrangères n'est-il pas celui du Directoire ? Talleyrand n'assure-t-il pas ici la tradition et la continuité ? De très bonne foi, parce que c'est par système, on promet à la maison de Brandebourg l'héritage de la maison d'Autriche, la prééminence dans une confédération de l'Allemagne du Nord, et, par surcroît, la couronne impériale transférée des Habsbourg aux Hohenzollern.

Cette triple négociation, ces savants calculs dont la fin va être piteuse n'occupent que deux ou trois mois de l'année 1806 et du règne et n'en ont pas moins d'importance. Napoléon, après les succès "étourdissants", inattendus, d'Ulm et d'Austerlitz, qui mettent l'Europe centrale à sa discrétion, s'estime très modéré quand il offre ses conditions de paix. Il a élargi la ceinture de la France, portée à cent dix départements, pour protéger les conquêtes que la Révolution lui a léguées et qu'en montant sur le trône il a juré de défendre. Il lui paraît naturel de négocier sur cette base, tout aussi naturel qu'il paraissait déjà à la Convention et au Directoire de faire la paix avec leur carte de guerre. D'autant plus naturel que les Anglais et les Russes affectent de marchander au sujet de la Dalmatie et de la Sicile comme si, d'Amsterdam jusqu'à Naples, le reste n'était même plus en question. Napoléon ne s'aperçoit pas du piège qui lui est tendu, qui le sera jusqu'à la fin, et qui consiste à rejeter les torts de son côté, à mettre en relief ses prétentions, à dénoncé son ambition comme un danger universel.

Tandis que l'Angleterre feint de causer, d'examiner toutes les hypothèses, elle prépare en secret une levée de boucliers, une quatrième coalition. Alors se produit un événement que personne n'a calculé, la Prusse qui part en guerre, toute seule, et qui vient, en somme, par cette agression, déguiser l'échec mortifiant de Talleyrand, de son maître, de leur diplomatie, rappeler Napoléon à l'activité du chef de guerre et lui ouvrir de nouvelles illusions avec de nouvelles victoires.

Il avait été, dans ces tractations, mystifié du commencement à la fin, et, avec son ministre, il s'était pris dans les fils par lesquels il croyait tenir les autres. Il y avait de quoi le dégoûter des finesses de Talleyrand et des subtilités de l'art diplomatique. Sans doute l'accord avec la Russie avait été conclu, mais il n'était pas encore ratifié. Loin de déterminer les Anglais à traiter à leur tour, la publication du texte accepté par Oubril les indigna, souleva l'opinion publique, et l'ambassadeur russe à Londres, intimidé, obtint d'Alexandre qu'il ne donnât pas sa signatures. En même temps, Fox envoyait à Paris un autre plénipotentiaire, non pour l'entente mais pour la rupture, dont Lord Lauderdale ferait retomber la responsabilité sur les exigences de Napoléon. Cependant Yarmouth, au cours de la négociation, avait déjà révélé au représentant de la Prusse à Paris que la restitution du Hanovre au souverain britannique serait le prix de la paix avec l'Angleterre. Ce fut le prétexte que le parti de l'honneur et de la guerre, le parti national et antifrançais prit à Berlin pour arracher Frédéric-Guillaume à ses craintes, à ses hésitations, à son ministre Haugwitz, à sa politique d'équilibre timoré et de ménagements égaux pour la Russie et pour la France.

Le mouvement impulsif des patriotes prussiens, le coup de tête de la jeunesse militaire, de la reine Louise et du prince Louis, en apportant à Napoléon, fort traîtreusement attaqué, l'occasion d'un nouveau coup de tonnerre, est une diversion qui renouvelle singulièrement le drame et qui va l'élargir.

À l'automne de 1806, la paix avec l'Angleterre et la Russie a échoué. Encore un peu de temps et la quatrième coalition sera debout. Il ne devra pas être difficile d'y faire entrer l'Autriche elle-même, aussi peu résignée, au fond, malgré ses cuisantes défaites, à la paix de Presbourg qu'elle l'avait été à la paix de Lunéville. Si les trois puissances continentales marchent ensemble, si elles concertent leur action, la France sera mise dans une situation pénible, elle sera au moins contenue, obligée de se tenir sur la défensive, en attendant que le reflux commence. Sans doute Napoléon est un très grand capitaine. Sans doute il dispose souverainement, en dictateur, des amples ressources d'une nation qui avait tenu tête à l'Europe lorsqu'elle était dans les convulsions de l'anarchie, qu'il a prise en main lorsqu'elle était sur le point de succomber et qui maintenant est portée à son plus haut degré de force et de puissance. Il n'en est pas moins vrai que jamais encore Bonaparte n'a eu à combattre tous ses adversaires à la fois. À Austerlitz, l'appoint autrichien qui s'ajoutait à l'armée russe était peu de chose depuis le désastre de Mack à Ulm. Et voici que, par l'agression pré-maturée de la Prusse et pour le bonheur de Napoléon, l'ennemi s'offre encore à ses coups en ordre dispersé.

À quel moment ? Celui où il commence à sentir lui-même que le poids est lourd à porter et que l'arc se tend beaucoup. Supposons qu'il eût réussi à stabiliser l'Empire dans la situation qui résultait de la paix de Presbourg. C'émit déjà embarrassant. Se maintenir sur une ligne qui allait du royaume de Hollande au détroit de Messine et aux bouches de Cattaro en passant par la Confédération germanique, demandait un gros effort qui n'eût, du reste, même en se prolongeant, abouti à rien. Étendu de la Frise à la Calabre, l'Empire français forme un vaste front de mer contre les Anglais. C'est sa raison d'être. Et, sans doute, l'Angleterre en est gênée puisqu'elle doit élargir considérablement son blocus maritime. Mais ce n'est qu'une gêne. Il reste tant de côtes, tant de ports par où elle est libre d'introduire ses marchandises sur le continent ! Tel qu'il est avec ses bastions et ses prolongements, ses protégés et ses feudataires, le grand Empire français n'est pas encore assez vaste, l'Europe n'est pas assez fermée pour que l'Angleterre capitule. Et pourtant la contexture même de l'Empire pose à chaque instant des problèmes nouveaux.

La violence avec laquelle Napoléon entreprend de les résoudre le trahit. Violence froide. Colère contre les obstacles qu'il ne réussit pas à tourner. Son esprit qui reste lucide s'irrite à chercher l'issue d'une situation qui n'en a pas et dont la nature est de se compliquer indéfiniment. Tout de suite, tandis qu'il est attaqué par la Prusse, un cas se présente.

Le royaume de Naples était naguère l'abri de Nelson, la base de ravitaillement des navires anglais, une entrée en Europe pour les marchandises anglaises. C'est pourquoi, à la place d'un Bourbon et de la reine Marie-Caroline, la sœur de Marie-Antoinette, indomptable dans son hostilité, il a fallu, pour y mettre quelqu'un, y mettre Joseph. D'ailleurs, maintenant, il faut aider Joseph qui réclame de l'argent et du secours. C'est ainsi que s'accroissent sans cesse les charges de l'Empire. Mais entre ce royaume et celui d'Italie où Eugène est vice-roi, se placent les États de l'Église. Non seulement ils rendent malaisées et peu sûres les communications entre le nord et le sud, mais, par eux, une autre brèche est ouverte au commerce des Anglais. Napoléon exige que le Saint-Siège rompe avec tous les ennemis de la France, reconnaisse Joseph comme roi de Naples et n'écoute plus les cardinaux napolitains restés fidèles aux Bourbons. Pie VII répond que les intérêts de la catholicité le lui interdisent. Pour respecter son indépendance il en appelle au nouveau Charlemagne qu'il a sacré et qui garantit son pouvoir temporel. Mais l'autre Charlemagne n'avait pas d'Angleterre à bloquer. La querelle s'envenime. Napoléon, qui a déjà occupé Ancône, menace d'occuper Rome. Et pourtant ce conflit avec le chef de l'Église romaine est contraire à la politique qu'il suit en France où il favorise la renaissance du sentiment religieux, où il se sert du clergé, où il se montre toujours plus favorable aux évêques de l'ancien régime. C'est l'année où le calendrier républicain est aboli, où la fête de la Saint-Napoléon est instituée le 15 août, jour de l'Assomption (on a fini par trouver un Neapolis ou Neapolas, confesseur et martyr sous Dioclétien, qui sera le saint nouveau). C'est l'année où il est interdit à l'astronome Jérôme Lalande, athée, de publier ses ouvrages, où, en revanche, paraît le catéchisme impérial, copié sur celui de Meaux, avec cette différence que Bossuet ne parlait pas des devoirs envers Louis XIV, mais seulement envers les rois, qu'il mettait après les pasteurs, tandis que, maintenant, le quatrième commandement édicte les devoirs du chrétien "envers Napoléon 1er, notre empereur", à qui sont dus au nom de Dieu l'impôt et la conscription. Dans ce catéchisme, la formule "hors de l'Église point de salut", d'abord supprimée par l'homme du XVIIIe siècle, en vertu de la politique de fusion et de tolérance, reparaît sur les instances de l'épiscopat. Et ces détails ne sont pas inutiles pour comprendre que tout ce qui réussissait naguère au Bonaparte conciliateur de l'ancienne France et de la nouvelle commence à se gâter. Faire des concessions à l'Église au-dedans, entrer en lutte avec elle au-dehors, à la longue, la position sera intenable. Napoléon, d'intelligence toute politique, rencontre avec surprise cet obstacle imprévu, la conscience de Pie VII, où bientôt trouveront un encouragement, un exemple, un cri de guerre, des peuples catholiques dressés contre lui par la force d'événements auxquels il ne commandera pas davantage, emporté qu'il sera par le cours des choses.

Et la déclaration de guerre de la Prusse, qui survient sur ces entrefaites, c'est déjà un rebondissement, gros de conséquences, qui échappe à sa volonté. Il n'est que trop clair, trop sûr que Napoléon voit avec regret se rompre cette alliance prussienne qu'il regardait comme nécessaire à son système, qu'il croyait bien tenir, au moins par la crainte. Jusqu'au dernier moment, il s'est efforcé d'éviter la rupture. Le 12 septembre, il écrit à Frédéric-Guillaume que cette guerre serait une guerre sacrilège. Il ne craint pas d'ajouter, comme pour le fléchir ; "Je reste inébranlable dans mes liens d'alliance avec Votre Majesté." Le même jour, il mande à Laforest, son représentant à Berlin : "L'empereur désire véritablement ne pas tirer un coup de fusil contre la Prusse. Il regardera cet événement comme un malheur." La Prusse lui envoie un ultimatum, le somme d'évacuer l'Allemagne avant le 8 octobre, c'est-à-dire de renoncer aux résultats d'Austerlitz et de la paix de Presbourg. La réponse est et ne peut être qu'une entrée en campagne foudroyante, car, derrière la Prusse, il y a la Russie. A Potsdam, devant le tombeau du grand Frédéric, le tsar a promis son alliance, juré fidélité au Hohenzollern et à la belle reine Louise dont il est le chevalier servant. Il faut donc que les Prussiens soient battus avant que les Russes aient eu le temps d'entrer en ligne. C'est la même situation que l'année d'avant avec l'Autriche. Il sera plus économique de prévenir la jonction de ces nouveaux alliés pour décomposer Austerlitz en deux temps. Et la réponse à l'agression prussienne, c'est aussi le bulletin de la Grande Armée, un des plus étonnants exemplaires de cette littérature à l'usage du troupier, avec des effets de théâtre, un dialogue où Napoléon se met en scène : "Maréchal, dit l'empereur au maréchal Berthier, on nous donne un rendez-vous d'honneur pour le 8 : jamais un Français n'y a manqué ; mais, comme on dit qu'il y a une belle reine qui veut être témoin du combat, soyons courtois, et marchons, sans nous coucher, pour la Saxe." Puis la romantique apostrophe à la reine de Prusse : "Il semble voir Armide dans son égarement mettant le feu à son propre palais."

Cependant Bonaparte songe ; il est inquiet. Va-t-il, cette fois, trouver l'Europe entière unie et coalisée contre lui ? Le mois d'avant, il a écrit avec mélancolie : "Je ne puis avoir d'alliance réelle avec aucune des grandes puissances." Avec l'alliance prussienne, celle de la Russie lui échappe. Par quoi la remplacer ? De Würzbourg, il mande à La Rochefoucauld, son ambassadeur à Vienne, qu'il espère encore que la guerre pourra être évitée. Mais il ne croit plus à la Prusse, "si versatile et si méprisable." (Il y reviendra.) Cependant "le besoin de tourner mes efforts du côté de la marine me rend nécessaire une alliance sur le continent". Pourquoi ne pas la chercher à Vienne ? "La marine a fleuri autrefois en France par le bien que nous a fait l'alliance de l'Autriche." L'ambassadeur devra essayer... Projet qui n'a pas de suite pour cette fois. Dans l'esprit de Bonaparte, de quelle incertitude n'est-il pas le signe ? L'alliance autrichienne, il ne pense plus qu'elle n'est pas "du goût" de sa nation. Et, au moment de s'enfoncer en Allemagne, plus loin peut-être encore, de rouler cet éternel rocher de Sisyphe, quel retour sur Trafalgar, la marine, le camp de Boulogne, tout ce qui est manqué ! Mais l'action l'appelle, la nécessité le domine. Plus de regrets. Surtout plus de flottement. Les opérations de guerre sont précises et limitées, ce que les combinaisons politiques ne sont pas. Napoléon est dans la force de son âge et de son génie militaire. La campagne que la Prusse lui impose est comme une détente pour son esprit.

Pourtant, avec cet adversaire et sur ce terrain également nouveaux, c'est la même guerre qui recommence toujours, les mêmes périls à conjurer, l'éternelle coalition qui se renoue. Si la bataille d'Austerlitz avait été perdue, la Prusse intervenait. Cette fois, ce sont les Prussiens qui ont avec eux la Russie. S'ils ne sont pas battus, et battus rapidement, les Russes auront le temps d'arriver. Si c'est une défaite, l'Autriche, qui tient une armée en observation, prendra sa revanche du traité de Presbourg. Et voici qu'une autre nouvelle arrive. L'Espagne, depuis Trafalgar, se détourne de l'alliance française. Son ministre tout-puissant, Godoy, le "prince de la Paix", se demande comment un allié qui n'a plus de marine aidera l'Espagne à garder ses immenses colonies. Il prête l'oreille aux Anglais et se dispose à trahir. Ainsi, une bataille perdue, et Napoléon peut avoir toute l'Europe contre lui. Il n'a pas plus de sécurité à Madrid qu'ailleurs. Et le mauvais germe de l'affaire espagnole commence à lever.

Ni l'Autriche ni l'Espagne ne bougeront parce que ce sont des victoires encore plus étourdissantes que celles de l'autre année. La Prusse, cette Prusse frédéricienne avec laquelle Napoléon ne s'est pas encore mesuré, lui impose malgré lui, tant elle garde de prestige militaire. Il en a, depuis sa jeunesse, la superstition qui a été celle du XVIIIe siècle. Pourtant, sous ses coups, la Prusse s'effondre en moins de quinze jours. Dès la première rencontre, à Saalfeld, le prince Louis-Ferdinand, un des instigateurs de la guerre, est tué à l'arme blanche. Le 14 octobre, les Prussiens sont anéantis à Iéna, à l'heure même où Davout écrase une autre de leurs armées à Auerstaedt, victoire qui n'est pas inutile à celle de l'empereur. L'ennemi fuit en désordre. Peu s'en faut que la reine, qu'"Armide" elle-même, ne soit prise et le duc de Brunswick est grièvement blessé.

Brunswick, c'est l'homme du fameux manifeste qui, en 1792, menaçait de ne pas laisser de Paris pierre sur pierre. C'est l'évocation de Valmy, titre de duché pour le vieux Kellerman. Un duc, et de Valmy, c'est le mariage que fait Bonaparte, toujours avec le même succès, des souvenirs de la Révolution et de ceux de l'ancien régime. "La bataille d'Iéna a lavé l'affront de Rosbach", dit le bulletin. Et l'empereur, en passant, abat le monument que les Prussiens avaient élevé au lieu de la défaite de Soubise. Effet bien calculé pour Paris, où toute guerre nouvelle cause les mêmes murmures, les mêmes alarmes, les mêmes calculs, où il faut toujours ranimer la confiance et soutenir le sentiment national. Nous nous représentons l'empereur, à distance, comme un héros qu'on ne discutait plus. Il y avait encore des hommes, et des hommes du métier militaire, aux yeux desquels il n'avait rien fait tant qu'il n'avait pas vaincu cette armée prussienne qui vivait sur sa réputation. Il y avait encore des opposants qui relevaient la tête dès que l'empereur était loin et que l'Empire se jouait sur les champs de bataille. Il y en avait même pour dire, après Iéna, qu'on commençait à être "blasé sur les miracles", parce que les miracles étaient toujours à recommencer. À ce moment, une chouannerie reparaissait dans l'Ouest, jusqu'en Normandie, et donnait des soucis à Fouché et à sa police, véritable "régente de l'Empire". Mêler les noms de Valmy exalté et de Rosbach vengé à celui d'Iéna n'était pas du superflu. Le moral de la France avait besoin de ces toniques. Comme au moment d'Austerlitz, Fouché, dans ses rapports, insistait sur le désir de paix qui grandissait dans le pays. Il n'allait pas tarder à écrire : "Il est évident, pour celui qui observe attentivement les nuances de l'opinion, que l'empereur est plus ou moins béni de toutes les classes selon que son glaive est plus ou moins enfoncé dans le fourreau." Oiseux conseils. Napoléon avait le droit de s'en impatienter. La paix, il la poursuit toujours, de plus en plus loin. Après Iéna, elle se dérobe encore.

Rarement vit-on victoire plus éclatante et vainqueur ballotté de plus d'incertitudes. Cinq jours après Iéna, les Français sont sur l'Elbe, l'ennemi en déroute, pourchassé jusqu'aux portes de Magdebourg. Si Napoléon refuse une suspension d'armes prématurée qui donnerait seulement aux Russes le temps d'avancer, il ne désespère pas encore de disloquer l'alliance de la Prusse et de la Russie, et, de son camp impérial de Halle, il écrit à Frédéric-Guillaume : "Ce sera un éternel sujet de regret pour moi que deux nations qui, pour tant de raisons, devaient être amies, aient été entraînées dans une lutte aussi peu motivée... Je dois réitérer à Votre Majesté que je verrai avec satisfaction les moyens de rétablir, si cela est possible, l'ancienne confiance qui régnait entre nous." Mais quand Napoléon, jugeant que l'armée prussienne "a existé" et que sa propre position militaire est assez sûre, accorde l'armistice, c'est Frédéric-Guillaume, montrant bien qu'il compte sur l'arrivée des Russes, qui refuse de le ratifier.

Dix jours après Iéna, l'empereur est à Potsdam, à Sans-Souci, chez le grand Frédéric. Une des plus belles heures de Bonaparte, et, pour un homme du XVIIIe siècle, son siècle, à qui le roi de Prusse, soldat, législateur, philosophe, avait semblé le héros parfait, une destinée qui passait l'espérance. Dans l'imagination des peuples, c'est pourtant lui qui prendra la place de ce Frédéric dont l'épée fut son trophée le plus glorieux et dont il emportera le réveille-matin à Sainte-Hélène. Et dans le XVIIe bulletin de la Grande Armée, c'est au pays de Voltaire et à l'Europe éclairée qu'il s'adresse quand, évoquant le serment d'alliance, en quelque sorte impie, de Frédéric-Guillaume et d'Alexandre dans le caveau de Potsdam, il trace ces phrases, étranges si l'on ne tient compte de la persistance du culte frédéricien chez les Français : "L'ombre du grand Frédéric n'a pu que s'indigner... Son génie, son esprit et ses voeux étaient avec la nation qu'il a tant estimée et dont il disait que s'il en était roi, il ne se tirerait pas un coup de canon en Europe sans sa permission."

Napoléon a envoyé aux Invalides l'épée glorieuse et symbolique. Il est chez lui à Potsdam comme il était chez lui à Schoenbrunn. Il a fait son entrée à Berlin, la deuxième des capitales où il paraisse en vainqueur. Il a pris possession de tous les États prussiens situés entre le Rhin et l'Elbe. Il "n'aurait qu'à siffler", selon le mot de Henri Heine, pour que la Prusse eût, comme son armée, "existé". Frédéric-Guillaume et la reine Louise se sont retirés à Kœnigsberg, à l'extrémité de leurs États. Et maintenant ?

La chronologie et l'itinéraire reprennent ici leur signification spéciale. Parti de Saint-Cloud le 25 septembre 1806, Napoléon n'y rentre que le 27 juillet 1807. Dix mois de son règne de dix ans s'écoulent à Berlin, en Pologne, en Prusse orientale, bien souvent dans des chaumières et des granges, dans la neige et la boue. Qu'y fait-il ? Il cherche, il attend ce qu'il ira chercher à Moscou, ce qu'il y attendra avec un entêtement cette fois fatal, mais qui s'explique par le souvenir du succès de Tilsit. Ces dix mois sont employés à la réalisation du grand ouvrage, au succès de ce qu'a manqué naguère la diplomatie de Talleyrand : pour faire capituler l'Angleterre, l'union, contre elle, du continent, par la paix et la réconciliation avec la Russie.

Fox est mort au milieu de septembre. Il a, de près, suivi Pitt au tombeau. Ceux qui dirigeront désormais la politique anglaise ne sont pas aussi illustres. Ce qui arrive au pouvoir, c'est l'équipe des Castlereagh et des Canning, qui mènera la lutte jusqu'au bout avec une méthode et une obstination bureaucratiques, subissant les déconvenues avec flegme, répétant sans lassitude les mêmes procédés, ceux d'une grande maison de commerce d'autant plus résolue à abattre le rival qu'elle a engagé dans la lutte plus de capitaux et dont il serait fou d'attendre un mouvement de sensibilité, aussi fou que de l'espérer d'un syndicat ou d'un trust. Sans même que l'empereur ait vu si loin, l'échec des négociations engagées avec Fox, ajouté à la rupture de la paix d'Amiens, prouvait que la lutte était devenue sans merci. Durant l'accord éphémère de Napoléon et de Frédéric-Guillaume, l'Angleterre avait déclaré la guerre à la Prusse, non pas à cause du Hanovre, mais parce qu'une des clauses du traité d'alliance était la fermeture des ports prussiens au commerce britannique. Le point sensible était là. Maître de la Prusse, Napoléon l'était aussi de fermer aux Anglais une nouvelle entrée de l'Europe. Atteindre "Carthage" dans sa vitalité, dans son commerce, riposter par des prohibitions à ses offensives, il y avait, nous l'avons vu mais il est nécessaire de le répéter, des années que la France de la Révolution ne faisait pas autre chose. Napoléon, dans toute sa puissance, n'a rien trouvé de plus ni de mieux que la Convention et le Directoire pour lutter contre les dominateurs de la mer. Il avait agrandi jusqu'à la conception du camp de Boulogne la vieille idée d'une descente dans les îles ennemies. Fort de sa carte de guerre, il élargit les représailles économiques jusqu'au blocus continental.

Représailles est le mot exact, puisque, de son côté, l'Angleterre a déjà déclaré en état de blocus la France et ses annexes. Blocus "sur le papier", et ici c'est une controverse séculaire qui monte à l'exaspération. Les Anglais prétendent bloquer, par décret, les ports et les rivages devant lesquels ils n'ont aucune force navale. D'où suit le droit, qu'ils s'arrogent, d'interdire, même aux neutres, le commerce avec leurs ennemis. Napoléon retourne le système. Par décret aussi, daté de Berlin, il interdit le commerce avec l'Angleterre pour la France, les pays dépendants ou alliés de la France et les territoires occupés, et des sanctions rigoureuses, des saisies équivalant au droit de prise devront être prononcées contre tous ceux qui braveraient l'interdiction.

"Répondre à la clôture de la mer par celle de la terre", ce n'est pas seulement l'imagination logique de Bonaparte qui lui dicte cette mesure à laquelle on a mis l'épithète de "formidable". C'est la nécessité. Depuis l'abandon du projet de Boulogne, depuis Trafalgar surtout, depuis que sa marine est réduite à quelques frégates, quel moyen a-t-il de soutenir la lutte contre la puissance invulnérable qui ne se lasse pas de susciter les coalitions (on en est à la quatrième), d'en acquitter les frais ? Le décret de Berlin, le fameux décret du 21 novembre 1806, n'est pas de l'orgueil, un enivrement de puissance. C'est l'acte d'un homme enfermé sur la terre qui s'acharne à forcer la ceinture des flots. Le fond secret de sa pensée, c'est : "Que tenter d'autre ? Essayons cela." Et si l'on y réfléchit, on ne voit pas ce qu'il eût pu tenter de différent. Sans doute la pression du blocus continental n'était pas irrésistible, l'événement l'a prouvé. Mais c'était la chose à faire, la seule, ou bien il n'y avait, comme il l'avait déjà dit, qu'à se résigner tout de suite à ce qui arrivera en 1814, rentrer dans les anciennes limites et, pour cela, rappeler les Bourbons. Il expliquait à son frère Louis qu'il s'agissait de "conquérir la mer par la puissance de terre", définition juste du résultat qu'il devait chercher par l'unique moyen qui fût à sa portée. Recherche de l'impossible. Chimère. En tout cas, expérience. Sur la condition du succès - l'Europe à la fois unie et dominée par ses alliances - Napoléon ne s'est pas trompé. Peut-être n'a-t-il pas assez vu que le succès demanderait un effort démesuré. Du moins il n'a, dissimulé à personne que, pour vaincre par la terre les maîtres de la mer, l'effort serait gigantesque. Le lendemain du décret de Berlin, il appelle les conscrits de 1807. Et il précise le motif de la levée : "Je n'ai point perdu de monde." C'était vrai. "Mais le projet que j'ai embrassé est le plus vaste que j'aie jamais eu, et, dès lors, il faut que je me trouve en position de répondre à tous les événements."

Et c'est vrai encore que toutes ses pensées s'ordonnent désormais par rapport au blocus continental, c'est-à-dire au blocus de l'Angleterre, devenu et proclamé "principe fondamental de l'Empire". Le moment viendra très vite où l'empereur ne dirigera plus le système, où il en sera le prisonnier comme d'une machine qui aura échappé à sa direction, qu'il ne gouvernera plus et qui le gouvernera. Sur l'heure même, la tâche à remplir, telle que Napoléon la voit de Berlin en ce mois de novembre 1806, est simple si elle n'est pas facile. La Prusse, il la tient. Mais son roi s'obstine. Quand il sera menacé à Kœnigsberg, il fuira jusqu'à Memel, encore plus près d'Alexandre, sur la victoire duquel il veut compter. Alexandre ne se résigne pas non plus ; il brûle de prendre sa revanche d'Austerlitz. Alors Napoléon songe à ceci. Quand le tsar aura perdu cette autre guerre, qu'il a déclarée, il comprendra enfin l'inutilité de la lutte. Il comblera le vœu d'un adversaire qui ne désire que de l'avoir pour allié. Avec l'alliance de la Russie, qui entraînera celle de la Prusse, le blocus continental cessera d'être "sur le papier". Étant donné les territoires que la France possède ou occupe déjà, les alliés qu'elle compte, l'Europe, fédérée contre les "tyrans de mer", leur sera vraiment fermée, la capitulation définitive de l'Angleterre deviendra une affaire de temps. On pourra même reprendre les opérations navales. Ce plan est encore très bien expliqué par Napoléon à son frère Louis. Dans les circonstances présentes, c'est "folie que de vouloir s'obstiner à lutter sur mer". Il en sera autrement dans quatre ou cinq années "parce que, à cette époque, les puissances combinées pourront réunir des escadres nombreuses si, comme il y a lieu de le penser, on jouit dans cet intervalle d'un moment de paix".

Il s'agit donc de "combiner" les puissances, en d'autres termes de liguer l'Europe contre les Anglais. C'est la fédération européenne qu'on va chercher, les armes à la main, contre la Russie qui attaque encore, oubliant la générosité que lui a montrée le vainqueur d'Austerlitz, "générosité peut-être condamnable" mais, qu'il est prêt à lui marquer de nouveau. Le XXIXe bulletin, en annonçant à la Grande Armée que les Russes se mettent en marche contre elle, ajoute : "Il faut que cette guerre soit la dernière." C'est ce qu'on dit toujours aux peuples et aux soldats, ce que Napoléon a si souvent annoncé. Cette fois, il se flatte de ne pas mentir. Car, tandis qu'avec un soin minutieux il prépare les opérations sur des champs de bataille plus lointains, il élabore toute une politique, avec autant de sollicitude.

Il tient la Prusse sous sa botte et pourtant il la ménage. Il prend contre elle les précautions que rend légitimes ce qu'il a le droit d'appeler une trahison, tandis qu'il cherche à ne pas exaspérer le peuple, à garder des contacts avec la dynastie. Ce qu'on a nommé la "clémence d'Iéna", clémence considérée comme une faiblesse dont il sera victime, part d'un calcul, d'une idée préconçue. Nous l'avons déjà vu écrivant à Frédéric-Guillaume, lui réitérant son regret de cette guerre, lui tendant en somme la main. L'épisode le plus célèbre du séjour à Berlin, c'est celui de la lettre qui accuse le prince de Hatzfeld, qui va le faire fusiller dans trois heures et que Napoléon livre à la princesse, admise à implorer la grâce de son mari, pour qu'elle jette au feu la pièce à conviction. L'homme qui savait être insensible à des prières de femmes, qui n'avait souffert aucune intervention pour le duc d'Enghien, qui vient de faire fusiller à Nuremberg le libraire Palm, coupable d'avoir vendu des libelles antifrançais, pour faire des exemples en Allemagne, de même que, dans ses lettres à Eugène et à Joseph, il insiste sur la nécessité de faire des exemples en Italie, cet homme-là a été touché parce qu'il l'a bien voulu. Après avoir, avec une mise en scène sentimentale, gracié Hatzfeld, il se hâte d'écrire à la princesse Ferdinand de Prusse, qui est restée à Berlin, une lettre dont le sens, à peine voilé, est celui-ci : "Vous voyez bien que je ne suis pas un ogre. Faites donc savoir à vos parents qu'on peut s'entendre avec moi."

Des rigueurs, certes, puisque c'est la guerre et qui a ses nécessités. Napoléon, n'étant pas encore lui-même comme un assiégé dans son grand Empire, n'en est pas encore non plus à pousser tout le monde à bout. L'agression de la Prusse a eu des complices. Il en est auxquels il ne pardonne pas. L'électeur de Hesse-Cassel, "plus que Prussien, Anglais", est dépossédé avec ce motif humanitaire qu'il faisait le commerce de ses sujets et les vendait à l'étranger pour en faire des soldats. Ses États iront au royaume de Westphalie, qui complétera le système germanique de l'empereur et qui est destiné à Jérôme, au plus jeune frère. L'électeur de Saxe a, lui aussi, suivi la Prusse. Non seulement Napoléon lui pardonne, mais il le fait roi comme ses collègues de Bavière et de Wurtemberg, il l'ajoute à la clientèle de l'Empire où ce Saxon, sinon ses sujets, se signalera d'ailleurs par sa fidélité et il lui destine encore mieux.

Ainsi, derrière lui et devant lui, Bonaparte s'applique à préserver quelques passerelles. Contraint de se battre avec les Russes, il veut se ménager les moyens d'une réconciliation avec Alexandre. Il évite la lutte à outrance, par les moyens empoisonnés, redoutables pour l'ennemi, nuisibles à ceux qui s'en servent. Ici Napoléon est plus politique que guerrier. Quand on veut reconnaître chez lui de l'italien, discerner du Machiavel, c'est là qu'on peut le trouver. Il pousse jusqu'à la duplicité la finesse, les habiletés, le calcul.

125

Marchant au-devant des Russes sans les attendre et sans les laisser approcher, il est allé de l'Elbe à la Vistule, et il atteindra bientôt le Niémen. Le voici à Posen d'abord, puis à Varsovie. Il est en Pologne. Alors il n'envahit plus, il ne conquiert plus. Il délivre. Et les derniers partages de la Pologne sont d'hier, puisque la fin de l'indépendance polonaise a été, en *1793* et en *1795,* la rançon de la France et de la Révolution française que cette curée a sauvées encore plus sûrement que Valmy. Ressusciter la Pologne, ce serait facile et au pouvoir de Napoléon autant que d'anéantir la Prusse. Le voyant arriver, l'ayant chez eux, l'entourant et l'admirant, touchant du doigt, par l'empereur et la Grande Armée, cette France dont ils disent dans leurs jours de détresse qu'elle est trop loin comme Dieu est trop haut, les Polonais s'imaginent que l'heure de la réparation est venue, que l'iniquité dont ils ont été les victimes n'aura été qu'un bref mais sombre chapitre de leur histoire. Et Napoléon n'est pas insensible à leur patriotisme, à leur chevalerie, à leur enthousiasme. Il n'est pas non plus insensible à la grâce de leurs femmes et, après Joséphine, passion de sa jeunesse et devenue habitude, Mme Walewska sera, sinon le grand amour (il est vraiment trop occupé), du moins l'inclination de son âge mûr. Et cette aimante, cette fidèle Walewska, elle ne lui donnera pas seulement de la tendresse. Il avait douté qu'il pût être père. Il craignait que la stérilité de Joséphine fût la sienne. Quelques mois plus tôt, le hasard d'un caprice pour une lectrice de sa sœur Caroline l'a déjà rassuré. La Polonaise aussi lui donnera un fils. Alors se réveille en lui le sentiment de la paternité, de l'hérédité naturelle, le désir d'être continué par sa propre chair. Et à quel moment ? Lorsque l'enfant de Louis et d'Hortense, ce petit Napoléon-Charles, en qui il aimait à voir son successeur, est emporté par le croup. La mort de cet enfant, la naissance des autres, les irréguliers, c'est la condamnation de sa "vieille femme". Son esprit accueille l'idée du divorce, jusqu'ici écartée. La paix glorieuse qu'il entrevoit sera achevée par un mariage qui l'unira à l'une des maisons impériales, et c'est à celle de Russie qu'il songe, au moment où il combat l'armée russe, parce que sa pensée la plus fixe est d'obtenir l'alliance d'Alexandre, faute de laquelle s'écroulent tous ses plans. Et si, alors, l'hérédité, dont naguère il se souciait si peu, prend pour lui un sens, si la fondation de la "quatrième dynastie", ridicule quand les frères et les sœurs se disputaient les places dans l'ordre de succession, devient naturelle par l'espoir de procréer, l'autre raison, et non, à ses yeux, la moins forte, c'est qu'en épousant à son tour une princesse, il resserrera les liens de l'Europe, la fédérera mieux en se mêlant lui-même à ses monarchies, aux familles de ses rois.

Que comptaient la Pologne et Marie Walewska elle-même devant ces combinaisons ? Il avait besoin des Polonais. Il aurait encore besoin d'eux comme auxiliaires. Mais, pas même pour l'amour de Marie, il ne créerait rien d'irréparable, rien qui compromît sa politique. On lui a reproché de ne pas avoir effacé les partages, de n'avoir pas ressuscité la nation polonaise, de s'être contenté pour elle d'une faible réparation, d'une ombre, d'une miette d'indépendance, de ne pas s'être préparé l'appui d'une grande Pologne pour le jour où les peuples se lèveraient contre lui. Mais il a des vues moins lointaines et, dans l'immédiat, pratiques. Soutenir la cause de la Pologne, c'est rendre la paix impossible avec les puissances copartageantes, la Russie, la Prusse, l'Autriche. C'est même les avoir toutes trois pour ennemies. Dans l'esprit de Napoléon, la Pologne est déjà sacrifiée à son grand dessein continental qui est commandé par l'objet essentiel, vaincre l'Angleterre. Alors, tandis que l'empereur, durant ses quartiers d'hiver, encourage les Polonais à former des légions et provoque la formation à Varsovie d'un gouvernement provisoire, il évite de s'engager avec eux. Il leur laisse espérer l'indépendance sans faire de promesses fermes, enveloppant ses paroles de prudents "peut-être". Murat, qui échangerait volontiers son grand-duché de Berg contre le trône de Pologne, pose ouvertement sa candidature. L'empereur le rudoie et, avec ses costumes, son nouveau déguisement en Sobieski, le renvoie chez Franconi, au cirque. La chose sérieuse est que, dans le même temps, Napoléon fait savoir à l'Autriche, à la neutralité de laquelle il tient vivement, qu'il garantira à la cour de Vienne, quoi qu'il arrive, sa part des dépouilles polonaises, la Galicie.

Napoléon s'est servi de la Pologne. Il n'a pas voulu la servir. Duplicité qu'un intérêt vital commande. Il a une vue très nette de sa situation, beaucoup moins brillante qu'elle n'en a l'air. Où il paraît vraiment né pour commander les hommes, ce n'est pas seulement par l'énergie avec laquelle, à quatre cents lieues de sa capitale, il tient tout le monde en haleine, s'occupant de tout, surveillant tout, prévoyant tout, dictant dix et vingt lettres par jour - et quelles lettres, sur les sujets les plus variés ! Ce n'est pas seulement par la clarté avec laquelle il embrasse l'ensemble et le détail, les opérations en cours pour l'occupation totale de la Prusse, l'administration des pays occupés, le ravitaillement des troupes, le biscuit et les souliers, sans compter les instructions diplomatiques et le gouvernement de l'Empire. Là, il en ferait peut-être trop, et le jour ne tardera pas à venir où il sera submergé, car il est déjà visible qu'il doit donner l'impulsion à tout et que, sans lui, tout s'affaisserait. Mais le chef se reconnaît surtout à la possession de lui-même. Il ne trahit jamais son trouble ou bien ce n'est que furtivement et pour des observateurs sagaces. Troublé, il l'est pourtant. Car il sait que si la grande affaire qu'il a dans l'esprit, l'alliance russe, vient à manquer, tout est perdu, le blocus continental étant vain si, en effet, le continent n'y adhère pas. Il ne reste plus, sans doute, qu'à forcer la Russie à signer la paix, mais il faut d'abord la vaincre et un échec militaire remettrait tout en question. La pensée de Napoléon tourne dans ce cercle, comme son histoire, à la fois trépidante et monotone.

Il n'a plus le droit de ne pas vaincre, sinon le monde qu'il porte à bout de bras retombe et l'écrase. Il ne lui échappe pas que la Prusse est contenue, non soumise. L'esprit prussien, celui de l'agression d'octobre, a été châtié à Iéna. Il n'est pas mort. Magdebourg, Stettin, Dantzig tombent tour à tour, mais Fichte va lancer ses Discours à la *nation allemande,* le major Schill et ses corps francs tiennent la campagne. À l'autre extrémité de l'Europe, il faudra imposer le respect du décret de Berlin au Portugal, étroitement tenu par les Anglais. L'Espagne redevient incertaine. Jusqu'à Louis, en Hollande, que Napoléon doit à tout instant réprimander parce qu'il exerce, encore plus mal peut-être que Joseph à Naples, son métier de roi improvisé et qu'il épouse la cause de ses sujets, fort peu disposés à rompre leur fructueux commerce avec l'Angleterre. Ce sera une tâche difficile de maintenir l'Europe dans le système du blocus.

Tout ramène à la nécessité d'un prompt succès sut les Russes. Alors la grande diplomatie imaginative et conceptuelle du Bonaparte d'Orient est à l'oeuvre. Ce n'est pas lui qui a inventé la diversion, classique contre la Russie, du sultan de Constantinople, et si, du reste, à la paix de Presbourg, il a exigé la Dalmatie, c'est pour être plus près des Turcs et communiquer avec eux. Au sultan, il ajoute le shah de Perse. Pour frapper les imaginations, pour remonter le moral du soldat, il recevra bientôt l'ambassadeur turc, l'ambassadeur persan, presque aux avant-postes, dans les boues de la Prusse-Orientale, où se détrempent leurs oripeaux. Car c'est là que l'empereur est venu à la rencontre des Russes, obligé de leur faire repasser la Narew pour couvrir lui-même la Vistule, plus loin, toujours plus loin, avançant ses positions militaires comme le spéculateur reporte ses positions de Bourse, car il spécule éternellement, par la guerre, sur la même valeur, la paix.

Le choc eut lieu le 8 février 1807, à Eylau, après des marches et des combats difficiles, dans un pays coupé de rivières et de marécages, sous un climat rigoureux qu'accompagnent le froid, la faim, la maladie. Journée dure, meurtrière. Déjà ce ne sont plus les victoires qui sortent toutes seules d'une savante manoeuvre et *du* cerveau de l'empereur, que le soldat a l'impression de gagner à coup sûr, et qui ne laissent que des pertes légères. La belle manoeuvre napoléonienne qui devait jeter l'ennemi à la mer, un accident bête, une dépêche saisie sur une estafette, l'a fait échouer. À Bonaparte lui-même, la fortune n'est pas toujours fidèle. Là-dessus, les Russes s'arrêtent à Eylau et tiennent tête pour couvrir leur retraite. Dans le cimetière, sous les rafales d'artillerie et les rafales de neige, c'est une nouvelle image de la guerre qui apparaît à Napoléon, qu'on vit là "plus grave que de coutume", et à la Grande Armée qui ne connaissait pas encore ces boucheries. Elle restait maîtresse du champ de bataille, mais un champ de bataille couvert de cadavres. Les Russes et les Prussiens avaient pu subir des pertes deux ou trois fois plus lourdes. Celles de la Grande Armée étaient cruelles pour une victoire qui n'était pas décisive, et la mort de généraux réputés, Corbineau, d'Hautpoul, faisait mesurer le prix dont il avait fallu la payer. En tout, du côté français, 3 000 tués, plus du double de blessés, sans compter les hommes malades, fourbus, éclopés. Ces chiffres, dont on n'avait pas l'habitude, parurent effrayants. En France et hors de France, ils furent exploités. À Paris, "les esprits en étaient retournés, ce n'étaient que lamentations". Napoléon fut obligé de donner des ordres pour qu'on dît partout, dans les journaux, dans les cours étrangères, que ses pertes n'avaient pas été importantes, et pourtant le bulletin n'avait avoué que 1 900 morts. Talleyrand se contenta de murmurer une épigramme. Eylau n'était qu'une bataille "un peu gagnée". Une bataille, disait un autre, "que les Russes prétendaient avoir gagnée et que nous ne voulions pas avoir perdue".

La visite fameuse de l'empereur au lugubre lieu du combat, parmi les plaintes et les cris des mourants, doux avec tout le monde comme il l'était quand les choses n'allaient pas ; ses paroles, qu'un tel spectacle était fait pour inspirer aux princes l'amour de la paix et l'horreur de la guerre, ce sont les marques d'un trouble intérieur par lequel s'explique la démarche qu'il tenta cinq jours plus tard auprès du roi de Prusse. A la vérité, Napoléon était déçu, tourmenté. Avec l'armée russo-prussienne, battue, éprouvée, non détruite, la paix lui échappait aussi. Il se demandait ce que ferait l'Autriche, et il murmurait, le soir au bivouac, ce que Jomini, l'homme qui pénétrait le mieux ses pensées, disait tout haut : "Si j'étais l'archiduc Charles !" Il devait tenir tête à son entourage, à Murat, à Berthier lui-même, qui étaient d'avis de repasser la Vistule. Le 13 février, le général Bertrand est chargé de porter à Frédéric-Guillaume, maintenant réfugié à Memel, les propositions de l'empereur qui, d'un seul coup, offre de rétablir le roi de Prusse à Berlin, de lui rendre ses États jusqu'à l'Elbe. Abandon de la Pologne, cette fois sans ambages puisque l'occupation de Varsovie n'a pas produit le moindre effet sur Alexandre. Napoléon n'hésite pas à renier les Polonais, faisant savoir qu'à vivre avec eux il les a jugés, qu'ils ne l'intéressent plus.

La mission du général Bertrand, si explicite, trahissait la pensée secrète de Napoléon, son inquiétude. Frédéric-Guillaume et Alexandre, toujours unis, résolurent de s'en assurer. Un colonel prussien, sous prétexte d'échanger des prisonniers, fut envoyé au "camp impérial", qui était le misérable gîte d'Osterode. Il vit Bonaparte, le trouva bavard, agité, distrait, comme un homme dont "l'esprit est inquiété furieusement". Il causa avec Ney et d'autres, entendit des critiques, des plaintes amères - déjà la "fronde des maréchaux", certains, comme Bernadotte, mûrs pour la défection. Frédéric-Guillaume, poussé par la reine Louise, encouragé par Hardenberg et le parti patriote, soutenu par Alexandre, qui promettait de jeter dans la lutte toutes les ressources de la Russie, conclut du rapport de ce colonel qu'il n'y avait pas lieu de donner suite aux ouvertures de Napoléon. Tout réduit qu'il était à la frange extrême de son royaume, le roi de Prusse pressentait, d'accord avec le tsar, le jour où les Français seraient chassés au-delà du Rhin, alors que Bonaparte croyait efficace et suffisante l'offre de lui rendre ses États jusqu'à l'Elbe.

On dit que, se méfiant de son hésitant mari, la reine Louise, pendant ce conseil, soufflait à l'oreille de Hardenberg : "Constance." Après l'échec de son offre de paix, ce fut la devise de Napoléon. Il se soumet toujours à ce qui ne dépend pas de lui et il se ressaisit devant l'inévitable. Il avait dit au colonel prussien, qui n'avait vu là que de la jactance, que s'il n'obtenait pas la paix il battrait pour de bon l'armée russe, qu'il saurait bien contraindre Alexandre à accepter ses conditions et qu'alors le roi de Prusse ne compterait plus. Il tint parole. Pendant quatre mois encore, il séjourne en Prusse-Orientale, travaillant avec acharnement, préparant la campagne d'été, pour la saison où l'affreux dégel aura pris fin, quand la marche des troupes redeviendra possible. Son but ne change pas : paix, amitié avec Alexandre. Il battra ses généraux, il séduira le souverain. Alors la fédération continentale ne sera plus un vain mot. La "dernière guerre" non plus. Le "plus vaste de ses projets" sera accompli.

Une des parties les plus frappantes de son histoire, c'est qu'en effet il obtiendra ce qu'il avait cherché, qu'il aura, comme il l'avait dit, Alexandre pour allié après l'avoir vaincu, et que tous ces succès ne serviront encore à rien. Une seule circonstance fait déjà réfléchir. En novembre 1806, le lendemain du décret de Berlin, la classe de 1807 a été appelée pour l'exécution du grand projet. En mars 1807, pour en finir, pour assurer "le repos de nos enfants", il faut lever les conscrits de 1808. D'année en année, l'effort s'exagère, l'arc se tend davantage. Il se brisera si Napoléon ne trouve la paix et le repos par l'alliance de la Russie.

Chapitre XVI : L'ouvrage de Tilsit

Si jamais un homme put se flatter d'avoir forcé le destin et s'applaudir d'être exactement arrivé au résultat qu'il cherchait, ce fut Bonaparte au mois de juin 1807. Son zénith est à ce solstice d'été. Mélange profond, égal succès des combinaisons militaires et des combinaisons politiques, les armes au service d'une diplomatie raisonnée, un Mazarin qui serait son propre Condé et un Condé qui serait Mazarin, un grand capitaine qui ne dit plus seulement de son adversaire : "Je le battrai là", mais : "Nous nous embrasserons là", et qui le bat, puis l'embrasse en effet. Rarement on a vu tant de calculs réussir à la fois. Et jamais, jusqu'à cette maturité du génie et de l'âge - le voici à ses trente-huit ans - il n'a eu ni donné ce sentiment de plénitude. C'est le moment où il écrit : "L'honnête homme combat toujours pour rester maître de lui." Sa tragédie préférée ajoute "comme de l'univers". On ne domine les événements et le monde que si l'on se domine d'abord soi-même, et Bonaparte se souvient de ses commencements prudents, des peines que le pouvoir lui a coûtées, de l'inconstance de la victoire. "S'il arrivait de grands revers et que la patrie fût en danger..." Cette phrase, qui rappelle les inquiétudes d'Eylau, précède de deux mois le double succès de Friedland et de Tilsit. Elle est témoin de sa lucidité, du sentiment exact qu'il a de la situation.

Son but est de se réconcilier avec la Russie. Il y pense depuis la mort de Paul 1er. Il y pensait en ménageant Alexandre après Austerlitz. C'est l'idée qui occupe son esprit pendant ce long séjour de Pologne où il se montre capable de tant de patience. Entre Eylau et Friedland, entre les deux batailles, il n'est pas de soin, de précaution qu'il ne prenne pour apparaître comme la victime des coalitions que fomente l'Angleterre et pour éviter le rôle de provocateur. L'Autriche manifeste l'intention d'intervenir pour la paix générale. Napoléon se garde de repousser l'idée d'un congrès afin de "ne pas donner de prétextes". Et même il s'empresse : "Je désire beaucoup lier mon système avec celui de la Maison d'Autriche." Il garde en réserve l'alliance autrichienne si l'alliance russe vient à manquer, de même que, le mariage russe manquant, il aura en réserve le mariage autrichien.

Il est vrai qu'il doit toujours se méfier, que l'agression de la Prusse a été une leçon, qu'il ne peut sans imprudence se dessaisir des gages qu'il a pris à cet État. Mais il est fort de tant de regrets d'avoir dû châtier et qu'il a exprimés à Frédéric-Guillaume. Est-ce sa faute si ce roi s'obstine à lier sa cause à celle du tsar avec lequel, d'ailleurs, l'empereur ne demande qu'à traiter ? La Suède, qui a fait dans la coalition une entrée épisodique, propose un armistice. Napoléon saisit cette occasion de reprendre le thème qui a déjà servi avec les Prussiens. Pourquoi cette guerre ? A quoi bon s'entretuer quand les Français et les Suédois ont tant d'estime réciproque, tant de raisons d'être amis ?

Ainsi Napoléon se trouve en excellente posture pour tendre la main à Alexandre, recommandant surtout à Paris de "ne pas parler de l'indépendance de la Pologne" et de "supprimer tout ce qui tend à montrer l'empereur comme le libérateur". Tout aura été préparé de loin, même la bataille, et il ne faut plus qu'une chose pour le coup de théâtre qui doit apporter le dénouement. C'est que, l'été rendant possible la reprise des opérations, les Russes eux-mêmes attaquent. Qu'ils se retirent au contraire, qu'ils laissent Napoléon devant le vide, qu'ils l'obligent soit à les poursuivre (et jusqu'où ?), soit à attendre (jusqu'à quand ?) et ce sera déjà tout 1812. Alors, chose essentielle pour comprendre ce qui se passera, 1807 est un 1812 qui réussit, qui amène la paix et l'alliance avec la Russie parce que les Russes, au lieu de rompre le contact, ont pris l'offensive, livré bataille, donnant à Napoléon le droit de dire, et il en triomphera autant que de sa victoire, que, sortis les premiers de leurs cantonnements, ils ont encore été les agresseurs, avec cette excuse d'avoir été poussés par l'Angleterre, éternelle "ennemie de la paix".

Le14 juin, anniversaire de Marengo, l'armée russe est complètement battue à Friedland, Alexandre avec elle et encore plus qu'elle. Il l'est dans son âme. Il semble admirer son vainqueur. Il l'admire peut-être vraiment. En tout cas, il cède à la pensée de s'entendre avec lui. On comprend tout de suite pourquoi Napoléon ira - c'est déjà dans cinq ans - jusqu'à Moscou, y perdra un temps précieux. C'est parce qu'il aura vu, après Friedland, Alexandre tomber dans ses bras. Il poursuivra, il attendra, pour sa ruine, une autre accolade de Tilsit.

Il avait, après sa victoire de Friedland, refoulé les débris de l'armée russe en retraite jusqu'au Niémen, limite de l'empire moscovite. Et qu'eût-il fait si, à ce moment, et de l'autre côté du fleuve, Alexandre, comme fasciné, n'eût demandé un armistice, si le tsar eût écouté ceux qui lui conseillaient de laisser entrer Napoléon, comme Pierre le Grand après avoir perdu la bataille de Narva, avait laissé entrer Charles XII ? Alexandre ne vit pas à quel point Napoléon avait faim et soif de cette paix qu'il venait, le 22 juin, de promettre à ses soldats et à la France, la paix nécessaire au système, une paix "qui porte avec elle la garantie de sa durée", parce qu'"il est temps d'en finir et que notre patrie vive en repos à l'abri de la maligne influence de l'Angleterre". En finir, c'était le besoin de Friedland et c'est l'illusion de Tilsit. Car Napoléon est prêt à beaucoup de choses pour obtenir l'alliance de la Russie. Mais lui-même ne voit pas non plus qu'Alexandre ne sera qu'à moitié sincère parce qu'il a des raisons immédiates et impérieuses de conclure une paix qu'autour de lui on réclame très haut, dans un découragement et une débandade où s'abolit la discipline, où le tsar n'est peut-être pas en sûreté et peut craindre, comme il arrivera cent dix ans plus tard à Nicolas II, l'abdication imposée, en pleine guerre, par le militaire en révolte.

Sentimental et mystique, sujet aux revirements soudains, Alexandre calculait beaucoup. Autrement que Napoléon sans doute. Il se décidait pourtant comme lui et comme la plupart des hommes par les circonstances, ce qui fera qu'ensuite ils se traiteront réciproquement de fourbes. Novossilov souffle à l'oreille du tsar que, s'il s'allie avec la France, il devra craindre, en revenant à Saint-Pétersbourg, le sort de Paul 1er. Mais, dans le moment, l'armée russe est incapable de résistance et Alexandre reçoit des offres de paix inespérées. Alors tout ce que Napoléon a fait depuis des mois pour rendre la réconciliation possible porte son fruit. Dans les heures mêmes qui suivent Friedland, il laisse percer son désir de traiter à des conditions honorables. Et il se réserve d'éblouir Alexandre par des conditions qui seront généreuses et magnifiques.

Les deux empereurs se rencontrèrent à Tilsit dès le 25 juin. Et cette rencontre, avec son caractère de théâtre, produisait en faveur de Napoléon l'effet d'un immense succès moral. Il est l'homme vraiment extraordinaire qui réussit tout, à qui tout réussit, qui dispose de la paix comme de la guerre. Ce radeau au milieu d'un fleuve hyperboréen, où, sous les regards des deux armées rangées sur chaque rive, des souverains, non seulement puissants mais "amis des lumières", qui se battaient la veille, s'embrassent aujourd'hui, c'est une mise en scène où la main et le savoir-faire de Bonaparte se reconnaissent, avec cette "intelligence de l'imagination des peuples" qui est une de ses facultés maîtresses, une des grandes raisons de son pouvoir sur l'esprit des humains. On croit lire le poème philosophique qu'eût écrit Voltaire sur cette arche, du Niémen, arche de concorde pour despotes éclairés.

Napoléon s'était promis de séduire Alexandre, sûr de ne pas être séduit lui-même. Il sortit de la première entrevue enchanté de ce "fort beau, bon et jeune empereur". Il devait bientôt découvrir chez lui " un Grec du Bas-Empire ". Il en était alors au sentiment naturel de jouir de sa conquête. Il avait le goût de plaire et il en avait le talent. Tous ceux qui l'ont approché ont parlé du charme, de la "puissance magique" qu'il savait donner à son regard, surtout à son sourire, de "l'âme" qu'il savait mettre sur ses lèvres et dans ses yeux. Alexandre voit le grand homme du siècle, le redoutable capitaine, aimable, caressant, magnanime, faisant oublier qu'il est le vainqueur, d'autant plus persuasif qu'il est plus sincère et il est sincère parce qu'il touche enfin au but de sa politique. D'un seul coup, un coup de foudre, admirablement préparé, comme un haut fait de séducteur, l'exploit d'un Valmont impérial, Alexandre est conquis. Il dira ce mot féminin et qui n'était pas tout à fait menteur : "Je n'ai rien aimé plus que cet homme." C'est un épisode des *Liaisons dangereuses* pendant les nuits blanches des étés du septentrion.

Maintenant Napoléon et Alexandre ne se quittent plus, partagent les repas, les promenades, les pensées. Il n'y a qu'une ombre, un vague remords pour le tsar. Ce sont ses alliés, le roi et la reine de Prusse, qui ont tout perdu parce qu'ils ont cru en lui et qu'il abandonne. Napoléon lui réserve encore cette surprise, cette délicatesse du cœur, deviner les scrupules de son ami, prévenir les reproches de sa conscience, lui épargner les silences amers du triste Frédéric-Guillaume, les regards méprisants de la belle Louise. Tout de suite, Napoléon fait venir ces vaincus de leur lagune de Memel. Déjà il est résolu à leur rendre, en l'honneur d'Alexandre, une partie de leurs États. Ils seront aussi de la table impériale et il aura pour eux les égards dus au malheur, échappant au manège de la jolie femme, ne se laissant entraîner ni par la pitié ni par la galanterie au-delà du dessein qu'il a arrêté pour la Prusse. Il faut se faire de Napoléon à Tilsit l'image contraire de celle d'un vainqueur brutal. S'il est enivré de quelque chose, ce n'est pas de ses victoires, c'est de ses succès diplomatiques et l'on peut dire mondains.

Il eût, au-delà de toute mesure, été affranchi de la condition humaine, s'il n'avait goûté les heures où, à cette extrémité de l'Europe, il tenait sous son prestige l'héritier de la grande Catherine et l'héritier du grand Frédéric. Il y avait en lui un coin de parvenu, mais d'intellectuel parvenu. Il évoquait ce qu'avaient représenté pour lui-même, jeune lecteur des philosophes de l'autre siècle, le fameux roi de Prusse et la Sémiramis du Nord. Mais surtout, à partir de ces heures-là, comment n'eût-il pas été tenté de croire que rien ne lui était plus impossible, lorsque, sous la tente de Tilsit, tels des dieux, l'empereur des Français modelait l'Europe dans une causerie familière avec l'autocrate de toutes les Russies ?

En concluant ce traité de paix et d'amitié avec Alexandre, il est au sommet de ses voeux. Sans doute, il sera la dupe de Tilsit. Mais que d'autres avec lui ! "C'est bien fini des guerres, maintenant", répète-t-on dans les rangs de la Grande Armée et les beaux jours de Tilsit laisseront autant de regrets, une trace aussi brillante que ceux d'Amiens, ils feront oublier les combats sanglants, les misères, ils serviront encore à la magie du règne. Pourtant, rien n'est fini et Napoléon le sait. Que cherche-t-il ? Que. Veut-il ? Associer à la lutte contre l'Angleterre la Russie qui devient la pièce maîtresse du "système". En donnant l'ordre à Fouché de veiller pour que, dans les journaux de Paris, il ne soit plus dit de "sottises" sur les vaincus de Friedland et leur empereur, il ajoute : "Tout porte à penser que notre système va se lier avec cette puissance d'une manière stable." Le système, c'est le blocus continental. Trois jours plus tard, il rédige à l'usage d'Alexandre, un exposé sur "la conduite que nous avons à tenir pour contraindre l'Angleterre à la paix". Désormais Napoléon considère que la guerre est finie sur le continent. Il ne reste plus à terminer que la guerre maritime. Alexandre offrira sa médiation à Londres pour la paix générale. Si l'Angleterre refuse, "elle verra la crise qui se prépare pour lui fermer tout le continent". Il s'agit que le décret de Berlin ne soit plus un vain mot. La Prusse étant à demi occupée, à demi soumise, la Russie consentante, le commerce des Anglais, exclu d'Europe, étouffera encore davantage. Si l'Angleterre s'obstine, l'escadre du tsar s'unira aux flottes de la France et de ses alliés pour reprendre les hostilités sur les mers. Et que faut-il pour décider Alexandre ? Renoncer à la résurrection d'une grande Pologne, ce n'est pas assez, Napoléon ne l'ignore pas. Alors, à ses yeux éblouis, il déroule, la carte sur la table, un projet de partage plus grandiose que tous ceux du siècle passé, la question d'Orient résolue au profit de la Russie, le "grand projet". Sans doute, il faut sacrifier, avec les Polonais, les Turcs qui sont aussi les alliés de la France, qui, durant cette campagne de Friedland, opéraient une diversion utile contre le tsar, qui ont résisté dans le Bosphore, avec l'aide de Sébastiani et d'une mission française, à une attaque des Anglais. Il serait fâcheux de trahir aussi ouvertement ces Turcs amis. Juste à ce moment une révolution de palais renverse le sultan Sélim, délie Napoléon de cette alliance. Les provinces danubiennes, dépouilles de Sélim, la Finlande, dépouille de la Suède, telle est la part que reçoit la Russie quelques jours après une sanglante défaite, comme si, dit Thiers, et ce n'est pas mal dit, "l'honneur d'être vaincu par Napoléon équivalait à une victoire".

Le traité de paix fut signé à Tilsit, le 8 juillet, trois semaines après Friedland, toujours avec cette rapidité qui improvisait les plus vastes remaniements de souverainetés et de territoires. Traité brillant, plein de contradictions, de transactions et de faiblesses comme ils le sont tous et que Bonaparte eût critiqué le premier s'il en avait subordonné les détails - et les découpages de provinces, les créations d'États n'étaient plus que des détails - à l'idée centrale qui était de fédérer le continent contre l'Angleterre.

Il est facile de dire que la Prusse devait être ou bien tout à fait anéantie ou restaurée tout à fait, mais on ne pouvait la supprimer et détrôner son roi sans déshonorer Alexandre. D'autre part, elle avait prouvé, dix mois plus tôt, qu'elle était dangereuse avec toutes ses forces et tout son territoire. Il eût été imprudent de la laisser intacte et de la remettre dans son ancien état de puissance. Il est facile de dire encore que le duché de Varsovie, simulacre d'indépendance de la Pologne, c'était, pareillement, à la fois trop et pas assez. Napoléon se félicitait de la création de cet État varsovien comme d'une solution modérée, prudente, bien calculée, qui tenait compte de tout. Il faisait tout de même quelque chose pour les Polonais, ménageait ces utiles, ces sincères amis de la France dans l'Europe de l'Est, les constituait en État-tampon, suffisant pour mettre une distance entre la Russie et l'Allemagne, trop faible pour porter ombrage au tsar. Du moins, Napoléon le supposait, à tort. Le tsar s'était résigné, assez mal, et parce qu'il n'avait pu faire autrement, à cette résurrection d'un fragment de Pologne. Elle serait, à Pétersbourg, un grief permanent contre l'alliance française et le choix même du roi de Saxe, d'une espèce de neutre, pour gouverner le duché varsovien n'était pas assez pour calmer les craintes des Russes.

Pourtant Napoléon n'avait pas voulu que son frère Jérôme régnât à Varsovie. Pour celui-là, encore sans emploi et qui devait servir comme les autres ou disparaître, l'empereur créait un nouveau royaume feudataire. Et ce royaume de Westphalie n'était pas un caprice. Il rentrait dans la grande pensée, continuer, toujours selon le "système", le royaume de Hollande, compléter la Confédération du Rhin, employer les restes de la Prusse, toujours pour soustraire plus de littoral, d'estuaires, de ports et de débouchés au commerce anglais. Et puis Jérôme, le nouveau roi, épousant Catherine de Wurtemberg, devient parent du tsar qui a feint ne pas comprendre - c'est, pour Napoléon, la déception de Tilsit - les allusions à l'autre idée de mariage et qui, de son illustre et nouvel ami, du grand homme admiré, du héros chéri, ne semble pas pressé de faire un beau-frère. Avec la Finlande et les provinces danubiennes arrachées à la Turquie, donne-t-on même assez à la Russie pour répondre qu'elle restera fidèle à l'alliance ? Mais lui offrir d'emblée Constantinople, ce serait la rendre si puissante, bouleverser à ce point tout équilibre, que jamais l'histoire n'eût pardonné à Bonaparte d'être allé si loin. Sans compter la tentation naturelle que pouvait avoir déjà la Russie de faire garantir ses acquisitions de Tilsit par l'Angleterre après les avoir obtenues de la France. Telles furent les réflexions et les raisons par lesquelles, en concluant cette paix, se détermina l'empereur.

Ces constructions hâtives, ces espèces de baraquements politiques que Bonaparte élève après chacune de ses courses victorieuses à travers l'Europe et qui étendent toujours, selon les mêmes données, les annexes dont la Révolution avait déjà flanqué ses propres conquêtes, ce sont des châteaux dans les nuages. Et tout cela, qui est démesuré, ne paraît absurde que si l'on oublie l'absurdité essentielle, foncière, d'une situation qui durait déjà depuis près de quinze ans, la loi d'une entreprise qui consistait à faire, sans marine, la guerre aux Anglais, à conquérir la mer par la terre. Mais les Anglais étaient moins disposés qu'ils ne l'avaient jamais été à faire la paix et à reconnaître à la France la possession de la Belgique, alors que, pour garder la Belgique, la France, de proche en proche, était entraînée à dominer le continent.

Quand on énumère les agitations de Bonaparte, quand on regarde, en se disant qu'il est inévitable que l'édifice s'écroule, l'entassement de ses alliances, de ses traités, de ses annexions, de ses victoires même, on oublie ce qui commandait sa position. Il ne l'oubliait pas. La guerre avec les Anglais avait recommencé depuis le mois de mai 1803, un an avant la proclamation de l'Empire, cet état de guerre devait durer jusqu'à la chute de Napoléon, et personne n'a jamais dit comment il aurait pu en sortir. Condamner les moyens qu'il a employés revient à reconnaître qu'ils ont été inutiles comme la tentative elle-même, car personne n'en a jamais indiqué de meilleurs. Ou plutôt, un seul eût été vraiment efficace. C'eût été d'évacuer tout de suite la Belgique, chose à laquelle Napoléon pouvait penser moins qu'un autre puisqu'on était allé jusqu'à lui décerner le pouvoir suprême pour qu'il conservât à la France cette conquête fondamentale de la Révolution.

La trêve d'Amiens s'était rompue sur le prétexte de Malte. À Tilsit, Napoléon et Alexandre conviennent de laisser Malte à l'Angleterre, qui ne daigna être fléchie pour si peu puisque l'île n'avait pas cessé d'être en sa possession. Ainsi du petit au grand. Rien ne sera fait tant que l'Angleterre ne sera pas vaincue, et tout, dans la politique napoléonienne, est destiné à produire la défaite ou la capitulation de l'Angleterre comme tout, dans la politique du cabinet de Londres, est destiné à produire la renonciation de la France aux conquêtes qui ont été, dès 1793, frappées d'interdit par le gouvernement anglais. Alors, il faut que le blocus continental qui est, contre l'Angleterre, l'arme unique de Napoléon, devienne complet, hermétique. C'est à cela que Tilsit doit servir comme l'alliance russe doit servir à imposer la fermeture des ports dans les États réfractaires ou récalcitrants. Cette paix précise et agrandit le "qui n'est pas pour moi est contre moi" en vigueur des deux côtés de la Manche, et qui provoque sans arrêt les coalitions et les contre-coalitions.

Pas un instant Napoléon ne perd de vue son objet. Sur le chemin du retour en France, de Dresde, le 19 juillet, il donne à Talleyrand ses instructions, déduites du traité qui vient d'être signé onze jours plus tôt au bord du Niémen.

Partout où le blocus continental a des fissures, les boucher. "Monsieur le prince de Bénévent, il faut s'occuper sans retard de faire fermer tous les ports du Portugal à l'Angleterre." Si le Portugal refuse, on lui déclarera la guerre conjointement avec le roi d'Espagne qui, étant l'allié de la France, doit comprendre l'urgence de cette mesure. Prenons note ; c'est l'amorce de la plus funeste des entreprises. Mais la logique le veut, et la nécessité. Dans le même esprit, le 28 août, Napoléon écrit à son autre grand allié, celui de Pétersbourg, afin qu'il agisse aussi à Vienne, d'accord avec la France, pour que l'Autriche, à son tour, ferme ses ports aux Anglais. Il est vrai qu'Alexandre n'a pas tout à fait fermé les siens et c'est par là que viendront la brouille et la rupture. Il restera les États du pape et les États scandinaves, la Suède, le Danemark, qui devront aussi refuser d'acheter et de vendre aux Anglais. À cela doit encore servir l'alliance russe. Alors la tunique sans couture du blocus sera passée sur le continent.

"L'ouvrage de Tilsit réglera les destins du monde." Il y avait l'ouvrage de Tilsit, l'amitié de Tilsit et même le style de Tilsit, celui dans lequel s'étaient épanchés, coeur à coeur, les deux souverains. Il y eut aussi, et chez Napoléon seul, l'enivrement de Tilsit. Il avait trop l'expérience de la guerre pour ne pas savoir à quoi les victoires peuvent tenir. Malgré sa connaissance, son mépris des hommes, il n'avait pas assez l'expérience de là diplomatie pour apprécier exactement le fond qu'il pouvait faire sur l'alliance russe. Il s'en exagéra la valeur, la portée, la solidité, parce qu'elle devenait la base de sa politique tandis qu'Alexandre murmurait à l'oreille d'un Prussien : "Avec les circonstances, la politique pourra changer." Mais il semble à Napoléon qu'il lui suffira d'être, pendant quelques années seulement, l'allié de la plus grande puissance du continent pour que rien ne puisse lui résister. Le principe de ses fautes les plus graves est là. Il fut victime du mirage russe. Il n'était pas le premier et il ne devait pas être le dernier.

À partir de Tilsit, Napoléon ne ménage plus rien. C'est le mot, l'aveu naïf, la clef que Champagny, parlant au ministre de Portugal, livre à l'histoire : "D'accord avec la Russie, il ne craint plus personne." Il en oublie toute prudence et les erreurs qu'on lui reproche le plus, affaires de Rome et d'Espagne, datent également de la période qui suit les effusions théâtrales sur le radeau du Niémen.

Cependant si les violences s'aggravèrent, Napoléon ne fut pas seul coupable. La réponse de l'Angleterre à l'alliance franco-rus-se avait été rude. Le 2 septembre, après une sommation au Danemark, elle a bombardé et à peu près détruit Copenhague afin de terroriser les neutres et faire craindre aux rivages de Russie le même sort. Le 11 novembre, un décret du cabinet de Londres oblige les navires des pays non-belligérants à passer par les ports anglais pour y payer une taxe ou pour y prendre des marchandises sous peine d'être déclarés de bonne prise. Arbitraire évident des "tyrans des mers". Il n'est que juste de dire que "Napoléon se crut tout permis puisque l'Angleterre se permettait tout à elle-même". La riposte au décret de Londres fut, le 17 décembre, le décret de Milan, qui renforçait les règles du blocus continental et exposait à la saisie les bâtiments, quels qu'ils fus-sent, qui auraient touché en Angleterre.

Il faut voir ici les choses dans leur enchaînement et dans leur suite, le duel franco-anglais avec l'inégalité qui résultait pour la France du fait que l'Angleterre était, depuis Trafalgar, maîtresse incontestée de la mer, tandis que Napoléon ne serait jamais le maître complet du continent. Il s'épuiserait, n'ayant d'autre ressource, à la tâche impossible de rallier toutes les nations d'Europe, de les associer à une guerre dont l'enjeu, qui ne variait pas, était la Belgique et la rive gauche du Rhin. Il comptait, pour fédérer avec lui les peuples, sur la tyrannie maritime de l'Angleterre, ses exactions, ses attentats au droit des gens. Un seul pays, à la fin, s'insurgera, déclarera la guerre aux Anglais au nom de la liberté du commerce, mais pour son compte, sans la moindre liaison avec la France et sans moyens suffisants pour que son concours indirect soit utile. Ce seront les États-Unis d'Amérique qui n'étaient pas alors une grande puissance. Mais les nations européennes, convoquées à la lutte pour leur indépendance, éprouvent déjà beaucoup plus les effets du blocus terrestre que les effets du blocus maritime. L'Angleterre saisit des navires au loin. La France met ou fait mettre des douaniers partout, de sorte que la contrainte qu'elle impose est beaucoup plus visible, beaucoup plus sensible que la "tyrannie" des Anglais qui s'exerce entre le ciel et l'eau. L'empereur a beau s'excuser, reconnaître que les mesures arrêtées par les décrets de Berlin et de Milan sont "injustes, illégales et attentatoires à la souveraineté des peuples", que ce sont des mesures de circonstance auxquelles il est lui-même obligé, il a beau, en contrepartie, apporter aux gouvernements alliés des agrandissements de territoires, aux populations le progrès, la suppression des anciennes servitudes, une bonne administration. Il n'en est pas moins tenu de veiller à la stricte exécution de son blocus, de mettre des soldats derrière les douaniers, de continuer les douanes par la conquête et l'annexion, de sorte que la lutte pour l'indépendance contre l'Angleterre devient la domination de la France et que l'Europe, bientôt, appellera les Anglais comme des libérateurs.

C'est à partir de Tilsit que l'empereur applique, c'est-à-dire impose vraiment le système et l'on aperçoit aussitôt l'écheveau incroyablement embrouillé dans lequel il s'engage. Plus sont grands les moyens qu'il possède pour réaliser ce que la Convention a déjà conçu avant lui et plus il complique les affaires. On a l'impression d'une sorte de vertige, d'un délire de la puissance, d'un démiurge insensé qui brasserait sans arrêt le vieux monde, ôtant ici rois pour les mettre ailleurs, donnant aux uns ce qu'il reprend aux autres, remaniant, agglomérant, divisant, annexant et il *est* impossible de le suivre dans le détail sans donner au récit un caractère d'éparpillement et de papillotement insoutenables pour l'esprit. Cependant, si nous pouvons risquer cette comparaison, qui n'est pas noble mais parfaitement exacte, les actes les plus démentiels de Napoléon seront aussi raisonnables que les mouvements désordonnés d'un rat pris au piège. N'oublions pas que le sien s'était fermé à Trafalgar et qu'il faut maintenant courir, "depuis Gibraltar jusqu'au Texel", à toutes les issues par où peuvent entrer des marchandises anglaises, puisque c'est dans son commerce seul que la nouvelle Carthage peut être frappée.

Mais quelle tâche, qui est à recommencer toujours ! Alexandre, malgré le mécontentement de ses boïards et de ses marchands, le même mécontentement qui avait coûté la vie à Paul 1er, vient enfin, à force d'objurgations, de mettre l'embargo sur les navires anglais. Seulement il faut lui donner, aux dépens de la Turquie, les satisfactions promises, et alors ce sont les Turcs qui passent dans l'autre camp et qui rouvrent Constantinople à l'Angleterre. En Hollande, Louis n'arrive pas à faire respecter le blocus par ses propres sujets. Napoléon l'accable de conseils sur l'art de gouverner, le rappelle à ses devoirs, le réprimande, se fâche. La combinaison du royaume de Hollande n'est assurément pas la bonne ; il faudra songer à une autre. En]Étrurie, il y a une reine, une Bourbon d'Espagne intronisée là naguère, au scandale des Jacobins de Paris, pour faire plaisir à la cour de Madrid. Cette reine laisse passer par Livourne trop de cotonnades, comme le pape en laisse trop passer à Ancône. Elle sera expédiée, dédommagée ailleurs. Il y a des plans sur le Portugal. Il faut en finir, toujours selon la logique du système, avec cette dépendance de la couronne britannique. Lisbonne et Oporto ne sont que des "comptoirs anglais". Un tiers du territoire portugais sera donné à la reine d'Étrurie, un tiers au prince de la Paix, le dernier à Napoléon lui-même qui, de là, surveillera le reste. C'est le traité de Fontainebleau, le traité de conquête et de partage franco-espagnol, pour en finir avec la maison de Bragance, comme on en a fini avec les Bourbons de Naples, "vendus", eux aussi, à l'Angleterre. Et là non plus Napoléon n'innove pas. Quand il écrit au roi d'Espagne : "Je m'entendrai avec Votre Majesté pour faire de ce pays (le Portugal) ce qui lui conviendra", c'est encore un projet qu'il reprend au Comité de salut public, un projet qui date de 1795 et qu'il exécute parce qu'il croit, cette fois, en avoir les moyens. Mais, qu'on soit la République ou l'Empire, on ne peut mener ni même concevoir la guerre de représailles commerciales contre les Anglais si on leur laisse leur pied-à-terre du Portugal.

Du décret de Berlin à l'alliance russe, de l'alliance russe au décret de Milan, du décret de Milan au traité de Fontainebleau, la suite des raisonnements et des actes est nette. Elle est naturelle. Mais ce développement en comporte d'autres qui auront le même caractère de nécessité et de fatalité. Napoléon s'engage dans une entreprise qui sort des précédentes, s'y rattache et, à son tour, en déterminera d'autres. Junot, avec une armée, franchit les Pyrénées pour marcher sur Lisbonne. C'est le commencement des affaires d'Espagne, alliance, coopération militaire au Portugal avec les Bourbons de Madrid, en attendant de les détrôner à leur tour, de simples gîtes d'étapes de la frontière française à la frontière portugaise, en attendant l'occupation de toute la péninsule. Dans un esprit puissamment déductif comme celui de Bonaparte, une idée se forme, engendre les suivantes. *Que* les événements le tentent, sa pensée fait un bond nouveau. Nous allons voir, en Espagne, par des circonstances que personne ne pouvait calculer, naître et grandir la funeste tentation.

En cet automne, si triomphant, de 1807, Napoléon ne veut plus se contenter de cette guerre immobile de la prohibition, de cette lutte d'usure qui use tout le monde, qui consiste à ruiner les Anglais, qui fait dire qu'ils sont aux abois quand ils trouvent toujours de nouvelles ressources. De nouveau, il pense à une attaque de l'Inde par la Perse.

Il y pousse la Russie, qui reste sceptique. Il revient à l'idée du camp de Boulogne, à la descente possible en Angleterre, en tout cas à des opérations navales. Il ordonne que des vaisseaux soient mis en chantier en France, en Hollande, à Naples, à Ancône qu'il vient d'occuper, partout. Il veut effacer les conséquences de Trafalgar et, pour cette renaissance maritime, le concours actif de l'Espagne, son alliée, est nécessaire. Mais l'Espagne est-elle une alliée sûre ? Sans la victoire d'Iéna, elle allait le trahir, il en a eu la preuve et il s'en souvient. Et puis, dans quel état est-elle ? Plus bas, de plus en plus bas, dans la décrépitude, menacée d'anarchie. "Il ne pouvait, dit Thiers, se défendre d'un sentiment de pitié, de colère, d'indignation, en songeant que l'Espagne n'était même pas en mesure d'armer une division navale." Et "il se disait qu'il faudrait bien finir par lui demander, pour elle, pour ses alliés, de s'administrer autrement". Vaguement encore il songe à rajeunir l'Espagne, à la moderniser, à la régénérer. Elle s'endort sous Charles IV, ce Sganarelle couronné qui n'a d'yeux, comme la reine, que pour Godoy, le "prince de la Paix", un ancien garde du corps, scandale de la cour et de la nation. "Un roi imbécile, une reine impudique", un prince héritier qui conspire contre ses parents et contre leur "abject favori", tel est le spectacle que donne le gouvernement espagnol. Comment se reposer sur lui alors que, sans la victoire d'Iéna, il se fût livré à l'Angleterre ? Ébauche de trahison qui a, pour la première fois, donné à Napoléon l'idée qu'il aurait "quelque chose à revoir dans ses affaires avec ce pays". Pour le succès des choses entreprises en commun, il n'est pas nécessaire seulement que cet allié soit fidèle. Il est indispensable que ses forces soient tendues comme le sont celles de la France.

Déjà des flatteurs, parmi lesquels Talleyrand, plus dangereux depuis qu'il est en demi-disgrâce, murmurent à l'oreille du maître que Napoléon devrait mettre à Madrid un roi de sa famille comme Louis XIV y avait mis le duc d'Anjou. Mais l'empereur n'en est pas encore au jour où il décidera que les Bourbons d'Espagne ont cessé de régner. S'il a renversé ceux de Naples, c'est parce qu'il les a toujours trouvés parmi ses ennemis. Il n'est pas dans sa politique de multiplier les révolutions puisque le résultat qu'il cherche, c'est de fédérer l'Europe, qu'il prend comme elle est et qui est monarchique. Il n'est pas de son intérêt de détrôner sans besoin des maisons régnantes. Et à quel moment ? Devenu l'allié du tsar, il se rapproche de l'Autriche, il cousine et fraternise avec les représentants des grandes royautés historiques, et, rien que pour expulser de Lisbonne les Bragance, il est obligé de prendre avec la cour de Vienne des précautions.

Il lui faudra même quelque temps pour qu'il en arrive à se con-vaincre que cette famille royale d'Espagne n'est que pourriture, que ses dissensions jetteront l'État espagnol dans le chaos, achèveront de le ruiner, en rendront l'alliance de nul prix, si elles ne le livrent pas aux Anglais. L'imitation de Louis XIV, avec un Philippe V tiré de la quatrième dynastie, cela ne se ferait pas non plus à volonté. Avant que le duc d'Anjou régnât en Espagne, il avait fallu le trône sans héritier et le testament qui désignait le petit-fils du grand roi. Napoléon eût-il désiré la couronne d'Espagne pour un de ses frères que le prétexte et l'occasion eussent manqué. Le sort voulut qu'un drame de famille à l'Escurial les apportât. Si l'on admet (et comment ne pas l'admettre ?) que l'Espagne a été la fosse de l'empire napoléonien, on doit reconnaître aussi qu'un destin funeste y a poussé Bonaparte. Lui qui croyait à son étoile, il a eu là son astre noir. Il a fallu, pour l'introduire sans retour dans les affaires espagnoles, des circonstances romanesques, un imbroglio dont les suites ne pouvaient être prévues.

Au mois d'octobre 1807, en même temps que l'armée franco-espagnole de Junot commence la marche sur Lisbonne, en exécution du traité de Fontainebleau, le scandale éclate à la cour de Madrid. Charles IV paraissant près de mourir, le favori Godoy, pour se maintenir au pouvoir, a cherché, d'accord avec la reine, à obtenir du vieux roi que le prince des Asturies, celui qui devait être Ferdinand VII, fût écarté de la succession au trône. Ferdinand, sur le conseil de son ancien précepteur, le chanoine Escoïquiz, sollicite la protection de l'empereur des Français et, de plus, étant veuf et ayant refusé d'épouser la belle-soeur de Godoy, il demande en mariage une princesse de la famille Bonaparte. D'autre part, il se disposait à éclairer son père sur les intrigues de Godoy, lorsque la reine et le favori le devancent et convainquent Charles IV que son fils conspire contre lui. Le roi lui-même signifie au prince des Asturies, après lui avoir fait rendre son épée, qu'il est prisonnier dans le palais et publie un décret qui le déclare indigne du trône, non sans informer aussitôt l'empereur de ces événements et de "l'attentat affreux" que préparait le prince héritier. Ainsi, Napoléon est constitué par le père et par le fils arbitre de leur abominable querelle. De ce jour, avec le dégoût que lui inspire cette famille, date la tentation.

Il y eut pire encore, comme si le Malin lui-même s'était chargé de la besogne. Dans leur haine de Godoy, les Espagnols avaient pris le parti de Ferdinand et, sachant que le prince persécuté s'était mis sous la protection de l'empereur, faisaient tout haut des vœux pour que l'armée française, alliée de l'Espagne contre le Portugal, vînt les délivrer du favori. Ils appelaient eux-mêmes les troupes que Napoléon massait à la frontière pour être prêt à porter secours à l'expédition de Portugal qui, très faiblement soutenue par les Espagnols, ne tournait pas bien, et pour être en mesure d'intervenir à Madrid si cette dynastie des Bourbons divisée contre elle-même et son gouvernement en déliquescence s'effondraient. Précaution légitime puisque, pour expulser les Anglais de Lisbonne et d'Oporto, le corps de Junot est fort aventuré et serait pris entre deux feux au cas où le douteux Godoy viendrait à trahir l'alliance.

À ce moment-là, Napoléon, devant les affaires d'Espagne, est méfiant et incertain. Il n'a pas donné suite à la demande du prince des Asturies lorsqu'un nouveau coup de théâtre se produit. Charles IV pardonne à Ferdinand qui, ayant peur de Godoy autant que Godoy a peur d'une révolution et de la France, a dénoncé ses propres conseillers. C'est maintenant le roi, le Bourbon, qui sollicite la main d'une Bonaparte pour ce fils qu'il maudissait quelques jours plus tôt. L'offre d'entrer dans une pareille famille n'était pas séduisante et l'on comprend que Napoléon ait exigé d'abord que Ferdinand fût solennellement relevé de la déclaration qui le déshonorait. Mais encore fallait-il trouver une princesse dans la nouvelle "maison de France" et il n'y en avait plus à marier. L'empereur songeait à Charlotte, une fille du premier mariage de Lucien, bien qu'elle fût encore enfant. Il vit son frère en Italie, tenta une réconciliation pour que la jeune personne lui fût confiée. L'entrevue de Mantoue finit mal. L'empereur avait toujours la même exigence, refusait de reconnaître pour sa belle-sœur la seconde femme de Lucien. Il fut impossible de s'entendre. Avec le mieux doué de ses frères, l'incompatibilité de Napoléon était complète. La petite Lolotte ne partit pas. On n'aura pas vu la fille de Lucien Bonaparte, petite-fille, par sa mère, d'un aubergiste provençal, épouser un descendant de Louis XIV. L'idée de l'unir à Ferdinand, ce qui eût évité le détrônement des Bourbons d'Espagne et tant de malheurs, cet arrangement entrevu échouait. Néanmoins, Napoléon y tenait tant qu'il y reviendra. De Milan, le jour même du décret qui renforçait celui de Berlin, il avait écrit à Joseph, chargé d'envoyer à Paris la nièce : "Qu'elle parte sans délai... Il n'y a pas un moment à perdre, les événements se pressent et il faut que mes destinées s'accomplissent." Toutes les destinées, en Espagne, devaient tourner contre lui, faire manquer jusqu'aux dernières combinaisons, rendre vaines les suprêmes retenues de la prudence.

Par ces origines de la plus ruineuse des entreprises de Bonaparte, on voit tout ce qui a échappé à sa volonté. Il a été, de même que les autres hommes, le jouet des hasards et, plus que les autres hommes, la propre victime de son esprit calculateur qui déduisait inexorablement les conséquences de principes une fois posés. Mais il savait assez ce qu'il avait pesé de pour et de contre pour ne regretter jamais rien. D'ici quelques mois, son pied aura glissé en Espagne. Il n'est déjà plus le maître d'éviter le glissement.

Pourtant nul ne semble mieux se dominer que lui-même, à ces brillants lendemains de Tilsit, lorsqu'il reparaît, après sa longue absence, déjà un peu engraissé, avec un front qui se découvre sous un visage qui se remplit. Ce n'est plus le noir rapace, le Corse qui paraissait si brun parce qu'il collait ses cheveux, les enduisait de pommade. On lui voit la peau blanche, comme les dents très belles, les yeux bleus, un masque impérial, romain, avec la gravité mêlée de bonhomie d'un léger embonpoint qui va bien au succès. Il est détendu. Il n'est pas encore irritable. Sa pensée, toujours rapide dans l'action, a une sorte de sérénité olympienne lorsqu'il parle du gouvernement des peuples. C'est l'époque où il donne à ses frères des conseils sur l'art de régner et, au nom de son expérience, leur enseigne l'utilité de la patience et de la réflexion. "Il faut, entre méditer une chose et l'exécuter, mettre trois ans et vous ne mettez pas trois heures." C'est ainsi qu'il est arrivé au pouvoir. C'est ainsi qu'il a obtenu ce qui était plus difficile, peut-être, cette alliance russe dont il s'enorgueillit comme du plus beau fruit de ses savantes préparations, qui est l'objet de tous ses soins, avec la paix continentale dont il est l'auteur et le protecteur. Il surveille les militaires, qui ne le comprennent pas toujours et le compromettent souvent, il les rabroue pour leurs écarts de langage, tel Davout, le vainqueur d'Auerstaedt : "Les bruits de guerre avec l'Autriche sont absurdes. Vous devez tenir constamment le langage le plus pacifique ; le mot de guerre ne doit jamais sortir de votre bouche." Qui penserait que cet empereur si sage dût commettre des folies ? Et, "maître ou ami de tous les rois du continent", allié à plusieurs par les mariages de ses proches, sûr de l'Europe par les garnisons qu'il a partout, par la Grande Armée, par les traités qu'il a signés, les territoires qu'il a répartis, quel péril le menace ? Après son retour de Tilsit, il s'était installé à Fontainebleau. Il y eut là deux mois d'une vie de cour brillante, dans une affluence de princes étrangers, quelque chose qu'on n'avait pas vu depuis Louis XIV et les grands jours de Versailles.

Mais c'est un peu comme Louis XIV s'était établi à Versailles qu'il est allé à Fontainebleau. Il se méfie de ce Paris qui a mauvaise langue, où l'opinion est insaisissable. Il pensera même à loger chez le grand roi, il fera réparer le château parce que, dit-il quelquefois, les Parisiens ne lui ont pas pardonné le 13 vendémiaire. Derrière ce masque impassible, sous ce front de Jupiter, domine l'idée secrète que l'Empire est fragile, qu'il reste toujours à l'affermir, l'idée que sa mère, la bonne ménagère d'Ajaccio, riche en prudents proverbes corses, étonnée de sa haute fortune, et qui entasse en vue des mauvais jours, traduit par un hochement de tête : "Pourvu que cela dure !"

L'impression que l'empereur voudrait surtout effacer, c'est celle de tant de gens qui ne voient en lui qu'un joueur heureux et qui, au premier signe d'un retournement du sort, sont prêts à sauver leur mise. Il sait qu'au moment d'Eylau l'état des esprits était détestable, que Friedland et la paix n'ont pas effacé toutes les traces de l'inquiétude qui avait alors reparu, qu'un Regnaud de Saint-Jean-d'Angély exagère seulement la vérité quand il écrit "qu'il n'y a rien au fond des cœurs en faveur de l'administration et du gouvernement". De ses bivouacs de Pologne, Napoléon a dirigé la France, tout surveillé, pensé à tout, réparé les "balourdises" de ses ministres, dont certaines l'ont effrayé. Les choses se sont bien passées, lui absent. Se passeraient-elles encore aussi bien s'il fallait qu'une autre fois il restât longtemps au loin ? "Rien que l'opinion que j'éprouverais en France la moindre contrariété ferait déclarer plusieurs puissances contre nous", avait-il mandé, de Finckenstein, à Cambacérès. La moindre contrariété, c'est-à-dire la moindre opposition. Où l'opposition pouvait-elle encore se manifester ? Au Tribunat, dont la tribune retentissait pourtant bien peu. Napoléon était revenu de Tilsit avec le parti arrêté de fermer cette maison, d'abolir dans la Constitution qu'il avait reçue des mains de Sieyès, le dernier vestige d'une assemblée dotée du droit de discussion, c'est-à-dire de critique et de remontrance. C'était, comme il le disait, "rompre ses derniers liens avec la République". Déjà, aux renouvellements, il avait éliminé les mauvaises têtes, Benjamin Constant, Marie-Joseph Chénier, Daunou. Les tribuns faisaient encore trop d'opposition et Bonaparte s'était écrié publiquement : "Ils sont douze ou quinze métaphysiciens bons à jeter à l'eau. C'est une vermine que j'ai sur mes habits... Il ne faut pas croire que je me laisserai attaquer comme Louis XVI. Je ne le souffrirai pas." Comme Louis XVI, non. Mais autrement.

La suppression du Tribunat s'accomplit sans bruit, implicitement, toujours par sénatus-consulte. Elle fut à peine remarquée. Contre le despotisme, il y a quelques voix éparses, il n'y a pas encore d'opinion. Elle ne se formera qu'avec les échecs pour grandir avec les désastres. Ceux que Bonaparte a le plus à craindre, ce sont les joueurs à la baisse, prêts à se couvrir quand il est, lui, obligé de maintenir, de développer, de reporter une vertigineuse position à la hausse. C'est Talleyrand, qu'il remplace alors aux Affaires étrangères par le terne et docile Champagny, parce qu'il a reçu des princes d'Allemagne des plaintes contre l'avidité de son ministre, mais aussi parce qu'il sait que le prince de Bénévent ne croit guère plus à l'Empire qu'à sa propre principauté, et, dans le conseil, trahit un pessimisme précoce. Ce que Napoléon a encore à craindre, c'est ce Corps législatif qui ne lui refuse aucune levée d'hommes, ce Sénat dont l'obéissance est exemplaire dans la prospérité, où, cependant, les anciens tribuns, qu'il loge presque tous dans ces enceintes muettes, ne seront pas, à l'heure de la débâcle, les premiers à donner le signal de la défection.

L'ennemi de Bonaparte, c'est le doute, et, en France, il sommeille, sauf dans un petit nombre de têtes. Mais il bourdonne aux oreilles d'Alexandre. En cette fin de l'année 1807, Napoléon ne cesse de tenir le tsar en haleine, de reprendre le style du radeau sur le Niémen : "Nous viendrons à bout de l'Angleterre, lui écrit-il de Venise ; nous pacifierons le monde, et la paix de Tilsit sera, je l'espère, une nouvelle époque dans les fastes du monde." Cependant, à Saint-Pétersbourg, bien des voix demandent s'il sera possible de venir à bout de l'Angleterre, si Napoléon ne bâtit pas un roman en proposant une diversion du côté de l'Inde avec l'aide de la Perse. Et, tandis que Napoléon échauffe, en France, le zèle pour l'alliance russe, tient à faire savoir qu'il a "porté toute la journée le grand cordon de l'ordre de Saint-André" ; tandis qu'il annonce à Alexandre que la cour de Vienne "a pris le parti" de déclarer la guerre aux Anglais et que le roi de Suède l'imitera "quand Votre Majesté lui aura parlé un peu sérieusement", il y a, à Paris, un ambassadeur autrichien que l'on retrouvera et qui s'appelle Metternich. Il y a un secrétaire de l'ambassade de Russie qui s'appelle Nesselrode et que l'on retrouvera aussi. Et Metternich souffle au jeune diplomate russe, pour qu'il les répète à ses chefs et ses chefs à leur maître, des propos qui tous ont ce sens : "Napoléon est puissant, mais cette puissance est précaire. Vous et nous, sans être ses dupes, évitons de le heurter. Et préparons-nous pour le grand jour qui verra le jugement de cette étonnante aventure."

Chapitre XVII : Le premier nuage vient d'Espagne

Pour comprendre l'affaire espagnole sous le règne de Napoléon, il suffit de se rappeler les affaires grecques pendant la guerre européenne. Les Alliés, en 1917, avaient besoin, pour l'expédition de Salonique, des ports, des côtes, des routes, des ressources de la Grèce. Il fallait que ce pays ne fût pas toujours sur le point de passer du côté de l'ennemi et de frapper les Alliés dans le dos. Pour que la Grèce fût sûre, il fallait être sûr de son gouvernement. C'est pourquoi, à la fin, le roi Constantin fut sommé d'abdiquer. De même, pour la guerre avec les Anglais, pour l'expédition de Portugal, Napoléon avait besoin que l'Espagne fût entre des mains non seulement amies et fidèles, mais fermes. Toutefois, Charles IV était son allié. Le seul crime de ce roi, c'était sa faiblesse, ses trahisons, celles de Godoy, ses intrigues, celle du prince des Asturies. Lui-même ne donnait pas de sujet de plainte. Le déposer par la force était difficile. C'eût été odieux. Napoléon en était réduit à temporiser et à ruser. Il crut avoir fait un coup de maître lorsque, les événements aidant et ne le servant que trop bien, il eut obtenu que Charles IV lui cédât ses droits au trône et que le prince des Asturies en fît autant. Alors la satisfaction d'avoir trouvé la solution la moins brutale et la moins coûteuse lui inspira une confiance qui succéda d'une manière funeste à de longues précautions.

Comme s'il avait le pressentiment d'un danger, on le voit encore, aux deux premiers mois de 1808, hésitant et perplexe, partagé entre plusieurs desseins. Il est loin d'avoir arrêté sa décision. Le 25 février, il écrit de nouveau à Charles IV pour lui demander où en est le projet de mariage du prince des Asturies avec une "princesse française". Il y revient parce que ce mariage arrangerait tout, si seulement on avait la "princesse" capable de tenir ce grand emploi. Par elle, l'Espagne serait placée sous l'influence directe de la France. Alors il deviendrait possible d'avoir à Madrid un gouvernement actif, soustrait aux tentatives de séduction des Anglais, sans avoir à renverser ni à remplacer les Bourbons. Mais comme il serait plus simple d'en finir avec eux, leurs drames de famille, la double politique de leur ministre, en mettant tout de suite à Madrid, au lieu d'une "princesse française", qu'on ne trouve pas, un Bonaparte, un prince français ! Serait-ce donc si difficile ? Le peuple espagnol n'est-il pas fatigué de la honteuse domination de Godoy ? Le passage à travers l'Espagne de l'armée de Junot en marche pour la conquête du Portugal a été. "On accourait de vingt-cinq lieues pour voir nos troupes, dit Thiébault ; dans les villes et villages, les rues ne suffisaient plus aux hommes et les croisées aux femmes." Et l'occupation du Portugal, qui rencontre à ce moment si peu d'obstacles, fait elle-même illusion. À l'approche de Junot, le prince-régent s'est embarqué pour le Brésil avec la famille royale des Bragance. Il suffirait qu'à son exemple Charles IV, la reine et leur inséparable Godoy se rendissent au Mexique, et la question dynastique serait tranchée toute seule, le trône d'Espagne serait vide sans que la France s'en ne fût mêlée ni que l'empereur se fût sali les mains. Qui sait même si une simple tentative de départ n'aurait pas le même effet que l'affaire de Varennes et ne suffirait pas à disqualifier les Bourbons ? En ce cas, il faut avoir quelqu'un sous la main pour les remplacer. Napoléon songe à Joseph ou à Louis, bien qu'il ne soit pas plus content de l'un à Naples que de l'autre à La Haye. Mais son esprit flotte entre plusieurs combinaisons sans se fixer encore sur aucune. Toujours pour avoir la certitude que l'Espagne ne se livrera pas aux Anglais, un de ses projets consiste même à l'occuper jusqu'à l'Ebre, à former avec les provinces espagnoles du Nord des "marches" suivant le modèle que Charlemagne avait donné... Il y aura un Roncevaux.

Désormais, quelque parti qu'il doive prendre, Napoléon ne peut plus se dispenser d'intervenir dans les affaires de cette péninsule. Depuis que Junot est à Lisbonne, l'empereur s'aperçoit qu'il serait absurde de partager le Portugal avec une Espagne qui collabore à peine à l'expédition et dont le gouvernement n'est pas sûr. Les hésitations de Napoléon, les ménagements qu'il garde malgré tout pour ces Bourbons de Madrid qu'il méprise, ont alors cet effet de le pousser aux manoeuvres obliques, de le rendre suspect aux Espagnols, de prêter aux accusations de fourberie. À tout événement, il accroît le nombre de ses troupes en Espagne, comme un allié, sans doute, mais aussi comme un tuteur, et cette invasion pacifique fait murmurer le peuple espagnol. Ce n'est pas tout. Afin de surveiller de plus près Charles IV et Godoy, il délègue auprès d'eux Murat avec l'ordre d'observer, d'attendre, d'être prudent, sans lui dévoiler ses projets, pour la raison qu'il n'en a encore arrêté aucun. Mais cette mission de Murat sera le principe d'une autre faute de jugement qui ouvrira un cortège de méprises funestes.

Avec ce tour littéraire dont il avait le goût, Napoléon écrivait un jour à Talleyrand : "Vous savez qu'il est assez dans mes principes de suivre la marche que tiennent les poètes pour arriver au développement d'une action dramatique, car ce qui est brusque ne porte pas à vrai." Dans ces affaires d'Espagne où l'attend son premier échec, cette loi du théâtre joue contre lui. Tel un héros de tragédie qu'entraîne le destin et que le spectateur voudrait retenir au bord de l'abîme, tout conspire à l'aveugler, tout se réunit pour l'abuser et l'engager sans retour dans l'erreur.

Ni le beau-frère de l'empereur ni sa soeur Caroline ne sont satisfaits de leur grand-duché de Berg. Comme les autres, ils désirent de l'avancement, toujours de l'avancement. Lieutenant général en Espagne, Murat caresse l'idée d'y régner. Il croit comprendre le peuple espagnol, il croit aussi lui plaire, il croit et il travaille à faire croire ce qu'il désire. Alors ses lettres persuadent Napoléon que rien ne serait plus facile que de placer un de ses proches sur le trône de ces Bourbons en décrépitude, que la masse l'espère, y compte, accueillera avec enthousiasme le nouveau souverain qui lui sera donné par son puissant protecteur. Jusqu'au dernier moment, Murat affirme, répond de tout : "Votre Majesté est attendue comme le Messie, ses décisions, quelles qu'elles soient, seront des oracles et seront regardées comme l'assurance du bonheur futur ; toute l'Espagne sait qu'il n'y a qu'un gouvernement de votre façon qui puisse la sauver." L'intérêt et l'ambition de Murat l'aveuglent. Mais ses illusions se rencontrent avec celles de Napoléon. Elles les flattent, les accroissent. Pourquoi l'empereur ne serait-il pas "admiré et adoré dans toute l'Espagne" ? Il vaut faire le bonheur de la nation espagnole selon la recette qu'il a donnée aux rois ses frères, lui apporter les lumières, l'affranchissement, l'égalité, le Code civil. Homme du XVIIIe siècle, idéologue malgré lui, il croit à l'influence irrésistible de la raison et il se fait du pays des autodafés la même idée que Voltaire. Il est convaincu qu'il ralliera l'Espagne en lui annonçant qu'il vient abolir la féodalité et l'Inquisition. Si quelques fanatiques résistent, des châtiments soudains et terribles les calmeront, selon la méthode qu'il a appliquée aux "barbets" d'Italie, qu'il a recommandée à Joseph contre les brigands de Calabre, qu'il conseille à l'occasion au vice-roi Eugène. "Les Espagnols sont comme les autres peuples et ne forment pas une classe à part", écrit-il au maréchal Bessières. C'est là qu'il se trompe. Les Espagnols, il ne les connaît pas. N'est-il pas curieux que, des lectures, des griffonnages de sa jeunesse, où l'on trouve de tout, où il s'est formé des idées justes sur tant de races, de religions, de pays, l'Espagne soit absente ? Il semble que sur elle il n'ait jamais rien lu, peut-être parce qu'il n'y avait rien à lire. Il y a à tâtons comme il fût allé en Égypte s'il n'avait annoté tant de livres sur l'Orient et l'Islam. Dans l'immense savoir de Bonaparte, qui l'a si bien servi, dans les bibliothèques qu'il a dévorées, il y a cette lacune, par hasard. Quand il n'a pas appris, il est au niveau des autres, dans le vague, et, ce qui est pire, faute de connaissances positives, dans le préjugé. Alors les informations manquant au jugement, les fatalités viennent s'enchaîner aux erreurs.

Napoléon se propose de passer bientôt les Pyrénées pour éclaircir lui-même ce qui se complique dans la péninsule, drame de famille des Bourbons, conflit de Charles IV et du prince des Asturies, politique tortueuse de Godoy, révision du traité de Fontainebleau. En attendant qu'il soit sur place, ses recommandations à Murat sont toujours les mêmes. Soyez prudent, circonspect. Évitez les heurts, les hostilités. Rassurez. Dites que je viens seulement pour régler l'ordre de succession, que j'arrive en conciliateur, que je ne resterai pas à Madrid, que ce sont Gibraltar et l'Afrique du Nord qui m'intéressent. "Continuez à tenir de bons propos... Il serait dangereux de trop effaroucher ces gens-là."

Ce sage conseil est du 16 mars. Ce qu'il fera, Napoléon ne le sait toujours pas. Il "espère que tout peut s'arranger", que tout s'arrangera à la vue de ses troupes et à la nouvelle de son arrivée, que, dans un sens ou dans l'autre, la question dynastique se résoudra d'elle-même, sans violence. Réservant sa liberté de décision, il n'a pris parti ni pour Charles IV ni pour Ferdinand, les tranquillise tous deux, ne s'engage pas plus avec le père qu'avec le fils, au fond assez embarrassé parce que le gouvernement espagnol ne lui donne pas de griefs et que Godoy lui-même affecte la fidélité à l'alliance et l'obéissance aux volontés de l'empereur. Comment, sous quel prétexte détrôner un roi qui prodigue les marques d'amitié et même de soumission ? Car, chez Napoléon, l'idée grandit qu'il est temps d'en finir avec cette famille divisée contre elle-même, qui corrompt l'Espagne et la paralyse, d'en finir avec ce favori dont la servilité inspire la méfiance et laisse craindre de nouvelles trahisons. Le jeu de l'empereur, à ce moment-là, est d'effrayer Godoy par son silence, par ses intentions impénétrables, par l'avance continue et inexpliquée des troupes françaises, de telle sorte que le ministre prenne le parti de fuir en Amérique avec toute la cour, avec Ferdinand lui-même, laissant la place libre. Mais à mesure qu'il sent que cette fuite, suggérée par son attitude ténébreuse, approche, la tentation grandit aussi chez l'empereur. Là-bas, régnant sur l'autre continent, comme les Bragance au Brésil, les Bourbons seraient encore une gêne. L'Espagne, privée de ses colonies, perdrait la moitié de sa valeur dans l'association contre l'Angleterre. Et quel avènement pour le nouveau roi s'il se présente devant ses sujets sans leurs domaines d'outre-mer ! Alors, un autre dessein - une première ruse - sort de ces réflexions. Les restes de la flotte française battue à Trafalgar sont encore immobilisés à Cadix. L'amiral qui les commande reçoit l'instruction secrète de retenir Charles IV s'il vient s'embarquer dans ce port.

Dans la complexité de ses combinaisons, il n'y a qu'un élément que Napoléon omette, le peuple espagnol lui-même. Par un mouvement soudain et spontané, ce peuple renverse ses calculs. Le lendemain du jour où l'empereur a écrit à Murat que l'essentiel était de rassurer tout le monde, d'éviter les violences, une émeute éclate à Aranjuez. Il est bien arrivé, comme Napoléon l'espérait, que Godoy a préparé sa fuite et celle de la cour. Mais quand ces préparatifs deviennent évidents, la foule se soulève pour empêcher le départ du prince royal, qu'elle aime contre le favori. L'émeute éclate et Charles IV, épouvanté, abdique pour éviter une révolution.

La nouvelle erreur de Napoléon, entretenue par Murat, fut de croire que cet événement imprévu résolvait tout quand il aggravait les choses et les embrouillait sans remède. Murat, joyeux, croit que le trône d'Espagne est vide. Il se garde, Charles IV ayant abdiqué, de reconnaître le prince des Asturies, alors que les Espagnols comprennent que Ferdinand VII a régulièrement et légitimement succédé à son père et qu'il est désormais leur roi. Cependant le vieux Charles IV, revenu de ses frayeurs, peut-être excité en sous-main, rétracte sa renonciation au trône, prétend qu'elle lui a été arrachée par la contrainte. La querelle du père et du fils renaît. Murat, subtilement, leur conseille de prendre Napoléon pour arbitre et d'aller plaider chacun sa cause auprès de lui. Ainsi le piège de Bayonne est déjà prêt lorsque la nouvelle des événements d'Aranjuez décide Napoléon à en finir. Le stratagème du départ ayant fait long feu, il adopte celui que Murat suggère. Par une singulière rencontre, l'instrument, le factotum qu'on emploie pour ce guet-apens tendu à d'autres Bourbons, c'est encore Savary. Homme de confiance au jugement sommaire de Vincennes, Savary reçoit la mission de surveiller Charles IV et Ferdinand, de leur faire passer les Pyrénées, de les conduire à l'antre du lion, comme il avait reçu la mission de ne pas lâcher le duc d'Enghien avant de l'avoir conduit au fossé de Vincennes. Alors, en donnant à l'Espagne un prince de sa race - il aimait à dire la quatrième race - Napoléon n'imiterait plus que de loin Louis XIV. Au lieu de l'acceptation solennelle du testament, ce serait une comédie, un tour de Scapin magistral.

Il était entré dans une aventure. Il le regrettera amèrement. Il est faux de se le représenter tout d'une pièce, inaccessible au doute, avec une âme d'airain. C'est son style, si tranchant, qui abuse. Le 27 mars, tirant la conséquence de l'événement d'Aranjuez, il offre l'Espagne à son frère Louis : "Jusqu'à cette heure, le peuple (espagnol) m'appelle à grands cris. Certain que je n'aurai de paix solide avec l'Angleterre qu'en donnant un grand mouvement au continent, j'ai résolu de mettre un prince français sur le trône d'Espagne." C'est le système. Napoléon, au fond de lui-même, est-il si sûr que ce soit le bon ? Ici se place un étrange épisode, encore mal éclairci. Las Cases et Montholon ont inséré dans leurs souvenirs, à la suite d'un périodique parisien de 1819, une lettre dont la Correspondance fait état, dont la minute n'a pu être retrouvée, que Méneval, le secrétaire de l'empereur, ne se souvenait pas d'avoir écrite, que le destinataire n'avait jamais reçue, et qui, avec vraisemblance, a été arguée de faux. Datée du 29 mars 1808 et adressée à Murat, cette lettre aurait dit : "Je crains que vous ne me trompiez sur la situation de l'Espagne et que vous ne vous trompiez vous-même... Je reste dans une grande perplexité... Vous avez affaire à un peuple neuf ; il a tout le courage et il aura tout l'enthousiasme que l'on rencontre chez des hommes que n'ont point usés les passions politiques. L'aristocratie et le clergé sont les maîtres de l'Espagne... Ils feront contre nous des levées en masse qui pourront éterniser la guerre. J'ai des partisans ; si je me présente en conquérant je n'en aurai plus... Le prince des Asturies n'a aucune des qualités qui sont nécessaires au chef d'une nation, cela n'empêchera pas que, pour nous l'opposer, on en fasse, un héros... Il n'est jamais utile de se rendre odieux et d'enflammer les haines... Je vous présente l'ensemble des obstacles qui sont inévitables ; il en est d'autres que vous sentirez : l'Angleterre ne manquera pas l'occasion de multiplier nos embarras." Tout y est, et même trop. C'est la prescience du passé. Ayant annoncé l'avenir avec une lucidité aussi extraordinaire, Napoléon serait impardonnable de ne pas s'être arrêté avant le pas fatal. On a cru qu'il avait lui-même forgé ce document suspect. N'est-ce pas la traduction de quelque entretien de Sainte-Hélène où l'empereur avait rappelé ses doutes du dernier moment ? Même apocryphe, la lettre contestée offre un mot que pouvaient inventer peu de personnes, un aveu que Napoléon seul était capable de faire. Il avait eu "une grande perplexité". Plus tard, sachant comment avait tourné l'affaire d'Espagne, il s'en souvenait encore.

C'est que les hommes et les choses se conjuraient pour tromper Napoléon, le convaincre que ces Bourbons étaient une race finie. De lui-même, Ferdinand a pris le chemin de Bayonne. Il a hâte d'être reconnu roi par l'empereur des Français. Mais quand Charles IV et la reine apprennent que leur fils est parti, ils s'empressent de marcher sur ses pas pour plaider leur cause, se concilier le puissant allié, se placer sous sa protection. Ferdinand, à son tour, n'en est que plus pressé d'arriver le premier. Il trouve la route trop longue. Au moment de franchir la frontière, il hésite pourtant, les adjurations de quelques Espagnols clairvoyants le troublent. Il n'est pas moins troublé quand l'astucieux Savary lui fait entendre qu'il compromet tout s'il ne vient pas à Bayonne, le laisse à ses réflexions et lui rapporte de l'empereur une lettre captieuse, subtilement perfide. Maintenant le parti de Napoléon est bien pris. Il tend ses filets et Ferdinand, par peur de son père, y tombe, se décide brusquement à continuer le voyage, apaisant et rassurant la foule qui cherche à le retenir. Que Ferdinand restât en Espagne, les choses prenaient encore une fois un autre cours et la difficulté eût peut-être fait réfléchir l'empereur. Ce sont, au contraire, des facilités que la destinée lui offre comme si elle voulait à tout prix que la fortune de Napoléon allât se perdre en Espagne. Et puis, désormais, il le veut lui-même. Ordre est donné à Bessières qui commande l'armée française d'Espagne d'arrêter le prince des Asturies s'il rebrousse chemin, car il est certain qu'il se mettra sous la protection de l'Angleterre s'il refuse de venir à Bayonne, puisqu'il n'aura plus refusé que par méfiance. Le sort, cette fois, en est jeté.

Ferdinand passe enfin la Bidassoa. Il n'abandonne son royaume, ses sujets dont il est l'idole, que pour apprendre qu'il ne régnera pas et s'apercevoir qu'il est prisonnier.

Après des calculs, une longue pesée du pour et du contre, les "perplexités" qu'on avoue, l'occasion s'est enfin présentée. L'empereur, comme toujours, l'a saisie. Selon sa méthode, en politique et à la guerre, il a agi vite et à fond depuis que sa décision est prise. Il pense désormais que les affaires de cette dynastie l'ont trop occupé, qu'il faut qu'elle disparaisse, sinon tout se gâtera. Junot n'est-il pas en danger à Lisbonne, alors qu'il a déjà fallu aller jusque-là pour soustraire le Portugal aux Anglais ? Tout se présente maintenant à l'esprit de Napoléon comme une succession d'événements nécessaires et d'une nécessité qui impose les solutions rapides, donc brutales, extrêmes, à tous risques, parce que l'attente aussi en est un.

Cette jouissance était réservée à Bonaparte de tenir à sa discrétion les descendants de Louis XIV, de les voir s'avilir devant lui. Quand Charles IV arrive, il se jette dans les bras du grand ami, l'appelle son sauveur, et, quand il comprend que les prières sont vaines, que le parti de l'empereur est inébranlable, il joue, devant cet amateur de Corneille, le dernier acte d'une tragédie de palais. Au prix de sa propre couronne, le père se venge du fils. Il cède ses droits à Napoléon et Ferdinand, qui s'est livré lui-même, qui s'est mis stupidement à la discrétion de l'arbitre, abdique et renonce au trône à son tour. Après quoi ces deux rois s'humilient encore en acceptant les terres, les rentes que Napoléon leur offre avec l'hospitalité, Talleyrand étant chargé, pour occuper ses propres loisirs, d'héberger et d'amuser à Valençay Ferdinand et son jeune frère. "Vous pourriez y amener Mme de Talleyrand avec quatre ou cinq dames. Si le prince des Asturies s'attachait à quelque jolie femme, cela n'aurait aucun inconvénient." Impassible, le prince de Bénévent accepta encore ce rôle. Il attendait son heure, il pressentait la fin. Talleyrand dédaignait. Napoléon méprisait. À quelle hauteur s'élevait son mépris lorsque, sur son ordre, l'ancien évêque d'Autun se faisait l'amuseur de princes du sang le plus noble qui venaient de s'humilier et de se dégrader devant l'usurpateur et le parvenu ? Mais il trouvait, là aussi, une excuse devant lui-même et devant l'histoire. Ce qu'il avait fait n'était pas bien. La politique ne le commandait-elle pas ? Et ces Bourbons méritaient-ils de régner ? L'intérêt de la France et de l'Europe, la conduite de la guerre contre les Anglais, est-ce que cela ne passait pas avant tout et ne faisait pas taire les scrupules ?

À cette date, un rapport de Champigny, mémoire justificatif corrigé de la main de Napoléon, présente l'affaire d'Espagne sous la forme d'un raisonnement serré, la met en syllogismes. Après un historique des infidélités de l'Espagne et de ses intelligences avec l'ennemi, un tableau de son gouvernement débile et de son administration arriérée, un rappel du principe de la politique française, invariable depuis un siècle, qui était d'avoir une sécurité complète du côté des Pyrénées, le mémoire disait : "L'objet le plus pressant est la guerre contre l'Angleterre. L'Angleterre annonce ne vouloir se prêter à aucun accommodement. L'impuissance de faire la guerre la déterminera seule à conclure la paix. La guerre contre elle ne peut donc être poussée avec trop de vigueur. L'Espagne a des ressources maritimes qui sont perdues pour elle et pour la France. Il faut qu'un bon gouvernement les fasse renaître, les améliore par une judicieuse organisation et que Votre Majesté les dirige contre l'ennemi commun pour arriver enfin à cette paix que l'humanité réclame, dont l'Europe entière a si grand besoin. Tout ce qui conduit à ce but est légitime." Telles sont, pour conclure, les circonstances qui ont obligé l'empereur à prendre sa grande détermination. "La politique la conseille, la justice l'autorise, les troubles de l'Espagne en imposent la nécessité. Votre Majesté doit pourvoir à la sécurité de son Empire et sauver l'Espagne de l'influence de l'Angleterre."

Et que telles soient les raisons par lesquelles Napoléon s'est déterminé, on n'en doute plus quand on le voit, de Bayonne même, dès que la double abdication est acquise, s'occuper de tirer parti des ressources de l'Espagne et de lui refaire une marine afin de ranimer la guerre navale contre l'Angleterre, quand on lit les instructions à Decrès aussi nombreuses, aussi pressantes qu'au temps de Boulogne. Tout est tendu vers la reprise des opérations de mer, tout est expliqué, et, pour l'Empereur, justifié par là. Sur les chantiers de France, d'Espagne, d'Italie, de Hollande, des navires seront construits. Il faut aller vite. Napoléon calcule que, d'ici un an, en comprenant la flotte russe, il disposera de 130 vaisseaux de ligne, une force capable de venir à bout des Anglais.

Il ne manque à tout cela que le consentement de la nation espagnole. L'empereur ne doute pas de l'avoir. N'a-t-il pas dit : "Quand j'apporterai sur ma bannière les mots *liberté, affranchissement de la superstition, destruction de la noblesse,* je serai reçu comme je le fus en Italie et toutes les classes vraiment nationales seront avec moi. Vous verrez qu'on me regardera comme le libérateur de l'Espagne." C'était la doctrine de la Convention, au temps des guerres de propagande. C'en était le style et jamais l'effet n'en fut plus manqué. Les proclamations de l'empereur, l'assurance solennelle que les couronnes de France et d'Espagne demeureraient à jamais distinctes, que la religion catholique resterait la seule religion, ces promesses ne portèrent pas davantage. Pourtant Napoléon se flattait d'acquérir des titres éternels à l'amour et à la reconnaissance de l'Espagne et ces mots, que l'histoire rend cruellement ironiques, furent affichés sur les murs : "Je veux que vos derniers neveux conservent mon souvenir en disant : il est le régénérateur de notre patrie !"

Jamais encore Napoléon ne s'est aussi gravement abusé et il s'est abusé comme un idéologue. Il se savait sujet à l'erreur. "Je me suis si souvent trompé que je n'en rougis pas", avait-il dit un jour à Talleyrand avec le sentiment que sa supériorité lui permettait un tel aveu. Ici, l'erreur est totale et, par elle, il est dit que tout conspirera à lui nuire, que les moindres circonstances tourneront contre lui.

Peut-être, après tout, dans le premier moment de la surprise, devant le trône vide, l'Espagne eût-elle accepté un roi de la main de Napoléon. Murat lui plaisait assez. Napoléon l'a écarté, trouvant plus digne de la nation espagnole de lui donner Louis ou Joseph. Mais Louis, pressenti le premier, répond par un refus. Joseph fait des difficultés. Temps perdu pendant lequel les Espagnols se disent ou se laissent dire que Napoléon veut régner lui-même, les conquérir, les annexer. La mauvaise volonté des frères est une nouvelle complication et il sera dit que toujours la famille, en desservant celui auquel elle doit tout, se sera desservie elle-même.

Il y a aussi, pour achever l'illusion de l'empereur, la journée d'émeute qu'il a prévue, qu'il eût mieux aimé éviter (il l'avait assez dit à Murat), mais qui, si elle se produisait, entrait tout de même dans ses calculs comme une occasion de démontrer à l'Espagne la vanité de la résistance. Le 2 mai, le peuple de Madrid s'est soulevé pour s'opposer au départ des enfants qui vont rejoindre la famille royale à Bayonne, quelques soldats français ont été tués et, en peu d'heures, Murat a rétabli l'ordre à coups de mitraille. Non seulement l'empereur se sert de cet événement pour effrayer Ferdinand, l'accusant d'avoir fomenté l'insurrection, le rendant responsable du sang versé afin d'obtenir sa renonciation plus vite, mais il se flatte que les mutins, s'il y en a dans le reste de l'Espagne, se le tiendront pour dit après une répression énergique et rapide. La sédition de Madrid eut bien un effet. Pour comble d'infortune, cet effet acheva de tromper l'empereur. La bourgeoisie madrilène avait eu peur des sanglantes manifestations de la populace et souhaité qu'une autorité établie par les soins des Français en prévînt le retour. Elle pesa sur la junte pour qu'une délégation se rendît à Bayonne et offrît le trône à Joseph. La mitraille de Murat, les têtes coupées au vol par les terribles mamelouks lancés au galop sur la foule, cette "correction" semblait avoir été bienfaisante, tandis que la nouvelle, propagée à travers l'Espagne, allumait l'insurrection et l'esprit de vengeance. Supposons qu'après le guet-apens du Zappeïon et, en représailles, la déposition du roi Constantin, la Grèce tout entière eût pris les armes et qu'il eût fallu, village par village, la conquérir jusqu'au fond du Péloponnèse. Les Alliés de 1917 eussent été moins étonnés que l'empereur quand il vit l'Espagne entière soulevée.

C'était encore un de ses principes que "les hommes supportent le mal lorsqu'on n'y joint pas l'insulte". Il voulait le bien et le progrès de la nation espagnole, il lui apportait l'ordre et les lumières et il croyait avoir assez ménagé l'orgueil castillan en sollicitant avec adresse la double renonciation du roi et de son fils, en leur rendant des honneurs royaux, en leur assurant une retraite dorée, en témoignant des égards particuliers à celui qu'il appelait "l'infortuné Charles IV". L'insulte, à ses yeux, eût été de renverser brutalement cette dynastie, ce qu'il se félicitait d'avoir évité. Il n'imaginait pas que l'Espagne dût prendre fait et cause pour la légitimité, alors qu'il s'agissait d'une famille qui ne régnait pas depuis plus d'un siècle, et nul ne paraissait moins digne d'amour que Ferdinand VII dont il venait de voir de près la triste figure et le caractère sans grandeur. Quand il pensait que les Français avaient guillotiné l'excellent Louis XVI, il ne lui venait pas à l'idée que les Espagnols se sacrifieraient pour ce mauvais fils, "bête au point que je n'ai pu en tirer un mot..., indifférent à tout, très matériel, qui mange quatre fois par jour et n'a idée de rien". Comme beaucoup d'hommes très intelligents, l'empereur, toujours prompt à trouver que les autres étaient des bêtes, n'en calculait pas moins comme si l'espèce humaine se décidait par la raison. Le fanatisme le déconcertait.

Tandis que le peuple espagnol, en haine de l'étranger et par entêtement d'indépendance, prenait Ferdinand VII pour drapeau et pour idole, Joseph, quittant avec regret Naples qui passait à Murat, faisait une entrée mélancolique et de mauvais augure dans son nouveau royaume. Il y trouvait çà et là quelques grands seigneurs pour le servir, pas un palefrenier. Avec clairvoyance, il écrivait à son frère, dès le lendemain de son installation, à l'Escurial : "Vous vous persuaderez que les dispositions de la nation sont unanimes contre tout ce qui a été fait à Bayonne." Éclairé lui-même, sans convenir de l'erreur - et puis il est trop tard pour reculer - Napoléon a déjà pris ses mesures pour "inonder" l'Espagne de ses troupes, ne doutant pas d'étouffer les insurrections qui éclatent, estimant impossible que des bandes de fanatiques fussent capables de tenir en échec les soldats qui avaient battu tous ceux de l'Europe. Un accident, une première trahison de la fortune décideraient autrement. L'Espagne qui, sous un roi français, devait être une auxiliaire, deviendra un boulet. Tout ce qui a été fait pour interdire la péninsule à introduira les Anglais qui prendront pied sur le continent. Chose pire, quoique moins visible, l'instrument de la puissance, celui qui permet d'imposer à l'Europe la dure loi du blocus, la Grande Armée, cette phalange invincible, sera désormais coupée en deux. Comme la Convention avait eu contre elle l'Europe et les Vendéens, l'empereur aura aussi l'Espagne, plus grande Vendée.

Le fanatisme, Bonaparte l'a déjà rencontré en Égypte, où il a déployé sa virtuosité de manieur d'hommes. En Espagne, l'exaltation nationale et religieuse lui prépare une guerre épuisante et des difficultés inconnues. Et à quel moment ? Lorsque l'empereur, pour les mêmes raisons qui ont déterminé son intervention à Lisbonne et à Madrid, vient de se mettre en conflit avec la papauté.

Pourquoi Napoléon qui, dès la campagne d'Italie, ménageait Rome, qui avait compris l'importance de l'Église catholique, qui en avait recherché l'appui et la bénédiction, s'est-il laissé entraîner contre le pontife à des violences qui détruisaient l'effet moral du sacre ? La cause ne change pas. Souverain temporel, Pie VII refusait de rompre avec l'Angleterre, invoquant les intérêts spirituels dont il avait la charge. L'empereur s'adressait au chef des États pontificaux, le sommait de prendre les mesures commandées par le blocus continental, lui représentait que Rome ne pouvait rester, entre le royaume d'Italie et le royaume de Naples, comme une enclave ouverte aux Anglais. Pie VII répondait que, père de tous les fidèles, toutes les nations étaient égales pour lui, et que, pour protéger les intérêts catholiques, où qu'ils fussent, il avait le devoir de rester en communication avec les gouvernements. La politique de l'empereur exigeait. Le devoir du pape aussi. La querelle, qui était sans issue, durait depuis longtemps. Toutefois,

144

comme pour l'Espagne, c'est seulement après Tilsit, qui semblait lui permettre tout, que Napoléon s'occupa de l'affaire romaine avec la volonté d'en finir et de ne plus souffrir au blocus cette autre fissure pour que le blocus fût efficace. Mis en demeure d'entrer dans la confédération italienne et de faire cause commune avec elle et avec la France, Pie VII refuse encore de prendre une attitude qui l'eût rendu belligérant. Une partie de ses États était déjà occupée par les troupes françaises. Le 2 février 1808, l'empereur exécute sa menace. Le général Miollis prend possession de Rome.

Ici, il ne faut rien exagérer ni croire qu'un cri de réprobation s'éleva en Europe. Le scandale de la profanation fut peut-être encore moins grave qu'il ne devait l'être, soixante-deux ans plus tard, quand le nouveau royaume d'Italie s'emparerait à son tour de la cité pontificale. Les démêlés du Saint-Siège avec les gouvernements n'étaient pas nouveaux. Napoléon rappelait avec complaisance que saint Louis n'avait rien cédé sur ses droits, ce qui, ajoutait-il ironiquement, "ne l'a pas empêché d'être béatifié". Il s'autorisait encore de Louis XIV, bien qu'il s'abstînt toujours de nommer Philippe le Bel. Le fait est que l'Europe se tut, laissa faire, tandis que l'empereur comptait que la présence à Rome de quelques régiments suffirait, qu'elle imposerait au pape et viendrait vite à bout de sa résistance. Comme dans l'affaire d'Espagne, son erreur est de croire à un arrangement rapide, par des combinaisons de force et d'habileté, persuadé qu'il a tout prévu. Sans doute il va, dès ce moment, jusqu'à envisager la réunion pure et simple des États pontificaux à l'Empire, si, par hasard, la cour de Rome ne cède pas, mais en se flattant que tout cela se fera "insensiblement et sans qu'on s'en soit aperçu". Et comme pour l'Espagne encore, ce n'est pas seulement à l'excellence de ses calculs qu'il se fie. Il se croit bien renseigné. À Rome l'entourage du pape, la plus grande partie du Sacré-Collège pense qu'il faut à tout prix éviter une rupture. De Paris, le légat Caprara, fort effrayé, fait dire qu'il serait insensé de résister à l'empereur et de lui refuser la chose à laquelle il tient, qui est essentielle à sa politique, l'entrée du Saint Siège "dans un système fédératif avec la France contre les Anglais", système qui "ne serait en rien contraire aux devoirs du père commun des fidèles et aux traditions de la cour de Rome".

Napoléon fut gravement désappointé et irrité quand il apprit que, loin de céder, Pie VII protestait contre l'occupation, rappelait le légat de Paris, ne s'effrayait pas d'une rupture. Par surcroît, ces nouvelles lui arrivèrent à Bayonne, au moment de la grande incertitude que lui donnait le règlement espagnol. Il vit très bien que, détrôner à la fois le roi d'Espagne et le pape, c'était multiplier les difficultés et qu'il n'était pas opportun de "se mettre à la fois sur les bras une guerre religieuse de l'autre côté des Alpes et une guerre politique par-delà les Pyrénées". Et il comprenait que, dans l'instant où il s'efforçait de rassurer l'Espagne catholique, où il lui promettait que sa foi serait respectée, un conflit avec l'Église serait désastreux. Il était donc d'avis de temporiser et de s'en tenir, pour ne pas avoir l'air de reculer, à quelques mesures d'intimidation, lorsque Pie VII, après avoir obéi à sa conscience, se laissa emporter lui-même par la lutte. Le pontife qui avait été heureux de signer le Concordat, qui avait regardé Bonaparte comme le restaurateur de la religion, qui lui avait apporté l'onction du sacre, dénonçait maintenant "l'indifférentisme" de l'empereur, protecteur de toutes les sectes et de tous les cultes. Il mettait à nu, devant les fidèles, "ce système qui ne suppose aucune religion" et avec lequel la religion catholique ne pouvait faire alliance, "de même que le Christ ne peut s'allier avec Bélial". Enfin, il était interdit aux sujets du Souverain Pontife, tant ecclésiastiques que laïques, de prêter serment aux autorités françaises, de servir, d'aider et d'appuyer ce "gouvernement intrus".

C'est le temps où Joseph, venant prendre possession de son trône, est appelé, aussi, "roi intrus", où le clergé espagnol soulève le peuple, où l'Espagne s'insurge, où, de jour en jour, Napoléon doit découvrir qu'il ne s'agit pas d'une poignée de fanatiques à réduire, de quelques bandes de brigands à disperser, mais d'une conquête difficile qui commence. Les affaires romaines ajoutent à sa mauvaise humeur. Il n'en parle pas, elles l'ennuient, et il affecte de s'en désintéresser, de laisser aller les choses, ne pouvant plus battre en retraite. Quand le général Miollis, contraint de faire respecter son autorité et de prévenir des troubles, prend des mesures de rigueur, Napoléon n'approuve ni ne blâme. Il se contente de recommander le silence. Un jour Miollis, craignant une révolte des États romains, a résolu de frapper un coup, et, dans le propre palais de Pie VII, fait arrêter son premier ministre, le cardinal Gabrielli. Instruit de l'événement, Napoléon se hâte d'écrire au vice-roi Eugène : "Ayez soin qu'il ne soit question de cela dans aucune gazette et que cela ne fasse aucune espèce de bruit." C'était le 17 juillet. Deux jours plus tard un autre événement survenait, qu'il serait impossible de dissimuler à l'Europe, le désastre de Baylen, premier échec militaire de l'Empire, premier ébranlement de l'édifice.

145

Un seul homme a reçu de Napoléon des injures aussi violentes que l'amiral Villeneuve. C'est le général Dupont. "Depuis que le monde existe, il n'y a rien eu de si bête, de si inepte, de si lâche... Dupont a flétri nos drapeaux. Quelle ineptie ! Quelle bassesse !" Dupont avait un bon passé militaire. Il comptait dans sa carrière plusieurs actions d'éclat. On le donnait pour un futur maréchal. Une défaillance le fit capituler devant les insurgés espagnols, anéantissant les résultats de la journée de Medina de Rio Seco, où Bessières venait de remporter une victoire qui semblait assurer le trône à Joseph comme la victoire de Villaviciosa l'avait assuré au petit-fils de Louis XIV, Baylen. C'est un Trafalgar terrestre, mais un Trafalgar honteux puisque Dupont, démoralisé après de fausses manoeuvres et des combats malheureux, s'est rendu en rase campagne, sans avoir tenté un dernier effort pour culbuter l'ennemi qui, on le sut ensuite, manquait de munitions, et puisqu'au lieu d'une lutte inégale contre la première marine du monde, c'était à de mauvaises troupes espagnoles aidées par des bandes de paysans que 20.000 soldats français d'élite avaient été livrés. Et ce n'est pas par un rapprochement arbitraire que Trafalgar est nommé ici. Un désastre en appelait un autre. Sans doute, Dupont était aventuré en Andalousie et, de loin, Napoléon suivait sa marche avec une certaine anxiété. Mais il fallait arriver rapidement à Cadix, où les restes de l'escadre française, réfugiés là depuis la défaite de Villeneuve, étaient en péril. Les secours n'arrivant pas, l'amiral Rosily et ses marins durent se rendre à la Junte de Cadix. Ainsi tournaient les espérances de Napoléon qui, six semaines plus tôt, grâce à l'Espagne régénérée, se voyait à la tête d'une flotte égale à celle de l'Angleterre.

"Horrible catastrophe... événement extraordinaire.... coup du sort... résultat de la plus inconcevable ineptie... ce qui pouvait arriver de pire..." L'empereur aperçut, dès l'instant où lui arriva la funeste nouvelle, les conséquences de Baylen. Elles devaient dépasser ses craintes. Ce n'était rien que 20.000 hommes perdus. Il en était encore, au temps où il avait "100.000 hommes de rente ", et, comme disait Thiébault, ce qu'il venait de perdre en Andalousie n'équivalait pas à deux mois de ses revenus. Après avoir exhalé sa colère, menacé Dupont et ses lieutenants du peloton d'exécution, il affecta de ne plus penser à ces "imbéciles". Mais les Espagnols étaient exaltés d'un succès aussi prodigieux remporté sur la première armée du monde "par des troupes sans réputation et des chefs sans nom". L'effet moral était immense, décuplait la force de l'insurrection, humiliait et décourageait les Français.

En peu de jours, c'est une débâcle. Joseph, à peine entré à Madrid, et regrettant amèrement son royaume de Naples, prend, à la nouvelle de Baylen, le parti de laisser là son trône et de se rapprocher de la France. "Il ne me reste pas un seul Espagnol qui soit attaché à ma cause", écrit-il à son frère. Et par une comparaison humiliante pour la quatrième race : "Philippe V n'avait qu'un compétiteur à vaincre, moi j'ai une nation tout entière." Bessières lui-même, le vainqueur de Medina de Rio Seco, se replie vers les Pyrénées. L'empereur adjure tout le monde de tenir, annonce des renforts quand déjà l'Espagne n'est plus occupée que jusqu'à l'Ebre. Et de ces premières conséquences, il en sort d'autres. Les Anglais mettent le pied dans la péninsule sous un chef qui s'appelle Sir Arthur Wellesley et qui s'appellera Wellington. Les communications sont coupé avec le Portugal, qui se soulève à son tour, tandis que les Anglais y débarquent également. Junot, dans cet isolement, perd la tête, se fait battre à Vimeiro. Un mois après Baylen, le duc tout frais d'Abrantès capitule à son tour, bien que, du moins, l'honorable convention de Cintra assure à son armée ce retour en France que les soldats de Dupont n'ont pas obtenu. Mais la flotte russe, appoint sur lequel, pour la guerre navale, Napoléon a tant compté, est prise à Lisbonne et conduite en Angleterre. Ainsi s'effondre l'entreprise politique qui, sortie du décret de Berlin et de la paix de Tilsit, a commencé par le traité de Fontainebleau.

Devant ce revers, dont il mesure d'autant mieux l'étendue qu'il est encore tout près de ses perplexités de Bayonne, quelle est l'attitude de Bonaparte ? Ce n'est plus Madrid, c'est Paris d'abord, et puis Berlin, Vienne, Rome, Pétersbourg qu'il regarde. Avant de penser de nouveau à l'Espagne, il pense à la France, à l'Europe. Il écrit à Joseph, le jour même où il apprend la catastrophe de Baylen : "Des événements d'une telle nature exigent ma présence à Paris. L'Allemagne, la Pologne, l'Italie, etc., tout se lie. Ma douleur est vraiment forte lorsque je pense que je ne puis être en ce moment avec vous et au milieu de mes soldats." C'est son premier échec. Il est anxieux, pressé de connaître l'état de l'opinion. Il peut maintenant se réjouit d'avoir supprimé le Tribunat qui eût peut-être critiqué, blâmé, demandé des comptes. Mais il doit s'assurer que son autorité, si neuve encore, n'est pas ébranlée, que son prestige reste intact, que le grand empire ne vacille pas. Bien qu'il ait hâte de rentrer dans sa capitale, il fait un détour par les départements de l'Ouest. Il tient à ne pas manquer la visite qu'il leur a promise, à connaître "l'esprit du peuple de la Vendée", s'en dit à plusieurs reprises "extrêmement satisfait" parce qu'il a craint, sans doute, que le soulèvement de l'Espagne, cette Vendée agrandie, et le conflit avec le Saint-Siège n'eussent là du retentissement.

Toute petite chose, minime satisfaction. Ses inquiétudes vont bien plus loin. Si l'affaire de Bayonne avait réussi, l'abdication forcée des Bourbons d'Espagne passerait comme l'exécution du duc d'Enghien a passé. Mais l'armée française bat en retraite, Joseph a évacué Madrid où Ferdinand VII est proclamé seul et vrai roi de la nation espagnole. Alors, pour l'Europe, Bayonne n'est plus qu'un guet-apens, un attentat dont on rapproche, par une indignation qui retarde, le rapt d'Ettenheim et le drame de Vincennes. Telle est la justice du monde. Napoléon en raisonnera très bien à Sainte-Hélène : "Le tout demeure fort vilain puisque j'ai succombé." Son premier échec détermine un accès de vertu. Dans une Europe qui en a vu, fait, accepté bien d'autres - à commencer par les partages de la Pologne - on se met à parler avec pudibonderie des violences de Napoléon. Après Vincennes, la cour de Vienne avait fait savoir qu'elle comprenait les nécessités de la politique. Après l'entrée du général Miollis à Rome, elle avait répondu à la protestation du pape que sa lettre circulaire n'était bonne qu'à lui attirer "de nouveaux désagréments". Depuis que les affaires d'Espagne se gâtent, l'Autriche arme, bien pourvue d'argent anglais, et prétend qu'il n'y a plus de sécurité pour aucun trône après l'abdication trop bien provoquée de Charles IV. Ces armements, la guerre qu'ils annoncent, Napoléon veut en avoir le cœur net. Dès le lendemain de son retour à Paris, le 15 août, jour de sa fête, à l'audience du corps diplomatique, grande scène à Metternich, mais point d'orage, une discussion ferme et courtoise, "une tentative pacifique, un effort pour renouer". On dirait qu'il cherche à convaincre plutôt qu'à intimider, tout en montrant qu'il n'est pas intimidé lui-même : "L'Autriche veut donc nous faire la guerre ou elle veut nous faire peur ?" Et puis : "Vous avez levé 400 000 hommes ; je vais en lever 200 000. Bientôt il faudra armer jusqu'aux femmes." C'est vrai qu'il va, de son côté, pour être prêt à tout, appeler encore 80 000 conscrits. Il faut que l'Autriche sache bien ce qu'elle risque en le provoquant. Il y a l'alliance russe. Napoléon se croit sûr d'Alexandre. "L'empereur de Russie sera contre vous." En disant ces mots, Napoléon regardait, pour provoquer son assentiment, l'ambassadeur Tolstoï dont le visage restait de glace. Il poursuivait néanmoins, essayant de séduire l'Autriche en l'associant à un partage de la Turquie, aux grands projets, toujours si brumeux, sur l'Orient. À la fin, comme dans la grande scène de 1803 à Lord Whitworth, radouci, presque bonhomme, cherchant la réconciliation, la confiance : "Justifiez vos dispositions pacifiques par vos actes comme par vos discours. De mon côté, je vous donnerai toute la sécurité que vous pouvez désirer." Une nouvelle guerre avec l'Autriche, c'est, dans l'instant surtout, la complication la moins souhaitable. Napoléon se sert de tous les arguments pour l'écarter.

Il voit, en France, l'opinion troublée, mauvaise, l'Espagne à soumettre, l'Anglais encouragé, une nouvelle révolution de palais à Constantinople. S'il faut ajouter un conflit avec la cour de Vienne, que deviendra ce qu'il avait conçu comme le résultat de Tilsit ? Est-ce que le grand ouvrage de sa politique ne sera pas remis en question ? Pourtant, c'est encore sur l'alliance russe qu'il se repose, par elle que, dans cette heure d'alarme et de doute, il réconforte les Français. "Mon alliance avec l'empereur de Russie ne laisse à l'Angleterre aucun espoir dans ses projets", dit son message au Sénat. S'il est rentré à Paris au lieu de se porter de sa personne au secours de Joseph pour réprimer l'insurrection espagnole, c'est qu'il a besoin de tranquillité en Europe pour ramener, depuis les bords de l'Elbe, les soldats dont il "inondera" l'Espagne. La sécurité qu'il vient de promettre à l'Autriche, c'est à lui qu'elle est nécessaire. Il la cherche toujours auprès d'Alexandre, après quoi seulement il pourra se retourner du côté de Madrid avec un esprit libre d'inquiétude. Et, pensant tout haut devant Savary : "Si je laisse mon armée en Allemagne, je n'aurai pas la guerre ; mais comme je suis dans l'obligation de la retirer presque en totalité, aurai-je pour cela la guerre ?" Il ajoutait : "Voilà le moment de juger de la solidité de mon ouvrage de Tilsit."

Affirmer devant l'Europe l'amitié inaltérable des deux empereurs, l'affirmer avec un éclat qui impose, et puis "me donner le temps de finir avec cette Espagne", c'est l'idée d'Erfurt et de son "parterre de rois", où l'empereur François manque seul. Celui-là n'a pas été invité parce que Napoléon se propose de demander à Alexandre l'engagement de ne pas laisser impunies les menaces de l'Autriche, mais la Cour de Vienne n'a pas manqué d'envoyer ses meilleurs diplomates à ce congrès. Dix-huit jours d'un théâtre prestigieux, de galas, d'une mise en scène somptueuse autant que le décor de Tilsit était nature, moins sincère encore. Les figurants d'Erfurt, ce sont les vassaux de la Confédération germanique dont trois doivent leur couronne à Napoléon. À l'un, pour étonner la table où il nourrit tout ce monde, il lance une fois le fameux : "Taisez-vous, roi de Bavière, regardez l'homme vivant avant de vous occuper de ses ancêtres", qui est du théâtre aussi, mais non de Corneille, de Victor Hugo. Et de même, il se plaît à dire devant ces princes, à la façon d'un Ruy Blas : "Quand j'étais lieutenant d'artillerie..." Il a mobilisé Talma ; la "levée en masse de la tragédie", disait en se moquant Metternich. Il se sert de tout et de tous, Comédie-Française, cuisine française, grands noms de la noblesse française, la vieille, "admirable pour représenter dans une cour", et non la nouvelle : "L'imbécile qui ne sait pas faire la différence entre une duchesse de Montmorency et une duchesse de Montebello !" L'empereur a la virtuosité d'un impresario. Il n'oublie ni Goethe ni Wieland, les convoque pour rendre hommage aux lettres, à cette "culture" dont les Allemands sont fiers, et il importe de plaire à l'Allemagne. Il déploie tous ses dons de séduction, toutes les ressources, force, richesse, intelligence. Erfurt doit être un Camp du Drap d'Or plus parfait, pour faire oublier, là-bas, les échecs, Baylen et Cintra, la fuite inglorieuse du "roi intrus", l'abandon du premier siège de Saragosse, et cette autre levée en masse, celle des Espagnols, de leurs moines et de leurs crucifix.

L'esprit d'Erfurt n'était déjà plus celui de Tilsit. Alexandre s'est ressaisi, le charme agit moins parce que le tsar n'a plus le même intérêt à le laisser agir. Lui aussi, à sa manière, il fait du théâtre. Lorsque, devant le royal parterre, Talma déclame : "L'amitié d'un grand homme est un bienfait des dieux", Alexandre serre la main de Napoléon, il lui dit : "Je m'en aperçois tous les jours." Mot qui n'engage à rien, à moins qu'il ne soit à double sens, avec une allusion ironique à l'autre "ami", Charles IV.

En famille, Alexandre s'épanchait. Il confiait à sa sœur Catherine, en a parte, comme sur la scène aussi : "Bonaparte me prend pour un sot. Rira bien qui rira le dernier." Dans une autre lettre, à sa mère, il explique qu'il a fallu, après Friedland, "entrer pour quelque temps dans les vues de la France" afin de "pouvoir respirer librement et augmenter nos forces pendant ce temps précieux".

Napoléon n'a pas subi, en Espagne, un revers assez grave, il est encore trop puissant pour qu'il soit prudent de rompre avec lui. Le tsar calcule qu'il vaut mieux l'entretenir dans son illusion et se faire payer, par le droit d'occuper la Finlande et les principautés roumaines, cette alliance qui est, pour l'un des empereurs, la pièce essentielle de son système, pour l'autre un moyen de gagner des provinces et du temps. Il y a aussi, pour Napoléon, la question du divorce avec Joséphine et du mariage avec une grande-duchesse, du lien de famille à créer avec Alexandre pour sceller cette amitié, bienfait des dieux. Laquelle des sœurs du tsar demander ? Catherine, ou la petite Anne ? Mais Napoléon craint de s'exposer à un refus. Et comme il évite ce sujet de conversation, Talleyrand et Caulaincourt en étant chargés, Alexandre se garde de l'aborder lui-même, se tient sur une prudente réserve. Tout cela fait beaucoup de réticences qui rendent le tsar "différent de ce qu'il était à Tilsit". Et surtout il se refuse à menacer l'Autriche, qu'il ménage, tandis que, pour lui plaire, Napoléon évacue une partie de la Prusse dont il réduit la contribution de guerre. C'est qu'il poursuit son idée, la fédération du continent. L'alliance prussienne jointe à l'alliance russe, la France ne craindrait vraiment plus rien et l'Angleterre aurait tout à craindre si Erfurt n'était pas du théâtre, même aux heures où ne joue pas Talma.

Napoléon sera la dupe d'Erfurt. Et d'abord, pourquoi, après avoir écarté Talleyrand des affaires, l'a-t-il rappelé à l'activité ? C'est qu'à l'empereur, toujours variable parce qu'il se sent mal assis, et changeant parce que les circonstances changent sans cesse, il faut, cette fois, pour cette opération de consolidation diplomatique, un homme subtil et d'entregent, un diplomate d'ancien régime et de "grand nom". Talleyrand, à Erfurt, passe pour avoir trahi. Sa trahison a consisté à faire une autre politique que celle de son maître et à révéler aux puissances étrangères les instructions qu'il avait reçues. En réalité, c'est un jeu très complexe. Tout en prenant pour lui-même des garanties d'avenir, Talleyrand s'imagine que, plus perspicace et plus raisonnable que Napoléon, il le sert. Alarmé de l'extension des conquêtes, il veut appliquer sa "loi du possible" à ce qui n'est depuis longtemps, à ce qui n'était déjà, avant le consulat, que la recherche de l'impossible. Il pense que tout cela, étant démesuré, doit mal finir et il tente de rappeler Napoléon à la mesure, comme s'il dépendait de Napoléon de se modérer. Ne pouvant le convaincre, il en est venu à cette idée dangereuse de l'y contraindre. Il le calmerait en poussant la Russie et l'Autriche à la résistance. La pénétration de Talleyrand lui faisait comprendre que l'empereur s'aveuglait sur l'alliance russe et craindre que, par la confiance qu'il en tirait, il n'allât s'égarer encore plus loin, par un partage de la Turquie, dans des aventures orientales. Que le tsar lui "tînt tête", et Napoléon serait arrêté, immobilisé pour son propre bien. Talleyrand était pourtant le plus aveugle des deux quand il croyait à la possibilité de conserver les conquêtes en les limitant. Il méconnaissait à la fois les exigences d'une lutte inégale contre l'Angleterre et la résolution avouée ou secrète des grandes puissances de ramener la France à ses anciennes frontières et de ne lui laisser aucune de ses annexions. Alors le jeu que Talleyrand croyait subtil devenait naïf. Lorsqu'il conseillait à Alexandre de "tenir tête" à Napoléon, c'était pour que, l'alliance étant ébranlée, Napoléon cessât de croire que tout lui était permis. Lorsqu'il informait Metternich des projets de l'empereur sur l'Orient et suggérait à la cour de Vienne de surveiller à la fois Alexandre et Napoléon et de jouer le rôle d'arbitre, il croyait continuer la politique d'équilibre qui, avant la Révolution, avait été celle de la France. Il ne voyait pas que les circonstances avaient changé aux yeux des autres puissances et que l'équilibre avait été rompu par la réunion de la Belgique et de la rive gauche du Rhin. Alors Alexandre et Metternich accueillent et encouragent les confidences de Talleyrand. Ils s'en servent pour leurs propres fins, concluant que la confiance en Bonaparte a baissé, puisque, dans son entourage même, un homme investi de hauts pouvoirs ne craint pas d'avoir avec eux des intelligences, enveloppées, eût dit Bossuet, "dans l'obscurité d'une intrigue impénétrable" et qui, à ce prévoyant du lendemain, assurent déjà une place au congrès de la paix future.

Napoléon quitte Erfurt trompé, trahi, ne s'avouant pas que l'esprit de Tilsit s'évapore, triste pourtant comme après une fête manquée. Ayant, le jour du départ, cheminé quelque temps avec Alexandre, on le vit, après les adieux, revenir muet et pensif. Jamais plus les deux empereurs ne se reverraient. "Ces diables d'affaires d'Espagne me coûtent cher", disait Napoléon dressant le bilan d'Erfurt. Et pourtant il a obtenu ce qui, dans l'immédiat, lui importe. Il a renouvelé l'alliance russe à un prix qui n'est pas trop élevé, puisque, moins imprudent que Talleyrand ne le pense, il a encore écarté le partage de la Turquie, réservé Constantinople. S'il se méfie de l'Autriche, il se croit assuré qu'elle ne l'attaquera pas tout de suite. Il a carte blanche et, pendant trois mois, les mains libres pour rétablir ses affaires en Espagne. Il n'en demande pas plus, et c'est ce qu'il s'était dit, devant Savary, avec un doute : "En retirant l'armée de Prusse, je vais faire rapidement l'affaire d'Espagne. Mais aussi, qui me garantira de l'Allemagne ? Nous allons le voir."

Il n'espère pas de réponse de l'Angleterre à l'offre de paix qu'il lui a adressé de concert avec Alexandre. C'est un rite. Pour l'opinion, en France et en Europe, il faut toujours établir ce qui est vrai, c'est-à-dire que l'Angleterre est cause de la continuation des hostilités. Et la réponse négative de Canning exprime le sentiment du peuple anglais qui en est à reprocher à ses généraux de l'avoir humilié en ne retenant pas l'armée de Junot prisonnière à Cintra comme celle de Dupont l'a été à Baylen. Le gouvernement britannique met cette condition, qu'il sait d'avance inacceptable - et, à défaut de celle-là, il en mettrait une autre - qu'à tous les pourparlers de paix les insurgés espagnols prendront part. Il ne reconnaît pour roi d'Espagne que Ferdinand VII et il affecte toujours d'ignorer qu'il y a un empereur en France. Ainsi il existe au moins un lieu où Erfurt n'éblouit pas, où l'alliance russe n'en impose pas. C'est Londres.

Maintenant il ne s'agit plus de passer la Manche et de faire bivouaquer devant Westminster les grenadiers de la Garde. Grave déclin depuis les vastes espérances de Boulogne. Il faut rentrer à Madrid et jeter à la mer l'armée anglaise qui est venue donner la main à l'Espagne insurgée.

De retour à Saint-Cloud le 18 octobre, Napoléon, dès le 29, reprend sans goût, sans entrain, la route des Pyrénées. Cette Espagne l'ennuie. Tout y a tourné contre ses calculs, elle s'est mise à la traverse de ses projets, elle lui a valu son premier revers depuis Saint-Jean-d'Acre, son premier déboire. C'est un boulet qu'il traînera et il l'appellera un "chancre". D'avance cette campagne le rebute, bien qu'il la prépare méthodiquement, avec le même soin que les autres. Se battre contre des bandes de paysans, dans un pays de fanatiques où un ennemi s'embusque derrière chaque rocher, mais où il n'y a plus de gouvernement ni d'État, où, par conséquent, il est impossible d'en finir par quelques marches foudroyantes, c'est une corvée qui l'irrite. À Joséphine qui lui demande : "Tu ne cesseras donc pas de faire la guerre ?" il répond avec mauvaise humeur : "Est-ce que tu crois que ça m'amuse ? Va, je sais faire autre chose que la guerre, mais je me dois à la nécessité et ce n'est pas moi qui dispose des événements : j'y obéis." Et les hommes le mécontentent encore plus que les choses. Il s'aperçoit encore que, là où il n'est pas, on ne commet que des fautes, que ses ordres sont mal exécutés, que ses instructions mêmes ne sont pas suivies ou ne sont pas comprises et qu'il faudrait qu'il fût partout alors que les événements étendent le nombre des difficultés auxquelles il doit faire face.

Les difficultés, on ne peut pas dire qu'il ne les aime ni qu'il les cherche. Elles sortent toutes seules des solutions qu'il croit avoir trouvées. Et pourtant elles ne le prennent jamais sans une idée qui s'applique à la situation. Avec rapidité et sang-froid, il résout toujours les problèmes. Tandis qu'il traverse les Landes à franc étrier pour prendre le commandement de l'armée d'Espagne, il a tout présent à l'esprit, le problème militaire, le problème politique aussi bien que les besoins du soldat et les détails de l'équipement pour une campagne d'hiver en Ara-gon et en Castille. Des idées, il faut qu'il en ait pour tout le mon-de, pour ses lieutenants, pour Joseph, pour l'intendance. Lui seul voit ce qu'il y a à faire, le moyen de battre et de disperser les bandes que les insurgés lui opposent, comment rétablir son frère sur le trône. Qu'il se soit trompé, qu'il ait commis une faute à Bayonne, il y a six mois, c'est possible. Il s'agit maintenant de procéder avec réflexion et méthode, d'être "sage", comme il l'a écrit à Cambacérès, puisqu'il est encore devant "la nécessité".

Un mois après qu'il a quitté la France, le 2 décembre, jour de ses grands anniversaires, il arrive devant Madrid, n'y entre qu'un instant pour se montrer, mais sans Joseph, qu'il a tenu loin de lui pendant cette campagne. Tandis que l'empereur des Français vient en punisseur, en gendarme, en justicier, il ne faut pas que Joseph soit compromis aux yeux de ses sujets et il lui est même donné des occasions d'obtenir des pardons et d'exercer sa clémence. Il n'y a plus à compter que les Espagnols se donneront de bon cœur à la royauté nouvelle. Il ne reste qu'à leur faire souhaiter Joseph pour échapper à la conquête et à la domination de Napoléon lui-même. Puisqu'il n'a pas réussi en promettant à l'Espagne de la régénérer, il prend le rôle d'épouvantail, laissant à Joseph celui d'intercesseur et de protecteur, lui interdit même de s'installer à Madrid avant qu'on le lui ait demandé, comme il lui a défendu de paraître à ses côtés tandis que les bandes de Palafox et de Castanos étaient sabrées sans merci. À la fin, en effet, la bourgeoisie de Madrid acceptera Joseph, effrayée d'abord par la menace d'un bombardement, puis par les atrocités de la canaille qui s'est opposée à la reddition de la ville, entièrement résignée en apprenant la défaite de l'armée anglaise de secours.

Battre les Anglais et vite, c'était la seconde tâche que Napoléon s'était donnée. Avec la quarantaine, il s'est peut-être engraissé, alourdi. C'est toujours l'homme d'action, l'entraîneur qui ne marchande ni sa fatigue, ni sa peine, qui franchit à pied, sous la neige, en des journées qui font déjà penser à la retraite de Moscou, le massif du Guadarrama, tandis que le soldat murmure. Passant la nuit dans une misérable maison de poste, il devise avec les officiers, parle avec eux, en camarade, de ces aventures extraordinaires qui l'ont conduit de l'école de Brienne dans cette masure espagnole. "Et demain, qui sait où ?"

Napoléon poursuit le général Moore, qui bat en retraite. Il compte l'atteindre bientôt et infliger une sévère défaite aux Anglais puisqu'il les tiendra enfin sur la terre, son élément à lui. Dans la nuit du 12 janvier 1809, il est rejoint par un courrier de France. Il lit les dépêches à la clarté d'un feu de bivouac et, dit Savary qui l'observait, "quoique sa figure ne changeât presque jamais, je crus cependant que ce qu'il venait de lire lui donnait à penser". Ces dépêches lui apprennent que l'Autriche a repris ses armements et se prépare à l'attaquer tandis qu'il est au fond de l'Espagne. Elles confirment aussi les nouvelles qui lui sont déjà venues de Paris et c'est ce qui contribue le plus à cet assombrissement qu'il n'est pas maître de dissimuler. Comme toutes les fois qu'il est au loin, on a, à Paris, calculé sa mort. Quels risques ne courait-il pas dans cette Espagne où, à toute heure, de chaque buisson, pouvait partir une escopette ? Cette expédition même, tous les hommes raisonnables la trouvaient insensée, jugeaient que Napoléon ne pouvait manquer de s'y perdre. Alors on songe, comme toujours, à ce qui arrivera en cas d'accident ou de désastre. Les "prévoyants de l'avenir" veulent avoir prévu. Talleyrand et Fouché se sont rapprochés et montrés en public, se tenant par le bras, comme s'ils étaient déjà le gouvernement provisoire. On a, enfin, averti l'empereur qu'ils ont pensé à son remplaçant, jeté les yeux sur Murat, avec l'assentiment de Caroline, encore plus aigrie que son mari depuis que le trône d'Espagne leur a échappé. Ces renseignements, en rappelant à Bonaparte, la fragilité de sa monarchie, l'inquiètent d'autant plus que, six mois avant, un complot lui a été révélé, complot sur la consistance duquel il n'a pu obtenir de précisions. C'était un complot républicain celui-là, où paraissait déjà le général Malet, un des fidèles de Moreau, dans lequel on nommait La Fayette, Lanjuinais, les libéraux du Sénat, l'ancien ministre girondin Servan, au total quelque chose d'obscur. Dubois, le préfet de police, ayant d'abord affirmé que la conspiration était sérieuse pour se rétracter ensuite, tandis que Fouché, ministre de la Police, avait réduit l'affaire à rien, quoique le bruit courût qu'il y était lui-même compromis. Cette incertitude avait troublé l'empereur. Ce trouble le poursuivait. Le courrier qu'il recevait renouvelait ses soupçons et ses alarmes. Aussitôt son parti fut pris de revenir. Laissant à Soult le soin de jeter le général Moore à la mer, il s'établit pour quelques jours à Valladolid, d'où il était plus aisé de communiquer à la fois avec la France et avec Madrid et il rédigea ses instructions avant de quitter l'Espagne.

On le vit là irritable, courroucé, et une occasion singulière lui fut donnée de montrer le fond de son coeur. Passant une revue à Valladolid, il se trouve en présence du général Legendre, un de ceux qui, avec Dupont, avaient capitulé à Baylen. Scène effroyable où, d'une voix tonnante, sur le front des troupes, Napoléon ne se contente pas de lancer de sanglants reproches à l'un des responsables de la catastrophe. Baylen, c'est pour lui un fer rouge, comme Trafalgar. Et sans penser que le dernier soldat de sa garde l'entend, il soulage sa colère, il passe ses nerfs sur l'homme qui est devant lui, il déroule les conséquences du désastre, Madrid évacué, l'insurrection de l'Espagne exaltée, les Anglais dans la péninsule, tous les événements changés, la " destinée du monde " peut-être aussi !

Abandonnant l'Espagne à ses lieutenants, quoiqu'il annonçât que son absence serait brève, Napoléon, quelques jours plus tard, regagne Paris à cheval. À des voeux de Joseph pour l'année nouvelle, il a répondu avec une sécheresse qui vaut un haussement d'épaules : "Je n'espère pas que l'Europe soit pacifiée cette année. Je l'espère si peu que je viens de rendre un décret pour lever cent mille hommes." Il ajoutait, et il disait bien : "L'heure du repos et de la tranquillité n'est pas encore sonnée !"

Chapitre XVIII : Le redressement de Wagram

Napoléon était parti pour l'Espagne à contrecoeur. Il la quitte par nécessité, mécontent de lui-même, des autres et d'événements auxquels il commande un peu moins chaque année que la précédente. Par un nouveau tour de force, il vient de rétablir Joseph à Madrid. Il sait bien qu'il laisse au-delà des Pyrénées les guérillas partout, les Anglais jetés à la mer pour débarquer ailleurs, la troupe dégoûtée de sa besogne, les maréchaux en mauvaise intelligence, Joseph toujours geignant. Ce qu'il sait encore, c'est que, pas plus que lui, personne ne s'y trompe, non seulement à Londres et à Vienne, à Berlin et à Pétersbourg, mais à Paris. "Un homme qui n'est pas né sur le trône et qui a couru les rues à pied", comme il se définit, ne se paie ni de mots ni d'illusions. L'affaire d'Espagne ayant mal tourné, lui-même, de sa personne, n'ayant pu réparer que le plus gros de l'accident, c'est lui qui en portera le poids, les conséquences, les reproches, et il aurait deviné que, pendant son absence, l'Autriche se préparerait à l'attaquer, tandis qu'à l'intérieur on se préparerait à le trahir et que ceux-là mêmes qui lui avaient conseillé de détrôner les Bourbons de Madrid accuseraient son ambition, sa folie et son orgueil.

Il quitte l'Espagne, où il a promis de revenir dans un mois et où il ne reparaîtra plus, pour rentrer à Paris en coup de tonnerre, "exaspéré". Pendant ce voyage à bride abattue, que de réflexions ! Ses deux instruments de règne sont, au-dedans le succès, la crainte au-dehors. Qu'il cesse d'être heureux, qu'il cesse de faire peur, sa monarchie s'écroulera, et, pour lui-même, il n'y aura qu'un abîme. L'Espagne est la pierre de touche de toutes les fidélités, celle des serviteurs, celle des alliés, celle de la fortune.

Un premier, un unique échec, pourtant à demi effacé par la rentrée de Joseph à Madrid, a suffi pour qu'une opposition se formât en France. Il ne s'agit plus seulement d'intrigants et de conspirateurs. Voilà que soudain le Corps législatif est devenu indocile et chicane sur quoi ? Sur le Code d'instruction criminelle ! Quarante boules noires, quarante mécontents, symptôme auquel un oeil exercé ne se trompe pas. La hardiesse de l'Autriche est un autre signe. Non seulement on croit, à Vienne, que le moment est venu de recommencer la lutte et d'entraîner l'Europe contre la France, mais on ne redoute pas l'intervention de la Russie. C'est donc qu'on ne prend pas au sérieux l'alliance de Tilsit. Coup droit à la politique de Napoléon. Il ne sait pas jusqu'à quel point Talleyrand l'a desservi à Erfurt, mais il comprend mieux, maintenant, les froideurs et les réticences d'Alexandre. Alors Napoléon mesure la fragilité de tout ce qu'il a fait, l'insuffisance des ancres qu'il a jetées, la faiblesse de son pouvoir, immense et pourtant viager, tellement viager que l'on calcule non plus seulement sa mort, mais sa chute. Il voit comment, en quelques semaines, l'Empire pourrait s'effondrer. Il faut consolider, encore, toujours, et il n'a même pas d'enfant pour se prolonger, répondre de l'avenir, abolir la dangereuse question du successeur. Pour avoir l'enfant, il faut la femme. Un mariage avec une princesse, un lien de famille avec une grande dynastie lui apporterait la stabilité qui lui manque. Mais le tsar, et c'est un autre symptôme inquiétant, laisse sans suite les projets d'Erfurt, les allusions à la grande-duchesse, au mariage avec sa soeur.

Et Paris, où l'on intrigue, où la Bourse manifeste à sa façon qui est la baisse des fonds publics, Napoléon devra bientôt s'en éloigner bien qu'il affirme qu'il n'y a "aucune présomption de guerre". Pendant son absence, pendant cette nouvelle guerre d'Autriche dont il ne doute pas, pour sa part, bien qu'il en nie la possibilité, tout recommencera, s'il n'a pas effrayé les conspirateurs au risque de grossir lui-même le complot. Alors, à son retour à Paris, c'est, devant Cambacérès, Lebrun et l'amiral Decrès, la grande scène, dont le bruit passe tout de suite la porte du cabinet, à Talleyrand et à Fouché, les deux complices, foudroyés de la parole et du regard, Talleyrand surtout, le plus durement traité, comme si Napoléon ne pardonnait pas au grand seigneur, à l'évêque marié, au ministre qui a eu la direction et les secrets de sa politique, tandis qu'il dédaigne le cuistre de collège devenu conventionnel, homme de police et des bas métiers. Reproches mérités, injurieux, qui ne laissent dans l'ombre rien de ce que sait l'empereur. Avec dureté il rappelle à Talleyrand ses conseils perfides et ses flatteries par-devant pour mieux critiquer par-derrière. Il ajoute ce qu'il y a de plus insultant, les accusations d'improbité, l'enrichissement dont les princes confédérés lui ont dit l'origine. Encore Napoléon ne sait-il pas tout. Il ignore le double jeu diplomatique d'Erfurt, les avis donnés par Talleyrand à la Russie et à l'Autriche. Et, après cette sortie terrible, c'est l'apostrophe où Bonaparte, devant ces témoins de sa vie, ne craint pas d'évoquer la fragilité de son trône : "Apprenez que, s'il survenait une révolution nouvelle, quelque part que vous y eussiez prise, elle vous écraserait les premiers."

La grande scène du 28 janvier 1809, calculée pour la publicité, est surtout remarquable par l'absence de la sanction. Les deux hommes qui viennent d'essuyer cette colère attendent la disgrâce, la destitution, l'exil. Fouché conserve, pour cette fois, son ministère. Si Talleyrand perd sa place de grand chambellan, son titre et son rang de grand dignitaire ne lui sont pas enlevés. Les deux "prévoyants de l'avenir", menacés d'être ensevelis sous les ruines, mais épargnés par celui qui, pour le moment, est encore le maître, n'en seront que plus attentifs à ne pas être écrasés par la chute de l'Empire et relèveront le défi en servant la Restauration. Par quelle inconséquence ou par quelle faiblesse Napoléon menace-t-il sans punir, comme s'il se soulageait en exhalant sa colère ? "Il humilie trop et ne punit pas assez", disait Hortense. Lui qui écrivait à son frère Louis : "Un roi dont on dit, c'est un bon homme, est un roi perdu", avait de singulières indulgences, il en aura encore. Nul n'aura été plus trahi sans avoir eu moins d'illusions, sans avoir moins châtié, et, lorsqu'on parlait de son despotisme, il haussait les épaules. Au général Dupont, il a promis le poteau d'exécution, l'échafaud. Pourtant les responsables de la capitulation de Baylen ne seront jugés qu'en 1812 sans que leur soit appliqué le nouveau code militaire qui punit de mort les redditions en rase campagne. C'est que Dupont a des amis dans les hauts grades, formés d'hommes qui, comme lui, ont fait les guerres de la Révolution, qui se sentent les coudes, une camaraderie, une "confédération" qui se lève dès qu'un seul est menacé. Napoléon, dans son Empire, n'est pas le maître autant qu'on le croit. Si étonnant que semble le mot, il y a même chez lui une timidité. Carnot, le républicain, parle de ses "inconcevables faiblesses" et dit, comme Hortense : "Menacer sans frapper, laisser la puissance de nuire entre les mains de ceux qu'il a blessés, petits ou grands, cette faute, il la renouvelle toujours." Faute ou, selon la remarque de Savary, "malheur de sa situation" ?

Des ménagements pour les personnes, Carnot rapproche les ménagements successifs pour l'Autriche, la Prusse, la Russie. Mais l'empereur a besoin d'alliés sur le continent comme il a besoin, en France, de s'attacher des hommes par leurs intérêts. Après l'éclat du 28 janvier, pourquoi, satisfait d'avoir fait peur, s'abstient-il de punir ? Il craint d'inquiéter trop le monde en prenant des sanctions après lesquelles, dit Mollien, personne ne se serait cru à l'abri. Ce qui est faible, ce n'est pas Bonaparte, mais sa position dont l'instabilité lui est rappelée chaque jour à l'intérieur et à l'extérieur, ce qui tantôt l'empêche d'être assez ferme et tantôt le rend brutal jusqu'à la témérité.

Il porte déjà le poids de l'Espagne. Et justement parce que les affaires espagnoles l'embarrassent, l'affaiblissent et le diminuent, l'Autriche croit l'occasion favorable. Cette guerre nouvelle est ce qui peut arriver de plus propre à accroître en France cette fatigue que Napoléon mesure mieux qu'un autre parce que, grand lecteur d'états de situation et de rapports de police, les signes d'un épuisement naissant ne lui échappent pas plus que cette aspiration à la paix et au repos qu'il connaît bien puisqu'il s'en est servi autrefois, au temps de Leoben et de Campo-Formio, pour se rendre populaire. Cette agression de l'Autrichien est un "coup d'assommoir" pour l'opinion publique, tandis que l'empereur pense tout haut, avec amertume : "Et puis on dira que je manque à mes engagements et que je ne puis pas rester tranquille !" On - cet "on" qui est tout le monde - se voit rejeté dans les guerres sans fin. Pas plus que Campo-Formio et Lunéville, Presbourg n'a été la paix. Des "armistices déguisés", Metternich s'en vante. On comprend surtout, et c'est plus grave, que l'Autriche, poussée par l'Angleterre, reprend les armes parce que l'Espagne enlève à la France des troupes, de bons généraux, tandis que la Grande Armée, coupée en deux, perd sa forte unité. "Que n'ai-je eu ici les trois corps de Soult, Ney, Mortier !" Ce sera le regret, le soupir de l'empereur après les dures journées d'Essling et de Wagram. Il n'est pas besoin d'être militaire pour pressentir que, dans cette campagne, Soult, Ney, Mortier manqueront.

L'inquiétude publique, Napoléon la devine si bien que son mot d'ordre, celui qu'il donne depuis Valladolid, c'est que la guerre n'est pas en vue, qu'il n'y a pas de présomption de guerre. Puis il faut avouer, se rendre à l'évidence. Cette guerre ne peut pas être évitée, l'Autriche la veut, elle a créé et mobilisé une landwehr, mis sur pied jusqu'à cinq cent mille hommes, un de ses plus gros efforts. Il est difficile de répondre de la Prusse, qui se laissera peut-être entraîner par ses patriotes. Déjà des volontaires prussiens s'engagent dans l'armée autrichienne. Alors l'empereur rassure tout le monde, les Français et ceux qui sont menacés, en première ligne les rois, les princes de la Confédération du Rhin. Et comment rassure-t-il ? Par l'alliance russe. Il y croit encore ou il fait semblant d'y croire. Il écrit à tous que l'Autriche désarmera, qu'elle se tiendra en repos lorsqu'elle verra "les armées françaises et russes prêtes à envahir son territoire" dont les deux empereurs garantissent l'intégrité. Pendant tout le mois de mars, il répète la même formule, il fait savoir à Munich, à Stuttgart, partout, que le tsar est indigné de la conduite de l'Autriche, qu'il a réitéré sa promesse d'unir ses forces à celles de la France, que ses troupes sont en marche, qu'il se mettra lui-même à leur tête. Au vice-roi d'Italie, il recommande : "Vous devez inculquer de toutes les manières l'idée que les Russes marchent sur l'Autriche."

Pour soutenir le moral, il donne aux autres une certitude qui lui manque, écoutant les observations sans impatience, comme chaque fois que les choses ne vont pas. "Il finissait par rendre confiance, tant il témoignait d'assurance." L'assurance qui lui fait défaut. Pendant ce temps, Caulaincourt, son ambassadeur à Pétersbourg, est chargé de réchauffer le gouvernement russe, de lui représenter que des notes à la cour de Vienne ne suffisent pas, que les paroles ont besoin d'être appuyées par des forces menaçantes, qu'il sera nécessaire (comme si cela n'allait de soi), que le chargé d'affaires de Russie demande ses passeports dès que l'Autriche aura ouvert les hostilités, de rappeler enfin que la paix n'eût pas été troublée si les engagements d'Erfurt avaient été plus précis et plus fermes, comme les eût voulus Napoléon.

L'ouvrage, le système, la grande pensée de Tilsit sont à l'épreuve. C'est le moment d'en juger la solidité. A Erfurt elle était déjà douteuse. Encore peu de jours, et l'illusion de l'alliance russe tombera. Alexandre allègue qu'il est occupé avec la Suède à cause de la Finlande et, pour les principautés danubiennes, avec les Turcs qui viennent de s'allier à l'Angleterre. Dès lors, il est clair que l'Autriche a attaqué la France parce qu'elle est assurée de la neutralité du tsar. Au moins de sa neutralité. À Pétersbourg, Alexandre est "tiraillé". Les partisans de l'Angleterre voudraient qu'il prît les armes contre la France. Il s'en défend et ce sont aussi ses affaires avec les Suédois et les Turcs qu'il objecte. Surtout il ne juge pas que le moment de la rupture soit venu. La France est encore trop forte, Friedland trop près. Que Napoléon s'use dans une nouvelle guerre, c'est, pour l'instant, ce que l'intérêt de la Russie demande. La Prusse, dans le même calcul, n'interviendra pas davantage. Sa règle, depuis Iéna, c'est d'être bien avec la France, "pour ne pas être engloutie". Les temps de la coalition de 1813 ne sont pas encore mûrs et Napoléon, cette fois, n'aura qu'un seul adversaire, l'Autriche, à combattre. Mais l'inaction de la Russie est déjà pour lui une défaite politique et morale. "Ce n'est pas une alliance que j'ai là et j'y suis dupé !" s'écrie-t-il lorsque s'évanouit le dernier espoir qu'Alexandre tienne sa promesse, se comporte en allié loyal, joigne ses forces à celles de la France. Puis ce cri du coeur, cet aveu qu'il a trop compté sur la Russie, qu'il a trop osé en se reposant sur elle : "Si j'avais pu me douter de cela avant les affaires d'Espagne !" À Tilsit, il croyait toucher au but. Il n'avait plus de paix à conclure qu'avec l'Angleterre. Elle seule s'obstinait encore. Une fois toutes les parties du continent unies, fédérées, bien tenues en main, la capitulation des Anglais serait certaine. Dix-huit mois plus tard, Napoléon avait la guerre avec l'Espagne et avec l'Autriche, ce qui, observait un homme clairvoyant de son entourage, était la même chose pour la politique anglaise que s'il avait continué à l'avoir avec la Prusse et la Russie.

L'oeuvre diplomatique de Tilsit est à reprendre. Elle est à refaire par les mêmes moyens, par des victoires. Et tous les ans, la victoire devient plus difficile. Contestée à Eylau, longue à obtenir à Friedland, fragile et mélangée de durs revers en Espagne, la peine et le prix en augmentent. Quel changement depuis le temps où, à Boulogne, il disait à Berthier : "Je veux me trouver dans le coeur de l'Allemagne avec 300 000 hommes sans qu'on s'en doute", tenait parole et, par une simple marche, faisait capituler Mack ! C'est que Napoléon n'a plus la grande armée de Boulogne. Il a dû accomplir des prodiges pour réparer les faiblesses que l'Espagne lui cause, prodiges d'organisation qui entraînent aussi, malgré les contingents de la confédération germanique, de plus fortes levées d'hommes dans les cent quinze départements français. Non seulement il continue à manger d'avance une classe, mais il porte de 80 à 100 000 hommes le prélèvement annuel sur la jeunesse et il enrôle ceux des conscrits des classes anciennes qui n'ont pas encore été appelés. Ce sont les fameux "cent mille hommes de rente", et ils commencent à n'être plus suffisants. Avec les difficultés qui s'accroissent, l'arc se tend tous les jours, un peu plus tous les jours, jusqu'à casser.

Alors, par des miracles d'activité, de perspicacité, de décision, Napoléon s'ouvre pour la deuxième fois le chemin de Vienne, mais à grands frais, cinq jours de bataille sanglante à Abensberg et à Eckmühl. Quatre ans plus tôt, à Ulm, le même ennemi se rendait, et, vaincu sans combat, livrait sa capitale. Cette fois, les Français perdent Ratisbonne qu'il faut reprendre d'assaut et, devant ces murs, une balle frappe Napoléon au pied, une contusion, non une blessure, comme un avis du destin, un signe que les temps deviennent âpres. Il en coûte plus en 1809 pour vaincre l'Autriche seule qu'en 1805 les Autrichiens et les Russes réunis.

C'est la seconde entrée de Napoléon à Vienne, après un autre combat meurtrier, à Ebersberg. Encore a-t-il fallu, pour que Vienne se rendît, lui envoyer quelques coups de canon et mater le petit peuple des faubourgs. Car cette ville de mollesse et de plaisir a maintenant, elle aussi, une sorte d'élan national. Les portes ne s'ouvrent plus toutes seules et ces entrées dans les capitales conquises, ces difficiles recommencements sont sans ivresse. N'est-ce pas la preuve que tout est toujours à refaire, que le but est insaisissable ? L'empereur ne se retrouve, à Schœnbrunn, dans le palais et les meubles des Habsbourg, que pour apprendre de mauvaises nouvelles. Le vice-roi Eugène s'est fait battre en Italie. Le Tyrol se soulève. En Pologne, Poniatowski a dû reculer devant les Autrichiens et leur abandonner Varsovie, tandis qu'Alexandre regarde et ne bouge pas. Surcroît de tâches, et Dieu sait ce qui se passe là-bas, dans cette Espagne et ce Portugal ! Sur ces entrefaites, il devient urgent d'envoyer Macdonald au secours d'Eugène pour reprendre les opérations sur l'Adige, tandis que se produisent d'autres complications. Une escadre anglaise menace les côtes italiennes d'un débarquement qui tient Murat en alerte. Rome s'agite depuis que l'Autriche a ouvert les hostilités et le régime de l'occupation mène à des conflits quotidiens avec Pie VII. Le général Miollis, qui pourtant n'est pas un brutal, s'irrite, parce qu'il s'inquiète de la résistance que lui opposent le pape et les cardinaux, de leur volonté de se dérober à un contact qu'il a d'abord essayé de rendre courtois. Sans doute Rome a été occupée pour des motifs étrangers à la religion. Le pape se plaint hautement de l'atteinte portée à son indépendance. Les actes par lesquels il affirme sa souveraineté paraissent dangereux parce que, d'un jour à l'autre, ils peuvent exciter la population romaine contre les Français, soulever l'émeute. Est-ce que l'assassinat du général Duphot, à l'époque où le Directoire occupait déjà Rome, ne demeurait pas présent aux esprits ? Miollis, pour rétablir son autorité, répond par le désarmement des gardes-nobles et de nouvelles menaces d'arrestation. Pour en finir et aussi pour effrayer, quatre jours après l'entrée à Vienne, le reste des États du Saint-Siège est réuni à l'Empire français. Le pape restera à Rome comme souverain spirituel. Il est dépouillé de sa souveraineté temporelle. Napoléon dit avec superbe qu'il reprend la donation de Charlemagne, mais il recommence ce qu'avait tenté la Révolution avec la République romaine ; il fait, empereur oint et sacré, ce que, général républicain, il avait refusé de faire en 1796. Que devient sa grande politique du Concordat, de la réconciliation avec l'Église ? Devant ce qui s'oppose à l'accomplissement des destinées de la France et aux nécessités logiques de la conservation des frontières naturelles, il reprend les idées des Jacobins, il se sert des mêmes moyens, des mêmes recours à la force, mais amplifiés et gros de chocs en retour plus étendus, de sorte que tout ce qui s'était déjà dressé contre la Révolution en 1798, tout ce qui avait, alors, mis la France à deux doigts de l'invasion et de sa perte, se dressera encore contre l'Empire, mais avec un multiplicateur tellement grossi que cette fois le flot ne pourra plus être arrêté. Dans les affaires de Rome, comme dans les affaires d'Espagne, comme bientôt dans l'affaire de Russie, on comprend les raisons immédiates de Napoléon, toujours déduites des circonstances, commandées par le besoin de la solution immédiate. Seulement, c'est ainsi qu'il amoncelle ce qui retombera sur lui pour l'écraser.

Le moment où il rompt avec la papauté n'est pas celui d'un vertige de puissance. Il n'est pas allé à Vienne pour y mener un vain triomphe, mais après réflexion et parce que la Stratégie le lui ordonne. Il y va parce qu'il marche droit aux forces de l'ennemi qui ne sont pas détruites. Ces forces dépassent même les siennes. Il a encore des batailles à livrer et il peut les perdre. Voyons-le avant les mauvaises journées d'Essling, très exposé, observé de toute l'Europe, abandonné d'Alexandre, et, somme toute, après les fastes de Tilsit et d'Erfurt, assez ridiculement "dupé". Sa grandeur, s'il est troublé, est de ne pas laisser paraître son trouble, de garder un pouls calme comme celui qu'il faisait tâter après ses grandes colères pour montrer qu'il ne s'emportait que par calcul. Mais il a besoin de maintenir son crédit qui est fait de prestige et un prestige qui est fait de la crainte qu'il inspire. Il défie pour intimider et signifier qu'il ne tremble pas.

Il est pressé d'en finir avec les Autrichiens parce qu'il craint toujours que la Prusse ne se mette en mouvement, parce qu'il n'est pas sût de la Russie. Une telle hâte qu'on le vît porter lui-même des planches pour la construction du pont sur lequel il devait passer le Danube. " La politique, comme dans toutes les guerres de l'empereur, était à con- sidérer autant que la stratégie. " Mais ici, la hâte, qui était "indispensable", devient de la précipitation, et la précipi- tation de la témérité. On put croire que Napoléon était perdu lorsqu'il eut entrepris de franchir le Danube devant l'armée de l'archiduc Charles et qu'après les durs combats d'Aspern et d'Essling, où Lannes périt, il dut se replier sur l'île de Lobau. C'était là qu'on ressentait la défection du tsar qui écrivait beaucoup à son grand ami mais ne lui en- voyait pas un cosaque. "Commerce de lettres" quand c'était "un commerce de bataillons" qu'il aurait fallu. Des compliments, des flatteries au lieu d'un corps d'armée.

Eylau avait été une bataille contestée. Essling était un échec. Pour la première fois, l'empereur, commandant en personne, était obligé de se replier devant l'ennemi. Par accident sans doute, puisque la crue subite du Danube, em- portant les ponts, le coupait de la rive droite et le privait de munitions. L'échec restait. Un désastre n'avait été évité qu'à force d'énergie et de sacrifices. Napoléon pouvait se rappeler ce qu'il enseignait volontiers aux autres : "la guerre est un jeu sérieux", un jeu où le chef expose ses soldats, sa réputation, son pays. Il n'avait pas prévu que le fleuve, soudainement grossi, Je mettrait en danger. Il aurait dû le prévoir et ce n'eût pas été une excuse pour un de ses lieutenants. Couronné de succès, le passage du Danube eût été une opération de génie. Manqué, ce n'était plus qu'une opération téméraire. Napoléon en vit les suites, l'effet moral, surtout, d'un événement qui devait "volcaniser" toutes les têtes allemandes et qui, si loin de France, et, derrière lui, une capitale populeuse où il avait dû entrer de force, le mettait dans un danger plus grand que celui dont pouvait le menacer l'armée de l'archiduc Charles, elle- même exténuée par ces terribles journées des 21 et 22 mai. Ce qu'il avait à craindre, c'était le découragement de ses généraux et de ses troupes. Alors, comme jadis devant Mantoue, il tient un conseil de guerre pour relever le moral. Il explique pourquoi il faut rester et se fortifier dans l'île de Lobau, attendre la jonction de l'armée d'Italie et ne re- passer sur la rive droite à aucun prix, sinon la retraite ne s'arrêtera plus qu'à Strasbourg, à travers une Allemagne soulevée, les confédérés trahissant, la Prusse, la Russie elle-même, peut-être, se mettant à la poursuite des Français, toute une vision de ce qui sera la réalité de 1813. Ce qu'il ne disait pas, bien qu'il le calculât aussi, c'était ce qu'on penserait à Paris, ce qu'on y pensait déjà. Le salut était de s'accrocher à cette île de Lobau, après tout bien choisie, afin d'en repartir pour une autre bataille qui, celle-là, serait victorieuse.

Cette victoire, il la faut pour le salut de l'Empire et Napoléon n'exagère rien. Il voit combien tout est près de se retourner contre lui, les forces, les armes qu'on emploiera. C'est déjà un hallali sur le point de sonner. Que de symp- tômes, depuis ces insurgés obscurs, partisans, chefs de bandes, patriotes et apôtres, le major prussien Schill, l'auber- giste tyrolien Andréas Hofer, jusqu'au chef de l'Église catholique qui ne craint pas de l'excommunier ! Pas plus que les Romains, malgré la présence des troupes françaises, ne craignent d'afficher la bulle d'excommunication sur les murs des trois basiliques.

Cette foudre n'est pas celle dont Napoléon s'émeut. Il en a d'autres à essuyer et, pour lui, toute cette affaire de Rome n'est pas de la religion, c'est de la politique. Avec l'Église, il s'est déjà arrangé et il est convaincu qu'il s'arran- gera encore. Mais il n'est pas en état de laisser passer un défi et, dans ce moment même, où tant de regards l'obser- vent, il est condamné aux violences pour avoir l'air de ne rien craindre. L'excommunication a été lancée quelques jours après Essling et Pie VII, qui n'avait fait aucun mystère de ses intentions, n'eût pas hésité, même si le résultat de la bataille eût été favorable à l'empereur. Dans la situation où il se trouve, Napoléon reçoit la sentence comme une injure, et, ce qui est plus grave, comme un acte d'hostilité au moment où il est en posture difficile, face à l'en- nemi. L'excommunication le blesse parce qu'elle lui nuit d'autant plus qu'il ne peut la laisser sans réponse, et la ré- ponse, qui aggrave tout, c'est l'arrestation du pontife, son enlèvement de Rome par les gendarmes du général Radet. Cela, comme pour l'exécution de Vincennes, comme pour le piège de Bayonne, Napoléon pourra dire que ce n'est pas sur son ordre exprès qu'on l'a fait. Les exécutants ont interprété, compris sa pensée. Loin de le blâmer, il fera de Radet un baron et il se contente de répéter son principe : "Il faut qu'une chose soit faite pour qu'on avoue y avoir pensé." D'ailleurs, l'enlèvement du pontife aura lieu le jour même de Wagram. L'effet s'en atténuera par la victoire, et l'attentat sur la personne du pape sera encore, pour les cours catholiques et pour Sa Majesté Apostolique elle-même, une "nécessité de la politique". Hors de France, et en France, les croyants pourront appeler Napoléon l'Antéchrist. Ce n'est rien tant que la fortune lui est fidèle. Ce sera un des éléments de la catastrophe lorsque les grands revers seront venus.

Mais l'attention de l'empereur était fixée d'abord sur la bataille qui devait rétablit sa situation. Six semaines de préparation et de vigilance pour que, cette fois, toutes les chances soient de son côté, car il n'a plus les moyens de ne pas réussir. Alors il semble que le génie de l'homme de guerre grandisse avec la difficulté. Loin d'être troublé par la gravité de l'enjeu, comme il l'a été à Marengo, comme il le sera sur le dernier de ses champs de bataille, il est prodigieusement maître de ses facultés merveilleuses, et, après avoir tout apprêté dans le dernier détail, lucide d'esprit, dispos de corps le jour de la décision, il opère, sous le feu, une de ses plus belles manoeuvres qui sauve la journée et la gagne. Le Danube est franchi, la position que tenait l'archiduc Charles est emportée, l'échec d'Essling effacé, l'ennemi en retraite. "Du point de vue de l'art", ce qu'on pouvait faire de mieux, raisonnement et inspiration, audace et prudence ; la perfection, le chef-d'oeuvre de la maturité de Bonaparte.

"Et pourtant l'empereur fut médiocrement content de la bataille de Wagram." Elle lui avait coûté cher, en hommes, en officiers, presque aussi cher qu'à l'adversaire vaincu. Des généraux et de la troupe, elle avait exigé un effort qu'on ne pourrait leur redemander toujours. Cependant les circonstances avaient été favorables, l'armée de l'archiduc Jean n'ayant pas rallié celle de l'archiduc Charles, tandis que le prince Eugène, Macdonald et Marmont, après une marche heureuse, arrivaient à temps. Napoléon savait quelle peine il avait eue à vaincre avec des soldats trop jeunes quand ils étaient Français, lourds à manier quand c'étaient les auxiliaires. Il comparait Wagram à Austerlitz, à Iéna. Ce n'était plus la victoire avec des ailes parce que la forte unité de la Grande Armée n'existait plus. Il avait senti l'instrument moins souple, et, comme dit Thiers, "un commencement de confusion imputable non à l'esprit de celui qui commandait, mais à la quantité et à la diversité des éléments dont il était obligé de se servir pour suffire à l'immensité de sa tâche". Un commencement de fatigue aussi, tout tendu à l'extrême, déjà presque à l'excès, les énergies physiques, les courages et jusqu'au puissant cerveau du chef. Commencement, enfin, de la lutte contre la nature des choses.

Et Napoléon fut "médiocrement content" parce que le lendemain de Wagram n'était pas non plus celui d'Austerlitz. Par un redressement superbe, d'ailleurs nécessaire, le résultat indispensable était atteint. Rien de plus. Dans sa clairvoyance, il comprenait que c'était moins la victoire que l'illusion de la victoire. Cette fois, l'empereur d'Autriche ne venait plus solliciter la paix à son bivouac. Qu'eût fait Napoléon, si l'archiduc Charles, dont l'armée était très éprouvée, non détruite, se fût réfugié en Hongrie, où il aurait trouvé d'autres soldats et de vastes ressources ? Un faux calcul de l'adversaire épargnait un grave embarras au vainqueur. L'archiduc se retira en Bohème.

Poursuite molle. Napoléon a trop de raisons de désirer la fin de cette campagne. Il est las, il doute, il regrette toujours les deux cent mille hommes qui sont dans cette Espagne, où rien ne va. Engager de nouvelles opérations, des manoeuvres savantes pour forcer les Autrichiens à une troisième bataille, ce serait "remettre tout en problème". Et s'il advenait une affaire malheureuse, qui sait si, pour accabler les Français, les Russes ne sortiraient pas de leur neutralité, déjà cruelle et offensante ? "Non, c'est assez de sang versé." Wagram est du 6 juillet. Le 12, l'armistice est signé à Znaïm. Le corps de Davout campait à Austerlitz. Quelques semaines plus tard, l'empereur y passa une revue et, le soir, dînant, il demandait à ses généraux, comme pour les sonder : "C'est la deuxième fois que je viens ici ; y viendrai-je une troisième ?" On lui répondit : "Sire, d'après ce qu'on voit tous les jours, personne n'oserait parier que non." L'idée de la guerre interminable, avec toutes ses conséquences, entre dans les esprits et, déjà, les moins bons songent à tirer leur épingle du jeu. Il faut, dans un ordre du jour, rabrouer Bernadotte qui, à Wagram, n'a rien fait et s'attribue à lui-même et aux Saxons qu'il commande le mérite de la journée. Celui-là, qui gagnera comme un gros lot le trône de Suède, deviendra un ennemi. Par une sorte de compensation, Macdonald, frondeur et de longtemps suspect, est fait maréchal. L'empereur sent le besoin de ménager son monde.

Il a, revenu à Schoenbrunn, bien d'autres soucis, bien d'autres inquiétudes pendant les négociations de paix qui dureront jusqu'au milieu d'octobre. Tout conspire à le contrarier, pas une nouvelle qui ne lui arrache un mouvement d'humeur et d'impatience. N'est-il entouré que d'imbéciles ou de traîtres ? Qu'apprend-il coup sur coup ? Que Soult, un de ceux en qui il met le plus de confiance, a eu l'idée de se tailler un royaume dans ce Portugal qu'il n'est même pas capable de garder et d'où il se laisse expulser par les Anglais. Pour la seconde fois, le Portugal est perdu. Wellesley, le futur Wellington, entré en Espagne à la suite du désastre de Soult, a livré une bataille qu'il aurait dû perdre, d'où il échappe et qui reste comme un échec pour les Français par le désaccord des chefs et l'indiscipline qui s'est mise dans l'armée. Au récit de cette absurde affaire de Talavera, Napoléon lève les épaules de pitié. "Il faudrait que je fusse partout !" Et quel est encore le serin qui s'est avisé d'amener le pape en France, jusqu'à Grenoble, pour que l'on s'agenouille au passage du pontife persécuté ? On ne commet donc que des fautes ? Ordre est donné de rebrousser chemin et d'interner Pie VII à Savone. L'empereur n'a besoin ni de complications ni d'insuccès dans le moment où, pour détourner l'Autriche de signer la paix, l'Angleterre redouble d'efforts. Voici que les Anglais ont débarqué dans l'île de Walcheren, que le général Monnet, un "lâche", un "incapable", a rendu Flessingue, de sorte qu'Anvers est menacé. Et si c'était tout ! Mais Fouché, ministre de l'Intérieur par intérim, répand l'alarme en France. Comme si l'invasion menaçait il lève la garde nationale, l'exerce, lui donne des officiers pris dans le commerce, la finance, dans cette bourgeoisie qui murmure déjà d'une guerre éternisée et qui, des jours de "la patrie en danger", a gardé un mauvais souvenir. Fouché rappelle même à l'activité des militaires mis en retrait d'emploi à cause de leurs idées républicaines. En somme, il arme les mécontents. Il demande à Bernadotte, disgracié la veille, de prendre le commandement de cette garde nationale. Que veut Fouché ? Maître de la police, et maintenant des préfets, véritable premier ministre, il est, en l'absence de l'empereur, le maître de la France. Or, sur le premier moment, l'empereur a manqué de coup d'ocil. Il a approuvé Fouché, voyant dans l'appel de la garde nationale un moyen d'augmenter les forces de l'Empire. Il n'a même pas blâmé le choix de Bernadotte, comme heureux de dédommager le prince de Ponte-Corvo. Mais voici que la France s'effraie de cette levée en masse, de ce retour à 93. Revient-on à la Révolution, à la Terreur, sous la conduite d'un jacobin ? Contre Fouché, les plaintes, les protestations, les dénonciations affluent à Schoenbrunn. L'empereur est déconcerté, puis furieux. Il voit naître une crise et lui-même ne sait plus bien ce qu'il doit faire. Fouché, il vient de le nommer duc d'Otrante. Il lui retire le ministère de l'Intérieur, mais ses lettres patentes, il les signe. Il destitue de son commandement Bernadotte, qui s'est comporté à Anvers en autocrate, presque en conspirateur, et le laisse définitivement ulcéré. Il ordonne que la garde nationale soit dissoute, reproche à Fouché d'avoir "alarmé l'Empire sans raison" et devine là-dessous l'ébauche d'un de ces complots qui recommencent chaque fois qu'il est loin. L'enlèvement du pape a provoqué de l'agitation chez les catholiques français et belges, jeté le trouble dans le clergé, ranimé les espérances des royalistes, tandis que, dans l'autre camp, celui des athées, des idéologues, des ennemis de la superstition qu'il a naguère réduits au silence et traînés à Notre-Dame, on ricane : "Était-ce pour cela qu'on a fait le Concordat, le sacre, les Te Deum ?" Alors l'empereur gronde : "Je suis fatigué des intrigues." Il en est inquiet surtout, et bien qu'il écrive à Fouché des lettres dures, il n'ose, cette fois encore, le révoquer. Que ne fût-il pas arrivé sans le redressement de Wagram !

À tous les égards, il avait été temps de vaincre. Il était temps de signer la paix. "Si la paix ne se fait pas, nous allons être entourés de mille Vendées", disait Napoléon à Schoenbrunn. Talavera, Walcheren, l'activité des Anglais sur le littoral de l'Empire, leur apparition devant l'île d'Aix, et puis une nouvelle insurrection au Tyrol, la fermentation en Prusse, autant de nouvelles qui ajoutent à la contrariété que lui cause l'énigmatique neutralité de la Russie et qui ne favorisent pas les négociations avec l'Autriche.

Ici encore intervient un de ces revirements brusques dont Napoléon est coutumier. Il se trouve toujours dans ce qu'il appelle des "situations forcées", qu'il sent mieux qu'un autre et qui ne sont que les aspects successifs de l'insoluble problème. Lorsque l'Autriche l'a attaqué, lorsque l'empereur François a violé la parole qu'il avait donnée après Austerlitz de ne plus faire la guerre, Napoléon s'est juré, lui, d'en finir avec l'Autriche, avec les Habsbourg, de les détrôner, de mettre à leur place un autre prince allemand, par exemple le grand-duc de Wurzbourg. Mais l'armée autrichienne a résisté mieux qu'il n'aurait cru. Elle est battue, ses chefs démoralisés parce qu'ils croyaient bien tenir la victoire ; elle n'est pas détruite. Alors si Napoléon parle encore de déposer l'empereur François, de séparer ses trois couronnes, c'est en manière d'intimidation, pour obtenir ce qu'il veut. Et il veut toujours la même chose, il revient toujours à son sujet, la stricte application du blocus continental. Autant que d'affaiblir l'Autriche, de la soustraire à l'alliance de l'Angleterre, il s'agit de fermer définitivement de nouveaux ports, de nouveaux rivages au commerce des Anglais. Là, du moins, il y a une suite rigoureuse dans les idées de Bonaparte parce que là se trouvent aussi, à un problème qui ne change pas depuis Trafalgar, la solution unique, le moyen essentiel. Trieste, Fiume compléteront les "provinces illyriennes" qui, annexées à l'Empire français, forment jusqu'à la Turquie une ligne côtière ininterrompue. Et ce n'est plus un chemin vers l'Orient pour le "grand objet" dont la réalisation, toujours différée, sort des pensées de Napoléon depuis que languit l'alliance russe. Ce sont des douanes, une défense de plus contre l'entrée en Europe des marchandises britanniques, un verrou ajouté au blocus.

Pendant ces pourparlers, difficiles parce que l'Autriche espère toujours quelque accident, quelque diversion qui lui épargneront de nouveaux sacrifices, les Anglais évacuent Walcheren, l'insurrection éprouve des échecs en Espagne. L'Autriche, aux dépens de qui l'armée française "boit et mange" et que l'occupation ruine, devient plus traitable. Dès qu'il se sent maître de la négociation, Napoléon change de langage lui aussi et, comme par une inspiration subite, découvre la pensée qui lui a traversé l'esprit. Que la France et l'Autriche soient donc amies, qu'elles s'unissent pour la conservation de la paix.

Dans quel cercle tourne la politique de Napoléon ! Il lui faut des alliés sur le continent. Il cherche à les gagner par un procédé qui est toujours le même. Après Friedland, l'alliance russe. Maintenant, l'alliance russe est fêlée. Napoléon a cessé d'écrire à Alexandre parce qu'il ne peut plus "lui témoigner une confiance qu'il n'éprouve plus". Par un Tilsit autrichien, Wagram devra lui procurer l'alliance de l'Autriche. Si l'Europe n'est pas fédérée par une extrémité, elle le sera par l'autre et, même, l'alliance autrichienne répondra de l'alliance russe. Elle sera un point d'appui et un moyen de consolidation.

Car tout conseille à Napoléon de consolider, de mettre des a-marres, de "jeter des ancres". La veille de la signature de cette nouvelle paix, voici un symptôme encore inconnu, une vue qui s'ouvre sur d'étranges profondeurs. Pendant une parade, à Schoenbrunn, un jeune Allemand, un étudiant, s'est approché de l'empereur. Il est trouvé porteur d'un couteau, avoue sans se troubler qu'il a voulu tuer le tyran de sa patrie, et que, s'il devenait libre, il chercherait encore à l'abattre. Impossible de faire grâce à Frédéric Staaps. Encore plus impossible, malgré la recommandation de l'empereur, "qu'il ne soit aucunement question de ce fait", bientôt connu jusqu'en France. "Singulière aventure", qui "fit penser plus d'une bonne tête". Et l'on en pensait chaque fois la même chose. "On avait vu combien il s'en était peu fallu" que l'assassinat ne réussît. L'accident toujours possible, si souvent supputé, se présente aux esprits sous un aspect nouveau, celui du fanatisme national qui arme des bras en Allemagne contre l'empereur, comme naguère le fanatisme politique en armait contre le premier Consul.

Alors Napoléon pense, lui aussi. Il pense à l'avenir, à des garanties, à cette stabilité qui lui manque. Il s'agit toujours de "finir les affaires du continent" pour en finir avec les Anglais. Mais ces affaires d'Europe, elles se compliquent dès qu'on y touche. Un effet de la guerre que l'Autriche vient d'imposer à Napoléon a été de ranimer la difficulté qui tient à la Pologne. Car enfin, dans cette campagne, les Polonais ont été les seuls alliés vraiment militants de la France. Les contingents de la Confédération germanique se sont battus, du reste médiocrement, parce qu'ils étaient encadrés. Les légions polonaises y sont allées spontanément, avec coeur, et, en Espagne aussi, ces auxiliaires précieux ne marchandent pas leur sang. Comment ne les payer que d'ingratitude ? Après tout, une forte Pologne serait utile à la France, répondrait d'amitiés douteuses et de soumissions incertaines. Mais reconstituer une grande Pologne, c'est s'aliéner tout à fait la Russie, et l'embarras devient le même qu'en 1807. Comment, sans alarmer personne, contenter tout le monde ? La Galicie conquise sur l'Autriche doit être attribuée à quelqu'un, et, après tout, il n'eût tenu qu'aux Russes de l'occuper tout entière au lieu de n'entrer que sur la frange, de ménager les Autrichiens et d'y laisser paraître Poniatowski tandis que les Galiciens prenaient parti pour Napoléon. Sans sa défection, le tsar serait en tiers dans les pourparlers de paix. Il pourrait y entrer encore, et pourtant il se dérobe, comme s'il ne voulait prendre aucune part à un démembrement de l'Autriche et garder le droit de se plaindre de la France. Alors Napoléon tente un jugement de Salomon. Une portion de la Galicie grossira le duché de Varsovie ; une autre, "plus qu'ils n'ont gagné", ira aux Russes, le principal restant à l'Autriche. À Saint-Pétersbourg, il fait redire avec précision, redire avec insistance, que "l'idée de la renaissance de la Pologne" n'est nullement celle de l'empereur, qui "approuve que les mots de Pologne et de Polonais disparaissent non seulement de toutes les transactions politiques, mais même de l'histoire". Cependant, si petit soit-il, un agrandissement du duché de Varsovie inquiète les Russes, leur sert de grief contre l'alliance française. "Fantôme d'alliance", mais que Napoléon tient à conserver. "Par cela même que l'empereur ne croit plus à l'alliance de la Russie, il lui importe davantage que cette croyance, dont il est désabusé, soit partagée par toute l'Europe."

Garder cette effigie, ce simulacre, cette peinture, c'est utile non seulement pour tenir l'Europe en respect, mais pour obtenir un autre "point d'appui", puisque l'expérience vient de prouver que la Russie ne répond pas quand on a besoin d'elle. L'idée qu'il a jetée en passant pendant les négociations de la paix de Vienne, Napoléon y revient, et, cette idée, Metternich, tenté par l'exemple d'Alexandre, la flatte. Son Tilsit, pourquoi l'Autriche ne l'aurait-elle pas ? À attaquer la France, elle n'a rien gagné qu'une invasion et des pertes de territoire. Il est imprudent de se draper dans l'honneur et dans l'orgueil des Habsbourg, tandis qu'il est simple de feindre l'amitié pour gagner du temps. C'est l'exemple qu'Alexandre a donné et il vient de montrer que ces engagements-là coûtent si peu. !

Ainsi Napoléon s'est avoué quelques semaines plus tôt qu'avec la Russie il avait été dupe, qu'il ne pouvait plus témoigner à Alexandre "une confiance qu'il n'avait plus", et non seulement il cherche à préserver l'illusion de l'alliance russe, mais il est prêt à recommencer avec l'Autriche. Dans sa seule continuité de vue, celle que la situation lui impose et qui est l'idée de sortir de la guerre que lui font les Anglais, il voudrait un système européen solide, il l'espère durable. Et il ne trouve que des opportunistes qui demandent son amitié, telle la Prusse qui proteste toujours de sa loyale soumission, et qui ne pensent, comme elle, qu'à gagner du temps pour ne pas être "engloutis". Wagram produit le même effet qu'Iéna et Friedland, mais n'en produit pas davantage. Que les victoires cessent, que la force de Napoléon soit entamée, les "fantômes d'alliances" s'évanouiront.

Avant de revenir à ces rêves de fédération et de les pousser plus loin encore, l'empereur, éclairé par la défection de la Russie, avait dit, parlant d'Alexandre, de François et de Frédéric-Guillaume : "Ils se sont tous donné rendez-vous sur ma tombe, mais ils n'osent pas s'y réunir." Le jour n'est déjà plus si loin où ils l'oseront. Pour prévenir leur ligue, il reste à Napoléon une dernière chance à tenter. Après les alliances politiques, l'alliance de famille, la stabilité par le mariage, l'entrée dans le club le plus fermé du monde, dans l'intimité des rois. Quand il en serait, il aurait un "point d'appui" pour son système, une garantie pour son Empire... Autre illusion, plus grande que celle de Tilsit, plus grande encore que celle du sacre, mais qui, partagée par les peuples, lui vaudra un renouveau de splendeur avant le coucher de son soleil.

Chapitre XIX : Le Gendre des Césars

Sauf peut-être après Tilsit, toutes les rentrées de Bonaparte à Paris ont été soucieuses. Plus encore que les autres, le retour de Wagram est chargé de préoccupations. Rien n'est propre à satisfaire l'empereur, et ce qu'il a vu, ce qu'il apprend, ce que lui disent la raison et l'instinct, tout le confirme dans la pensée que s'il ne s'affermit pas, et cette fois fortement, il sera emporté à la première bourrasque, lui, sa couronne et son empire. Sur les hommes, sur leur fidélité, il n'a jamais eu d'illusions : "On s'est rallié à moi pour jouir en sécurité ; on me quitterait demain si tout rentrait en problème." C'est le moment de son mot célèbre, le mot d'un homme qui a le sentiment brutal du réel. Il demandait à Ségur ce qu'on penserait s'il venait à mourir, et l'autre se confondait en phrases de courtisan : "Point du tout, répondit l'empereur ; on dira : Ouf !" Il sait que déjà il est supporté plus qu'aimé, que ceux dont il a fait la fortune la sépareraient vite de la sienne si l'adversité survenait et qu'il en trouverait peu pour partager jusqu'au bout les risques qu'il court. Ceux qui l'observent distinguent chez lui, contre tout le monde, "on ne sait quelle amertume cachée", et tandis que sa mère hoche toujours la tête en doutant que cela dure, il avise aux moyens de durer parce qu'il a senti le sol trembler sous ses pas, entrevu le commencement de la fin.

Devant Cambacérès, le premier qu'il appelle dès qu'il est revenu à Fontainebleau, il parle plus librement qu'à tout autre. Il lui dit ses intentions, une partie de ses inquiétudes. L'agression de l'Autriche, compliquée de l'insurrection d'Espagne, a été un coup dangereux. À Essling, le désastre a été esquivé de bien près. L'alliance russe est fêlée. Le monde allemand fermente et Staaps a produit des effets que ce jeune fanatique ne soupçonne même pas. Ce ne sont plus seulement la balle perdue, le boulet tiré au hasard qui menacent la vie de l'empereur. On le sait et il y a des hommes qui veulent avoir tout prévu. À Paris on fait des plans. Après Murat, c'est à Eugène que l'on pense comme au successeur possible. Eugène serait encore le moins mauvais. Quels titres a-t-il ? Par qui serait-il accepté ? Napoléon, jetant "sur les misères de sa famille un regard triste et profond", ne voyait aucun de ses frères qui fût capable de le remplacer. Il savait que, lui mort, ils disputeraient le trône à l'héritier qu'il aurait désigné. Attendent-ils seulement que Napoléon soit mort ? À Madrid, l'entourage de Joseph parle de la succession impériale comme si elle était ouverte. On ne réussit pas à gouverner l'Espagne et l'on a un programme de gouvernement pour la France. Joseph rêve autour du pot au lait. En idée, le voici empereur. Bien vu du Sénat, il fera l'Empire libéral. Il saura être sage, prudent, rendre les conquêtes superflues, contenter l'Angleterre, conclure la paix. C'est déjà un lieu commun et l'histoire le répétera interminablement, qu'avec un peu de modération tout s'arrangerait, comme s'il dépendait de Napoléon d'être modéré.

Il sent "l'Empire ébranlé". Justifiant le divorce, devenu "chose indispensable", depuis longtemps méditée, désormais arrêtée dans son esprit, il dira à Hortense : "L'opinion s'égarait." Pour se séparer de Joséphine, l'empereur a deux raisons, l'une et l'autre puissantes, qui tendent toutes deux à sa propre conservation.

"Un fils de moi peut seul mettre tout d'accord." Il a l'illusion qu'en assurant sa descendance il assurera son trône. Il sent maintenant le besoin d'un héritier de son sang et de sa chair, et Joséphine l'a compris depuis longtemps puisque, pour ne pas être répudiée comme une femme stérile, elle lui a, dit-on, glissé à l'oreille l'idée absurde d'un enfant supposé.

Cinq ans plus tôt, le droit d'hérédité, ajouté à ses pouvoirs, lui avait été importun. Maintenant, ne s'exagère-t-il pas les vertus du principe héréditaire ? Et de même il a résisté longtemps au divorce que désiraient, où le poussaient tous ceux qui avaient le souci de la continuité. Sans parler de ses proches, qui n'ont pour mobile, dans leur esprit étroit, que leur haine jalouse des Beauharnais, il y a les têtes politiques qui ont voulu une dynastie pour "ôter aux

Bourbons tout espoir de retour". Les pensées de 1804 renaissent devant l'ébranlement encore léger du système napoléonien. Qu'est-ce qu'une dynastie sans héritier direct ? Une grande raison d'État avait présidé à la fondation de l'Empire et à l'institution de l'hérédité impériale. Aucune satisfaction ne lui était donnée. L'adoption ? Elle était oubliée, et nul n'en avait reparlé depuis que l'aîné de Louis et d'Hortense était mort. Les hommes sérieux regardaient comme une calamité que la couronne pût revenir à aucun des frères de l'empereur, "d'une incapacité révoltante". Et Fouché traduisait tout lorsqu'au mois d'octobre 1807, songeant après Tilsit au mariage russe, il avait écrit à Napoléon que "les Anglais étaient encouragés dans leurs entreprises contre l'empereur comme dans leur refus de faire la paix par la seule pensée qu'étant sans enfant, et par conséquent sans successeur, l'empereur entraînerait dans sa mort, toujours possible, le gouvernement tout entier". Autant que sa mort était crainte, celle de Joséphine était souhaitée par les froids calculateurs : "Cela lèverait bien des difficultés. Tôt ou tard, il faudra qu'il prenne une femme qui fasse des enfants." Le divorce est désiré dans l'intérêt de tout ce qui s'est fait. Il n'y a plus un individu en France qui ne soit convaincu que la durée et la prospérité de la dynastie sont attachées à la fécondité du mariage de l'empereur. Depuis quatre ans, Fouché renouvelle ces propos. Il a même tenté de persuader Joséphine. Quelle belle page dans sa vie qu'un sacrifice volontaire au bien public ! Quand il comprend que l'empereur a décidé la séparation, Fouché se réjouit. Enfin nous allons "avoir une colonie de petits Napoléons !" Il ajoutait avec cruauté qu'il n'y aurait pour blâmer le divorce, après les dévots et les frondeurs, "que les femmes de quarante à cinquante ans".

En coûtait-il tellement à Bonaparte de répudier Joséphine ? Ce qui l'attachait, c'était l'habitude et, du moins on l'a dit, une superstition. Heureux tant qu'elle avait été avec lui, il perdrait en elle un porte-bonheur. Mais plutôt, il sentait le besoin d'un talisman plus sûr. La part faite du sentiment et du souvenir, la politique exigeait encore le divorce comme, au retour d'Égypte, elle lui avait conseillé le pardon. Peut-être, ici, faut-il renverser les choses admises. Napoléon n'a pas eu le pressentiment que la fortune lui deviendrait infidèle quand il aurait répudié Joséphine. Il répudiait Joséphine parce qu'il sentait que la fortune allait l'abandonner. Il lui faut une alliance assez étroite, assez forte pour le mettre, en cas de revers et de péril, à l'abri d'une "ruine totale". Seule une alliance à toute épreuve avec un des grands États du continent lui permettra de clore cette suite de guerres dont il veut "sortir à tout prix" parce qu'il sait qu'à la fin il ne manquerait pas de succomber. Et ce qu'il s'exagère maintenant, dans son besoin de se garantir, ce sont les vertus, la durée des pactes de famille. Le dépit trompait Joséphine, ou bien, dans sa tête d'oiseau des îles, elle ne comprenait pas la situation lorsqu'elle disait à Thibaudeau qui lui demandait si l'empereur ne songeait pas à quelque Allemande, fille d'un des princes confédérés : "Vous n'avez pas d'idée comme il méprise tout cela ; il en est au point de croire qu'il n'y a rien d'assez élevé pour lui." En effet, pour que l'union qu'il désire soit utile, il faut qu'elle soit haute, et elle ne peut l'être trop. À Daru, qui lui conseille de choisir une Française, ce qui serait agréable à la nation, Bonaparte répond que les mariages des souverains ne sont pas affaire de sentiment mais de politique. "Le mien ne doit même pas être décidé par des motifs de politique intérieure. Il s'agit d'assurer mon influence extérieure et de l'agrandir par une alliance étroite avec un puissant voisin... Il faut que je rallie à ma couronne, au-dedans et au-dehors, ceux qui n'y sont pas encore ralliés. Mon mariage m'en offre les moyens." Point d'orgueil. Et pas de mystère. Si Napoléon se détermine à "rompre un lien auquel il était attaché depuis tant d'années", c'est "moins pour lui que pour intéresser un État puissant à l'ordre de choses établi en France". Le mariage doit être une assurance, l'enfant un "bouclier", la femme un paratonnerre. Tels étaient ses motifs et telles les pensées avec lesquelles, le 27 octobre 1809, il rentrait à Fontainebleau.

Sur l'épisode du divorce, sur la mémoire de l'abandonnée, il flotte une mélancolie. La romance de Napoléon et de Joséphine devient complainte. Quand Bonaparte songe à prévenir la chute de ce qui va s'effondrer, quand il est au bord de la ruine, la légende verse déjà dans l'élégie. Au vrai, il cherche, lui, une garantie et un moyen de salut. Elle joue, quant à elle, sa dernière carte et la rouée se retrouve à cette dernière page de leur feuilleton. Le jour où Napoléon, à son retour d'Autriche, prit le parti de lui signifier la rupture, Joséphine tomba évanouie. Comme la syncope se prolongeait, l'empereur, pour éviter un esclandre, appela le chambellan de service et tous deux portèrent l'impératrice dans son appartement. Ayant fait un faux pas en descendant l'étroit escalier et s'étant raidi pour ne pas laisser échapper son fardeau, M. de Bausset eut la surprise d'entendre Joséphine qui lui disait tout bas : "Prenez garde, monsieur, vous me serrez trop fort." Comme elle savait son métier de femme ! Que cet évanouissement était bien joué, aussi bien que la scène des pleurs derrière la porte fermée, rue Chantereine, et que la confession à Pie VII la veille du couronnement ! Le 15 décembre, à l'assemblée de famille devant laquelle les deux époux annoncent leur séparation par accord mutuel, elle s'arrête avec un art parfait au milieu de sa lecture, étouffée par les sanglots. Non que les larmes ne fussent naturelles. Après tant de luttes pour garder son mari, elle avait le droit d'être à bout de nerfs. Non qu'il faille exclure chez elle la sensibilité, les regrets et même l'humiliation de ce qui était une déchéance, pas plus que chez lui les souvenirs de sa jeunesse et de son ancien amour. Non que Joséphine espère non plus ébranler la résolution de son "petit Bonaparte". Du moins pouvait-elle l'attendrir. Il fallait assurer l'avenir de ses enfants, sa situation de souveraine répudiée. Elle excella à mettre de son côté les sympathies, devant le public et devant l'histoire. Et c'était Napoléon, gauche, ému, contraint, qui avait la moins bonne contenance, tellement, dans la politique de la vie, la femme est supérieure à l'homme, si extraordinaire soit-il. De la Malmaison, qui lui restait pour domaine, avec des honneurs royaux, Joséphine continuerait à être adroite, à servir. Ses goûts d'ancien régime la portent vers l'Autriche. Elle est avec Mme de Metternich en grande amitié. Et l'épouse séparée, se rendant encore utile, aidera au mariage autrichien.

Ce n'est pas celui qu'eût préféré Napoléon, mais c'est à celui-là qu'il songe en seconde ligne. L'idée qu'il médite depuis deux ans, c'est d'achever l'ouvrage de Tilsit, de-resserrer l'alliance russe en épousant une soeur du tsar. Cependant un échec retentirait sur l'alliance elle-même, et rien n'est plus scabreux que la demande. À Erfurt, dans un épanchement qui effaçait beaucoup d'aigreurs, les deux empereurs avaient fait allusion à la chose, évitant l'un et l'autre de se compromettre. Napoléon craignait un refus. Alexandre craignait à la fois de le blesser et de s'engager lui-même. On était resté dans le vague. Du reste, Napoléon était encore marié et il fallait d'abord que le divorce eût lieu. Ensuite Alexandre se retranchait derrière sa mère, à qui le gouvernement de la famille appartenait. À ce moment, la grande-duchesse Catherine était d'âge. Celle-là, on s'était hâté de lui trouver un parti et de la marier à un Oldenburg, comme pour échapper à une demande en règle de l'empereur des Français. Ce n'était pas un bon signe des dispositions de la cour de Russie. Il ne restait plus que la grande-duchesse Anne, encore enfant. Tout avait été remis à plus tard.

Maintenant, Napoléon ne peut plus attendre. En se séparant de Joséphine, il indique assez son intention. Le mariage de l'empereur, on ne parle pas d'autre chose en Europe et, si Alexandre le veut, il peut devenir le beau-frère de celui qu'il appelle encore son allié. La petite Anne est sur le point d'avoir ses quinze ans, et, quoique la différence des âges soit forte, pour un mariage politique elle n'a rien de monstrueux. Pourvu que la future impératrice soit capable d'avoir des enfants, peu importe qu'elle soit belle ou laide et une enquête discrètement menée par l'ambassadeur Caulaincourt a fait savoir que la grande-duchesse Anne était bien faite et formée. Il n'est pas douteux que ce mariage est celui que désire Napoléon. L'alliance russe, l'union "invariable" avec le tsar, reste, malgré toutes les atteintes portées à sa confiance, l'élément fixe de sa politique. L'alliance, il est même nécessaire de la confirmer devant la France et devant l'Europe à qui les infidélités de la Russie pendant la campagne d'Autriche n'ont pas échappé. Le rêve de Napoléon, c'est qu'Alexandre vienne lui-même à Paris, conduisant sa soeur, pour le "mariage de Charlemagne et d'Irène". Alors, ce serait mieux qu'à Tilsit, mieux qu'à Erfurt, "l'alliance de cent millions d'hommes attestée". Et rien ne coûte pour un si grand résultat. Caulaincourt est chargé de dire qu'"on n'attache aucune importance aux conditions, même à celle de la religion". La future impératrice pourra garder la sienne. Une seule chose importe : "Partez du principe que ce sont des enfants qu'on veut." La grande-duchesse est-elle capable d'en avoir ? Du moment qu'on le pense, rien, pour Napoléon, ne fait objection ni problème. La cour de Russie, l'ambassadeur Kourakine sont comblés d'égards. À Pétersbourg, un emprunt est souhaité, ce qui est assez dans les habitudes du pays. L'emprunt est accordé d'avance. Enfin il y a l'obstacle polonais. Le message du 13 décembre au Corps législatif déclare que "l'empereur n'a jamais eu en vue le rétablissement de la Pologne". Et Caulaincourt se conforme à l'esprit de ses instructions lorsque, le 4 janvier suivant, il signe le nouveau traité avec la Russie, dont un article porte que le "royaume de Pologne ne sera jamais rétabli". C'est ainsi qu'Alexandre conçoit l'amitié et la met en pratique. Il en tire tout ce qu'il peut, donne le moins possible, en tout cas ne donne pas sa soeur.

Caulaincourt, nouvellement duc de Vicence, devait mener sur place la négociation du mariage avec assez d'adresse pour épargner à l'empereur des Français la honte d'être éconduit. Le peu d'empressement d'Alexandre, son éternelle excuse que tout dépendait de sa mère, les lenteurs, les questions de la vieille impératrice, veuve de Paul 1er, notoirement hostile au Corse, à l'usurpateur, faisaient traîner les choses et douter que la cour de Russie y mît de la bonne foi. On "filait un refus". Napoléon, sans abandonner son idée, pressant Caulaincourt de revenir à la charge, commençait à sentir le besoin d'un mariage de rechange. Il n'avait pas répudié Joséphine pour rien. Quand tout le monde parlait pour lui de la soeur d'Alexandre, il ne pouvait pas non plus se rabattre sur la fille du roi de Saxe, ne pas épouser mieux que les princesses allemandes de Jérôme et d'Eugène, se trouver au niveau de Berthier, devenu neveu du roi de Bavière, un de ces rois que l'empereur lui-même avait faits. Sans compter que, le roi de Saxe étant grand-duc à Varsovie, le tsar, toujours méfiant quand il s'agissait de la Pologne, prendrait ombrage de cette union. Enfin l'empereur de Russie n'accordait pas sa sœur. L'empereur d'Autriche offrait presque sa fille. Quelques raisons qu'eût Bonaparte de préférer une alliance de famille avec Alexandre, pour compenser celle-ci, celle-là venait à point.

Il fallait le besoin qu'il avait de contracter une union "élevée", il fallait que son illusion sur les services qu'il en attendait fût grande, pour qu'il ne fût pas mis en éveil par l'empressement avec lequel on lui proposait l'archiduchesse Marie-Louise, Iphigénie sacrifiée à la politique. C'était comme si, à Vienne, on eût craint d'arriver trop tard dans la course au mariage. Les insinuations se pressaient, on avait recours à des entremetteurs. Le soir où Joséphine présida pour la dernière fois le cercle de la cour, assistant "avec une grâce sans pareille aux funérailles de sa propre grandeur", un secrétaire de l'ambassade d'Autriche confiait dans l'escalier à Sémonville, homme répandu et bavard, que Napoléon n'avait qu'à faire sa demande, qu'il était certain d'être agréé. On allait jusqu'a faire valoir, avec la fraîcheur et la belle santé de Marie-Louise, la fécondité des femmes dans la maison de Habsbourg. Si Napoléon n'entrait pas dans la famille d'Alexandre, il pouvait entrer dans celle de Marie-Antoinette et de Louis XVI dont Marie-Louise, leur petite-nièce et leur filleule, portait les deux prénoms.

Cambacérès, hostile au mariage autrichien comme le plupart des hommes de la Révolution, disait, quand rien n'était encore décidé : "Je suis moralement sûr qu'avant deux ans nous aurons la guerre avec celle des deux maisons dont l'empereur n'aura pas épousé la fille." Pour que la prédiction fût complète, Cambacérès aurait dû ajouter qu'avant quatre ans l'empereur serait aussi en guerre avec l'autre. Alexandre ne donne pas sa sœur parce qu'il ne veut ni resserrer l'alliance, ni la confirmer. Le moins fourbe, en somme, c'est lui. L'empereur François, par la diplomatie matrimoniale qui est de tradition à Vienne, veut se prémunir contre de nouveaux coups et manquer aux traités, préparer une revanche sans éveiller de soupçons. Metternich l'avouera, Marie-Louise était livrée à l'ogre pour obtenir "un temps d'arrêt qui nous permît de nous refaire". De son côté, Napoléon, mettant en balance les avantages des deux unions, pense qu'un beau-père vaut mieux qu'un beau-frère, que l'empereur autrichien sera plus intéressé à maintenir sa fille sur le trône de France que l'empereur russe à y maintenir sa sœur. François et Metternich le laissent penser. C'est lui, le politique réaliste, qui fait fond sur les principes, sur les sentiments de famille, comme s'il n'était pas éclairé par la sienne, et sur les raisons de cœur, comme s'il ne savait pas les refouler. Ne voit-il pas combien, auprès de Sa Majesté Apostolique, la condamnation du pape elle-même compte peu puisqu'on n'hésite pas à accepter pour gendre un excommunié dont le divorce n'est peut-être pas tout à fait régulier ? Car, pour rompre le mariage religieux de Napoléon et de Joséphine, impossible de s'adresser à Rome, ou plutôt à l'exilé de Savone. C'est l'officialité de Paris qui prononce, par ordre, l'annulation. Et le comité ecclésiastique n'a pu, tout bien pesé, retenir d'autres motifs que l'absence de "propre prêtre", parce que c'est Fesch qui les a unis en secret, et le "défaut de consentement" de l'empereur, "moyen de nullité qui ne fut jamais utilement invoqué que par un mineur surpris et violenté", et qui rappelle la supercherie de Joséphine, la bénédiction secrète et in extremis, exigée par Pie VII, imposée au mari joué et furieux, la veille du couronnement.

Par le mariage autrichien, Napoléon sera dupe d'une ruse aulique. C'est un autre acte de l'"auguste comédie" des rois en lutte, non pas contre la France régicide, mais contre la France des limites naturelles. On endormira le lion amoureux, le héros flatté. Mais, dans son idée à lui, c'est encore une ancre qu'il jette, une carte qu'il ajoute à sa carte de guerre. L'Autriche, il s'est battu assez souvent avec elle pour savoir qu'elle est encore redoutable et pour ne pas la mépriser. Au grand conseil de famille et de gouvernement où l'empereur prit sur le mariage l'avis des dignitaires, Lacuée ayant dit : "L'Autriche n'est plus une grande puissance", il lui fut répondu avec vivacité : "On voit bien, monsieur, que vous n'étiez pas à Wagram." Napoléon n'oubliait ni les semaines d'anxiété qu'il avait passées après l'échec d'Essling, ni sa crainte du soir d'Eylau ("si j'étais l'archiduc Charles"), ni ses appréhensions d'avant Austerlitz, lorsqu'il avait dû s'aventurer si loin, en Moravie, pour y battre les deux empereurs. Il voyait en outre l'influence, le prestige que lui vaudrait sur les peuples d'Allemagne une étroite parenté avec les Césars germaniques. S'attacher l'Autriche par un lien intime, tandis que l'alliance russe subsisterait au moins pour la forme, c'était la continuation, peut-être l'achèvement de sa politique continentale. Depuis l'affaire espagnole, la propagande ennemie le représente comme un César démagogue, un Jacobin qui n'aspire qu'à renverser tous les trônes après ceux de Naples et d'Espagne. C'est une réputation qui fait un tort grave à son système de fédération générale du continent, le seul qui puisse lui permettre de vaincre l'Angleterre. Entré dans l'une des plus grandes maisons souveraines d'Europe, chez ces Habsbourg plus historiques que les Romanof, catholiques de surcroît, personne ne prétendra plus qu'il est l'homme des révolutions. En mêlant son sang à celui de la plus conservatrice des dynasties, il se rend légitime aux yeux de tous, il les associe à sa propre conservation, et c'est encore pour lui une manière, la plus haute, et qu'il croit définitive, de se donner de la stabilité.

Ces pensées, qui étaient autant d'illusions, grandissaient en lui à mesure qu'il devenait plus évident que la cour de Russie se dérobait. Il ne s'agissait plus de préférence, et, malgré tout, Napoléon gardait ses raisons de préférer le mariage russe. L'alliance du tsar, quelque ébranlée qu'elle fût, restait la pièce maîtresse de sa politique, et justement un mariage eût été le moyen de la "cimenter". Mais l'empereur des Français ne pouvait rester éternel prétendant à la main de la grande-duchesse. Un bourgeois de la rue Saint-Denis n'eût pas souffert tant de réponses évasives et d'atermoiements. De dix jours en dix jours, délais successifs au bout desquels il était promis à Caulaincourt que la mère du tsar se serait prononcée, le mois de janvier 1810 touchait à son terme et la "nouvelle décisive" n'arrivait pas. On ne pouvait plus espérer qu'elle serait favorable. Lorsque Napoléon la reçut, il avait déjà pris son parti et il avait eu raison. C'était un refus à peine déguisé. La mère alléguait l'extrême jeunesse de sa fille et renvoyait l'affaire à deux ans. En somme, on s'est hâté de trouver un mari à Catherine, pour qui la question d'âge ne se posait pas, on lui a fait faire un "sot mariage", Alexandre en convient, et, quant à la cadette, on découvre un peu tard qu'elle n'a que quinze ans. Napoléon a été, c'était le mot juste, "mené par le bout du nez". Il a mis du temps à s'en apercevoir.

Maintenant, il risque d'être ridicule si, après avoir, sous les yeux du monde entier, aspiré à ce mariage, il n'en fait pas tout de suite un autre qui le vaille, qui soit même plus étonnant et plus flatteur. Alors il ne demande pas la main de Marie-Louise. Il ne s'engage pas dans de nouvelles négociations d'agence matrimoniale. C'est à Schwarzenberg qu'il s'adresse comme pour une affaire à prendre ou à laisser, lui accordant la journée pour dire oui ou non, un ultimatum qui ne donne pas le temps de consulter la cour de Vienne. L'ambassadeur d'Autriche consentit, disposa de la fille de son maître et ne fut pas désavoué. Il devait avoir des raisons de penser qu'il ne le serait pas. Dès que la réponse fut rendue, Napoléon fit dresser le contrat sur le modèle de celui qui avait servi pour Marie-Antoinette et pour Louis XVI.

Une audace, ce mariage tambour battant qui ramenait une Autrichienne à Paris. Napoléon pourra dire : "Quand l'Impératrice est arrivée ici, elle a joué sa première partie de whist avec deux régicides, M. Cambacérès et M. Fouché." Au conseil des grands de l'Empire, que Napoléon avait consulté pour la forme, car sa décision intime était déjà prise, quelques-uns lui avaient représenté que le mariage autrichien serait un défi à la France de la Révolution. Murat, surtout, s'était emporté ; les sentiments révolutionnaires s'étaient ranimés chez le roi de Naples par la crainte des suites que pourrait avoir en Italie cette union avec les Habsbourg, proches parents des Bourbons napolitains. Talleyrand, lui, avait dit la pensée de l'empereur, ce que Napoléon aimait à entendre, lorsqu'il rappelait l'alliance de 1756 qui avait permis à la monarchie bourbonienne de tenir tête à l'Angleterre. Argument qui est dans le fil du règne, dans l'actualité et dans la logique, d'autant meilleur qu'il ne s'agit pas de "renverser" les alliances mais de les compléter. À celle du tsar, Napoléon attache tant de prix qu'il veille surtout à ne pas la rompre. Sans doute le sens du refus était clair. Est-il possible que, si Alexandre l'avait voulu, il n'eût pas donné à son ami une de ses soeurs ? Autocrate dans son empire, conçoit-on qu'il soit gouverné par sa mère ? Entre la mère et le fils, le jeu a été concerté. Ce n'est même pas une hypothèse. Lue par surprise dans les papiers de Kourakine, la preuve est là. Mais pas d'orgueil froissé qui tienne, et, d'ailleurs, la main de Marie-Louise est pour Napoléon une satisfaction d'amour-propre suffisante. C'est l'amour-propre d'Alexandre qu'il ménage, affectant d'entrer dans les raisons d'âge, de santé, de religion qui lui ont été opposées, assurant que le choix qu'il a fait d'une autre princesse "ne changera rien à la politique". Loin de nuire à l'amitié de Tilsit, le mariage autrichien doit rapprocher les trois empereurs, Vienne, désormais, réunissant Paris et Saint-Pétersbourg au lieu de les diviser. "Douceur, discrétion, prudence. Évitez tout ce qui pourrait blesser." Ce sont, à ce moment, les instructions de Caulaincourt.

Pourtant, comme cette ligne de conduite raisonnable est difficile à tenir ! Manquée, l'alliance de la famille avec la Russie fait douter de l'alliance politique, ce qui commande des précautions. Si Napoléon n'est pas sur ses gardes, il risque d'être dupe et de compromettre sa sécurité. Après tant de signes d'une bonne foi si médiocre, qui peut dire de quoi est capable cet Alexandre trop byzantin ? Peut-être, devenu son beau-frère Napoléon eût-il ratifié le traité déjà signé par Caulaincourt et par lequel la France s'engageait à ne pas laisser rouvrir le tombeau de la Pologne, à ne pas souffrir que le nom en fût seulement prononcé. Mais si Cambacérès a vu juste, si dans deux ans, l'empereur doit être en guerre avec la Russie, il aura encore besoin des Polonais, et, en les humiliant, il les aura découragés, il se sera lui-même déshonoré pour rien. Alors Napoléon, qui a réfléchi, veut bien promettre de ne jamais rétablir le royaume de Pologne, non de participer par les armes à la répression d'une révolte des Polonais. Il consent à ne reconnaître qu'un grand-duché de Varsovie, et non, comme le voudrait Alexandre, à garantir contre toutes les autres puissances les limites de l'État varsovien. Restrictions bien légères, d'ailleurs légitimes, adroites dans la forme, encore atténuées par un renouvellement de l'assurance que le mariage autrichien n'altère ni les sentiments ni les convictions de Napoléon, résolu à rester toujours un allié et un ami. Seulement il n'est pas possible que le tsar ne se dise pas que Napoléon est en éveil. La méfiance grandit des deux côtés. Il faudra pourtant, pour passer de l'alliance et de l'amitié à la guerre, quelque chose de plus grave que le cas polonais.

Entre les deux empereurs, les relations officielles sont toujours dans la même harmonie, Kourakine est aux honneurs le jour où le mariage triomphal est célébré. Et si l'on pouvait voir Marie-Louise avec les mêmes yeux que Napoléon ! Il a sans doute l'orgueil de mettre dans son lit la fille de ces hautains Habsbourg. Quel homme, encore plus extraordinaire que celui-là, n'eût senti ce que cette union avait d'unique dans l'histoire ? Il a la satisfaction d'être traité en souverain de vieille race, de rattacher sa dynastie à celle qui a été renversée, de marier dans sa personne la révolution et la légitimité, d'achever sa grande idée de la fusion. Avec le goût qu'il a toujours eu pour les femmes, il est sensible aux dix-huit ans, à la fraîcheur de cette bonne Allemande, de cette "belle génisse", une rose d'un incarnat à peine vulgaire, fille-fleur appétissante, docile, ce qui, pour elle, est la même chose que d'être facile, elle le montrera avec Neipperg. Elle a pour Napoléon un autre attrait, quelque chose, en beaucoup mieux, de ce qui l'avait séduit jadis chez Joséphine, le port, la marche, l'inimitable simplicité d'une princesse, "la première princesse du monde", toute dressée à son rôle d'impératrice par l'éducation de la Hofburg, si parfaite en tout qu'elle ne manquera pas de donner un fils au mari que la politique lui a choisi et un héritier à l'Empire sur lequel elle vient régner. Pour le cadet-gentilhomme, c'est un peu le rêve du pauvre Mesmour dans les bras de la sultane, un rêve de plus d'une nuit, mais non pas d'un si grand nombre de nuits. Et il plaît à voir lorsque, passant, dans sa galante impatience, pardessus le cérémonial et l'étiquette, il court sur la route de Soissons au-devant de sa femme, entre dans sa voiture, l'enlève à la hussarde. Il plaît encore, mari amoureux et qui, pour cette jeune femme, veut un jour savoir danser.

Il voit surtout les grands aspects de ce mariage, non seulement la promesse d'un successeur, mais l'accomplissement de sa pensée constante, l'Europe unie, le continent fédéré. Ce qui se noue avec l'Autriche, moins le mot, c'est une alliance. Les fêtes du mariage sont déjà presque un autre Tilsit. Français et Autrichiens fraternisent, leurs drapeaux se mêlent, les soldats qui se sont battus à Wagram choquent leurs verres. Berthier, venu à Vienne pour conclure le mariage par procuration, a été reçu avec un empressement particulier par les militaires, lui-même apportant à l'archiduc Charles, l'adversaire de tant de rencontres, la croix de la Légion d'honneur, celle que porte l'empereur, la croix du soldat, la même que, devant le radeau du Niémen, Napoléon avait donnée de ses mains au plus brave des grenadiers d'Alexandre. À Vienne, tout est pour la France, comme tout pour l'Autriche à Paris. Mêmes effusions, mêmes gestes, même théâtre qu'à Erfurt. L'enthousiasme, Metternich le joue admirablement. C'est lui qui représente l'empereur François aux cérémonies et aux fêtes qui répètent les fastes du mariage de Louis XVI, à cette bénédiction nuptiale entourée de toute la pompe monarchique, bien qu'il y manque, à la grande colère de Napoléon, treize des cardinaux qu'il a réunis à Paris et dont l'absence évoque l'excommunication. Une autre image du sacre, cette messe du 2 avril 1810 dans le salon carré du Louvre, où officie encore l'oncle Fesch. Pendant le déjeuner, Metternich se montre à la fenêtre et crie à la foule, en levant son verre : "Au roi de Rome !" On aura donc vu tous les miracles ! L'empereur d'Autriche a déjà renoncé au Saint-Empire. Il abandonne encore à la France le vieux titre des futurs Césars germaniques, celui de roi des Romains.

Ce Paris qui se presse pour voir Napoléon et Marie-Louise dans leur carrosse de cristal, c'est le même qui avait applaudi à l'exécution de Marie-Antoinette. Que sont les opinions ? Des vêtements de rechange. Comme l'a dit, en diplomate flatteur, le comte Tolstoï au moment où l'on croyait encore au mariage russe, l'impossible, en ce siècle, est souvent ce qu'il y a de plus vraisemblable. Le mot s'applique encore mieux au mariage autrichien. Les hommes acceptent toutes les idées tour à tour, et toutes les métamorphoses. Combien de personnages Napoléon lui-même n'a-t-il pas déjà faits, sans compter ceux qu'il lui reste à faire encore ? Il y a en lui un philosophe amer qui connaît l'inconstance des foules, égale à celle des choses. "Comme il eût été taxé de folie, celui qui eût osé prédire alors tout ce que l'on a vu depuis !" Et l'on redira toujours que c'est la plus belle époque du règne, parce que la France croit que, cette fois, c'en est bien fini des guerres, oubliant celle qui continue avec Albion. Cette Autrichienne-là, elle est populaire parce qu'elle semble "un gage de paix". Alors Bonaparte, assis sur le trône de Louis XVI, semble l'avoir relevé. C'est le moment où on le voit, où il se sent le plus monarchique. Non qu'il oublie d'où il sort, ni sa grande idée de réconcilier les Français. "Toujours attentif à ne point offenser les souvenirs de la Révolution", il ménage, dans la circonstance, les sentiments des conventionnels, des vieux républicains. "J'ai pris soin, disait-il, de rassurer et de satisfaire ceux que ce mariage pouvait inquiéter." Et il interdira le discours de Chateaubriand à l'Académie, cette "diatribe" contre la Révolution. Il y a les mots et il y a les choses. Napoléon connaît assez les hommes pour s'apercevoir que la nouvelle noblesse a le sentiment de gagner quelque chose par l'accession de l'Empire à la légitimité. Duchés et comtés deviennent "une véritable aristocratie", tandis que, libérés de leurs derniers scrupules, et, d'autre part, mieux vus que jamais, les anciens émigrés, les royalistes "envahissent" les Tuileries, les assemblées, les préfectures, les états-majors. La consigne pour le Sénat est que "l'empereur veut de l'aristocratie et surtout pas d'avocats". C'est la "réaction de 1810" qui, au-dedans, répond aux alliances politiques et aux alliances de famille du dehors, puisque maintenant, par Marie-Louise, l'empereur cousine avec presque toutes les têtes couronnées. La conservation sociale et dynastique suit son admission au grand cercle des souverains, qu'il prend trop pour un syndicat de défense mutuelle. Et puis l'Europe qu'il a besoin de fédérer est une Europe de rois. Pour mieux l'unir, il adopte ses façons de penser, il se royalise. Est-ce que d'ailleurs tout ne va pas dans ce sens ? La race des Vasa se meurt. Au mois d'août de cette année de magnificence, Charles XIII adopte pour successeur et la Suède élit pour prince royal Bernadotte, le beau-frère de Joseph. Napoléon approuve. Presque partout sur le continent il a des rois pour alliés, des rois pour parents, et, du moins l'entend-il ainsi, des rois pour le servir.

Quelqu'un disait alors qu'il avait l'air de "se promener dans sa gloire". Surtout il a pris de la confiance. Des ancres, il en a jeté de toutes parts. Il lui semble, chose essentielle, qu'il n'a plus de coalition à redouter. Maintenant qu'il a les mains libres, qu'il dispose de toutes ses forces, l'Espagne sera soumise. Ce n'est plus qu'une affaire de temps. Il recommence à croire à la paix générale par le désistement de l'Angleterre. Ne se convaincra-t-elle pas qu'un compromis serait profitable autant qu'est vaine la continuation de la lutte ? Dans la mesure où il le peut, puisque l'état de guerre dure toujours avec les Anglais, il donne des preuves de ce qui est, à ses propres yeux, esprit d'entente, bonne volonté, modération. Il retire des troupes d'Allemagne, n'y laissant que deux divisions, l'une pour occuper Brême, Hambourg, Lübeck, Dantzig, ce qui est indispensable au maintien du blocus continental, son arme essentielle ; l'autre, en Westphalie, pour surveiller la Prusse, la moins sûre des puissances, restée suspecte par son agression de 1806. Pourtant Napoléon ne veut pas qu'on lui prête l'idée absurde de garder toutes ses conquêtes. Ce sont des "effets négociables". Il traitera avec sa carte de guerre, comme l'Angleterre avec la sienne, faite d'une grande rafle de colonies qui ne sont pas seulement celles de la France, mais d'autres pays, de la Hollande en particulier. Il renouvelle prudemment, sans papiers écrits qui pourraient tout gâter, des avances au gouvernement britannique. Le banquier Labouchère, intermédiaire souvent employé par Louis, est autorisé à "porter des paroles" à Londres. "Nul doute qu'aucune circonstance n'est plus favorable à la paix si l'Angleterre est le moindrement disposée à la faire sur le pied d'une parfaite égalité et indépendance."

Voilà où on ne s'entend plus, où l'on ne s'entendra jamais. L'égalité, l'indépendance, c'est pour Napoléon le droit de laisser hors de la discussion ce qui, pour les Anglais, est l'objet même du conflit. À tout ce qu'eût rendu l'empereur "pour le rétablissement d'un équilibre", le principal eût encore manqué. Et le malheur, c'est que, pour les deux parties, le principal se trouve aux mêmes lieux. Vingt jours après le mariage, où Napoléon mène-t-il Marie-Louise ? À Anvers. Presque tout le mois de mai, ils le passent en Belgique, comme pour y montrer aux Belges devenus Français la fille de leurs anciens souverains, attester le consentement de la maison d'Autriche à ce qui est pour la France une réunion définitive, une inaliénable partie d'elle-même. Dès lors, la mission de Labouchère ne peut que mal finir.

Et elle finit mal pour beaucoup de gens. À peine parle-t-on de paix (car il n'y en a qu'une, la paix avec l'Angleterre), que les intrigues foisonnent, tellement on est fatigué et si nombreux sont déjà ceux qui veulent avoir été de l'opération ! Cette porte entrebâillée, c'est à qui la poussera, Fouché qui s'en mêle, et avec lui le fameux Ouvrard, les gens d'affaires, les intrigants, qui entraîneraient Napoléon dans une négociation périlleuse où il serait en état d'infériorité, où il compromettrait ses alliances, puisqu'il serait amené à dire quelles sont les concessions qu'il ne peut pas faire, tandis qu'il sait bien celles que l'Angleterre exigerait. Ici encore, ce ne sont pas les partisans de la politique du possible, c'est lui qui a le coup d'oeil le plus sûr. Il a voulu, rien de plus, sonder les Anglais. Son arme, contre les maîtres de la mer, c'est le blocus continental, il n'en a pas d'autre et il fait connaître qu'il la renforcera si l'Angleterre refuse de céder. Menace qui laisse l'Angleterre insensible. l'extension indéfinie de l'Empire ne l'effraie plus. Si, pour garder les conquêtes essentielles de la Révolution, pour traiter sur la base des limites naturelles, Napoléon doit subjuguer, occuper, annexer l'Europe entière, les Anglais n'en sont que plus sûrs qu'à la fin il devra rendre tout. Ainsi pas de paix possible, pas d'issue. Les plus chimériques sont ceux qui cherchent ce que la situation ne comporte pas, une solution modérée.

"Alors, c'est vous qui décidez de la guerre et de la paix ?" Pardonné une première fois, devenu presque inamovible, Fouché chancela sous ce mot. Il avait commis ce qui ne pouvait se tolérer, touche à la base de l'Empire. Son crime était moins d'avoir usurpé sur le maître que de l'avoir compromis, diminué devant l'Angleterre et devant l'Europe. La seule paix que pût signer Napoléon, c'était celle d'Amiens, et il cherchait à la rétablir avec autant de persévérance que les Anglais, n'en ayant plus voulu, en mettaient à la refuser, résolus plutôt à la guerre perpétuelle, comme ils l'avaient dit. Cela, le duc d'Otrante ne l'a pas compris mieux que le prince de Bénévent, et la disgrâce atteignait à son tour l'autre " prévoyant de l'avenir ". Ainsi l'empereur est délivré de ceux qu'on a si souvent nommés ses mauvais génies. Plus encore que la suppression du Tribunat, c'est sa dernière rupture avec la République. Il n'en commettra ni plus ni moins de fautes pour n'avoir plus dans ses conseils les hommes de la Révolution. Légitimé par le mariage, sa nouvelle promotion, sa nouvelle incarnation laissent intacte la difficulté qu'il avait trouvée en prenant le pouvoir et qui l'y avait porté. La foule s'y trompe. Depuis que Marie-Louise était impératrice, depuis que Napoléon était admis dans la famille des rois, gendre d'un empereur la veille ennemi, "il semblait à tout le monde que les idées de guerre allaient être abandonnées", tandis que la guerre que ne cessaient de rallumer les autres subsistait.

Rien n'est changé. Si peu changé que Napoléon reprend cette confiance qui l'avait déjà abusé après Tilsit. Comme alors, les mesures extrêmes que lui dictent ses raisonnements lui paraissent possibles et dénuées de péril. En politique comme sur le champ de bataille, il raisonne toujours, et ses opérations les plus audacieuses ont un but. En cette année 1810 qui va lui donner, après la haute satisfaction de son mariage, l'espoir de la survie par la paternité, on le voit chargé du souci de ses prochaines décisions, incliné aux plus graves par l'idée que son alliance de famille avec l'Autriche lui permet d'oser davantage. Il a plus d'illusion que d'enivrement. Mais il ne tend pas l'arc de gaieté de coeur. Cette Espagne, son souci, dont il aime si peu à parler, l'inquiète toujours. Joseph et ses lamentations lui pèsent. C'est une erreur d'avoir mis ses frères sur des trônes. Il ne se le dissimule plus. Et parfois la pensée lui vient que le meilleur moyen de liquider l'affaire espagnole serait de rétablir Ferdinand VII à Madrid avec la garantie d'une reine française. Nouvel essai de rapprochement avec Lucien, qui, lui, ne consent pas à son propre divorce, toujours exigé pour la dignité de la famille impériale. Nouveau déboire. Lucien, pendant ces tentatives de réconciliation, a consenti toutefois à envoyer à Paris, chez la grand-mère, sa fille Charlotte, celle qu'on avait destinée un moment au prince des Asturies, qu'on lui destine peut-être encore. La princesse Lolotte arrive, se tient fort mal, écrit à son père des lettres, lues au cabinet noir, où elle se moque de l'oncle, de la tante, de toute la cour. Impossible de compter sur elle pour un mariage d'utilité politique. Il faut la rendre à Lucien, qui d'ailleurs n'a accepté pour lui-même aucune des conditions de l'empereur. Entre les deux frères, c'est la rupture, et Lucien s'embarque pour les États-Unis. En route, accident ridicule, il est arrêté par les Anglais, qui le conduisent à Plymouth, le reçoivent avec toutes sortes d'égards, comme un témoin de la tyrannie de Bonaparte, une victime qui n'a pu trouver que sur le sol de la libre Angleterre un asile et la liberté.

Joseph continuera de régner dans un royaume qui l'ignore. Et les choses, dans la famille impériale, n'en vont pas mieux. Elle se disloque. Tandis que Lucien sera rayé de tout, Louis cesse d'être roi. Presque en même temps que Lucien quitte Civita-Vecchia, avec la complaisance de Murat, lui-même plein d'amertume contre l'empereur et qui soutient la cause du "frère persécuté", Louis s'enfuit d'Amsterdam, plante là sa femme et son trône. C'est la fin pitoyable d'une longue querelle où Napoléon a eu de la patience, où les torts ne sont pas de son côté. Louis, son préféré de toujours, qu'il appelle "presque son fils", qu'il a jadis, à Valence, élevé sur sa solde, avec qui il partageait son pain, n'a que l'excuse d' "une lymphe âcre et viciée". C'est un hypocondriaque, un malade, un malheureux qui fait le malheur des autres, d'Hortense surtout. Ainsi Napoléon n'a trouvé personne à ses côtés pour le comprendre ni pour le servir. À force d'énergie et de combinaisons, il se maintient et il maintient tout son monde avec lui à des hauteurs incroyables, vertigineuses. Ses frères jouent avec tout cela comme si tout cela était éternel. Le plus amer pour l'empereur n'est pas de sentir qu'on est ingrat. C'est de s'apercevoir qu'on est bête.

Louis a été mis en Hollande à un poste de douane, conformément au "système". La raison d'être de sa royauté, c'est de veiller à l'application stricte du blocus dans un pays de commerce qui est une des grandes portes de l'Europe. Et cette royauté, comme le reste, ne peut durer que si l'Angleterre est vaincue par le blocus. Louis, qui n'y comprend rien, s'est laissé circonvenir par ses sujets. Il a fermé les yeux à la contrebande, il l'a protégée, et l'empereur, las de le rappeler à son devoir, de lui adresser des remontrances et des sommations, a dû agir, mettre des douaniers français dans les ports, puis protéger ces douaniers par des soldats. À la fin, il s'est trouvé dans la nécessité d'occuper militairement une partie des États qu'il a donnés en fief à son frère, et les gouverneurs de Bréda et de Berg-op-Zoom, d'ordre de Louis, ont fermé les portes de ces places à l'armée impériale. Voilà les Bonaparte couronnés presque en état de guerre, tandis que Louis se croit devenu roi de droit divin et demande M. de Bonald, théoricien de la légitimité, comme précepteur pour son fils. Pénibles, ridicules, ou les deux à la fois, les incidents se succèdent.

Six mois durant, Napoléon, irrité et embarrassé, gronde et pardonne, adjure le "prince de son sang" qu'il a placé sur le trône de Hollande d'être "d'abord Français", menace d'"employer tous les moyens sans se laisser arrêter par aucune considération pour faire rentrer la Hollande dans le système du continent" et pour "arracher définitivement ses ports et côtes à l'administration" qui en fait les principaux entrepôts du commerce avec l'Angleterre, comme les négociants hollandais en sont pour la plupart des agents. Ces motifs étaient vrais et fondés.

Napoléon, dans une colère, avait annoncé qu'il "mangerait" la Hollande. Plus exactement, avec froideur, une des notes comminatoires qu'il avait dû envoyer à La Haye faisait prévoir qu'on reviendrait à l'état de choses qui avait existé "depuis la conquête faite par la France en 1794 jusqu'au moment où Sa Majesté Impériale espérait tout concilier en élevant le trône de Hollande". L'abdication et l'évasion nocturne de Louis, le 2 juillet 1810, n'en mettaient pas moins l'empereur, à l'improviste, dans un cas difficile. Devant l'opinion d'abord. Après Lucien, c'est Louis qui porte contre le tyran de l'Europe l'accusation d'être en outre un tyran de famille. La mauvaise action de Louis, elle est là. De plus, il laisse à Napoléon un problème, un embarras nouveaux. Que faire maintenant de cette Hollande ? Lui rendre la liberté, il n'en est pas question. Ce serait la livrer aux Anglais, ouvrir une vaste brèche au blocus. Lui donner Hortense pour reine ou régente ? Le gouvernement des femmes, le matriarcat, n'est possible que par les temps calmes ; on est en guerre, et, après ce qui s'est passé avec Louis, que se passerait-il avec Hortense ? On peut remettre la Hollande en état de pays conquis, revenir au lendemain de la conquête par la République. Alors c'est l'occupation militaire en grand, qui exigera encore des troupes et il n'y en a plus à gaspiller. Autre raison (et c'est par ces raisons de fait, qui semblent oiseuses de loin et qui, sur le moment, sont d'un grand poids, que bien souvent Napoléon se décide), il y a des contingents hollandais qui combattent en Espagne. Si la Hollande est occupée comme un État ennemi, elle ne peut plus avoir d'armée. Que faire de ces troupes ? Comment et où renvoyer ces auxiliaires ? Tout bien pesé, la réunion à l'Empire est la solution la moins mauvaise. C'est la moins rigoureuse et la plus honorable pour les Hollandais qui, astreints au respect du blocus, le seront comme les Français eux-mêmes et ne pourront se plaindre d'être traités en peuple subjugué, étant admis dans l'Empire comme des égaux.

Les raisonnements de Napoléon sont toujours sérieux et forts. Quand on regarde les circonstances dans lesquelles il a pris ses décisions, les motifs pour lesquels il s'y est arrêté, on s'aperçoit que, parce que sa "situation forcée" ne lui laissait ni liberté ni choix. Bonnes ou mauvaises, ses raisons importaient peu ; le résultat était le même, visible pour tous. Le grand Empire s'étendait encore. Les annexions se succédaient. Où serait la limite ? Il ne restait plus qu'à annexer, qu'a "manger" tout le continent, à régner sur l'Europe, à faire la monarchie universelle. L'effet produit fut détestable, même en France. Où allait-on ? Il n'y aurait donc plus un coin de libre ? La Hollande était une maison de banque pour tous les pays. C'était là que se réfugiait l'argent. Signal, contre le conquérant, d'une "nouvelle croisade", celle des capitalistes et des financiers.

La partie mystérieuse de la pensée de Napoléon, la seule peut-être qu'on n'arrive pas à déchiffrer, est ici. A-t-il cru, vraiment, que cet Empire démesuré il le garderait, qu'il pourrait le léguer à son successeur ? Bien plus, pour cet enfant dont Marie-Louise, avant la fin de l'été, lui donne la promesse et qui, son étoile aidant, sera un fils, a-t-il eu l'idée de préparer un héritage encore plus fabuleux ? Si cela était, c'est qu'il fût devenu complètement fou, d'une folie raisonnante qui l'eût laissé lucide par ailleurs. Et de son temps même, on ne manqua pas de se dire qu'il fallait que son esprit fût obscurci, dérangé. Il passa pour un dément. Mais lui-même n'a jamais expliqué, sinon à Sainte-Hélène, dans une espèce de métaphysique, par quel miracle, et, en outre, pourquoi il aurait gardé toutes ses conquêtes ajoutées à celles de la Révolution. Il n'a jamais dit sur quelles bases, à quelles conditions il eût conclu la paix avec l'Angleterre, en supposant que l'Angleterre voulût traiter. L'absurdité totale était d'imaginer Napoléon et ses successeurs dominant éternellement la terre, tandis que l'Anglais dominerait la mer. Si une pensée aussi extravagante avait occupé son esprit, Bonaparte eût donné d'autres signes d'aliénation mentale. On ne peut lui prêter qu'une idée, toujours la même, l'Angleterre mise à genoux par le blocus, demandant grâce, libérant les mers, restituant les colonies, acceptant une juste et honorable transaction.

Et l'on croyait toujours qu'elle était à la veille de succomber, qu'elle ne résisterait pas à l'immensité de ses pertes commerciales, de son endettement. On calculait le jour où elle serait à bout, comme les Allemands calculaient, cent et quelques années plus tard, qu'elle le serait par la guerre sous-marine à outrance. Quand tout fut fini, on ne manqua même pas de prétendre que l'Angleterre n'en pouvait plus, qu'un peu de temps encore et elle eût renoncé. C'était, dit-on, l'avis d'Alexandre en 1814, dans ses conversations de Paris, où il déclarait qu'à ses yeux le blocus était une arme terrible et admirable. Si terrible, en effet, qu'elle se retournait contre celui qui, l'ayant rendue presque parfaite, l'imposait à tous. Nul ne sait si elle aurait, à la fin, abattu l'Angleterre. La Russie, la première, n'y avait pas résisté.

On ne croira plus que la "primauté de l'économique" soit une chose de nos jours quand on observe que le blocus continental, n'ayant pas apporté la victoire à Napoléon, provoqua la chute de son Empire. "Projet gigantesque, hardi, mais dont le succès est impossible", disait le banquier Laffitte. Et il le démontrait. Mais si Bonaparte s'était rendu à cette démonstration, il n'avait plus qu'à renoncer à tout. Il faut le voir ici appliquant son esprit à des matières qu'il possède et qu'il domine aussi vite que les autres, penché sur les tableaux de douane comme sur ses états de situation. Qu'on est loin du héros des légendes, loin de l'image d'Épinal ! Le voici dans les statistiques, les tarifs, raisonnant des prix de revient. Il porte la lumière, trouve des solutions. Il n'en manque jamais. À Sainte-Hélène, il lui venait encore des idées de ce qu'il aurait pu faire. Son malheur est que, depuis longtemps, sa féconde intelligence ne travaille plus que contre lui-même. Le blocus continental le condamne déjà à des annexions, à des réunions, à une politique envahissante qui produit l'alarme et la haine. Pour le moment du moins, pas de remède à cela. Mais le blocus a d'autres inconvénients. Tandis qu'il est strictement appliqué dans les départements français, la contrebande, tolérée par les alliés et les neutres, ouvre mille fissures ailleurs. D'où il résulte que la vie est plus chère en France que dans le reste de l'Europe. Frappé de cette idée, Napoléon imagine d'autoriser l'importation de certaines denrées, surtout des matières premières nécessaires à l'industrie, moyennant une taxe équivalente à la prime que prélèvent les contrebandiers. Il institue le régime des licences, aussi fructueux pour le Trésor français que favorable à l'industrie française. Pas de combinaison que n'ait cherchée l'empereur, tel le remplacement de la canne à sucre par la betterave, pour que l'Europe puisse se passer de ce que vend et produit l'Angleterre, pour que, cependant, les manufactures de France travaillent à plein. Mais alors, si les effets du blocus deviennent moins durs dans les limites de l'Empire, ils le deviennent davantage pour le reste du continent, pour les pays amis, alliés, auxiliaires, où la rigueur de la prohibition a été jusqu'ici tempérée par la fraude. Les licences, destinées à rétablir l'égalité, donnent un privilège à la France. Plus manufacturière que les autres nations européennes, elle prend sur leurs marchés la place des Anglais, et qu'y perdent ceux-ci ? Le régime des licences leur permet de continuer le trafic des denrées coloniales, tandis que, maîtres de la mer, le reste du monde est ouvert à leur commerce qui s'empare d'un monopole. Il aurait fallu savoir si l'Angleterre ne compensait pas son exclusion d'Europe par l'Amérique, l'Afrique et l'Asie, ce qui rendait déjà douteuse l'efficacité du blocus.

La stratégie commerciale de Napoléon est encore plus gravement en défaut sur un autre point. Les autres pays du continent, expliquait très bien Laffitte, perdent sur leurs produits qu'ils ne vendent à personne ; ils perdent sur ceux qu'ils ne peuvent acheter que de la France. Or ces étrangers sont des alliés, des membres de la fédération antibritannique et le blocus pèse doublement sur eux pour une cause qui, somme toute, n'est pas la leur. Alors que doit-il arriver ? L'impatience, le mécontentement croîtront. La France froissera trop d'intérêts et tout ce qui est contraire aux intérêts l'est aux affections. "Nos alliés se rapprocheront de nos ennemis et de nouvelles guerres mettront peut-être de nouveau notre avenir en question."

Le premier des alliés par lequel s'accomplirait cette prophétie était celui de Tilsit. Le bois, le chanvre, la baisse du rouble frappé par l'arrêt du commerce russe ont détruit l'alliance plus sûrement que le refus de la grande-duchesse et que le mariage d'Autriche. Menacé du même sort que Paul, Alexandre cède aux plaintes de ses boyards, de ses négociants ruinés. Le 31 décembre 1810, il rend l'ukase qui porte en lui la guerre. Lourdes taxes sur les importations françaises. Liberté du commerce des neutres dans les ports de Russie ; or, le pavillon des neutres, des Américains surtout, couvre des marchandises anglaises, tout le monde le sait, et que de notes le gouvernement français a échangées à ce propos avec les États-Unis ! Désormais, dans toute l'Europe centrale, jusqu'à Mayence, on vendra du sucre et du café introduits par Riga. C'est, avec Napoléon, l'inévitable conflit. Alexandre le sait si bien que, depuis six mois, il a commencé ses préparatifs militaires... L'alliance de Tilsit se brise sur le blocus continental. Les deux grandes idées de Napoléon ne se concilient pas. Il ne peut à la fois fédérer l'Europe et la contraindre aux restrictions.

Pourtant, à la fin de cette année, il semble toujours "se promener dans sa gloire". Bientôt la succession sera assurée, l'héritier est attendu. Il n'est pas possible qu'on ne vienne pas entièrement à bout de cette Espagne. Là-bas, à Vienne, le père de Marie-Louise répond de l'amitié de tous les princes ou de leur soumission. Si Alexandre rompt le pacte, on recommencera Friedland, mais cette fois avec l'aide de l'Europe coalisée, pour recommencer Tilsit. L'excès de confiance que Tilsit avait déjà donné à Bonaparte, son mariage le lui inspire maintenant. Il dira : "On m'a reproché de m'être laissé enivrer par mon alliance avec la maison d'Autriche." Et il le dira parce qu'il sentait que c'était vrai.

Chapitre XX : Le roi de Rome

Une série de scènes toutes faites pour la légende, c'est la vie de Napoléon. Voici, en 1811, le héros triomphateur au berceau de l'enfant-roi. Ce père heureux, l'an d'après le verra marchant sous la neige, un bâton à la main. Quel artiste, au mur de l'histoire, a disposé ces tableaux ?

L'homme sur qui plane une grande infortune attendrit. On se représente Bonaparte, à l'approche des mauvais jours, engourdi dans la satisfaction du mariage, amoureux de sa femme, "amoureux de l'Autriche", et même, comme le disaient de niaises feuilles d'Allemagne qui le mettaient en fureur, amoureux de la pantoufle de Marie-Louise. On se le représente enivré de paternité, rêvant d'un empire qui ne sera jamais trop grand pour son fils. Et lui-même, il s'est souvenu de ce bref paradis, dans un soupir : "Ne m'était-il donc pas permis, à moi aussi, de me livrer à quelques instants de bonheur ?" Peut-être en avait-il goûté les minutes parce qu'il avait le coeur lourd. Pendant ces mois où la catastrophe se prépare, on cherche à voir l'empereur, à le pénétrer, à lever son masque de convention. Et peu d'hommes l'ont observé de sang-froid à ce moment où chacun commençait à penser à soi-même, où beaucoup lui en voulaient de risquer sa fortune et la leur. Toujours appliqué à montrer un front serein, à ne pas répandre le trouble qu'il ressent, il fait encore illusion pour la postérité. Ses réflexions intérieures n'ont laissé que de faibles traces. Il faut aller tout au fond pour   découvrir ses hésitations, ses anxiétés, le combat qui se livre en lui avant de suivre son destin ou plutôt d'y courir, comme s'il savait que le désastre ne peut pas être évité et comme s'il était pressé de voir la fin.

C'est l'homme "qui a le plus réfléchi sur les pourquoi qui régissent les actions humaines". Il n'a jamais pu concevoir, ajoute Mme de Rémusat, que les autres agissent sans projet et sans but, ayant, pour sa part, toujours eu une raison. Dans chacun de ses mouvements, on découvre un motif, et la funeste campagne de Russie il l'a discutée avec lui-même aussi longuement que la funeste affaire d'Espagne. Toute l'année 1811 est pleine de cette délibération.

Depuis Trafalgar, Napoléon cherche le moyen de vaincre la mer par la puissance de terre. Il n'en a pas trouvé d'autre que de fermer l'Europe aux Anglais et de l'unir contre eux. Le blocus continental, c'est le système qui commande tout. L'alliance avec la Russie en est la base. Que faire si cette alliance vient à manquer ? Attendre ? Mais quoi ? Que les choses s'arrangent toutes seules ? Et combien de jours, de mois, d'années ? "Dans le silence du cabinet", devant Méneval, l'empereur exhale sa préoccupation : "L'arc est trop longtemps tendu." Une autre fois, il murmure : "Du temps ? Toujours du temps ? J'en ai trop perdu." Si l'Angleterre renoue avec la Russie, la fédération européenne s'en ira en morceaux. La tapisserie que Napoléon a tissée depuis Tilsit se défera point par point et la France sera ramenée à la même situation qu'avant Austerlitz. Alors, que dit le raisonnement ?

Qu'il avait fallu Friedland pour fonder l'alliance. Recommencer Friedland, ou menacer seulement de le recommencer afin d'obtenir un nouveau Tilsit, profiter, pour intimider Alexandre, de la soumission de la Prusse, de la lune de miel avec l'Autriche, telle est l'idée qui germe dans l'esprit de Bonaparte, qu'il pèse longuement parce qu'il en mesure les risques. Elle lui est apparue de bonne heure. C'est même la première qui lui est venue dès qu'il a soupçonné les mauvais desseins du tsar. Il faisait dire à Caulaincourt, le 1er juillet 1810 : "La Russie veut-elle me préparer à sa défection ? Je serai en guerre avec elle le jour où elle fera la paix avec l'Angleterre." Il ajoutait, répétant qu'il ne songeait pas à rétablir la Pologne : "Je ne veux pas aller finir mes destinées dans le sable de ses déserts." Il a, il gardera longtemps devant les yeux et l'image de Charles XII "allant finir" aux marais de Poltava, et sa propre image devant le charnier d'Eylau.

Napoléon convenait un jour qu'en Espagne, il avait commis "une sottise". De la Russie, il n'en dira jamais autant. Il ne se sentira pas en faute contre son système en allant à Moscou, encore moins qu'en allant à Madrid. À ceux qui auraient voulu qu'il "arrêtât son cheval", il répondait : "Je n'ai pas de brides pour arrêter les voiles anglaises, et c'est là que gît tout le mal. Comment n'a-t-on pas l'esprit de le sentir ?" Mais le système entraîne toujours plus loin. Il n'y en a pas pour le remplacer et il faut l'appliquer jusqu'au bout, jusqu'aux conséquences dernières, à quelque prix que ce soit. Ou bien le blocus, idée grandiose, "conception épique", consacrée par un décret comme loi fondamentale de l'Empire, exécutée depuis cinq ans sans défaillance, ne sera plus qu'une idée vide et l'Angleterre aura gagné la partie par endurance et obstination.

Ceux qui conduisent ces événements, ce ne sont pas les deux amis de Tilsit. L'un a du génie. L'autre est un politique assez subtil. Pourtant une volonté qui n'est pas la leur les pousse chacun dans sa voie. Il faut regarder où se portent leurs regards. À la fin, l'impassibilité du cabinet de Londres a quelque chose de fascinant. Le roi est fou. Le régent sans autorité. Le gouvernement, composé d'hommes sans prestige, n'est qu'un conseil d'administration. C'est une machine à calculer et, parce qu'elle est insensible, d'autant plus opiniâtre. Rien ne lui fait. Un moment, la crise de ses finances a été si grave qu'on a pu croire l'Angleterre à bout. Elle a tenu. Et nul succès de Bonaparte ne la trouble. Il peut épouser la fille des Césars, menacer de réunir la Hollande, puis exécuter la menace, rétablir pour quelque temps ses affaires en Espagne et en Portugal. L'automate ne change pas un de ses mouvements. Napoléon annexe toujours. Albion a l'air de lui dire : "Tant qu'il vous plaira." Cependant Alexandre est fortifié dans son dessein de rompre par les tentacules que l'Empire napoléonien pousse maintenant vers les rivages baltiques. Il ne l'est pas moins par le flegme prodigieux que l'Angleterre oppose à ces agrandissements. Comme il faut qu'elle soit sûre d'elle-même, de son triomphe final ! Par cette confiance dans le résultat dernier, elle aimante le tsar, fatigué de la loi du blocus, inquiet du mécontentement que le "système" cause à ses sujets. Quel intérêt a-t-il à continuer cette lutte contre l'Angleterre ? Pour la Russie, la liberté des mers, la tyrannie navale, ce sont des mots. Bien plus gênante est la règle que Napoléon lui impose. Alexandre n'a conclu l'alliance, après Friedland, que pour sortir d'embarras. Il l'a enveloppée de réticences à Erfurt. L'heure pour laquelle il se réservait lui semble venue. "Rira bien qui rira le dernier."

Nous avons peine à nous représenter un temps, encore si près du nôtre, où les nouvelles n'arrivaient que par courriers, où les communications n'étaient guère plus rapides qu'au siècle de Jules César. Il fallait bien deux semaines pour que l'on sût à Paris ce qui se passait à Pétersbourg. Aux actes d'un gouvernement, l'autre ne pouvait répondre qu'avec lenteur et rien ne serait plus faux que d'imaginer Napoléon et Alexandre échangeant des cartels, se donnant la réplique, les précautions réciproques prises coup sur coup devenant des provocations. L'âge de l'ultimatum télégraphique, des mobilisations instantanées, de l'irréparable créé en quelques heures n'était pas encore venu. Chacun des empereurs poursuivait son "évolution" loin de l'autre et, tout bien compté, il fallut, avant le choc, près de deux ans.

"Le système continental n'est efficace que s'il est établi partout. Proposition évidente. Axiome qui a déjà mis sur les bras de Napoléon les affaires d'Espagne, de Portugal, de Rome, de Hollande. Ce n'est pas l'imagination, ce n'est pas le démon de la conquête ou de la gloire qui l'entraîne, c'est l'esprit de déduction. La réunion des villes hanséatiques a été annoncée au Sénat le 13 décembre 1810. Brême, Hambourg, Lübeck continueront la Hollande. Le royaume de Westphalie est amputé de ses rivages, le grand-duché d'Oldenbourg saute. Les embouchures de l'Escaut, de la Meuse, du Rhin, de l'Ems, du Weser et de l'Elbe sont "de nouvelles garanties devenues nécessaires". Napoléon expliquera encore, la chose faite : "Ce n'est pas mon territoire que j'ai voulu accroître, mais bien mes moyens maritimes." Il ferme d'autres portes d'entrée. C'est d'une logique irréprochable. Seulement il faudrait aussi fermer, au sud, la brèche turque, par laquelle des marchandises anglaises pénètrent en Europe centrale ; au nord la brèche suédoise et c'est ainsi que Bernadotte, prince royal de Suède, plutôt que de se soumettre, passera au camp ennemi. Sans compter maintenant la Russie qui, non seulement ne respecte plus le blocus, mais se plaint de la dépossession du grand-duc d'Oldenbourg, parent du tsar, indemnisé ou plutôt déplacé à l'intérieur de l'Allemagne comme un militaire est l'objet d'une mutation. Le système continental taille dans la chair vivante. Il y a des cris.

Cependant, que fait Alexandre ? L'Oldenbourg ni son duc n'étaient en cause lorsque, l'été précédent, il avait songé à une attaque brusquée pour en finir en une fois, l'Allemagne n'étant plus occupée que par Davout. Seulement il fallait au tsar le concours des Polonais et celui des Prussiens. Il a promis monts et merveilles aux premiers qui n'ont pas eu confiance en sa parole et qui ont tout fait savoir à Napoléon. Il a sondé les dispositions de la Prusse qui s'est excusée, ne tenant pas à revoir Iéna ni à être châtiée la première. Alors Alexandre a pensé que Bonaparte n'était pas encore si bas. Il a renvoyé ses desseins d'agression à des temps meilleurs. Mais enfin il a bien fait des préparatifs de guerre, et il les continue. Il a bien médité d'attaquer son ami de Tilsit à qui la vérité s'est découverte peu à peu. Obligé de se mettre lui-même sur ses gardes, ayant toujours à craindre le retour d'une coalition, Napoléon prend quelques mesures de précaution dont Alexandre se plaint d'autant plus fort que sa conscience est moins bonne. C'est lui qui se dit menacé, attaqué, victime, et l'Europe le croit parce qu'elle est lasse. De là date, comme le remarque Albert Sorel, l'opinion qu'on s'est si longtemps repassée, selon laquelle Napoléon se serait jeté sur la Russie par un délire de domination et d'orgueil.

Tout montre, au contraire, qu'il voyait avec une violente contrariété venir un conflit qui était l'échec de sa politique, par qui "tout rentrait en problème", expression qui dans sa bouche revenait si souvent. En janvier et février 1811, la Russie l'occupe déjà, il tourne et retourne les mêmes pensées. Si les puissances du Nord ne se joignent pas au blocus, le système continental n'existe plus. Si la Russie fait sa paix avec le cabinet de Londres, Napoléon peut être attaqué par elle comme il l'a été par la Prusse en 1806, par l'Autriche en 1809. Il est en tout cas évident qu'elle échappe, qu'elle n'accepte plus cette dure loi du blocus, comme rêvent de s'en affranchir les autres peuples qui la subissent parce qu'une main de fer pèse sur eux. Mais leur impatience grandit et ils s'entendent déjà sans se parler. Napoléon est respecté parce qu'on lui croit une force irrésistible. S'il donne l'impression d'une faiblesse, il sera traité "comme un petit garçon". La Russie est encore occupée par sa guerre avec les Turcs. Lorsque, de ce côté-là, il aura les mains libres, Alexandre deviendra plus agressif. Peut-être suffirait-il de lui montrer la pointe, de lui faire peur pour le ramener à la pratique complète et sincère de l'alliance, à la grande fédération européenne, pour rendre la Russie soumise et docile, comme le sont l'Autriche et la Prusse. Est-ce donc impossible ? En paraissant sur la Vistule avec de grandes forces, on obtiendrait le résultat de Friedland sans avoir à risquer de bataille... Il en est de l'expédition de Russie comme il en a été de l'affaire d'Espagne. On voit l'idée naître, grandir, s'emparer de l'esprit de l'empereur jusqu'à ce que, selon un penchant qui s'aggrave chez lui, il regarde comme fait ce qui peut et doit se faire, puisque sa raison l'a conçu.

Et pourtant il n'en viendra pas à l'action sans avoir passé par de plus longues perplexités que pour l'Espagne. "Je n'étais pas d'aplomb", dira-t-il plus tard à Gourgaud en parlant de cette année 1811. Ses incertitudes, ses anxiétés secrètes, il ne les avoue pas. Et peut-être cherche-t-il à se tromper lui-même comme il en impose aux peuples le jour où il leur présente l'héritier qui naît à l'Empire.

Que les présages sont menteurs ! Cette naissance il semble qu'elle apporte à Napoléon la seule chose qui manque encore à son immense pouvoir. Sa succession est assurée. Il voulait un enfant. Le voici. Et, ce 20 mars, à cette date du renouveau, cent un coups de canon annoncent que c'est un fils. Comment douter de l'étoile de Bonaparte ? Tout ce qu'il désire, tout ce qu'il calcule arrive. Et Savary traduit avec lourdeur mais avec clarté le soulagement de ceux qui pensaient à l'avenir : "La fortune qui nous avait été si constamment fidèle semblait nous combler en nous donnant un héritier d'un pouvoir que tant d'efforts avaient élevé et qui, faute de cet enfant, ne nous laissait apercevoir de tous côtés que des abîmes. On espérait de bonne foi une paix profonde, on n'admettait plus parmi les idées raisonnables aucune guerre ni occupations de cette espèce." La Révolution, qui s'était réfugiée dans le principe héréditaire, se réjouissait de voir la descendance de l'homme à qui le droit d'hérédité avait été donné comme un bouclier. Et c'étaient "des milliers de serments, dont pas un n'a été à l'épreuve du malheur".

Frapper les imaginations, c'est l'art où Napoléon excelle toujours. Le berceau du roi de Rome, il l'a entouré de magnificence, mais le destin a rivalisé avec lui. Rien, pour la rendre parfaite, ne manquera à cette histoire, le père expirant sur son rocher, le fils, dans sa prison princière, mourant comme un autre Marcellus. De cet enfant, on a fait d'abord l'idole de la monarchie. Au sein de sa nourrice il est Majesté. Roi au maillot, on lui doit des révérences, un culte presque asiatique, auquel l'ancienne royauté n'avait jamais pensé pour les dauphins. La solennité des bulletins de santé du nourrisson répond à l'emphase du père annonçant au Sénat qu'un héritier est né au trône : "Les grandes destinées de mon fils s'accompliront." Près de l'enfant qui aurait dû être Napoléon II, quels rêves l'empereur a-t-il faits ?

C'est la même énigme. Croyait-il léguer à son fils l'Empire d'Occident, tel qu'il était en ce printemps de 1811, c'est-à-dire un monstre, un État difforme, cent trente départements, depuis celui du Tibre jusqu'à celui des Bouches-de-l'Elbe, auxquels s'ajoutait la masse des États vassaux ? Cet Empire, dont Napoléon lui-même a peine à tenir les morceaux rassemblés, il n'a pas d'avenir. Il a été constitué par une idée directrice qui était une idée de circonstance. C'est une carte de guerre. Royaume non de lisières, comme disait jadis du sien un roi de Prusse, mais de rivages, tout en côtes, en ports, en embouchures, une configuration ordonnée par les besoins du blocus continental. Réunissant encore le Valais, le département du Simplon, passage vers l'Italie, comme le Directoire avait annexé Genève à la République, l'empereur annonçait en outre un canal qui, avant cinq ans, "réunirait la Baltique à la Seine", et après avoir dit que les Anglais, eux, avaient "déchiré le droit public de l'Europe", il ajoutait cette phrase étrange : "La nature est changée." A-t-il cru vraiment qu'on pouvait gouverner, régner contre la nature, la changer et la contraindre durablement ? A-t-il cru surtout qu'après lui ce défi pourrait être soutenu ? Lui-même reconnaît que l'Empire est trop grand, trop distendu lorsqu'il écrit à son ministre de la Guerre : "Les ordres ne s'exécutent pas parce qu'on les donne indistinctement à des hommes qui sont au fond de l'Italie et à d'autres qui sont au fond de l'Allemagne. L'Empire est devenu tellement grand qu'il faut mettre tout autre soin pour réussir." Quelle apparence y avait-il que, le nouveau Charlemagne disparu, son héritier réussirait ?

On hésite à prêter des plans d'un lointain avenir à l'homme dont les aides de camp disaient, écho de ce qu'il disait lui-même et ce qui a été vrai de son règne tout entier : "Est-ce que l'empereur sait ce qu'il fera demain ? Cela dépendra des circonstances." En effet, tout est mouvant et quand une lézarde est bouchée au Nord, il en apparaît une au Midi. Au moment même où le roi "de Rome" venait de naître, on avait à se demander dans quels rapports il vivrait avec son voisin le roi de Naples. Le mois d'avril 1811 est celui où la défection de Murat s'annonce. Avec lui, avec Caroline, Napoléon sera encore moins heureux qu'avec ses frères. Murat aussi voudrait affermir son trône. Il cherche une consécration auprès des puissances, ne pouvant, lui, épouser d'archiduchesse et craignant l'ancienne reine de Naples, une Autrichienne, à cause de Marie-Louise. Il intrigue même avec l'Angleterre, parce que ses sujets, comme les autres, se fatiguent d'être astreints au blocus. Il va jusqu'à renvoyer les Français qui sont à son service s'ils ne se font pas naturaliser Napolitains. L'empereur se fâche. Il gronde : "Lorsqu'on s'est éloigné du système continental, je n'ai pas même épargné mes propres frères et je l'épargnerai encore moins." C'est le 2 avril et le roi de Rome a treize jours. L'Empire démesuré dont il hériterait a ces tares. Pourtant Napoléon pardonnera, fermera les yeux, non pas même à cause de Caroline, non pas seulement parce qu'il aura peut-être bientôt besoin de Murat, cet entraîneur d'hommes, mais parce qu'il craint, en le poussant à bout, que le roi de Naples ne se livre aux Anglais.

Angleterre, Russie, Espagne, obsèdent la pensée de l'empereur. Quelques jours de sa correspondance donnent le compte de ses soucis. Le 2 avril, il explique au roi de Wurtemberg son attitude à l'égard d'Alexandre : "J'ai la guerre d'Espagne et de Portugal qui, s'étendant sur un pays plus grand que la France, m'occupe assez d'hommes et de moyens ; je ne puis pas vouloir d'autre guerre... Mais si je ne veux pas la guerre et surtout si je suis très loin de vouloir être le Don Quichotte de la Pologne, j'ai du moins le droit d'exiger que la Russie reste fidèle à l'alliance." Et les jours suivants, instructions à Lauriston son nouvel ambassadeur à Saint-Pétersbourg : "Employer toutes les formes pour prouver que la politique de la France n'est pas en Pologne et a pour but unique l'Angleterre... Il est probable que la moindre apparence d'une paix (de la Russie) avec l'Angleterre sera le signal de la guerre." Puis, dans une lettre à Alexandre lui-même, après lui avoir rappelé l'esprit de l'alliance, les mesures de précaution aux-quelles l'a obligé le tsar : "Mes troupes ne s'armeront que lorsque Votre Majesté aura déchiré le traité de Tilsit."

En être à recommencer Tilsit, à l'obtenir par la crainte, calculer les moyens d'intimider Alexandre sans se laisser soi-même entraîner trop loin, produire l'effet et ne pas courir de risques ; considérer cependant que, si l'on ne fait rien, on se laissera devancer par le tsar, ce sont les idées que Napoléon agite sans cesse. Si seulement, pour faire face aux dangers de l'Est, il était tranquille de l'autre côté ! Toujours cette Espagne et à quel point elle l'ennuie ! Il faudrait qu'il s'y rendît en personne, comme il l'a promis, comme il l'annonce par trois fois. Ses chevaux l'attendent à Bayonne et maintenant il semble qu'il n'ose plus sortir de France, à peine quitter Paris, comme s'il craignait d'être encore rappelé par de mauvaises nouvelles. Et rien ne va dans la péninsule, après un mieux. Ses meilleurs généraux, Napoléon les y a essayés. Maintenant, c'est en Masséna qu'il a mis sa confiance et le défenseur de Gênes, le prince d'Essling, après qu'il s'est ouvert la route du Portugal, est arrêté devant les lignes anglaises de Torres-Vedras. Il faudrait du monde, plus de troupes que Napoléon n'en peut donner. Les 60.000 hommes que le général Foy vient lui demander, il les refuse. Il en reprendrait plutôt, pour refaire l'unité de la Grande Armée, pensant au danger de Russie. "Chancre" ou "boulet", jamais l'Espagne ne lui a été si lourde, si importune. N'en finira-t-on pas ? Mais sans donner à ses lieutenants les moyens d'en finir, il voudrait qu'ils fussent vainqueurs partout. La raison lui dit que toutes les forces dont il dispose au-delà des Pyrénées, il faudrait, sacrifiant le reste, les jeter contre Wellington. Mais la politique ne permet pas les sacrifices. Il ne faut pas qu'il soit dit en Europe qu'on n'est pas maître de l'Espagne, ce qui ferait douter qu'on pût longtemps dominer ailleurs. Pénible, coûteuse nécessité d'en imposer, de maintenir le prestige sans pouvoir y mettre le prix. Le résultat de cette dispersion des efforts, c'est que Soult est en échec devant Cadix, Suchet en Aragon, que Masséna lui-même livre à Wellington une bataille sanglante et qui ne décide rien, celle de Fuentès d'Onoro. On en est là au mois de mai 1811. Napoléon s'irrite. Il s'en prend aux hommes, aux choses, met en disgrâce Masséna. L'Espagne, il ne sait qu'en faire ni comment s'en débarrasser. L'évacuer tout à fait ? Rendre le trône à Ferdinand ? Se retirer sur l'Ebre et incorporer les provinces du Nord à l'Empire ? Aucun de ces partis dont l'effet moral n'ait des inconvénients puisqu'ils impliquent tous un aveu d'impuissance. Alors l'Espagne lui devient "insupportable". Il ne veut plus y penser. Parfois il reste trois jours sans regarder les dépêches, en demande des résumés, les trouve encore trop longs et les laisse sur sa table sans les lire. Pensait-il, avec le gigantesque et difforme Empire, léguer aussi le boulet espagnol à Napoléon II ?

Du moins faut-il que la naissance de ce fils soit le prétexte de fêtes, de réjouissances, de cérémonies qui maintiennent très haut le prestige. Napoléon appuie sur la note dynastique. Garantie de durée, de continuité, de sécurité au-dedans pour les intérêts qui se sont attachés à l'Empire, cet esprit répond au-dehors à l'utilité du mariage autrichien. L'Empire devient légitimiste et conservateur. Une Montesquiou a été nommée gouvernante des "Enfants de France". La duchesse d'Orléans, la duchesse de Bourbon, le prince de Conti, réfugiés en Catalogne, reçoivent des pensions. On ne dira plus, dans les vieilles cours, que Napoléon est la Révolution bottée. Il fait un pas au-delà de son idée primitive qui était la réconciliation des Français, la "fusion". Il voudrait être encore plus légitime que Louis XVI. Il voit que Marie-Louise appelle son père "Sa Sacrée Majesté Impériale". Ce titre le fait rêver : "Le pouvoir vient de Dieu et c'est par là seulement qu'il peut se trouver placé hors de l'atteinte des hommes." Jamais il n'y aura assez de consécrations. Et le roi de Rome est porté à Notre-Dame pour confirmer le sacre par un baptême solennel.

Ce jour-là vit un Paris silencieux, sans chaleur d'enthousiasme. Il y eut même des coups de sifflet au Carrousel. La guerre qui va recommencer, que l'on sent venir, attriste ou irrite. Le commerce va mal, la rente est bas. Et encore, si l'on savait tout, si l'on connaissait l'anxiété de l'empereur, si l'on pouvait lire dans sa pensée, le voir dans son cabinet ! Il lui échappait de dire que "si les Anglais tenaient encore quelque temps, il ne savait plus ce que cela deviendrait, ni que faire." Que faire surtout ? Le blocus continental l'oblige à se disperser, la menace de la Russie à se concentrer. Doit-il attendre d'être attaqué par le tsar ? Il suppute les dangers de l'inaction et les dangers de l'action. "Pour que la paix soit possible et durable, il faut que l'Angleterre soit convaincue qu'elle ne retrouvera plus d'auxiliaire sur le continent." Par conséquent, il faut aussi qu'Alexandre soit soumis si on ne le retrouve plus loyal. Pour le soumettre, il n'y a d'autre moyen que la menace et l'on ne menace pas avec efficacité si l'on ne donne la conviction qu'on ira jusqu'à la guerre et qu'on est décidé à aller jusque-là. Une guerre de Russie, Napoléon ne pouvait s'y résoudre sans "d'intimes agitations" et de "cruels tourments d'esprit". C'était l'ouvrage de Tilsit à refaire. Il en revenait toujours là. Parfois il en était "découragé", quelques observateurs ont dit le mot.

Il faut lire ici une page qui montre l'envers d'une gloire et d'une puissance auxquelles il semble qu'il ne manque rien, alors qu'il leur manque la confiance de celui qui marche sur ces sommets vertigineux : "J'ai ouï raconter à M. Mounier quel trouble, quelles soucieuses méditations possédaient l'empereur sans qu'il ne les confiât à personne", disait Barante. Napoléon ne méconnaît pas les hasards d'une guerre dans un pays inconnu, à sept cents lieues de la France, tandis qu'il laisserait derrière lui, en Espagne, une armée anglaise et une nation soulevée, et l'Allemagne "toute prête à le briser au premier revers de fortune". En France même, sans illusion sur les peuples, il discerne "une obéissance fatiguée", un besoin de repos, les dévouements qui se relâchent, les hommes de guerre rassasiés. "Pour qui vivait dans son intérieur et l'observait avec attention, il était évident que ces pensées l'assiégeaient ; de longues insomnies troublaient souvent ses nuits ; il passait des heures entières sur un canapé, livré à ses réflexions. Elles finissaient par l'accabler et il s'endormait d'un mauvais sommeil." On touche ici la vérité. Souvent l'empereur est bizarre, distrait, étrangement rêveur. Thiébault raconte la scène dont la cour, les invités, dix princes furent étonnés, un soir de grande réception à Compiègne où on le vit soudain immobile, les yeux fixés sur le parquet, comme s'il eût été ailleurs, et, à Masséna qui, le croyant pris de malaise, s'était approché de lui, jetant d'une voix de colère et comme s'il eût été tiré de sommeil : "De quoi vous mêlez-vous ?" On le dit atteint dans sa santé, peut-être épileptique. Il est incertain, inquiet, tourmenté.

L'idée lui revient de prendre à bras-le-corps le principal ennemi plutôt que d'aller le frapper dans ses auxiliaires. Un camp de Boulogne, il y pense dans l'été de 1811. "Monsieur Decrès, faites-moi un rapport sur ce qui convient mieux de Brest ou de Cherbourg pour y réunir une expédition dont le but est de menacer l'Angleterre." Cette menace serait peut-être un moyen de hâter la paix. Il reprend intérêt à la marine et, visitant la Hollande, s'arrête à Flessingue, passe deux jours à bord du Charlemagne. Prépare-t-il le "coup de tonnerre" mystérieux dont il avait parlé dix semaines plus tôt au Corps législatif et qui mettrait fin à "cette seconde guerre punique" ? Mais une expédition sérieuse ne peut être prête avant deux ans. Il faut des résultats moins lointains. L'empereur songe à un débarquement en Irlande, ou bien, encore plus modestement, à Jersey, puis n'en parle plus. Il sait la vanité de ces diversions, de ces vieux projets. S'il les ranime un instant, comme il ranime, pour l'abandonner aussitôt, l'idée d'une nouvelle campagne d'Egypte, c'est parce que son esprit travaille à trouver une issue.

Napoléon n'en trouve pas parce qu'il a déjà épuisé les combinaisons qui sont à sa portée. Faute de moyens maritimes, il doit en revenir à la conception de Tilsit, à l'union de l'Europe contre l'Angleterre, ennemie commune, ennemie du continent. Si la Russie reste en dehors de cette ligue, elle deviendra l'alliée des Anglais, elle débauchera pour leur compte les autres pays européens. Déjà le tsar, au moment où il pensait à une attaque brusquée en Allemagne contre le corps d'occupation de Davout, a essayé d'entraîner la Prusse, d'en faire sa complice, de renouer le pacte de 1806, le serment de Potsdam, devant le tombeau de Frédéric. Le gouvernement prussien a résisté à la tentation parce qu'il a eu peur et que le moment ne lui semble pas encore venu. La "régénération" à laquelle travaille Stein n'est pas au point et Frédéric-Guillaume, se souvenant de la leçon d'Iéna, ne veut plus rien risquer. Mais qu'une alliance active se reforme entre la Prusse et la Russie, c'est une probabilité ; ce n'est même plus qu'une affaire de temps. Dès lors, la conviction s'empare de l'esprit de Bonaparte qu'il doit devancer cette coalition, répéter Friedland, Tilsit et 1807 avant de s'exposer lui-même à une agression comme en 1805 et en 1806 et d'avoir à recommencer Austerlitz et Iéna.

À l'alliance russe, Napoléon avait sacrifié la Suède, la Turquie, la Pologne, anciennes amies de la France. Alexandre y avait gagné la Finlande, les provinces moldo-valaques, l'engagement que l'indépendance polonaise ne serait pas rétablie. Et maintenant, les mains pleines, Alexandre menace. Il y avait de quoi douter de l'ouvrage de Tilsit, et pourtant Napoléon emploie tout l'été de 1811 à négocier. Il faut dire et redire à Saint-Pétersbourg que, seuls, les préparatifs de la Russie obligent la France à se mettre sur le pied de guerre. Si ces armements sont la suite d'un malentendu, que le tsar s'explique, la paix durera. La Russie a armé en secret ; la France a armé publiquement et lorsque la Russie était prête. Qui viole l'alliance ? La Russie. Cent cinquante bâtiments portant pavillon américain, en réalité anglais, viennent encore d'entrer dans les ports russes. "Faites comprendre à Lauriston que je désire la paix et qu'il est bien temps que tout cela finisse promptement." Le conflit armé sera la dernière ressource. L'empereur ne dissimule pas à ceux qui l'approchent qu'il en est "contrarié au dernier point" et que celui qui lui épargnerait cette guerre lui rendrait un grand service. Mais sa pensée s'y habitue comme à une chose inévitable, et, par les forces imposantes qu'il possède encore, par l'organisation de l'immense armée qu'il prépare, par les mesures qu'il prend dans toutes les parties de son empire, il s'entretient davantage dans l'idée qu'Alexandre effrayé cédera à l'approche de ces légions et qu'en mettant tout au pis une seule bataille suffira à renouer l'amitié des deux plus grands souverains du siècle.

Cependant Alexandre avait écrit confidentiellement au roi de Prusse, dès le mois de mai : "Le système qui a rendu victorieux Wellington en épuisant les armées françaises est celui que je suis résolu à suivre." Son plan est fait. Il ne donnera aucune prise à Bonaparte. Il se laissera attaquer et lui ménagera en Russie une nouvelle Espagne. Dans sa grande conversation du mois de juin, Caulaincourt avertit l'empereur. On ne parle pas d'autre chose à Saint-

Pétersbourg. On est résolu à livrer l'entrée de la Russie à Napoléon, à l'attirer le plus loin possible en lui refusant le combat, après quoi le climat aura raison de la Grande Armée. Caulaincourt connaît la Russie, mais, comme il arrive aux ambassadeurs, il a trop plaidé la cause du pays où il était envoyé. Il répond trop de la sincérité, des bonnes intentions d'Alexandre. Il donne l'impression d'être endoctriné. Napoléon reste incrédule et même impatienté. La bataille ? Il saura bien contraindre les généraux russes à la livrer. La rigueur de l'hiver ? Mais "toute l'Europe a le même climat". Il le disait déjà à Varsovie en 1806 et quand les Polonais répondaient : "Sire, nous le voudrions bien", il l'affirmait encore parce qu'il avait besoin de l'affirmer. Il faut que les choses soient comme il veut parce que, comme il le dit pour résumer le parti extrême qu'il a pris, n'en trouvant plus d'autre : "Il faut s'en tirer", et ne pas attendre que sa fédération européenne, qui se défait par où elle a commencé, reflue en armes sur le Rhin.

Mais il n'ira pas courir le risque sans l'avoir pesé, sans avoir mis de son côté autant de chances qu'il peut en réunir, sans essayer d'avoir tout prévu. Et rien ne manque à son dessein, sauf l'hypothèse où il serait surpris par l'hiver en Russie, car son dessein exclut précisément cette hypothèse et serait absurde s'il l'admettait. Il prévoit tout, sauf les fourrures pour les soldats et les fers à glace pour les chevaux. Il prévoit en politique, en chef de gouvernement. Tandis qu'il sera au loin, il importe que tout soit calme dans l'Empire. Grandes recommandations à ses ministres de veiller aux approvisionnements, au prix des vivres, de ne pas faire de mécontents, d'éviter les arrestations arbitraires. Une chose le préoccupe, les affaires religieuses, les suites de sa rupture avec Pie VII, les diocèses sans évêques, le pape refusant d'instituer ceux que nomme l'empereur, le murmure des fidèles, en Belgique surtout, cette Belgique pour qui, en somme, on va encore aller jusqu'au Kremlin, où l'esprit devient "mauvais". Le concile du mois de juillet 1811, c'était, dans la pensée de Napoléon, une tentative d'accommodement avec l'opinion catholique. Elle ne tourna pas bien. "Tout lui devenait difficile, tant il avait compliqué sa situation", ou plutôt tant elle se compliquait d'elle-même. Les évêques réunis lui résistèrent. Pour les rendre dociles, il simula une colère, envoya les plus récalcitrants à Vincennes et il se trouva que deux d'entre eux avaient des évêchés belges. Le projet de transporter le Saint-Siège de Rome à Avignon fut repoussé. Résolu néanmoins à mettre le pape en France, à ne pas le laisser à Savone d'où, par accident, les Anglais dont les vaisseaux croisent devant le port pourraient le délivrer, l'empereur, à peine parti pour la Russie, fera venir Pie VII, sorte d'otage, à Fontainebleau. Il se lance dans une grande aventure, il le sait, il reste méfiant. Il ne sera pas dit qu'il y est entré à la légère. Il demande à son bibliothécaire "ce que nous avons en français de plus détaillé sur la campagne de Charles XII en Pologne et en Russie".

Le même jour, 19 décembre, apporte le décret par lequel Napoléon touche sa rente d'hommes, la levée des conscrits de l'an qui vient. Personne ne se trompe à ce signe trop connu et quel triste 1er janvier, chargé de pressentiments, que celui de 1812 ! "L'âme est malade", écrit Marie-Louise à son père. C'est dit un peu à l'allemande, mais c'est juste. On est anxieux à Paris. Les préparatifs immenses dont le bruit revient de tous côtés annoncent une guerre plus grande que les autres et si, dès le temps d'Iéna, on était "fatigué des miracles" on l'était bien plus d'attendre encore de grands événements. Alors "l'empereur décrète qu'on va s'amuser". Il faut des fêtes et des bals partout. Quant à lui, il garde son labeur écrasant, son secret et malgré lui se laisse surprendre absorbé, parfois "chantonnant", comme un homme qui ne voudrait pas qu'on le crût soucieux.

Il a pourtant des sujets de l'être. Toujours tel qu'à trente ans, il veut tout voir, tout connaître, tout contrôler par lui-même. Mais la machine de l'Empire est lourde à manier. Il ne peut tout faire à lui seul, bien qu'il n'ignore aucun métier, et l'exécution est confiée à des hommes "qui pensent avoir rempli leur tâche en écrivant une lettre à quelqu'un qui en écrivait une à un autre et ainsi de suite". C'est une vaste bureaucratie, militaire et civile, qui ne l'aide pas "de la moindre idée", qui ne signale même pas un oubli, qui obéit le plus souvent mais qui commence à trop bien connaître sa curiosité du détail et sa passion du contrôle et, comme il ne peut aller partout, le trompe parfois par de faux rapports. Il se plaint de n'avoir ni ministres, ni généraux ; et pourtant comme il aurait besoin de ne pas être seul à donner l'impulsion !

L'organisation de cette Grande Armée qui, de tous les points de l'Empire, se met en marche pour se rassembler sur la Vistule est une conception nouvelle de Bonaparte ; plus extraordinaire que les autres, l'Europe en mouvement, une pensée exprimée par la bigarrure des effectifs. Les auxiliaires étrangers ne servent pas seulement à grossir les forces de la France, à porter à plus de six cent mille hommes cette foule suivie de ses convois comme les migrations des anciens âges. Ces légions qui comprennent des hommes du Nord et des hommes du Midi, des Latins, des Germains, des Slaves, c'est la fédération continentale en marche pour contraindre la Russie à rentrer dans le devoir de l'alliance. En même temps, c'est une précaution calculée. La Prusse a longtemps inquiété l'empereur. Il l'a sentie tout près de passer au tsar. Il a effrayé Frédéric-Guillaume, obtenu le renvoi des ministres patriotes et antifrançais les plus marquants, un traité d'alliance offensive et défensive, et 20 000 hommes pour participer à la campagne, en cas de guerre avec la Russie. L'Autriche, elle, en donnera 30 000 et recevra quelques territoires en échange. Napoléon n'a jamais douté de ce concours dont il fait honneur à la pensée de son mariage. Les Prussiens du général York et les Autrichiens de Schwarzenberg répondront en outre de la fidélité et de la tranquillité de l'Allemagne. L'empereur se flatte d'avoir songé à tout dans ses profondes combinaisons. Pourtant Frédéric-Guillaume écrit en secret à Alexandre. Il s'excuse. Il a cédé à une force et à une fatalité irrésistibles. "Si la guerre éclate, nous ne nous ferons de mal que ce qui sera nécessité stricte, nous nous rappellerons toujours que nous sommes unis, que nous devons un jour redevenir alliés." Metternich, de son côté, communique au tsar le traité qu'il vient de signer avec la France et qui n'empêche pas la Russie et l'Autriche de "continuer à s'entendre en secret relativement à leurs vues politiques". La garantie, la caution, c'est "l'intérêt de la monarchie autrichienne". La coalition de 1813 n'aura pas de peine à se nouer. Dans l'ombre elle existe déjà. Pas plus que l'Angleterre, la Russie, l'Autriche ni la Prusse n'ont jamais reconnu les conquêtes essentielles de la Révolution qu'aucune paix générale, aucun Congrès n'ont ratifiées. Les traités, les alliances, les concours militaires qu'obtient Napoléon ne sont encore que des mesures de circonstance comme le mariage autrichien lui-même. On lui cède parce qu'on le craint. Mais l'hypothèse d'un grand revers de Bonaparte est toujours réservée.

Et parce qu'il le sent toujours redoutable, Alexandre a renoncé à son projet d'agression. Il dit maintenant qu'il se retirera "au Kamtchatka" plutôt que de signer, fût-ce dans sa capitale conquise, une autre paix qui ne serait encore qu'une trêve. Bien que Napoléon n'ignore pas le nouveau dessein d'Alexandre, il reste persuadé qu'"une bonne bataille fera raison de ses déterminations". Ils savent tous les deux que le conflit ne peut pas être évité. Mais ni l'un ni l'autre ils ne veulent être l'agresseur.

Napoléon croit si bien qu'une "bonne bataille" remettra tout en place, lui ramènera le tsar repentant, qu'il ménage la réconciliation future. Il persiste même à espérer que l'approche de la Grande Armée suffira. Alors pas de guerre à outrance, pas de guerre inexpiable, pas de ces moyens qui rendent impossibles les négociations et les rapprochements, pas plus de résurrection de la Pologne que de promesse d'affranchissement aux moujiks. L'empereur a besoin des Polonais. Il est nécessaire de les encourager, mais pas trop, car il se peut qu'il "les laisse là" et "il faut qu'il y en ait de moins possible de pendus". Au mois de mars 1812, Napoléon croit encore que, dès qu'il aura paru sur l'Oder ou sur la Vistule, Alexandre voudra négocier. Il entend faire à la Russie une guerre politique et même diplomatique. Il y trouvera une guerre nationale.

Et peut-être le tsar, malgré sa menace de se retirer jusqu'au Kamtchatka, eût-il faibli dans la résolution grave, et qui lui coûtait, de laisser entrer l'adversaire et de tout dévaster devant lui, peut-être eût-il livré la bataille que désirait Napoléon s'il n'eût su qu'il n'avait à compter ni sur la Prusse ni sur l'Autriche. Cependant la Grande Armée inondait l'Allemagne, en marche vers le Nord. La France et la Russie étaient toujours sous le simulacre de l'alliance et de la paix. Ce fut Alexandre qui prit l'initiative d'un ultimatum, sommant Napoléon de ne pas dépasser l'Elbe afin de l'obliger à découvrir ses intentions. On était au mois d'avril et l'empereur n'avait calculé l'ouverture des hostilités que pour le mois de juin.

Un moment encore, car ses prévisions étaient dérangées, il évita de relever le gant, se rassura quand il vit que le tsar ne prenait pas l'offensive, se figurant que la mise en demeure n'était qu'une tentative d'entrer en négociations. Sans ralentir d'une étape la marche de l'immense armée, il en appelle toujours à l'alliance, affirme son désir d'éviter la guerre, sa "constance dans les sentiments de Tilsit et d'Erfurt". C'est la lettre datée du 25 avril, rédigée en vue de la paix prochaine, et qui, dans le style de Tilsit, en souvenir du radeau et des accolades, se termine par ces mots : "Si la fatalité devait rendre la guerre inévitable entre nous, elle ne changerait en rien les sentiments que Votre Majesté m'a inspirés et qui sont à l'abri de toute vicissitude et de toute altération."

Également convaincus de l'"inévitable", les deux empereurs rusaient encore avec cette fatalité. Un incident fortuit hâta la rupture. L'ambassadeur d'Alexandre avait déjà à Paris une situation difficile depuis qu'un procès d'espionnage avait mis en cause l'attaché Tchernitchef. Ne recevant pas de réponse à l'ultimatum, ne recevant pas davantage d'instructions de Saint-Pétersbourg, Kourakine perdit la tête, demanda ses passeports. Maret ne se décida à les lui envoyer qu'un mois plus tard. Mais, de lui-même, l'ambassadeur russe avait mis fin aux temporisations de son maître aussi bien qu'à celles de Napoléon.

On était le 7 mai. L'empereur part de Saint-Cloud le 9. Ce n'est pas sans des inquiétudes, des pressentiments. Ce n'est pas sans avoir jeté un coup d'oeil sur ce qu'il laisse derrière lui. Le 17 avril, il a adressé au gouvernement britannique une offre de paix, la quatrième. Évacuation par les troupes anglaises et françaises de l'Espagne, du Portugal et de la Sicile ; l'intégrité de l'Espagne, du Portugal et de la Sicile ; l'intégrité de l'Espagne, avec une Constitution nationale, sera garantie, les Bragance rappelés à Lisbonne. Castlereagh laissa tomber ces propositions comme les autres. Si l'empereur a voulu attester que le cabinet de Londres était responsable "du sang qui pourrait couler encore", il montre un peu trop son désir d'être soulagé du côté où le bât le gêne. Dans son coeur, il a déjà renoncé à cette nuisible Espagne, à ce détestable Portugal. Il en parle avec ironie, avec amertume, comparant à ce qu'il va faire en Russie ce que ses lieutenants font là-bas. Marmont réclame des troupes, de l'argent, des vivres pour la péninsule. L'empereur répond à l'aide de camp du duc de Raguse : "Et moi qui vais m'enfoncer au milieu d'un pays qui ne produit rien." Puis, comme s'il sortait d'une méditation profonde, comme s'il parlait pour lui-même devant cet officier : "Mais comment tout ceci finira-t-il ?"

Et le jour d'avant son départ, il fait ses dernières recommandations au préfet de police. Pasquier ne dissimule pas les dangers qu'il entrevoit, les conséquences d'un "mouvement insurrectionnel de quelque étendue", s'il vient à s'en produire un à cause de la cherté des vivres ou pour toute autre raison. L'empereur écoute, garde le silence, se promène de la fenêtre à la cheminée, les mains derrière le dos, "comme un homme qui réfléchit profondément". Et "brusquement" il pense tout haut devant Pasquier de même qu'il avait pensé tout haut devant l'aide de camp de Marmont :

- C'est une difficulté de plus ajoutée à toutes celles que je dois rencontrer dans l'entreprise la plus grande, la plus difficile que j'aie encore tentée. Mais il faut bien achever ce qui est commencé. Adieu, monsieur le préfet.

Pasquier ajoute : "Il avait la conscience des périls dans lesquels il allait se jeter." Mais tant de fois déjà il s'était demandé comment finirait "ceci" ! Jamais il n'a disposé d'une armée aussi puissante. Jamais il n'a compté tant d'auxiliaires. Ses plans stratégiques, il les a mûris, et ce sont peut-être les plus beaux qu'il ait conçus. Il a évité avec soin ce qui peut lui donner l'air 'être l'agresseur. Il s'est ménagé les moyens de négocier avec Alexandre. À quoi bon revenir aux premières perplexités ? Ce n'est plus l'alternative de l'alliance ou de la guerre. C'est l'indispensable alliance russe à refaire par le moyen de la guerre, comme elle s'était déjà créée. Bonaparte ne regrettera rien parce qu'il savait que, dans l'inaction, dans une attente oisive, il eût encore tout perdu.

Chapitre XXI : Le XXIXe bulletin

Il est facile de dire, après l'événement, que Napoléon a été puni de sa témérité incroyable et qu'il ne pouvait échapper à un désastre en menant la Grande Armée jusqu'à Moscou. Il faudrait d'abord qu'il l'y eût conduite de propos délibéré. On cite de lui des propos fort extravagants où il développe des plans de Pyrrhus et de Picrochole, la marche sur le Kremlin n'étant qu'une étape pour passer dans l'Inde. Ces témoignages, suspects à divers titres, sont postérieurs à la campagne de Russie. Il est possible que Napoléon ait dit quelquefois qu'il irait jusqu'à Moscou s'il le fallait. Rien ne parut de cette intention au moment de son départ, et bien loin d'avoir eu le sentiment d'être téméraire, rien ne lui semblait prudent et raisonnable comme son dessein. D'ailleurs, blâmé d'avoir entrepris cette guerre, il a subi un autre reproche. On l'a accusé de l'avoir perdue par un excès de circonspection, pour ne pas dire de timidité.

Il est facile encore de soutenir qu'avec un peu de patience il fût venu à bout de l'Angleterre contre qui, à ce moment, se prononçaient les États-Unis, excédés de l'embargo qui pesait sur eux. S'il est vrai que les Anglais ne furent pas heureux dans cette nouvelle guerre d'Amérique, ils y avaient engagé peu de monde. En définitive, elle ne fut qu'un épisode et ne pouvait rien changer au cours des choses.

Ce que l'on pensera de plus juste, c'est peut-être que l'empereur se grossissait à lui-même ses embarras. Il en revenait toujours aux armements d'Alexandre et ce n'était pas seulement pour se donner un grief contre le tsar. Il les prenait au sérieux, il les redoutait. C'est une des raisons qui rendent peu croyables les discours présomptueux que lui ont prêtés, après coup, l'abbé de Pradt et plus encore Villemain, répétant à longue distance des propos de Narbonne. Si Napoléon était résolu à cette guerre, il n'entrait pas un instant dans son esprit qu'elle dût franchir les limites qu'il s'était fixées. Avant de quitter Paris, il avait rassuré le sage Cambacérès qui lui présentait des objections, traduisant les alarmes du public. Le prenait-on pour un fou ? Allait-il tout risquer dans une aventure ? Et ce qu'il avait dit à Cambacérès, il le répétait à Metternich : "Mon entreprise est une de celles dont la patience renferme la solution. Le triomphe appartiendra au plus patient." La campagne trouverait son terme à Smolensk et à Minsk. En aucun cas Napoléon ne dépasserait ces deux points, aux limites de la Pologne et de la vieille Russie. S'il n'avait pas battu les Russes avant la fin de la belle saison, il établirait son quartier général à Vilna, peut-être même en reviendrait-il pour passer à Paris les mois les plus rigoureux de l'hiver.

Telles étaient les intentions qu'il annonçait encore à Dresde, à la fin du mois de mai, au milieu d'une assemblée de rois et de princes dont l'éclat dépassait celui d'Erfurt. Toute l'Allemagne était là pour lui rendre hommage et il aurait pu appliquer à la politique ce qu'il disait de la guerre : "La réputation des armes est tout et équivaut aux forces réelles." Ceux qui avaient pris leurs précautions au cas où la fortune lui serait contraire n'étaient pas moins empressés que les autres. Il ne manquait ni le roi de Prusse ni l'empereur d'Autriche. À côté de Napoléon et de Marie-Louise, les augustes beaux-parents, objet des égards de leur gendre, attestaient l'intimité des deux maisons et des deux Empires. Encore quatorze mois et, dans la ville qui avait vu cette réunion de famille, Bonaparte recevrait de la cour de Vienne une déclaration de guerre. Son triomphe et son échec auraient été pareillement prévus. Et si les fêtes, les effusions de Dresde s'accompagnaient de chuchotements et de rumeurs, on donnait à égalité les chances des deux adversaires. Le tsar, qui s'exposait aux coups d'un pareil colosse, semblait parfois le plus insensé.

Napoléon "ne mettait pas en doute" que l'empereur Alexandre ne dût lui demander la paix "parce que ce résultat était la base de ses combinaisons". C'est la clef de la campagne de Russie où il va chercher la réconciliation par une autre victoire de Friedland, ne doutant pas non plus qu'Alexandre ne fût resté tel qu'il l'avait connu, sujet aux émotions, aux revirements subits. Il ne le croyait pas capable de persévérer dans le dessein atroce de livrer son Empire et de le dévaster devant l'envahisseur. Tout cela semblait du roman à Bonaparte qui eût plutôt rangé le tsar parmi les amateurs de drames avec changements de scène et péripéties. Napoléon ne devinait pas qu'à ce moment Alexandre était entré dans un rôle nouveau, celui de libérateur des peuples, et que, ne s'y plût-il pas, il y serait enfermé par l'alliance qu'il allait renouer avec l'Angleterre, par le fanatisme national qu'il aurait soulevé chez ses sujets, par la vanité même. Sa cour devenait à la fois le rendez-vous des ennemis de Napoléon et un salon libéral. Mme de Staël, passant à Pétersbourg, reçue, fêtée comme l'adversaire du tyran de l'Europe, célébrait la vertu et la conscience de l'autocrate russe. C'était un autre style que celui de Tilsit, mais encore un style, et qui répondait à une nouvelle situation. Alexandre en était flatté, grisé. Dès lors, l'eût-il voulu, que l'amour-propre l'empêchait de retomber dans les bras de l'ami d'un an - ou d'un jour.

"Croire ce qu'il désirait" sera l'erreur la plus grave de Napoléon, l'origine des fautes qu'il va commettre. Le principe de sa perte, qui est dans son esprit, on a voulu le voir dans une santé atteinte, un corps empâté qui lui auraient laissé une intelligence moins nette et une activité ralentie. On exagère beaucoup. Un homme n'est pas usé à quarante-trois ans. Napoléon supportera très bien l'hiver russe, l'épreuve physique de la retraite, dure pour tous, même pour lui. Ses idées sont toujours lucides, l'imagination vive, peut-être trop ardente. Le seul signe de vieillissement qu'il donne, c'est de n'admettre plus qu'il puisse se tromper, et, quand il se retrouve dans les circonstances où ses calculs ont été justes, il les recommence. Il s'imite lui-même, comme les auteurs dont la manière a eu du succès. Il revient tout à fait à 1807 en passant par les mêmes étapes, les mêmes paysages, presque les mêmes gîtes, et l'impression de ressemblance est si forte qu'il la pense tout haut. C'est la proclamation du 22 juin : "Soldats, la seconde guerre de Pologne est commencée ; la première s'est terminée à Friedland et à Tilsit." C'est, dix jours après, de Vilna, le message au tsar : "Si la fortune devait encore favoriser mes armes, Votre Majesté me trouvera, comme à Tilsit et à Erfurt, plein d'amitié et d'estime." On ne se baigne pas deux fois dans le même fleuve. Sur le Niémen, le radeau symbolique ne flottera plus.

Au moment d'en franchir les eaux changeantes et trompeuses, comme il allait reconnaître lui-même le gué, l'empereur eut un bizarre accident. Un lièvre passa entre les jambes de son cheval qui fit un écart, désarçonna le cavalier. La suite, où était Caulaincourt qui, de cette guerre, n'augurait rien de bon, vit dans cette chute un mauvais présage. À demi sérieux, à demi riant, on disait au quartier général que des Romains ne fussent pas allés plus avant. Craignant la superstition des autres plus qu'il n'était superstitieux, Napoléon était préoccupé que la chose ne se sût pas. Puis secouant cette idée puérile et se persuadant lui-même : "Avant deux mois, la Russie me demandera la paix." Le lendemain, il est sur l'autre rive du Niémen. C'est pour y trouver, au lieu des bras ouverts d'Alexandre, quelques cosaques qui prennent la fuite, et pour apprendre que l'armée russe se retire depuis trois jours.

On était le 24 juin. Le 28, Napoléon entre à Vilna. Il y restera dix-huit jours, moitié moins seulement qu'à Moscou. Il y attend la même chose, qu'Alexandre demande la paix, réponde au message : "Si Votre Majesté veut finir la guerre, elle m'y trouvera disposé." Vilna, c'est une des capitales et une des conquêtes de la Russie. La Grande Armée occupant la Lituanie, menaçant de soulever la population contre les oppresseurs, d'unir les Lithuaniens aux Polonais (on s'imaginait alors qu'il n'y avait pas de différence entre eux), Alexandre devait prendre peur. Il céderait. Napoléon n'en doutait pas parce qu'il l'avait ainsi décidé. "Une idée qu'il croyait utile une fois casée dans sa tête, dit Caulaincourt, l'empereur se faisait illusion à lui-même. Il l'adoptait, la caressait, s'en imprégnait." Vilna, dans ses projets, était un grand quartier politique et militaire, le lieu d'où l'intimidation devait réussir ou bien le" coup de tonnerre" éclater. Alexandre redoute le rétablissement de la Pologne. Sa correspondance, ses soupçons continuels le prouvent assez. Qu'on puisse agir sur lui par cette crainte, Napoléon en est certain. De Dresde, il a envoyé ses instructions à l'abbé de Pradt, archevêque de Malines, ambassadeur auprès du duc de Varsovie. Il s'agit de mettre la Pologne "dans une sorte d'ivresse", de préparer là pour les Russes une Vendée ou une Espagne, l'épouvantail espagnol, reproduit à cette extrémité de l'Europe, étant celui que les deux adversaires agitent, avec une résolution d'ailleurs inégale. Appeler les Polonais à la révolte sans "indisposer" l'Autriche qu'il importe de ménager afin de ne pas rendre Alexandre irréconciliable, c'était déjà, cinq ans plus tôt, la difficulté. Alors, comme en 1807, Napoléon se sert de la Pologne, il ne la sert pas. Le 14 juillet, à Vilna toujours, lorsque les députés de la Confédération polonaise viennent remercier le libérateur, lui demander de poursuivre son oeuvre, il enveloppe sa réponse de mais et de si, de réserves et de conditions.

C'est pourquoi la menace politique reste sans effet sur le tsar, tandis que la décision militaire n'est pas obtenue. À quel point, après avoir formé des plans si judicieux, Bonaparte est déçu et déjà entraîné ! Vilna, il se proposait d'y passer un an, deux s'il le fallait. De là serait conclue la paix avec la Russie, parce que, de là, il aurait conduit les opérations qui doivent se terminer par la destruction des deux principales armées russes. Avec une méthodique obstination, les généraux ennemis rompent le contact. L'empereur nourrit de profondes et vaines combinaisons. Il faut que la retraite de Bagration soit coupée, Barclay de Tolly accablé par des forces supérieures, selon le type des victoires que les Français gagnaient naguère avec leurs jambes. Seulement, sur un terrain difficile, à travers des espaces trop vastes, couverts de forêts et de marécages, les horaires précis ne peuvent plus être observés. Napoléon presse son frère Jérôme, ses généraux. Il les objurgue, les aiguillonne de ses ordres et de ses reproches, s'étonne qu'on ne soit pas, au jour dit, où il avait prescrit qu'on devait être, n'admet pas qu'on allègue les obstacles naturels, l'absence de ravitaillement, les hommes qui se fatiguent, la cavalerie qui fond. Il répète son amer refrain : "Je ne suis pas servi." Il dit des paroles blessantes ou injurieuses, comme toujours sans punir. Cependant Bagration échappe tandis que Barclay se dérobe et tous deux vont opérer leur jonction plus loin, au-delà du Dniéper. Tous les combats livrés ont été victorieux, mais ce ne sont que des combats, rien de comparable à ces résultats foudroyants que Napoléon avait l'habitude de remporter au commencement de ses campagnes et qu'il avait encore préparés pour celle-ci.

Thiers, qui a la manie de refaire les batailles, soutient que Napoléon a eu tort de s'arrêter à Vilna, qu'il a perdu un temps précieux en laissant reposer l'armée après sa longue marche, en regroupant d'une manière méticuleuse les troupes et les convois. "La folie de cette guerre étant commencée" la véritable sagesse consistait à être "plus fou encore". Il fallait, au risque d'abandonner plus de traînards derrière soi, avancer à marches forcées, avec ce qu'on avait de meilleur, et frapper rapidement des coups terribles. Thiers tient compte pourtant de la qualité déclinante de la Grande Armée, de la trop grande jeunesse des recrues françaises, du poids mort des auxiliaires étrangers. L'instrument n'était plus le même. L'empereur s'en apercevait bien. Il le savait depuis Essling et Wagram, et Thiers observe que si la conception reste hardie, l'exécution devient incertaine. N'avons-nous pas vu déjà l'incertitude envahir l'esprit de Napoléon, le torturer, le paralyser, au point que souvent on serait tenté de prendre cet homme au langage bref, au commandement impérieux, pour un indécis qui se cache et pour un hésitant qui se contraint ? Peut-être un joueur malgré lui qui ne voudrait plus jouer qu'à coup sûr et qui, effrayé à l'idée de tant risquer, augmente ses risques par excès de prudence. À Paris, sa pensée flottait lorsqu'il s'agissait de savoir s'il ferait la guerre à Alexandre. A Vilna, elle flotte encore péniblement. Doit-il, hivernant et s'organisant dans le pays conquis, attendre que le tsar offre la paix afin de libérer son territoire de l'occupation française, ou bien faut-il continuer la poursuite pour frapper le grand coup qui amènera encore plus sûrement la paix ? Il passe avec brusquerie d'une idée à l'autre. Il renonce à établir ses quartiers d'hiver à Vilna parce qu'il entrevoit la possibilité d'une manoeuvre qui lui livrera Barclay. Il a fixé au 22 ou au 23 juillet la "bonne bataille" qui finira tout. Le 28, il croit la tenir sur la Loutchega. C'est là qu'il attend son nouveau Friedland, et il crie à Murat : "À demain à cinq heures, le soleil d'Austerlitz." Ni soleil ni ennemi. Les Russes ont encore battu en retraite. On entre derrière eux à Vitebsk. Mêmes perplexités. D'abord Napoléon annonce qu'il s'installera dans cette ville, donne l'ordre de meubler et même de construire comme s'il devait rester là des mois, demande à Paris des comédiens pour "occuper les soirées d'hiver". Il déclare que "la campagne de 1812 est finie", que "celle de 1813 fera le reste". Et puis, aucune nouvelle ne vient d'Alexandre, sinon des rumeurs qui, toutes, se confirment et ne le montrent ni intimidé ni enclin à revenir vers Napoléon. Le tsar a conclu une alliance avec l'Angleterre, une autre avec la Suède, Bernadotte trahissant. Les envoyés des Cortès de Cadix ont été reçus à Saint-Pétersbourg. La paix est sur le point d'être signée entre la Russie et les Turcs. Ainsi pour soumettre Alexandre, l'occupation des Vitebsk n'est pas plus efficace que celle de Vilna. L'empereur, en arrivant, a répété : "Nous ne ferons pas la folie de Charles XII." Puis il songe qu'il perd du temps, que les événements marcheront tandis qu'il restera immobile. De Vilna, il a conçu une manoeuvre qui l'a porté à Vitebsk. De Vitebsk il en conçoit une autre qui le portera à Smolensk. Pourtant, et Charles XII ? Alors Napoléon est repris de cruelles anxiétés. Ségur, qui est déclamateur, le montre tel qu'il était à Paris, selon le rapport sec de Barante : "Il délibère ; et cette grande irrésolution qui tourmente son esprit s'empare de toute sa personne... Rien ne peut plus le fixer ; à chaque instant, il rend, quitte et reprend son travail ; il marche sans objet, demande l'heure, considère le temps ; et tout absorbé il s'arrête, puis il fredonne d'un air préoccupé et marche encore." Tout, selon la chose vue de Ségur, est, en 1812, comme en 1811, selon le récit du secrétaire Mounier. Il ne manque même pas le lit où Napoléon se jette "comme accablé d'une si grande incertitude".

Les réflexions qu'il ne cesse de faire lui montrent qu'il ne peut plus s'en tenir à son plan primitif parce que ses calculs se sont trouvés faux. Il a formé plusieurs hypothèses. Aucune ne s'est réalisée. Alexandre n'a demandé la paix ni devant la menace de l'invasion ni lorsque la Pologne a été envahie. La décision militaire n'a pas été obtenue, l'ennemi ayant échappé avec méthode et obstination. S'arrêter avant d'entrer en Russie proprement dite, dans l'idée que le tsar se soumettrait plutôt que de s'exposer au rétablissement de la Pologne, c'était une troisième conjecture et elle excluait comme les autres le danger de s'enfoncer au coeur du pays. Sur place, Napoléon s'aperçoit que, pour toutes sortes de raisons, son projet d'hivernage, qui paraissait judicieux, n'est pas praticable, que ses cantonnements seront trop espacés, mal ravitaillés. Le froid venant, les garnisons seront exposées à des coups de main, les fleuves gelés livreront passage à l'ennemi au lieu de former une défense. Et puis, entrer en campagne au mois de juin et se reposer au mois d'août, c'est démoraliser l'armée par l'inaction, avouer un échec et cet aveu est grave, car, derrière, il y a l'Allemagne, plus loin l'Espagne, et même la France sur laquelle Napoléon garde des inquiétudes. À tout prix il faut sauver le prestige. D'ailleurs en admettant que l'hiver se passe bien, tout sera à recommencer l'été suivant, et en quoi les choses auront-elles changé ? L'empereur a sous la main des troupes que les fatigues, la maladie, les désertions ont sans doute réduites en nombre. Il lui reste ce qu'il y a de plus résistant, de plus valeureux, des hommes à qui l'on peut tout demander, qui s'en iraient jusqu'aux Indes, qui croient parfois y aller et préfèrent le risque et l'aventure à l'ennui des quartiers d'hiver dans un pays désolé. C'est une fausse sagesse que de s'en tenir au plan primitif. Il faut, au contraire, marcher à l'ennemi, l'obliger à se battre, forcer une paix qui ne vient pas, "en finir", comme il dit à Duroc, "avec cette fièvre de doute". Alors l'empereur tient conseil comme il fait toujours lorsqu'il a un grand parti à prendre et pour qu'on l'approuve, pour qu'on lui dise qu'il a raison. Il s'emporte contre Berthier, qui recommande la prudence. Il lui reproche d'être un des plus avides de repos parmi ceux qui n'aspirent plus qu'à jouir de leurs majorats et de leurs rentes. Au major général, il avait déjà dit, grossièrement, pendant la campagne de Prusse : "Vous êtes donc bien pressé d'aller... dans la Seine." Il maltraite le prince de Neuchâtel et de Wagram, son "cousin", rudoie le fidèle Duroc lui-même, autant qu'il est doux, prévenant avec ceux qui entrent dans ses vues. Après tout, il est le maître, le chef de guerre. L'idée d'un long hiver à passer dans cette triste Lituanie pèse aux hommes d'action. La nouvelle manoeuvre, celle de Smolensk, sera exécutée. Et l'Empereur est encore persuadé qu'elle ne peut manquer d'apporter le coup de foudre, de tout finir. Il devait patienter à Vitebsk jusqu'à l'été suivant. Il y sera resté quinze jours.

Depuis longtemps, depuis huit années, comme la Révolution elle-même, qui avait entrevu que, pour venir à bout de l'Angleterre, il faudrait être venu à bout de la Russie, Bonaparte est à la poursuite de l'impossible. Tout crée maintenant des impossibilités. À Vilna, il a laissé échapper Barclay et Bagration pour n'avoir rien voulu livrer au hasard. La supériorité qu'il a prise dans les premières rencontres sur les généraux russes les déterminent à lui refuser le combat, ce qui contribue encore à l'attirer vers l'intérieur. Plus Napoléon met de science et de génie dans ses combinaisons et plus il oblige les Russes à reculer. Ils se retirent par calcul et par nécessité, pour obéir à l'ordre général et parce qu'ils "ne peuvent pas faire autrement". Napoléon se plaint qu'ils "manquent de résolution" quand ils échappent. Dès qu'ils sont à sa portée, ils sentent de si près le désastre qu'ils en reviennent malgré eux au plan de la retraite méthodique et volontaire.

Le 18 août, Napoléon entre à Smolensk sans plus de résultat qu'à Vitebsk. C'était, avant de partir de Paris, le point extrême qu'il s'était assigné. Il ne devait aller jusque-là que si la paix n'avait pas été conclue plus tôt, présumant que le tsar demande-rait une réconciliation lorsque la Grande Armée serait parvenue à l'intersection des deux routes dont l'une conduit droit à Moscou, l'autre à Saint-Pétersbourg. Napoléon trouve une ville déserte et nue. Il comprend. Les Russes font le vide devant lui. C'est bien ce qu'on lui a tant dit, une autre guerre d'Espagne qui commence sur une aire plus vaste, presque infinie. Raison de plus pour aller vite, ne plus perdre de temps comme à Vilna, ne plus hésiter comme à Vitebsk. Savoir si l'on cantonnera pendant l'hiver à Smolensk est une question qui se pose à peine ou qu'on ne pose même plus, puisque la ville a été dévastée et n'offre pas de ressources. Il n'y a pas non plus à se demander si on ira imposer la paix à Moscou ou à Saint-Pétersbourg, puisque c'est la route de Moscou que l'armée russe a prise, et l'on fût allé à Kiev si elle avait pris le chemin de Kiev. Cette armée qui bat en retraite, elle est à portée de la main. Une marche rapide et la force principale de l'adversaire une fois rejointe sera anéantie. Ainsi, en poursuivant "le fantôme de la victoire", Napoléon se trouve entraîné toujours plus loin, conduit où il se défendait d'aller. Les circonstances le dominent. Il n'est pas maître des événements et le besoin d'obtenir la solution le commande. Il trouve maintenant des raisons de se diriger vers Moscou comme il en eût trouvé de se diriger vers Pétersbourg.

Et pourquoi rien ne réussit-il ? Les manoeuvres qu'il imagine avec un esprit alerte et fécond sont du genre où d'ordinaire il triomphe. Celles-ci peuvent compter parmi les plus belles. Déborder l'ennemi, le tourner, l'encercler, lui couper la retraite, tout est d'un art supérieur et tout manque. On a pris contact avec les Russes avant Smolensk, à Valoutina. Les Russes échappent encore. Quand Napoléon croit tenir la grande bataille, elle s'évanouit. Quand elle s'offre, il n'y croit pas. À Valoutina, il n'a pas été présent, il a été retenu par l'expédition des affaires de l'Empire qui viennent l'assiéger jusqu'ici. Lorsqu'il apprend ce gros combat, violemment contrarié de ne l'avoir pas dirigé lui-même, il s'emporte encore contre ses lieutenants qui n'ont pas tiré parti de cette journée meurtrière, des sacrifices qu'elle coûte. C'est un éternel : "Je ne peux pas tout faire." Ni être à tout, à ce qui se passe à Paris et à Rome, à Amsterdam et à Madrid, et, avec cela, ne pas quitter le bivouac. Colère violente contre Junot, et qui s'apaise, comme les autres, qu'aucune sanction ne suit. Tout s'exhale en paroles.

C'est aussi par des paroles qu'il rassure et qu'il convainc les autres et lui-même. Il affirme, à Smolensk : "Avant un mois nous serons à Moscou ; dans six semaines nous aurons la paix." Son idée fixe l'engage maintenant sur la route fatale. Puisqu'il faut arracher la paix, Alexandre s'inclinera lorsque les Français se seront emparés de sa cité sainte. Durant cette marche sur le Kremlin, d'où il compte rapporter un traité triomphal, Napoléon ne perd aucune occasion de répéter et de faire savoir ce qu'il a déjà publié tant de fois, que cette guerre est une guerre politique, sans animosité ni personnelle ni nationale, qu'il n'en veut ni à la Russie ni au tsar. Il importe qu'on sache à Saint-Pétersbourg qu'il n'entend pas reconstituer la Pologne, qu'il en est, du reste, depuis qu'il l'a revue, encore plus dégoûté qu'en 1807. Que le tsar rompe avec l'Angleterre, qu'il se prononce contre elle. On ne lui demande pas autre chose parce que la Grande Armée n'est pas venue en Russie pour autre chose. Napoléon aspire toujours à son second Tilsit. En cela aussi il s'imite lui-même, et il retarde. Il poursuit l'ombre du passé aussi vainement qu'il a poursuivi Bagration et Barclay.

Et si, durant cette marche sur Moscou, cette marche de vingt jours, il est à toute minute dans un état d'irritation pénible pour son entourage, c'est parce qu'il ne veut pas s'avouer la vérité, reconnaître qu'il a fait ce qu'il ne voulait pas faire, qu'il a changé de plan tandis que le tsar reste fidèle au sien et qu'il recommence Charles XII après avoir traité avec tant de dédain ceux qui le menaçaient des marais de Poltava. Il lui est pénible de s'enfoncer, contre son gré, au centre de la Russie pour chercher la décision militaire ou la décision politique, il ne sait pas laquelle des deux, et sans être sûr d'obtenir ni l'une ni l'autre : "Il était, dit un témoin, comme un homme qui a besoin de consolation." Il affecte de railler ces Russes "qui brûlent leurs maisons pour nous empêcher d'y passer une nuit", et il ne peut se défendre d'un pressentiment en voyant ce désert qu'ils laissent derrière eux. Il raisonne sans fin sur les intentions et les mobiles d'Alexandre. Il cherche à se faire dire tantôt que le tsar deviendra conciliant, tantôt que les Russes lui livreront bataille. Et lorsqu'elle s'offre, lorsque le vieux Koutousof, son nouvel adversaire, fait tête pour sauver l'honneur et avoir au moins tenté de défendre la ville sainte, Napoléon est étrangement troublé.

On a cru qu'il y avait un mystère de la Moskowa. Là, Bonaparte n'aurait plus été lui-même. Malade, affaibli dans son intelligence et sa volonté, témoin presque immobile de cette journée meurtrière, il en aurait compromis le succès par son flegme appesanti. On l'a dit encore sous l'impression des nouvelles qu'il venait de recevoir d'Espagne, défaite de Marmont aux Arapiles, Madrid abandonné par Joseph pour la seconde fois, l'Espagne probablement perdue. Le refus de donner les dix-huit mille hommes de sa Garde pour exploiter la victoire a paru inexplicable. On a décrit l'indignation de Murat, cité le mot méprisant de Ney : "Qu'il retourne aux Tuileries !" Il semble, en effet, que Napoléon était atteint ce jour-là d'une fièvre violente qui pourtant ne l'empêcha pas de suivre la bataille. Quant aux dépêches d'Espagne, elles n'avaient, comme à l'ordinaire, excité que sa pitié pour les choses qui se passaient là-bas. Cependant, se mesurer avec Koutousof était son désir, car il fallait " en finir pour en sortir". Il tenait enfin cette "bonne bataille" qui devait apporter la paix et, comme il le promettait au soldat, assurer "un prompt retour dans la patrie". Mais au milieu de l'action, et elle fut terrible, il restait obsédé de la pensée que la

Garde était sa suprême ressource, qu'il serait téméraire de la faire "démolir". Aux supplications de Murat et de Ney, sa réponse, approuvée de Bessières et de Berthier, fut qu'"à huit cents lieues de France on ne risque pas sa dernière réserve". Au fond, ses anxiétés ne le quittaient pas. Il se flattait de rester prudent, de penser à tout, de ne rien livrer au hasard, répondant qu'il voulait "voir clair sur son échiquier". Peut-être aussi, et sans en avoir bien conscience, avait-il, comme à Austerlitz, l'idée de ménager jusqu'à un certain point Alexandre et de ne pas rendre cette guerre sans merci. L'incertitude où il était depuis si longtemps l'accablait plus que la fièvre. Hésitant entre les moyens de se procurer une paix insaisissable, il ne savait plus s'il l'aurait en consternant les Russes par la destruction de leur armée, ou bien en donnant un signe de son humanité et de son désir d'entente. Pourtant les combats avaient été acharnés. Une boucherie, un champ de bataille encore plus sinistre que celui d'Eylau. Plus de quarante généraux français avaient été tués ou blessés. Chez les Russes, les pertes étaient immenses. Napoléon s'appliqua, dans ses bulletins et ses dépêches, à en diminuer le chiffre comme s'il n'eût voulu ni humilier ni exaspérer l'ennemi. Koutousof, de son côté, ayant battu en retraite et sauvé ce qui lui restait de ses soldats, annonçait qu'il était prêt à livrer d'autres batailles, de sorte que Napoléon, quoique victorieux, ne l'était pas entièrement. "Eh bien ! nous n'avons pas eu de cinquième acte", disait-il à Narbonne avec ce sang-froid de spectateur qu'il retrouvait aux moments les plus critiques. Il n'avait pas produit l'effet qu'il attendait soit d'une défaite des Russes, soit d'une clémence dans la victoire pour rendre possible ce retour à l'alliance qu'il espérait toujours. Il avait eu la "bonne bataille" qu'il calculait avant de quitter Paris. Il ne l'avait pas assez gagnée et elle demeurait stérile.

Elle devenait même funeste comme toutes les circonstances qui l'avaient peu à peu rapproché de Moscou, parce qu'elle l'y faisait entrer et que Moscou devait être son tombeau.

Si Napoléon en avait pris la route, au lieu de marcher vers Pétersbourg, c'était parce que l'ennemi lui-même l'indiquait. La Russie avait deux capitales. Quelle que fût celle dont on s'emparerait, du moment que c'était de haute lutte, on devait y signer la paix. Napoléon s'était persuadé qu'à Moscou la guerre serait finie. Cela aussi il le croyait parce qu'il avait besoin de le croire, et il avait besoin de le croire parce qu'au-delà de Moscou il n'y avait plus rien. Il avait espéré d'abord que le seul fait de paraître sur la Vistule avec 600 000 hommes effraierait le tsar. Ensuite que le passage du Niémen, l'occupation de la Lituanie, enfin l'entrée à Smolensk feraient tomber les armes. Il fallait maintenant qu'il reçût à Moscou le messager d'Alexandre. Il se refusait à penser qu'il ne l'y recevrait pas et il s'y refusait parce que dans ce cas, il se trouvait devant le néant, devant la chose qui ne peut se concevoir parce qu'elle est la fin de l'action et de la pensée.

À ce moment, Bonaparte arrive au bout des efforts, des combinaisons militaires et politiques, de tout ce qu'il tente depuis dix ans pour trouver une issue. S'il ne réussit pas à ce suprême tour de force, il n'y a plus que la chute dans le vide. Moscou est la dernière étape. Est-il possible qu'il se soit avancé si loin pour repartir comme il est venu ? Voilà l'idée qui lui sera fatale. Désormais il est esclave de l'illusion qu'il retrouvera Tilsit au Kremlin.

Il se réconforte encore par la pensée qu'il n'est pas Charles XII, qu'il a d'autres ressources, un autre génie de prévoyance que ce héros étourdi. Il a tout médité, tout organisé pendant cette marche, avec son souci de l'exactitude et du dernier détail. Il y a partout derrière lui du ravitaillement, des munitions, des magasins, des renforts. Jusqu'à Paris, c'est une ligne continue de communications, le siège de l'Empire porté à Moscou et l'empereur sera au Kremlin comme à l'Élysée. S'il faut hiverner, on sera mieux dans la grande cité de la Russie, on y pèsera mieux qu'à Vilna ou à Vitebsk sur la volonté du tsar. Comment la reddition de la ville aux coupoles dorées et aux trois cents églises n'ébranlerait-elle pas les résolutions, que Napoléon n'a jamais prises au sérieux, d'une retraite "jusqu'au Kamtchatka" ?

Le jour, c'était le 14 septembre, où Moscou apparut à l'empereur et à l'armée fut probablement celui de leur plus grande erreur. Ces hommes qui avaient fait tant de choses extraordinaires avaient le sentiment d'en avoir accompli une qui dépassait toutes les autres, et il leur semblait, à cause de cela, qu'ils étaient au terme de leurs efforts. Ce fut un moment étrange, où les soldats semblaient attendre la récompense de leurs sacrifices et leur chef la solution d'un problème si douloureusement médité. "Il était temps", murmurait-il. Ségur le montre les yeux fixés sur ces murailles qui "renfermaient tout son espoir". Une imagerie d'Orient montait aux cerveaux. De ces portes, allaient sortir des boyards qui, selon le rite, avec l'offrande du pain et du sel, présenteraient les clefs de la cité, à genoux devant le tsar des Français, le suppliant d'épargner la Russie. Les heures passaient, sans clefs ni boyards. À la fin du jour, il fallut se rendre à la vérité. Comme Smolensk, la ville était évacuée, déserte. Napoléon s'impatientait, exigeait la députation des notables. On ne put lui amener que cinq ou six malheureux. On le voit, dans la narration de Ségur, pris sur le vif, haussant les épaules, et, "avec cet air de mépris dont il accablait tout ce qui contrariait son désir", s'écriant que les Russes ne savaient pas encore l'effet que produirait la prise de leur capitale. Le soir même ils y mettaient le feu.

Dès lors, Napoléon est l'homme qui doit nier l'évidence, qui s'obstine à vouloir que les choses soient autrement qu'elles ne sont, qui s'ingénie à démontrer que ce qu'on croit funeste est bienfaisant, que tout ce qui détruit ses calculs les confirme et les sert. On dit autour de lui que sa conquête s'en va en fumée. Lui-même, devant Moscou qui rougeoie, n'a pu retenir un cri : "Ceci nous présage de grands malheurs." À peine entré au Kremlin il a dû en sortir sous les flammes. À peine y est-il revenu qu'il reprend confiance. La sauvagerie de Rostopchine indignera les Russes, ouvrira les yeux d'Alexandre. Les Français ont éteint cet incendie barbare, ne ménageant pas leur propre vie pour en sauver d'autres, pour sauver des églises, des palais, des trésors. Le tsar sera sensible à cette humanité. Il verra que cette guerre n'est pas une guerre à outrance, que l'on est toujours disposé à entrer en arrangement, à renouer l'amitié et l'alliance, qu'on n'a pas de grandes prétentions, qu'on ne demande qu'une chose, toujours la même, la rupture avec l'Angleterre, des mesures contre le commerce anglais, le respect du blocus, ce qui a été, enfin, la cause de ce malheureux conflit. Tout cela, Napoléon le répète, comme s'il parlait à son ami Alexandre, au "beau et bon jeune homme" de Tilsit, de même qu'il répète avec satisfaction et assurance que Moscou est une "position politique" excellente pour attendre des offres de paix. Il n'est pas loin d'ajouter qu'il est conforme aux usages qu'un souverain dont la capitale est conquise demande les conditions de celui qui loge dans ses palais. Cependant, en souvenir du passé, c'est lui, Napoléon, qui fera le premier pas, et, le 20 septembre, il écrit au tsar : "J'ai fait la guerre à Votre Majesté sans animosité. Un billet d'elle, avant ou après la dernière bataille, eût arrêté ma marche et j'eusse voulu être à même de lui sacrifier l'avantage d'entrer dans Moscou." À la fin, cordial : "Si Votre Majesté me conserve encore quelque reste de ses anciens sentiments, elle prendra en bonne part cette lettre." Et le désir qu'il en a se trahit trop.

Il est clair, maintenant, qu'il est venu jusqu'à Moscou en poursuivant le fantôme de Tilsit et qu'il ne veut plus partir sans l'avoir saisi. Que le tsar ne puisse se dispenser de répondre, il se donne toutes les raisons possibles de n'en pas douter. "C'est cette fatale croyance, c'est ce malheureux espoir qui le fit rester à Moscou et braver l'hiver." Octobre arrivait. Aucun signe d'Alexandre. Pas de nouvelles de Pétersbourg. Seulement, aux avant-postes (car Koutousof rôde toujours aux environs), Murat est entré en relations avec les cosaques, il a une sorte de popularité parmi eux, et, de même qu'il a songé à devenir roi d'Espagne et roi de Pologne, il est tenté par l'idée de devenir hetman. Pourquoi non ? Tant de choses prodigieuses avaient été faites que rien ne semblait plus impossible. Alors les officiers russes confient au roi de Naples, prêt à échanger sa couronne contre une autre ou à en ceindre une seconde, que les choses vont mal chez eux, que la noblesse, les marchands et le peuple sont las de cette guerre, qu'eux-mêmes en sont fatigués, qu'on aspire à la paix. Et comme naguère pour l'affaire espagnole, Murat, de ses illusions, entretient celles de l'empereur, qui étonne d'ailleurs par son assurance, qui passe trois soirées à rédiger les statuts de la Comédie-Française, aussi tranquille que s'il datait le décret de Saint-Cloud, et qui, voyant les jours passer, répond aux inquiétudes qu'il sent naître autour de lui que le climat n'est pas si rigoureux que l'avaient prétendu les pessimistes. "Voyez, disait-il d'un air dégagé, l'automne est plus beau, même plus chaud qu'à Fontainebleau." Et quoique "tout lui criât que le tsar ne voulait pas traiter", tandis que le besoin qu'il avait lui-même de la paix était criant, il s'obstinait, ne cessait d'affirmer que les Russes se lasseraient avant lui et que la capitulation d'Alexandre n'était qu'une affaire de jours.

Cette belle confiance cachait des alarmes secrètes. Le 4 octobre, il charge Lauriston de se rendre au quartier général de Koutousof et de porter une nouvelle lettre au tsar. Du même moment datent des notes où l'empereur prévoit diverses hypothèses, retour à Smolensk, mouvement menaçant vers Saint-Pétersbourg. Il commence à se dire que Moscou n'est pas une bonne position, qu'entre la France et l'armée il y a les Prussiens et les Autrichiens, alliés du jour, fort capables de redevenir des ennemis. Il lui est arrivé, en effet, un billet énigmatique de Schwarzenberg qui laisse craindre une défection de l'Autriche et, après l'avoir lu, il a murmuré de mauvais vers de tragédie qui parlent de la loi suprême du destin. Hiverner à Moscou ? La ville, incendiée et déserte, n'offre pas de ressources et surtout il y a lieu de craindre que bientôt la route ne soit coupée. Des cosaques ont paru jusque dans les faubourgs. Quelques-unes des estafettes qui apportent le courrier et assurent les communications ont été poursuivies. Ce sont des symptômes. Il serait encore temps de ramener l'armée à Vilna avant le gros de l'hiver. Napoléon s'attarde parce qu'il espère toujours que le tsar se décidera à négocier. Et comment partir sans le résultat qu'on est venu chercher si loin ? Comment expliquer ce départ ? Caulaincourt dit avec force : "L'embarras de sa difficile position le tenait comme enchaîné au Kremlin."

Devant le péril, il fallut se résoudre à partir. Les Russes commencent à couper la route de Smolensk. Les communications avec la France ont cessé d'être régulières. Napoléon n'a plus de nouvelles de son Empire, ne peut plus correspondre quotidiennement avec ses ministres. Le courrier manque, l'armée ne reçoit plus de lettres du pays, sent l'isolement, et le moral s'affecte. Déjà, en lui-même, l'empereur a reconnu qu'il ne pouvait plus rester à Moscou. Il ne veut pas l'avouer encore parce que l'annonce de la retraite ruinerait les dernières chances de paix. Avec le temps vainement perdu, un départ improvisé, des précautions insuffisantes contre le froid causeront les malheurs de la Grande Armée. Napoléon s'est laissé endormir à Moscou et, pour l'entretenir dans un espoir funeste, pour lui donner une sécurité trompeuse, le rusé Koutousof est allé jusqu'à simuler une suspension d'armes.

Ces dernières journées du Kremlin, ce sont celles du joueur qui ne veut pas avoir perdu et tente encore la chance, qui essaie de dernières combinaisons. Le 16 octobre, il s'adresse directement à Koutousof. Il se résigne à solliciter la paix. La réponse est un refus. Alors Napoléon songe à l'arme dont il n'a pas voulu se servir. Il fait rédiger un acte d'émancipation des serfs. Et puis la proclamation est retirée, "foudres vengeurs dont il ne montrait que les éclairs et dont il retenait toujours le tonnerre". Fondateur de dynastie, parent de têtes couronnées, peut-il redevenir l'empereur de la Révolution, compromettre des alliances plus que jamais nécessaires, ruiner toute une politique ? Pour rien d'ailleurs, car on lui fait comprendre que c'est trop tard, que le moujik fanatisé ne l'écoutera pas plus que les Espagnols lorsqu'il leur avait annoncé qu'il venait détruire la féodalité et l'Inquisition. Aussitôt il revient, - ce ne sera plus pour longtemps -au style du souverain légitime et conservateur et il appelle Rostopchine le "Marat de la Russie".

L'agitation de son esprit se trahit à d'autres signes. Il faut expliquer le départ. Alors Moscou n'est plus qu'un "cloaque malsain et impur... d'aucune importance militaire et devenu sans importance politique", ce qui n'est que trop vrai. On revient vers Vilna, en faisant savoir que c'est pour menacer Pétersbourg, car, dans le fond de son coeur, Napoléon n'est pas encore tout à fait décidé à la retraite. Encore une manoeuvre qui peut-être rétablira tout, ou bien une correction sérieuse qui rendra Koutousof inoffensif. Ainsi Napoléon se donne des prétextes pour ne pas renoncer et il laisse Mortier au Kremlin tandis qu'il tentera de livrer une bataille. Qui sait ? La chance d'un succès militaire pourrait encore tout changer. Mais Koutousof se rend insaisissable. "Ceci devient grave." Trois mots soucieux qui décident du rappel de Mortier et du vrai retour. Napoléon s'est attardé, il a laissé gagner l'hiver, compromis la retraite, parce que le chemin qu'il va prendre est celui du déclin. A-t-il le pressentiment de la catastrophe prochaine ? Pourtant il se refuse à croire, comme tout à l'heure il voulait croire. Il fallait que le tsar lui offrît la paix. Il n'en parle plus. Maintenant, il ne veut pas admettre que déjà l'armée fond, se décompose, que l'hiver, dans ces parages, arrive sans transition, aussi brusquement que l'été. Il se délivre des avertissements par des mots : "Il gèle pour les Russes comme pour nous." Caulaincourt lui rappelle ce qu'a répondu Alexandre à la proposition d'armistice portée par Lauriston "Ma campagne commence." L'empereur lève les épaules : "Votre prophète Alexandre s'est trompé plus d'une fois."Pourtant, au même Caulaincourt, il avoue sa grande, sa tenace inquiétude. Que pense-t-on, que fait-on en France ? Dès la fin d'octobre, il lui confie son grand secret, qui est son intention arrêtée de quitter l'armée dès qu'il le pourra et de regagner Paris.

Cette retraite de Russie, qui ajoute un tableau à son histoire, elle aurait pu finir encore plus mal. Au moment où il semble que son étoile l'abandonne, elle le sert d'une autre façon. Deux fois, il manque de tomber aux mains des cosaques. Qu'on l'imagine prisonnier, tué dans une bagarre, ou bien, pour ne pas rester captif, prenant le poison dont il a eu la précaution de se munir. Alors son destin tourne court, et il ne laisse qu'une réputation d'aventurier, il manque à son histoire un dénouement digne du reste par un désastre vraiment grandiose. Qu'on suppose un adversaire moins prudent, moins temporisateur, moins apathique que le vieux Koutousof, la retraite coupée, les débris de la Grande Armée détruits ou contraints de se rendre. C'est la fin de Charles XII dont Napoléon, à la Bérézina, faillit retrouver les marais. Il fut protégé par sa réputation, son prestige, la crainte que son nom inspirait, un capital qui ne mettra plus que quinze mois à s'épuiser. Car si les journées de cette retraite parurent cruellement longues, tout, après elles, allait marcher vers la débâcle avec une vitesse accrue. D'ailleurs, Napoléon reste semblable à lui-même pendant ce tragique retour où chaque pas apporte une déception, un malheur, la menace de l'anéantissement. Sa santé ? Excellente. Ce n'est pas l'homme déprimé, malade, atteint aux sources de la vie qu'on a cru voir à la Moskowa. Il reste plein d'espoir, comptant sur les ordres qu'il a donnés, le ravitaillement qui doit se trouver sur la route, ne doutant pas de sa fortune, toujours dans l'attente d'un événement heureux qui viendra tout arranger, une diversion de Schwarzenberg, peut-être. Pour ces raisons, il est "aussi indécis", dit Caulaincourt, "aussi incertain le dernier jour que le premier". Puis, quand il devient impossible de fermer les yeux à la ruine de la Grande Armée, une attitude "grave, silencieuse et résignée, souffrant moins de corps que les autres, mais bien plus d'esprit et acceptant son malheur".

Il y avait dix-sept jours que l'on était en marche, contenant les Russes qui harcelaient l'armée et la poursuivaient de près, lorsque la neige se mit à tomber. C'était le commencement des grandes souffrances. Le même jour une estafette arrive, apporte des nouvelles de Paris. Quelles nouvelles ! Une sorte de Baylen politique, et, tandis que l'empereur absent subissait ses premiers grands revers, ce qui pouvait encore arriver de pire. Un militaire républicain, le général Malet, mêlé aux conspirations des dernières années, détenu dans une maison de santé, s'en est évadé. Revêtu de son uniforme, aidé de deux autres généraux, dont l'un, Lahorie, a été chef d'état-major de Moreau, Malet n'a eu qu'à annoncer la mort de l'empereur et la proclamation de la République. Pendant quelques heures il a été maître de Paris. Il a arrêté le ministre de la Police Savary et le préfet de Police Pasquier. Démasqué, arrêté à son tour, l'affaire n'a pas eu de suite si c'est n'en pas avoir que le ridicule jeté sur les autorités impériales et l'odieux de douze condamnations à mort. L'empereur se soulagea d'abord en disant que tout cela était l'oeuvre d'imbéciles, aussi bien ceux qui s'étaient laissé surprendre et tromper que ceux qui, par des châtiments aussi durs, avaient donné tant d'importance à un coup de main. Il était, au fond, gravement affecté. "Ce ne peut être l'affaire d'un homme", répétait-il. Il se représentait un vaste complot, presque une révolution. Ce qui le frappait surtout, c'était que l'idée ne fût venue à personne que, si l'empereur était mort, il avait un successeur et un héritier. "Et Napoléon II, on n'y pensait donc pas ?" La monarchie, l'Empire héréditaire, ses institutions, son mariage, son fils, tout cela comptait donc pour rien ? Cet oubli lui donnait la mesure de sa faiblesse. Il comprenait que les consolidations qu'il avait cherchées par tant de moyens étaient vaines, que son pouvoir restait aussi fragile qu'au temps du Consulat, qu'il était lui-même à la merci d'un grand revers. Il était occupé de ses réflexions alors que tout lui faisait sentir que, ce grand revers, les Russes pouvaient le lui infliger d'une heure à l'autre. Incapable de dissimuler ses alarmes, il essayait de savoir ce que les autres pensaient de l'événement de Paris et, au lieu de faire le silence, il l'annonçait lui-même pour observer l'effet que l'étonnante nouvelle produirait sur ses généraux.

Il cessa d'en parler sans cesser d'y penser, toujours plus pressé de se rapprocher de la France, de quitter cette Russie comme il avait quitté l'Espagne, encore séparé par mille dangers du moment où il pourrait rejoindre Paris. Tous les jours, cette retraite devenait plus affreuse. On n'arrivait à Smolensk que pour y trouver les vivres pillés, un grand espoir changé en détresse. Napoléon resta enfermé, ne voulut rien voir de ces scènes, de ces batailles entre compagnons d'armes pour quelques restes de subsistances. Puis il fallut reprendre la marche dans le désordre et l'abolition de la discipline, quelques poignées d'hommes seulement montrant jusqu'où peuvent aller l'endurance et l'héroïsme, Ney, à l'arrière-garde, soutenant deux combats par jour pour sauver le triste convoi. Maintenant, l'empereur lui-même allait à pied, entouré de "l'escadron sacré", brûlant de ses propres mains ses papiers et ses vêtements le jour où il fut sur le point d'être pris. Parfois, il lui échappait de dite que "le trop d'habitude des grands succès préparait souvent de grands revers, mais qu'il n'était pas question de récriminer". Parfois, en apprenant une nouvelle plus désastreuse, il frappait la terre de son bâton et lançait au ciel un regard furieux avec ces mots : "Il est donc écrit là-haut que nous ne ferons plus que des fautes !" C'est ainsi que l'on atteignit la Bérézina, de sinistre mémoire, où il eut l'appréhension d'un malheur encore plus affreux. En voyant ce fleuve qui charriait des glaces, le pont détruit, les Russes résolus à écraser les restes de la Grande Armée, cohue où quelques phalanges seulement subsistaient, et quand il fallut un moment penser à redescendre vers le Dniéper, il se souvint amèrement de l'assurance avec laquelle il avait dit qu'il savait ce qu'il faisait et qu'il ne recommencerait pas Charles XII. Et c'est peut-être dans cette idée, dans cette volonté de ne pas finir comme le Suédois, de ne pas offrir une terne répétition à l'histoire, qu'il puisa l'énergie qu'il fallait pour ces journées tragiques, qu'il retrouva la clairvoyance et la décision du chef de guerre.

L'étoile sur laquelle il comptait toujours ne devait pas l'abandonner non plus. Le point même qu'il avait choisi pour traverser la fatale rivière trompa l'ennemi. Plus loin, il fallut encore traverser des marais, trop semblables à ceux de Poltava, où se fût englouti ce qui avait échappé à l'horrible bousculade, si, par fortune, les Russes n'eussent oublié d'en détruire les ponts.

"J'ai assez fait l'empereur, il est temps que je fasse le général", avait dit Napoléon dans ces dangers extrêmes. Sur l'autre rive, sauvé d'un immense péril, l'empereur se retrouve. Il pense au lendemain, à son trône. Il est en Pologne, il peut communiquer avec la France, il est avide de savoir ce qui s'est passé pendant qu'il a failli disparaître et que, cette fois, on a pu vraiment le croire mort. "Il y a quinze jours que je n'ai reçu aucune nouvelle, aucune estafette et que je suis dans l'obscur de tout", écrit-il à Maret. Il est anxieux d'apprendre ce qu'on pense en Europe. Et il faut qu'on sache avant tout que l'empereur est en vie, bien portant, qu'il sera là demain, parce qu'il faut qu'en Allemagne, en France, partout, on ne doute pas de sa présence redoutée qui vient encore, pendant quarante terribles jours, de contenir Koutousof, de lui inspirer crainte et respect et d'aider Ney à sauver l'honneur de ce qui a été la Grande Armée.

Le désastre, il en mesure l'étendue, il en voit surtout l'ensemble. Demain l'Europe connaîtra que, de cette entreprise gigantesque, l'empereur n'a échappé qu'avec des troupes en désordre et en guenilles, que, de la plus belle machine militaire qu'on ait jamais vue, il ne reste que des hommes affamés, à demi mourants, des chefs couverts de gloire mais irrités. Dès lors, la Russie et l'Angleterre, dont l'alliance se resserrera, redoubleront d'efforts. La Prusse, l'Autriche elle-même, ne seront plus sûres. La fermentation, sensible depuis 1809 en Allemagne, gagnera les pays de la Confédération, la Hollande, la Belgique, l'Italie, sans compter l'Espagne déjà insurgée, tandis qu'en France le trouble des esprits, qu'a déjà trahi l'affaire Malet, deviendra plus profond. Il ne servirait à rien de ruser, de dissimuler. L'empereur doit publier lui-même son malheur. Et il doit arriver à Paris en même temps que la nouvelle de la débâcle afin d'en atténuer l'effet. Il importe surtout que cette nouvelle ne l'ait pas précédé, sinon il suffirait que la Prusse se soulevât, tendît la main aux Russes, et, le chemin du retour coupé, tout serait perdu.

L'empereur fait ces réflexions, prend son parti pendant les journées qui suivent la Bérézina et qui sont à peine moins tragiques que celle dés engloutissements de tant de malheureux dans les eaux glacées. Les Russes se sont remis à la poursuite des Français en déroute et, parfois, Ney, Maison, ne peuvent plus réunir qu'une poignée de soldats qui soient encore capables de tenir un fusil. C'est dans cette détresse que Napoléon rédige, à tête reposée, le morceau le plus difficile et peut-être le plus surprenant de sa littérature militaire, ce XXIXe bulletin qui laisse tout comprendre, enveloppe tout d'un langage noble, grave, où les mots ont une gradation savante, passant de la "situation fâcheuse" à "l'affreuse calamité", tandis que les deux aspects de la retraite sont montrés avec la sérénité d'un connaisseur d'hommes, d'un psychologue, d'une part ceux "que la nature n'a pas trempés assez fortement", ébranlés, ne rêvant que catastrophes, les autres conservant leur gaieté, leurs manières ordinaires et ne voyant qu'"une nouvelle gloire dans des difficultés à surmonter". Tout y est, les hommes qui tombent sur la route de faim, de froid et de découragement, la cavalerie sans chevaux, les fourgons abandonnés, les généraux faisant fonctions de capitaines et les colonels celles de sous-officiers, l'empereur lui-même impassible au milieu de l'escadron sacré. Récit calculé pour donner une impression de calme, de complète possession de soi-même et qui se termine par ce mot plus étonnant que tous les autres, bien souvent reproché à Napoléon, et cependant essentiel : "La santé de Sa Majesté n'a jamais été meilleure." L'empereur s'identifie avec l'Empire. On l'a cru mort, malade, usé. Qu'on prenne garde. Il vient.

Le plus difficile, ce n'était pas cette présentation stylisée d'un désastre sans exemple. Il fallait quitter les hommes qui avaient survécu à tant de souffrances et d'horreurs pour les abandonner, privés de la présence du chef et de la magie de son nom, à des dangers qui n'étaient pas finis. Ségur le montre prenant ses maréchaux en particulier, "caressant avec tous", les gagnant à son projet de départ, "tantôt par ses raisonnements, tantôt par des épanchements de confiance". Puis, les ayant réunis, il leur distribue des éloges, les remercie et cherche à les convaincre que pour les sauver, eux, leurs dotations et leurs majorats, il faut d'abord sauver l'Empire, qu'ils n'ont de salut que par lui, qu'ils sont tous avec lui, depuis le commencement, entrés dans une aventure. "Si j'étais né sur le trône, si j'étais un Bourbon, il m'aurait été facile de ne point faire de fautes !" Ce sont toujours les généraux que Bonaparte redoute et il est moins sûr d'eux que des soldats. Il trouvait encore le langage qui les retenait dans le devoir. Seul Berthier résista, voulut partir aussi. Le mamelouk Roustan raconte la scène avec une simplicité barbare : "Je suis vieux, emmenez-moi. - Vous resterez avec Eugène et Murat." Comme Berthier insistait : "Vous êtes un ingrat, vous êtes un lâche ! Je vous ferai fusiller à la tête de l'armée." On pressent la révolte des grands chefs, la mise en demeure de Fontainebleau.

Napoléon part le 5 décembre "sur un simple traîneau, fugitif, survivant à son armée, à sa gloire, pour ainsi dire à sa puissance et présentant sur sa route, à ses gouverneurs, à ses alliés, à ses tributaires, une espèce de fantôme qu'un souffle pouvait anéantir mais dont le nom seul imprimait encore la terreur et commandait le respect". La vision qu'en a eue Thibaudeau est grande. Cet empereur qui, sous le nom d'un secrétaire, traverse la Pologne, la Prusse, avec trois compagnons, exposé à tous les hasards de la route s'il est reconnu, c'est un autre chapitre de sa vie aventureuse. Bonaparte a déjà quitté l'Égypte dans les mêmes conditions, se fiant à la fortune. Rien ne l'étonne. Il s'est toujours attendu à tout. Durant ce trajet, il parle de lui-même comme d'un étranger, avec cette disposition à se regarder vivre où l'artiste se reconnaît. Il a emmené Caulaincourt, comme s'il avait un besoin, une curiosité de se retrouver en tête-à-tête avec l'homme dont il n'a pas voulu entendre les avis. Avec lui, il discute son cas, comme s'il s'agissait d'un autre : "Je me suis trompé, non sur le but et l'opportunité politique de cette guerre, mais sur la manière de la faire. Il fallait rester à Vitebsk. Alexandre serait aujourd'hui à mes genoux." Il parle de la conspiration de Malet : "Je crois que tout ce que j'ai fait est encore bien fragile." Quel remède à cette fragilité ? Être vraiment un légitime, non pas un soldat couronné, mais un "roi" dont le trône garantira les autres. Longue conversation à bâtons rompus où, loquace, prompt à changer de sujet et de sentiment, on dirait que Napoléon s'essaie au mémorial de Sainte-Hélène, déjà avec Caulaincourt un peu comme il sera avec Las Cases, et, un jour, devant cet aristocrate, faisant remarquer qu'il est né gentilhomme, qu'il a été bien élevé et qu'il a fréquenté la bonne société dans sa jeunesse.

Le 18 décembre, presque méconnaissable, il arrive aux Tuileries sans s'être annoncé. Depuis quarante-huit heures, le XXIXe bulletin a paru au Moniteur. Napoléon savait qu'il trouverait Paris abattu. La consternation dépassait peut-être son attente. "Les esprits étaient frappés de ces sinistres images."On disait que c'était l'expédition de Cambyse, la fin de l'empire de Charlemagne. L'empereur va tout reprendre en main, travailler, dès son retour, avec Cambacérès, Clarke, Savary. L'archichancelier, le ministre de la Guerre et le ministre de la Police ont à lui rendre compte de l'affaire Malet. C'est à elle qu'il attache la première importance. Il en parle "d'un front soucieux", lance à tous des paroles sévères : "Vous me croyiez mort... Mais le roi de Rome, vos serments, vos principes, vos doctrines ?... Vous me faites frémir pour l'avenir." On s'attendait à des sanctions. Savary et Pasquier semblaient perdus. Ils essuyèrent une colère, comme les autres, et restèrent en place. Seul le naïf Frochot, préfet de la Seine, fut destitué. Celui-là avait passé les bornes et "tenu son Hôtel de Ville ouvert comme une hôtellerie" aux conjures.

Puis on ne parla plus de l'affaire Malet. Chacun renfermait ses pressentiments et le silence était imposé sur la campagne de Russie. L'empereur s'en était expliqué à ses ministres par ce peu de mots : "La fortune m'a ébloui. J'ai été à Moscou. J'ai cru y signer la paix. J'y suis resté trop longtemps." C'était bien toute l'histoire dite avec sincérité et dédain. Le Sénat eut droit à moins encore : "Mon armée a essuyé des Pertes, mais c'est par la rigueur prématurée de la saison." Pour ces hommes qu'il sent prêts à le trahir et qui viennent encore de le flagorner, le mépris transpire de la formule d'usage : "J'agrée les sentiments que vous m'exprimez." Pour les uns, un haussement d'épaules. Pour les autres, le dos tourné. L'amer philosophe est prodigieusement revenu de tout. Et, depuis Moscou toute sa politique est manquée. Qui donc le sait mieux que lui ?

Chapitre XXII : Le reflux et la débâcle

Comment Bonaparte, qui a toujours connu la fragilité de son pouvoir, n'eût-il pas, au retour de Russie, senti le danger de sa position ? Il a "jeté des ancres". Aucune n'a tenu. L'alliance russe était la base de la politique et le tsar est devenu un ennemi déterminé. La naissance de son fils devait abolir l'irritante question du successeur, et "Malet a révélé un secret fatal, celui de la faiblesse de la nouvelle dynastie". On est étonné qu'il pense autant à ce coup de main, à cette surprise d'une matinée. "Tout Paris ne parle que de ce qui s'est passé en Russie ; il semble n'être frappé que de ce qui vient de se passer à Paris." Mais les deux vont ensemble. Depuis longtemps, il a prévu le cas de grands revers. Sur un trône mal assuré, il est à la merci d'une défaite, au même point qu'à la veille de Marengo. Il se répète qu'il n'est pas un Bourbon, un roi d'ancienne race, et plus tard il dira : "Si j'eusse été mon petit-fils, j'aurais pu reculer jusqu'aux Pyrénées." Il pense, quelquefois tout haut, à ceux qu'il regarde comme ses prédécesseurs. Un soir de février 1813, aux Tuileries, causant avec Barante et Fontanes, il nomme Louis XIV avec admiration et envie, "un souverain si grave, ayant un si grand sentiment de sa dignité et de celle de la France, qui, après de belles victoires, sut résister à toute l'Europe". Toute l'Europe. Qu'arrivera-t-il si Napoléon l'a contre lui ?

Et les choses sont bien pires qu'au moment où il est monté en traîneau avec Caulaincourt. Il avait laissé la Grande Armée dans un état affreux. Telle quelle, c'était encore une armée, capable de l'énergie du désespoir. L'empereur parti, c'est la débandade, le sauve-qui-peut. Chacun pense à son salut. On cesse d'obéir. L'indiscipline paraît jusque chez les chefs. Tout se démoralise et l'esprit de défection commence. Murat, à qui le commandement a été confié, n'est pas écouté, et lui-même ne donne pas le bon exemple. Dans les boues de la Lituanie il ne pense qu'à son royaume, à sa couronne compromise, et, un jour, il traite tout haut son beau-frère d'insensé. Comme lui, il a hâte de rentrer dans ses États. Il s'esquive dès qu'il le peut. Alors, ce qui arrive à Kœnigsberg, ce sont des épaves, le fantôme de ce qui a été la Grande Armée. Le désastre, dont la nouvelle se répand déjà, l'Allemagne le voit de ses yeux, et les conséquences en sont tirées. La Prusse est encore l'alliée de Napoléon ; à Berlin, Saint-Marsan, Narbonne, Augereau sont auprès du roi, dînent avec lui, quand le 30 décembre 1812, le général York, qui commande le corps auxiliaire prussien, signe de sa propre initiative un armistice avec les Russes. Première trahison qui commence par les Prussiens, pour continuer avec les Saxons à Leipzig, avec les Bavarois à Hanau. On ne peut mieux dire qu'Albert Sorel, c'est la réplique de la retraite de Brunswick après Valmy, "l'ère nouvelle" qui s'ouvre en sens opposé, le cri de "Vive la Nation" poussé dans la langue de Fichte et de Gœthe, tout ce qui s'est fait en vingt ans qui va se défaire en quinze mois. Frédéric-Guillaume, d'abord "pétrifié" en apprenant la désobéissance téméraire du général York, et qui redoute encore Napoléon, se laissera entraîner par les patriotes, entraîner par son peuple, comme en 1806, et, dans deux mois, il aura renouvelé avec Alexandre l'alliance qu'ils avaient suspendue d'un commun accord pour leur propre conservation.

Ainsi Napoléon est allé jusqu'à Moscou dans l'espoir de forcer l'amitié du tsar, et il se retrouve dans la même situation qu'avant Iéna, aux prises avec la Prusse et avec la Russie. Quelle politique peut-il tenter encore ? Une seule, celle de son mariage. Il lui reste l'Autriche, le père de sa femme, le grand-père de son enfant. Avant de soutenir la nouvelle guerre que le désastre de Moscou rend inévitable, c'est à l'élément et au ressort dynastiques qu'il demande une garantie. Quoi qu'il arrive, quels que soient le sort des armes et les accidents du champ de bataille, que l'empereur soit tué, prisonnier ou battu, il faut que l'Empire demeure, que personne ne puisse dire que le pouvoir est vacant. À tous les égards, il importe d'intéresser, d'attacher François II à l'avenir de sa fille et de son petit-fils. Alors Bonaparte cherche une protection dans une nouvelle investiture.

C'est l'idée d'un homme inquiet, dont le cerveau toujours en travail n'est pas à bout d'inventions pour obtenir une sécurité qui le fuit. Cette fois, il met devant lui la robe de Marie-Louise et les langes du roi de Rome. Avant de repartir pour l'armée, il instituera une régence et c'est à l'impératrice qu'elle sera confiée. De plus, le roi de Rome devra recevoir, lui aussi, et tout enfant qu'il est, l'onction du sacre. Puisqu'on n'a pas répondu à Malet : "L'empereur est mort, vive l'empereur !" comme l'ancienne France disait : "Le roi est mort, vive le roi !" une cérémonie symbolique affirmera que Napoléon se survit à lui-même. Le sacrement qui n'a pas suffi pour le père sera redoublé pour le fils. Dès lors, l'empereur d'Autriche ne serait-il pas dénaturé, sacrilège, s'il ne protégeait l'Empire de son gendre avec la régente et l'héritier ? Et comme Napoléon aime les précédents, l'histoire, ce qui le relie aux autres "races", il fait étudier les régences des reines-mères ou épouses des rois de France, en insistant sur Blanche de Castille. Il n'est pas mauvais d'évoquer un peu saint Louis. Des recherches sont commandées sur le couronnement et le serment des fils aînés des rois du vivant de leur père, depuis Charlemagne. D'ordre de l'empereur, on fouille de poudreuses archives, tandis que lui-même dicte tous les jours de longues notes pour l'organisation de l'armée "qu'il fait sortir de terre". Il médite aussi un coup de théâtre, sa réconciliation avec Pie VII. Un soir d'hiver, à l'improviste, le reclus, le prisonnier de Fontainebleau voit entrer chez lui l'empereur. Tout sera fini, oublié, la paix signée par de menues concessions au pontife, le fil renoué avec les jours du Concordat. Le pape étendra le sacre à Marie-Louise et au prince impérial. A l'intérieur de l'Empire, la désaffection des fidèles cessera. Les cours catholiques seront satisfaites. C'est une opération à longue portée et l'empereur a hâte de faire connaître à son beau-père qui, à Dresde, lui avait parlé du déplorable enlèvement de Savone, le succès de l'entrevue de Fontainebleau. La solennité, à la fois religieuse et politique, du deuxième sacre, scellera la réconciliation. Ainsi Napoléon qui, par son mariage, a déjà voulu l'Empire légitime, se réfugie dans une sorte d'ultra-légitimité. Il a suffi de ce Malet, de ce cerveau brûlé, de quelques fonctionnaires qui ont perdu la tête, pour ramener l'empereur à l'idée fixe des conspirations, pour qu'il désire une autre application du chrême qui rend inviolable, de nouvelles onctions qui confirment la garantie qu'il a cherchée par son mariage, par son entrée dans la famille des rois.

Bientôt, sur les remontrances de ses cardinaux, Pie VII se repent de la faiblesse qu'il vient encore d'avoir pour Bonaparte et dont il ne se départira jamais tout à fait, puisque (c'est demain) il interviendra en faveur du proscrit de Sainte-Hélène. Mais enfin, le pape s'est rétracté. Il rejette le nouveau Concordat. Il faut renoncer au double couronnement, remplacer Notre-Dame et le trône dressé près de l'autel par le serment de la régente dans un salon de l'Élysée, devant les ministres, les dignitaires et la cour. Les temps où tout réussissait, où l'on faisait "galoper" le pontife ne sont plus. Napoléon devra se passer de l'institution divine. Il reste les institutions humaines. "L'empereur en appelle à ses armes toujours victorieuses pour confondre ses ennemis et sauver l'Europe civilisée et ses souverains de l'anarchie qui les menace." C'est la péroraison du premier discours qu'a récité la régente. Tout n'y est pas faux. Portant avec elles l'esprit de nationalité, les idées de la Révolution, qui effraient souvent Frédéric-Guillaume, sont un germe qui lève chez les Allemands. Napoléon aurait besoin, en France, de ranimer le patriotisme révolutionnaire. Et c'est lui qui devient le rempart des "souverains", plus dynastique que les représentants des vieilles dynasties, sans être encore au bout de ses métamorphoses et de ses incarnations.

La réconciliation avec le pape est manquée, les "affaires de la Chrétienté" ne sont pas "arrangées", la pacification religieuse, qui serait si importante, surtout en Belgique, n'est pas obtenue. Il est pourtant une chose dont Napoléon ne doute pas, ne veut pas douter, pas plus que, l'année d'avant, il n'admettait que l'alliance de Tilsit ne dût renaître, et c'est qu'il peut compter sur l'Autriche, sur ces rapports du sang qui lient les deux maisons impériales. Comme la Russie naguère, l'Autriche est maintenant la base de son système. Il croit, parce qu'il a besoin d'y croire, "à la religion, à la piété, à l'honneur" de son beau-père. Écartant tout ce qui rappelle l'effroyable échec de Moscou, il affecte un calme olympien. "En ce moment, dit Molé, on le voyait gouverner, administrer, s'occuper des moindres détails comme s'il n'eût conservé ni préoccupation ni souvenir." Il organise et il rassure. Sous vingt formes diverses, il répète ce qu'il écrit à Lebrun : "Quant à l'Autriche, il n'y a aucune inquiétude à avoir ; le prince Schwarzenberg arrive aujourd'hui ; les relations les plus intimes existent entre les deux cours." Pourtant, un mois après York, Schwarzenberg a signé un armistice avec les Russes. L'Autriche est encore moins en guerre avec la Russie que la Russie, en 1809, n'était en guerre avec l'Autriche. Elle n'est plus l'alliée de la France. Elle est neutre, et quelle neutralité suspecte !

Quand elle prépare une médiation qui sera une "médiation armée", Napoléon veut comprendre qu'elle se met à sa disposition, qu'elle offre ses bons offices pour lui procurer la paix avec Frédéric-Guillaume et Alexandre, une paix qui conserve l'essentiel, l'Empire. Il suffira d'une victoire, d'un Austerlitz, d'un Iéna, - car il en est toujours à s'imiter lui-même dans des situations toujours identiques - et l'entremise de l'Autriche finira tout... Si tout pouvait être fini par une nouvelle victoire et s'il restait à Napoléon les moyens d'obtenir autre chose que des succès d'un jour.

Ses illusions, elles sont pour une part volontaires. Qu'en 1813 il recommence 1805 et 1806, qu'il disperse la nouvelle coalition avant qu'elle ait réuni ses forces, sera-t-il plus avancé qu'en 1807 ? L'enjeu n'est-il pas toujours le même ? Il le sait et il le dit : "L'Angleterre met pour condition à la paix le déchirement de cet Empire... L'ennemi eût-il son quartier général au faubourg Saint-Antoine, le peuple français ne renoncera jamais à la réunion de la Belgique." Il le répète à Schwarzenberg : "Les Anglais croient que la France est écrasée ; ils me demanderont la Belgique." Et, pensant tout haut devant cet Autrichien : "Ma position est difficile. Si je faisais une paix déshonorante, je me perdrais. J'ai plus de ménagements à garder pour l'opinion parce que j'en ai besoin." Il sait bien que la France exténuée soupire après la paix. S'il la faisait à tout prix, il n'entendrait d'abord que des cris d'allégresse, et puis, quand on aurait oublié les fatigues, les peines, les inquiétudes de la guerre, Napoléon serait accusé d'avoir perdu les conquêtes de la Révolution. Il n'oublie ni comment il est venu au pouvoir, ni ce qui l'y a porté. Il l'a dit avant, pendant et après. Il a beau se légitimer, se royaliser, sa puissance n'est que "d'opinion", au-dehors où "l'apparence d'une confiance extrême dans ses forces" lui est commandée, au-dedans parce qu'il est lié à la mission qu'il a reçue, au devoir de conserver à la France les annexions de la République.

Un parti, - et maintenant, c'est presque tout le monde, ce sont même et peut-être surtout les maréchaux - professe qu'il suffirait de vouloir sincèrement la paix, qu'elle est toujours possible. Pour un autre, non pour lui. Il s'est lié à la France et la France s'est liée à lui par la guerre des frontières naturelles. La France et Napoléon ne peuvent plus se dégager que par le triomphe ou par la défaite. Le triomphe, il affecte toujours d'y croire. Mais battrait-il les puissances continentales qu'il resterait les Anglais, maîtres de la mer, et alors le blocus, dont les Prussiens après les Russes viennent de s'affranchir, serait à refaire, l'Espagne à reconquérir, tout à recommencer pour se retrouver au même point qu'avant. Il peut, sans doute, s'il le veut, renoncer à ses conquêtes, rendre à la Prusse, à l'Autriche ce qu'il leur a pris. Mais il le leur a pris pour les contraindre à la paix, pour qu'elles deviennent ses auxiliaires. Restituera-t-il l'Italie à l'Autriche ? Le traité de Lunéville n'a été signé par l'Autriche que du jour où elle a été expulsée d'Italie. Frédéric-Guillaume vient de faire défection. Napoléon se reproche de l'avoir ménagé, mais c'était à Tilsit, c'était par égard pour Alexandre. La Prusse met Napoléon en demeure de choisir entre la ligne de l'Elbe et la guerre. Qu'il renonce à cette ligne, aura-t-il la paix pour si peu ? En 1806, le roi de Prusse l'a sommé d'évacuer l'Allemagne. Depuis le désastre de Russie, il est revenu du Niémen sur la Vistule, de la Vistule sur l'Oder. Est-ce à l'Elbe que les Prussiens, quant à eux, consentiront à s'arrêter ? Il est clair qu'on lui imposera la ligne du Rhin. Or c'est pour la protéger qu'il a fallu la franchir et organiser la Confédération. Que l'on annule les traités de 1809, de 1807, de 1805, et l'on sera ramené à 1800, puis à 1792. Napoléon savait que, "dans la défaite, il faudrait toujours reculer comme, dans la victoire, il avait fallu avancer toujours". Sorel ajoute que l'effet serait le même si l'empereur consentait à reculer sans combat. En rétablissant la Prusse et l'Autriche dans leur ancienne puissance, il leur eût rendu les moyens de la combattre pour lui reprendre ce qu'il aurait gardé. Et il expliquait très bien, à Sainte-Hélène, qu'en revenant de Moscou il était décidé à des sacrifices. "Mais le moment de les proclamer lui semblait délicat. Une fausse démarche, une parole prononcée mal à propos, pouvait détruire à jamais tout le prestige." Et il vivait du prestige de son nom. Mieux valait donc se servir de la crainte révérencielle qu'il imposait encore, courir la chance des batailles, ne consentir aux sacrifices qu'après des succès et en se servant du médiateur autrichien, au lieu de traiter sous l'impression du désastre de Russie, c'est-à-dire en vaincu.

À ce point extrême de complication, comment les idées de l'empereur ne fussent-elles pas redevenues flottantes ? Il n'était pas plus fixé sur les concessions qu'il pouvait consentir que les rois coalisés sur celles qu'ils pourraient demander, et c'est si vrai que leurs exigences devaient aller en croissant comme les siennes se fussent accrues s'il avait été victorieux. Il faisait tout reposer sur la médiation de son beau-père. Pourtant, sa raison le mettait en garde contre l'Autriche. Il n'ignorait pas que les Anglais restaient en guerre avec lui, que ses revers de Russie, leurs succès en Espagne les rendaient plus déterminés à poursuivre la lutte jusqu'à la libération de la Belgique. N'ayant aucune prise sur l'Angleterre, il la laissait hors de ses calculs. Il venait encore d'en faire l'aveu dans sa conversation des Tuileries avec Barante et Fontanes : "Je suis l'oeuvre des circonstances." L'oeuvre d'abord, maintenant l'esclave, et il obéit aux circonstances avec une résignation encore plus fatiguée que fataliste. Marmont, pendant la campagne de 1813, découvrira chez lui ce que d'autres avaient tant de fois discerné, "une confiance capricieuse, une irrésolution interminable, une mobilité qui ressemblait à de la faiblesse". Dans la dernière phase, ce penchant à l'incertitude s'aggrave avec la portée de chacune des décisions qu'il faut prendre à chaque heure de la journée.

La Prusse a déclaré la guerre, envahi la Saxe. C'est la situation de 1806 qui se reproduit. Deux jours avant de rejoindre l'armée d'Allemagne, Napoléon reçoit Schwarzenberg, celui qui bientôt sera général en chef des coalisés, et lui demande son concours contre les Russes, de même qu'il attendait, en 1809, le concours des Russes contre l'Autriche. Dès ce moment, Metternich et François. Ils sont résolus à passer du côté de la coalition, mais en y mettant des formes, en prenant un masque. Une savante politique commence, une politique d'illusions et de tromperie, dont Napoléon lui-même ne perce pas tous les secrets et qui a longtemps abusé. Après sa première victoire, à Lutzen, il écrit à son beau-père : "Connaissant l'intérêt que Votre Majesté prend à tout ce qui m'arrive d'heureux..." Même si l'alliance autrichienne n'est plus qu'un faux semblant, il en prolongera la fiction comme il a prolongé celle de l'alliance russe.

Parti de Saint-Cloud le 15 avril 1813, il est, le 1er mai, dans la plaine de Lutzen. La conception est invariable, toujours forte. C'est celle d'Iéna, le coup de tonnerre qui déconcertera l'ennemi. Seules les ressources ne sont plus les mêmes, de trop jeunes soldats, une levée hâtive auprès de vétérans fatigués, peu de cavalerie, une armée improvisée, l'avant-dernier effort de la nation. Napoléon le sait et il reste, durant la bataille, près de ses troupes novices pour les animer de sa présence et de sa parole, exposé au feu. Est-ce que Lutzen n'est pas le lieu où Gustave-Adolphe a péri ? On a l'impression que, dans cette campagne, Napoléon a souvent cherché la mort, au moins qu'il s'en est montré insouciant, comme si elle eût été pour lui le moyen d'en finir, et, par la régence de Marie-Louise, de faire passer, sans convulsions ni secousses, sa succession à son fils. Il sait tout ce qui va mal, les difficultés de la conscription, les réfractaires en nombre croissant, surtout en Belgique, des troubles en Hollande, Joseph qui, encore une fois, a quitté Madrid pour n'y plus rentrer, l'Espagne perdue et dont il a déjà fait le sacrifice, l'Allemagne haineuse, soulevée de patriotisme, enfin, en France la "confiance ébranlée", comme se risque à le dire le plus complaisant de tous les ministres, Maret.

Pourtant, le soir de Lutzen, Napoléon rayonne. A-t-il vraiment dit après cette journée heureuse : "Je suis de nouveau le maître de l'Europe" ? Ce n'était, en tout cas, que par des succès militaires qu'il pouvait rétablir sa situation.

Mais Lutzen n'est pas Iéna , et les Russes ne sont plus, comme en 1806, au-delà de la Vistule. Maintenant ils doublent les régiments prussiens. Vingt jours après, à Bautzen, il faut encore battre ces alliés, une de ces victoires où l'ennemi échappe à la destruction et qui ressemblent trop à celles que, l'été précédent, de Smolensk à la Moskowa, remportait l'empereur. A la fin de la seconde journée, celle de Wurschen, il sent ses conscrits à bout de forces. "Comment ! après une telle boucherie, aucun résultat, point de prisonniers ! Ces gens-là ne me laisseront pas un clou !" À ce moment, un chasseur de l'escorte est tué. "Duroc, la fortune nous en veut bien aujourd'hui." Quelques heures plus tard, un boulet frappe Duroc, un de ceux, un des très rares qu'il aime. On le vit, le reste de la soirée, au milieu du carré de la Garde, assis devant sa tente, silencieux, "les mains jointes et la tête baissée", répondant à Drouot, qui demande des ordres : "À demain tout." C'est une image pour Raffet. "Pauvre homme ! disent les grenadiers. Il a perdu un de ses enfants." Pourtant, un mois plus tard, il dira : "Un homme comme moi se soucie peu de la vie d'un million de..." Metternich n'osait répéter l'expression. Mais si l'empereur se raidit après un attendrissement, rien n'arrête plus le découragement qui monte. Il entend dire, après Bautzen : "Quelle guerre ! Nous y resterons tous." Il redevient brutal avec ses généraux. "Je sais bien, messieurs, que vous ne voulez plus faire la guerre." Celui-ci voudrait chasser à Grosbois, cet autre habiter son hôtel à Paris. Et la réponse arrive, ironique : "J'en conviens, Sire ; je connais fort peu les plaisirs de la capitale."

Il doit compter avec cet état d'esprit. Désormais, il importe à l'empereur "qu'on ne puisse plus douter du désir qu'il a de la paix". Il en donne la preuve, "au prix de ses plus grands intérêts militaires", puisque, de nouveau arrivé jusqu'à la ligne de l'Oder, il se résout à une suspension d'armes dont, à Sainte-Hélène, il dira : "Je crois bien que j'ai mal fait, mais j'espérais m'arranger avec l'Autriche." Tout son calcul est là. Le 17 mai, entre Lutzen et Bautzen, il a fait savoir à son beau-père qu'il était prêt à entrer en négociations avec la Russie, la Prusse, l'Angleterre et même les insurgés d'Espagne. Le 4 juin, il arrête sa marche en avant et signe l'armistice de Pleisswitz. Non sans avoir beaucoup hésité. Il pressent que l'Autriche se servira de cet arrêt des hostilités pour se rapprocher de la Russie et de la Prusse après avoir achevé ses armements. Mais l'idée qu'il importe de "ne pas indisposer l'Autriche", la nécessité de l'accepter comme médiatrice pour ne pas lui donner de prétexte d'intervention, l'espoir de garder son alliance, tout cela domine les autres considérations. Ne pas perdre le contact avec la cour de Vienne est son principe. Jusqu'ici il n'a eu devant lui que les Russes et les Autrichiens ou les Prussiens et les Russes réunis. Il n'a pas eu à combattre de coalition générale. Par-dessus tout, c'est ce qu'il voudrait éviter, parce que, dans le moment où les forces de la France s'épuisent, il sent que ce serait la fin.

Alors ce sera la fin de toute façon. Du moment qu'il n'a pu, dans ce premier mois de campagne, obtenir des résultats décisifs, l'entrée de l'Autriche dans les rangs de ses ennemis est certaine, qu'il signe ou non l'armistice, qu'il accepte la médiation autrichienne ou qu'il ne l'accepte pas. Metternich file déjà sa défection, comme Alexandre, pour le mariage de sa soeur, avait filé un refus. Nous savons par lui-même que son parti était pris et que François II, qui avait des "entrailles d'État", non des entrailles de père, ne devait s'arrêter ni à sa fille ni à son petit-fils. Il avait déjà sacrifié Marie-Louise à la politique en la mariant. Il la sacrifierait bien une seconde fois, l'heure étant venue d'effacer les défaites, d'abolir les traités et d'obliger la France à rentrer dans les limites d'où elle était sortie par la Révolution.

Ce n'est pas encore le dénouement, mais il approche. Par étape rapides, on revient à la situation de 1798, celle qui avait déterminé l'appel au soldat, brumaire, le Consulat, l'Empire. Ce règne s'est écoulé comme un torrent. Bonaparte est ramené, avec la France, au point où l'on en était à son retour d'Égypte. L'Europe l'a redouté. Quelquefois elle a pensé qu'il durerait plus longtemps qu'elle n'avait cru. Jamais elle n'a cru vraiment qu'il durerait toujours, qu'il eût ouvert autre chose qu'une parenthèse, que son effort prodigieux dût assurer à la France la possession éternelle des territoires que la Révolution avait conquis. Main-tenant les rois s'enhardissent. Ils se disent que l'heure est venue. "L'alliance de 1813 a tué Napoléon parce qu'il n'a jamais pu se persuader qu'une coalition pourrait maintenir l'esprit d'union parmi ses membres et persévérer dans le but de son action." Cette remarque de Metternich est deux fois vraie. D'abord parce que, la coalition s'étant formée, Napoléon se réfugia dans l'espoir de la dissoudre. Ensuite parce que l'empereur était en retard sur les événements et que les Français l'étaient comme lui. À ce retour offensif contre la Révolution et contre son général couronné, les rois étaient poussés par leurs peuples. Maintenant, les vieilles monarchies recevaient l'élan belliqueux qui, vingt ans plus tôt, animait la République. Et, tandis que les peuples leur donnaient l'impulsion, ces gouvernements avaient acquis de l'expérience. À cette longue école il s'était formé chez eux des généraux et des hommes d'État. Si, à partir du moment où la coalition générale s'est nouée, Napoléon a succombé si vite, ce n'est pas seulement au nombre de ses ennemis, au nombre de ses fautes, mais à une politique parfaitement calculée pour provoquer sa chute. Il avait à combattre, avec des forces plus grandes que les siennes, une idée à laquelle la fertilité de son esprit ne pouvait plus opposer rien.

Idée simple, fondée sur une connaissance exacte des Français, de leur caractère, de leur état moral, et qui consiste à distinguer entre la France et Napoléon pour la séparer de Napoléon. Subtile et pernicieuse, cette manoeuvre commence dès l'armistice. Au milieu du mois de juin, la Prusse et la Russie qui, déjà, se sont interdit, par leur accord de Kalisch, de conclure la paix séparément, signent avec l'Angleterre le traité de Reichenbach, qui stipule que la paix ne pourra être conclue que du commun accord des Alliés. C'était déjà la convention de 1805, celle qu'Austerlitz avait brisée. Elle est remise en vigueur. Il ne s'est écoulé que huit ans, de 1805 à 1813, et l'on comprend que les coalisés se retrouvent dans les mêmes dispositions, qu'ils reprennent jusqu'aux mêmes textes, encore tout frais. En secret, l'Autriche, à son tour, prépare son adhésion au traité de Reichenbach. La méthode, qui se développera avec les succès militaires des Alliés, se dessine. Il faut d'abord que l'Autriche passe de l'état de médiatrice à l'état de belligérante. Au cours des pourparlers qui sont engagés depuis l'armistice, ou bien Napoléon repoussera les conditions de paix qui seront mises en avant, et l'Autriche sera fondée à se prononcer contre lui ; ou bien, ces conditions, il les acceptera, et d'autres seront aussitôt annoncées pour provoquer la rupture. En maintenant le principe que sa médiation est une médiation armée, l'Autriche justifie d'ailleurs ses préparatifs militaires tout en donnant à Napoléon des raisons de se méfier, ce qui conduit non moins sûrement à rompre. Dans la suite, à chaque étape, il ne s'agira que d'appliquer ce canevas diplomatique. Des propositions de paix honorables, modérées, seront faites à Napoléon par les trois souverains coalisés. S'il les repousse, on accusera son entêtement, son orgueil, sa folie. Il aura l'ait d'avoir refusé les clauses d'une paix définitive, tandis que, s'il accepte, ce ne seront plus que des préliminaires doublés d'articles additionnels qu'on tient en réserve, sans compter que le tout restera soumis à l'agrément du gouvernement britannique Il s'agit de rejeter sur Napoléon toutes les responsabilités, de l'isoler en suggérant peu à peu aux Français l'idée que son abdication est le seul moyen d'obtenir la paix, une paix solide, raisonnable, honorable. Le but des coalisés, c'est pourtant la France ramenée à ses anciennes limites. Ils n'y ont jamais renoncé que par la défaite. Ils y reviennent avec la victoire. Seulement on se garde de le dire, de recommencer la faute de Brunswick en 1792, de provoquer les Français. La menace de les priver des frontières naturelles risquerait de refaire l'union autour de leur empereur. Alors on parlera en termes imprécis de frontières légitimes, ou bien du Rhin, des Alpes, des Pyrénées, et les Français ne manqueront pas de comprendre que les Alliés leur laissent tout ce qui est compris à gauche du Rhin. C'était "l'appât", selon l'expression de Metternich. Personne n'y vit plus clair que Napoléon et aucun boulet ne lui parut le viser comme la grande proclamation des Alliés, celle de Francfort. Il dira en la lisant : "Il faut être passé maître en fait de ruse." La ruse s'adressait à un peuple fatigué qu'il ne fallait pourtant pas "aigrit". Elle a réussi au point que l'histoire s'y est trompée durablement.

Les huit semaines de l'armistice sont les dernières où Napoléon, au cœur de l'Allemagne, paraisse encore puissant. Le cercle se resserre déjà autour de lui. Le 28 juin, à Dresde, sa longue et suprême conversation avec Metternich est celle d'un homme traqué. Qu'il ait eu tort de compter sur l'alliance autrichienne, que la politique de son mariage ait été aussi vaine que son ouvrage de Tilsit, il le voit, il le sait et il éclate en reproches stériles : "J'ai promis à l'empereur François de rester en paix avec lui tant que je vivrais ; l'ai épousé sa fille ; je me disais alors : Tu fais une folie ; mais elle est faite ; je la regrette aujourd'hui." De la colère, des menaces, le légendaire chapeau jeté à terre et que ne ramasse pas Metternich , c'est sa première réponse à la pression que le médiateur autrichien exerce maintenant sur lui. Ou bien Napoléon acceptera au futur congrès "des limites compatibles avec le repos commun", ou bien l'Autriche se joindra à la coalition. François II y est résolu. Aucune considération de famille ne l'arrêtera. Il n'écoutera que "l'intérêt de ses peuples". Il faut que Napoléon s'en remette à son beau-père, sinon il aura à combattre un ennemi de plus. "Oui, ce que vous me dites là ne me surprend pas, tout me confirme dans l'opinion que j'ai commis une faute impardonnable. En épousant une Autrichienne, j'ai voulu unir le présent et le passé, les préjugés gothiques et les institutions de mon siècle ; je me suis trompé et je sens aujourd'hui l'étendue de mon erreur. Cela me coûtera peut-être mon trône, mais j'ensevelirai le monde sous ses ruines." Et il redit l'idée qui le hante, que, "soldat parvenu", il n'est pas comme ces souverains nés sur le trône qui peuvent être battus vingt fois et rentrer dans leur capitale. Propos pénibles, que Metternich accueille avec froideur. Et propos sans suite, comme d'un homme troublé qui cherche l'issue et ne la trouve pas. "Pensez-vous me renverser par une coalition ?... Plus vous serez nombreux, plus je serai tranquille. J'accepte le défi... Au mois d'octobre prochain, nous nous verrons à Vienne." Puis, revenant à la bonhomie, pour finir : "Savez-vous ce qui arrivera ? Vous ne me ferez pas la guerre."

À ce dernier mot, Metternich se flatte d'avoir répliqué : "Vous êtes perdu, Sire." Il le tenait. Il avait distingué, comme le notait de son côté Marmont, que Napoléon "reconnaissait clairement la propension de l'Autriche à devenir une ennemie mais se refusait toujours à croire qu'elle s'y décidât". À Dresde, l'état-major de l'empereur avait montré à Metternich des visages tendus, lui avait adressé des questions inquiètes. Napoléon lui-même, niant que son armée fût lasse, avait avoué que les généraux voulaient la paix. Ils la voulaient plus encore qu'il ne pouvait en convenir et, tous les jours, c'étaient des "harassements" de leur part, des reproches qu'il lisait dans les yeux, des discussions qu'il avait à soutenir. Connue à Dresde le 30 juin, la nouvelle du désastre de Vittoria, de l'évacuation et de la perte de l'Espagne redoublait ces murmures, ces mécontentements, ces sollicitations sans lesquelles on ne comprendrait pas l'abandon de Fontainebleau, dans huit mois. Déjà Napoléon doit rendre des comptes. "Tôt ou tard on reconnaîtra que j'avais plus d'intérêt qu'un autre à faire la paix, que je le savais et que, si je ne l'ai pas faite, c'est qu'apparemment je ne l'ai pas pu." Et il explique, comme il chargera encore Las Cases de l'expliquer, qu'il était "obligé de faire bonne contenance dans une si gauche posture", de répondre fièrement aux ennemis et de "rembarrer" ses propres lieutenants, ces militaires qui se joignaient aux bourgeois de Paris pour réclamer tout haut la paix lorsque le moyen de l'obtenir eût été de le "pousser ostensiblement à la guerre". Il était trop clair qu'un découragement aussi manifeste, joint à l'effet produit par la victoire de Wellington en Espagne, devait être funeste aux négociations.

Napoléon s'y engage cependant, après avoir prolongé l'armistice, en partie pour contenter le besoin de repos qu'il sent grandir autour de lui, en partie dans l'espoir, auquel il ne renonce pas, de garder l'alliance de l'Autriche. Cependant le désarroi qui commence à paraître autour de lui et en France se reflète dans son esprit. La frontière des Pyrénées est menacée. Serait-il sage de se replier sur le Rhin, comme il en reçoit le conseil, afin de ne pas se trouver isolé et aventuré en Allemagne si l'armistice est rompu ? Mais ce serait renoncer à ce qui lui permet de négocier, ses gages, sa carte de guerre, ce serait accorder d'avance aux Alliés la première série de leurs conditions. Un moment il cherche à reprendre le contact avec Alexandre, à agir sur l'Autriche par la Russie, n'ayant pu agir sur la Russie par l'Autriche. Puis il retourne au système autrichien, à l'alliance de famille qui a été la destination de ce mariage, que, devant Metternich, quelques jours plus tôt, il appelait une sottise. Marie-Louise est mandée à Mayence. Peut-être, par elle, François II reviendra-t-il à d'autres sentiments. Tout ce qu'il a essayé, Napoléon, à cette extrémité dont il sent le péril, le tente encore. En quelques jours, il repasse par la série de ses combinaisons d'assurance contre la chute. Elles sont déjà épuisées. À ceux qui lui représentent qu'à Dresde sa position est dangereuse : "N'étais-je pas aventuré à Marengo, à Austerlitz, à Iéna, à Wagram ?" C'est le malade qui, dans une crise, pense à celles dont il est déjà sorti, aux remèdes qui l'ont soulagé.

Et comme ils sont tous inutiles ! Autour de lui on n'aspire plus qu'à la paix, le plus tôt possible et en faisant la part du feu. Caulaincourt, à Prague, joue le même rôle que Talleyrand à Erfurt. Dans l'intérêt de l'Empire et de l'empereur lui-même, le duc de Vicence suggère à Metternich de demander beaucoup, d'être exigeant et dur. À la manière du prince de Bénévent, il s'imagine que c'est le moyen de rendre Napoléon plus modéré, de le déterminer à des concessions qui assureront son salut. Metternich n'avait pas besoin de ce conseil. Caulaincourt a encore l'illusion que l'Europe laissera à la France les conquêtes fondamentales de la République. Napoléon persiste à compter sur le concours de l'Autriche dans des négociations auxquelles il n'a été attiré que pour y être mis dans son tort. Le parti des Alliés est pris, leur plan arrêté. Quelles que soient les réponses de Napoléon, l'Autriche lui déclarera la guerre, et l'on s'est arrangé, non pour lui rendre la paix possible, mais pour l'amener dans tous les cas à dire l'équivalent d'un non. Après lui avoir fixé des préliminaires sur trois points, on lui en présente six. Ce sont des conditions variables, extensibles, en accordéon, et, d'autre part, on n'admet pas qu'il les discute. Ce qu'on exige de lui, c'est qu'il abandonne tout moyen de tenir tête aux Anglais. Il voudrait au moins, derniers spasmes de sa politique, sauver Trieste et Hambourg, les grands ports sans lesquels il n'a qu'à renoncer au blocus et à s'avouer vaincu par la puissance des mers. Quand il envoie à Prague son acceptation de principe en réservant l'examen des détails, les Alliés déclarent qu'ils n'admettent pas de contreprojet et que leurs conditions sont un ultimatum. Le 10 août, à minuit, Russes et Prussiens, montre en main, annoncent que c'est fini, que les hostilités reprennent. Le lendemain, à de nouvelles offres de concessions, l'Autriche répond à son tour qu'elle est liée, qu'elle ne peut plus rien. C'est *la* guerre. L'armistice n'a été qu'une longue intrigue. L'Autriche passe au camp ennemi après avoir eu l'air d'exercer une médiation bienveillante, et elle rejette sur Napoléon l'échec des pourparlers. Elle y a gagné, en outre, le temps d'achever ses armements, les Russes et les Prussiens ont reçu des renforts, tandis que Bernadotte amène ses Suédois.

C'est déjà un hallali. Les rois, même le dernier en date, le beau-frère de Joseph, se sont bien donné rendez-vous sur la tombe de Bonaparte. Cette fois, et pour la première fois, non seulement la coalition est générale, mais elle aura le commandement unique, celui de Schwarzenberg ; elle aura un plan ; au lieu de se faire battre elle-même en détail, éviter de se mesurer avec Napoléon, si ce n'est pour l'accabler sous des forces supérieures ; attaquer de préférence ses lieutenants : "Partout où il ne sera pas, le succès est certain." La coalition a même des idées, convoquer les peuples à la lutte pour la liberté, retourner contre la France le vocabulaire et jusqu'aux hommes de la Révolution. Moreau, le soldat de la République, est engagé dans les rangs des libérateurs. Par une transposition audacieuse, les dieux changent de camp.

Au "grand jeu de la guerre". Napoléon se retrouve égal à lui-même. On dirait que sa virtuosité s'exalte à lutter contre tant d'ennemis à la fois. S'il vainc, ce sera une des choses les plus difficiles, les plus étonnantes qu'il ait accomplies. Dès le 23 août, il a refoulé Blucher en Silésie ; la route de Berlin est ouverte à Davout et Oudinot. Le 26, il est à Dresde pour tenir tête aux deux cent mille hommes qui sont descendus de Bohême avec Schwarzenberg.

Deux jours de bataille où l'empereur paie de sa personne, indifférent au danger, dans la boue et sous la pluie, comme autrefois à Ulm, les bords de son chapeau, qui n'est plus qu'une gouttière, pendant sur ses épaules. C'est le métier, et il le fait comme à ses débuts parce qu'il est ramené, et la France avec lui, a la même condition qu'au temps où déjà l'invasion menaçait. Quels rappels du passé ! Pendant cette bataille, un boulet français n'est-il pas allé frapper Moreau ? Le vainqueur de Hohenlinden, le rival de Bonaparte, Georges, Pichegru, le complot, le procès, tout cela, qui paraît si loin, est d'hier ! On se retrouve et l'on se retrouvera encore. Ils n'ont pas tous disparu, les acteurs du drame qui se joue depuis vingt ans, que domine maintenant la figure de l'empereur, qui, sans lui, eût fini bien plus tôt et qui ne se dénouera plus que par lui, qu'il regarde pourtant avec une étrange sérénité. Lorsqu'on vient dire à Napoléon que l'ennemi, parvenu l'avant-veille jusqu'aux portes de Dresde, bat partout en retraite, l'empereur, écrit un major saxon, témoin oculaire, "reçoit cette nouvelle d'un visage aussi tranquille que s'il était question du gain d'une partie d'échecs". On lui dit que les temps d'Austerlitz et de Wagram sont revenus. Ceux qui le "harassaient" pour qu'il se repliât sur le Rhin le félicitent d'avoir repoussé les conditions de Prague et ne veulent plus qu'il signe la paix avant d'avoir rejeté les Russes bien loin derrière la Vistule. Comme le reste, les palinodies le laissent glacé. Il se contente de répondre : "Ceci n'est pas encore fini."

Le 30 août, Vandamme, par son imprudence, est battu et fait prisonnier à Kulm. Chargé de poursuivre l'ennemi en retraite, il est accablé dans le défilé même où il devait détruire les Prussiens. Les résultats de l'effort de Dresde sont anéantis, et rien désormais ne réussira plus à Napoléon. Aussi froidement qu'il avait appris sa victoire, il apprend le désastre de Vandamme. Il a "vu d'un coup d'oeil toutes les conséquences de l'événement. Il les envisage avec calme et même avec une résignation stoïque". On dirait que la seule chose qui lui importe, c'est de savoir si lui-même, sous le rapport de l'art militaire, n'a pas commis de faute. Il vérifie ses minutes, celles de Berthier. Vandamme est seul coupable. Il n'a pas suivi les instructions qu'il avait reçues. Alors, raconte Fain, l'empereur se tourne vers Maret et lui dit : "Eh bien ! voilà la guerre ; bien haut le matin et bien bas le soir." Et, les yeux fixés sur la carte, il récite une médiocre tirade de la *Mort de César,* de ces vers qu'autrefois il déclamait avec Joseph, lieux communs de tragédie sur le pas qui sépare le triomphe de la chute, sur les accidents dont dépendent le sort des États et le destin des hommes. On le croirait au spectacle, comme si c'était un héros de théâtre qui subît l'événement.

Désormais, calamités et fatalités se succèdent. L'un après l'autre, les lieutenants de l'empereur ont été battus ou le sont : échec de Macdonald en Silésie, d'Oudinot à Gross-Beeren, de Ney à Dennewitz. Il n'est plus question de marcher sur Berlin. Symptôme mauvais ; au combat, les auxiliaires allemands lâchent pied. De Dresde, Napoléon marche sur tous les points menacés, fait reculer tantôt Blucher, tantôt Wittgenstein qui, fidèles à la tactique des Alliés, rompent devant lui et avancent dès qu'il est occupé ailleurs. Tout va mal. Les Autrichiens attaquent en Italie. Des défections s'annoncent dans la Confédération du Rhin. D'un jour à l'autre, la Bavière passera à la coalition. Les Français ne sont plus en sûreté dans une Allemagne que travaillent les ligues patriotiques, les sociétés secrètes, le *Tugendbund.* L'inquiétude, le découragement montent autour de l'empereur, la confiance, le dévouement s'affaiblissent, le respect même disparaît. Ce que les mécontents disaient naguère derrière lui, ils osent le dire en face, et les plus amers sont les maréchaux, ces hommes qu'il a "écrasés d'honneur et de richesses". Il y a des querelles, des scènes, des injures. Murat, qui est pourtant revenu à l'appel, songe à garantir son royaume de Naples par l'Autriche. "Traître !" lui crie son beau-frère. Berthier est intervenu : "Vieil imbécile ! de quoi vous mêlez-vous ? Taisez-vous." Empereur, roi, prince retournent au corps de garde. À l'approche de la fin, les héros de l'épopée se retrouvent tels qu'ils étaient au commencement.

Il arrive alors à Napoléon ce qu'il pressentait si bien, ce qu'il avait annoncé tant de fois. Son autorité ne survit pas à la défaite et ce sont les militaires qui s'en affranchissent les premiers. Il connaissait la "disposition factieuse" de quelques-uns des meilleurs puisqu'il l'avait discernée chez "le brave des braves". Moreau, et Bernadotte, et l'obscur Malet lui-même n'étaient-ils pas des noms et des exemples qui criaient assez haut ? À Paris, les prévoyants prennent leurs mesures en vue de la catastrophe, quoique l'armature politique de l'Empire tienne toujours. Dans leur masse, le peuple, le soldat restent fidèles et Napoléon ne cesse pas de représenter pour eux ce que représentait Bonaparte. Les grands chefs, eux, revoient Bonaparte derrière Napoléon. Ils reviennent aussi au Consulat et c'est pour être ce qu'ils eussent été si le premier Consul avait été battu à Marengo.

À la vérité, l'empereur n'est plus le maître dans son état-major. Il a conçu un autre plan, singulièrement hardi, peut-être capable de tout sauver, porter la guerre entre l'Elbe et l'Oder, marcher sur Berlin en donnant la main aux garnisons françaises qui occupent encore les places de l'Allemagne du Nord. Quand ce projet est connu, les maréchaux lèvent les bras au ciel. Ceux qui déjà "boudaient" résistent ouvertement. On est fatigué de ces combinaisons perpétuelles, on est surtout incrédule. L'empereur ne convainc plus, on discute ses idées, on lui tient tête. Ney, Berthier, frappés par la défection de la Bavière, s'élèvent avec violence contre l'entreprise aventureuse qui ramènerait l'armée vers Magdebourg quand, demain, la Confédération du Rhin tout entière peut passer du côté des Alliés. Ils insistent pour qu'on se rapproche de la France, pour qu'on donne la main aux renforts qui arrivent. Ce sont trois jours de discussions au bout desquels Napoléon cède "contre son sentiment intime", résigné, impuissant.

C'est ainsi qu'il revint vers la plaine de Leipzig, où l'ennemi se proposait de l'envelopper pour l'enfermer à Dresde. Bataille qu'il voulait éviter en marchant sur la Prusse parce que, ce qui se décidera là, c'est le sort de l'Allemagne. Battus, les Français n'ont plus qu'à se replier derrière le Rhin, s'ils y arrivent, et, l'Allemagne perdue, c'est bien ce qu'entrevoient à Paris les politiques, c'est le commencement de la fin. Encore faut-il que Napoléon conserve une ligne de retraite, sinon c'est la fin tout de suite et sans phrases.

À Leipzig, du 16 au 19 octobre, se livre cette "bataille des nations", où, du côté des Français, tout manque, le nombre, les munitions, la confiance. Il a été dit mille fois qu'on n'y avait pas reconnu Napoléon, qu'il n'avait pas été égal à lui-même, malade, selon les uns, et, selon les autres, occupé par trop d'affaires, les détails du gouvernement de l'Empire venant le distraire et l'absorber dans les moments où il avait besoin de ne penser qu'a son "échiquier". N'était-il pas sans confiance lui-même, s'étant laissé imposer ce qu'il n'eût pas voulu ? Pourtant, la première journée apportait un rayon, peut-être un présage. Un prisonnier lui était amené, Merfeldt, le même général autrichien qui s'était présenté avec le drapeau blanc à Léoben, qui était revenu en parlementaire après Austerlitz. Tout le monde se retrouvait encore, tout cela aussi était à la fois d'hier et très loin ! Mais ce qui s'était accompli de prodigieux dans le bref intervalle était-il aboli ? Napoléon ne veut pas croire encore que son mariage et les liens "indissolubles" ne comptent pas.

À cette heure où il est en danger, l'Autriche est son suprême espoir. Il renvoie Merfeldt près de l'impérial beau-père avec des paroles de réconciliation et l'offre d'une paix raisonnable. Merfeldt ne revint pas.

Avec quelle rapidité les choses vont maintenant se défaire ! Cette débâcle d'une armée est celle d'un système, l'écroulement de ce qu'avaient édifié vingt ans d'efforts. Les Saxons, qui au milieu de la bataille retournent leurs canons contre les Français, c'est l'Allemagne qui se lève, qui renverse la Confédération du Rhin, la barrière des rois créés par Napoléon pour protéger les frontières conquises par la République. Jérôme et son royaume de Westphalie vont disparaître en quelques jours. Des alliances de famille à peine moins hautes que celles de l'empereur n'auront pas sauvé le jeune frère. Et voici, après le canon des Saxons, celui de Bernadotte, soldat de la Révolution et roi élu. La bataille de Leipzig est une sorte de jugement dernier où se venge le passé, où se mêlent les vivants et les morts, où apparaît ce qui était caché, la faiblesse du Grand Empire construit sur du prestige et sur des illusions. "Froid, réfléchi, concentré", Bonaparte apprend les tristes nouvelles en laissant à peine lire un découragement sur son visage. Cent mille Français dont les munitions sont épuisées devant trois cent mille ennemis. Il ordonne la retraite, et, comme au retour de Moscou, ce n'est pas encore la fin des malheurs. La panique commence. Les sapeurs font sauter le pont de l'Elster avant que toute l'armée ait passé, et Poniatowski se noie, symbole de la Pologne vainement confiante et vainement fidèle. C'est bien de ce 19 octobre qu'il faut dater la fin de l'Empire. On refait en sens inverse le chemin de la veille, on défile près des lieux dont les noms rappellent des victoires défuntes. On revient par Erfurt, où, il y a cinq ans, Napoléon et Alexandre, devant le parterre de rois, se donnaient l'accolade. À Hanau, pour s'ouvrir le chemin, il faut passer sur le ventre des Bavarois, alliés d'hier, qui ont tourné casaque comme les Saxons. Rien n'étonne plus l'empereur. Désormais, il s'attend à tout. À Macdonald qui signale le danger et réclame du renfort, il répond avec indifférence : "Que voulez-vous que j'y fasse ? Je donne des ordres et l'on ne m'écoute plus." Macdonald insiste, demande pourquoi la Garde n'est pas déjà en marche. Il réplique froidement, pour la seconde fois : "Je n'y puis rien." La discipline aussi n'est plus qu'un souvenir. Maréchaux, généraux n'ont jamais été des automates ni des adorateurs muets de l'idole. Ils continuaient de parler, de penser, ils gardaient l'esprit critique. Mécontents après les premiers revers, ils deviennent insolents après le désastre et leur révolte gronde. Augereau, le compagnon de la guerre d'Italie, l'homme à tout faire de fructidor, devenu duc de Castiglione, crie à tout venant : "Est-ce que le c... sait ce qu'il fait ? Vous ne voyez donc pas qu'il a perdu la tête ? Le lâche ! il nous abandonnerait." Les meilleurs lui lancent des paroles cruelles. Un jour que l'état-major discute ses idées, l'empereur se tourne vers Drouot et, "pour mendier un suffrage au prix d'une flatterie", dit qu'il faudrait cent hommes comme celui-là. "Sire, vous vous trompez, répond Drouot, il vous en faudrait cent mille." Les plus dévoués l'écrasent de ces répliques. Et si parfois Napoléon "déblatère" et se plaint de l'absence de zèle ; s'il convient, mais rarement, que sa position est fâcheuse, et, en ce cas, "conclut toujours par espérer", il reste à l'ordinaire "morne et silencieux" et feint de ne pas entendre ce qui se dit, de ne pas comprendre ce qui se prépare. Le jour où Murat le quitte, invoquant les lettres qu'il vient de recevoir et qui le réclament à Naples, Napoléon l'accueille avec humeur mais ne lui parle plus de trahison. Il l'embrasse même devant tout le monde à plusieurs reprises. Est-il dupe ? Ferme-t-il volontairement les yeux ? Tant de paroles sont devenues inutiles et tant de choses sont consommées !

Le 2 novembre, Napoléon est à Mayence. L'Allemagne est évacuée, sauf les garnisons qui restent au Nord et qui sont destinées à servir de monnaie d'échange, s'il peut y avoir, désormais, des négociations entre parties égales. Une armée qui, dans la même année, a été ramenée du Niémen derrière le Rhin, l'ennemi ne voudra-t-il pas la repousser plus loin encore ? Tout ce que Napoléon semble alors espérer, ce sont des délais, c'est que les Alliés n'oseront pas engager une campagne d'hiver. Toutefois il n'est pas aveugle à la catastrophe, à ce que signifie l'Allemagne perdue, l'Italie envahie par les Autrichiens. Il regarde froidement le destin qui se prononce. "Je suis fâché de ne pas être à Paris", écrit-il de Mayence à Cambacérès, "on m'y verrait plus tranquille et plus calme que dans aucune circonstance de ma vie."

Avec la catastrophe, c'est la véritable figure de Napoléon qui apparaît. Il est l'homme qui comprend sa propre histoire, qui la domine, qui l'embrasse d'un coup d'oeil. Il sait qu'il revient aux origines de ces guerres qui, depuis 1792, ne sont qu'une seule et même guerre, que la France retourne elle-même au point où elle l'a pris pour le charger d'une tâche impossible. Il sait qu'il en arrive, après tant d'efforts de toute sorte, à ce qui ne pouvait être évité. Daru, disant qu'il avait eu, plus que personne peut-être, le moyen de pénétrer dans la pensée de Napoléon, ajoutait : "Je n'y ai jamais aperçu la moindre préoccupation d'élever un édifice impérissable." Ou plutôt il sait que tout cela était éphémère et devait périr. Il tient peu à l'existence, à son trône encore moins, au plaisir du pouvoir, à ses palais, à l'argent, pas du tout. Avec quelle pitié il regarde ses frères qui s'attachent à des titres vides qui, sans États, se feront encore appeler "roi Joseph" ou "roi Jérôme" ; Eugène, son fils adoptif, son préféré, que trouble la crainte de perdre la vice-royauté d'Italie ; Murat qui tente d'acheter sa couronne par une trahison ! Sauver la sienne à tout prix, c'est une pensée qui ne vient pas à Bonaparte parce qu'elle serait inutile et parce qu'il la dédaigne. Ce qui maintenant l'intéresse, en homme de lettres, en artiste, c'est sa propre destinée, son nom et sa place dans l'histoire. Et ce qui grandira en lui, c'est l'intelligence de sa gloire véritable. Ayant déjà régné sur les hommes et s'adressant toujours à leur imagination, il lui reste, par d'autres images, à régner sur l'avenir. Un des secrets de son ascension incroyable, c'est qu'il a toujours vu grand. C'est pourquoi sa fin ne pourra pas être petite et servira plus que tout à sa grandeur.

Chapitre XXIII : Les bottes de 1793 et l'insurrection des maréchaux

Désormais l'histoire de Bonaparte est un drame qui se resserre. Le temps, qui lui a toujours été mesuré, l'étrangle. De retour à Saint-Cloud le 9 novembre 1813, il abdiquera le 7 avril. Cinq mois seulement. Et ensuite cent jours. Des délais de grâce, mais comme ils sont remplis !

L'homme extraordinaire, c'est là, dans la mauvaise fortune et dans l'épreuve, qu'on le connaît. S'il achève bien le "roman de sa vie", s'il lui donne un tour épique, c'est parce qu'il est supérieur au reste des mortels, supérieur surtout par un sens infaillible de sa destinée. Quel autre, dans cet effondrement, n'eût faibli ? Ce n'est pas assez d'avoir de la volonté, de la force de caractère. De sa propre situation, l'empereur a une vue historique. Il arrive aujourd'hui ce qui pouvait arriver dès la première année du Consulat, risque d'une seule et même guerre qu'il a eu pour mission de poursuivre jusqu'à une fin victorieuse comme délégué de la Révolution pour la conservation des frontières. Il ne rusera point avec ce mandat. Il périra plutôt avec le rêve de la nation française dans le dernier retranchement, celui du "territoire sacré", raison de tout ce qu'il a fait.

L'invasion menace. Un brumairien qui a été député aux États généraux de 1789, un des hommes qui relient l'Empire aux origines de l'ère nouvelle, Regnault de Saint-Jean d'Angély, rappelle au Corps législatif la patrie en danger, la levée en masse et Valmy, l'an VII et Zurich, l'an VIII et la bataille de Marengo. Il s'agit de renouer la chaîne, de puiser des forces dans ces souvenirs. Le cercle se ferme et Bonaparte lui-même a fait le tour des idées politiques. Militaire jacobin à vingt-cinq ans, il n'en a que quarante-quatre. Entré depuis son mariage dans le rôle d'un souverain légitime, il n'est pas si loin du temps où il mitraillait, au service de la République, les royalistes sur les marches de Saint-Roch. Il a obéi aux circonstances et changé avec elles. Pourquoi ne changerait-il pas encore puisqu'elles redeviennent ce qu'elles ont été ? Il n'a qu'à regarder autour de lui. Tout cela a été tellement bref que ses aînés sont encore dans la carrière et les personnages du drame presque au complet. Barras est en exil ; ordre sera donné de laisser rentrer l'ancien Directeur. Augereau, l'Augereau de Castiglione et de fructidor, est toujours au service, maréchal et duc. Bonaparte lui écrira : "Il faut reprendre ses bottes et sa résolution de 93." Augereau, dans l'armée, arborera des premiers la cocarde blanche, tandis qu'au Sénat Sieyès aura voté le rappel des Bourbons.

C'est que, de 1793, il ne suffit pas de reprendre les bottes et le langage. Il faudrait retrouver l'élan et le ressort est brisé. Quand la Révolution guerrière s'était livrée à un général qui promettait la paix qu'elle n'avait pu obtenir, elle sentait déjà l'épuisement des ardeurs. Après les efforts que Napoléon avait demandés à la France, c'était plus que de la fatigue, c'était du dégoût. Thiers, se rappelant les propos qu'avait entendus son enfance, écrit, et c'est éloquent : "L'horreur qu'on avait ressentie jadis pour la guillotine, on l'éprouvait aujourd'hui pour la guerre." Des recrues de dix-huit ans, des réfractaires partout, l'esprit détestable dans les villes, ce ne sont pas les éléments d'un Valmy - si Napoléon croyait à la victoire spontanée, à l'enthousiasme irrésistible, au miracle militaire, et pour lui, Valmy n'avait été que "la retraite ridicule de l'armée prussienne devant nos légions non organisées". Il battra Blucher et Blucher ne s'en ira pas comme Brunswick. L'envahisseur, à la fin de 1813, ce n'est plus seulement Brunswick, mais 600 000 ennemis qui se pressent sur le Rhin, aux portes des Pyrénées, l'Europe coalisée pour ramener la France à ses anciennes limites. Dans l'ensemble et dans le détail. Napoléon voit le problème avec lucidité. "Toute l'Europe marchait avec nous il y a un an. Toute l'Europe marche aujourd'hui contre nous", dit-il au Sénat. Désormais le choix est entre les anciennes frontières et lui, c'est-à-dire entre Louis XVIII et Napoléon. Les Bourbons, la masse les a presque oubliés. Les Alliés n'y pensent guère. Avec plus de certitude que le royaliste le plus fidèle, l'empereur prévoit leur retour. Lui ou eux. Ou quoi, puisque tout aura été essayé ? Il s'agit de savoir si la France veut se défendre avec l'empereur qui, par le serment du sacre, a juré de "maintenir l'intégrité du territoire de la République". Barante, préfet, témoin de l'état intérieur du pays, dit bien que, Bonaparte tombé, "la France de la Révolution n'avait pas un point de résistance". Offrirait-elle un point de résistance à Napoléon ?

Il tente l'expérience qu'il recommencera aux Cent-Jours. Il cherche l'appui de l'opinion publique. Elle accuse son ministre Maret de le pousser à l'intransigeance par servilité. Il remplace Maret par Caulaincourt, c'est-à-dire par l'école de Talleyrand, des sacrifices nécessaires, de la mesure et, puisqu'on y croit, du "possible". On reproche à l'empereur de n'avoir pas traité quand il en était temps, de n'avoir pas su conclure la paix à Prague. Il y a des assemblées qui représentent le pays. Il leur fait connaître le dossier des négociations. Il ne faut pas que l'adresse du Corps législatif au souverain semble rédigée par des courtisans. La commission de l'adresse sera composée d'hommes connus par leur indépendance. Seulement, dans cette Chambre si longtemps servile à qui la parole est rendue, le résultat, c'est une motion libérale, des plaintes contre le pouvoir absolu et la conscription, la demande d'une paix immédiate, le rapport voté à une majorité considérable, une opposition qui se manifeste tout haut, "un acte d'accusation dirigé contre celui qui pouvait seul sauver l'État". En donnant la parole aux assemblées, l'empereur ne recueillait que des remontrances et elles "le discréditaient aux yeux de l'Europe et de la nation qu'il s'agissait aux armes quand le territoire était envahi". L'expérience est manquée, le Corps législatif sera ajourné. Pour le salut public, Napoléon reprendra le rôle de dictateur. Et c'est, le 1er janvier 1814, son apostrophe aux députés où reviennent les phrases hachées de brumaire. "Que faut-il à la France en ce moment ? Ce n'est pas une assemblée, ce ne sont pas des orateurs, c'est un général. Y en a-t-il un parmi vous ?... Qu'est-ce que le trône ? Quatre morceaux de bois couverts d'un morceau de velours : mais, dans la langue monarchique, le trône, c'est moi." Pour finir, il accuse : "Vous avez été entraînés par des gens dévoués à l'Angleterre, et M. Lainé, votre rapporteur, est un méchant homme en correspondance avec les Bourbons." Encore une scène, des paroles foudroyantes, point de rigueurs. Les députés sont renvoyés dans leurs départements, où plus d'un s'empresse réellement de travailler pour Louis XVIII, comme Lainé va le faire à Bordeaux. Ce qu'il faut toujours à Bonaparte, en politique, ce sont des choses faciles, qui réussissent par le prestige de son nom, par l'autorité qui s'impose d'elle-même. Et maintenant tout cela se retire de lui, comme déjà, à sa cour, il y a des absences et les premiers signes de l'abandon.

Le succès, il va à la subtile manoeuvre des Alliés, payés de leur constance, de la suite de leurs idées, habiles à discerner et à flatter la disposition des esprits. Séparer la France de son chef, laisser entendre qu'on est à reconnaître les frontières naturelles mais en gardant les ambiguïtés, l'équivoque, de telle manière qu'on puisse toujours se rétracter, c'est le système de Prague qui continue, se développe et se perfectionne. "Napoléon comprendrait et dirait non ; l'opinion se méprendrait et condamnerait l'empereur." Dans l'idée des Français, les Alliés ne pouvaient offrir qu'un retour aux traités de Lunéville et d'Amiens. On évitait de dissiper leur illusion. On évitait aussi de présenter des conditions précises. Des "bases" de discussion, pas même des préliminaires de paix - car les Alliés se gardaient bien de parler d'armistice - telles étaient en novembre 1813, les "ouvertures" de Francfort. Refus de s'expliquer sur le principal, c'est-à-dire sur l'étendue de territoire qui serait laissée à la France, obscurité voulue, tout devant dépendre des résultats de la guerre, les prétendues "bases" étaient essentiellement mobiles. De plus, entre les coalisés, le pacte de 1805 reprenait vigueur. Le consentement de l'Angleterre était toujours réservé et les "ouvertures" qui étaient faites à la France par la Russie, l'Autriche et la Prusse restaient "officiellement inconnues" aux Anglais. Napoléon, dit Soult, avait "percé la feinte de Metternich". Il avait voulu des garanties avant de discuter les bases que l'Autrichien lui-même avait soin d'appeler "générales et sommaires". Telles quelles, on les recevait en France avec enthousiasme. On pressait l'empereur de dire oui tout de suite. Ce fut comme à Prague. Quand il eut dit oui, les Alliés exigèrent autre chose. Metternich répondit que les souverains devaient consulter le cabinet de Londres dont l'avis tenait dans cette instruction de Castlereagh à Aberdeen : "Considérez qu'enlever Anvers à la France, c'est, par-dessus tout autre objet, le plus essentiel aux intérêts britanniques."

Ainsi la guerre, l'invasion prennent tout leur sens. A la fin de novembre 1813, la Hollande en révolte a rappelé le prince d'Orange. Les Alliés ont franchi le Rhin, violé la neutralité de la Suisse, en se couvrant du motif qu'ils n'en veulent qu'à la prépondérance de Napoléon. C'est la "feinte". Un autre que Bonaparte l'a percée. Carnot, fier républicain, resté volontairement à l'écart de l'Empire triomphant, sort de sa retraite, offre ses services à l'empereur malheureux. Retour aux origines, aux causes-mères. Avec Carnot, le Comité de salut public reconnaît en Bonaparte son successeur. Et le "petit capitaine" se souvient. Carnot, principal artisan de l'annexion de la Belgique, est nommé sur-le-champ gouverneur d'Anvers. Voilà l'esprit de 1793. C'est à peu près le moment où Napoléon dit à Caulaincourt : "Veut-on réduire la France à ses anciennes limites ? C'est l'avilir. On se trompe si on croit que les malheurs de la guerre peuvent faire désirer à la nation une telle paix. Il n'est pas un coeur français qui n'en sentît l'opprobre au bout de six mois et qui ne la reprochât au gouvernement assez lâche pour la signer." Idée forte, arrêtée et ancienne. Peu de temps après son retour de Russie il avait déjà dit à Molé qu'il perdrait la confiance de "cette nation si lasse de la guerre" s'il lui procurait la paix à des conditions dont il eût "personnellement à rougir". Il ajoutait : "Vous verriez les Français qui m'ont tant admiré, peut-être tant craint, se moquer de moi plus qu'ils ne l'ont fait d'aucun de leurs gouvernements."

Réduit à "la rigoureuse alternative de se soumettre à tout ou de tout risquer", il risquera tout. D'ailleurs, il reste le même homme, libre d'esprit, presque détaché de ces choses qu'il prépare avec le dernier soin en vue de la lutte, ne cessant jamais de faire comme si le succès était certain, ne négligeant rien pour l'obtenir et portant sur sa propre situation un regard aussi froid que s'il jugeait celle d'un autre. Les conséquences, il les tire. Il liquide les plus mauvaises de ses affaires, il s'allège comme un spéculateur mal engagé. Ce qu'il garde, en guise de compensations pour le jour où l'on négociera, ce sont les places de l'Elbe et l'Italie. Mais le pape est renvoyé à Rome, Ferdinand VII en Espagne. Napoléon se délivre du boulet espagnol qu'il traîne depuis cinq ans, sans même consulter Joseph qui l'impatiente maintenant plus que ses autres frères : " Aîné, lui ? Pour la vigne de notre père, sans doute ! " Bien que l'Autriche reste pour lui un espoir, la belle-famille n'est pas mieux traitée que la famille. Hortense raconte un dîner intime, où l'empereur, voyant tout le monde consterné parce qu'on vient d'apprendre que les Alliés ont passé le Rhin, dit avec une étrange gaieté à Marie-Louise : "Nous n'avons pas oublié notre métier. Sois tranquille, nous irons encore à Vienne battre papa François." Au dessert, on amène le roi de Rome et l'empereur, riant de tout son coeur, fait redire à l'enfant : "Allons battre papa François." Mollien lui propose de mettre le Trésor en sûreté de l'autre côté de la Loire. Il lui frappe sur l'épaule, ironique et familier : "Mon cher, si les Cosaques viennent devant Paris, il n'y a plus ni Empire ni empereur." Et à Lavalette, au moment où il va rejoindre l'armée, ce mot aigu : "Si je viens à être tué, ma succession ne sera pas dévolue au roi de Rome. Au point où les choses sont venues, il n'y a qu'un Bourbon qui me puisse succéder."

Le 25 janvier au matin, il quitte Paris. Il a brûlé ses papiers les plus secrets et, pour la dernière fois, embrassé sa femme et son fils. Jamais il ne les reverra. Il laisse les choses en ordre et en règle, il accomplit consciencieusement et sans confiance toutes les formalités, la régence à Marie-Louise, Joseph lieutenant général de l'Empire. C'est le décor où seule la victoire mettra des réalités, si la victoire reste possible et Bonaparte a si peu d'illusions ! "Mes troupes ! mes troupes ! dit-il à Pasquier. Est-ce qu'on croit que j'ai encore une armée ?" Sur les services qu'il peut attendre des siens et sur leur fidélité, il ne s'abuse pas davantage. Il connaît la défection de Murat, passé à la coalition depuis quinze jours et qui croit sauver son trône alors qu'il tombe dans les filets de Metternich. En attaquant Eugène, en immobilisant l'armée d'Italie, qui serait si nécessaire en France, Murat contribue à la défaite de Napoléon. La soeur, le beau-frère qu'il a "tiré du néant", dont il a fait un roi - sur qui se reposer ? "C'est dans ma destinée de me voir constamment trahi par l'affreuse ingratitude des hommes que j'ai le plus comblés de bienfaits." La fin qui s'approche sera laide. Mais il y a un moyen d'abréger, de se libérer. Napoléon qui ne tient pas aux choses, pas du tout aux gens - sauf "un peu à son fils", disait-il à Metternich quelques mois plus tôt - ne tiendra pas, pendant ces quelques semaines, à la vie. Quand, le 1er janvier, il avait achevé son altière harangue aux députés par ces mots : "Avant trois mois, j'aurai fait la paix, les ennemis seront chassés de notre territoire ou je serai mort", on avait à peine écouté. Une phrase, du style. Il avait pourtant, au fond de l'âme, le désir de la grande évasion, et, dans la bouche, le goût de la cendre.

Cette campagne de France, si admirée, belle par l'audacieux génie de la conception, que l'envers en est vilain ! Le refrain de Napoléon la ponctue. On ne l'aide pas, on ne le sert pas. Personne n'a d'initiative ni d'idées. Et même, maintenant, on discute les ordres, on les exécute mal, on se dispense de les exécuter. "Je ne suis plus obéi. Vous avez tous plus d'esprit que moi et sans cesse on m'oppose de la résistance en m'objectant des mais, des si, des car." Ses plus belles combinaisons militaires échoueront par cette absence de bonne volonté qui aggrave l'infériorité du nombre, l'inexpérience des trop jeunes soldats, de ces "Marie-Louise" de dix-huit ans dont beaucoup ne savent même pas charger leur fusil, par la disparition, après tant de campagnes meurtrières, de ces officiers subalternes qui étaient une des forces de la Grande Armée. Elles échoueront encore par l'épuisement de l'enthousiasme, le dégoût de la guerre, l'extinction de la confiance, enfin par le sentiment que tout est inutile parce que c'est la fin. Napoléon lui-même, qu'on voit à chaque instant chercher une mort qui ne veut pas de lui, décourage sans le savoir. À Arcis-sur-Aube, Sébastiani retient Exelmans qui veut avertir Napoléon du danger : "Laissez-le donc, vous voyez bien qu'il le fait exprès ; il veut en finir."

Il le voulait et puis, toujours mobile et incertain, il se reprenait à l'espérance. Le voici d'abord à Brienne, ramené à ses débuts, à ses premiers pas en France, à son vieux collège, retrouvant un de ses anciens maîtres, le P. Henriot, devenu curé de Maizières, qui lui sert de guide et lui offre un lit. Le combat a été heureux. On dirait qu'en renouant avec ce passé, il a retrouvé son étoile. Il a repris aux Prussiens une ville incendiée. Il s'endort le soir en rêvant de rebâtir Brienne, d'y fonder une grande école militaire ou une résidence impériale. Le surlendemain, à La Rothière, il doit battre en retraite, se replier sur Troyes. Alors, il est prêt à accepter les conditions des Alliés, il donne, pour le Congrès de Châtillon, carte blanche à Caulaincourt. La victoire revenue, il lui interdira de signer à tout prix. Il attend "toujours un miracle". Il en a tant vu, il en a lui-même tant fait ! "Encore un succès, dit-il le soir de Champaubert, l'ennemi repassera le Rhin plus vite qu'il ne l'a passé et je suis encore sur la Vistule." Et le lendemain, à Montmirail, après une journée éclatante qui fait penser à ses anciennes victoires d'Italie : "Les Alliés ne savent pas que je suis plus près de Munich et de Vienne qu'ils ne le sont de Paris." Tels sont les mouvements alternés que produisent chez lui les résultats tour à tour bons et mauvais d'une stratégie inventive, qu'il renouvelle et qu'il poursuit, au sentiment de ceux qui le regardent de loin, "avec une vigueur incroyable", réduit parfois à dix mille hommes contre les forces de la coalition et montrant le reste de sa vieille garde comme "la tête de Méduse".

Après Champaubert, Montmirail, Vauchamps, où il semble qu'il ait, lui, retrouvé sa jeunesse, la troupe, les populations renaissent à l'espoir de chasser l'envahisseur. Ce sont les chefs qui n'espèrent plus. L'empereur "a à se plaindre des plus braves". Retards, négligences, défaillances n'ont pas permis d'exploiter le succès. Alors c'est une scène violente à Victor, ancien tambour devenu maréchal et duc de Bellune. Son commandement lui est retiré, deux généraux menacés de conseil de guerre. Puis Napoléon s'attendrit sur le vieux soldat, le vieux compagnon d'Italie - qui passera bientôt à Louis XVIII, comme les autres. C'est moins que jamais le moment où il ose sévir. Ceux qui lui échappent les premiers, ceux qu'il a toujours craints, ceux qui, dans deux mois, l'auront renversé, ce sont les chefs militaires. Après Montereau, où il s'est encore exposé au péril, où il a pointé lui-même des canons, faisant murmurer les artilleurs par son imprudence, il est sombre, agité, bien que la journée ait été heureuse, et ce qu'il a dit tant de fois il le redit, dans la nuit, au château de Surville : "On ne m'obéit plus ! On ne me craint plus ! Il faudrait que je fusse partout a la fois !"

Ces faits de guerre, ces efforts surhumains pour repousser une invasion qui, depuis plus de vingt ans, était seulement différée, se conjuguaient avec des négociations dont il voyait clairement le caractère. Il doutait toujours que les Alliés fussent de bonne foi et surtout que l'Angleterre voulût une paix telle qu'il pût l'accepter. Castlereagh était arrivé et conduisait maintenant les affaires. Les conditions de Châtillon n'étaient plus les propositions de Francfort. C'étaient les frontières de 1790, les anciennes limites et quand Berthier, Maret pressaient Napoléon de les accepter, il évoquait le serment du sacre, les républicains du Sénat : "Que pourrai-je leur répondre quand ils viendront me redemander leurs barrières du Rhin ?" On lui avait déjà tant reproché de n'avoir pas signé la paix à temps, il sentait en France une telle hâte, que, plusieurs fois, il fut sur le point de céder, bien qu'il fût certain que tout cela était "un masque". S'il acceptait les anciennes limites, il était sûr que d'autres exigences seraient présentées. Il aurait à donner des garanties dont la première serait sans doute qu'il renonçât au trône. François II lui-même voulait-il sincèrement sauver son gendre, sa fille, son petit-fils ? Caulaincourt, le négociateur, ne l'a pas cru. Il s'est rendu compte que l'Autriche avait toujours subordonné la considération de famille "à d'autres vues qu'elle n'osait pas alors avouer parce qu'elle ne se flattait pas de les voir se réaliser". À Châtillon comme à Francfort, "sa modération dépendit moins de sa conscience et de sa politique que du succès qu'elle n'osait pas croire si facile". L'élève de Talleyrand s'aperçut en outre que, le jour où Napoléon se serait incliné devant le principe des anciennes limites, il ne serait même pas certain que la France fût admise au règlement général. Les Alliés disposeraient-ils sans elle de ses anciennes conquêtes, surtout de la Belgique et de la rive gauche du Rhin ? Si Napoléon subissait encore cela, il s'humiliait tant que son gouvernement devenait impossible. S'il ne s'y résignait pas, c'était une prétention qui faisait échouer la paix.

Les choses dépendaient toujours des événements de guerre. Mais si, par une faveur inouïe de la fortune, Napoléon avait infligé aux Alliés la grande défaite à laquelle tendaient ses combinaisons, eût-il obtenu plus qu'après tant d'autres victoires ? Eût-il obtenu mieux que tant de paix magnifiques qui n'avaient été que des trêves ?

Tout ce qu'un grand capitaine peut imaginer, il le tenta encore, prendre l'ennemi de flanc, de revers, - la plus haute école, de savantes manoeuvres. La plus belle, le mouvement sur l'Aisne qui devait achever la destruction de Blucher, manqua le 3 mars par la capitulation de Soissons. La fureur de Napoléon fut inexprimable. Il demandait qu'on lui amenât sur l'heure le commandant de la place qui s'était rendu, qu'on fusillât le misérable. "À dater surtout de ce jour fatal" on vit chez l'empereur "une profonde tristesse", traits contractés, sourires forcés, la mort qu'il cherche dans les derniers combats et qui se refuse à lui. Il n'existait plus qu'une ressource, soulever la France contre l'envahisseur, non seule-ment la résolution de 1793 mais la résolution plus farouche de l'Espagne et de la Russie. Il y pensa : "Quand un paysan est ruiné et que sa maison est brûlée, il n'a rien de mieux à faire que de prendre un fusil." De pareilles intentions, à peine connues, devinées, accroissaient le désir de la paix dans les régions qui n'étaient pas envahies. Et le duc d'Angoulême allait entrer à Bordeaux.

La victoire, pendant quelques jours, Napoléon eut l'illusion de la tenir. L'ennemi "croyait le voir partout". Du 16 au 19 mars, par son retour offensif sur l'Aube, il oblige les Alliés à une retraite précipitée, les met en désarroi, effrayés à l'idée que leurs communications seront coupées, que l'Argonne, la Lorraine, la Bourgogne s'insurgeront contre eux. Il s'en fallut de vingt-quatre heures que François II, "papa François", ne fût pris. Mais, le 20 mars, Augereau tourne le dos, évacue Lyon à l'approche d'un corps autrichien et se retire sur Valence. L'armée du sud, sur laquelle l'empereur comptait pour une diversion de flanc, devient inutile. Il y a eu la défection du duc de Castiglione avant celle du duc de Raguse.

Cependant les Alliés hésitaient encore et le dénouement traînait. Il fallut, pour l'amener, l'intervention d'un homme, d'une pensée, d'une haine clairvoyante, et la destinée devait faire que cette haine fût corse, qu'une vendetta de l'île se mêlât à cette grande histoire. Si forts qu'ils se sentissent, les Alliés gardaient une sorte de crainte respectueuse en face de Napoléon, devant les Français qui les avaient si souvent battus. Ils n'avançaient qu'avec prudence et circonspection. Le Paris de la Révolution leur faisait peur. Il y eut quelqu'un à leur quartier général pour prêcher sans relâche, plus hardiment que tout autre, qu'il fallait marcher droit sur Paris et qu'alors tout serait fini, tout tomberait. Cet homme s'appelait *Pozzo di Borgo*. Il avait un vieux compte à régler avec ce petit Bonaparte dont il disait déjà, vingt ans plus tôt, ce que les Alliés répétaient dans leurs proclamations : "Napoléon Bonaparte est cause de tout." Aux troubles d'Ajaccio, Pozzo avait été du côté de Paoli. Il avait chassé de Corse Napoléon et sa famille, avant d'en être chassé lui-même avec les Anglais, sa tête mise à prix. Passé au service de la Russie, "le plus comme il faut des aventuriers", Pozzo était illumine par l'esprit de vengeance. L'idée qu'il ne cessait de souffler à Alexandre, et par lui aux autres souverains encore hésitants, était mortelle pour son ennemi. Il faut que la Corse si lointaine, si oubliée, vienne avec ses clans, ses querelles, ses haines, chercher et retrouver Napoléon, qui, entre l'Aisne et la Marne, commence lui-même à n'être plus qu'un chef de partisans, à tenir le maquis en Champagne pour la Révolution conquérante et guerrière dont il a reçu le testament, et déjà tout près de retourner à l'aventurier, comme aux temps d'Ajaccio.

La marche hardie et décisive de l'ennemi sur la capitale laissa Napoléon dans une perplexité mortelle. Que faire ? "Il s'abîme dans ses pensées." Il songe à répondre par une plus grande audace. Laissant aux Alliés Paris qui leur résistera peut-être, il leur coupera la retraite et, s'aidant des ressources que lui offre l'Est patriote, il leur fera une guerre meurtrière, les acculera à la capitulation qu'il a cru deux fois obtenir. C'eût été la guerre à outrance, l'idée de Gambetta en 1870. Même si Paris est pris, les Alliés ne peuvent-ils y trouver leur tombeau comme il a trouvé le sien à Moscou ? C'est une extrémité" et il fait "tous ses efforts pour se familiariser avec les résolutions qu'elle comporte", car ce serait s'engager sans retour, jouer le tout pour le tout, ne plus être qu'un hors-la-loi s'il arrivait que sa déchéance fût prononcée pendant qu'il battrait la campagne, et c'est bien ce qui le menace depuis que les Alliés ont conclu ce pacte de Chaumont, le même que celui au nom duquel, l'an d'après, ils lui courront sus. Et puis, pour tenter cette partie suprême, il faudrait qu'il sentît autour de lui des dévouements et les généraux ont, encore moins que l'empereur, le goût de tout risquer et de passer à l'état de chouans impériaux. Le 23 mars, après la rupture de la conférence de Châtillon, lorsque Caulaincourt arrive à Saint-Dizier, le mécontentement de l'état-major éclate. À côté de la salle où Napoléon s'est enfermé, on demande tout haut, dans une explosion de fureur, où il va, ce qu'on deviendra, s'il faudra tomber avec lui, s'il n'est pas fou. Il fait celui qui n'entend pas, mais il réfléchit, il hésite, il est prêt, pour obtenir la paix, à renoncer même à la rive gauche du Rhin, lorsque, le 28 mars, le hasard fait tomber entre ses mains un prisonnier de marque, Weissenberg, diplomate autrichien. Il l'envoie à son beau-père avec une mission confidentielle, sans plus de résultat ni de réponse que l'année d'avant avec Merfeldt. Quelle négociation peut maintenant le sauver ? Il est fixé sur son propre sort. Cependant Ney, Berthier le fatiguent du danger que court Paris, de la situation impossible où il se mettra lui-même et où il les aura mis. On ne le suit plus, il n'est plus le maître et son incertitude lui présente d'autres images. Toujours prompt à changer d'humeur, il ne pense plus qu'à Paris qu'il ne peut perdre sans perdre tout, à ce qui s'y passe, aux conspirations qui s'y forment, à tout ce dont il a eu tant de fois l'esprit obsédé, à l'écroulement d'un pouvoir qu'il sait fragile, si fragile, que, dans son réalisme brutal, il vient de l'appeler "une monarchie de huit jours".

Tandis qu'il se hâte vers Paris, espérant encore sauver sa capitale, organiser une résistance, ce qui aurait pu arriver presque chaque année depuis Marengo s'accomplit. Napoléon avait bien dit que le jour où les Cosaques paraîtraient devant Paris il n'y aurait plus ni Empire ni empereur. Le *30 mars*, il est à Juvisy, quelques heures trop tard. Paris a capitulé. Depuis deux jours, Marie-Louise et le roi de Rome sont partis. L'enfant dont son père dira que le sort le plus triste est celui d'Astyanax, il a fallu l'arracher aux Tuileries, pleurant, criant : "Je ne veux pas m'en aller, je ne veux pas quitter ma maison." Dix berlines vertes que soixante ou quatre-vingts curieux ont regardé passer en silence, voilà les funérailles de l'Empire. Et Joseph, le "lieutenant général", a disparu, il a quitté Paris encore moins glorieusement que Madrid.

L'ennemi à Montmartre et au faubourg Saint-Antoine, c'était la chose à laquelle Bonaparte pensait dès le temps d'Austerlitz et du fond de la Moravie. La conclusion si souvent prévue, elle était là. Au bord de la grande route, dans une maison de poste, il apprend que tout s'en est allé dans un affaissement plutôt que dans une catastrophe. Pareils à la mort, les événements inévitables et nécessaires ne viennent jamais avec la figure qu'on leur a prêtée. Celui-là laissa Napoléon dans un grand désordre d'esprit. Oubliant qu'il a donné lui-même des instructions formelles pour le départ de l'impératrice, du roi de Rome et du gouvernement si Paris était menacé, il éclate en reproches, en fureurs, en injures de soldat pour ceux qui ont capitulé, pour Joseph surtout, "ce cochon de Joseph". Et puis, ne pouvant croire que ce soit fini, penché sur ses cartes, par habitude, il cherche ce qu'il y a à faire. "Quatre jours et je les tiens." La route de Fontainebleau était libre. Il la prend, agitant encore des projets d'opérations, de manœuvres, dressant le compte des forces qui lui restent, rédigeant des instructions pour Berthier. Le 2 avril, au moment où le Sénat vote sa déchéance, il médite un coup de main sur Paris avec les divisions de Marmont qui se sont repliées sur Essonnes. Le 3, il harangue sa garde, se fait acclamer. Le soldat crie : "À Paris !" Le soir il recevait la visite de ses maréchaux.

"Que nous est-il arrivé qui n'arrive à tous les hommes jetés à une distance infinie du cours ordinaire de la vie ?" Bonaparte pouvait répéter le mot du conventionnel Lindet après thermidor. En vain Bonaparte a "jeté des ancres", fondé des institutions, la Légion d'honneur, une aristocratie, recouru au sacre, aux alliances, au mariage. En quelques jours tout cela n'est plus rien. Il est sorti, quinze ans plus tôt, de la Révolution militaire et les militaires de la Révolution viennent le chercher. Les uns ont dit : Pronunciamiento, et les autres : "Insurrection des grosses épaulettes." Pour Sorel, c'est la répétition de fructidor et de brumaire, la suite des appels au soldat auxquels les républicains s'étaient résignés, une de ces "journées" où, dix années durant, les sections d'abord, l'armée ensuite avaient décidé de la politique.

Les visiteurs que Bonaparte vit entrer à Fontainebleau, Ney à leur tête, comme ils auraient pu se présenter plus tôt ! C'étaient ceux dont il disait qu'ils avaient toujours été prêts à lui ouvrir le ventre. Il les a convoqués afin de trouver chez eux un appui. Ils apportent une sommation. L'affaire de Bonaparte est manquée, finie. Tirant les conséquences, ils en deviennent les liquidateurs. Maintenant Napoléon n'est plus qu'un homme qui gêne. On l'a pris pour ne pas avoir les Bourbons et il a dit lui-même que seuls les Bourbons pouvaient lui succéder, non sans que cette pensée le flattât. Il a eu son compte de grandeur et de pouvoir. Qu'il laisse donc les autres vivre et, dans l'inévitable, s'accommoder de Louis XVIII.

Qu'a fait Napoléon, en "écrasant" ces hommes d'honneurs et de richesse ? Des conservateurs. Il se plaignait à Las Cases que ses largesses n'eussent servi à rien. "Il faut qu'il y ait eu fatalité de ma part ou vice essentiel dans les personnes choisies." Il aurait voulu "fonder de grandes familles, de vrais points de ralliement, en un mot des drapeaux dans les grandes crises nationales". Ils sont devant lui, son prince de Neuchâtel, son prince de la Moskowa, ses ducs de Dantzig, de Reggio, de Tarente, de Conegliano, et c'est pour lui signifier son congé. Aujourd'hui ce qui fait le plus d'horreur à ces anciens soldats de la Révolution, c'est l'idée du désordre, de la guerre civile, de l'anarchie. Si Augereau était là, l'exécutant de fructidor, créé duc de Castiglione, ne serait pas, de tous, le moins âpre à exiger l'abdication. Dans son ordre du jour à l'armée dont il vient de priver l'empereur, le jacobin, la "vieille moustache" de l'armée d'Italie, qui aura pris des premiers la cocarde blanche, ira jusqu'à reprocher à "Buonaparte" de n'avoir pas su mourir en soldat.

À Fontainebleau, le 4 avril, c'est bien un 18 brumaire renversé. Comme au rendez-vous de la rue Chantereine, les maréchaux sont venus avec leurs états-majors, toute une escorte de divisionnaires et d'officiers qui les accompagnent "pour les défendre au besoin", et pour menacer aussi. C'est l'image du gouvernement des militaires, celui que Napoléon redoutait le plus, qu'il méprisait le plus aussi et dont il disait en 1802 que "jamais il ne prendrait en France, à moins que la nation ne fût abrutie par cinquante ans d'ignorance". Avec les généraux, on l'a vu, dans tous les temps, dit Chaptal "observer la plus grande réserve", les tenir à distance, leur adressant "à peine la parole et seulement sur des choses Indifférentes". Et les voici chez lui, le verbe haut. Ils lui imposent leurs personnes et leur volonté. Ney, Lefebvre, Moncey ont fait irruption dans son cabinet et c'est Ney qui demande l'abdication, vient "l'enlever", comme il l'a promis aux autres, à la foule des gradés qui attendent dans la cour. Rien de bruyant, de dramatique ; une résolution froide. Napoléon leur parle. C'est comme s'il parlait "à des statues". Macdonald, qui a écrit le procès-verbal de la conférence, entre à son tour avec Oudinot. Il apporte une lettre de Beurnonville, encore un ancien de la Révolution, un combattant de Valmy et de Jemmapes, membre du gouvernement provisoire de Paris, qui déjà, dans son âme, est rallié aux Bourbons et qui fait savoir que les Alliés refusent de traiter avec l'empereur. Et, après Ney, Macdonald signifie au nom de l'armée que tout le monde est las, qu'on est "très résolu à en finir", qu'il ne peut pas être question de marcher sur Paris, encore moins de tirer l'épée contre des Français. "J'aurais cru qu'il aurait éclaté", ajoute Macdonald. Au contraire, Napoléon répond avec calme et douceur. Il trouve même des mots aimables pour l'orateur des délégués qui interrompt par un brutal : "Trêve de compliments, il s'agit de prendre un parti." La lettre de Beurnonville était l'argument. "Eh bien ! messieurs, puisqu'il en est ainsi, j'abdiquerai." Il n'abdiquait encore qu'en faveur du roi de Rome, entre les mains de ses maréchaux, devenus les commissaires de l'armée auprès du gouvernement provisoire.

Dans la soudaineté où tout cela s'était fait, Napoléon restait comme incrédule. Il voyait, avec son esprit mobile, une chance suprême à tenter. Se jetant sur un canapé, se frappant la cuisse de la main il lance tout à coup d'un air dégagé : "Bah ! messieurs, laissons cela et marchons demain, nous les battrons." Les maréchaux, glacés, répétèrent que leur décision était irrévocable et il n'insista plus. Mais ils convinrent, par précaution, que le commandement serait remis à Berthier qui donna sa parole de ne plus exécuter aucun ordre de Napoléon. "L'armée n'obéit plus qu'à ses généraux." Ney vient de le dire en face à l'empereur déchu, désormais impuissant. C'est bien par le pouvoir militaire qu'il est déposé.

Toute la faute, et même la honte, a été rejetée sur Marmont qui, dans le même moment, mettait bas les armes et signait une capitulation avec Schwarzenberg. Par sa défection, le duc de Raguse privait l'empereur de la principale force qui restât, il lui retirait le dernier moyen de résistance. Il ne faisait pourtant qu'appliquer à Essonnes le mot d'ordre de Fontainebleau.

Devant l'insurrection des grands officiers, comment ne retrouverait-on pas Napoléon tel qu'il a toujours été avec ceux qui l'ont desservi ou trahi, timide, et osant moins que jamais sévir ? Comment, en cette chute soudaine et tombant de si haut, ne passerait-il pas encore par des successions de pensées si rapides que son esprit semble incertain et flottant jusqu'à l'incohérence ? Dans l'espace d'une heure, il a, le 4 avril, abdiqué et proposé de marcher sur Paris. Le 5, après avoir, de nouveau, parlé d'une retraite sur la Loire, il renonce à l'Empire avec dégoût. C'est le philosophe qui, pour mourir, s'enveloppe la tête dans son manteau. Pourquoi serait-il étonné ? Qu'arrive-t-il que l'expérience ne lui ait appris ? Sa proclamation à l'armée est l'adieu d'un misanthrope : "Si l'empereur avait méprisé les hommes comme on le lui a reproché, le monde reconnaîtrait aujourd'hui qu'il a eu des raisons qui motivaient son mépris." Il ne désire plus rien, il est stoïque. L'amateur de tragédies récite même des vers de *Mithridate* qu'il applique à sa situation. Et, avec Caulaincourt, défenseur de ses intérêts auprès du tsar, il examine l'établissement qui lui sera réservé. Le trône "n'est plus qu'un morceau de bois" auquel il ne tient pas. Cent louis par an lui suffisent. "Il ne faut pas une place bien étendue à un soldat pour mourir." L'instant d'après, il ne se contentera pas à moins de la Toscane pour y vivre dignement avec l'impératrice. Et puis, le lendemain, à la troisième conférence avec les maréchaux, tout change encore. Il leur propose d'aller en Italie, d'y recommencer la guerre. "Veut-on m'y suivre encore une fois ? Marchons vers les Alpes." Personne ne répond et, dans ce silence, une autre image s'offre à lui. Il se voit chef de partisans, courant les aventures et c'est une incarnation qui lui répugne parce qu'elle ne répond pas à sa conception de la grandeur, celle qui ne l'a jamais quitté, qui a guidé son destin et qui le sauvera encore.

Le 7 avril, tout est fini. Plus d'empereur, de dynastie, de succession. Ni roi de Rome ni régente. Les maréchaux ont exigé l'abdication pure et simple. C'est bien ce qu'avait dit Napoléon ; seuls les Bourbons pouvaient lui succéder, puisque c'était pour qu'ils ne revinssent pas que la République avait fait de lui un consul, puis un empereur. Et tout cela se terminait selon les règles. Il fallait même que le "grand acte" du 21 janvier, le régicide, restât présent. La loi majeure de la Révolution, celle qui avait envoyé le duc d'Enghien au fossé de Vincennes, les rois coalisés et victorieux l'observaient à leur tour. Ils n'avaient pas fait la guerre pour ramener Louis XVIII. Ils achevèrent de se décider pour lui quand on leur fit connaître qu'au Sénat, les "votants" de 1793 eux-mêmes avaient adhéré aux Bourbons.

C'eût été trop demander à Napoléon que de goûter sereinement et jusqu'au bout cette ironie de l'histoire. Entre l'abdication et l'arrivée à l'île d'Elbe, domaine et séjour qui lui étaient assignés avec une dotation et qu'il acceptait, il a eu ses heures de faiblesse humaine. Parfois, devant les trahisons, dans la solitude qui se faisait autour de lui, il savait encore montrer son dédain. Le 12 avril, le jour de l'entrée du comte d'Artois, Berthier demande la permission d'aller à Paris. "Il ne reviendra pas", dit froidement l'empereur. Il pensait de celui-là ce qu'il pensait des autres. Après le chef d'état-major, deux fois prince, le mamelouk Roustan s'en irait. Et Constant, le valet de chambre, aussi. Les derniers abandons étaient les pires. Dans la nuit du 12 au 13, Napoléon eut le cri du calvaire et son agonie. "La vie m'est insupportable", disait-il à Caulaincourt. Il voulut mourir. Du poison lui restait qu'il portait toujours sur lui depuis la retraite de Moscou. Le sachet était éventé. La mort se refusait et c'était encore son étoile qui le réservait pour un épilogue moins vulgaire. Il eut le sentiment qu'il devait vivre, que tout n'était pas fini, que ce n'était pas cette évasion-là qu'il fallait chercher.

Il lui reste quelques scènes à mettre à la suite de son histoire. Celle des adieux de Fontainebleau, toute prête pour le graveur, se verra longtemps au mur des maisons françaises. C'est le Napoléon sentimental qui commence, une imagerie d'un effet assuré. L'homme qui savait si bien parler aux imaginations se surpassera dans ce genre. Mais ces grognards qui pleurent, ce général et ce drapeau que le héros malheureux embrasse, tout est parfait pour l'émotion, composé par un artiste, par un homme de lettres qui sait qu'une des tâches qui lui restent, c'est d'embellir sa tragédie et de transposer la magie de son nom dans le souvenir. "Si j'ai consenti à me survivre, c'est pour servir encore à votre gloire. Je veux écrire les grandes choses que nous avons faites ensemble." Écrire, c'est le mot capital de ces adieux à la Grande Armée. Napoléon se sent devenir légendaire.

Et pourtant il aura une défaillance affreuse. Précipité de ce trône prodigieux, meurtri de sa chute, l'autre empire, celui qu'il exercera sur l'esprit des humains, ne l'exalte pas assez pour que la déchéance ne lui soit pas cruelle. De Fontainebleau à Fréjus, le voyage du prisonnier, conduit et surveillé par les commissaires étrangers, sera son premier martyre. Près de Valence, il rencontra Augereau qui le tutoya grossièrement, lui reprocha son ambition qui l'avait conduit là. L'empereur subit sans répondre l'outrage du défectionnaire de Lyon et reçut son accolade. Il avait dit : "Ce n'est pas le peuple qui manque d'énergie ; ce sont les hommes que j'ai placés à sa tête qui me trahissent." Il perdit contenance et courage devant les injures et les menaces du peuple. L'impopularité, il ne l'avait pas encore vue de près. En Provence, il rencontra la haine, des cris de mort, des couteaux levés. À Orgon, la foule l'entoure, brise les vitres de sa voiture. Devant l'auberge où il s'arrête, il se voit pendu en effigie, un mannequin à son image, barbouillé de sang. Il se dissimulait derrière le général Bertrand, refusait le vin et la nourriture de peur du poison, et, quand il restait seul, on le trouvait en pleurs. Ne se croyant plus en sûreté que sous un déguisement, il mit une cocarde blanche, enfourcha un cheval de poste et galopa devant le cortège comme un courrier. Puis, harassé, toujours inquiet, il pria les commissaires de changer d'habits avec lui, revêtit l'uniforme de l'Autrichien, le manteau du Russe. Celui-ci voulut bien prendre la place de Napoléon qui, pour être sûr qu'on ne le reconnaîtrait pas, monta dans une autre voiture, s'assit à gauche, demanda qu'on lui manquât d'égards. Un voyage humilié, pire que celui de Varennes, où Bonaparte, comme dans l'Orangerie, le 18 brumaire, n'a pu soutenir le contact de la foule, les bousculades, les choses dont il a toujours eu horreur, avec ses nerfs d'intellectuel. Il en oublie qu'il était hier empereur, il en perd le respect humain devant ces étrangers devenus ses protecteurs. L'un deux, dans un cruel récit, dit qu'il les fatiguait de ses alarmes et, ce qui a frappé davantage ce Prussien, "de ses irrésolutions". Sur la route, Napoléon vit sa soeur, la belle Pauline, qui lui fit honte, refusa de l'embrasser qu'il n'eût quitté l'uniforme d'Autriche. C'est une épave, un malheureux.

Le 4 mai, il descend de la frégate anglaise qui l'a conduit à l'île d'Elbe. Il prend possession de son nouveau royaume avec une grimace d'abord, car sa nouvelle capitale de Porto-Ferrajo ressemble à un de ces petits ports de Corse qu'il connaît bien. Le maire et le vicaire général lui apportent les clefs de la ville, le promènent sous un dais de papier doré, jusqu'à l'église, pour un Te Deum solennel. C'est une parodie de souveraineté, avec le discours du trône prononcé dans la salle de l'hôtel de ville. Et puis les notables lui sont présentés, il parle à chacun et c'est le miracle ordinaire. Mieux que les habitants, il sait tout du pays. Il en connaît l'histoire, les coutumes, les productions, les particularités administratives et même les derniers incidents municipaux. À Fontainebleau, dès qu'il a connu son lieu d'exil, il a demandé à Paris le dossier de l'île d'Elbe et les livres qui existent sur le sujet. Entre l'abdication, l'empoisonnement, les adieux à la garde, au milieu du pathétique, il s'informe encore. Il a lu, appris, retenu, par ce besoin de savoir et de s'intéresser aux choses qui survit chez lui à la catastrophe. Bonaparte reste ce qu'il était, un monstre d'activité. Il ne sera pas possible qu'il finisse à quarante-cinq ans, dans le repos bourgeois d'une île qui est jumelle de l'île de Sancho.

Chapitre XXIV : Empereur et aventurier

Napoléon a passé dix mois de sa vie à l'île d'Elbe. Avec l'intention d'y rester ? D'en sortir ? Qu'en savait-il ? Comme toujours, il s'en remettait aux circonstances. Il prenait avec philosophie le nouveau caprice de la fortune qui le rendait souverain d'un royaume long de six lieues. En face de cette Corse où il était né, il retrouvait une petite ville qui lui rappelait Ajaccio et Bastia. Il n'était pas tellement dépaysé. On le vit passer sans effort "des rois et des reines qui se pressaient autour de lui à Erfurt aux boulangers et aux marchands d'huile qui dansaient dans sa grange à Porto-Ferrajo". À ce raccourci, on reconnaît Chateaubriand.

L'empereur n'avait pas menti, il ne s'était pas vanté, lorsqu'il avait dit qu'il ne tenait pas aux grandeurs et qu'il ne lui en fallait pas tant. Rassasié de tout, principalement des hommes, que lui importe de vivre là ou ailleurs ? Il est fâcheux seulement qu'il soit si jeune, si loin de l'âge de la retraite, avec cette habitude et ce besoin de s'occuper qu'il n'a pas encore perdus. Il soupire : "Mon île est bien petite", une fois qu'il l'a explorée et qu'il a donné des ordres pour construire des résidences et des fortifications, percer des routes, améliorer les mines, réformer les finances et l'administration de son État. Le style même n'a pas changé. Les lettres sont impérieuses, aussi pressées qu'hier, quand il gouvernait le grand Empire. Ce n'est pas un homme foudroyé. Avec Bertrand, grand maréchal du palais, Drouot, le fidèle artilleur, Cambronne, qui commande les quatre cents hommes de la garde, un lieutenant de vaisseau pour amiral de la flottille, il se donne un mouvement continuel. Pour le suivre et lui obéir, "chacun sue sang et eau". Après les jours de ténèbres et d'agonie qu'il a vécus depuis l'abdication, il se détend, il goûte la sécurité.

La tristesse et l'ennui viendront vite, et l'inquiétude après. Joséphine est morte le 29 mai. On le vit pleurer sur le passé. Il attendait Marie-Louise. Ce fut la tendre Walewska qui vint avec son fils. Il ne voulut pas les garder, par crainte du scandale dans l'île et en Europe, où l'on n'eût pas manqué de dire qu'il renonçait à l'impératrice. Cependant François II conseillait à sa fille de se consoler et, avec Neipperg, lui donnait le consolateur. La privation de sa femme et du roi de Rome, l'abandon, la solitude, un vide que l'arrivée de Madame Mère et de Pauline ne faisait pas oublier, furent parmi les raisons qui engagèrent Napoléon à tenter encore la chance. Il s'était d'abord, en idée, arrangé une existence pareille à celle des archiducs, ses parents, qu'il avait vus installés à Florence ou à Wurzbourg. Marie-Louise fût venue à Porto-Ferrajo, il lui eût rendu visite à Parme, quelque chose de bourgeoisement princier, l'empereur honoraire restant inscrit dans la famille des rois. Peu de temps après avoir pris possession de son nouvel État, il se rendit au bal qu'un navire de guerre anglais, en rade, donnait pour la fête du roi George. On n'oserait pas dire que ce fût déjà pour mieux cacher ses desseins. Il allait plutôt là comme il fût allé à la cour de Buckingham.

L'évasion, il y pensa peut-être à partir du mois de novembre, quand le congrès de Vienne se fut ouvert. On y parlait de mettre Bonaparte dans un lieu plus sûr, moins près de l'Italie et de la France, aux Açores par exemple, ou bien dans une des Antilles anglaises, ou bien encore à Sainte-Hélène, dont on commence à prononcer le nom. Des avis viennent à Napoléon, qui reçoit souvent des visiteurs et des messages, que les projets de transfert sont sérieux, qu'il peut, d'un jour à l'autre, être enlevé, sinon assassiné. Il se garde, donne l'ordre que, de ses forts, on tire sur les navires suspects qui approcheraient. En même temps, l'argent manque. La pension de deux millions qui lui a été promise à Fontainebleau n'est pas payée. Campbell, le commissaire anglais chargé de surveiller l'empereur, note les agitations et les incertitudes de son esprit. Car à tous les moments de sa vie où il a dû prendre une grande décision, on l'aura trouvé irrésolu. Quand on vient lui dire que les Français le regrettent, il répond : "S'ils m'aiment tant, qu'ils viennent me chercher." Il se plaît à répéter qu'il n'est plus rien, qu'il est un homme mort. Et l'on colportait à travers l'Europe qu'il était usé, fini, inoffensif, devenu ventripotent, un poussah incapable de monter à cheval.

Cependant, Fouché, Talleyrand, qui le connaissaient, gardaient la méfiance. Hyde de Neuville disait : "Mort, il serait encore à craindre." La crainte qu'il inspirait lui répondait de son prestige, de la magie que gardait son nom.

Et le retour tint aussi à de petites choses. Il s'en manqua de peu que le moyen de rentrer en France ne lui fût ôté. Un jour, le brick *Inconstant,* qui formait à peu près toute sa marine, faillit être brisé par la tempête. En hâte, l'empereur le fit renflouer. Au mois de janvier 1815, son parti est pris. L'ennui, le dégoût, les difficultés de la vie quotidienne lui ont rendu le séjour de l'île insupportable. Achèvera-t-il son existence ici, dans l'oisiveté et la lésine ? Est-ce une fin digne de son histoire ? Chateaubriand, qui a compris Bonaparte, tout en le haïssant, et senti l'épisode, demande : "Pouvait-il accepter la souveraineté d'un carré de légumes, comme Dioclétien à Salone ?" Mille fois non. Et puis il ne doit plus tarder. Avec le temps, son souvenir passera, ses vieux soldats auront disparu. Et les partisans, les émissaires qui viennent de France lui apprennent qu'on est mécontent, que les Bourbons restaurés ont été maladroits, débordés surtout, que beaucoup d'officiers, de dignitaires, ralliés à Louis XVIII par nécessité ou résignation, rejoindront les aigles si l'empereur se présente. Il est informé aussi que des conspirations militaires et républicaines se préparent, que, s'il ne se hâte pas, le gouvernement peut tomber aux mains de Carnot, ou de Fouché, ou d'un général, ce qui lui est le plus sensible. Il y a en tout cas les symptômes d'un mouvement. Napoléon voulut "l'aspirer". Il semble bien que les renseignements apportés par un de ses anciens fonctionnaires, Fleury de Chaboulon, aient déterminé le départ de l'empereur.

À tout risque, il va jusqu'au bout de son idée, une fois sorti de l'irrésolution. Oubliant ses rancunes, il a conclu un accord avec Murat qui n'a pas trahi en vain puisque sa défection l'a laissé roi de Naples. Le départ de l'île d'Elbe est préparé avec autant de soin qu'une campagne de la Grande Armée, autant de dissimulation que le drame de Vincennes. Le roi d'Elbe feint de s'occuper de son île comme s'il n'en devait jamais sortir. Trois jours avant l'évasion, il ordonne encore des travaux. "Il faudra trois petits ponts près de Capoliveri." Depuis le 16 février, Campbell est à Florence pour rendre compte de ce qui se passe. Il ne sait rien, pourtant il est inquiet. Le sous-secrétaire d'État Cook, qui vient du Congrès de Vienne, ne veut pas entendre le commissaire et rit de ses alarmes. D'ailleurs personne, en Europe, ne songe plus à Napoléon... Lorsque Campbell revint, le roi de l'Île d'Elbe s'était envolé.

On comprend alors Sainte-Hélène, Hudson Lowe, les tracasseries. Napoléon sera le forçat qui s'est évadé, qu'on a ramené à la geôle, qui obsède ses gardiens.

Le soir du 25 février, il prit sa mère à part et lui confia sa décision. Si le récit qu'on a de leur entretien est vrai, Letizia, après avoir réfléchi un instant et réprimé une faiblesse, comprit, l'approuva, lui dit ce que criait sa destinée, qu'il ne pouvait pas finir ainsi, mourir là, "dans un repos indigne de lui". Il n'avait pas encore son vrai cinquième acte. À Fontainebleau, le rideau était mal tombé.

En vain, pour retenir l'empereur, le sage Drouot avait fait tout ce qu'il était humainement possible de faire. Il représentait le danger de la guerre civile, le danger de l'invasion, les suites incalculables de l'aventure. On n'oserait jurer que Bonaparte ne les vît pas, n'en fût pas ému. Quand le sort était déjà jeté, on l'entendit qui murmurait : "Ah ! la France ! la France !" Y rentrer, s'y faire acclamer n'était pas le plus difficile. On lui avait dit, et ce n'était pas faux, qu'il suffirait de son chapeau planté sur la côte de Provence. Le chapeau et le drapeau tricolore. La proclamation qu'il avait rédigée et imprimée à Porto-Ferrajo montre qu'il était renseigné sur l'état moral de l'armée. Elle suggère même qu'il comptait sur des intelligences, des concours. Il prophétisait : "L'aigle, avec les couleurs nationales, volera de clocher en clocher jusqu'aux tours de Notre-Dame." C'est après que les difficultés commenceraient. Selon sa coutume, Napoléon se persuadait lui-même de ce qu'il avait besoin de croire. La France lui ayant ouvert les bras, l'Europe, dégoûtée des Bourbons, n'hésiterait pas à le reconnaître. L'Angleterre, satisfaite que la France fût rentrée dans ses anciennes limites, ne le repousserait plus. Aussi désirait-il vivement que, ni au moment de lever l'ancre, ni pendant la traversée, il n'eût à canonner un navire anglais. L'empereur d'Autriche serait heureux de retrouver un gendre et de revoir sa fille sur le plus beau des trônes de l'Europe. Enfin Napoléon rassurerait les rois légitimes et serait plus constitutionnel que les Bourbons. Jamais il n'a tiré de plan plus chimérique. Sans cette chimère, eût-il parti ?

Le 26 février, il prend la mer sur l'Inconstant, suivi de six felouques chétives. En tout, un millier d'hommes, quelques canons. La meilleure arme qu'il emporte, ce sont ses proclamations, des images, des souvenirs de gloire, des appels à l'imagination du peuple, un style, une littérature, et lui-même que l'éloignement a déjà idéalisé. Encore faut-il passer sans encombre, échapper aux croisières. Comme pour l'expédition et pour le retour d'Égypte, le concours des circonstances, l'étoile ne manquent pas non plus. Le vent du sud pousse la flottille vers la France, tandis qu'il immobilise à Livourne la frégate anglaise qui doit ramener Campbell.

En débarquant au golfe juan, un des premiers à qui l'empereur eût parlé était le maire d'un village qui lui avait dit : "Nous commencions à devenir heureux et tranquilles, vous allez tout troubler." Et l'empereur confiait à Gourgaud : "Je ne saurais exprimer combien ce propos me remua ni le mal qu'il me fit." Est-ce cette rencontre, ce mot vrai et naïf ? Le fait est que cette irrésistible marche sur Paris, cette conquête d'un pays rien qu'en paraissant, ce que Chateaubriand appelle le prodige de l'invasion d'un seul homme, laissaient l'empereur plein de doutes. Cette montée triomphale, qui en eût enivré un autre, s'est accompagnée chez Napoléon d'une mélancolie, d'un manque de confiance, d'un pessimisme qui le poursuivront pendant la durée des Cent-Jours. Les périls qu'il courait dans cette équipée, il n'y pensait pas. Il pouvait, si un seul régiment l'arrêtait, être fusillé comme le sera bientôt Murat, débarquant à son exemple dans le royaume de Naples. Bonaparte préférait sa gloire à la vie. Mais il était trop intelligent pour ne pas comprendre que, pour lui presque autant que pour les Bourbons, les temps avaient changé, que la France ne serait plus telle qu'il l'avait con-nue avant la défaite et l'invasion, avant la Charte de Louis XVIII, l'octroi des libertés, la répudiation du pouvoir absolu. Il ne s'agit pas, comme au retour d'Égypte, de promettre l'ordre. Ce n'est pas ce qui manque. Le langage qu'il faut parler maintenant, celui de la Révolution pure, la situation elle-même l'impose, et rien n'embarrasse moins Bonaparte, fait à celui-là comme aux autres. Il lui sera plus difficile de mettre ses actes d'accord avec ses paroles, de trouver de nouvelles formes pour le gouvernement impérial. Et ce qui pèse surtout sur lui, ce sont les impressions de Fontainebleau, le souvenir des défections, le sentiment que le charme est rompu et que les choses ne seront plus ce qu'elles ont été, de quelque succès que soit payée son audace. Armé des trois couleurs qu'il porte au célèbre chapeau, il marche à la conquête de la France d'un cœur intrépide et d'un esprit soucieux, sûr de chaque moment, sans foi ans l'avenir. C'est un virtuose de la popularité qui joue son dernier grand air, un artiste qui ajoute à ses triomphes un tour de force inédit. Ce retour sans exemple, cette représentation unique, avec des scènes toutes faites pour la gravure et la postérité, c'est encore un élément qui donne à l'histoire de Bonaparte un tour fabuleux.

Pourtant, même le vol de l'aigle, il ne l'a pas livré au hasard, fidèle à son principe que le hasard seul ne fait rien réussir. Le millier d'hommes de son escorte, c'est ce qu'il faut pour les premiers pas, pour ne pas être arrêté ignominieusement par les gendarmes. Et les paroles qu'il dira sont calculées comme la route qu'il choisit. Le détour par les Alpes évite la Provence royaliste, sûrement hostile, témoin de son humiliation, et le met tout de suite en contact avec les populations dont les sentiments lui sont connus, des garnisons où il a des complices. Certain de ne pas se heurter aux troupes du gouvernement royal en prenant le chemin des montagnes, il l'est aussi d'être bien accueilli dans le Dauphiné, dans ce pays de Vizille d'où le mouvement de 1789 est parti, à Grenoble, où il a des intelligences, dont il est presque sûr que les portes lui seront ouvertes, et "à Grenoble, il est à Paris". Ce qu'il appelle à lui, c'est le paysan, l'ouvrier. Et il ne les flatte pas dans leurs passions les plus nobles. Il parle moins d'honneur national et de gloire que des droits féodaux et de la dîme, des anciens nobles oppresseurs, des privilèges, de la reprise des biens nationaux. Les bottes de 1793, il les met pour de bon. Ce n'est plus le premier Consul conservateur et conciliateur, l'empereur légitime, qui naguère garantissait les trônes. Il revient en démagogue, flatte la canaille, menace les aristocrates : "Je les lanternerai." Le préfet de l'Ain épouvanté s'écriait : "C'est une rechute de la révolution."

Empereur et révolutionnaire, disant à tous "citoyens", le peuple est sa garde véritable et, plus encore que l'apparition du petit chapeau et de la redingote grise, le peuple entraînera le soldat. Le seul danger que Napoléon ait couru, dans cette marche aventureuse où il était à la merci d'un coup de fusil parti d'une troupe disciplinée, il le rencontra devant La Mure, au défilé de Laffrey. C'est là qu'il se présente, la poitrine découverte, au bataillon du 5e de ligne : "S'il en est un parmi vous qui veuille tuer son empereur, me voilà !" Aucun n'obéit à l'ordre de faire feu, mais Napoléon avait eu soin de répandre ses proclamations parmi les voltigeurs qui lui barraient la route, de leur envoyer deux de ses officiers pour les ébranler, et il avait avec lui quinze cents villageois qui l'acclamaient. À Grenoble, à Lyon, avec une force grandissante, il en fut de même. La foule intimida les chefs et décida l'armée. Par-dessus tout, Napoléon avait recommandé aux siens, quoi qu'il arrivât, de ne jamais tirer les premiers, certain d'être protégé par le sentiment populaire, par le souvenir des victoires et par l'horreur de verser le sang d'anciens compagnons d'armes.

Débarqué au golfe Juan le 1er mars, il est le 10 à Lyon, toujours accueilli par des : "À bas les prêtres ! À bas les nobles !" et par la *Marseillaise*. Macdonald, résolu à ne pas le laisser passer, fut réduit à la même impuissance que le commandant du bataillon de La Mure. Les maréchaux, les conjurés de Fontainebleau doivent être, ils sont en effet, les plus ardents à prévenir son retour. Le froid Macdonald n'eut pourtant qu'à tourner bride.

Maître de la seconde ville de France, Napoléon a partie gagnée. "Madame et très chère amie, je suis remonté sur mon trône", écrit-il à Marie-Louise. Des garnisons qu'il a ramassées sur sa route, il a déjà formé une petite armée, grossie d'officiers en demi-solde, 14 000 hommes, plus qu'il n'en faut pour arriver à Paris sans accident. De Lyon, il date ses premiers décrets impériaux, prononce la dissolution des chambres royales, obligé toutefois à trop de promesses qui le gêneront et qu'il regrettera. Il convoque pour son retour à Paris, et en gage de sa conversion au libéralisme, une grande assemblée nationale, dite du Champ de Mai, bizarre idée, livresque, renouvelée des guerriers francs, souvenir de lecture revenu dans une bagarre. Ne pouvant plus évoquer son oncle Louis XVI, il renoue avec Pharamond, marié à la Convention et au Comité de salut public, sans toutefois négliger une précaution utile. Il ne faut pas qu'on dise que Napoléon, c'est la guerre. Le bruit est adroitement répandu que les puissances sont favorables au rétablissement de l'Empire, que les Anglais ont favorisé le retour de l'île d'Elbe et laissé passer exprès la flottille, que l'empereur d'Autriche protège son gendre. Au même moment, les puissances, à Vienne, déclarent que "Napoléon Bonaparte s'est placé hors des relations civiles et sociales et que, comme ennemi et perturbateur du repos du monde, il s'est livré à la vindicte publique".

De cette vindicte, un homme avait juré d'être l'instrument. C'était le chef des conjurés de Fontainebleau, c'était Ney. Ayant, plus que les autres, contribué à renverser celui qu'il appelait maintenant "la bête fauve", il y mettait de la passion, de la haine. Il avait juré de ramener Bonaparte dans une cage de fer, ce qui faisait dire à Louis XVIII avec une calme prudence qu'on ne lui en demandait pas tant. Et il était accompagné de Lecourbe, le général républicain de la conspiration de Moreau, qui, avec tant d'autres, servait maintenant le roi. En route, Ney annonçait encore qu'on allait voir "le dénouement de la Napoléonade". L'empereur, en apprenant que Ney se chargeait de lui courir sus, fut partagé entre deux sentiments. Parmi les militaires que, de tout temps, il savait prêts à lui ouvrir le ventre, il connaissait le prince de la Moskowa pour le plus violent, le plus capable de ne rien ménager, et aussi pour le plus sensible aux impressions, le plus sujet aux changements brusques. On se représente Ney tombant dans les bras de son empereur. À la vérité, plusieurs émissaires, adroitement choisis, lui dépeignirent la marche triomphale de l'évadé, ses forces qui augmentaient à chaque heure, la certitude de son succès, l'inutilité d'une lutte désormais inégale. Ney, troublé, se ressaisissait pour dire qu'il prendrait un fusil et tirerait le premier coup. Il dut se rendre compte que ses soldats n'obéiraient ni à lui ni au vieux républicain Lecourbe, pas plus qu'ils n'avaient obéi à Macdonald. Bonaparte acheva tout en lui écrivant qu'il l'accueillerait "comme au lendemain de la Moskowa". Ney céda au courant, "à la tempête", disait-il pendant son procès. Il était à Lons-le-Saunier et Napoléon à Mâcon lorsque, avec un trouble qui le poursuivra, lui aussi, jusqu'à Waterloo, il se résigna à manquer à la parole qu'il avait donnée. Ney rejoignit l'empereur à Auxerre et, en l'abordant, lui remit une déclaration dans le style de Fontainebleau : "Je suis votre prisonnier plutôt que votre partisan si vous continuez à gouverner tyranniquement." Napoléon déchira le papier, affecta de dire gaiement que "le brave Ney était fou". Ce n'était pas l'enthousiasme, le cœur à cœur, mais encore une ombre sur la joie du retour.

À la date du 20 mars, le Moniteur donnait cette nouvelle : "Le roi et les princes sont partis cette nuit, S. M. l'Empereur est arrivé ce soir." Rentrée féerique et miraculeuse dans ces Tuileries où Napoléon est porté en triomphe, homme non plus seulement extraordinaire, surnaturel. "Je crus assister à la résurrection du Christ", disait un témoin. Le lendemain, le désenchantement commençait.

La chose faite, réussie, Bonaparte ne voit plus que les embarras de sa situation. Son pessimisme, son accablement, il ne les cache même pas, et tous ceux qui l'approchent en sont frappés. Quand il se retrouve à Paris, il se rappelle avec force les défections, l'abdication imposée, il compte tous ceux qui manquent et ils sont si nombreux qu'il abandonne tout de suite pour le modeste palais de l'Élysée ces Tuileries maintenant trop grandes, où il n'y a plus ni cour, ni impératrice, ni ambassadeurs. "Son prodigieux retour, circonstance peut-être la plus admirable de sa vie, ne lui faisait aucune illusion et lui laissait peu d'espérance. Il en convint avec M. Molé", dit Barante. Et à Mollien qui le félicite : "Le temps des compliments est passé ; ils m'ont laissé arriver comme ils ont laissé partir les autres." Louis XVIII a été trahi autant que lui, souvent par les mêmes, et ce n'est pas ce qui accroît chez Napoléon le cas qu'il fait des hommes. Sa chute de 1814 l'a meurtri et il ne manquait plus que cette expérience pour l'incliner à un nihilisme dont il s'est expliqué à Sainte-Hélène, encore plein d'âcres impressions. "Je n'avais plus en moi le sentiment du succès définitif, ce n'était plus ma confiance première. À mes propres yeux, dans ma propre imagination, le merveilleux de ma carrière se trouvait entamé... J'avais en moi l'instinct d'une issue malheureuse." Il n'est plus maître de cacher des perplexités dont naguère ses intimes étaient seuls témoins. Carnot, devenu son ministre de l'Intérieur, en est confondu : "Je ne le reconnais plus ; l'audacieux retour de l'île d'Elbe semble avoir épuisé sa sève énergique ; il flotte, il hésite ; au lieu d'agir, il bavarde,.. il demande des conseils à tout le monde..." On le trouve triste, distrait, somnolent. Il semble que ce ne soit plus le même homme, alors que son penchant à l'incertitude et aux contradictions s'est simplement aggravé. Comment l'instabilité et l'insécurité dont il a souffert à ses plus beaux jours ne l'accableraient-elles pas maintenant ? "On eût dit qu'il avait perdu sa puissance pour dissimuler." Thiébault est à l'Élysée le jour où arrive la nouvelle que Berthier est mort en Allemagne, tombé d'une fenêtre. Celui-là, un des plus marquants parmi les défectionnaires, a émigré parce qu'il n'osait reparaître devant Napoléon avec son uniforme de capitaine des gardes du roi. Et pourtant, en apprenant la fin de son chef d'état-major, l'empereur s'assombrit. Il ressent sa solitude. Il ne compte plus sur les dévouements et il cherche des yeux les vieux serviteurs.

À quelles contradictions il s'abandonne aussi ! Après Waterloo, il s'écriait qu'il eût mieux fait de périr en Russie. Et comme on lui disait qu'il n'aurait pas eu le retour triomphal de l'île d'Elbe : "Oui, bon et mauvais", répondit-il. "Mauvais parce qu'il n'y a pas eu de résistance. Je serais encore aux Tuileries s'il y avait eu du sang répandu." Il n'avait pas voulu en répandre. Il a laissé, sans les inquiéter, partir les Princes, même le duc d'Angoulême qui a tenté bravement d'organiser la résistance. Aux menaces terroristes de Lyon a succédé une amnistie pour "les crimes de 1814" dont seulement quelques personnes, une douzaine, furent exceptées. Il garde une partie - un bon quart - des préfets de Louis XVIII, qui d'ailleurs ont souvent été les siens et qu'il avait pris en si grand nombre parmi les hommes de l'ancien régime. Qu'est-il lui-même maintenant ? Quelle sorte de souveraineté et de souverain représente-t-il ? Il ne le sait pas et il lui est impossible de se définir. L'Empire est un revenant dans un pays que douze mois à peine de royauté parlementaire ont déjà changé. Bonaparte est rentré en libéral, presque en révolutionnaire. Il sent "le besoin de s'appuyer sur l'opinion républicaine" et il la craint, il la rassure. Il frappe sur son ventre obèse et dit, parodiant un mot classique : "Est-ce qu'on est ambitieux quand on est gras comme moi ?" Pourtant, des républicains se rallient à lui, Bigonnet qui, à Saint-Cloud, le 19 brumaire, l'appelait tyran et voulait qu'il fût mis hors la loi ; Duchesne, fils d'un de ceux qui, au Tribunat, avaient voté contre le consulat à vie ; Carnot, déjà rallié en 1814, maintenant ministre de l'Intérieur et pourvu d'un titre de comte pour l'impérialiser. Avec Fouché, redevenu ministre de la Police, cela fait deux régicides dans les conseils de Napoléon. Le personnel qu'il trouve, ce sont pour la plupart des maréchaux, généraux, sénateurs, fonctionnaires, qui, "par égoïsme ou fatalité, se sont en moins d'un an entachés d'une double défection". Ce sont aussi des hommes qui l'acclament parce qu'ils ont, avec la haine des Bourbons, celle de toute monarchie et qui exigent des garanties contre le despotisme. Alors il est difficile à Napoléon de faire moins que Louis XVIII et sa Charte qui, au fond, le gêne beaucoup. Thibaudeau remarque bien que "l'Empire ressuscitait plus faible que lorsqu'en 1814 il avait succombé... L'empereur se faisait libéral malgré lui, par force ; n'importe il se mutilait. Tiraillé d'un côté par ces exigences, de l'autre par sa nature et ses habitudes, il était affaibli, il n'était plus lui-même". Sait-on seulement quel titre lui donner ? L'intitulé de ses décrets hésite entre "Napoléon empereur des Français" et "Napoléon, par la grâce de Dieu et les Constitutions, empereur". Quelquefois revient "roi d'Italie".

L'empire qui recommence, est-ce l'ancien ? Est-ce un régime nouveau ? Napoléon est-il encore l'autocrate d'autrefois, souverain légitime sacré par l'Église ? Est-il monarque constitutionnel ou, moins que cela, "premier représentant du peuple", ou dictateur jacobin ?

Il hésite. Il s'est engagé plus qu'il ne l'eût voulu par ses proclamations, par ses promesses aux paysans du Dauphiné et aux ouvriers de Lyon, par la démagogie qu'il a dû faire et qui a permis son prodigieux retour, un réveil disait naïvement Carnot, des idées qui avaient éclairé les premiers jours de la Révolution française. Le risque maintenant, c'est d'être l'empereur de la canaille, roi d'une jacquerie, d'effrayer les bourgeois, les conservateurs, alors que l'Ouest et le Midi royalistes se soulèvent déjà. À Paris, le peuple qui l'acclame, qui l'oblige à paraître aux fenêtres et à saluer, c'est celui des bonnets rouges et des piques. Napoléon va au faubourg Saint-Antoine et la foule l'accompagne jusqu'à l'Élysée en menaçant les hôtels du faubourg Saint-Germain. La revue des Fédérés rappelle trop les journées de la Révolution. Ce sont des choses que Napoléon n'aime pas, dont il est inquiet et troublé.

Il s'est trop avancé pour renier ses paroles et ne pas donner une Constitution aux Français. Les temps du pouvoir absolu sont passés. Bonaparte se trouve dans la même situation que, l'année d'avant, Louis XVIII. Il l'imite sans même s'en douter. Comme lui, il prétend que son règne continue, et comme lui, sous le nom d'Acte additionnel aux constitutions de l'Empire, c'est une Charte qu'il octroie. Enfin, comme il faut désarmer les adversaires, séduire les opposants, il s'adresse, pour tracer le plan de l'Empire libéral, à l'ami de Mme de Staël, à l'écrivain qui, la veille, l'appelait "cet homme teint de notre sang", le comparait à Attila et jurait qu'"il n'irait pas, misérable transfuge, se traîner d'un pouvoir à l'autre et balbutier des mots profanés pour racheter une vie honteuse". Napoléon fit de Benjamin Constant le cas qu'il faisait des autres hommes. Il avait besoin d'une Constitution. Il en demanda la fourniture au théoricien de la liberté politique.

Et ce ne sont que des expédients. Entre l'empereur et la France, celle du moins qui s'est réjouie de son retour, il y a un malentendu plus grave que celui qui porte sur la forme du gouvernement. La difficulté pour Bonaparte d'être un Washington couronné n'est pas tant de renoncer à ses habitudes césariennes, à ses répugnances et à ses goûts, à ses "onze ans de règne", à son passé. Elle lui vient de l'autre promesse qu'il a dû faire, qu'il a faite de bonne foi sans doute et qu'il ne dépend pas de lui de tenir. Il sait bien que les Français sont las de la guerre, de la conscription. En ressaisissant le pouvoir, il a annoncé la paix, assuré qu'il respecterait le traité de Paris, qu'il acceptait sans arrière-pensée les frontières, qu'il ne serait plus question du grand Empire. Il a donné pour garantie de son accord avec l'Europe Marie-Louise et l'impérial beau-père, au point de laisser croire que la cour d'Autriche a été complice de son évasion. L'Acte additionnel doit encore prouver que Napoléon est pacifique, et il écrit fraternellement aux souverains alliés, il envoie une circulaire aux puissances pour les informer de ses bonnes intentions, comme il presse Marie-Louise de revenir à Paris. Les souverains ne lui répondront pas. Depuis le 25 mars ils ont renouvelé le pacte de Chaumont. Ils se sont entendus pour ne pas déposer les armes avant d'avoir renversé l'ennemi du repos public. Aux puissances réunies à Vienne, il a été facile de se concerter, et Napoléon regrettait de n'avoir pas attendu la fin du Congrès pour quitter l'île d'Elbe, oubliant qu'il en était parti, entre autres raisons, parce qu'il avait craint que le Congrès ne l'enfermât ailleurs. Quant à Marie-Louise, elle lui fit savoir qu'elle n'était plus libre. La fille avait abdiqué entre les mains de son père. La femme était au pouvoir de son consolateur.

L'impératrice qui ne revient pas ; le prince impérial (car Napoléon abandonne le titre de roi de Rome pour attester encore sa modération), qui reste prisonnier ; la guerre certaine ; une Constitution qui est la "Charte améliorée" mais qui, ressemblant trop à la Charte de Louis XVIII, n'est pas assez républicaine pour les hommes de la Révolution, tandis qu'elle diminue l'autorité de l'empereur devant le péril ; "des cris de liberté, quand il n'eût fallu songer qu'à la défense", tout est déception. Personne ne croit à la durée du règne restauré par miracle, et Bonaparte, qui a jugé tout de suite l'état de la France, moins que les autres. "L'inquiétude, la crainte, le mécontentement, étaient les sentiments prédominants, aucun attachement, aucune affection pour le gouvernement ne se montraient." Ce qu'en dit Miot se retrouve chez tous les témoins, comme tous, en observant Napoléon, ont relevé les marques d'un esprit soucieux et sans confiance, d'un moral mauvais, "avec quelque chose de gêné et d'incertain qui ne faisait pas bien augurer de l'avenir". Lui-même en augure mal, et il se déplaît dans une situation plus précaire que toutes celles dont il a déjà senti la fragilité. L'arrivée de Lucien n'éveille que des idées de décadence et de malheur. L'empereur attendait Marie-Louise, la fille des Césars, sa garantie près des rois, jupon bouclier, et il ne voit venir que le frère mésallié et républicain, prêt à lui rendre service comme si un 18 brumaire était à recommencer, ou à lui imposer un gouvernement de sa façon.

Ce ne sont que contradictions, malentendus, et tout ce qui se réunissait, au retour d'Égypte, pour rendre la position de Bonaparte plus forte, conspire, au retour de l'île d'Elbe, à la rendre plus faible. La France désire la paix. Depuis 1798, elle l'a toujours désirée. Maintenant elle ne croit plus que Napoléon puisse l'assurer par des victoires. Parmi ses promesses, il y a celle de ne pas faire la guerre, et la coalition s'est déjà renouée. Du moins se gardera-t-il d'être l'agresseur. Mais voici que Murat, redevenu son allié, le trahit une seconde fois, et d'une autre manière, en se lançant, de Naples, à la conquête de l'Italie, en attaquant les Autrichiens, et, ce qui est pire, en se faisant écraser à Tolentino. Comment, après cela, soutenir devant les Français la fable de l'alliance de famille, répondre de la cour de Vienne qui doit arrêter les autres puissances si elles ont le dessein d'attaquer l'empereur ? Murat, battu, vient chercher un refuge en France, et son beau-frère, exaspéré, refuse de le voir. L'aventureux et versatile roi de Naples, Napoléon le rendra responsable du désastre de 1815, comme il l'a déjà rendu responsable du désastre de 1814.

Alors, puisque la guerre est inévitable, il faudrait réveiller la flamme de la Révolution. Elle était morte en 1814. Si elle se ranime en 1815, c'est contre le despotisme. Napoléon ne peut s'appuyer que sur des hommes dont l'esprit est républicain et qui limitent ses pouvoirs quand le salut public exigerait la dictature. Il est gêné par les entraves de l'Acte additionnel. "Un ours muselé qu'on entendait murmurer encore, mais que ses conducteurs conduisaient à leur façon", dira Mme de Staël. Il a dû, parce que tout le monde le lui a conseillé, pardonner à Fouché et lui rendre le ministère de la Police. Fouché, convaincu que tout sera fini après deux ou trois batailles, le trahit avec les Alliés, avec Louis XVIII, au-dedans et au-dehors. Le moins grave, ce sont encore ces intelligences avec l'étranger et avec le roi réfugié à Gand. Mais c'est Fouché qui fait élire les députés, d'anciens camarades de la Convention, des terroristes qui sortent de leur retraite, des hommes de 93, et, ce qui vaut encore moins pour Bonaparte, des hommes de 1789. La Fayette lui-même. La Chambre de Fouché rira lorsqu'un représentant aura proposé de décerner à l'empereur le titre de sauveur de la patrie. "Vous me trahissez, monsieur le duc d'Otrante ; j'en ai les preuves." En conseil des ministres, Napoléon accablera Fouché de paroles outrageantes : "Je devrais vous faire fusiller." Fouché se vante d'avoir répondu : "Sire, je ne suis pas de votre avis." L'empereur gardera l'insolent. Il osait à peine punir au temps de sa puissance. Maintenant, il remet tout au moment où il sera victorieux, s'il remporte une victoire décisive. Pour ressaisir l'autorité, il ne peut plus compter que sur la fortune des armes, et il a perdu la foi, il est accablé de pressentiments.

C'est à celui qu'il appelait naguère son oncle, c'est à Louis XVI qu'il fait penser pendant cette bizarre cérémonie du Champ de Mai qu'il a fallu reculer jusqu'au 1er juin parce que, telle qu'il l'avait promise, elle était irréalisable, mais dont il ne se dédit pas tant il croit à la nécessité de se retremper dans une manifestation populaire, surtout après le plébiscite ratificateur qui n'a donné que treize cent mille suffrages, portés péniblement à quinze, pas même la moitié des plébiscites d'autrefois. L'Acte additionnel ne satisfait personne, déçoit les uns parce qu'il n'est pas assez libéral, et, parce qu'il l'est trop, consterne les partisans de l'autorité. Le Champ de Mai devait renouveler la fête de la Fédération de 1790 et la distribution des Aigles en 1804. Ce fut à la fois lugubre et fantastique, une parodie de l'Empire par l'empereur. On vit Napoléon paraître en costume de théâtre, avec une toque à plumes, un manteau brodé, qu'il rejetait d'un geste enseigné par Talma, une écharpe, des bas de soie, des souliers à rosettes, et, sous ce déguisement, une figure "soucieuse, contractée, sévère et néronique", dit un témoin. Jamais, dit un autre, il n'avait abandonné plus mal à propos la redingote grise. L'étonnement ne fut pas moins grand de voir auprès de lui ses trois frères habillés de velours blanc, couleur des "candidats impériaux". Joseph, Lucien, Jérôme, sous le "costume espagnol de prince français", poursuivaient, d'ailleurs, entre des réconciliations, leurs rivalités, leurs ambitions, leurs brouilles pour un trône relevé depuis deux mois et qui sera renversé dans trois semaines, à peine plus de temps qu'il n'en faudra pour que l'estrade du Champ de Mai soit démolie.

Les costumes dont Napoléon s'est affublé et dont il a affublé ses frères, c'est l'image de ses incertitudes et de son embarras. Cette fête est civile et militaire. Il ne faut pas que le militaire domine pour ne pas faire crier au Napoléon belliqueux. Il faut aussi que, s'adressant à "Messieurs les électeurs", il paraisse devant eux avec la majesté impériale, qui n'a plus guère que les accessoires pour s'imposer. "Empereur, consul, soldat, je tiens tout du peuple." Mais il laisse prévoir une révision de l'Acte additionnel quand l'injuste agression aura été repoussée. Il y a de tout dans cette cérémonie qui commence par un archevêque et une messe, qui se continue par la harangue du représentant des corps électoraux, par un serment renouvelé de celui du sacre et qui finit sur les acclamations de l'armée, sur des serments d'aller chercher l'impératrice et son fils et de mourir pour le trône et la patrie.

Celui qu'on a vu de tout temps livré aux hésitations et aux perplexités ne fait plus, pendant les Cent-Jours, que flotter d'une idée à une autre jusqu'à ce qu'enfin il se décide à risquer tout. Maintenant, du reste, sa vigueur physique est diminuée, sa santé atteinte et l'empoisonnement de Fontainebleau n'a pas été sans l'altérer. Bien plus malade est son esprit. L'effondrement et les trahisons de 1814 l'obsèdent. La certitude que ni Marie-Louise ni le roi de Rome ne reviendront lui ôte une grande part de son courage. À quoi bon restaurer une monarchie dont l'héritier légitime est prisonnier ? Faudra-t-il, contre une nuée d'ennemis, aller pour le délivrer, jusqu'à Vienne, plus loin encore ? La guerre, Napoléon sait qu'elle est inévitable puisqu'il est au ban de l'Europe, et il l'a préparée dans les détails, comme toujours. Mais il écoute tous les avis, examine tous les partis et, pesant le pour et le contre, n'en adopte aucun. Il y avait ceux qui lui conseillaient d'entrer en campagne tout de suite, de devancer les Alliés, de "partir pour Bruxelles en battant la générale et en la faisant battre dans toute la France". Mais il avait fallu promettre la paix, rassurer la France et l'Europe, renoncer aux conquêtes, même à celle de la République, et comment ranimer l'enthousiasme révolutionnaire lorsqu'on avait déclaré solennellement qu'on ne songeait à reprendre ni la Belgique ni la rive gauche du Rhin ? Battre la générale était vite dit. Pour lever un demi-million d'hommes dans un tumulte patriotique, il fallait avoir des armes et des chevaux à leur donner. Il fallait faire confiance à cette garde nationale, à ces ouvriers "fédérés" qui s'offraient à l'empereur, par qui il se laissait appeler "l'homme de la nation", mais dont la valeur militaire lui paraissait douteuse, le républicanisme inquiétant, qui sentaient trop la révolution et la "jacquerie". Il y avait aussi Carnot, qui vivait de souvenirs, qui croyait toujours que 1792 pouvait se recommencer. Il conseillait, lui, d'attendre l'ennemi et l'invasion. Alors un mouvement généreux entraînerait la France qui se serrerait tout entière derrière son chef.

Napoléon jugeait mieux l'opinion publique. Il la sentait mauvaise, hostile aux levées d'hommes, montée contre la conscription, et, si le territoire était envahi, il croyait plus à une décomposition générale qu'à un sursaut d'énergie. "Ma politique veut un coup d'éclat", répondit-il à Carnot.

Il avait pensé à entrer en Belgique dès le début de mai, à agir par surprise, à prévenir les Anglais et les Prussiens. Les ordres sont donnés, puis il contremande tout, soit qu'il compte sur les renseignements qui lui disent que l'ennemi ne sera pas prêt avant le mois de juillet et qu'il ne se trouve pas assez prêt lui-même ; soit qu'il ne veuille pas prendre le rôle d'agresseur et qu'il revienne à l'espoir d'un accord avec la cour de Vienne, peut-être même avec la Russie ; soit encore qu'il veuille tenir ses promesses de Lyon, écarter tout soupçon de dictature et attendre l'approbation des assemblées ; soit enfin, comme certains l'ont pensé, parce qu'il est mal portant, souffrant d'incommodités qui lui rendent pénible de se tenir longtemps à cheval. Peut-être appréhendait-il de recommencer la guerre. Le fait est qu'il part seulement après le Champ de Mai et l'ouverture des Chambres. Mettant fin à ses hésitations, il se décide soudain et rejoint l'armée en laissant derrière lui un Parlement dont les mauvaises dispositions ne sont pas douteuses. Les pairs (car il a fait aussi une pairie, comme Louis XVIII), et les représentants l'ont mis en garde contre les "séductions de la victoire". On craint que, victorieux, il ne revienne en despote et il a répondu avec ironie : "L'entraînement de la prospérité n'est pas ce qui nous menace."

Il quitte Paris le 11 juin, de grand matin. La veille, pour la dernière fois, il a entendu la messe aux Tuileries, donné ses audiences, été empereur. On l'observait anxieusement. Qu'on le trouve changé ! Ce n'est plus le regard puissant, le profil d'airain, le port de tête dominateur, mais un teint "verdâtre", une démarche lourde, des "gestes incertains", un ensemble affaissé. Le soir, il a dîné en famille, presque gai ou affectant la gaieté, "plus causant qu'à l'ordinaire", dit Hortense, et parlant de son sujet préféré, la littérature, pour laquelle il a, sans le savoir, tant travaillé et qu'il enrichira encore jusqu'à l'achèvement parfait de son histoire, où Waterloo mettra le son funèbre. La soirée finie, il dit tout bas à Mme Bertrand le mot juste, celui que Madame Mère aurait pu dire : "Pourvu que nous ne regrettions pas l'île d'Elbe !"

Chapitre XXV : Morne plaine

De toutes les batailles que Napoléon a livrées, la plus célèbre est celle qu'il a perdue. Waterloo apporte à son histoire la catastrophe, qui est l'événement dernier et principal des tragédies. Un désastre soudain, total, retentissant, tant de victoires, d'exploits stratégiques qui s'achèvent par un effondrement militaire... Encore un élément de légende et d'épopée qui manquait à la vie de Bonaparte. Elle se surpassera par le martyre, et le martyre ne tardera plus.

Refaisant en idée la bataille de Waterloo, mille historiens, et l'empereur le premier, ont montré qu'elle aurait pu être gagnée, qu'elle aurait dû l'être, sans se demander ce qui serait arrivé le lendemain. Napoléon, battu, s'écroula d'un coup. Wellington et Blucher en retraite, la guerre continuait, la même guerre qui durait depuis vingt-trois ans. Et l'empereur risquait encore, dans cette plaine belge, la partie dont la Belgique avait été l'essentiel enjeu. Il venait finir, avec la vague mourante de la Révolution belliqueuse, près de Fleurus et de Jemmapes, aux portes de Bruxelles, pour les lieux que la République avait conquis et qu'elle s'était acharnée, jusqu'à se renier elle-même, à conserver malgré l'Europe. Le dénouement se trouve au point de départ. Il apporte le dernier résultat et l'explication d'aventures inouïes, pourtant si bien liées. La résonance lugubre de Waterloo ne tient pas seulement à la chute d'un homme. Elle signifie, pour les Français, la fin d'un rêve par un dur contact avec le monde extérieur. C'est le principe d'un renoncement et d'un repliement sur eux-mêmes, pour tout dire une humiliation plus cruelle que la bataille, du moins perdue avec honneur et avec éclat.

Napoléon, revenant sans trêve sur les heures funestes du Mont-Saint-Jean, ne se lassait pas non plus d'accuser tout et tout le monde : Grouchy, Ney, Soult, la fatalité. Il savait pourtant qu'a la guerre le hasard, qui ne fait rien réussir, ne suffit pas davantage à rendre compte de l'échec. Il était vaincu en lui-même avant de rencontrer Wellington, et ses soldats l'étaient aussi. La confiance n'était pas dans les esprits, et le souvenir de *1814* pesait sur les coeurs. Cette brève campagne de Belgique, - sept jours - Carnot l'appelle "une série de fautes indignes du génie de Napoléon". Ces fautes, que l'on peut compter, elles tiennent toutes à un chef qui n'a pas la foi. Il est trop brutalement réaliste pour croire que les succès recommencent après ce qu'il a vu l'année d'avant à Fontainebleau, après ce qu'il vient de voir encore en France et à Paris. Et la conviction qui lui manque, comment la communiquerait-il à ses troupes et à ses lieutenants ? L'armée est mal en main, et un regain d'enthousiasme, une rage de revanche ne tiennent pas lieu de la discipline abolie. Une distribution de cartouches où le soldat trouve du son au lieu de poudre, un général, Bourmont, mal rallié, opposant à l'Acte additionnel, qui abandonne son corps au moment de franchir la frontière, c'en est assez pour que le mot de trahison circule. Il est trop facile aussi de compter les manquants, les notables militaires qui n'ont pas rejoint les drapeaux, et ceux, jusqu'à des maréchaux, qui ont suivi à Gand Louis XVIII. D'autres ont porté la cocarde blanche avant de reprendre les trois couleurs, chanté deux fois la palinodie. Ils sont suspects. L'empereur n'a pas voulu des services de Murat. Il s'est passé de cet intrépide dont l'exemple, après ses défections, démoraliserait peut-être plus d'hommes qu'il n'en eût entraîné. Quant à Ney, qui a un commandement, n'est-il pas le plus compromis ? Sa cage de fer le gêne encore dans l'action. On peut tout mettre en ligne de compte. Napoléon, privé de Berthier, son vieil interprète, regrettait de n'avoir pas eu pour major général Suchet au lieu de Soult. Ni Suchet ni Berthier n'eussent tenu lieu de l'unité, du souffle qui manquaient. De Grouchy, qui ne marche pas au canon, il sera dit encore que c'était un choix politique, un mauvais choix. Il a été commode de faire retomber la faute sur le destin et sur Grouchy. Mais déjà, à Ligny, d'Erlon a erré toute la journée, il est resté inutile, faute d'ordres précis ou réitérés.

Peu de décision, pas d'activité, des pertes de temps, des retards, des négligences, cet esprit d'hésitation et de perplexité que l'énormité du risque et l'inquiétude aggravent chez Napoléon, sa "fièvre de doute", qui se traduit par une lenteur funeste, de l'indolence, une sorte d'apathie, ce sont les mêmes remarques, les mêmes reproches qui s'élèvent à chacun de ses pas. Quand il donne des instructions capables d'assurer la victoire, elles ne sont pas suivies. À Ligny, le *16* juin, les Prussiens devraient être écrasés. Napoléon se plaint que le prince de la Moskowa ne comprenne pas sa pensée ou reste incertain dans l'exécution. "Ney, dira-t-il, n'était plus le même homme." Et Ney, devenu, contre son naturel, si étrangement circonspect, aurait pu dire la même chose de Napoléon que les incidents de cette bataille laissent surpris, troublé, qui, le lendemain, à force de réfléchir, perd la matinée, au point que Gérard se plaint "d'incompréhensibles, d'irrémédiables lenteurs". Lorsque l'empereur se décide à attaquer l'armée anglaise, elle doit être "détruite en un instant" si elle est encore aux Quatre-Bras. Elle n'y est plus et elle a profité, pour échapper à la destruction, du répit qui lui a été laissé.

Ces hommes qui ont pris part à tant de combats, parcouru l'Europe en guerroyant, fatigué la renommée du bruit de leurs exploits, on croirait, de loin, qu'ils ont vieilli, qu'ils touchent à la décadence sénile. Des pages si remplies donnent l'impression d'une longue durée, alors que la brièveté en est le trait le plus extraordinaire. L'empereur au-dessous de lui-même et de sa réputation, au-dessous de sa clarté et de sa netteté, la foudre mourant entre ses mains, ce sont des choses qui déconcertent et dont on veut encore trouver la raison dans l'âge, l'usure physique, la maladie. On ne pense pas assez que Bonaparte n'a pas même quarante-six ans, aucun de ses généraux cinquante, que Wellington a quelques mois de plus que lui et que le vieillard, le patriarche – soixante-seize ans - c'est Blucher. On veut que l'énergie, la flamme soient éteintes chez Napoléon, que déjà son cancer le ronge, qu'il s'endorme au milieu de l'action. On ne s'explique pas par d'autres raisons l'obscurcissement de son génie. Pourtant Ligny, les Quatre-Bras, ce sont encore les idées d'un dieu des combats, mais qui doute. Ses propres inspirations ne l'illuminent plus. Il ne les suit plus, partagé, obsédé par d'autres soucis que ceux de la guerre. Le *17* juin, tandis que les Anglais lui échappent, il parle avec ses généraux de l'opinion à Paris, des Chambres, de Fouché. Dans la nuit du *17* au *18*, à la ferme du Caillou, il dicte pour le lendemain le plan de bataille, de la grande et funeste bataille, et aussi des lettres "nécessitées, dit Davout, par les ennuis et les embarras que lui causait la Chambre des Représentants", où, la veille, il y avait eu une séance mauvaise. L'arrière l'occupe trop, et sa volonté en est moins ferme, sa pensée moins claire. Les causes immédiates du désastre, à Waterloo, on les trouve dans une suite de contretemps, effet d'oublis et de distractions incroyables, d'ordres mal transmis, insuffisants ou obscurs. La cause générale, c'était, chez le chef, le flottement de la pensée, un secret désespoir.

Et ce désespoir devient le mauvais conseiller de Napoléon. La veille et l'avant-veille du *18* juin, il laisse passer des moments précieux. Il a, le matin même, reculé l'heure de l'attaque pour attendre que le sol, détrempé par une pluie violente, fût séché. Puis une hâte le saisit. Soudain le voilà pressé. Il veut le résultat tout de suite, la bataille décisive, de tout ou rien, avec l'envie d'en finir. À de trop longues incertitudes succède une assurance téméraire. Soult, qui connaît le terrain, qui, en *1794,* s'est déjà battu au plateau du Mont-Saint-jean, fait observer que Grouchy a bien du monde, qu'il serait bon de lui redemander une partie de ses troupes, qu'on n'en aura pas trop. L'empereur répond qu'il ne faut pas faire tant de cas des Anglais, qu'il a quatre-vingt-dix chances sur cent de les battre, que ce sera "l'affaire d'un déjeuner". Reille insiste dans le même sens que Soult. Il a été en Espagne ; il connaît l'infanterie britannique, tandis que Napoléon ne s'est jamais mesuré avec Wellington. Même réponse : "Si mes ordres sont bien exécutés, nous coucherons ce soir à Bruxelles." On avertit l'empereur que les Prussiens doivent faire leur jonction avec les Anglais à l'entrée de la forêt de Soignes. Il a lui-même fort négligé le service de ses renseignements. Ceux qu'on lui apporte, il les traite de fables. Il affirme que Blucher ne peut arriver avant deux jours, et d'ailleurs, il y a Grouchy qui est chargé de le poursuivre. Lorsque le corps de Zieten paraît sur le champ de bataille, Napoléon refuse encore de croire que ce soient les Prussiens. Après seulement, il accusera Grouchy qui restera pour toujours le général qui ne marche pas au canon, qu'on attend et qui n'arrive point et dont Houssaye dit avec justice qu'il agit en aveugle, mais que Napoléon ne fit rien pour l'éclairer.

Waterloo est la bataille sur laquelle on dissertera à l'infini et qui d'avance était perdue. Rien ne réussit parce que rien ne doit réussir. La prudence même devient funeste. L'action engagée plus tôt, Wellington pouvait être battu avant d'être rejoint par Blucher. Mais si les chevaux, si les canons s'embourbaient ? On s'attarde à emporter Hougoumont, à grands sacrifices d'hommes. Mais c'est pour ménager les munitions de l'artillerie. L'empereur, selon sa coutume, refuse sa Garde quand peut-être elle changerait le sort de la journée. Il l'engage trop tard. Trop tôt, il ne fût rien resté pour la suprême résistance. À sept heures du soir, lorsque les Prussiens débouchent, que n'ordonne-t-il la retraite ? Mais elle serait hasardeuse, le champ de bataille étant déjà confus, et surtout, dès ce moment, retraite ou défaite, c'est la même chose. La pensée qui domine Napoléon, c'est que 1814 recommencera, si ce n'est pire qui commence. Ney, dans le dernier effort, crie la pensée de Napoléon et de tous : "D'Erlon, si nous en réchappons, toi et moi, nous serons pendus."

Ceux qui, le matin de Waterloo, avaient vu Napoléon se disaient frappés de sa pâleur, de ce "visage de suif" dont ils avaient conçu un mauvais augure. Les Anglais, pour leur part, restèrent sous l'impression des soldats français, des cuirassiers surtout et de leurs charges désespérées, disant n'avoir jamais rencontré de figures si hostiles, "si âprement militaires". Durable dans les imaginations et dans l'histoire, destiné au lyrisme qui se nourrit de désastres, l'effet d'ensemble est sépulcral, le cri : "Ils sont trop !", le sauve-qui-peut, les derniers carrés de la Garde, Cambronne, le crépuscule héroïque, la déroute et la retraite nocturne de l'empereur que l'on vit pleurant.

Il avait quitté le champ de bataille avec lenteur, à regret. Puis il laisse la Belgique, la frontière, l'armée. C'était une fuite, et elle lui a été reprochée durement. Toujours le militaire qui fait de la politique ! Comme en Égypte, comme en Russie, il abandonne ses soldats qui ne sont pas tellement vaincus qu'un chef ne puisse les regrouper pour barrer la route à l'invasion. Mais, à tout ce qu'on lui dit, il répond qu'il n'a plus d'armée, qu'il n'a plus que des fuyards ; il s'en prend à Ney, à d'Erlon, à Grouchy, "dans un chaos d'idées", dit l'un, et, dit un autre, "la tête égarée, flottant de projets en projets, faisant de son désastre un tableau plus effrayant encore que la réalité". Le désastre, il était, depuis le retour de l'île d'Elbe, dans son coeur découragé. À travers son égarement, peut-être simulé, Napoléon gardait pourtant une idée fixe. Sa résolution était prise dès le moment où il avait mesuré la défaite. Le souvenir, l'expérience de 1814 le hantaient. Rester avec l'armée pour y recevoir les sommations des maréchaux tandis que sa déchéance serait prononcée à Paris par les députés, offrir de continuer la guerre nationale pour s'entendre dire qu'on ne lui obéissait plus ? Convaincu que tout ce qui lui était arrivé l'année d'avant Fontainebleau tenait à ce qu'il s'était attardé hors de la capitale, inquiet d'ailleurs de l'opinion publique, des Chambres, de ses ministres, de ses frères, de la rue, il rentre d'une traite à Paris après avoir annoncé qu'il s'arrêterait à Laon.

Il disait devant Las Cases : "Je me suis trompé en *1814,* en croyant que la France, à la vue de ses dangers, allait ne faire qu'un avec moi, mais je ne m'y suis plus trompé en 1815, au retour de Waterloo." L'erreur aurait été difficile, et l'illusion, s'il eut celle de retrouver le pouvoir en rentrant à l'Élysée, ne dura pas même un jour. Le 21 juin au matin, défait, harassé, il est de retour à Paris, où la nouvelle de la catastrophe l'a précédé. Il s'est excusé sur cette fatigue, sur ce qu'il n'avait rien mangé depuis trois jours, de n'être pas allé tout de suite à la Chambre, avec son uniforme, ses bottes couvertes de boue. Mais lorsque Gourgaud lui disait que son apparition eût retourné, électrisé les représentants, il répondait sans déguiser : "Ah ! mon cher, j'étais battu, je n'avais rien à espérer." À la vérité, il jugeait sa situation avec une netteté accablante et qui le dégoûtait de tout. Ce n'est plus l'homme qui, à peine rentré, fût-ce de Moscou, prenait les affaires en main. Il s'attarde dans sa baignoire, fait attendre ses ministres, tient enfin un Conseil qui délibère sans rien décider, où il se grise lui-même de paroles, laissant passer les heures, tandis que la Chambre des Représentants se réunit et, sur la proposition de La Fayette, se déclare en permanence, ajoutant que quiconque tenterait de la dissoudre serait coupable de haute trahison. Napoléon est renversé par La Fayette, qui l'abat avec une motion et un discours.

C'est la revanche de Saint-Cloud, et quand Lucien veut répéter la scène de l'Orangerie, gagner l'Assemblée à la cause de son frère, il s'aperçoit que ces journées ne se recommencent pas. Il conseillait à Napoléon d'en appeler au peuple, de recourir à la force, de briser les représentants. "Osez", lui disait-il. Et l'empereur répondait : "Je n'ai que trop osé. " Seul le président du 18 brumaire se retrouvait." Le général n'y était plus. " Ou plutôt il était tel qu'après sa défaillance, lorsqu'il était sorti, éperdu, de la salle des Cinq-Cents, tel qu'on l'eût vu ce jour-là sans les grenadiers, Murat, le gros Gardanne, Sieyès qui l'encourageait et les circonstances qui étaient propices. Après la défaite de Waterloo, Napoléon subissait une défaite parlementaire. Il confiera à Gourgaud que l'action des Chambres l'avait surpris, que tout se fût passé autrement, pour peu que sept ou huit députés eussent été pendus et Fouché avant eux. Il n'y avait même pas pensé. Pour le Mémorial, il voudra s'être retiré en monarque ami de la liberté, qui a répugné au sang, aux exécutions, à la guerre civile. À la vérité, toujours timide pour punir, faible devant les hommes, facilement effrayé par les résistances, il a moins que jamais l'énergie de courir un risque politique. La Valette le trouve incapable de dire autre chose que des "Ah ! mon Dieu !" en levant les yeux au ciel avec un rire épileptique effrayant. Henry Houssaye le peint au soir de ce 21 juin, avec la ressemblance exacte de son caractère accusé par le désordre où la catastrophe le jetait : "Sa pensée flottante semblait incapable de se fixer pour prendre une décision quelconque ; tantôt il se déclarait prêt à user de ses droits constitutionnels contre la Chambre insurgée, tantôt il parlait d'en finir tout de suite par une seconde abdication." Le lendemain il s'y laissa conduire, après quelques velléités de dissoudre les Chambres, d'en appeler à l'armée, au peuple, aux fédérés. C'eût été se mettre à la tête d'une révolution, entrer dans l'anarchie. "Les souvenirs de ma jeunesse m'effrayèrent", avouait-il.

Il resta inerte. Dans la journée du 22, les représentants lui donnèrent une heure pour se décider. Afin d'éviter la déchéance pure et simple, de préserver au moins son caractère de souverain et le principe de sa dynastie, il se résigna.

Il abdiquait. Dans quelles conditions ! Tout était pire que l'année d'avant à Fontainebleau, où il traitait encore de puissance à puissance avec les souverains alliés, stipulant le lieu de sa retraite, une souveraineté, une pension. Maintenant, il est seul et nu. Il n'a, pour le protéger, ni son beau-père, ni Alexandre. Les ouvriers, les soldats qui l'acclament le compromettent. Le gouvernement provisoire est impatient de son départ, et personne ne s'intéresse à son sort. Napoléon renonce au trône en faveur de son fils, et il est le premier à savoir que Napoléon II ne régnera pas, que tout est fini. Plus même d'adieux à l'armée ni de drapeaux qu'on embrasse. Tout se passe en ordres du jour, votes, échanges de vues dans les commissions. A cette procédure, il voulut du moins donner un accent, le ton noble. L'acte par lequel il cédait, non plus aux rois coalisés, non pas même à Fouché, mais à La Fayette, à Lanjuinais, aux libéraux, aux parlementaires, il le dicta de sang-froid, attentif, selon Gaudin, "à en soigner les phrases et à en choisir les expressions". Il relut à plusieurs reprises, corrigea, et lorsqu'il fut content du texte, le fit porter aux Chambres. Son pouvoir n'est plus que dans le style, dans l'art de frapper des formules.

Et maintenant, ayant renoncé à tout, liquidé l'aventure de ces Cent-Jours, peut-être, comme Carnot croyait l'avoir discerné, satisfait d'être soulagé de toute responsabilité, l'empereur déchu n'est plus, à Paris, qu'un embarras. On a hâte de le voir dehors. Il s'attarde à l'Élysée, réclamant des garanties, un sauf-conduit pour se rendre en Amérique. Comme à Fontainebleau, c'est un militaire, c'est Davout, qui vient lui signaler froidement qu'il gêne, qu'il aille attendre ses papiers ailleurs. Cependant, pour les Alliés qui approchent, il n'est qu'un prisonnier évadé, un convict à la discrétion de ceux qui s'empareront de lui. De cette position désespérée, humiliée, il aura à se relever encore.

Il s'était réfugié à Malmaison, lieu de souvenirs, laissant s'accomplir son destin, n'attendant plus rien que du hasard. Hortense, qui est là chez elle, qui vit avec lui ces dernières journées, est effrayée de son inaction, de son apathie. Pour s'embarquer, gagner l'Amérique, rester libre, il perd un temps irréparable. Il repasse sa vie écoulée comme un songe. Il pense aux jours d'autrefois, à la morte : "Il me semble toujours la voir sortir d'une allée. Pauvre Joséphine !" Il reçoit encore Marie Walewska, son fils et son autre enfant naturel, le "comte Léon", qui ressemble tant au roi de Rome qu'il en parle tout un matin. Et des regrets : "Que c'est beau la Malmaison ! N'est-ce pas, Hortense, qu'il serait heureux d'y pouvoir rester ?" Il a, un moment, accepté l'idée d'une retraite aux États-Unis, commandé des livres, fait le projet d'une fin de vie consacrée à la science, consulté Monge sur cette intention. Puis une nouvelle révolte contre l'idée de tout quitter, d'aller au néant. Les armées alliées avancent sur Paris. Il offre son épée au gouvernement provisoire, en promettant de partir dès qu'il les aura repoussées. Les Prussiens n'étaient plus loin de Malmaison. On craignait surtout que Napoléon ne fût pris, peut-être fusillé, comme Blucher en avait annoncé l'intention, "pour rendre service à l'humanité". Loin d'accueillir la proposition de l'empereur, on le pria, le 29 juin, de monter en voiture.

Il n'avait plus, cette fois, auprès de lui les commissaires étrangers. Celui qui le surveillait était le général Beker, un militaire libéral disgracié quelques années plus tôt et représentant du peuple aux Cent-Jours. Il s'acquitta de sa mission en galant homme. Par son récit, on voit l'empereur abandonné à ses incertitudes. Tantôt loquace, Napoléon explique tout, pourquoi il a quitté l'armée après Waterloo, où, "à commencer par moi, personne n'avait fait son "devoir" ; comment il n'a pas voulu "nationaliser la guerre" parce qu'il a toujours eu les guerres civiles et l'anarchie en aversion ; comment il s'est aperçu que tout était "usé, démoralisé". Puis, taciturne, n'échangeant avec ses compagnons que des phrases entrecoupées, s'attardant en route, et quand, au passage des villes, il est reconnu, acclamé, renaissant à l'espoir qu'on ne l'abandonnera pas, qu'on va courir après lui, le rappeler.

Brèves illusions. En lui-même, il a déjà conçu la fin, la seule fin qui réponde au sentiment qu'il a du sublime. Le retour de l'île d'Elbe a effacé le voyage de Provence, le pénible souvenir des déguisements, des larmes, des faiblesses. Il a maintenant à effacer la fuite de Waterloo et une abdication sans gloire. Que serait ce refuge aux États-Unis qu'on lui conseille ? Une fin triviale, une retraite bourgeoise. Il lui faut un dernier acte digne du reste, un épilogue qui ne soit pas une sortie manquée. L'intérêt supérieur de sa destinée, le sens artistique de sa gloire, l'instinct du grand, le poussaient, pour que son "roman" s'achevât en haute tragédie, à se livrer à l'Angleterre. Demander asile à son beau-père, écrire à l'empereur Alexandre, il l'avait refusé. Dès le 24 juin, il avait dit à Caulaincourt : "Pour l'Autriche, jamais. Ils m'ont touché au cœur en gardant ma femme et mon fils. Pour la Russie, c'est se donner à un homme. Pour l'Angleterre, au moins, ce sera se donner à une nation." Un mot. La chose était celle qu'il devait faire. Elle avait un tour historique qui le fascinait. Se livrer à son ennemi, comme Thémistocle, dont il prononçait le nom dans une rêverie, un peu avant Waterloo, idée grande et belle, vision de légende conçue par l'homme de lettres qu'il y avait en lui. Sans doute il en mesurait les risques. Un moment encore, le regret de tout quitter en quittant la France, l'attente d'un événement miraculeux, le désir de rester libre, l'appréhension du sort qui lui était réservé, luttaient, comme le corps lutte avec l'esprit, contre le choix qu'il avait déjà décidé.

Il passa quatre jours à Rochefort, toujours apathique, "dans un état de perplexité et d'inaction". Il écoutait ceux qui lui proposaient le moyen de le transporter en Amérique en échappant à la surveillance des navires anglais. Tous ces projets, qu'il rejetait ou dont il renvoyait l'exécution au lendemain, ne servaient qu'à entretenir son irrésolution. Il fallut quitter Rochefort sur les injonctions venues de Paris. Fouché, le gouvernement provisoire étaient anxieux de le savoir parti. Louis XVIII plus encore. Poussé par les épaules, Napoléon se rendit à l'île d'Aix, pour y perdre d'autres jours. Vainement, Joseph, venu auprès de lui, le supplie de prendre un parti, de le suivre à Bordeaux et de s'embarquer à sa place. Des marins, un capitaine danois surtout, se faisaient fort de franchir les passes et de gagner la haute mer. Au dernier moment, Napoléon refusa tout. Il fut "le seul auteur de sa perte par ses incertitudes et ses hésitations", dit la relation du général Beker. A la vérité, les Etats-Unis, le Mexique, où on offrait de le conduire, lui déplaisaient. Il répugnait à se cacher à bord d'un navire étranger, d'échapper comme un banqueroutier ou un failli. Et si l'évasion manquait, si les Anglais allaient trouver le fugitif à fond de cale, derrière des tonneaux ? Plus il y pensait, plus le dessein qu'il méditait depuis son abdication lui paraissait le plus conforme à la majesté impériale, le seul digne de lui. Justement parce qu'elle était dangereuse, c'était la solution la plus noble. Toutes les autres le diminuaient.

Avant de se livrer aux Anglais, obtiendrait-il au moins de discuter les conditions auxquelles il leur remettrait son épée ? Rovigo, Las Cases, le général Lallemand s'étaient rendus en parlementaires sur le *Bellérophon,* le principal navire anglais qui croisait devant l'île d'Aix. Le capitaine Maitland ne leur donna aucune garantie. Il n'avait pas de sauf-conduit pour le général Bonaparte, et sa seule mission était de le conduire en Angleterre. Tout au plus laissa-t-il entendre, peut-être pour mieux engager l'empereur à venir à son bord, que l'hospitalité serait généreuse. Lorsque Napoléon prit enfin son parti, il se livrait sans condition à son plus grand adversaire, à celui qu'il n'avait pu ni vaincre ni concilier.

Il comprenait que, dans le seul intérêt qui désormais l'occupât, celui de sa figure historique, tout dépendait de la manière dont il franchirait ce pas dernier. Il entoura sa reddition de la solennité que permettaient les circonstances. D'abord la lettre au prince régent, en style mémorable : "... Je viens, comme Thémistocle, m'asseoir au foyer du peuple britannique. Je me mets sous la protection de ses lois, que je réclame de Votre Altesse Royale comme du plus puissant, du plus constant et du plus généreux de mes ennemis." Le 15 juillet au matin, il monta sur le brick *L'Epervier,* vêtu, cette fois, non du costume impérial qu'il avait porté au théâtre du Champ de Mai pour une pièce sifflée, mais de l'habit vert des chasseurs de la garde, avec les attributs légendaires, la Légion d'honneur, l'épée au côté, le petit chapeau. Les adieux de Napoléon à la France sous le soleil qui se lève, près du drapeau tricolore, les matelots pleurant, un dernier cri de "Vive l'Empereur !..." Que tout cela est bien fait, bien groupé, bien peint ! Et comme c'est bien dit quand au général Beker, qui lui demande s'il doit l'accompagner jusqu'au *Bellérophon,* il répond en quelques phrases qu'il suffira de resserrer pour en faire ce mot historique : "Non, général. Il ne faut pas qu'on puisse dire que la France m'a livré aux Anglais." Un acteur, mais qui ne travaille que dans le genre élevé.

Le capitaine Maitland vit arriver à son bord un homme corpulent, petit pied, jolie main, les yeux gris pâle. Celui qui avait fait trembler l'Europe était sa capture, désormais un prisonnier à vie. Les Anglais l'observaient curieusement. L'un d'eux écrit qu'il avait "plutôt la mine d'un gros moine espagnol ou portugais que du héros des temps modernes". On le trouva lourd, enclin au sommeil, variable dans son humeur, tantôt de peu d'énergie morale, tantôt prouvant son empire sur lui-même. Ses compagnons faisaient des scènes, du drame, des querelles. Le jour où la déportation à Sainte-Hélène fut notifiée, le visage de Napoléon ne s'altéra pas, ému seulement au départ de ceux qui ne pouvaient le suivre en exil. Tout de suite il a compris son rôle, il y est entré. Désormais il est une victime, et, contre le gouvernement britannique qui a trahi la confiance du vaincu, il lance une protestation aux rois, aux peuples, à l'univers. À Plymouth, il a vu la rade couverte de barques. On tente d'approcher, de l'apercevoir. S'il ne le savait déjà, il apprendrait qu'autour de son nom, de sa personne, il y a, gage de l'immortalité, une curiosité immense. Entretenir l'intérêt et la pitié, ce sera l'occupation et la consolation de Sainte-Hélène.

Dans ces moments cruels, les idées qui occupaient son esprit étaient imprévues et bizarres. C'était comme si toute une part de ses souvenirs, la plus récente, fût abolie. Prisonnier de l'Angleterre, il se revoyait moins empereur des Français que jeune général, devant Saint-Jean-d'Acre, mis en échec par Sidney Smith. "Sans vous autres Anglais, disait-il à Maitland, j'aurais été empereur d'Orient." Et quand, après une longue traversée sur le *Northumberland,* le 15 octobre 1815, il est en vue de l'île qui sera sa prison, il dit encore à Gourgaud : "Ce n'est pas un joli séjour. J'aurais mieux fait de rester en Égypte ; je serais à présent empereur de tout l'Orient." Eût-ce été plus fabuleux que ce qu'il avait été ? Poète de sa vie, prêtre de sa propre mémoire, il va, sur son rocher, achever sa fable, créer de plus fortes images, jeter une puissante pâture aux humains. En vérité, il a déjà quitté ce monde. L'Angleterre, en choisissant pour lieu de sa captivité l'île inaccessible, l'a élevé dans la région idéale d'où il jettera tous ses rayons.

Chapitre XXVI : Le martyre

Prisonnier, Napoléon a vécu à Sainte-Hélène cinq ans six mois et dix-huit jours, à peu près ce qui sépare l'entrevue d'Erfurt de la première abdication. Il y est mort avant d'avoir achevé sa cinquante-deuxième année. Ainsi il a passé en captivité plus de la dixième partie de son existence. Le temps de la méditer et de la modeler à sa guise. La réclusion et le vide des heures, l'isolement et l'oisiveté après avoir rempli le théâtre du monde, c'était un dernier bienfait de la fortune. Parfaite oeuvre d'art, sa vie est couronnée par la souffrance et par le martyre. Il faut aux très grands héros le roc de Prométhée, le bûcher d'Hercule et celui de Jeanne d'Arc ; la religion napoléonienne a dit la croix sur le calvaire.

Ici, ce sont encore les circonstances qui servent la renommée de l'empereur. Il avait été inspiré en se livrant à ses ennemis. Les Anglais, en l'exilant au bout du monde, cherchaient moins à se venger qu'à se débarrasser d'un personnage encombrant, dont la place n'était nulle part. Ils étaient bien obligés de le garder ; personne ne le réclamait. Les autres gouvernements étaient trop heureux de laisser Napoléon à l'Angleterre. Toutes les solutions avaient des inconvénients ou des dangers. Le cabinet de Londres opta pour la relégation rapide, sans bruit, sans esclandre, évitant surtout la faute d'une accusation et d'un jugement pompeux. On séquestrait le "général Bonaparte" dans une île à peu près inaccessible, avec des consignes sévères, et l'on organisait le silence sur le captif. Quant à Napoléon, il ne gardait qu'un droit, mais précieux, celui de se plaindre. Il s'était rendu sans conditions, confié à la générosité du peuple anglais qui lui faisait subir un traitement inhumain. Il devenait une victime. Son système fut de juger selon les lois de l'hospitalité les mesures qui étaient prises contre lui selon les règles de la surveillance. L'esprit mesquin de ses geôliers fit le reste. Une des occupations du prisonnier de Sainte-Hélène fut de noter leurs fautes contre la bienséance, d'outrer ses griefs et de prendre le monde et la postérité à témoin de la cruauté de ses bourreaux et des outrages dont ils l'abreuvaient.

D'ailleurs, toute espérance ne l'avait pas abandonné. Il ne s'adressait pas seulement aux générations futures. Son nom seul représentait une force d'opinion. La solitude lointaine où on l'enfermait attestait qu'il continuait à faire peur. C'est-à-dire qu'il comptait toujours. Il ne songeait nullement à s'évader, sachant que l'évasion, presque impossible, n'offrait pas de chance de succès. Et puis, qu'eût-il fait ? Où fût-il allé ? Mais des événements pouvaient se produire, un changement de règne ou de majorité en Angleterre, une révolution en France, une grande guerre en Europe. Il n'était pas inutile d'entretenir l'intérêt et d'exciter la pitié. Et s'il ne devait jamais sortir de cette prison, comme ce serait bien, devant l'histoire, quel prestige vaudrait au nom de Napoléon cette longue infortune ! Il serait excessif de dire que l'empereur déchu la prenait toujours par le bon côté. Parfois il comparait son sort à celui de Ferdinand VII à Valençay et il laissait entendre qu'il n'en demanderait pas davantage à Louis XVIII. Résigné ou non, il a tiré de sa captivité le parti qu'elle lui offrait. On ajoutera même avec admiration, non avec ironie, qu'il a été égal à cette situation comme aux autres, et, tout compte tenu de quelques impatiences, de quelques faiblesses, parfait dans le rôle de martyr. C'est que, plus encore que par le sentiment de sa dignité, il a été soutenu par l'idée du grandiose. Il n'en est pas moins vrai qu'il faut distinguer entre ce qu'a été sa vie d'exil et l'image qu'il en a légué, entre la figure qu'il s'appliquait à laisser de lui-même et le train de tous les jours.

On imaginera d'abord la résidence que lui assignait la libéralité du pays auquel s'était confié le nouveau Thémistocle. De Longwood, Lord Rosebery, qui a cherché la vérité pour l'honneur de l'Angleterre, dit tout en une phrase : "Une agglomération de baraques, construites pour servir d'abri aux bestiaux." Ces lieux misérables ont été aménagés à la hâte pour recevoir l'exilé. Il passe des palais royaux et des bivouacs glorieux à quatre chambres étroites infestées de rats, vite encombrées de papiers et de livres. Pour ornements quelques portraits, souvenirs de Joséphine, du roi de Rome et de Marie-Louise ; de rares trophées, le réveille-matin du grand Frédéric ; de faibles restes de l'ancienne splendeur, le service de table, le nécessaire de toilette. Voilà où Napoléon finira ses jours. Il est gardé comme un malfaiteur dangereux, sa correspondance ouverte, ses promenades si étroitement surveillées qu'il y renonce. L'endroit est nu, solitaire, battu par le vent, exposé aux tempêtes. À ce décor du dernier tableau, on peut dire que le gouvernement britannique a mis tous ses soins. Avec une maladresse remarquable il a rassemblé les conditions qui appellent la sympathie sur son prisonnier. Durable succès. Napoléon à Sainte-Hélène tient encore l'affiche. Pour que Longwood devienne aux yeux du monde un lieu de torture, le héros malheureux n'aura qu'à donner un léger coup de pouce au tableau.

Qu'on se représente maintenant la suite de l'empereur entassée dans des réduits et des mansardes, contrainte à une exaspérante cohabitation. Les fidèles de l'exil forment une petite colonie portée à s'aigrir, un milieu favorable à l'exagération de sujets de plainte. Il y a Montholon et sa femme, le dévouement même, lui très vieille France, "mondain correct et bienveillant", elle, qui sera la consolatrice de l'empereur. Quand elle quittera l'île, on le verra pleurer. Las Cases est un ancien émigré devenu un fervent du culte napoléonien, un gentilhomme doublé d'un homme de lettres actif et adroit. C'est le "biographe idéal" et le compagnon préféré de l'empereur, celui avec lequel on peut parler de littérature. Il semble bien, pourtant, que Las Cases, qui conciliait l'attachement avec la publicité et la réclame, soit parti après avoir achevé sa moisson et réuni les éléments de son livre. Gourgaud, ancien artilleur, aide de camp de l'empereur depuis 1811, s'est rallié à Louis XVIII pendant la première Restauration, puis il est revenu aux Cent-Jours ; un "brave jeune homme", qui a son franc-parler, mais jaloux, d'un caractère détestable et qui provoquera Montholon en duel. Sa manie est de rappeler à Napoléon, qui ne s'en souvient plus, qu'en 1814, à Brienne, il lui a sauvé la vie. Bertrand, qui a déjà été "grand maréchal du palais" à l'île d'Elbe, est un ancien officier du génie, militaire avant tout, dévoué à l'empereur et craintif devant sa femme. Telle est la cour, aussi féconde en jalousie et en intrigues que si elle était aux Tuileries. Piontkowski, un capitaine polonais, viendra encore. Au-dessous, le premier valet de chambre, Marchand, et les domestiques. Il y a aussi le médecin irlandais O'Meara, auquel succédera le Corse Antommarchi, choix fâcheux de l'oncle Fesch, et qui arrivera pour la fin, avec deux prêtres médiocres, ce qui fera dire à l'empereur : "Ma famille ne m'envoie que des brutes."

Ces serviteurs de l'adversité, qui se sont condamnés eux-mêmes à la déportation, forment le choeur de la tragédie. Tous, sauf Bertrand, qui n'avait pas la plume facile, ils ont tenu leur journal, griffonné des Mémoires, au moins quelques souvenirs. Marchand, le premier valet de chambre, avait aussi ses carnets et, faute de mieux, Saint-Denis, le second valet de chambre, servait de copiste. On savait bien qu'on entrait dans l'immortalité et Napoléon n'ignorait pas qu'autour de lui on prenait des notes. Il s'était servi de Las Cases, le plus habile à rédiger, doué d'un certain talent dans le genre sensible et déclamateur, pour répandre ce qu'il voulait qu'on crût. Las Cases en ajouta de sa façon. C'est de cette sorte de collaboration qu'est sorti le *Mémorial de Sainte-Hélène*, livre admirablement fait pour émouvoir et pour attendrir. Napoléon promettait à Las Cases qu'il en tirerait beaucoup d'argent. Combien le Mémorial a rapporté plus de gloire à l'empereur !

L'abondance de cette littérature de l'exil, à laquelle Napoléon lui-même s'est probablement associé par les *Lettres du* Cap insérées dans la Correspondance, ne sert pas toujours la connaissance de la vérité. Il arrive que les récits de la captivité ne concordent pas. Il en est dont l'inexactitude est manifeste. Celui d'O'Meara est un agréable roman. Antommarchi, effronté, raconte ce qu'il n'a ni vu ni entendu, Napoléon l'ayant eu en horreur et tenu à l'écart. Mais deux choses sont notées par Lord Rosebery avec beaucoup de finesse. D'abord que les récits publiés les premiers sont les moins dignes de foi. La véracité de Montholon, de qui les Mémoires ont paru en 1847, est plus grande que celle de Las Cases dont le Mémorial a été publié en 1823. Quant à Gourgaud, dont le journal n'a vu le jour qu'en 1898, c'est l'homme qui dit tout. Cependant, Las Cases est parti de Sainte-Hélène en novembre 1816, expulsé par les autorités pour avoir tenté de correspondre avec l'Europe et, peut-être, secrètement désireux de rentrer Gourgaud, brouillé ou affectant d'être brouillé avec Napoléon, s'en va à son tour, en mars 1818. À partir de ce moment, Montholon, trop occupé, devient un chroniqueur irrégulier et, du registre, passe aux souvenirs composés après coup. Sans compter les suppressions qui ont été faites dans les manuscrits pour des raisons de famille, ce sont les causes de beaucoup d'incertitudes. En définitive, autant qu'elles sont mornes, les trois dernières années de l'empereur sont obscures et muettes. C'est à peine si on l'entend encore parler. Il est privé de la faconde de Las Cases, de l'esprit contrariant de Gourgaud qui stimulaient sa conversation. Des lettres, il n'en écrit pas, n'acceptant pas que les siennes soient lues par le gouverneur. Peu à peu, sa voix tombe. Selon le mot frappant de Rosebery, c'est "la période de la moisissure". Il souffre aussi du mal cruel de son père. Il s'affaissera lentement pour s'éteindre enfin dans le silence de la nuit.

Il faut donc se résigner à ne voir l'empereur captif qu'à travers des brumes et surtout selon la version légèrement romancée qui est restée de Sainte-Hélène. Mais la fortune n'a rien refusé à Napoléon. Pour donner à la tragédie le tour du mélodrame populaire, elle avait apporté le geôlier. Sir Hudson Lowe semble choisi par un décret de la Providence. Sans lui, un élément essentiel de la complainte manquerait. Le gouverneur avait l'esprit étroit, formaliste, en outre faible. Il était accablé par ses responsabilités, obsédé par la crainte de l'évasion. Le souvenir de Campbell, revenu à l'île d'Elbe pour la trouver vide, le tourmentait. En vain, Hudson Lowe avait-il hérissé Sainte-Hélène de canons et de sentinelles, prescrit les précautions les plus sévères. Parfois il se relevait au milieu de la nuit et galopait jusqu'à Longwood pour s'assurer que son prisonnier était toujours là. Absurdement soupçonneux, il ne permettait pas aux commissaires de France, d'Autriche et de Russie de remplir leur mission et de se rendre compte par eux-mêmes de la présence du captif. Hudson Lowe était un halluciné. Napoléon n'eut pas de peine à le rendre à demi fou, tandis que les chroniqueurs de Longwood s'appliquaient à le représenter comme un bourreau. Ils ont réussi à merveille. Le "sicaire de l'oligarchie britannique" garde son nom inscrit parmi les plus cruels tortionnaires dont l'histoire fasse mention et, à son retour, ses compatriotes eux-mêmes lui tournèrent le dos.

Mais le gouverneur n'inventait pas tous les jours un nouveau supplice, et si Napoléon cherchait à le noircir ce n'était pas seulement dans l'idée que sa propre infortune en paraîtrait plus pathétique aux yeux de la postérité. Vers la fin, ses relations avec Hudson Lowe devinrent moins tendues, par lassitude réciproque et parce que l'empereur n'avait plus le même intérêt aux incidents et aux conflits. Il avait obtenu l'essentiel en faisant respecter sa personne et son nom. Un point sur lequel il n'avait jamais cédé, c'était son titre. Les Anglais prétendaient l'appeler le général Bonaparte. "La dernière fois que j'ai entendu parler de lui, c'était à la bataille des Pyramides et à celle du Mont-Thabor", répondit-il une fois pour toutes. Il était l'empereur Napoléon et le resta. Sa thèse invariable fut que le titre impérial appartenait à la nation et à la dynastie, qu'il était consacré par la voix du peuple et par l'Église, entré dans le patrimoine de gloire des Français. Par conséquent, celui qui l'avait reçu n'avait ni le droit ni le pouvoir s'en dessaisir. Jamais, quant à lui, il ne s'avouerait pour un usurpateur. Tout au plus admettait-il l'incognito, comme un souverain en voyage, et il proposa d'être appelé Duroc ou Muiron, du nom des deux seuls hommes, peut-être, qu'il eût aimés. Les Anglais refusèrent pour la raison qui lui faisait offrir ce compromis. D'aucune manière, ils ne voulaient reconnaître qu'il eût régné, et Napoléon attachait la plus haute importance à ne pas déchoir. Il subit mille désagréments de la vie quotidienne pour maintenir qu'il n'était pas un simple "officier de distinction", selon la formule de l'amiral Cockburn, celui qui disait n'avoir jamais su qu'un empereur se fût trouvé à bord du *Northumberland*. Ainsi l'idée dynastique était sauve. Et peut-être n'eût-on pas vu un second Empire si l'ordre n'avait été donné à Longwood de ne pas savoir non plus qu'il s'y trouvât un général Bonaparte.

Avec la même ténacité, Napoléon défendait sa porte contre les visites domiciliaires. Il s'enferma chez lui plutôt que d'être suivi dans ses promenades, réduisit Hudson Lowe à le faire observer par des espions. Un peu théâtralement, il mit en vente son argenterie - dont on lui rapporta ensuite plusieurs pièces - afin qu'on n'ignorât pas que l'Angleterre lui mesurait les moyens d'existence. Un jour même, il commanda que son lit fût brisé pour avoir du feu. Surtout il ne cessait d'accuser ses bourreaux de l'avoir condamné à une mort lente, de le tuer "à coups d'épingles". Il imputait l'état de sa santé au climat "mortifère", bien qu'il eût une tumeur du pylore, le squirre de son père, et ne l'ignorât pas. La maladie de foie qui régnait à Sainte-Hélène l'épargna, ainsi, du reste, que ses compagnons. Mais il fallait que les Anglais l'eussent assassiné : "Il n'y a que mon martyre, disait-il, qui puisse rendre la couronne à ma dynastie."

C'est avec cet esprit de politique que Napoléon, servi à souhait par Hudson Lowe et secondé par les mémorialistes de Sainte-Hélène, a grossi des souffrances dont la plus grande était morale. Pour l'effet qu'il cherchait, il fallait qu'il fût persécuté, et la lutte qu'il soutenait sur les points où il était irréductible aggravait la persécution. Dans toutes les hypothèses, c'était bien calculé. Une soumission résignée lui eût valu quelques commodités, quelques adoucissements. Que n'y eût-il pas perdu ! Soit qu'il considérât que lui-même n'était pas tout à fait hors de la chance des événements, soit qu'il pensât à Napoléon II, soit enfin dans l'intérêt de sa gloire, jamais il ne serait assez martyrisé.

Deux mots de lui éclairent son dessein : "L'adversité manquait à ma carrière", et : "Mon fils, si je meurs sur la croix et qu'il vive, il arrivera."

Avec le martyre, son arme, c'est la parole, l'imprimé, le livre. Écrire "les grandes choses que nous avons faites ensemble", il l'avait promis. C'était l'occupation qu'il se réservait pour ce "lieu perdu" Déjà, pendant la traversée, il a commencé de dicter ses Mémoires, comme Las Cases de tenir son journal. Sainte-Hélène devint un centre actif, une usine de production littéraire, et l'empereur lui-même encourageait tout le monde à remplir des cahiers. Il disait à ses compagnons qu'ils avaient là un moyen de faire fortune et il ne trompait pas. Las Cases avait la plume la plus habile, et le Mémorial eut un immense succès. Tout en eut. Vrai ou faux, ce qui venait de Sainte-Hélène était dévoré à Paris et en Europe.

Lui-même homme de lettres, Napoléon avait très bien compris qu'il avait l'occasion de composer sa propre histoire et par conséquent de lui imprimer le caractère qu'il voulait. Non seulement, comme la plupart des auteurs de Mémoires, il a présenté sa propre apologie, mais encore, racontant le passé avec un esprit mûri et l'expérience des hommes, il a donné à son récit un tour propre à agir sur les imaginations et qui a fixé les faits dans une forme malaisément révocable. Il a donné à sa vie, à son règne, à ses guerres, un certain ton. Il a même refait ses mots historiques. Il les a écrits tels qu'il aurait dû les prononcer, et depuis, on les a répétés comme il les a écrits. C'est un auteur qui corrige ses oeuvres de jeunesse quand il est dans la force de son style. Ainsi il a contribué pour une large part à mettre sur son histoire la note épique, ce qui, pour lui, comptait encore plus que ses plaidoyers. Le souci qu'il a eu de se laver des reproches ou de rejeter les fautes sur autrui est trop naturel pour qu'on en soit dupe. Il est bien difficile d'effacer l'accent de ses *Commentaires* et, par exemple, de raconter la campagne d'Italie sans subir la magnificence de sa propre version.

Le trait dominant de cette littérature est d'appartenir *au* genre de la propagande, un genre où Napoléon est devenu un maître. Ce n'était rien que de s'adresser aux sensibilités en peignant les souffrances du captif. L'écrivain a visé beaucoup plus loin. Il a travaillé pour l'avenir. Au cours de son règne, d'une rapidité torrentielle, il avait pris tour à tour toutes les idées, selon les besoins du temps, selon ces circonstances dont il était l'esclave. Pour et contre, on pourrait faire le recueil de ses opinions contraires sur presque tous les sujets. De dessein général, il n'en avait pas. De plan, combien de fois en avait-il changé ? À Sainte-Hélène, il médite. Il découvre, dans une Europe rendue à la paix, les transformations qu'il y a produites en la parcourant et en l'agitant pendant dix années. Alors, il conçoit une doctrine. Il s'attribue les intentions des choses qu'il a faites et il revendique les résultats. Il avait soulevé les passions nationales contre la France. Il devient le père du principe des nationalités. C'était exprès qu'il réveillait les peuples de leur antique léthargie. Ses conquêtes, ses annexions ? Il voulait former une seule Italie, une seule Allemagne, assises de l'Europe future et d'une Société des Nations libres au lieu de la Sainte-Alliance des rois. À la suite de ses soldats, de ses administrateurs, de ses préfets, les idées de la Révolution s'étaient répandues hors de France, d'ailleurs pour se retourner contre lui. Il s'emparait de cet effet de ses guerres. Par elles il avait porté partout le progrès, les lumières, la liberté, la destruction des abus et du fanatisme. Il rappelait qu'il avait été républicain dès sa prime jeunesse, auteur des *Lettres sur la Corse,* grand serviteur des principes de 1789. Il ne disait plus qu'il avait "dessouillé" la Révolution ; il l'avait "consacrée, infusée dans les lois", sauvée trois fois, en vendémiaire, en fructidor, aux Cent-Jours. Elle lui était consubstantielle. Elle ne pouvait plus se séparer de lui, "victime de l'ostracisme des rois". Combien s'était-il écoulé de temps depuis ce monologue de Dresde où, devant Metternich glacé, il annonçait que tous les trônes seraient entraînés dans sa chute ? Mais un Napoléon démocrate, représentant des "idées modernes", c'était maintenant le rôle qui s'offrait. Il le saisit. Satisfait du dessin que prenait sa figure historique, à force de la corriger par ses entretiens destinés à la publicité, il disait un jour, comme s'il avait regardé son propre buste : "Chaque jour me dépouille un peu plus de ma peau de tyran." Il sculpte un Napoléon humanitaire, qui incarne en même temps la patrie et la gloire, un mélange d'une séduction puissante sur les Français du siècle, avec du spiritualisme, du prophétisme : "Nous luttons ici contre l'oppression des dieux, et les voeux des nations sont pour nous." Il est égalitaire, point clérical. Mais il a honoré la valeur, distingué le mérite, et il mourra dans la religion catholique, comme la plupart des Français, même brouillés avec l'Église. Enfin il laissera pour Napoléon II une constitution libérale et de sages conseils de gouvernement. Lui-même n'avait été dictateur que "par la force des circonstances". Il n'avait "pu débander l'arc". Mais le "péril" avait été "toujours le même, la lutte terrible et la crise imminente", c'était son excuse... Cette semence jetée dans l'avenir lèvera. Le trône napoléonien ne sera pas restauré pour son fils.

Du moins le fondateur de la dynastie aura travaillé pour son neveu. C'est à Sainte-Hélène qu'est né l'empire de Napoléon III.

Michelet dit avec colère de ce Bonaparte-Prométhée, dont le nom repartait ainsi pour des destinées nouvelles : "Par une maladresse insigne, on le logea à Sainte-Hélène, de manière que, de ses tréteaux si haut placés, le fourbe pût faire un Caucase." Sainte-Hélène a été un laboratoire de légendes, un peu une fabrique de faux. On y sent comme une "atmosphère de mensonge". Ce qui achève Napoléon, c'est que, de son lieu d'exil, il a su faire un Caucase sans doute, un trépied aussi. Il devient prophète, annonciateur de temps nouveaux. Il aura animé de son esprit jusqu'à son rocher. C'est sa dernière oeuvre et il l'accomplit par les moyens qui, déjà, ont servi si puissamment sa politique. Il est toujours celui qui agit sur l'imagination des peuples parce qu'il est l'imagination même. On a dit qu'un des secrets de son gouvernement avait été "d'éveiller sans cesse l'ambition, la curiosité et l'espérance". De Sainte-Hélène, il entretenait le regret, il faisait naître l'espoir d'un monde plus heureux. Fidèles au testament de l'empereur, les héritiers de Napoléon résoudraient tous les problèmes du siècle. On en croira le fils de Louis et d'Hortense lorsqu'il viendra avec la promesse de régler toutes les questions, celles de l'ordre, celle du paupérisme, celle de l'Europe.

Quant à la curiosité, elle était redoublée par cette voix qui, du fond de l'Océan, annonçait un évangile.

Le même homme, le même artiste, toujours capable de dédoublement, qui s'était regardé lui-même en tant de rôles, se contemplait encore dans celui de Messie. Il vaticinait à ses heures. On a de lui d'étranges papiers : "Nouveau Prométhée, je suis cloué à un roc où un vautour me ronge. Oui, j'avais dérobé le feu du ciel pour en doter la France, le feu est remonté à sa source et me voilà !" Puis il redevenait naturel et son naturel était la contradiction. Le journal de Gourgaud, d'une crudité si parfaite, le montre tel qu'on l'a vu dans tous les temps, âpre connaisseur des hommes et de la vie, adoptant tour à tour des idées contraires, se livrant à des sentiments opposés, sans qu'on puisse affirmer qu'il n'était pas sincère chaque fois. Il disait à Las Cases : "Vous me croirez peut-être difficilement, mais je ne regrette point mes grandeurs. Vous me voyez faiblement sensible à ce que j'ai perdu." Il est probable que c'était vrai ce jour-là. Mais il disait aussi : "Ah ! c'était bon alors ; je distribuais des places", et c'est trop humain pour qu'on n'en croie pas Gourgaud. Quand on apprend à Sainte-Hélène la condamnation et l'exécution de Ney, l'empereur, selon Montholon, déclare que c'est un crime, que les juges se sont tachés d'un sang sacré pour la France, que le brave des braves n'avait pas trahi, que Louis XVIII s'est déshonoré. Selon Gourgaud, "Ney n'a eu que ce qu'il méritait". Comme Murat, "une pauvre tête... L'homme le plus lâche dans la défaite... c'est lui qui est cause que nous sommes ici." Napoléon vide son coeur devant Gourgaud. D'après Las Cases, il s'est contenté, incapable de rancune, de dire que son beau-frère avait fait bien du mal.

S'agit-il de doctrine ? Les opinions de l'empereur ne sont pas moins variables. Le programme officiel de Sainte-Hélène, c'est l'Empire démocratique et libéral, teinté d'esprit républicain. Mais Napoléon dira aussi que l'autorité est le plus grand des bienfaits, que les assemblées délibérantes sont un fléau, que Louis XVIII s'en apercevra, que les cours prévôtales et les exécutions valent mieux que la Charte pour consolider son trône. L'Acte additionnel est invoqué comme la preuve que l'empereur n'aspirait pas à la dictature. Mais à Gourgaud : "Mon intention était d'envoyer promener les Chambres, une fois que je me serais vu vainqueur et hors d'affaire." Et de tout ainsi. Il affirmait l'existence d'un Dieu. Réprouvait-on devant lui l'athéisme, il répondait que les hommes les plus savants de l'Institut étaient athées. Il croyait à l'immortalité de l'âme, et d'autres fois il soutenait que l'anatomie ne montrait pas de différence entre l'homme et le veau. Rien n'empêche d'ailleurs de penser qu'avec Gourgaud, lui-même assez cynique, il ait parlé à coeur ouvert, réservant les propos élevés pour Las Cases, qui était une belle âme, et pour Montholon, qui poussait le sentiment des convenances à un rare degré. Il est apparent que Las Cases et Montholon n'ont retenu des conversations de Sainte-Hélène que les paroles nobles et généreuses, celles qui devaient grandir la mémoire de l'empereur. On ne s'étonne pas de le retrouver, à travers Gourgaud qui ne cache rien et n'embellit pas, impitoyable pour l'espèce humaine, dur pour tous, sans estime pour personne, écrasant les plus illustres d'un mot, un massacre du personnel de l'Empire où ne sont ménagés ni ses frères, ni même ses deux femmes. Revenu de tout bien avant *1814* et 1815, les jours sinistres des deux abdications ne l'avaient pas réconcilié avec ses semblables. Pour les peuples mêmes, quel mépris ! Il a voulu être enterré sur les bords de la Seine, au milieu de ce peuple français qu'il a tant aimé, et la France "n'est plus qu'une nation déshonorée, lâche", qui "n'a que ce qu'elle mérite", comme Ney et

Murat. Napoléon tombe dans la misanthropie. Il rend, à Longwood, la vie difficile aux plus dévoués. De sa famille, il ne désirera personne auprès de lui, ni sa mère ni sa sœur, et, peut-être pour ne pas s'attendrir, il lit à peine les lettres qu'il reçoit.

Avec la petite guerre quotidienne contre Hudson Lowe, parler, rire, écrire avaient été ses distractions. Lire peut-être surtout. Comme sa jeunesse, son exil fut une débauche de lecture. Il n'avait jamais assez de journaux, de livres, et les Anglais lui mesuraient cela comme le reste. Un de ses chagrins fut de ne pas avoir un Polybe. Le soir, il prenait une tragédie, exercice redouté de l'entourage, déclamait des vers, comme jadis avec Joseph dans l'autre île, commentait, critiquait. Il corrigeait de sa main le Mahomet de Voltaire, en supprimait des scènes, refaisait la pièce. Il s'ingéniait à tuer les heures mortelles. Puis, les jours succédant aux jours, tout étant dit, l'ennui vint, la souffrance du corps avec lui. Peut-être l'accablement de Sainte-Hélène a-t-il hâté sa mort plus sûrement que le climat, s'il est vrai que l'incurable cancer ronge la chair dont l'âme est triste. Maintenant, difforme, négligé, oubliant ce respect de l'étiquette auquel il a tenu, ainsi qu'à son titre, pour garder vivante, par le prestige, l'idée impériale, il reste oisif, prostré, ou bien, dans un bizarre costume de planteur, s'occupe de jardinage. On voudrait croire Antommarchi, ce hâbleur qui lui prête jusqu'à la fin des tirades et des bons mots.

Le captif était devenu invisible. Son mal s'aggravait. Comme une dernière revue des gloires de son règne, il dicta son testament politique, prophétique aussi. En phrases cadencées, amies de la mémoire, c'étaient ses recommandations suprêmes à son fils et aux Français, un appel à l'avenir vengeur, le pardon à ceux dont les "trahisons" avaient perdu l'Empire et la France, Marmont, Augereau, Talleyrand, La Fayette qu'il nommait encore pour que leur mémoire fût exécrée. Marie-Louise, "très chère épouse", y était à l'honneur comme si "ce polisson de Neipperg" n'eut pas existé. Napoléon, dans cet acte solennel, voulut ajouter que lui, et nul autre, avait fait arrêter et juger le duc d'Enghien.

Il mourut le 5 mai 1821. "Tête... armée..." furent, dit-on, les derniers mots qu'il prononça. Dans l'agonie, il se jeta hors de son lit avec une violence terrible. Une tempête soufflait sur l'île lorsqu'il mourut. Le fidèle Marchand l'enveloppa dans le manteau qu'il portait à Marengo. Abandon, simplicité, mystère, tout servait encore la légende de Napoléon. Il avait la fin la plus convenable à sa gloire. La mort elle-même achevait, par un autre genre de grandeur, la composition unique de sa vie.

Hudson Lowe fit mieux qu'elle. Ce fonctionnaire borné poussait le formalisme jusqu'au génie. Montholon, Bertrand voulaient que, sur la tombe de l'empereur, un seul mot fût gravé : Napoléon. Le gouverneur ne voulait connaître que Napoléon Bonaparte. Il s'obstina. Les Français aussi. La dalle resta nue. "Ici gît... point de nom." Un poète s'empara de l'idée, en fit un hémistiche élégiaque et sonore. Ainsi l'amateur de tragédies, qui en était resté aux goûts classiques, entrait dans le lyrisme du siècle. D'un zèle constant à renouveler les thèmes de son histoire, son étoile le romantisait par une suprême faveur.

Chapitre XXVII : La transfiguration

L'incomparable météore avait achevé sa course sur la terre. Il avait pris ses mesures pour qu'elle ne s'arrêtât pas. Mort, Napoléon s'anime d'une vie nouvelle. Après tant de métamorphoses, voici qu'il devient image et idée.

Des événements merveilleux s'étaient accumulés sur la seule tête qui fût assez forte pour les porter et capable de s'en servir. Humbles débuts, triomphes, désastres composaient l'enluminure de leurs violentes couleurs. Il n'y manquait même plus l'adversité. Une chance persistante, son astre jaloux de pousser jusqu'à la perfection une vie héroïque, faisaient gagner à Bonaparte le gros lot de la gloire. Et la gloire elle-même le payait de n'avoir vraiment aimé qu'elle. Il avait toujours visé haut, calculé en vue du grand. Voilà ce qui lui est rendu par la plus large part de présence posthume, d'immortalité subjective qu'un homme puisse obtenir.

L'immense popularité de Napoléon, dont il est facile d'apercevoir les causes, n'en est pas moins surprenante à de certains égards. D'abord, c'est un intellectuel, une sorte de polytechnicien littérateur, un homme formé par les livres. Il ne croit pas à l'intuition, sauf à celle qu'on acquiert par l'étude et le savoir. Rien de tout cela n'est peuple ni propre à séduire le peuple. Éternel raisonneur, astronome militaire et politique, philosophe méprisant, despote assez oriental, mangeur d'hommes, on ne lui voit pas les dons qui transportent les cœurs. Les foules, il ne les aime pas. Il les craint. On l'avait vu pâlir au mot de "révolte" et son Versailles était à Saint-Cloud, à l'écart du turbulent Paris. Lui-même, régnant, a eu plus de prestige que d'amour. À l'heure de la chute, il a pu compter les véritables dévouements. La magie de son nom, qui avait fait des miracles, n'a pas fait une Vendée bonapartiste. Peut-être a-t-il péri surtout par le doute des hommes de bon sens. Depuis plusieurs années, il n'était plus, pour l'opinion moyenne, qu'un mégalomane délirant. Un jour, pendant la campagne de France, comme il côtoyait un ravin, à demi endormi sur sa selle, un officier l'avertit qu'il n'y avait pas de garde-fou. Il tressaillit, n'ayant entendu que le dernier mot, le répéta comme s'il avait reconnu la courante injure, ce qui le rendait la fable des politiques et des diplomates, des financiers et des commerçants, des bourgeois et même des militaires.

Cependant, le retour de l'île d'Elbe avait déjà montré comment l'horreur de la guerre, la haine de la conscription, la répugnance aux entreprises démesurées pouvaient céder à l'appel du souvenir. Peu de temps après Waterloo, on commença à ressentir l'humiliation de la défaite. Elle rehaussa l'éclat des victoires passées. Jours dorés du Consulat, jours glorieux de l'Empire, "on ne regarda plus qu'un seul côté des temps". Avec Napoléon, un soleil semblait s'être éteint. Et puis il ne s'était pas confié en vain à la littérature. Elle lui rendait au centuple la matière, les éléments qu'il lui avait fournis. Vers, prose, roman, théâtre, l'"homme du siècle" envahit tout. Cependant, en grand nombre, ceux qui avaient pris part à son aventure en avaient tenu un écrit. Qu'on eût fait ou qu'on eût vu des choses incroyables et immortelles, on le savait à ce point que des officiers de troupe racontaient leurs campagnes, et jusqu'à des sergents, jusqu'à Roustan le mamelouk. Que ce fût le secrétaire Méneval ou le valet de chambre Constant, quiconque avait des souvenirs les couchait sur le papier. Les libraires sollicitaient les auteurs de Mémoires, mettaient des scribes à la disposition des moins lettrés. C'était un commerce, une industrie d'une prospérité rare. La bibliothèque napoléonienne grandissait. Elle était destinée à devenir montagne. L'empereur s'élevait tous les jours sur un piédestal d'imprimés.

Qu'était-ce même auprès de la propagande orale ? Le "Napoléon du peuple" vivait dans la grange où Balzac fait raconter toute la légende par un vieux soldat. Il vivait par les récits de la grand-mère, selon la chanson de Béranger. Humble littérature, plus puissante que le haut lyrisme, et par laquelle l'empereur continuait d'habiter les esprits.

La Restauration s'épuisa à lutter contre ce fantôme. Louis-Philippe voulut l'exorciser. On fut, à Sainte-Hélène, sous le saule, dans le vallon solitaire, déterrer le magicien. Le retour des cendres parut une pensée politique, une satisfaction donnée à l'honneur national, un apaisement. Le roi de Rome, otage de l'Autriche, devenu duc de Reichstadt, était mort. Quel napoléonide était à redouter ? Le 15 décembre 1840 vit les funérailles de l'empereur. On le mit en grande pompe aux Invalides, parmi les gloires militaires de la France, près des rives de la Seine, comme pour dire que son voeu suprême était exaucé, que c'était fini. Il continua de vivre dans son sarcophage.

Vint le neveu, le fils de Louis et d'Hortense qui, enfant, avait assisté au Champ de Mai. Conspirateur sous la monarchie de juillet, il est élu par le peuple sous la République, il recommence brumaire, le voici empereur. L'oeuvre de Sainte-Hélène a réussi. La légende se matérialise. Ceux qui, en prose, en vers, ont contribué à la répandre, ne croyant pas eux-mêmes que la littérature eût tant de pouvoir, sont stupéfaits. Cependant les hommes sages, sensés, qui avaient ri de Louis-Napoléon Bonaparte, sont couverts de honte. Ce qu'ils déclaraient absurde et impossible s'est accompli. Les mots ont donc cette action ? Là-bas, sur son roc, celui que ses anciens soldats appelaient tantôt l'Homme et tantôt l'Autre, le savait bien. Par le Mémorial, le testament, des paroles bien rythmées, il a restauré sa dynastie.

Le second Empire répète le premier, sans génie, et s'effondre comme lui par l'invasion. Sedan ne fait nul tort à Austerlitz, pas même à Waterloo. L'invective qui vient meurtrir Napoléon le Petit s'arme encore de Napoléon le Grand.

Le césarisme est réprouvé. La figure du César, vaincu et renversé pour la troisième fois dans son pâle héritier, n'en resplendit que mieux. Désormais sa puissance est spirituelle. Il devient professeur de guerre, professeur d'énergie. On lui demande des exemples, des leçons, une doctrine. Il donne tout. Et, même quand ses disciples sont battus, ce n'est pas sa faute, ce n'est pas la faute de son école, c'est la leur.

L'Europe livre des batailles qui réduisent les siennes à de médiocres proportions. On doute qu'à ces masses armées, à ces fronts gigantesques son génie même eût été égal. Et rien n'arrête de dire : "S'il eût été là…" À cette guerre, succèdent des bouleversements inouïs. On pense encore à Napoléon. Déjà ce fléau de Dieu n'a-t-il pas été l'instrument des grandes transformations de l'Europe ? Déjà n'était-ce pas à lui qu'on rapportait des effets dont ses guerres avaient été la cause ? La guerre est une révolution comme les révolutions sont la guerre. Soixante batailles rangées livrées par Bonaparte ont laissé derrière elles un monde nouveau. Alors il semble le père d'une société dont il n'a été que l'accoucheur. Et le travail de Sainte-Hélène fructifie. Tout peuple le regarde à la fois comme son tyran et son libérateur. Il apparaît comme une des plus grandes forces révolutionnaires de l'histoire, comme un *primum movens* de l'humanité. Autre sujet de livres, de discussions. Le souvenir napoléonien prend un nouvel élan par la sociologie.

Au fond, de même que ses soldats aimaient en lui leur gloire et leurs souffrances, les hommes s'admirent en Napoléon. Sans égard ni aux événements qui lui avaient permis de se porter si haut, ni à la science consommée avec laquelle il avait saisi les circonstances, ils s'étonnent qu'un mortel ait réussi une pareille escalade. S'il n'était que le soldat heureux devenu roi, il serait un entre mille. L'Empire romain, le monde asiatique regorgent de cas comme le sien. Mais le sien est unique aux temps modernes et sous nos climats. Un officier d'artillerie qui, en quelques années, acquiert plus de puissance que Louis XIV et coiffe la couronne de Charlemagne, de telles étapes brûlées à toute vitesse, ce phénomène parut, à juste titre, prodigieux au siècle des lumières, dans une Europe rationaliste, en France surtout où les débuts des autres "races" avaient été lents, modestes, difficiles, où les anciennes dynasties avaient mis plusieurs générations à se fonder. Les contemporains de Napoléon n'étaient pas moins éblouis de la rapidité que de la hauteur de son ascension. Nous le sommes encore. Lui-même, en y pensant, s'émerveillait un peu bourgeoisement, quand il disait à Las Cases qu'il faudrait "des milliers de siècles" avant de "reproduire le même spectacle".

Un spectacle qu'il a regardé, lui aussi, quand il en a eu le temps. Il ne tirait pas vanité d'être un grand capitaine. La guerre – "un art immense qui comprend tous les autres" - il savait la faire comme on sait jouer aux échecs, "un don particulier que j'ai reçu en naissant", et il se flattait que ce ne fût pas sa seule faculté. Le pouvoir, il l'a aimé, mais "en artiste" - il tient au mot qui le définit si bien - et il ajoutait : "Je l'aime comme un musicien aime son violon." Le plus étrange est qu'on lui demande encore ce que, de son temps, "l'école du possible" lui reprochait déjà de ne pas donner. Pourquoi ne s'est-il pas modéré ? Pourquoi n'a-t-il pas été raisonnable ? On s'est fait, on persiste à se faire de Napoléon une idée si surhumaine qu'on croit qu'il dépendait de lui de fixer le soleil, d'arrêter le spectacle et le spectateur au plus beau moment.

Lui-même, qu'a-t-il été ? Un homme tôt revenu de tout, à qui la vie a tout dispensé, au-delà de toute mesure, pour le meurtrir sans ménagement. La première femme n'a pas été fidèle, la seconde l'a abandonné. Il a été séparé de son fils. Ses frères, ses soeurs l'ont toujours déçu. Ceux qui lui devaient le plus l'ont trahi. D'un homme ordinaire, on dirait qu'il a été très malheureux. Il n'est rien qu'il n'ait usé précocement, même sa volonté. Mais surtout, combien de jours, à sa plus brillante époque, a-t-il pu soustraire au souci qui le poursuivait, au sentiment que tout cela était fragile et qu'il ne lui était accordé que peu de temps ? "Tu grandis sans plaisir", lui dit admirablement Lamartine. Toujours pressé, dévorant ses lendemains, le raisonnement le conduit droit aux écueils que son imagination lui représente, il court au-devant de sa perte comme s'il avait hâte d'en finir.

Son règne, il le savait, était précaire. Il n'a aperçu de refuge certain qu'une première place dans l'histoire, une vedette sans rivale parmi les grands hommes. Quand il analysait les causes de sa chute, il revenait toujours au même point : "Et surtout une dynastie pas assez ancienne." C'était la chose à laquelle il ne pouvait rien. Doutant de garder ce trône prodigieux, alors même qu'il ne négligeait rien pour le rendre solide, il reposait sa pensée sur d'autres images. Daru n'admettait pas que sa vaste intelligence se fût fait des illusions : "Il ne m'a jamais semblé qu'il eût un autre but que de ramasser, durant sa course ardente et rapide sur la terre, plus de gloire, de grandeur et de puissance qu'aucun homme n'en avait jamais recueilli." Mme de Rémusat confirme pour le sens religieux ce que disait Daru pour le sens pratique : "J'oserais dire que l'immortalité de son nom lui paraissait d'une bien autre importance que celle de son âme."

On a fait de Napoléon mille portraits psychologiques, intellectuels, moraux, porté sur lui autant de jugements. Il échappe toujours par quelques lignes des pages où on essaie de l'enfermer. Il est insaisissable, non parce qu'il est infini, mais parce qu'il a varié comme les situations où le sort le mettait. Il a été aussi peu stable que ses positions successives. Son esprit, qui était vaste, était surtout souple et plastique. Il avait des limites pourtant. Peut-être ne remarque-t-on pas assez que, fécond en prophéties, du reste contradictoires, Napoléon n'a prévu ni les machines ni le machinisme. Ses anticipations ne tiennent aucun compte du développement des sciences appliquées. Pour la guerre elle-même, il n'a pas songé à des engins nouveaux, il l'a faite avec les moyens, les instruments de Gribeauval et de Suffren. Ni le bateau à vapeur de Jouffroy ni celui de Fulton n'ont retenu son attention. Grand lecteur d'Ossian, amateur de tragédies et du Discours *sur l'histoire* universelle, la mémoire garnie de vers qu'il s'applique à lui-même dans les occasions pathétiques, faiseur de mots sur l'amour dont s'honoreraient Chamfort et Rivarol, son tour d'esprit est peut-être avant tout littéraire et, par-là, un peu néronien. Cependant il ne se penche comme personne sur le détail des choses. Comptable méticuleux, il sait le nombre des caissons qu'il a dans ses parcs d'artillerie comme il sait la valeur de l'argent. C'est un maniaque du contrôle et de la statistique qui tient avant tout à l'exactitude. Mais des témoins sérieux rapportent qu'il affirmait volontiers des chiffres en l'air. Ainsi chacun de ses portraits est faux par quelque endroit et l'on peut lui faire tout dire parce qu'il a presque tout dit. On l'a appelé Jupiter-Scapin, on a répété le "commediante-tragediante" jusqu'à la fatigue. Mais il disait de lui-même qu'il n'y a pas loin du sublime au ridicule et, si l'on veut le prendre tout entier, ce n'est pas encore par ce côté-là. Ce n'est pas non plus par ses origines italiennes ou corses. S'il a eu une vendetta avec le duc d'Enghien, il n'en a pas eu avec Fouché ni bien d'autres qu'il a épargnés, fussent-ils Bourbons. Si l'on admet que, selon les moeurs de son île natale, il a été l'esclave du clan, on ne comprend plus qu'il ait excepté Lucien et Louis, ni que Louis et Lucien, nourris du même lait que leur frère, se soient retranchés de la tribu. Enfin s'il est proposé tant d'explications de Napoléon, s'il en est tant de plausibles, s'il est permis de le concevoir de tant de manières, c'est parce que la mobilité et la diversité de son esprit ont été égales à la variété, peut-être sans exemple, des circonstances de sa vie.

Sauf pour la gloire, sauf pour l' "art", il eût probablement mieux valu qu'il n'eût pas existé. Tout bien compté son règne, qui vient, selon le mot de Thiers, continuer la Révolution, se termine par un épouvantable échec. Son génie a prolongé, à grands frais, une partie perdue d'avance. Tant de victoires, de conquêtes (qu'il n'avait pas commencées), pourquoi ? Pour revenir en deçà du point d'où la République guerrière était partie, où Louis XVI avait laissé la France, pour abandonner les frontières naturelles, rangées au musée des doctrines mortes. Ce n'était pas la peine de tant s'agiter, à moins que ce ne fût pour léguer de belles peintures à l'histoire. Et l'ordre que Bonaparte a rétabli vaut-il le désordre qu'il a répandu en Europe, les forces qu'il y a soulevées et qui sont retombées sur les Français ? Quant à l'État napoléonien, qui a duré à travers quatre régimes, qui semblait bâti sur l'airain, il est en décadence. Ses lois s'en vont par morceaux. Bientôt on sera plus loin du code Napoléon que Napoléon ne l'était de Justinien et des Institutes, et le jour approche où, par la poussée d'idées nouvelles, l'oeuvre du législateur sera périmée.

Imaginatif, puissant créateur d'images, poète, il sentait cette fuite des siècles. Las Cases lui demandait pourquoi, avec le réveille-matin de Potsdam, il n'avait pas emporté à Sainte-Hélène l'épée de Frédéric. "J'avais la mienne", répondit-il en pinçant l'oreille de son biographe et avec ce sourire qu'il rendait si séduisant. Il savait qu'il avait éclipsé le grand Frédéric dans l'imagination des peuples, qu'on répéterait son histoire, qu'on verrait ses portraits aux murs, son nom aux enseignes jusqu'à ce qu'il fût remplacé lui-même par un autre héros. Ce héros n'est pas venu. L'aventurier fabuleux, l'empereur au masque romain, le dieu des batailles, l'homme qui enseigne aux hommes que tout peut arriver et que les possibilités sont indéfinies, le démiurge politique et guerrier reste unique en son genre. Pour le développement de l'humanité, peut-être, dans la suite des temps, Ampère comptera-t-il plus que lui. Peut-être l'ère napoléonienne ne sera-t-elle plus qu'un bref épisode de l'âge qu'on appellera celui de l'électricité. Peut-être enfin, apparu dans une île du Levant pour s'éteindre dans une île du Couchant, Napoléon ne sera-t-il qu'une des figures du mythe solaire. Presque aussitôt après sa mort, on s'était livré à ces hypothèses et à ces jeux. Personne ni rien n'échappe à la poussière. Napoléon Bonaparte n'est pas protégé contre l'oubli. Toutefois, après plus de cent ans, le prestige de son nom est intact et son aptitude à survivre aussi extraordinaire que l'avait été son aptitude à régner. Quand il était parti de Malmaison pour Rochefort avant de se livrer à ses ennemis, il avait quitté lentement, à regret, ses souvenirs et la scène du monde. Il ne s'éloignera des mémoires humaines qu'avec la même lenteur et l'on entend encore, à travers les années, à travers les révolutions, à travers des rumeurs étranges, les pas de l'empereur qui descend de l'autre côté de la terre et gagne des horizons nouveaux.

Fin

Biographie de Jacques Bainville

Né à Vincennes le 9 février 1879, Jacques Pierre Bainville est un journaliste, historien et académicien français.

Issu d'une famille attachée aux valeurs républicaines, il est le neveu de l'écrivain Camille Bainville. Il réalisa ses études classiques au lycée Henri IV, puis étudia une année à la Faculté de droit de Paris pour enfin s'orienter vers les lettres et l'histoire. À vingt ans, il écrit son premier ouvrage avec l'Histoire du roi Louis II de Bavière. C'est à cette période-là qu'il bascule dans la pensée monarchiste, tout en ayant été par le passé dreyfusard. Libre penseur et voltairien, peu sensible à tout sentiment nostalgique, il se tourne vers le royalisme à la suite de réflexions et de comparaisons avec une Allemagne unifiée par Bismarck. Il voit en cette nation en plein épanouissement économique, démographique, et au pouvoir stable et fort un exemple autant fascinant qu'inquiétant. Il juge le régime politique de la République Française comme essoufflé, livré à des gens médiocres et aux querelles intestines.

Bainville fait la rencontre de Charles Maurras, qui le fit entrer comme journaliste à La Gazette de France, puis lui confia la rédaction de la rubrique de politique étrangère à L'Action française. Il collabore également pour La Liberté, Le Petit Parisien et La Nation belge. Il assura la direction du journal La Revue universelle.

Il rencontre puis épouse Jeanne Niobey (1889-1970) à Marigny en 1912, avec laquelle il aura un fils dénommé Hervé (1921-2014).

Jacques Bainville demeure surtout célèbre comme une grande figure du monarchisme nationaliste et de l'Action française entre les deux guerres. Touchant aussi bien à la critique littéraire qu'aux questions financières, sa matière de prédilection restait l'histoire à laquelle il consacra de nombreux ouvrages parmi lesquels : *l'Histoire de France* en 1924 où il exalta la politique de la monarchie française, *la Troisième République* en 1935 où il s'inquiéta de la faiblesse de la démocratie face à la puissance allemande, *Histoire de deux peuples, La Guerre et l'Italie, Comment est née la Révolution russe...* Mais son engagement politique ne nuisait ni à sa lucidité ni à l'élégance de son style ; et son Histoire de France reste un livre de première importance.

Il est élu le 25 mars 1935 membre de l'Académie française, en même temps qu'André Bellessort et Claude Farrère. Il obtient vingt voix sur vingt-sept votants pour succéder à Raymond Poincaré au 34e fauteuil.

On notera la clairvoyance et la finesse d'analyse de cet auteur qui dans un ouvrage remarqué, *Les Conséquences politiques de la paix,* publié en 1920, dénonce le pacifisme idéologique de la France face à l'Allemagne à la suite de la victoire française. Bainville y annonce, 15 à 20 ans à l'avance, le processus de déclenchement de la Seconde Guerre mondiale, à savoir l'annexion de l'Autriche par le Reich, la crise des Sudètes avec la Tchécoslovaquie et un pacte germano-soviétique contre la Pologne.

Atteint d'un cancer qui ne lui laissait guère d'espoir, Jacques Bainville décède le 9 février 1936 à Paris. Des artères ont été nommées en son honneur dans quelques villes de France comme Paris (place Jacques-Bainville dans le 7e arrondissement), Marseille (avenue Jacques-Bainville dans le 9e arrondissement), Marigny (rue Jacques-Bainville), Vincennes et Tourcoing (allée Jacques-Bainville).

Table des matières

Printed in France by Amazon
Brétigny-sur-Orge, FR

15604466R00141